U0115899

# 美國文化與外交

王曉德　著

# 第七輯
# *總序*

　　適值福建師範大學一百一十五周年華誕，我校文學院又與臺北萬卷樓圖書公司合作推出「百年學術論叢」第七輯，持續為兩岸學術文化交流增光添彩。

　　本輯十種論著，文史兼收，道藝相通，求實創新，各有專精。

　　歷史學方面四種：王曉德教授的《美國文化與外交》，從文化維度審視美國外交的歷史與現實，深入揭示美國外交與文化擴張追求自我利益之實質，獨具隻眼，鞭辟入裏；林國平教授的《閩臺民間信仰源流》，通過田野調查和文獻考察，全面研究閩臺民間信仰的源流關係及相互影響作用，實證周詳，論述精到；林金水教授的《臺灣基督教史》，系統研究臺灣基督教歷史與現狀，並揭示祖國大陸與臺灣不可分割的歷史淵源與民族感情，考證謹嚴，頗具史識；吳巍巍研究員的《他者的視界：晚清來華傳教士與福建社會文化》，探討西方傳教士視野中的晚清福建社會文化的內容與特徵，視角迥特，別開生面。

　　文藝學方面四種，聚焦於詩學領域：王光明教授的《現代漢詩論集》，率先提出「現代漢詩」的詩學概念，集中探討其融合現代經驗、現代漢語和詩歌藝術而生成現代詩歌類型、重建象徵體系和文類秩序的創新意義，獨闢蹊徑，富有創見；伍明春教授的《早期新詩的合法性研究》，為中國新詩發生學探尋多方面理據，追根溯源，允足徵信；陳培浩教授的《歌謠與中國新詩》，理清「新詩歌謠化」的譜系、動因和限度，條分縷析，持正出新；王兵教授的《清人選清詩與清代文學》，從選本批評學角度推進清代詩學研究，論世知人，平情達理。

　　藝術學方面兩種：李豫閩教授的《閩臺民間美術》，通過田野調查和比較研究，透視閩臺民間藝術的親緣關係和審美特徵，實事求是，切中肯綮；陳新鳳教授的《中國傳統音樂民間術語研究》，提煉和闡釋傳統民間音樂文化與民間音樂智慧，辨析細緻，言近旨遠。

　　應當指出，上述作者分別來自我校文學院、社會歷史學院、音樂學院、美術學院和閩臺區域研究中心，其術業雖異，道志則同，他們的宏文偉論，既豐富了本論叢多彩多姿的學術內涵，又為跨院系多學科協同發展樹立了風範。對此，我感佩深切，特向諸位加盟的學者恭致敬意和謝忱！

　　薪火相傳，弦歌不絕。本論叢已在臺灣刊行七輯七十種專著，歷經近十年兩岸交流的起伏變遷，我輩同仁仍不忘初心，堅持學術乃天下公器之理念，堅信兩岸間的學術切磋、文化互動必將日益發揚光大。本輯論著編纂於疫情流行、交往乖阻之際，各書作者均能與編輯一如既往地精誠合作，敬業奉獻，確保書稿的編校品質和及時出版，實甚難能可貴。我由衷讚賞本校同仁和萬卷樓圖書公司的貞純合作精神，熱誠祈盼兩岸學術交流越來越順暢活躍，共同譜寫中華文化復興繁榮的新篇章！

汪文頂

西元二〇二二年十一月於福州

# 修訂版序言

　　在南開大學任教期間，對天津教育出版社策畫出版的《名家學術文庫》素有耳聞，在歷史學院資料室的書架上也翻過被選入其中一些具有品位的高質量學術著作，這些入選作品封面設計淡雅，印刷和裝幀都很有講究，讓人一看就有學術厚重之感。拙著《美國文化與外交》能夠忝列其中，甚為榮幸，對此首先應該感謝天津教育出版社的于長今編輯，正是他的不懈努力，才使這部多年前出版的著作以修訂版的形式與讀者見面。

　　一九九三年六月，我在南開大學獲得美國外交史研究方向的博士學位之後即留校執教。當時從文化角度研究對美國外交的影響至少在國內還是較新的課題，我覺得對這一問題的深入探討很有意義，一方面能夠彌補國內學術界在這一研究領域的不足，更重要的是對理解美國外交的實質或揭示美國外交的意識形態根源提供了一個新的思路。經過斷斷續續的七年研究，我終於完成了這部近四十萬字的專著。從現在來看，我自己對這部著作並非十分滿意，不足之處也是顯而易見的，但它出版後的確在學術界產生了一定的影響，畢竟這是從新的角度研究美國對外關係的一種嘗試。這本書得到很多學者較高的評價，二〇〇二年獲得教育部第三屆中國高校人文社會科學研究優秀成果二等獎。

　　《美國文化與外交》初版印刷了四千冊，作為一本純學術著作，這一印數就算是比較高的了。承蒙讀者厚愛，這本書在幾年前就已脫銷。初版編輯羅養毅博士曾有意再版，來電話徵求我的意見。對我來講，再版是一件求之不得的好事，既可藉此機會修改一下原書中的錯

誤，也可滿足一些讀者對該書的需求。然而，當時一方面我正被一項我主持的國家社科基金課題搞得「焦頭爛額」，實在感到分身乏術，另一方面我獲得富布賴特項目資助到哈佛大學進行學術研究，所以再版也只好「忍痛」作罷。這次能有機會對這本書做出修訂，也算是了卻了一件宿願。

　　本書初版寫於上世紀九〇年代中後期，至今已經十餘年了。在初版中我認為，美國文化價值觀一直對美國外交政策的制訂與執行發生著影響。當美國作為一個主權實體開始發展與外部關係時，文化因素便在美國對外關係中發揮著非常重要的作用，給美國對外關係打上了帶有本民族文化特徵的烙印。這些影響美國外交決策的價值觀根深柢固於美國文化之中，當它們體現在美國的具體外交政策上時，多數情況下變成了對美國追求自我利益的一種振振有辭的解釋。實際上，體現在美國外交中的文化價值觀決不會超越美國的自我利益，相反，它們成為實現美國政治、經濟和安全等利益的一種手段。在修訂版中，這一基本觀點依然貫穿於整個書中，只是加強了論證和材料的分量。修訂版和初版在章節結構上基本沒變，目的還是想保持原貌，只是修訂了原書中的欠妥之處，引文在盡可能的情況下核對了原文，注釋也做了調整，使之更加符合學術規範。

　　在本書的修訂過程中，張世軼、房建國、賀建濤、鞠愛琴和楊東東等人幫助核對了原文，在此表示感謝。在本書修訂版付梓之際，謹向關心本書初版和修訂版，還有曾經提出過寶貴意見的先生、朋友以及讀者表示真誠的謝意。

　　還是希望國內外同行能夠對修訂版提出批評指正。這雖然是一句老生常談，但卻是我的真誠願望。

王曉德

二〇〇七年六月一日於福州

# 目次

# 緒論

　　很長時期以來，我國學術界研究國際關係和各國外交的發展變化，視角往往集中在政治、經濟、軍事、戰略以及它們之間的相互關係和作用上。這些方面無疑是國際關係的最基本要素，也最能直接反映出主權國家在風雲變幻的國際舞臺上所追求的利益以及體現出它們欲要實現的目標。可是文化在國際關係中的作用卻很少受到學者們的重視，致使這一重要課題成為國際關係研究中的一個空白。實際上，基於國家或民族土壤之上形成的文化價值觀往往是影響國際關係的一個非常重要方面。加拿大學者謝弗發表在一九九六年《未來》雜誌第三期的文章中指出：

> 迄今為止，人們很少從文化角度來考慮世界體系，這是不可思議的。因為世界正經歷一個明顯的和生氣勃勃的文化變革時期，文化日益成為社區以及地區、國家和國際事務中的越來越有影響的力量。[1]

謝弗之言難免泛泛而論，但涉及到了文化在世界發展進程中所起的重要作用以及人們尚未對這種作用有足夠的重視。一個國家的文化傳統、它的凝聚力和影響力，是構成該國綜合國力的一個重要方面，而一個國家要維護的利益，很大程度上也包含著其文化方面的利益。美國弗吉尼亞大學歷史學教授梅爾文・萊弗勒在其一篇很有思想性的論

---

1　謝弗：〈從文化觀點看新的世界體系〉，載《現代外國哲學社會科學文摘》1997年第
　　12期，頁14。

文中考察了影響外交政策的內部或外部因素，認為國家安全政策「包括必定要維護國家核心價值觀免遭外部威脅的決定和行動」。他呼籲歷史學家密切考察這些核心價值觀，因為這些價值觀要求識別出「那些把像民主、自決以及種族意識與獲得市場和原料等具體利益融合在一起的目標。……核心價值觀……應該被追求，不管付出的代價有多大」。[2] 萊弗勒這裡把維護本國文化不受到侵犯與國家安全聯繫在一起。文化不僅在確定國家對外政策目標中起著重要的作用，而且對一國對外政策的手段、方式和風格產生了巨大的影響。國際關係的行為主體是主權國家，國家之間的相互往來是國際關係的基本內容，而國家只有通過其內部結構培育出來的代表國家利益的菁英人物才能在國際事務中發揮作用與影響。這些活躍於國際舞臺上的人物是在特定的文化氛圍中成長起來的，他們之所以成為一個國家的傑出人物或政治領袖，顯然在於他們的言論或行為符合了國家的民族精神，體現出了反映本民族特徵的文化模式和價值觀。這樣，他們在制定或執行政策過程中，必然有意或無意地把存在於他們意識深層中的文化觀念表現出來，給本國的對外政策打上明顯區別於其他國家的烙印。

　　在國際學術界，文化對國際關係的影響受到很多學者的重視，這樣一種研究傾向尤其在冷戰結束之後更為顯而易見。美國學者約翰・洛弗爾在一篇論文中談到了文化在美國處理與東亞國家關係中所發揮的作用，特別強調了文化價值觀對掌握國家權力的菁英人士的影響，因為「人是在文化氛圍中長大的，受到其中的基本價值觀、風俗習慣和信仰的薰陶。那些在每個社會中握有政治權力的人易受社會文化的影響；他們的行為與態度將有許多文化根源。此外，在每個民族國家，統治本身和外交政策的制定都是在一種文化背景中發生的」。[3] 這

---

2　梅爾文・萊弗勒：〈國家安全〉（Melvyn. P. Leffler, "National Security"），載《美國歷史雜誌》（*Journal of American History*）第77卷第1期（1990年6月），頁145。

3　約翰・洛弗爾：〈在東亞作為盟國和對手的美國：對文化與外交的反思〉（John P.

些政治菁英無論如何都無法擺脫從孩提時期起所習得的文化觀念，在其主導下的外交政策制訂和執行不僅有意或無意體現出了這些觀念，而且更重要的是在與他國的交往中維護國家的文化不受到侵害成為外交的一個主要目的，甚至在條件允許的情況下竭力把本國的文化傳遞到其他國家。因此，研究他們所處的文化背景對從一個新的角度認識一國的外交政策的目的以及實質具有重要的意義。國外很多學者已經意識到這一點，用美國學者 M・J・麥哲的話來說：

> 文化，是當前研究有關國際關係、國際安全和世界經濟等問題的著作中最時髦的概念。最近發表的大量論文、著作都指出，文化是驅使民族國家、其他機構團體乃至個人，採取行動和自組運行的基本動力。許多著作還強調，文化的重要性正日益突出。[4]

對文化在國際關係中作用的重視在美國學術界更為突出。美國學界在冷戰結束之後加大了這一比較新的領域的研究，很多學者著書立說，大大推進了人們對文化在對外關係中的作用的認識。[5]美國明尼蘇達

---

Lovell, "The United States as Ally and Adversary in East Asia: Reflections on Culture and Foreign Policy"）載容蘇科・謝主編：《文化與國際關係》（Jongsuk Chay, ed., *Culture and International Relations*）（紐約市：普雷格出版社，1990年），頁89。

4　麥哲：〈文化與國際關係：基本理論評述（上）〉，載《現代外國哲學社會科學文摘》1997年第4期，頁13。

5　在美國學界，日裔美國學者、哈佛大學歷史系教授入江昭是研究美國對外關係史的名家，他較早地把文化引入國際關係研究的領域，並通過對美國與東亞關係的研究揭示了文化在國際關係中的重要性。參見入江昭：《橫越太平洋：美國與東亞關係內史》（Akira Iriye, *Across the Pacific; An Inner History of American-East Asian Relations*）紐約市：哈考特、布雷斯和世界出版社，1967年；入江昭：《權力和文化：1941年至1945年的日美戰爭》（Akira Iriye, *Power and Culture: the Japanese-American War, 1941-1945*）劍橋市：哈佛大學出版社，1981年；入江昭：《文化國際主義和世界秩序》（Akira Iriye, *Cultural Internationalism and World Order*）巴爾的摩

大學歷史系教授伊萊恩‧泰勒‧梅對此是這樣總結的：

> 外交政策所涉及的東西遠遠超出了發動戰爭或抵制戰爭。文化
> 和意識形態、性別、種族和身分也在外交的其他領域發揮著作
> 用。例如對和平談判與和平動議的文化分析，可以更饒有興趣
> 地深刻認識外交所進行的方式。隨著國家進入後冷戰的時代，
> 貿易、市場和國際環境政策等問題也許開始占據了外交史學家
> 的更多的注意力。我們對「外交政策」的完全理解或許轉移到
> 新的研究領域。國內文化和意識形態本身並不解釋美國外交政
> 策如何或為什麼演變，但進行文化的考察在歷史分析的含義中
> 增加了新見解和新層次。不管美國的國際捲入性質如何，比較
> 清楚的是，如果文化因素加以考慮，歷史學家將會豐富自己的
> 理解。[6]

---

市：約翰斯‧霍普金斯大學出版社，1997年。美國聖約翰大學歷史系教授弗蘭克‧
寧柯維奇是研究文化與國際關係的後起之秀，發表和出版了大量的論著，在美國外
交史學界很有影響。其這方面代表性的著作主要有弗蘭克‧寧柯維奇：《思想外交：
1938年至1950年美國對外政策與外交關係》（Frank A. Ninkovich, *The Diplomacy of
Ideas: U.S. Foreign Policy and Cultural Relations, 1938-1950*）紐約市：劍橋大學出
版社，1981年；弗蘭克‧寧柯維奇：《威爾遜世紀：自1900年以來美國對外政策》
（Frank Ninkovich, *The Wilsonian Century: U.S. Foreign Policy since 1900*），芝加哥
大學出版社，1999年。這一研究領域比較有代表性的著作還有埃米莉‧羅森堡：
《傳播美國之夢：1980年至1945年的美國經濟和文化擴張》（Emily S. Rosenberg,
*Spreading the American Dream: American Economic and Cultural Expansion, 1980-
1945*）紐約市：希爾和王出版社，1982年；瓦萊利‧赫德森主編：《文化與對外政
策》（Valerie M. Hudson, ed., *Culture & Foreign Policy*）博爾德市：林恩‧林納出版
公司，1997年。

6　伊萊恩‧泰勒‧梅：〈評論：意識形態和對外政策：外交史中的文化與性別〉（Elaine
Tyler May, "Commentary: Ideology and Foreign Policy: Culture and Gender in Diplo-
matic History"），載《外交史》（*Diplomatic History*）第18卷第1期（1994年冬季
號），頁77-78。

不可否認，他們的觀點對我們具有啟迪作用，但他們無疑是站在本國的文化角度來論述國際關係或美國對外關係的，文化優越感往往使他們戴上有色眼鏡來看待他國文化，唯我獨尊的「文化中心主義」充斥於字裡行間。這樣一種傾向很容易使他們的研究缺乏客觀性，不可避免地成為對美國外交決策和執行的辯解或詮釋，甚或直接服務於美國的文化輸出戰略。這種為美國對外政策目的實現做注腳的意圖在後冷戰時代更為明顯。當然美國學者的著述也不乏在一種大的文化背景下對美國外交政策提出激烈的批評，但說到底這種批評還是要決策者引起警覺，最終改變不了對美國政府「勸言」的本質。因此，他們的研究具有借鑒的價值，從學術上來講也很有意義，但他們的觀點對於置身於美國文化圈之外的外國讀者來說，畢竟只是一面之詞。我們需要構建具有中國特色的國際關係理論體系，更需要從深層的文化角度來認識國際關係的本質。尤其是在當今縱橫交錯的複雜國際社會，以美國為首的西方國家有意識地把促使發展中國家接受它們的文化價值觀作為實現其外部利益的一種戰略時，作為世界上最大的發展中國家，中國更應該加強這方面的研究，以便從理論上深刻認識西方國家這種「文化輸出」的目的及其實質，這的確是擺在中國國際關係學者面前亟待進行的研究工作。我自知，就我的功力而言，我很難把研究視野擴大到哪怕是具有代表性的幾個國家，以它們的行為來說明文化對國際關係的重要作用。我是研究美國對外關係史的，所以也只能選擇美國作為闡釋這一命題的對象。

　　文化是當今國際學術界最為廣泛流行的概念之一，對文化的界定迄今仍是眾說紛紜，莫衷一是。美國學者尤金・霍爾頓在其論文中不無感觸地談到：「文化這一特定的術語是如此含糊不清，致使一個理論家很容易地將無論什麼先入之見填充於其內。」[7]霍爾頓的這番話顯

---

7　尤金・霍爾頓：〈文化的膜拜根源〉（Eugene Halton, "The Cultic Roots of Culture"），

然指文化內涵的不確定性或雜亂性。美國語言學家雷蒙德‧威廉斯則認為「文化是英語中兩三個最複雜的單詞之一」。[8]然而，離開了「文化」這一術語，許多問題更是難以解釋清楚。迄今為止，文化這一術語已經在人文社會科學的不同領域中得到廣泛的使用。正如阿瑟‧阿薩‧伯傑指出的那樣：「文化是在當代關於社會和藝術研究中所使用的最引人注目和最難以捉摸的概念之一。這是因為這一概念被不同的人以不同的方法所使用。」[9]幾乎每個人類學家、民族學家、社會學家在涉及到文化問題時，都根據自己研究的需要給文化下個定義。一九五二年，美國人類學家克魯伯和克拉克洪在其《文化：關於概念和定義的檢討》的論著中，統計從一八七一年到一九五一年八十年間關於文化的定義有一百六十四種之多。他們也試圖從這些形形色色的定義中抽象出為大多數研究者所能接受的文化概念，但未能如願。這說明了學者們儘管強調文化在社會運行中所發揮的巨大作用上很少出現分歧，但在文化的內涵的界定上卻多少有點「五花八門」了。聯合國教科文組織一九九八年公布的《世界文化報告》對文化作了廣義和狹義的界定。從廣義上講，「文化是一種生活方式和生存方式。這包括人們所持的價值觀，對他人（民族和性別）的容忍，外在的以及與之相對的內在的取向和偏好，等等」。從狹義上講，「文化是藝術、音樂、文學等方面的體現」。[10]聯合國的這一界定更具有普遍的意義。

---

戴理查德‧明奇等主編：《文化理論》（Richard Münch and Neil J. Smelser, eds., *Theory of Culture*）（伯克利市：加利福尼亞大學出版社，1992年），頁30。

8　約翰‧卡洛斯‧羅：《從美國革命到第二次世界大戰文學文化與美國帝國主義》（John Carlos Rowe, *Literary Culture and U.S. Imperialism: From the Revolution to World War II*）（紐約市：牛津大學出版社，2000年），頁3。

9　阿瑟‧阿薩‧伯傑：《文化批評：重要概念入門》（Arthur Asa Berger, *Cultural Criticism: A Primer of Key Concepts*）（紹森歐克斯：塞奇出版社，1995年），頁135-136。

10　聯合國教科文組織著，關世傑等譯：《世界文化報告（1998）——文化、創新與市場》（聯合國教科文組織、北京大學出版社，2000年），頁1。

　　無論學者們對文化的定義如何歧義疊生，但一般都承認，一種民族文化的形成經歷了漫長的歷史過程，構成其主要內容的基本價值觀超越了個體的生命和具體的歷史時代而持續地延存下去，一代又一代人的生活方式、行為方式、思維方式等等都不可解脫地與本民族的文化傳統聯繫在一起。這種文化傳統塑造出了他們在人類活動中的最基本的特徵，也成為民族或國家相互區別開來的一個主要標誌。美國文化人類學家萊斯利‧懷特指出：「中國人的意識，法國人、祖魯人或科曼契人的意識等等，作為人類行為的一種特殊結構，只能從文化上得到解釋，而不能從生物學上獲得說明。」[11]懷特之言表明了決定民族國家特徵的不是其內部種族的外形結構，而是固存於他們身上的特殊文化心理或意識。在文化的發展過程中，我們很難看到文化的突變，兩代人之間的價值觀區別不是太明顯，文化的變遷是在「漸變」的過程中完成的。只要人類還存在，這個過程就不會停止。不過，一個社會的文化價值觀儘管在隨著環境的變化不斷豐富和擴充自身的內容，但作為傳統的「遺產」卻保持著相對穩定的狀態。有些價值觀即使已不適應社會發展的需要，但也不會很快銷聲匿跡，相反，還會頑固地影響從小受到這些價值觀薰陶的人們的行為舉止和生活方式。美國文化史學家卡羅萊娜‧韋爾寫到：「文化範式對個人形成制約，為他們提供了基本的設想以及觀察和思考的工具，確定了他們的生活框架。文化決定制度的形式，決定將被發展的個性類型和被認可的行為類型。」[12]大到國家而言，由於一種文化傳統塑造出了社會成員在人類活動中的最基本的特徵，自然成為民族或國家相互區別開來的一個主要標誌。小到日常生活，人們的衣食住行都體現出一個群體或一個民族

---

11　萊斯利‧懷特著，沈原等譯：《文化的科學：人類與文明研究》（濟南市：山東人民出版社版，1988年），頁145。

12　卡羅萊娜‧韋爾：《歷史文化觀》（Carolina Ware, *The Cultural Approach to History*）（紐約市：哥倫比亞大學出版社，1940年），頁11。

的文化特色，傳統價值觀可以說是滲透到人們日常生活和社會運行的方方面面。美國學者厄爾‧弗賴伊等人在談到文化價值觀的作用時說：「政治領袖必須在符合國家價值觀念的前提下才能形成政策，國家價值觀只是個人價值觀的集合。關於美國國家利益的問題只有研究國家價值觀才能找到回答。正是這些價值觀才規定了國家的利益和國家的安全。」[13] 上述這些學者提出的觀點很值得人們深思。本書在論述美國文化與外交的關係時，採用比較廣泛的概念，即包括哲學、宗教、意識形態以及社會價值觀在內的廣義上的文化。

　　國家對外關係是社會正常運行與發展的重要組成部分，也是實現其在國際社會所追求之利益的主要途徑。從理論上講，符合民族或國家文化價值觀的對外政策都能體現出民族國家對整體利益的追求。雖然這種整體利益在特定的情況有時也會被統治者所扭曲，成為他們謀取私利甚或把國家帶到毀滅邊緣的一種掩飾，但在很多情況下能為其國民所接受，原因恰恰在於這些扭曲的利益在很大程度上與國家的文化精神並非悖逆，甚至是相一致的。希特勒的法西斯主義如果沒有一定的文化基礎，顯然不可能在德國形成氣候，氾濫一時，乃至最後把德意志民族引向了災難的深淵。類似這樣的例子在歷史上並不鮮見。美國著名文化人類學家魯斯‧本尼迪克特一九四六年出版了《菊花與刀》這部傳世之作，對日本文化進行了分析。她認為日本人的義務與人情、義務與義理、情感與責任等等價值模式之所以不同於西方人的「原罪」說，在於他們的文化模式中存在著恪守本分和忠誠尚武的精神。正是這種文化模式的價值精神賦予了日本民族性格和文化心理：日本人既好鬥，又不好鬥；既黷武，又文雅；既無恥，又禮貌；既僵

---

13 厄爾‧弗賴伊等：《可戰勝的美國：二十一世紀的美國對外政策》（Earl H. Fry, Stan A. Taylor and Robert S. Wood, *America the Vincible: U.S. Foreign Policy for the Twenty-First Century*）（恩格爾伍德：普倫蒂斯‧豪爾出版社，1994年），頁113。

化，又有適應環境的能力；既忠實，又背叛；既勇敢，有怯弱。[14]本尼迪克特的這一研究成果對二戰結束後美國對日本占領政策產生了很大的影響，也說明了研究一個國家的文化模式對於從更深的層次認識該國「真面目」的重要性。

美國是歐洲殖民擴張的產物，其文化主體由盎格魯—撒克遜白人組成，但來自包括愛爾蘭在內的其他歐洲國家的移民為數也不少。因此，美國在文化特性上與歐洲完全脫離關係幾乎是不可能的，至於歐洲文化對這塊大陸的影響有多大，這裡很難提出具體的量化指標，但肯定不是微乎其微。一些歐洲學者試圖從美國文化中尋找歐洲文化的痕跡。如法國巴黎大學著名學者克洛德-讓・貝特朗指出對個人自由的尊重、對個人進步的信仰以及所有人對安全的關注構成美國意識形態核心的三個基本價值觀，他認為這些價值觀起源於歐洲。在歐洲大陸，「個人自由和進步實質上是猶太—希臘價值觀。在基督時代的早期，流行病、饑荒、外族入侵和戰爭導致歐洲人把安全置於首位，即使是犧牲自由和進步也在所不惜」。[15]美國學者很少否認美國文化形成沒有受到歐洲文化的影響，但更強調美國文化源於盎格魯—撒克遜傳統，不過認為美國文化不是這種傳統的簡單延伸，而是在開拓一個新大陸過程中形成的有別於其他國家的獨特文化。美國著名歷史學家查爾斯・比爾德在《美國文明的興起》中認為，美國文明雖然起源於歐洲，但它並不是歐洲文明的簡單延長，而是歐洲文明與美洲荒原的新的歷史的結合。現代美國文明建立在過去複雜的文化遺產基礎之上，

---

14 參見本尼迪克特著，孫志民等譯：《菊花與刀——日本文化的諸模式》，杭州市：浙江人民出版社，1987年。

15 詳見克洛德-讓・貝特朗：〈《五月花號》不必要揚帆返回〉（Claude-Jean Bertrand, "The *Mayflower* Need Not Sail Back: The US of A Is Going European"），載約翰・迪恩等主編：《歐洲人關於美國大眾文化的文選》（John Dean and Jean-Paul Gabilliet, eds., *European Readings of American Popular Culture*）（韋斯特波特：格林伍德出版社，1996年），頁166-167。

既是一種高度的物質文明，又有與之相適應的精神文明。比爾德的觀
點在美國學界很有代表性。其實，美國由於是一個由移民組成的國
家，這種特徵自然就決定了美國文化形成與演變的特殊過程。移民們
來自不同國度，文化背景相異，移居北美的目的也各種各樣，但這些
移民群體來到北美大陸後，遇到了相同的環境，面對著相同的問題，
為了使這塊在他們眼中還是屬於新大陸的地方成為「理想」的居住之
所，他們必然在文化的衝突與融合中尋求同質性，最後形成了帶有美
利堅民族明顯特徵的文化。從一開始，美國文化就是以盎格魯─撒克
遜白人文化為主體，即使在這個種族混雜的國度裡可以看到世界不同
地區或國家文化的痕跡，但都很難改變盎格魯─撒克遜白人文化居於
支配地位的狀況。美國學者阿爾森在其出版的《美國方式》一書中指
出，在美國，「占統治地位的思想、價值觀念和行為都是中產階級白
人的。這一類人長期占據美國大多數最有影響力的職位。他們都是政
治領袖、企業首腦、大學校長、科學家、新聞記者和小說家，對社會
成功地發揮著影響」。[16]以研究美國盎格魯種族興衰著名的倫敦大學社
會學教授埃里克‧考夫曼說得更為明確：就美國而言，國家的種族群
體是盎格魯美國新教徒（「美國人」）。這是把美國的領土想像為其家
園的第一個歐洲群體，可以將其祖先追溯到反叛母國的新世界的殖民
者。在這個群體的腦海中，美利堅民族國家、它的土地、它的歷史、
它的使命以及它的盎格魯美國人被編織成一幅想像出來偉大圖案。這
種社會結構表明合眾國是由「美國人」所建立，他們由此擁有對這片
土地的所有權，有權按照自己盎格魯─撒克遜新教徒的自我形象來形
成這個國家以及為（進入該國的任何移民）提供了一個榜樣。[17]美國

---

16 阿爾森：〈怎樣瞭解美國人〉，載《現代外國哲學社會科學文摘》1992年第6期，頁
　　18。

17 埃里克‧考夫曼：〈美國例外論再思考：從1776年至1850年這個「無所不能」國家
　　的盎格魯─撒克遜種族起源〉（Eric Kaufmann, "American Exceptionalism Reconsidered:

文化中存在著許多優秀的成分，如美利堅民族獨立進取和勇於開拓的精神，對個人權利的珍視，對資產階級民主自由的保障，鼓勵出人頭地的競爭機制等等。一位對美國進行了兩年考察後的中國學者寫道：「美國文化的一個根本價值觀便是人類應努力征服自然。他們相信，人類能克服障礙，掌握環境，他們主張以積極主動的態度來對付自然界而不應消極被動。從這一價值觀念出發，又產生出許多相關的價值觀念，如關於努力工作，重視個人成就，主張開創進取，講究效率和理性。」[18]在美國歷史發展過程中，美國文化中的這些積極內容無疑起了非常重要的作用，成為美國不斷走向強大的主要原因。當然，美國文化在形成發展過程中，自身也包含著許多消極因素，如以我為標準的「文化中心主義」，以暴力來實現自己所追求的「理想」，對有色人種的偏見和歧視，不惜一切代價消滅阻擋前進路上的障礙等等。這些消極因素儘管沒有對美國的發展構成多大妨礙，有時甚至還成為經濟發展和財富積累的重要手段，但卻對其他民族或國家產生了明顯的負面影響，甚至給它們帶來不幸與災難。美國文化可以說是包羅萬象，內容龐雜，把適應新大陸的各種白人價值觀都包括在內，上面所列舉的僅僅是其中比較具有代表性的部分。不可否認，美國的許多價值觀已經隨著社會的發展而發生了變化，傳統的清教徒精神已被現代主義的自我無限膨脹所取代，勤奮節儉讓位於縱情聲色、貪圖享樂、崇尚消費等等。原美國國家安全事務助理、著名國際問題研究專家茲比格涅夫・布熱津斯基在一九九三年出版的一本書中寫道：「美國顯然需要花一段時間，在哲學上進行反省和文化上作自我批判。在這一時期內必須認真地認識到：以相對主義的享樂至上作為生活的基本指南是

---

Anglo-Saxon Ethnogenesis in the "Universal" Nation, 1776-1850），載《美國研究雜誌》（*Journal of American Studies*）第33卷第3期（1999年12月），頁436。

18　陳堯光：《大洋東岸──美國社會文化初探》（瀋陽市：遼寧人民出版社，1986年），頁35。

構不成任何堅實的社會支柱的;一個社會沒有共同遵守的絕對確定的
原則,相反卻助長個人的自我滿足,那麼這個社會就有解體的危
險。」[19]布氏之言並不是危言聳聽,說明美國的社會價值觀處在一種深
刻的變動之中。

對美國外交發生明顯影響的主要是美國政治文化。文化的範疇主
要包括政治文化、社會文化、物質文化、大眾文化等,它們雖然彼此
有時交錯,但還是有所區別的。政治文化是國家或民族特性的體現,
因此也是國與國之間區別開來的主要標誌。政治文化相對穩定,不易
受社會變革的影響,在政治制度從開始一直延續至今的國家尤其不易
發生變化,美國便是這樣的國家。誠如美國學者詹姆斯·莫特雷所
言:「儘管一九九○年的美國與一七八五年的美國完全不同,但其基
本的政治文化所發生的重大變化卻異常之少。」[20]俄國學者卡緬斯卡婭
在論及美國的政治文化時說:「高度穩定是成熟的政治文化規範的特
點。政治文化的基本價值從社會經受長期深刻震動時期保存下來,已
存在千百年。政治文化的基本規範和價值作為人民共同的文化遺產的
組成部分,是民族同一性最重要的組成部分之一。」[21]政治文化主要
指影響人們的政治態度與行為的信仰、思想、習俗、準則、慣例等
等,往往存在於人們的意識之中,潛在地對人們形成約束,尤其是那
些在政治上代表一個民族或國家的領袖人物更是難以擺脫這種文化的
羈絆,常常在國家對外政策選擇上體現出固存於腦海之中的文化傾
向。美國社會的氛圍也使領袖人物很難在決策時不受文化價值觀的影
響,他們力圖使外交決策和執行與人們的信仰保持一致,以獲得民眾

---

19 茲比格涅夫·布熱津斯基著,潘嘉玢等譯:《大失控與大混亂》(北京市:中國社會
　科學出版社,1994年),頁125。
20 詹姆斯·莫特雷:〈美國的非常規衝突政策和戰略〉,載中國現代國際關係研究所選
　編:《冷戰後的美國與世界》(北京市:時事出版社,1991年),頁97。
21 卡緬斯卡婭:〈美國的政治文化〉,載《現代外國哲學社會科學文摘》1994年第2
　期,頁23。

對他們的支持。美國外交史專家小塞西爾·克拉布在談到這一點時指
出:「毋庸置疑,美國人民顯然期望美國外交政策中的任何新方針都
將符合美國社會根深柢固的價值觀、它的精神氣質及其傳統。在國外
與在國內一樣,國家政策應該符合美國對自由、公正、放任主義、民
主和其他所珍惜的概念的信仰。」[22]美國學者斯帕尼爾也持類似觀點,
他對二戰以來美國外交政策的研究表明:「我們的政治領袖們反映了
美國社會的價值觀念,每當他們在執行國家的外交政策中似乎要漠視
這些價值觀念時,他們總會受到政府行政部門、國會、反對派以及新
聞界人士的批評。」[23]他從另一個角度說明了美國領導人在制定或執行
對外政策時受本國文化價值觀念的限制。

　　文化在外交決策和執行過程中所起的主要作用得到很多學者通過
個案研究的證明。美國外交史學家弗蘭克·寧柯維奇在一篇文章中指
出了在處理外交問題上決策者的文化價值觀所起的重要作用,在他看
來:「見識深遠的政治家總是承認外交同樣需要考慮文化價值觀,這
些價值觀由於在形成理解力上的至關重要作用,所以較之意識形態信
仰或抽象的理想更具有意義。在二十世紀,美國幾乎所有的重要政治
家都毫無例外地把文化因素考慮為其處理外交的組成部分;的確,文
化在他們決策中起著明顯的,常常是決定性的作用。」[24]他認為二十世
紀以來文化一直對美國的外交政策發生著舉足輕重的影響。其實,當
美國作為一個主權實體開始發展與外部的關係時,文化因素便在美國
對外關係中發揮著非常重要的作用,給美國對外關係打上了帶有明顯

---

22　小塞西爾·克拉布:《美國外交政策的主義:它們的含義、作用和未來》(Cecil V.
　　Crabb, Jr., *The Doctrines of American Foreign Policy: Their Meaning, Role, and Future*)
　　(巴呑魯日市:路易斯安那州立大學出版社,1982年),頁67。
23　J·斯帕尼爾著,段若石譯:《第二次世界大戰後的美國外交政策》(北京市:商務
　　印書館,1992年),頁445。
24　弗蘭克·寧柯維奇:〈1900年以來美國對外政策中的文化〉(Frank Ninkovich, "Culture
　　in U.S. Foreign Policy Since 1900"),載謝主編:《文化與國際關係》,頁103。

的本民族文化特徵的烙印。長期影響美國外交決策的孤立主義情緒和擴張主義傾向，都同美國文化有著密切的關係。諸如向「荒野」傳播「文明」的天定命運觀念，教化弱小民族的「救世主」思想，唯我獨尊的「種族主義」心態，同要求其他國家接受美國的政治發展模式和向世界範圍內推廣美國的自由市場體制等所謂「輸出民主」、「傳播自由」戰略，顯然是一脈相承的。這些影響美國外交決策的價值觀根深柢固於美國文化之中，當它們體現在美國的具體外交政策上時，多數情況下變成了對美國追求自我利益的一種「堂而皇之」的掩飾或「振振有辭」的解釋。實際上，體現在美國外交中的文化價值觀絕不會超越美國的自我利益，相反，這些價值觀一直是美國政府實現其在國外政治、經濟以及安全等利益的一種有效的手段。

美國政治文化包含著許多獨具特色的價值觀念，當這些價值觀反映到外交上時，常常使美國對外關係表現出獨有的特徵。對於這些特徵，如果僅僅用「虛偽」、「假象」以及「偽善」一言以蔽之，那只能使欲要解決的問題更加撲朔迷離，難以捉摸。只有對美國文化與外交關係進行深入研究，才能為揭開這些特徵之「謎」提供了一個新的角度或新的思路。中國有些學者已經認識到這一問題的重要性，如王緝思先生在一篇文章中指出：「外交行為受領導人思想意識的支配，而領導人的外交思想不僅是在對外部環境長期作出反應的基礎上形成的，也是本國家、本民族的政治文化、觀念形態的反映。國際政治包含著不同國家利益的協調與衝突，也充滿著不同思想原則的相互撞擊。因此，研究一個國家特別是大國的外交政策，必須聯繫該國的政治傳統、價值觀念，以至廣義上的文化來進行考察。」[25]美國許多學者也發出了類似的呼籲。如伊萊恩・泰勒・梅認為：「對歷史學家來

---

25 王緝思：〈美國外交思想傳統與對華政策〉，載《美國研究參考資料》1989年第3期，頁1。

說，對美國國際行為和國際關係的考察進行文化分析，可以豐富和加深對外交政策的研究。與此同時，美國在世界上的地位以及由這種地位產生的國際動力，能夠對國內文化的發展提供深刻的認識。之所以這樣一定程度上是因為美國的外交政策和文化主要基於意識形態上。當然，其他憂慮，尤其是物質利益、安全考慮和軍事威脅等，也為美國外交政策決定提供了很重要的基礎。同樣，文化不僅源於意識形態，而且也源於諸如歷史、種族、宗教和政治傳統等因素。」[26]他們的真知灼見已經為研究美國外交的學者以及研究國際關係的學者所更多的理解。

　　冷戰的結束給一個時代劃上了句號。美國政界和學術界一種具有代表性的觀點認為，美國靠著其思想意識和文化價值觀打贏了這場戰爭。其實，這種說法是很有爭議的。與美國在國際舞臺上抗衡了四十餘年的競爭對手突然解體似乎讓人感覺到美國在意識形態上贏得了這場戰爭的勝利，但冷戰的結束並不意味著與美國不同的意識形態在這個世界上業已消失。世界的多極化本身就包含著各種不同的意識形態、價值取向和文化傳統在相互競爭中共同發展。面對著來自各個方面的挑戰，美國將更加注重對外政策中的文化因素。如果說過去美國文化在外交中主要發揮一種潛在的作用話，那麼，現在卻被美國政府決策者有意識地作為實現冷戰後美國全球戰略的重要籌碼。喬治·布什總統一九九二年九月十日在《美國復興日程》計畫中主要談及了冷戰結束後美國所具有的優勢以及面對的問題，特別強調了美國的政治和經濟優勢由於美國文化對全世界的吸引力而得到強有力的補充。他認為這是一種美國在新的國際環境中可以利用的「軟實力」。[27]美國

---

26 伊萊恩·泰勒·梅：〈評論：意識形態和對外政策：外交史中的文化與性別〉，頁71。
27 布什對《美國復興日程》的解釋詳見喬治·布什：〈在密歇根底特律經濟俱樂部的講話以及問答會〉（George Bush, "Remarks and a Question-and-Answer Session with the Economic Club of Detroit in Michigan"）1992年9月10日，載《美國總統公開文件》（*Public Papers of the Presidents of the United States*）（華盛頓特區：美國政府出

《新共和》週刊副主編雅各布・海爾布倫在談到文化在美國對外關係
上的作用時認為，美國的文化實際就是美國的對外政策。即使美國並
不總是按照它說唱的高調行事，它也總是根據個人權利和對世界有吸
引力的民主來闡釋其文化。這樣，美國自然相信本國的民主應當成為
世界的樣板。[28]與政府對外文化戰略遙相呼應，美國有的學者也提出
了新的理論來解釋文化在國際關係中的地位。如哈佛大學教授、著名
政治學家塞繆爾・亨廷頓一九九三年在美國權威性刊物《外交季刊》
上發表了一篇文章，認為在新的世界格局中，人類發生衝突的根本原
因將不再源自意識形態因素或者經濟因素，文化方面的差異將成為人
類分歧和衝突的主要因素，主宰全球的將是「文明的衝突」。[29]以寫
《大國的興衰》而著名的耶魯大學教授保羅・肯尼迪一九九五年一月
一日在回答記者提問時預言，今後的世界不是資本主義和社會主義的
對峙，而是美國式的放任主義的文化同反美國文化之間的對峙。這種
現象已經在韓國、法國、日本和伊斯蘭教國家出現。哈佛大學國際事
務研究中心主任小約瑟夫・奈提出了「軟實力」理論，認為軟實力主
要來源於文化和經濟，美國的文化為軟實力提供了低代價、高效益的
源泉，同時以跨過公司迅速發展為特徵的世界經濟也給軟實力傾注了
無窮的源泉。[30]上述這些理論或觀點旨在提醒美國政府把文化作為一

---

版局，1992年），頁1525-1535。布什的講話可在美國政府出版局的官方網站上獲
得，網址為http://www.gpoaccess.gov/pubpapers/index.html，下同。

28 參見雅各布・海爾布倫：〈美國文化戰的枝節問題〉（Jacob Heilbrunn, "A Sideshow in
America's Culture Wars"），載《洛衫磯時報》（Los Angeles Times）1997年7月20日，
頁1。

29 塞繆爾・亨廷頓：〈文明的衝突〉（Samuel P. Huntington, "The Clash of Civilization?"），
載《外交事務》（Foreign Affairs）第72卷第3期（1993年夏季號），頁22-49。

30 參見小約瑟夫・奈：〈軟實力〉（Joseph S. Nye, "Soft Power"），載《對外政策》（Foreign
Policy）第80期（1990年秋季號）；小約瑟夫・奈：〈軟實力的挑戰〉（Joseph S.Nye
Jr., "The Challenge of Soft Power"）載《時代》（Time）第153卷第7期（1999年2月22
日），頁30。

種新的戰略，以充分的準備迎接未來的挑戰，在文化的爭奪中獨占鰲
頭，鞏固美國的國際地位和維護美國的國家利益。中國歷來就是美國
「軟」進攻的對象，這種趨勢在冷戰結束後更為明顯，這就要求我們
對美國文化與外交的關係進行深入細緻的研究，立足現實，追根溯
源，用歷史事實從深層揭示出美國外交的實質。

　　研究美國文化與外交的關係，置身於該文化之外的「旁觀者」也
許比深受這種文化薰陶的「當局者」看得更清楚一些。新加坡行政學
院院長馬赫布巴尼在評論亨廷頓〈文明的衝突？〉一文時指出：「西
方的價值觀不會是構築得天衣無縫的，其中有些是不錯的，有些則是
有問題的。但要看清這一點，人們就必須站在西方之外，才能發現西
方是如何用自己的手把自己推向相對衰落的境地。亨廷頓跳不出這個
圈子，因而他無法看出這一點。」[31]馬赫布巴尼儘管是針對西方文化危
機發出的議論，但卻是一語中的，對站在美國文化圈之外的學者研究
美國文化在外交中的作用不無啟迪。上個世紀九○年代初在撰寫博士
論文過程中，我就開始對這一問題進行思考，經過幾年的收集資料和
不斷探索，我愈來愈覺得這是一個亟待研究的重要課題。我在從事這
一研究過程中，深感功力不逮，水平有限，立論欠妥、取材不當、錯
誤疏漏之處在所難免。但是略感欣慰的是，我已經盡了最大的努力，
惟願奉獻給讀者面前的這一研究成果能夠起到拋磚引玉之效，啟發人
們從新的角度探討國際關係。至於書中存在的缺陷和不足，只能留待
來日或來者。

---

31 Ｋ・馬赫布巴尼：〈衰落的危險——評亨廷頓的〈文明的衝突？〉〉，載《國外社會科
　　學》1994年第8期，頁81。

# 第一章
# 美國文化中的「天賦使命」神話

　　許多美國人認為，作為上帝選擇的一個特殊國度，美國對人類的歷史發展和命運承擔著一種特殊的責任，負有把世界從「苦海」中拯救出來的神聖「使命」。這顯然是有點虛無縹緲的「神話」，但他們對此深信不疑。這樣一種觀念根深柢固於美國白人文化之中，深深地影響著在這種文化氛圍內生活的美國人對外部世界的看法與態度，在美國社會菁英人士的身上表現的尤為明顯。當美利堅合眾國作為一個主權實體開始發展與其他國家的外交關係時，這種使命觀對政府決策者的思想發生了深刻影響，並在美國對外政策中體現出來，成為表現在美國對外關係上的一個顯著特徵。美國歷史學家莫雷爾‧希爾德等人在《文化與外交》一書的導言中寫道：「美國外交事務的出發點是這樣一種信仰，即美國在外部世界關係中享有一種任何其他國家都不能享有的特殊使命。」[1]這種觀點體現在這本書的字裡行間，展現了美國決策者所持有的這種觀念與外交決策與執行之間的密切聯繫。其實，這種「使命」體現出的內容在現實生活中未必屬於事實，但作為在這塊土壤上長期形成的一種文化價值觀，它無疑是美國政府外交決策者思想意識中的重要組成部分，其歷史根源可以從美國早期移民的信仰中找到。

---

1　莫雷爾‧希爾德等著：《文化與外交：美國的經歷》（Morrell Heald and Lawrence S. Kaplan, *Culture and Diplomacy: The American Experience*）（韋斯特波特：格林伍德出版社，1977年），頁4。

# 一　開拓北美大陸的「上帝的選民」

　　「上帝的選民」是一個宗教的概念，早在古代就成為所謂先進民族詮釋對落後民族統治合理性的一個根據。如古代希伯萊人就宣稱他們是一個神聖民族，是被上帝選擇為一個統治地球上所有國家的特殊民族，「希伯萊人認為他們是古代世界的上帝選民」。[2]其實，在某種意義上說，世界上所有主要宗教的信徒都認為負有普度眾生的使命，這是他們自以為與凡夫俗子的區別所在。基督教在這方面表現的尤為強烈。

　　基督教中的「上帝的選民」概念源於《舊約全書》，指上帝挑選以色列民族為自己的選民，拯救他們脫離埃及法老的奴役。據《申命記》第七章記載，以色列人出埃及赴迦南途中，摩西訓誡他們：

> 耶和華你的上帝從地上的萬民中揀選了你，特作自己的子民。
> 耶和華專愛你們，揀選你們，並非因你們的人數多於別民，原
> 來你們的人數，在萬民中是最少的，只因耶和華愛你們。[3]

基督教興起以後，這一概念有了很大的外延，泛指塵世中因崇拜上帝而蒙受其恩寵的基督教徒。如《新約‧歌羅西書》記載保羅在寫給非以色列族的歌羅西信徒的信中，也稱他們為「上帝的選民」。隨著現代西方文明的興起，「上帝的選民」儘管在宗教含義上絲毫沒有改變，但所指的對象卻轉向從十六世紀歐洲宗教改革運動中脫穎而出的新教徒。當然，新教徒在「上帝的選民」意義上常常以以色列人的繼承者

---

2　弗雷德里克‧金特爾等主編：《美國之夢：信念和實踐的歷史》（Frederick Gentles and Melvin Steinfield, eds., *Dream On, America: A History of Faith and Practice*）（聖弗朗西斯科：坎菲爾德出版社，1971年），頁5。

3　《舊約全書‧申命記》第7章，頁221。

自居。如新教的主要領袖約翰‧加爾文提倡的基督教新教教義明顯包含這方面的內容。加爾文並沒有否認以色列人是「上帝的選民」，他在一本書中寫道，上帝「選擇以色列人作為他自己的信徒」。[4]然而，他提出的新教神學理論已經改變了上帝的這種選擇。信仰得救的「預定論」是加爾文教義的核心內容之一，也就是說，無所不能的上帝預先決定了世界上的一切事物和事實。他是這樣論述這一永恆不變的真理的：

> 我們認為上帝是萬事萬物的支配者，從開天闢地起，就按照自己的智慧決定了他要做些什麼，現在根據他的威力執行他規定下來的事。因此我們認為根據上帝的意旨，不只是大地本身，就是無生命的東西也是如此，連人們的意志也是這樣受他的支配，完全依照上帝注定的進程行動著。[5]

加爾文的「預定論」便是「上帝無所不能」這種邏輯推理的結果，在此基礎上，加爾文提出了上帝以其絕對的意志對生活在塵世的他的子民進行挑選，被選中者就是上帝的選民，其他則為棄民。上帝挑選的標準除了是傳播基督福音的虔誠信徒外，個人在事業上的成功與失敗、生意上的發財與破產，也成為區分「選民」和「棄民」的重要標誌。當然「預定論」在加爾文教義中並非完全起著一種消極的作用。因為人們無法改變受上帝主宰的命運，所以只能通過在塵世的行動來確定和證明上帝對自己的恩寵，成為「上帝的選民」。「上帝的選民」是要按照上帝的要求對世界承擔一種責任的，由此引發出新教徒的「天職觀」，也就是新教徒以聆聽上帝的召喚作為上帝的選民來到世

---

4　約翰‧迪倫伯格主編：《約翰‧加爾文文選》（John Dillenberger, ed., *John Calvin: Selections from His Writings*）（紐約市：安克書社，1971年），頁350。

5　郭振鐸主編：《宗教改革史綱》（鄭州市：河南大學出版社，1989年），頁315。

間，他有按照上帝所規定的信條改變和復興世界的責任或義務。這種
責任或義務便是新教徒從「無所不能」的上帝那裡獲得的對世界承擔
的一種特殊的使命。

　　加爾文主義對英國宗教改革運動發生了很大的影響。英國的宗教
改革從十六世紀開始，改革後的教會稱為英國國教或聖公會，屬於新
教的一支。英國國教儘管從本質上是反傳統的，也就是說，與中世紀
主宰人們一切的天主教會是對立的，但其改革說到底還是為當時的英
國統治者服務的，所以不會是徹底的，實際上改革後的英國國家依然
保留了很多天主教的成分。在這種形勢下，一部分持有激進觀點的教
徒宣布脫離國教，要求「清洗」國教內依舊起作用的天主教舊制和繁
瑣儀文，提倡過一種「勤儉清潔」的生活。這批教徒組成的宗教派別
以「清教」而著稱。英國國教和清教儘管在很多主張上格格不入，打
得不可開交，但都認為英國是上帝恩寵的國家，在塵世具有一種復興
基督教與拯救世人的特殊使命。因此，不管是聖公會徒，還是清教
徒，「都表現出強烈的命運感、上帝選民感以及特殊使命感」。[6]他們
程度不同地認為，宗教改革運動以其最純潔的形式在英國開展起來，
英國將成為基督教世界的榜樣，作為生活在這塊土地上的他們自然是
古代以色列人的繼承人。英國聖公會徒威廉・克拉肖寫道：「以色列
人的上帝就是……英國的上帝。」[7]清教徒的這種意識更為強烈，約
瑟夫・蓋爾在所著的《清教傳統》一書中宣稱：

　　　　在探究《聖經》中的有關經文時，清教徒很容易發現他們自己

---

6　羅伯特・漢迪：《一個基督教的美國：新教希望與歷史現實》（Robert T. Handy, *A
　　Christian America: Protestant Hopes and Historical Realities*）（紐約市：牛津大學出
　　版社，1984年），頁7。

7　查爾斯・桑福德：《尋求天國：歐洲與美國的精神想像》（Charles L. Sanford, *The
　　Quest for Paradise: Europe and American Moral Imagination*）（厄巴納：伊利諾伊大
　　學出版社，1961年），頁52。

與以色列人之間存在許多相似之處，他們把英格蘭視為他們的埃及，把詹姆士一世視為他們的法老，把大西洋視為他們的紅海。他們也是一個整裝待命的民族，明顯被上帝選擇來執行世界拯救的神聖計畫。[8]

英國清教徒的這種宗教價值取向在當時流行很廣的《殉道者傳》中充分體現出來。這本書是清教的主要代表人物之一約翰・福克斯所著，正式書名為《教會的教義與功績》，從一五六三到一六八四年共發行九版，尤其在清教徒的家庭中傳誦甚廣，其受珍愛之程度僅次於《聖經》。福克斯在這本書中以生動犀利的文筆敘述了從十四世紀到瑪麗一世在位時期所遭受的磨難。他把教會的歷史分為五個截然不同的時期，前四個時期已經成為歷史。第五個時期發端於宗教改革運動，這是一個基督教力量與反基督教力量決定勝負的時代，最後的勝利將屬於真正改革的教會。這本書旨在說明清教徒為天國的勝利歷盡艱難險阻，「以某種方式表明英國在上帝的計畫中占有一種特殊選定的地位」。[9]清教領袖威廉・布拉福德也聲稱：「在羅馬天主教統治的黑暗之後，英格蘭是上帝給予福音之光的第一個國家。」[10]只要英國被論證為上帝所選定的國度，生活在這個國家的他們自然就成為「上帝的選民」了。

從一開始，「上帝的選民」就與對塵世負有一種特殊責任的「使命感」密切聯繫在一起。「上帝的選民」相對於「上帝的棄民」而言，絕不是簡單地規定來到這塊土地上的清教徒與其他塵世之人有著

---

8　金特爾等主編：《美國之夢：信念和實踐的歷史》，頁45-46。

9　金特爾等主編：《美國之夢：信念和實踐的歷史》，頁7。

10　弗朗西斯・布雷默：《清教實驗：從布拉福德到愛德華茲的新英格蘭社會》（Francis J. Bremer, *The Puritan Experiment: New England Society from Bradford to Edwards*）（紐約市：聖馬丁出版社，1976年），頁34。

嚴格的區別。作為「上帝的選民」，這些清教徒自然承擔著把這塊土地建成供世人效仿榜樣的使命，以最終完成對「棄民」的拯救。按照清教改革家的說法，英格蘭既然是上帝選定的國家，其在塵世中履行的使命便是「拯救基督教世界，通過把所有子民都集合在改革的新教旗幟下來恢復歐洲中世紀的統一」。[11]清教徒原本希望在故土繼續推進宗教改革運動，把英國建成基督教世界的楷模，實現他們拯救和復興世界的夢想。然而，他們的主張對現行的統治秩序構成了很大的威脅，必然為掌握國家權力的階層所不容。隨著英國王室日益加劇專制統治，英國的特殊地位在清教徒的心目中逐漸消失，當王室開始對威脅其統治基礎的清教徒進行殘酷迫害時，許多清教徒只好離開故土，在海外尋找他們實現宗教理想的新天地。

清教徒在許多方面與英國王室發生衝突。他們認為，英國在塵世的重要地位首先來自上帝的選擇，因此實現上帝的安排或目的比起世俗政府的政治或經濟考慮更為重要。英國應該根據上帝的旨意，在國際上充當與反基督教勢力鬥爭的「領袖」，也就是傾其全力支持其他國家的新教與天主教的鬥爭。從宗教使命上講，這種主張並非與英國國教的教義發生衝突，但卻不利於在一個動盪不寧的世界內英國王室對其統治的維持與鞏固。當清教徒大聲疾呼王室對國際上新教鬥爭採取具體的支持措施時，英國王室對此便會產生強烈的不滿，詹姆士一世對荷蘭的政策就是一例。十六世紀荷蘭爆發了反對西班牙統治的起義後，歐洲新教徒都視之為對國際上反基督教勢力的沉重一擊。伊麗莎白曾對荷蘭的新教徒進行了熱情的援助，英國清教徒為之歡欣，引以為豪，他們把加爾文教居於統治地位的荷蘭看作是上帝的「特殊聖所」。當西班牙統治者蠢蠢欲動，企圖恢復在荷蘭失去的統治時，清教徒向英國政府大聲疾呼採取聲援行動，但英國王室擔心獨立的荷蘭

---

11 布雷默：《清教實驗：從布拉福德到愛德華茲的新英格蘭社會》，頁34。

會對英國的經濟利益構成威脅，因而無動於衷。滿懷激情的清教徒對此深感不滿，與王室的離異傾向愈益明顯。英國王室也由此認為清教徒的存在對其合法的統治形成了威脅，必欲除之而後快。從十六世紀八〇年代中葉起，英國王室開始迫害清教徒，清教運動被迫轉入地下。詹姆士一世統治時期，迫害政策毫未緩解，而且變本加厲，不斷升級。他在一六〇四年針對清教徒宣稱：「你們要一個長老制的教會，與君主政體勢不兩立，正如魔鬼與上帝勢不兩立一樣。……沒有主教，也就沒有國王。如果你們堅持自己的主張，我將強迫你們接受國教會，不然就把你們驅逐出境。」[12]查理一世即位後，繼續推行殘酷鎮壓清教徒的政策。一六二五年，坎特伯雷大主教勞德發表聲明，禁止討論國教會教義；一六二九年，禁止加爾文派進行傳教活動；一六三七年，對編寫清教小冊子的人，當眾鞭打，施以酷刑，終身監禁。正是在這種背景之下，大批清教徒背井離鄉，一方面逃避厄運，另一方面在海外尋求實現他們宗教理想的聖地。

　　據不完全統計，從一六三〇年到一六四〇年間，逃往國外的清教徒約六萬人，其中相當一部分人不畏艱險，橫渡大洋，來到了在他們眼中仍然是荒涼一片的北美大陸。一六二〇年，一批主要由清教徒組成的移民隊伍在清教改革家威廉‧布拉福德的率領下，經荷蘭乘坐「五月花號」船抵達北美，在現在美國東海岸他們稱為普利茅斯的地方靠岸登陸。「普利茅斯大岩」（Plymouth Rock）以後就成為美國「理想主義」的象徵。一六三〇年，在因信仰清教而被褫奪公職的約翰‧溫斯羅普的率領下，一支由一千五百人組成的大規模移民團體在現在的馬薩諸塞州安營紮寨，建立了嚴格按照清教戒律衡量人們行為的社會。他們在北美大陸的成功定居刺激和鼓舞了英國國內的清教徒，後者於是紛紛遷徙北美。從一六三一年開始，大批清教徒開始飄

---

12　郭振鐸主編：《宗教改革史綱》，頁353。

洋過海，形成了在當時還算是不小的移民潮。一六四二年英國內戰爆發，數萬名美國移民「始祖」到達北美，從而翻開了北美大陸歷史的新篇章。儘管清教徒在移民人數上並不居於多數，但他們受教育程度高，具有宗教凝聚力，因而必然成為早期移民中的強有力集團，在他們領導下建立的殖民地自然具有濃厚的宗教色彩。

　　從表面上看，清教徒移居北美似乎是迫於國內不寬容的宗教氛圍，但就深層而言，他們中的許多人卻是為了信仰而甘願放棄國內優厚的生活條件來到這塊對他們來說還是命運未卜的大陸尋找實現他們宗教理想的「淨土」，當然其中也包含著發財致富的夢想。由此可見，這些懷抱著神聖理想的清教徒「被迫背井離鄉不是逃避懲罰，而是為了建立一個希望之鄉。他們認為古代以色列人和他們自己之間的唯一重大區別是，他們可望把這塊荒野之地變成希望之鄉」。[13]美國宗教史學家約翰・諾頓以後寫道，清教徒的出走「並不像普利尼的老鼠逃跑，遺棄了一棟搖搖欲墜的房子；也不像外國僱用軍開小差，他們在危險時刻逃避職責；而是上帝關閉了在英國服務的大門時，在新英格蘭打開了服務的大門」。[14]一本宣傳小冊子描寫這些到北美定居的殖民者，「為了人類的利益，他們放棄了由於他們的財富及其本國當時盛行的習俗而享有的種種安逸和閒適」。[15]以研究美國民主制度而著稱的法國學者托克維爾也寫道：

　　這些在新英格蘭海岸落戶的移民「並非迫不得已離開故土，而是自願放棄了值得留念的社會地位和尚可溫飽的生計的。他們之遠渡重洋來到新大陸，決非為了改善境遇或發財；他們之離

---

13 金特爾等主編：《美國之夢：信念和實踐的歷史》，頁46。

14 布雷默：《清教實驗：從布拉福德到愛德華茲的新英格蘭社會》，頁38。

15 丹尼爾・布爾斯廷：《美國人：開拓歷程》（北京市：美國駐華大使館新聞文化處出版，1987年），頁83。

開舒適的家園，是出於滿足純正的求知需要；他們甘願嚐盡流亡生活的種種苦難，去使一種理想獲致勝利。[16]

　　當然這夥「上帝的選民」一開始也遇到了意想不到的困難。背後是波濤洶湧的海洋，頭頂是茫茫無際的上蒼，前面是孤寂可怕的荒野，很多人因無法適應新的環境而葬身異域，倖存者向全能的上帝祈求，希望他們在上帝的指引下能夠走出困境，在這塊土地上生存繁衍。布拉福德記載了他們當時面臨的幾乎絕望的處境，「大家如果回顧身後，就只見他們泛渡過來的汪洋大海，它如今成了千重波障、萬里鴻溝，將大家完全隔絕在文明世界之外。……現在除了上帝的精神和慈愛，還有什麼能支持他們呢？」[17]不過，在很多清教徒的眼中，他們面臨的種種困難是「天降大任於斯人」之前上帝對他們意志的有意考驗，也是他們邁向天國路上所遇到的必然障礙，「美國人是上帝選民的信仰並不暗示著一帆風順地達到拯救。正如聖經十分明確表明的那樣，上帝的選民經歷了最嚴重的考驗，承擔著最難以忍受的負擔」。[18]既然上帝選擇了他們，那麼當他們身處絕境時上帝絕不會袖手旁觀，拋棄他們。因此當他們向上帝祈求時，上帝似乎聽見了他們的聲音，給他們指出了一條通向光明的道路。美國現在每年十一月下旬舉行的「感恩節」已成為一個傳統節日，其起源可追溯到普利茅斯殖民地移民始祖們適應新環境後對上帝的感恩戴德。

　　「上帝的選民」這一概念儘管對於新教各教派來說都不失為一種使自己在塵世之行為合理化的解釋，但它所體現出的內容在虔誠的清

---

16 托克維爾著，董果良譯：《論美國的民主》上卷（北京市：商務印書館，1991年），頁36。

17 塞繆爾・埃利奧特・莫里森等著，南開大學歷史系美國史研究室譯：《美利堅共和國的成長》上卷（天津市：天津人民出版社，1980年），頁68。

18 小阿瑟・施萊辛格：《美國歷史的循環》（Arthur M.. Schlesinger, Jr., *The Cycles of American History*）（波士頓市：霍頓・米夫林出版社，1986年），頁15。

教徒身上表現的更為強烈。他們自認為「出污泥而不染」，潔身清高，竭力通過自己在塵世的行為來證明上帝對自己的「恩寵」。他們本想在故土大展鴻圖，推進宗教改革，實現夢寐以求的神聖理想，然而，由於他們的主張反映出新興階級的要求和利益，因此很難為統治階級所能容忍。故土已難留存，只好另闢蹊徑，這是清教徒遷徙北美的主要原因之一。當在新世界實現宿夢與開拓一片大陸的艱難環境結合在一起時，這夥「上帝的選民」才真正感受到了他們肩負的使命，「他們命定成為一個民族。……按照主的旨意，他們將要變荒野為文明，使之成為伊甸園，成為樂園。在上帝創造並安置在地球上的所有人中，他們是上帝的選民。他們是新世界。正如基督給世界帶來了新啟示錄，代替了舊啟示錄，這些上帝的選民帶來了新的使命」。[19]在某種意義上來說，他們在英國播下的「理想」種子卻在北美大陸上找到了適合生長的環境，在這裡生根、發芽、開花和結果。

這樣，清教徒來到這塊陌生土地上的目的之一是建立一個為世人所仿效的理想社會。在這塊土地上建立的國家自然就成為地球上的「上帝王國」。因此，構成其居民的美國人與眾不同，他們組成了「上帝選民的共同體」。美國殖民時期著名清教牧師科頓・馬瑟在一本宏揚上帝在美洲的豐功偉績的書（*Magnalia Christi Americana*）中描述了清教徒居住的這塊大陸的特殊性。在他看來，「在神聖歷史進程中，北美洲進入了中心階段；新英格蘭的清教徒成為被上帝挑選出來的特殊子民，焦急地等待著他們的新耶路撒冷的第二次降臨；北美洲從世界的一個遙遠的角落轉變成新耶路撒冷的中心，成為與歐洲形成鮮明對照的指路燈塔。在期待時代的終結中，新英格蘭清教徒創造了一個新的開端，即終結的開始」。[20]十八世紀上半期北美大覺醒運動

---

19 詹姆斯・羅伯遜：《美國神話美國現實》（James O.Robertson, *American Myth American Reality*）（紐約市：希爾和王出版社，1980年），頁53。

20 轉引自羅布・克羅斯：《如果你見過一個，你就見過一片：歐洲人和美國大眾文化》

的宗教領袖喬納森・愛德華茲指出：

> 我們是一個契約民族，每個立誓信教的民族都是，但我們以一
> 種特別的方式是這樣；因為上帝在許多方面惠顧這片土地上的
> 民族，就像當上帝與以色列的子女簽訂契約時對他們所做的一
> 樣。他把我們帶出，與其他民族相分離，因為我們在他們中間
> 處於沉重枷鎖的束縛之下；他帶著我們越過了浩淼的大洋，率
> 領著以色列的子民穿越荒山野嶺，把我們帶到了一個遙遠的地
> 方，對上帝自己來說，我們也許是一個特殊的民族。上帝讓我
> 們占有宜人的土地，為了讓我們領有這片土地，他最終讓其前
> 居民離開，這樣我們才能擁有它。他以不同尋常的方式驅逐了
> 我們前面的異教徒，把我們移民於這裡安家落戶，可以說把他
> 的聖堂安放在我們中間。……在這裡，上帝已經與我們簽署了
> 契約。我們的祖先一來到這裡定居下來，就莊嚴地與上帝簽署
> 了契約。世界上也許沒有任何民族採取了我們成為一個獨特的
> 契約民族的方式，不可與這個民族的以色列教會的情況同日而
> 語。[21]

清教徒宣稱的「理想」在現實生活中未必屬實，但確實成為人們開拓
新大陸過程中的精神食糧。清教徒的宗教觀深深地影響了美利堅民族
的形成，在思想意識上成為美國文化的「靈魂」。甚至存在著這樣的

---

（Rob Kroes, *If You've Seen One, You've Seen the Mall: Europeans and American Mass Culture*）（厄巴納：伊利諾伊大學出版社，1996年），頁8。

21 哈里・斯托特總主編：《喬納森・愛德華茲文集》（Harry S. Stout, ed., *The Works of Jonathan Edwards*），第19卷，M・X・萊塞編：《布道與宣講》（*Sermons and Discourses 1734-1738*, edited by M. X. Lesser）（紐黑文和倫敦：耶魯大學出版社，2001年），頁759。

說法，即「如果我們不理解清教，可以說就不理解美國」。[22]這種說法
顯然有所誇張，但如果要對美國白人文化追根溯源，也不是沒有道理
的。清教對美國文化的影響恰恰是發韌於這批移民始祖的思想，尤其
是「上帝的選民」這一概念在美國立國後更成為把美國人與世界其他
地區的人區別開來的主要標誌之一。這種觀念在許多有影響的美國人
思想中都有體現。如開國元勳之一托馬斯・杰斐遜一七八五年建議，
合眾國的國璽上應該銘刻著受一束光柱指引的以色列人的孩子們，這
些「孩子們」顯然就是指美國人。一八〇五年杰斐遜在就職美國總統
的演說中宣稱：「上帝指引著我們的祖先，就像指引著古代以色列人
一樣。」[23]杰斐遜的傳記作者吉爾伯特・奇納德由此認為，杰斐遜確
信，「美國人是上帝的選民。他們被賦予優越的智慧和力量」。[24]神學
詩人蒂莫西・德懷特一七八七年把美國人說成是上帝「選擇的種
族」。[25]美國著名作家赫爾曼・梅爾維爾在其一八五〇年出版的一本書
中對盎格魯—撒克遜種族大加讚頌，把這個種族的偉大歸結於上帝的
英名。他的一段著名表述是：「我們美國人是特殊的上帝的選民，即
我們時代的以色列人；我們駕駛著世界自由的方舟。七十年前，我們
逃脫了奴役狀態，除了我們首要的與生俱來的權利之外——擁有地球
上的一個大陸，上帝把統治異教徒居住的廣大版圖賦予我們在未來的
繼承，……上帝已預先注定，人類也期望，偉大的成就來自我們的種

---

22 佩里・米勒等主編：《清教徒：他們的原始論著集》（Perry Miller and Thomas H.
　　Johnson, ed., *The Puritans, A Sourcebook of their Writings*）第1卷（紐約市：哈珀和羅
　　出版社，1963年），頁1。

23 艾伯特・溫伯格：《天定命運：美國歷史上國家主義的擴張主義之研究》（Albert K.
　　Weinberg, *Manifest Destiny: A Study of Nationalism Expansionism in American History*）
　　（巴爾的摩市：約翰斯・霍普金斯大學出版社，1935年），頁40。

24 吉爾伯特・奇納德：《托馬斯・杰斐遜：美國主義的倡導者》（Gilbert Chinard,
　　*Thomas Jefferson: The Apostle of Americanism*）（波士頓市：利特爾和布朗出版公
　　司，1929年），頁428。

25 溫伯格：《天定命運：美國歷史上國家主義的擴張主義之研究》，頁40。

族，我們感到了這些偉大的成就存在於我們的靈魂之中。其餘國家必須很快步我們的後塵。……讓我們永遠不要忘記，幾乎是在地球歷史上第一次，由於我們的存在，國家的自私是沒有窮盡的善行；因為如果我們不向世界樂善好施，我們就不能有益於美國」。[26]類似這樣的語言在美國政治界和學術界俯拾皆是，對美國白人思想意識的形成產生了很大的影響，這種意識當然不可能不在美國對外政策上反映出來。

## 二　一座照亮世界的「山巔之城」

如前所述，清教徒是北美最早移民潮中的主流，建立一個為世人所仿效的社會的理想伴隨著他們來到這塊大陸，「他們希望通過建立一個模範的基督教社會來為真正的信仰而戰」。[27]這是他們的初衷，也是他們多少年不懈追求的一個目標。布拉福德率眾在前往北美途中就簽訂了被認為是美國民主基石的「五月花號公約」。他們「以上帝的名義」立誓要繼續進行清教試驗，「宏揚上帝的榮耀，推進基督的信仰，同舟共濟，以契約的形式組成政府」，以求自我完善，把北美建成新的耶路撒冷。當溫斯羅普帶著那批擺脫了宗教迫害的新教徒終於找到了實現自己宗教信仰的理想場所時，他不無感觸地對同夥談到他們所承擔的使命之成敗對世界未來所具有的重大意義：

> 我們必須認為，我們將成為山巔之城，全世界人民的眼睛都在注視著我們。所以，如果我們在實現這一事業的過程中欺騙了

---

26 赫爾曼‧梅爾維爾：《白色夾克或一個戰士的世界》（Herman Melville, *White-Jacket; or, The World in a Man-of-War*）第36章，紐約市：哈珀兄弟出版社，1850年。轉引自安德魯‧德爾班科：《真正的美國之夢：對希望的沉思》（Andrew Delbanco, *The Real American Dream: A Meditation on Hope*）（劍橋市：哈佛大學出版社，1999年），頁57-58；小施萊辛格：《美國歷史的循環》，頁15。

27 布雷默：《清教實驗：從布拉福德到愛德華茲的新英格蘭社會》，頁57。

我們的上帝，致使上帝不再像今天那樣幫助我們，那麼我們終
將成為整個世界的笑柄；我們將給敵人留下誹謗上帝和所有信
仰上帝之信徒的話柄；我們將使許多上帝的高貴僕人蒙受羞
辱，導致把他們的祈禱轉變成對我們的詛咒，直到我們毀滅於
我們正在前往的這片希望之地。[28]

布拉福德和溫斯羅普均為北美大陸早期移民的宗教領袖，他們以宗教
的語言向世人展示了來到北美大陸的清教徒對全世界的發展所承擔的
歷史使命。「山巔之城」這一術語以後逐漸成為美國把自己與其他國
家區別開來的一個主要象徵。美國拉特格斯大學歷史系教授邁克爾‧
亞當斯認為，溫斯羅普的「山巔之城」概念在美國形象和信念中「持
久不衰，通常被引用為一直被認為是非常獨特的一個國家經歷的象
徵」。[29]實際上，這樣一種設想也正是支撐著這些早期移民們能夠度過
危難的精神力量。當這些移民的始祖們終於克服和戰勝了大自然帶給
他們種種意想不到的困難和障礙時，這種固存於他們思想中的「使命
感」必然會以新的形式表現出來，他們決心在這塊新土地上進行神聖
的實驗，將之建設成為受世人敬仰和效仿的「理想王國」。布拉福德
以編年體的形式記載了清教徒在艱苦年代的遭遇，他們欲要承擔特殊
使命的情緒充斥於字裡行間，他在結語中寫道：「就這樣依靠著從虛
無中創造萬物、給萬物以生命的主的手，從一些小小的開端裡產生出
了許多偉大的事物；正像一支小蠟燭點燃千支燭一樣，在這裡燃起的

---

28 轉引自轉引自斯蒂芬‧英尼斯：《創建共和國：清教新英格蘭的經濟文化》（Stephen
Innes, *Creating the Commonwealth: The Economic Culture of Puritan New England*）
（紐約市：諾頓出版公司，1995年），頁14。

29 邁克爾‧亞當斯：〈從定居殖民地到全球霸權：美國經歷的例外論話語與世界歷史
合而為一〉（Michael Adas, "From Settler Colony to Global Hegemon: Integrating the
Exceptionalist Narrative of the American Experience into World History"），載《美國歷
史評論》（*American Historical Review*）第106卷第5期（2001年12月），頁1697。

光照亮了很多人，的確可以說，還以某種方式照亮了我們的整個民族。」[30]

這些早期移居北美的清教徒雖然擺脫了故土的宗教迫害，但依然以「生來自由的英國人」而自豪，也就是說，第一代清教徒在心理上仍然是以英帝國為核心的，他們無不希望以在北美大陸的成功來促使國人覺醒，改造母國，進而復興整個世界。這樣，「新英格蘭殖民地被認為是進入荒野的使者，通過範例和通過其居民的祈禱創建一個模範的清教社會來改變英國，通過英國再改變世界」。[31]他們把自己「看成是一支加爾文派的國際突擊隊。他們的目標是建立一座『山巔之城』，並以此向世界，特別是向英國人顯示一個神聖共和國應該擁有什麼樣的秩序」。[32]儘管這種設想隨著英國資產階級革命的成功而失去了存在的合理性，但在北美大陸上建立一座「山巔之城」以昭示世界的使命感卻在移民中間深深地扎下了根。美國一直宣稱在國外擁有一種特殊使命，其根源也就於此。很多美國學者把固存於美國白人文化中的「使命觀」與前往北美的清教徒聯繫在一起。如美國學者丹尼斯‧博斯特多爾夫指出，美國的「使命神話起源於我們的清教徒祖先，他們自認為是上帝的選民。根據這種神話，美國有一種道德義務，即作為一個楷模服務於世界其他國家，以此鼓勵全球範圍內的自由」。[33]

早期移民建立一個全新世界的「理想」得到了一些著名人士的系統闡述。愛德華‧約翰遜雖然不是殖民地的宗教領袖，但寫了一本影響很大的書，書名為《錫安山救世主在新英格蘭創造奇蹟的天命》。

---

30 莫里森等：《美利堅共和國成長》上卷，頁70。

31 布雷默：《清教實驗：從布拉福德到愛德華茲的新英格蘭社會》，頁37。

32 詹姆斯‧莫斯利：《美國宗教文化史》（James G. Moseley, *A Cultural History of Religion in America*）（韋斯特波特：格林伍德出版社，1981年），頁7。

33 丹尼斯‧博斯特多爾夫：《總統任期與外交政策巧辯》（Denise M. Bostdorff, *The Presidency and the Rhetoric of Foreign Policy*）（哥倫比亞市：南卡羅來納大學出版社，1994年），頁177。

他在這本書中詳細闡述了新英格蘭人在塵世注定承擔的特殊使命，認為上帝為新英格蘭殖民地確定的目的是「為讓山巔之光比起世界上最高山峰都更為光彩奪目」。[34]當時居住在這一地區的很多新教徒的確為他們所處的地位感到自豪，他們設想，「北美被預先注定成為新的耶路撒冷，一個上帝特別恩賜的地方，也許這裡就是他選擇開始千年基督王國的地方」。[35]關於新英格蘭在拯救世界中的作用，正如哈里雅特・比徹・斯托指出的那樣，上帝對新英格蘭的恩惠「預示了美國輝煌的未來，……它受託把自由和宗教之光帶給整個地球，促使偉大的千年至福日的到來，那時戰爭將停止，擺脫罪惡束縛的整個世界將為沐浴在上帝的光芒之中而歡欣鼓舞」。[36]新英格蘭由此成為逐漸形成的美利堅民族文化的最早發源地。托克維爾把新英格蘭產生的思想看作是美國社會學說的主要基礎，他認為，「新英格蘭的文明，像高地燃起的大火，除烤暖了周圍地區之外，還用它的光輝照亮了遙遠的天邊」。[37]愛德華茲認為北美的發現與開拓是上帝的旨意，其目的就是創建一個全新的世界，他把北美大陸的發現說成是基督教歷史上的一個劃時代的事件。北美的發現乃是一種神聖力量的體現，而北美的昌盛也無疑有助於上帝事業的完成。正是在這裡，「上帝將要開始對地球上可居住的地區進行改造更新，即一種以激進的新的宇宙秩序為標誌的更新。……因此，北美的未來不僅是其自身的未來，也是人類的未來、世界的未來，甚至是宇宙的未來」。[38]美國學者邁克爾・卡門指

34 布雷默：《清教實驗：從布拉福德到愛德華茲的新英格蘭社會》，頁37。

35 邁克爾・卡門：〈美國例外論再思考〉（Michael Kammen, "The Problem of American Exceptionalism: A Reconsideration"），載《美國季刊》（*American Quarterly*）第5卷第1期（1993年3月），頁8。

36 轉引自薩克范・伯科維奇：《美國自我的清教起源》（Sacvan Bercovitch, *The Puritan Origins of the American Self*）（紐黑文市：耶魯大學出版社，1975年），頁877-878。

37 托克維爾：《論美國的民主》上卷，頁35。

38 參見莫林・亨利：《權力的陶醉：從公民宗教到意識型態的分析》（Maureen Henry,

出，「愛德華茲堅信，北美有一種特殊的精神命運，千年至福將在新英格蘭開始」。[39]愛德華茲主要從宗教復興角度來宣講布道，目的在於促進國人的覺醒，革故鼎新，再創清教在北美大陸的輝煌。他以虛無縹緲的宗教語言為清教徒在這塊大陸履行特殊「使命」設計了一幅宏偉藍圖，對於啟迪人們的思想意識無疑發生了重要的影響。

這裡還應該提到畢生致力於所謂「神聖實驗」的威廉・佩恩。佩恩是從英國新教中分離出來的「教友派」的領袖之一。他出身豪門，家產萬貫，僕役成群，良田萬畝，但是他沒有迷戀於這種舒適安逸的生活，立志要在北美大陸上獲得一塊殖民地，以便建立一塊能夠實現其宗教信仰的自由樂土。這一打算在一六八一年如願以償，他徵得英王的特許，在北美洲獲得了一塊面積與英格蘭相等的土地，「竟認真地試圖在荒野裡建立上帝的城邦」。[40]在他建立的賓夕法尼亞殖民地，人人享有宗教信仰自由，言論自由。這裡寬鬆的政治氣氛和優越的自然條件吸引了數以萬計的各國移民前來定居，致使農業發達，商業繁榮，人們安居樂業。佩恩在一六八四年引以為豪地宣稱：「我給美洲帶來了從來不曾有任何人依靠個人力量帶來的最大的殖民地，只有在我們這裡才能找到美洲從未有過的最興旺的各種開端。」[41]佩恩的「神聖實驗」顯然理想的色彩較濃，許多設想在現實生活中未必行得通，即使能夠行得通，也未必能夠堅持下來。不過就當時而言，他在北美大陸上創立的「和諧」共同體在一定程度上獲得了成功。他們所宣揚的「聖城之光」儘管尚未有意向周圍地區輻射，但「潔身自好」、「獨善其身」卻包含著優於他人的心理，在某種意義上說與「新

---

*The Intoxication of Power, An Analysis of Civil Religion to Ideology*）（霍蘭市：雷德爾出版社，1979年），頁47。

39　卡門：〈美國例外論再思考〉，頁8。

40　莫里森等：《美利堅共和國的成長》上卷，頁98。

41　莫里森等：《美利堅共和國的成長》上卷，頁101。

英格蘭方式」一樣昭示了美國文化中的一些基本成分。

　　北美移民始祖們建立世人所敬仰和效仿的「山巔之城」最初顯然宗教的成分大於現實的考慮，但作為他們所追求的一種「理想」，卻在北美大陸這塊土壤中深深地扎下了根。當北美大陸的開拓表現出不同於其他地區的特殊性時，這種由第一批移民帶來的觀念便更為加強，逐漸融合進美利堅民族意識形成過程之中，成為美國白人文化表現出的一個明顯特徵。歷史發展表明，北美大陸在開拓過程中，沒有像中南美洲的西班牙殖民地成為犯罪者的樂園、囚犯的戍站、土著和白人的混合場所，更沒有出現類似歐洲的封建制度，而是從一開始就走上了資本主義商品生產的發展道路。用美國歷史學家卡爾・德格勒的話來說，「資本主義隨著第一批船隻來到了北美」。[42]恩格斯在一八八七年《英國工人階級狀況》美國版的序言中指出：「在美國這片得天獨厚的土地上，沒有中世紀的廢墟擋路，有史以來就已經有了十七世紀孕育的現代資產階級社會的因素。」[43]正是在這一基礎上，美國在西方世界雖不是最早開始工業革命的國家，但可以說是最早跨入了現代資本主義社會。在先進生產方式的作用下，北美大陸上形成了世界上最早能夠保障資產階級民主自由的政體。這一切儘管都是無可置疑的歷史事實，但在許多美國人看來彷彿印證了「美國是上帝選擇的一個特殊國度，注定以其獨一無二的經歷服務於人類」這一命題。智利學者阿利埃爾・多爾夫曼在一篇文章中分析了為什麼美國人具有這樣一種特殊的使命，原因在於他們「感到自己是新生的和年輕的」，他們的國家「剛剛出現在地平線上」，這個新生國家的創建是「通過與專制的過去和昨日的錯誤」徹底決裂，是通過「一場成為爭取民

---

42 斯圖爾特・布魯切：《1607年至1681年美國經濟增長的根源：一篇社會因果的論文》
　　（Stuart W. Bruchey, *Roots of American Economic Growth 1607-1861: an Essay in
　　Social Causation*）（紐約市：哈珀和羅出版社，1968年），頁44。
43 《馬克思恩格斯選集》第2版第4卷，頁389。

主、自由和權利議案的革命戰爭」。這是美國人「確認自己優越於和的確不同於人類的其餘部分」的根本基礎。在此過程中。美國人逐漸培育了這樣一種信念，即「他們是人類最後的最好希望、拯救者和山巔之城」。[44]

上述美國經歷的「與眾不同」大概就是固存於美國白人文化中的「例外論」的歷史淵源。「例外論」固然主要說明美國發展的獨特性，但更重要的是體現出美國優於他國而為世界樹立了一個「楷模」的觀念，也就是美國以其獨特的經歷成為人類未來發展的「指路星辰」。美國著名學者丹尼爾‧貝爾在一篇論文中探討了美國「例外論」的含義，認為在特定的意義上講，所有國家都是獨特的。貝爾這裡的意思顯然指任何國家的發展經歷都是與他國不同的，受到本國的人文環境和自然資源等因素的制約。然而美國例外論所體現的思想不只是到此為止，而是「不僅設想美國始終不同於其他國家，而且設想在模範（山巔之城）或眾國之燈塔的意義上來說是例外的」。[45]美國學者漢斯‧科恩把北美殖民地與世界上所有其他國家區別開來的基礎說成是「一種使這個新國家在地球各國中鶴立雞群的思想」，「北美的英國殖民地似乎被自然界和該時代的哲學家所預先確定為一場偉大的實驗」。[46]美國巴特勒大學政治學系教授西奧伯翰‧麥克沃伊-利維對「美國例外論」進行了總結，將之概括為起源於清教徒關於新世界是

---

44 阿利埃爾‧多爾夫曼：《文化的初始化》（Ariel Dorfman, "The Infantilizing of Culture"），載唐納德‧拉澤勒主編：《美國媒介和大眾文化：左翼觀點》（Donald Lazere, ed., *American Media and Mass Culture: Left Perspectives*）（伯克利市：加利福尼亞大學出版社，1987年），頁147。

45 拜倫‧謝弗主編：《美國是不同嗎？美國例外論新探》（Byron E. Shafer, ed., *Is America Different? A New Look at American Exceptionalism*）（紐約市：牛津大學出版社，1991年），頁50-51。

46 盧瑟‧利德基主編：《締造美國：美國的社會和文化》（Luther S. Luedtke, ed., *Making America: the Society and Culture of the United States*）（華盛頓特區：美國新聞署，1988年），頁10。

「山巔之城」的夢幻。[47]這種觀念在美國立國後更為明確地體現在政府的對外關係上，成為美國追求世界領袖地位的一個自我陶醉的理由。

　　美利堅合眾國成立之後，國家作為一個主權實體開始有了代表本民族的整體利益，國家的安全與發展除了依賴內部的自身條件外，與外部的關係同樣重要。當然，美國由於地理位置特殊，南北無強敵，東西又有兩洋屏障，國家可以專心致力於在北美大陸上發展。當時無必要也無實力把觸角伸向兩洋之外，但美國並不會放棄它在世界事務中發揮特殊作用的願望。這樣，「山巔之城」所包含的基本取向便在美國許多決策者的思想中反映出來。他們與大多數美國人一樣把他們國家的經歷看作是為世界其他國家指明了一條發展道路，美國只是作為一個「範例」來完成它所注定承擔的使命。這種思想在開國先輩們的身上體現的尤其明顯。開國總統喬治‧華盛頓在一七八九年四月三十日在國會兩院發表就職演說時宣稱：「人們已將維護神聖的自由火炬和維護共和政體命運的希望，理所當然地、意義深遠地，也許是最後一次地，寄託於美國民眾所進行的這一實驗上。」他在離職時還在告誡國人，「在不久的將來，這個國家將稱得上是一個自由的、進步的、偉大的國家。它為人類樹立了一個始終由正義與仁慈所指引的民族的高尚而且新穎的榜樣」。[48]托馬斯‧杰斐遜認為，美國將通過純潔和完善的範例以及成為不幸者和受壓迫者的避難之所而最好地服務於人類。因此，「對杰斐遜來說，美國的實驗明顯代表了一種新的開端。殖民者憤然脫離歐洲，他們誇口說，十三個殖民地對歐洲封建主義和專制或階級劃分和種族集團區別對待一無所知。美國的天堂是聖

---

47 詳見西奧伯翰‧麥克沃伊-利維：《美國例外論與阿米國對外政策：冷戰結束之時的公眾外交》（Siobhán McEvoy-Levy, *American Exceptionalism and US Foreign Policy: Public Diplomacy at the End of the Cold War*）（紐約市：帕爾格雷夫出版社，2001年），頁23。

48 轟崇信等譯：《華盛頓選集》（北京市：商務印書館，1983年），頁257、322。

徒馬太在其福音書第五章中記載的『山巔之城』，向全人類召喚」。[49]
被稱為美國「憲法之父」的詹姆斯・麥迪遜說：「我們國家如果自身
處理得當，將成為文明世界的自由工場，比任何其他國家對非文明世
界貢獻更大。」[50]十九世紀二、三十年代前後活躍於美國政界的著名
政治家亨利・克萊宣稱，這個國家對民主自由的貢獻將保持自由之燈
「在這個西部海岸上明亮地燃燒著，作為照亮所有國家的光芒」。[51]一
八四七年，共和國創建時期的最後一位政治家埃伯特・加勒廷語氣懇
切地告誡國人，「你們的使命將是為所有其他政府和所有其他不幸的
國家樹立一個榜樣，……發揮你們的所有才能逐漸改善自己的制度和
社會狀況，然後，靠著你們自己的範例，帶給人類最有益的道義影
響」。[52]根據上述這些曾經影響了美國發展進程的歷史人物的言論，美
國似乎從一開始就超越了國家的「自我利益」。這一點固然不足可
信，在任何情況下，美國政府任何舉措首先是要考慮本國利益的實
現，但美國決策者孜孜以求地樹立美國這種「形象」的確反映出了在
這塊大陸上形成的一種文化價值觀。他們顯然想把美國與世界其他國
家明顯區別開來，把原來北美是「上帝選擇的新世界」轉變成美國是
「上帝選擇的國家」，以其自身的發展和「完善」成為「照亮人類命
運之路的燈塔」。受這種心態影響的美國外交政策在很長一段時期內
使美國擺脫了大洋之外紛爭的世界，專心致力於國內發展，為最終從
領導世界的「形象」走向領導世界的「地位」奠定了物質基礎。

---

49 肯尼思・湯普森：《政治與外交中的傳統與價值觀：理論與實踐》（Kenneth W.
　　Thompson, *Traditions and Values in Politics and Diplomacy: Theory and Practice*）（巴
　　吞魯日市：路易斯安那州立大學出版社，1992年），頁66。

50 轉引自亞歷山大・德康德主編：《美國外交政策百科全書：主要動向和思想研究》
　　（Alexander Deconde,ed., *Encyclopedia of American Foreign Policy: Studies of the
　　Principal Movement and Ideas*）（紐約市：斯克里布納出版社，1978年），頁859。

51 轉引自福斯特・杜勒斯：《美國上升為世界大國，1898-1954年》（Foster R. Dulles,
　　*America's Rise to World Power, 1898-1954*）（紐約市：哈珀出版社，1955年），頁6。

52 轉引自小施萊辛格：《美國歷史的循環》，頁90。

「山巔之城」是北美早期移民來到新大陸後，面對著茫茫無際的荒野莽林而希望建立一個宗教理想國夢想的形象表達。這種夢想並沒有停留在虛幻的宗教語言上，相反，卻在北美大陸開拓過程中不斷融合進了現實需要的成分，逐漸轉化為生活在這塊大陸上的白人移民們引以為豪的一種文化觀念。誠如斯帕尼爾所言：「美國人從其國家生活剛一開始就堅信他們的命運是——以身作則地向一切人傳播自由和社會正義，把人類從罪惡之路上引導到人世間『新的耶路撒冷』。」[53]作為一個研究美國外交史很有建樹的學者，斯帕尼爾倒是不大相信美國政府決策者會真誠地持有這種觀念，而是認為這種觀念之所以在歷史上持續不衰恰恰在於它能夠為美國政府實現其在國際社會追求的私利提供了一個振振有辭的藉口。在以後的歷史發展中，美國歷屆政府正是借助這種固存於美國文化中的觀念，把自己在現實中追求的自我利益沐浴在虛縹的「聖城」射出的光芒中。顯而易見，美國的目標並不是建立全人類所仰望的「山巔之城」，而是欲領導世界。這大概是北美大陸的開拓者和美利堅合眾國的締造者們所未必預見到的。

## 三　尋求自由者的「希望之鄉」

從歐洲越過大西洋進入紐約港，一座矗立在紐約自由島上的巨型女神銅像首先映入眼簾。自由女神銅像的正式名稱是「自由照耀世界女神」，她身高一五二點五英尺，容貌美麗，神情堅毅，面對著大西洋，右手拿著象徵自由的火炬，左手拿著一本長達二十三點七英尺象徵法律的書板，上面寫著美國獨立宣言發表的日期——一七七六年七月四日。[54]在女神的腳下銘刻著一位偉大詩人愛瑪·拉扎魯斯一八八

---

53 斯帕尼爾：《第二次世界大戰後的美國外交政策》，頁10。

54 參見鄧蜀生：《美國與移民：歷史·現實·未來》（重慶市：重慶出版社，1990年），頁1。

三年寫的一首十四行詩：

> ……
>
> 你們這些疲憊不堪、窮困潦倒的人，
>
> 你們這些蜷縮在一起渴望呼吸自由氣息的人，
>
> 你們這些被富饒海岸遺棄的可憐的人，
>
> 你們這些無家可歸、顛沛流離的人，
>
> 投到我的懷抱吧，
>
> 我在金門之側高舉著明燈！[55]

自由女神銅像是慶祝美國獨立一百週年時法國人送來的一件禮物。在美國人的眼中，她是一種象徵，昭示著美國是人類的「希望和樂園」，能夠為那些受到迫害的人提供「自由和機會」。這種觀念當然不是始於自由女神銅像的揭幕落成之時，而是反映出固存於美國白人文化中的一種價值取向，是美國對世界承擔特殊「使命」的重要組成部分。在慶祝哥倫布「發現」美洲三百週年之際，美國著名人士埃爾赫南‧溫切斯特把北美說成是全能的上帝為所有國家受迫害者準備的一塊聖地，上帝「使之成為地球上第一塊已經建立平等社會和宗教自由的地方。聖徒約翰在《新約全書‧啟示錄》中預言，『我在你面前為你打開了一扇門，是無人能夠關閉的』。」溫切斯特認為早期的費拉德爾菲亞教會實現了這一預言，他說：「這是公民自由和宗教自由之門，該門是在北美的費拉德爾菲亞開始打開，……隨後將傳遍整個世界。」[56]從美國是一塊受到專制制度迫害者前往避難的「理想之所」

---

55 引自《大美百科全書》（*The Encyclopedia Americana*）第25卷（丹伯里市：格羅利爾出版公司，1983年），頁637。

56 轉引自溫思羅普‧赫德森主編：《美國的民族主義和宗教：美國認同和使命的概念》（Winthrop S. Hudson, ed., *Nationalism and Religion in America: Concepts of American Identity and Mission*）（紐約市：哈珀和羅出版社，1970年），頁71-72。

而言，溫切斯特充滿宗教色彩的「自由之門」與自由女神銅像體現出
了相同的含義，具有異曲同工之妙。一九〇八年，英國學者理查德·
德巴里出版了一本名為《希望之地》的書，記錄了作者在美國考察期
間對美國人物質和精神生活的直觀印象。他相信美國在地球上的永恆
性和美國計畫最終會取得勝利。在他看來，美國公民生活中大多數弊
端是把個人與大眾同化到真正的美國理想之欲望所產生的結果。美國
人生活在美國，但又不屬於美國。也就是說，美國對世界承擔一種上
帝賦予的特殊使命。作者借用《聖經》中的話來形容美國，「如果這
個民族保持我的契約，他們將無疑永遠存在下去」。德巴里對這句話
的解釋是，「這種契約是在更高層次的國家命運上實現人類之間的博
愛與友誼，這是上帝賦予美國在諸國中的注定使命，靠著這種神授天
命的力量，這個國家會一往無前，繁榮昌盛，確立支配地位」。[57]

　　眾所周知，美國是個主要由移民組成的國家，美國著名歷史學家
奧斯卡·漢德林認為，「移民就是美國的歷史」。[58]來自國外的移民可
以說是伴隨著北美十三個殖民地建立一直持續至今。定居北美的早期
移民離開故國，漂洋過海，主要是不甘忍受舊大陸統治階級的政治與
宗教迫害，清教徒來到北美是想尋求一塊實現他們理想的「樂土」。
當然，許多移民是出於其他原因背井離鄉的，尋找生存之地和致富之
路是窮苦移民的主要目的。在當時，很少殷富人家願意拋棄故國舒適
的生活條件，來到新大陸進行冒險。包括清教徒在內的這些早期移

---

57 理查德·德巴里：《希望之地：美國物質和精神統一記》（Richard De Bary, *The Land
　of Promise: An Account of the Material and Spiritual Unity of America*）（倫敦和紐約：
　朗曼、格林出版公司，1908年）；參見〈一個英國人看我們的民主〉（"An English
　View of Our Democracy"），載《紐約時報》（*New York Times*），1909年1月9日，頁
　BR17。

58 讓-巴蒂斯·迪羅塞勒著，南希·萊曼·羅爾克（Nancy Lyman Roelker）譯：《從威
　爾遜到羅斯福的美國外交政策，1913-1945年》（Jean-Baptise Duroselle, *From Wilson
　to Roosevelt: Foreign Policy of the United States 1913-1945*）（劍橋市：哈佛大學出版
　社，1964年），頁16。

民，是帶著舊大陸所不願意接受的思想與觀念來到北美大陸的，尋求個人自由與解放的理想成為他們來到這裡的一個主要目的。他們踏上新大陸後雖然面對著艱難的生存環境，但一望無垠、廣袤富饒的土地使他們醉心不已，只要勤勞奮鬥，便可致富。更為重要的是，這裡沒有舊大陸的種種限制，為他們充分發展自己的才能提供了機會。正如美國學者詹姆士‧羅伯遜所言：「一個世界誕生了，在這裡，人類思想再也不受地理屏障的限制，任何人都可以享有人類知識、人類歷史和世代積累的人類經驗，都可以充分施展個人的發明創造才能。」[59]羅伯遜之語雖是後世研究者根據材料記載對歷史的一種形象化的描述，但的確反映了當時移居北美的多數移民的真實心緒，尤其那些懷抱著宗教理想的新教徒更是具有這樣的傾向。約翰‧科頓牧師十七世紀中期從英國啟程到北美時把這裡說成是上帝為其選民留下的寄託人類發展希望的地方。他宣稱：「當上帝把我們沐浴在祂的安排時，當祂賦予我們猶如雙翼的生命和力量時，一塊希望之地便開始出現了。」[60]不管北美大陸當時是否已向移民們展現出不同於歐洲大陸的特殊優越條件，至少在許多早期移民的意識中，這塊大陸將在他們的經營下，注定會成為全世界追求自由者的「希望之鄉」。

　　北美大陸地沃人稀，資源豐富。在早期移民的眼中，這似乎就是全能上帝的有意安排，這塊「希望之鄉」現在即將由他們揭開籠罩了很多世紀之久的神秘的面紗，把其本來面目展現在世人面前。經過多年的艱苦努力，他們成功地適應了這裡的自然環境，精神上擺脫了昔日的壓抑與束縛，物質上可以享受大自然恩賜的優越條件。他們為了

---

59 羅伯遜：《美國神話美國現實》，頁42。

60 轉引自弗農‧路易斯‧帕林頓：《美國思想的主流：對從開始到1920年美國文獻的解釋》（Vernon Louis Parrington, *Main Currents in American Thought: An Interpretation of American Literature from the Beginnings to 1920*）第1卷（紐約市：哈考特、布雷斯出版社，1927-1930年），頁27。

尋求自由與幸福來到美洲，拓荒時代的艱苦生活使他們更加意識到自由的珍貴，獨立進取成為披荊斬棘生活中的精神支柱。用比爾德的話來說，「歲月的消逝只是加強了他們的特性，加深了他們對自由的熱愛；至於那種使他們同舊世界維繫在一起的回憶和感情紐帶，則已湮沒無聞了」。[61]雖然早期移民在這一過程中只是尋求到了自身所享有的自由，還沒有形成把這種自由推及給世界其他地區的觀念，但新大陸成為追求自由者躲避舊大陸迫害的理想之所已是多數移民的潛在意識。優越的地理位置，豐富的自然資源，使一些人開始意識到北美大陸的特殊性以及來到這塊土地上的人們所承擔的使命。這樣，「由於土地肥沃，資源豐富，氣候宜人，北美似乎就像上帝隱藏起來的希望之鄉，現在即將由上帝的選民所占據。在神的指導和保護下，他們將致力於把光明和拯救帶給世界其他地區」。[62]一個殖民者曾振振有辭地宣布，弗吉尼亞人的首要義務就是「要向許多被幾乎不可救藥的愚昧蒙蔽至死的不幸的可憐蟲布道，施以基督教洗禮，並通過宣傳福音把他們從魔鬼的掌握中拯救出來」。[63]

　　其實，這種「拯救」使命起初只是體現在把他們所居住的這塊大陸建設成一個區別於舊世界的全新社會，成為受到迫害之人的避難所和追求自由者嚮往的樂園。不可否認，許多移民來到北美大陸後，擺脫了昔日在舊世界的貧窮窘境，他們通過個人的發奮努力，實現了自我價值的最大限度發揮，或成為農場主，或成為企業家，或成為貿易商，或成為政治家。他們成功的傳聞在舊大陸不脛而走，對那些在歐洲國家深感難以生存者產生了巨大的誘惑力。就連那些在政治上不得

---

61 查爾斯‧比爾德等著，許亞芬譯：《美國文明的興起》第1卷（北京市：商務印書館，1991年），頁98。

62 愛德華‧伯恩斯：《美國的使命觀：國家目的和命運的概念》（Edward M. Burns, *The American Idea of Mission, Concepts of National Purpose and Destiny*）（新布藍茲維：拉特格斯大學出版社，1957年），頁30。

63 比爾德等著：《美國文明的興起》第1卷，頁20。

志、經濟上不富裕的人也躍躍欲試。此時的北美大陸雖是神秘但已不可畏，冒險儘管在移民的心理中仍占一席之地，但已失去往日的主導地位，他們攜妻帶小，舉家遷移，很大程度上為的就是能在這裡找到「平等、自由與機會」。實際上，這種觀念本來就在移民中間存在，新移民的到來只是對之進一步印證和加強而已。當然，北美大陸不是想像中的「伊甸園」，也不是黃金遍地，更不是無需奮鬥，就能腰纏萬貫，坐享其成的樂土。在移民們看來，這個追求自由者的「希望之鄉」比起舊大陸提供了更多的平等競爭的機會。許多人由此把北美大陸比作「機會」並不言過。美國歷史學家弗雷德里克·金特爾斯指出，北美「迅速布滿了來自英國的清教徒，來自蘇格蘭的長老會教徒，來自荷蘭的改革者，來自德國的路德信徒，來自法國的胡格諾派教徒，來自歐洲各地的天主教徒和猶太教徒，他們蜂擁而至這塊新土地來尋求自由與機會」。[64]儘管北美大陸同樣存在著爾虞我詐，以強凌弱，而且並不是所有人在這裡都實現了他們的夢想，但這塊大陸是遭受迫害者的「避難所」和追求自由者的「希望之鄉」卻在人們的觀念中留下了不可磨滅的痕跡。許多人以親身體驗或耳聞目睹描述了北美大陸的這一特徵。如喬治·貝克萊一七二六年寫了一首著名詩，詩名為〈走向西部的帝國進程〉，詩文如下：

> 人們將歌頌又一個黃金時代來臨，
> 慶祝帝國和藝術的勃興；
> 優美而振奮人心的偉大英雄史詩的狂熱之情，
> 激盪著最聰慧的頭腦和最崇高的心靈。
> 不是歐洲衰亡時期產生的苦果，
> 而是青春少艾的歲月裡培育的花朵；

---

64 金特爾等主編：《美國之夢：信念和實踐的歷史》，頁6。

　　那時天堂的火焰確曾使大地生機蓬勃，

　　讓未來的詩人齊聲唱和。

　　帝國所走的道路引領西向，

　　前面的四幕已成絕響；

　　第五幕也將隨著一天過去而全劇終場，

　　舉世悉力以赴才是最後的樂章。[65]

這首詩的主題用美國學者拉爾夫・巴頓・佩里的話來說就是「北美是這樣一塊土地，在這裡，人類能避免舊文明的腐敗墮落，創造一個新的開端，證明了人生完全可能發生的事情都處在最適宜的環境之中」。[66]賓夕法尼亞的法國移民約翰・克雷弗克一七八二年出版了一本書，書名為《一個美國農夫的信札》，以寫給法國親友信函的形式描述了他這個被歸化的法國人在十八世紀六〇年代和七〇年代在北美大陸的經歷。他為了說明這個大陸的純潔與完善，強烈譴責了世界其他地區存在著「壓抑和折磨人類」的「誤導的宗教，專制的統治和荒唐的法律」。他寫道，在北美大陸，「我們一定程度上恢復了人類的古代尊嚴」，人們坦率無邪，互尊互愛，無拘無束，寬容大度，大自然賦予了富饒無比的資源，勞動者歡天喜地，雄心大志受到鼓舞，擁有財產還會得到獎勵。「這裡沒有貴族家庭，沒有宮廷，沒有國王，沒有教皇，沒有教會的統治，我們也沒有為之辛勞、饑餓和流血的君王。我們是這個世界上現存的最完善社會」。[67]克雷弗克以自己的親身經歷在這本書中處處以「新」對北美大陸進行了細緻入微的刻劃，在與舊

---

65 轉引自布爾斯廷：《美國人：開拓歷程》。頁82-83。

66 拉爾夫・巴頓・佩里：《清教主義與民主》（Ralph Barton Perry, *Puritanism and Democracy*）（紐約市：先鋒出版社，1944年），頁584。

67 參見約翰・克雷弗克：《一個美國農夫的信札》（J. Hector St. John de Crevecœur, *Letters from an American Farmer: An 18th Century Thoreau Writes of the New World*）（紐約市：達頓出版社，1957年），頁35-36、40。

世界的對比中展示了這塊大陸形成的民族或該民族主體的獨特性。克
雷弗克這本以信札形式寫於二二〇餘年前的小書迄今依然對研究這一
問題的很多學者有著重要的影響和參考價值。還有的學者宣稱：「在
這裡，人類的自由精神，最終將扔掉束縛它的最後桎梏。」[68]類似這
樣對北美大陸的描述存在於很多歷史學家的論著中。無可置疑，這些
描述顯然帶有強烈的感情色彩和主觀成分，也明顯具有一種以我為中
心的傾向，但從一個側面反映出存在於北美社會中的一種傳統觀念，
即北美大陸是全世界受壓迫者追求和實現自由的「希望之鄉」，這種
觀念在美國建國前後同樣在一些著名人士身上體現出來。

　　托馬斯・潘恩是以「自由的使者」、「美國的號手」而著稱的革命
活動家。為了鼓動北美十三個殖民地擺脫英國的殖民統治，他以犀利
的文筆寫出了振聾發聵的戰鬥檄文──《常識》，這本書在當時流傳
甚廣，對殖民地起而反抗英國殖民統治爭取獨立產生了很大的影響。
潘恩在書的結尾大聲疾呼：

> 啊！你們這些熱愛人類的人！你們這些不但敢反對暴政而且敢
> 反對暴君的人，請站到前面來！舊世界遍地盛行著壓迫。自由
> 到處遭到追逐。亞洲和非洲早已把她逐出。歐洲把她當做異己
> 分子，而英國已經對她下了逐客令。啊！接待這個逃亡者，及
> 時地為人類準備一個避難所吧！[69]

本杰明・富蘭克林把美國說成是「那些熱愛自由者的避難所」。一七
七七年，富蘭克林從巴黎致信塞拉斯・迪恩說，專制統治在世界其他
地區如此普遍地確立，致使美利堅成為那些熱愛自由者的避難所的前

---

68　斯帕尼爾：《第二次世界大戰後美國的外交政策》，頁10。
69　馬清槐等譯：《潘恩選集》（北京市：商務印書館，1981年），頁37。

景令普通人感到振奮，「我們的事業注定成為全人類的事業。……我們正在為人性的尊嚴和幸福而戰。對美利堅人來說，蒙上帝召喚承擔這一光榮職責感到無上榮耀」。[70]華盛頓在建國之初明確宣布：「美國的懷抱不僅為接納富有而受人尊敬的來客開放，還向受到壓迫和迫害的各個民族和宗教信徒開放。」[71]這些共和國的奠基者在國家初創前後把這種固存於美利堅民族意識中的觀念體現到他們的呼聲甚至政策中，一方面迎合了民眾的心理，起到動員輿論之效，煥發起了他們爭取獨立的熱情，另一方面在獨立大業完成之後表明了這個新生政權繼續向大洋彼岸受到迫害或尋覓機會的人開放，並以對個人自由與幸福的有力保障來吸引他們對這個所謂塵世「聖地」的嚮往。

　　美國立國後在移民政策上存在著爭執，主要是擔心來自絕對專制制度之下的移民會對美國自由制度產生衝擊，但美國政府最終在移民問題上採取了「放開」政策。當然，美國政府鼓勵移民主要是為國內資本主義發展開闢勞動力和技術力量的來源，而在猶如滾滾洪流的移民浪潮中，許多人也是對這塊「人間樂土」的嚮往，夢想在這裡能夠使個人潛力得到最大限度的發揮，在物質上跨入殷富之家的行列，這就是所謂的「美國夢」。事實上，美國是一個競爭非常激烈的社會，人們懷著發財致富的「美國夢」來到這裡，但並不是所有人都能如願以償，夢幻破滅者也非少數。當然，這並不是說美國政治文化中存在著這方面的價值觀屬於虛構，也不是否認許多美國人常常以此為榮不是出自真誠的心理，但就美國政府而言，儘管這種觀念對決策層內的人物發生很大影響，但他們在各種場合對美國是受壓迫者嚮往的「希望之鄉」的描述不能不說是另有更深層的目的。

　　當美國積極向外擴張領土時，有人就把這種行為說成是「擴大受

---

70 轉引自保羅‧瓦格：《開國先輩的外交政策》（Paul A.Varg, *Foreign Policies of the Founding Fathers*）（東蘭辛市：密歇根州立大學出版社，1963年），頁3。

71 轉引自鄧蜀生：《美國與移民》，頁9。

害者家園」的需要。如美國國會眾議員亞歷山大・鄧肯曾宣稱：「如果我們是被壓迫者的家園，我們必須從四面八方擴張我們的疆土，以滿足我們子孫後世和那些受到邀請到我們和平的海岸分享我們共和制度的人的要求。」[72]當美國政府把傳播其「開明」制度作為實現外交目的的手段時，有人也用這種觀念來為在其他國家看來屬於干涉它們內政的美國政府行為開脫，眾議員詹姆斯・貝爾瑟在國會辯論時指出，「我們的國家早已證明是受壓迫者的避難所。讓它的制度及其人民向四面八方擴展，當專制主義的洪水淹沒地球上的其他地區時，當自由的獻身者被迫來到他們的避難地時」，讓我們的政府成為他們賴以存在的強大依靠。[73]翻開美國對外關係史，這樣一種自詡為人類自由的「維護者」和遭受迫害者的「避難所」傳統，儘管與美國國內顯示的情況很不相符，但卻常常成為美國決策者向意識形態相異的國家「發難」的武器。這裡姑且不說在美國歷史上消滅土著印第安人和壓迫黑人奴隸這樣令人髮指的黑暗一頁，現今美國因政治、經濟以及文化等方面的原因，尤其是膚色的不同而受到歧視和迫害的，仍大有人在。當北美殖民地與舊世界相抗衡時，這個武器曾經是很犀利的。然而，當一些美國政府決策者想借用這個傳統去攻擊別人時，往往會發現自己處在十分尷尬的境地。不過這仍阻止不了他們這樣做，因為這畢竟是美國的文化傳統和價值取向的表現。

## 四　美國使命神話的「虛幻」

　　美國的「天賦使命」神話又稱使命觀或天命觀，這種觀念在美國文化中由來已久，根深柢固。當第一批移民踏上北美大陸的土地時，他們便把固存於自己思想中的命定論與開拓一個新世界的神聖計畫結

---

72　溫伯格：《天定命運：美國歷史上國家主義的擴張主義之研究》，頁123。
73　溫伯格：《天定命運：美國歷史上國家主義的擴張主義之研究》，頁124。

合在一起，在這裡播下了美國「天賦使命」的種子。「上帝的選民」、「山巔之城」、「希望之鄉」等說法便是他們在塵世履行上帝賦予他們的特殊使命的表達。美國學者耶奧舒亞・阿里利說，北美殖民主義者就把他們的新社會等同於新的耶路撒冷，「清教徒把自己看作是上帝的選民，他們認為自己是一個被挑選的民族，北美是希望之鄉。他們的救世主傾向在一種歷史與進步的宗教哲學中得以闡述。未來是人類歷史運動的目的，北美將是最後階段」。[74]隨著殖民地的開拓乃至到後來的美利堅合眾國的建立，這種觀念深深扎根於這塊土地上形成的以盎格魯—撒克遜種族為主體的白人文化之中，也成為他們作為上帝的選民在塵世追求的一種「理想」。美利堅合眾國成立後，這種觀念對美國處理與外部世界的關係產生了深刻的影響，美國由此自詡為「拯救國家」、「山巔之城」的「聖光」開始射向仍然處於「黑暗」之中的蠻夷地區。然而，當美國在對外關係上體現出「救世主」的傾向時，使命觀就完全服從了國家外部利益的需要，變成了對美國政府追求自我利益的一種「堂而皇之」的掩飾或「振振有辭」的解釋。美國著名政治家威廉・富布賴特指出：

> 我們絕大多數人深深地依戀著自己的價值觀念，並篤信自己的優勢和長處。但是當你查看一下外交政策，就會發現政治領袖們的慷慨陳詞，坦誠地談論理想，卻很少描述他們的真實政策，而更常見的印象是模糊他們的真實政策。我們通常是在掩飾我們的激烈爭奪和私利。[75]

---

74 約翰・馬茨等主編：《拉丁美洲、美國和泛美體系》（John D. Martz and Lars Schoultz, eds., *Latin America, the United States, and the Inter-American System*）（博爾德市：西點出版社，1980年），頁109。

75 威廉・富布賴特著，簡新芽等譯：《帝國的代價》（北京市：世界知識出版社，1991年），頁8。

富布賴特長期處在政府的決策圈子之內，屬於國會的領袖人物，擔任過參議院外交委員會主席，在美國外交決策上算是個比較務實的開明人士，他上述這番話決不是抨擊美國領導人宣稱的對世界承擔的一種特殊的使命，而是旨在規勸美國政府不要總是誇誇其談，應該把對外政策建立在一種切實可行的基礎上，以保證美國外部利益的最大限度的實現，但以此衡量美國對外關係上體現出的「天賦使命」神話，足可令人深省。

在主權國家構成的國際舞臺上，國家間的衝突與合作構成了國際關係的主要內容。任何置身於這一競爭場所的國家，其外交政策制訂與執行的根本出發點首先是為了維護本國的利益，以最小的代價最大限度地獲取有利於國家生存與發展的外部條件，美國不是例外，甚至在追求和實現國家外部利益的手段上更是無所不用其極。美國宣揚的「天賦使命」根深柢固於白人文化之中，在受這種文化薰陶的人身上明顯體現出來。其實這是一個建立在虛構前提之上的神話，即美國受上帝之託對世界承擔一種特殊責任，它有義務將「文明」帶給非文明的落後地區，把後者從「苦海」中拯救出來，最終使世界沐浴在上帝的靈光之中。這裡顯然暗示著美國無論是說的，還是做的，都符合其他國家，尤其是落後國家的利益，後者只有對之無條件接受，才能走上「繁榮發展」的道路。美國學者道格拉斯‧多德指出，美國制定它的內政和外交政策經常是依據一種假設，即美國具有一種使它享有特殊權力的特質。美國認為它的國家政策，無論是說的或是做的，都是符合其他國家的利益的。[76]許多美國政治家在談到美國外交特質時竭力強調這種具有利他主義動機的方面。如美國總統伍德羅‧威爾遜總統在為其干涉墨西哥事務辯護時說：「我的理想是在墨西哥建立一個

---

76 道格拉斯‧多德：《扭曲的夢想：1776年以來美國資本主義的發展》（Douglas F. Dowd, *The Twisted Dream*: *Capitalism Development in the U.S. Since 1776*）（劍橋市：溫思羅普出版社，1974年），頁210。

秩序井然的正義政府；但我的熱情是為了該共和國底層的百分之八十
五的人民。」[77]類似這樣的語言在政治家的講話中和政府文告中俯拾
皆是。美國學者斯特林‧約翰遜在談到美國使命觀時指出：

> 從歷史上講，美國人擁有這種信念，即美國過去是，現在還是
> 世界上最好的國家。他們認為，美國信條的理想過去是，現在
> 還是不僅對美國是正確的，而且對其他國家也是正確的。因
> 此，為了使美國的命運得到傳播，要麼是勸告，要麼是強迫弱
> 國接受這些信條，文明由此帶給了非文明國家。[78]

約翰遜這番話的言外之意美國永遠代表了「正確」的一方，在這樣一
種前提下，美國很難容忍它認為屬於「邪惡」的異己的存在，必欲在
「正義」的旗號下除之而後快。因此，從哲學上講，美國的使命神話
包含著「正義」與「邪惡」的二元絕對對立。按照二元論的設想，一
方必須是正確的，而另一方必須是錯誤的；一方必須贏，而另一方必
須輸；一方有上帝的支持，而另一方就會被妖魔化；一方擁有正義的
事業，而另一方卻沒有任何合法的利益。因此，「美國不能容忍差
異，當它常常是不情願地捲入世界事務時便會試圖把其他國家轉變成
自己的形象」。[79]德國政治學家哈拉爾德‧米勒把「我們（指代表正義
的美國人）反對他們（指代表邪惡的非美國人）」這種二元對立被稱為

---

77 阿瑟‧林克編輯：《伍德羅‧威爾遜文件集》（Arthur S. Link, ed. *The Papers of Woodrow Wilson*）第29卷（普林斯頓市：普林斯頓大學出版社，1979年），頁516。

78 斯特林‧約翰遜：《全球追求與占有：美國國家利益對國際法》（Sterling Johnson, *Global Search and Seizure: U. S. National Interest V. International Law*）（布魯克菲爾德：達特茅斯出版公司，1994年），頁5。

79 理查德‧佩恩：《與遙遠文化的衝突：美國對外政策中的價值觀、利益和力量》（Richard J. Payne, *The Clash with Distant Cultures: Value V. Interests, and Force in American Foreign Policy*）（阿伯尼市：紐約州立大學出版社，1995年），頁14、84。

「摩尼教」情結。他認為，這種情結在美國的歷史與政治文化中具
有很深的根基，「美利堅合眾國的締造者們有意識地將他們的國家，
與不容異說、守舊、君主主義、宗教壓抑感強烈以及受戰爭摧毀和踐
躪的舊歐洲對立起來，把自己裝扮成罪惡世界裡的『新耶路撒
冷』。……他們總是把自己的歷史任務和使命理解為：維護『正義』（諸
如民主、人權），反對『邪惡』」。[80]這種傾向可以說始終存在於美國對
外政策之中，似乎美國在國際社會的舉措都是出於拯救他國或他人的
目的。且不說風雲變幻的國際競爭中沒有「利他主義」的一席之地，
即使偶然存在著利他因素，那麼，這種「利他」首先是為了利己。

　　美國是個資本主義大國，國家的性質決定了美國必然向外擴張，
為其資本能夠獲得最大的利潤不惜一切手段尋求海外市場、原料供給
地和投資場所，以免國內生產過剩，危及到統治基礎。這是美國外交
所要達到的一個根本目標。儘管隨著時代的變遷，美國實現這一目標
的方式發生了變化，但其根本內容絲毫未變。在這種情況下，即使美
國決策者宣揚的「天賦使命」神話能在本民族文化中找到它的歷史淵
源，但當體現在美國外交關係上時，已經面目全非，完全變成服務於
實現美國戰略利益的一種似乎超越現實的託辭。因此，在美國對外關
係上，「天賦使命」神話其實是粉飾美國外交的一種虛幻。正如美國
歷史學家小阿瑟・施萊辛格指出的那樣，「救世主義是一種虛幻，沒
有一個國家是神聖的和獨特的，美國像每個國家一樣，有真正的和虛
幻的利益，有大方的和自私的考慮，有崇高的和卑鄙的動機。」[81]美
國神學家和歷史學家萊因霍爾德・尼布爾批評了美國文化中表現出的
救世主義的虛幻，在他看來，「我們有一種關於我們國家命運的宗教
觀，把我們國家的含義解釋為上帝在人類歷史上創造一種新開端的努

---

80 哈拉爾德・米勒著，酈紅等譯：《文明的共存——對塞繆爾・亨廷頓「文明衝突
　論」的批判》（北京市：新華出版社，2002年），頁21。
81 小施萊辛格：《美國歷史的循環》，頁20-21。

力」，所謂的救世主義只是「人類在盛衰交替的危險年代追求極限的一種錯誤的表達」。他對「美國人頭腦深層中存在的救世主意識」發出警告，強調「尤其是當個人和社會試圖在歷史上扮演上帝的角色時，他們也許深深地陷入了邪惡之中」。[82]

實際上，許多政治家已經悄悄地改變了對這一問題的看法。有人對美國第九十六屆國會（1979-1981）的八十名議員進行了調查，當問道，「與其他國家相比，上帝是否更多地賜福於美國」，應答者中百分之三十八認為這一命題是錯誤的，只有百分之三十二說是正確的。當問道上帝是否選擇美國成為「照亮世界之光」時，百分之四十九回答說「不真實」，只有百分之七做了肯定的回答。當問道美國履行上帝賦予的使命程度如何時，百分之七認為勉勉強強，百分之五十七回答說「遠未完成上帝的期望」。[83]顯而易見，美國作為一個「拯救國家」已被歷史證明只是一種虛幻而已，然而美國政府正是從這種虛幻中獲得了實際利益。正如美國學者亨利‧坎比指出的那樣，「我們的信念是一種虛幻，但像大多數虛幻一樣，這種虛幻具有事實上的許多好處」。[84]這大概是美國在國際事務中執著地強調它具有一種特殊使命的主要原因吧。

美國的發展歷程肯定與其他國家是不一樣的，這種獨特性其實也體現其他任何國家的發展過程中，但美國政治領袖談美國的獨特性顯然其意並不在此，而在於強調美國對世界承擔的特殊責任。博斯特多爾夫的研究表明：「美國人今天把自己看作是獨特的，受到上帝的恩惠，擁有崇高的理想，注定大功告成。此外，他們認為通過積極手段

---

82 小施萊辛格：《美國歷史的循環》，頁19-20。

83 參見彼得‧本森等：《國會山上的宗教：神話與現實》（Peter L. Benson and Dorothy L. Williams, *Religion on Capitol Hill: Myths and Realities*）（聖弗朗西斯科：哈珀和羅出版社，1982年），頁95-97。

84 漢迪：《一個基督教的美國：新教希望與歷史現實》，頁242。

在全球傳播自由是他們的特殊責任，以這種方法為世界其他地區樹立了一個道義模式。」[85]博斯特多爾夫這裡涉及到反映在美國對外關係上的一個明顯特徵，即美國作為上帝選定的國家，對維護世界其他地區的「民主、自由、人權」負有不可推卸的道義責任。美國政府常常對此津津樂道，許多美國人也由此感到光榮自豪。事實果真如此嗎？誠然，美國民眾中無疑存在著痛恨專制制度的情緒，某一地區或某一國家反對暴政的鬥爭也會博得他們的同情，他們的呼籲往往對政府形成壓力。美國政府受這種情緒或國內輿論的制約，也常常以世界「民主自由」的衛道士的面孔出現，有時還會採取一些具體的聲援措施。斯帕尼爾就認為，美國決策者「要想喚起公眾對國外冒險的支持，就必須把這種國家體系下爭奪實力和自身安全的鬥爭，想辦法說成是為實現最高理想和價值觀念的鬥爭。美國從立國之始，就自認為是一個後歐洲社會——即一個在民主、自由和社會公正方面堪稱舊世界光輝楷模的新世界。……所以，只要美國能把現實政治說成是理想政策，就可以去實行其現實政治，這也正好符合美國執行外交的國家風格」。[86]這大概就是美國外交往往蒙上了一層「理想」色彩的原因。

其實，美國政府這樣做也是侷限在一定的「度」之內，衡量這個「度」的標準便是美國的實際利益。如果超過了這個「度」，美國政府也會置其宣稱的「使命」於不顧。美國從來不會為了遙遠的「理想」而犧牲眼前的利益。如十九世紀中葉俄奧聯軍鎮壓了匈牙利起義後，起義領袖拉約什·科蘇特出逃美國。這一事件立即在美國社會引起軒然大波，民眾對此反映強烈，輿論界也掀起一片支持匈牙利的呼聲，國會一些參議員也要求美國以維護世界自由的名義進行干涉。他們的主張至少在表面上符合美國政府常常宣稱的支持世界民主事業的使命，但當時美國力量尚不足跨洋干涉，所以並未對美國外交決策發

85 博斯特多爾夫：《總統任期與外交政策巧辯》，頁186。
86 斯帕尼爾：《第二次世界大戰後美國的外交政策》，頁206。

生任何影響。中國民主主義革命的先驅孫中山希望美國能夠支持中國人民爭取民主自由的鬥爭，但最終大失所望。他深感遺憾地說：「我們滿可以指望美國的拉法耶特（法國將領，曾參加美國的獨立戰爭。這裡的含義是指對自由的維護。——引者注）在這個高尚的事業中同我們站在一起進行戰鬥，但是，在我們為自由鬥爭的第十二年，來到的卻不是拉法耶特，而是率領著比其他國家在中國領海上更多戰艦的美國艦隊司令。」[87]類似這樣的事例在美國外交史上並不鮮見，這充分說明美國的「天賦使命」神話在國際事務中不過是擴充本國利益的一塊招牌。

使命觀根深柢固於美國文化之中，深受這種文化薰陶的決策人物很難擺脫這種觀念的影響。美國歷史學家愛德華·伯恩斯認為美國領導人身上明顯體現出強烈的使命意識，儘管表現形式有所區別。他說：「對某些美國領導人來說，這種使命感被解釋為倫理的和宗教的。因為我們的德操，我們被上帝挑選出來在公正和正義方面指導和教育其他民族。另一些領導人則認為，我們有責任向地球上落後地區傳播文明，甚至為了他們的利益而統治野蠻和無知的民族。」[88]我們的確從美國領導人的言論中看到這方面的傾向。如威廉·麥金萊總統一八九九年對一個衛理公會組織說，他做出要西班牙割讓菲律賓群島的決定是為了履行美國在世界上的特殊使命。他說，他不止一夜地跪在地上祈求萬能的上帝給他啟示和指引。當時有三種選擇，一是歸還給西班牙，二是留給美國的東方競爭者，三是菲律賓獨立，但這三種無一符合上帝的旨意。所以，留給美國別無任何選擇，只有全部占領菲律賓，把菲律賓人從未開化中解放出來，使他們信奉基督教。[89]威

---

87 入江昭：《橫越太平洋：美國與東亞關係內史》，頁148。

88 伯恩斯：《美國的使命觀：國家目的和命運的概念》，頁vi-vii。

89 參見查爾斯·奧爾科特：《威廉·麥金萊生平》（Charles S. Olcott, *The Life of William McKinley*）第2卷（波士頓和紐約：霍頓·米夫林出版社，1919年），頁110-111。

爾遜總統一九一九年宣稱：「我比其他任何人更相信美國的命運，我認為，她有一種精神能量，任何其他國家都不能用此來使人類獲得解放。……美國享有完成其命運和拯救世界的無限特權。」[90]林登・約翰遜總統的高級顧問沃爾特・羅斯托說，我們美國人不應該「放棄我們的命運。我們是整個地球上國家獨立和人類自由原則的受託人，打開我們的歷史，這是一種自豪而自然的責任」。[91]喬治・布什總統一九九一年在美國向伊拉克發起進攻前夕宣稱，在世界各民族中，只有美國既有道德標準又有手段維護世界和平。因為美國是這個星球上能夠團結和平力量的唯一民族。上述這些政治家所言儘管不是所為的真實反映，但卻折射出美國對外關係上的傳統「理想」成分。用英國學者吉爾・倫德斯塔德的話來說，「美國人傳統上視自己為世界上負有特殊使命的一個獨特民族，其他國家只有利益，而美國卻肩負責任」。[92]

當美國領導人把其思想中的使命觀體現在對外政策上時，履行「責任」也就轉化成對弱小國家事務的干涉，結果並不會帶給被干涉國家民主和自由，也不會有助於被干涉國家的問題的解決，相反會給本來就不太安寧的局面注入新的不穩定因素，引起當地統治者或人民的不滿或抱怨，有時還會釀成激烈的反美民族情緒。一八九九年，中國駐美公使伍廷芳在美國費城發表講話，含蓄地批評了美國外交政策中打著「文明」旗號的強權霸道作風。他說：「一些民族自稱為高度文明化。文明是什麼？難道只是意味著擁有優勢和掌握大量的攻守武器嗎？」在他看來，真正文明化的國家應該尊重其他社會的權利，力

---

90 小施萊辛格：《美國歷史的循環》，頁16。

91 沃爾特・羅斯托：《從七層樓上看世界》（Walt W. Rostow, *Views from the Seventh Floor*）（紐約市：哈珀和羅出版社，1984年），頁53。

92 吉爾・倫德斯塔德：《用一種比較觀點對美國「帝國」和美國對外政策其他方面的研究》（Geir Lundestad, *The American "Empire" and Other Studies of US Foreign Policy in a Comparative Perspective*）（紐約市：牛津大學出版社，1990年），頁11。

戒偷竊他人的財產，或者把不受歡迎的信仰強加給他國。[93]拉丁美洲
學者曼努埃爾‧烏加特譏諷地說，美國飄揚在國外的旗幟不是「自由
的標誌」，而是「壓迫的象徵」。[94]對美國占領菲律賓持批評態度的美
國歷史學家小查爾斯‧亞當斯在致友人的一封信中曾這樣嘲笑美國帶
給菲律賓人的自由與獨立，他說，「我們正在使他們成為自治社會，
辦法是絕對禁止他們討論自治原則。我們正在使他們成為獨立的人
民，辦法是假如他們提到『獨立』一詞，就把他們投入監獄。」[95]威
爾遜常常打著實現美國「使命」的旗號對弱小國家進行肆無忌憚的干
涉，畢生致力於威爾遜研究的美國著名學者阿瑟‧林克就把威爾遜的
政策稱為「傳教士的外交」。他這樣解釋這一術語的含義：威爾遜的
外交受到「幫助」其他民族願望的促動，所以「公正地行動，促進國
際和平事業，給其他民族帶來民主和基督福音」是威爾遜動機的主要
因素，「而維護美國經濟利益的願望，帝國主義的擴張只是下意識地
發揮著作用」。[96]林克教授的這種解釋僅僅注意到了威爾遜政府在處理
與落後國家關係中要求它們接受美國的價值觀念，而忽視了這種文化
滲透恰恰是為美國的政治經濟擴張服務，更沒有涉及到這種政策給被
干涉國家事務帶來的並不是威爾遜宣稱的「理想」，而是一系列無法
忍受的災難。德國學者馬里翁‧登霍夫指出：「基於道義價值之上的
外交政策，正如威爾遜和杜勒斯所執行的那樣，並沒有明顯使這個世

---

93 戴維‧希利：《美國的擴張主義：19世紀90年代的帝國主義欲望》（David Healy,
　　*Expansionism: the Imperialist Urge in the 1890s*）（麥迪遜市：威斯康星大學出版社，
　　1970年），頁141。

94 伯恩斯：《美國的使命觀：國家目的和命運的概念》，頁248。

95 托馬斯‧帕特森等：《美國外交政策史》（Thomas G. Paterson, J. Garry Clifford and
　　Kenneth J. Hagan, *American Foreign Policy: A History*）第1卷（列克星頓：希思出版
　　社，1988年），頁209。

96 阿瑟‧林克：《伍德羅‧威爾遜和進步時代1910-1917年》（Arthur S. Link, *Woodrow
　　Wilson and the Progressive Era 1910-1917*）（紐約市：哈珀出版社，1954年），頁82。

界更加道義，相反卻導致走到死胡同和一系列大災難。」[97]登霍夫作為一個置身於美國文化之外的學者，其觀察可謂洞若觀火，一針見血。更能說明問題的是，印第安人的生存手段在滾滾西進的車輪壓輾下不復存在，世世代代居住著墨西哥人的領土在隆隆槍炮聲中併進了美國的版圖，這些無疑是對美國宣稱的「天賦使命」的莫大諷刺。

富布賴特曾把美國比作古希臘、羅馬早期帝國、拿破崙帝國和希特勒第三帝國，認為美國與它們一樣最終表現出「權力的傲慢」，不能懂得「權力往往把自己與德行混為一談，一個大國特別易受這種思想的影響，即認為它的權力是上帝恩寵的象徵，是上帝賦予它對其他國家的一種特殊責任——使它們更富裕、更幸福和更明智，也就是按照自己閃閃發亮的形象重塑它們」。因此，第二次世界大戰以來，美國往往把「巨大的權力與無限的權力混淆起來」，把「巨大的責任」錯當成對世界命運負有的「全部責任」。[98]在這裡，富布賴特對美國政府決策層內一些人懷抱的那種狂妄、自負的使命心態提出了頗為尖銳的批評。從世界歷史發展過程看，如果一個民族認為，它擁有上天賦予的一種優於其他民族的特性或能力，就必然得出結論，拯救和統治落後民族是它的注定命運。歷史上多少個大國就是在這種「天賦使命」心態的驅逐下，揚起了征服其他國家的大旗，儘管耀武揚威一時，但最終一步一步地走到了自己的盡頭。美國是否在重蹈這些已經消逝了的帝國的覆轍？這要歷史來回答，但至少美國在世界上履行「特殊責任」和「天賦使命」受到了種種限制。過去，美國常常自以為美國社會的「純潔和完善」為世界樹立了一個效仿的榜樣，宣稱通過榜樣來完成上帝賦予的使命。現在美國社會問題叢生，這個榜樣已經失去了往日的魅力。布熱津斯基在其所著的一本書中列出了美國目

---

97　小施萊辛格：《美國歷史的循環》，頁101。

98　威廉・富布賴特：《權力的傲慢》（William Fulbright, *The Arrogance of Power*）（紐約市：蘭德姆出版社，1967年），頁3、22。

前面臨的二十個大難題，認為美國在全球的顯赫地位反而促使它越來
越在全球無能為力，美國自身力量不足於強制推行美國式的「世界新
秩序」。[99]美國前中央情報局官員戴維・格里斯不無憂慮地指出：「大
多數美國人感到自豪的是，美國一向是照亮通往更為平等之路的燈
塔。但是，保持美國的做法同試圖迫使其他人接受美國的標準是不同
的，尤其是我們的做法遠非十全十美，就像我們市中心貧民區發生動
亂所顯示的那樣。」[100]此外，美國這種自命不凡，惟我獨尊的心態，
在國際事務中必然表現為把自我價值觀強加給其他國家，力圖使意識
形態和制度與美國不同的國家接受美國的發展模式，實現「美國治下
的和平」，這種輸出「美國模式」的做法在實際執行中越來越難以奏
效。尤其是在冷戰後的世界，當美國給自己的外交行為打上明顯的
「民主、自由、人權」烙印時，並不會有助於世界各種矛盾的解決，
也不會帶來人們長期希冀的太平盛世，相反，只能激起受到干預國家
的越來越強烈的抵制，導致美國的政策陷於窘境，歷史已經並將繼續
充分證明這一點。

---

99　布熱津斯基：《大失控與大混亂》，頁97-127。

100　戴維・格里斯：〈我們貿易政策中的貿易時代〉（David Gries, "Time to Trade in Our
　　　Trade Policy"），載《華盛頓郵報》（*The Washington Post*）1995年8月28日，頁A23。

# 第二章
# 務實傳統與美國對外關係

　　任何主權國家為了在一個競爭激烈的世界獲取有利於國家生存與發展的外部環境，制訂和執行外交政策總是從本國的利益出發，一切外交活動都在這一前提條件下展開的。美國當然也不能例外。外交是國家主權範圍內非常重要的組成部分，也是代表國家或民族整體利益的政府為實現所確定的實實在在的戰略目標履行其功能的主要領域。一般而言，外交活動具有各種目的，但總是力圖花費最小的代價使國家利益得到最大限度的實現。一國外交追求本國利益原本無可厚非，但美國政府卻常常把這些最為實用的活動用「理想」的外衣包裹起來，似乎美國的外交活動並不是主要出於自己的私利考慮。歷史事實證明，「理想」色彩很濃的外交政策往往給美國帶來豐厚的現實利益，這也是美國政府從未打算在處理對外關係上放棄所謂「理想主義」說教的主要原因。其實，美國文化在根性上向來注重實際，講究功利，骨子裡滲透著濃厚的商業氣息。這一文化特徵不僅在受這種文化薰陶的美國人身上明顯表現出來，而且必然也反映在美國政府對內外問題的處理上。縱觀美國對外關係史，美國的對外政策無一不是出於對本國現實利益的追求，即使是所謂的「理想主義」政策也很難掩飾住功利主義的目的。

## 一　美國文化中的功利主義特徵

　　在世界各主要民族中，美國人以講究實際而著稱於世，這是早期移民在征服莽莽荒野過程中形成的一個傳統。那些出於各種目的來到

北美大陸的移民們儘管在這個一望無際的廣闊天地獲得了夢寐以求的自由，但大自然「恩賜」給他們的並不是坐享其成，而是需要極其艱苦的奮鬥才能使這塊未曾開墾的大陸為其所用，實現發財致富的願望。來自遙遠歐洲的白人移民若要適應北美大陸全新的自然環境，其中所要付出的代價是可想而知的。他們在開拓北美大陸過程中曾經面對著令人望而生畏的自然環境，許多最早來到這塊大陸的歐洲移民就是無法適應環境而抱恨終天，葬身異域。早期移民懷抱的在北美大陸上實現宗教復興的「理想」在支撐他們的精神世界不至於崩潰上起了非常重要的作用，但真正能夠使他們在這塊大陸上生存下來並且不斷推進社會走向繁榮昌盛的是務實的勞作精神。美國著名作家斯坦貝克在其《美國與美國人》一書中指出：「沒有四個世紀的辛勤勞動，流血犧牲，孤寂荒涼和恐懼擔憂，就沒有亞美利加的存在。我們創造了亞美利加，而這一過程同時也造就了我們亞美利加的一代新人。」[1]斯坦貝克講的是實情，寥寥幾筆便把生活在這塊土地上的人們如何以務實的精神締造和發展了這個偉大的國家勾畫出來。

這些早期移民來到北美大陸後絲毫沒有鬆懈之感，豐富的自然資源成為他們最大限度地發揮能力的基礎。他們起早貪黑，辛勤工作，把征服大自然視為他們生存與發展的必要條件。當茫茫的荒野在他們的腳下變成肥沃的良田時，他們感到無比自豪，品嚐到了征服者成功的喜悅。在這一過程中，他們把吃苦耐勞、勤儉奮鬥、個人主義以及奮勇向前的務實精神深深地根植於這塊大陸上形成的文化之中，成為以後美利堅民族在推進北美大陸向前發展時所表現出的明顯特徵。一位研究美國文化價值觀的中國學者指出：「講究實際的觀念部分地來自美國邊疆傳統，開拓邊疆時的艱辛危難，使拓荒者對於一切不講效率、不切實際的人和事都極為鄙視。不講空話，不必客套，該怎麼樣

---

1　斯坦貝克著，黃湘中譯：《美國與美國人》（廣州市：花城出版社，1989年），頁2。

就怎麼樣，這是一般美國人都奉行的準則。」[2]拓荒時代的艱難造就了「一切都從實際需要出發」的觀念，而移民們在北美大陸獲得了開疆拓土的成功，務實的精神在其中發揮了舉足輕重的作用。即使很多移民們打著「文明開化」的旗號驅逐和殺戮世世代代繁衍生息在這塊大陸上的土著印第安人時，其目的也不是用白人的「文明」取代土著居民古老的生活方式，而是要索取和強占他們的土地，傳播「文明」只是這些白人移民們欲要達到這種最實際目的一種手段。功利主義的追求貫穿於這一延續數百年對北美大陸的征服過程之中。

移民們通過艱苦的奮鬥實現對一種全新自然環境的征服造就了美國文化中的功利主義特性，但這種特性的形成與早期移民信奉的新教倫理也有著很大的關係。新教產生於資本主義在歐洲興起之時，在某種意義上講是這種新的生產方式在意識形態上的先聲。因此，新教從本質上講是為新興資產階級擴大活動範圍和最終獲得統治地位服務的。出於這種目的，新教從一開始就以極強的務實精神把自己與羅馬天主教和東方的一些宗教明顯區別開來。新教主張教徒對上帝的虔誠應該表現在他們的塵世活動中，以他們所獲得的具體成就來判斷事情做得正確與否。在新教徒的眼中，衡量「上帝選民」的標準不是對宗教教義不折不扣的遵循，更不是沉迷於不會給社會帶來任何財富的繁瑣的教會禮儀，而是看教徒們在現實生活中的表現，通過勤奮勞作而獲得事業成就或發財致富者不再受到傳統宗教教規的鄙視，而成為通向天堂的一條光明之路。北美殖民地時期的清教牧師英里克斯·馬瑟在一次布道中講道，人們能否得到上帝的拯救與勤奮勞動直接相關，「他們（上帝的罪人）應當勤奮，以便最終能得到上帝的召喚。……如果他們不用勤勉、奮鬥、勞動去獲得恩典和拯救，他們必將毀

---

2　陳堯光：〈美國人的文化價值觀〉，載《國外社會科學》1985年第7期，頁24。

滅」。[3]馬瑟的這番話很有代表性，反映出了新教倫理鼓勵人們通過在
塵世中奮鬥而「出人頭地」的務實精神。當然這裡並不是說來到這裡
的新教徒完全放棄了賦予他們精神力量的傳統教規和禮儀，而是把來
自上帝的聲音與世俗的生活密切結合在一起。美國著名歷史學家丹尼
爾‧布爾廷斯在談到正統觀念如何使清教徒注重實際時指出：

> 　　與十八或十九世紀的美國人相比，清教徒無疑篤信神學。有關
> 人類墮落、罪孽、靈魂拯救、宿命、主的選拔、皈依等教義是
> 他們的精神食糧。但當時真正使他們出類拔萃的是，他們並不
> 怎麼注重神學本身，而更關心把神學運用於日常生活，特別是
> 運用於社會。從十七世紀的觀點來看，他們對神學的興趣是實
> 用性的。他們不大留意如何完善對教義的闡述，而關注於使他
> 們在美洲的社會體現他們已知的真理。清教新英格蘭是應用神
> 學的一項宏偉實驗。[4]

與天主教和其他宗教相比較，新教倫理把人們得到上帝的拯救從虛無
縹緲的「來生」世界拉回到實實在在的現實生活中來，人們只有以務
實的精神才能實現致富，成為「上帝的選民」。所以，來到北美大陸
的清教徒把在塵世的成功看作是上帝對自己拯救，物質財富是上帝對
勤勉者的褒獎，饑餓貧困則是上帝對懶惰者的無情懲罰，個人物質財
富的多寡成為判斷人們成功和社會地位的標準。所以，新教倫理首先
使工作──賺錢──拯救這樣在羅馬天主教中受到譴責或不屑一顧的
過程逐漸地合法化。約瑟夫‧霍爾牧師（1574-1656）是加爾文宗的

---

3　喬治‧麥克邁克爾：《美國文獻選集》（George McMichael, *Anthology of American
　　Literature*）（紐約市：麥克米蘭出版公司，1980年），頁90。轉引自《美國研究參考
　　資料》1986年第8期，頁41。
4　布爾廷斯：《美國人：殖民地的經歷》，頁7。

信徒，他指出：「伊甸園不僅用於培養（亞當）的理性，而且用來訓
練他的雙手。如果幸福在於無所事事，人就不必進行勞作；人的所有
樂趣不會使他在懶散的一生中感到幸福。因此，人一旦造出，他就必
須勞作：缺掉雙手，既談不上偉大，也談不上完美；（亞當）必須勞
動，因為他是幸福的；……我們在從事生意上越感到高興，我們就越
接近到達天堂。」[5]霍爾的觀點在新教徒當中具有廣泛的代表性。在
這樣一種前提下，新教必然與人們的世俗活動，包括賺取利潤的商
業行為，具有一種密切的關係。美國研究清教的史學家馬克・瓦萊利
指出：

> 英美清教主義與企業家的活力並不是水火不相容的。正如韋伯
> 表明的那樣，一般意義上的加爾文宗確實促進了世俗活動，就
> 像它根據上帝的意志敦促世俗之人從事世事一樣。毋庸置疑，
> 包括溫斯羅普在內的許多清教徒即使本人不是商人，也與商人
> 具有聯繫，其中一些人使他們的交易適合國際貿易的動態。[6]

戴維・蘭德斯不同意「在新教和現代科學興起之間不存在一種直接聯
繫」的這一說法，他認為「經驗層面上的記錄表明，新教徒的商人和
製造商在貿易、金融和工業中扮演了一個最主要的角色」。從理論層
面上講，「問題的核心的確在於形成一個具有理性、循規蹈矩、工作
勤奮、富有效率的新人。這些美德儘管不是新穎的，但很難是普遍
的。新教在其信徒中間廣泛推廣這些美德，信徒們相互評價就是依靠

---

5　轉引自查爾斯・喬治等：《1570年至1640年英國宗教改革的新教思想》（Charles H. George and Katherine George, *The Protestant Mind of the English Reformation, 1570-1640*）（普林斯頓市：普林斯頓大學出版社，1961年），頁132-133。

6　馬克・瓦萊利：〈宗教戒律與市場：清教徒和高利貸問題〉（Mark Valeri, "Religious Discipline and the Market: Puritans and the Issue of Usury"），載《威廉和瑪麗季刊》（*The William and Mary Quarterly*）第54卷第4期（1997年10月），頁750。

著對這些標準的遵循」。[7]正是新教倫理中的務實精神，才使得北美大陸的移民們乃至後來的美國人義無反顧地追求物質上的成功，即使是不擇手段也在所不惜。我們可以從美國歷史的發展過程中清晰地看到務實價值觀所發揮的重要作用。當然，這裡並不是說新教倫理完全是鼓勵人們追求現實的物質財富，它同樣包含著極具「理想」色彩的宗教價值觀，只不過是人們沒有一味地停留在對理想的憧憬和讚美之中，「理想」只是起著鼓勵人們成功的作用。美國學者歐內斯特・博爾曼就把來到北美大陸的清教徒稱為「富有幻想的實用主義者」，他們理想式地把自己確定為「上帝的選民」，同時卻注重功利，以「觀念和目的的有效性、可行性和實用性」作為成功的判斷標準。[8]博爾曼指出清教徒「理想」的務實性無疑是正確的，其實在現實生活中，美國人宣稱的「理想」往往成為他們不顧一切地追求實際利益的遮掩物。正如美國歷史學家梅爾文・斯坦菲爾德指出的那樣：「美國人坦率地設計了使他們渴望實現的目的正當化的神話。為了使他們的物質欲望合理化，他們使清教的神話適合於美國的目的。為了使他們對其他民族土地的貪婪正當化，他們把美國人塑造成上帝選民的形象。」[9]斯坦菲爾德的批評可謂是一語中的。

　　托克維爾十九世紀三〇年代考察了美國後驚異地發現，美國人只是「潛心於科學的純應用部分的研究，而在科學的理論方面，只注意研究對應用有直接必要的那一部分，而在這方面他們也經常表現出求

<hr>

7　戴維・蘭德斯：〈文化造就了幾乎所有的差異〉（David Landes, "Culture Makes Almost All the Difference"），載勞倫斯・哈里森等主編：《文化的重要作用：價值觀如何形成人的進步》（Lawrence E.Harrison and Samuel P. Huntington, eds., *Culture Matters: How Values Shape Human Progress*）（紐約市：基本書社，2000年），頁11。

8　參見歐內斯特・博爾曼：《幻想的力量：恢復美國人的夢想（Ernest G. Bormann,*The Force of Fantasy: Restoring the American Dream*）（卡本代爾：南伊利諾伊大學出版社，1985年），頁18-19、44-52。

9　金特爾等主編：《美國之夢：信念和實踐的歷史》，頁209。

真、自由、大膽和創新的精神。但是在美國，卻幾乎沒有一個專心研究人類知識在本質上屬於理論和抽象的那一部分。在這方面，美國人把所有的民主國家都有的，但我以為不如美國那樣強烈的一種傾向，表現得特別突出」。[10]托克維爾的觀察的確道出了美國文化中務實傳統對他們進行科學研究時態度的影響。早在拓荒時代，移民們就把實用技術的發明作為他們改善自身生存條件的主要手段之一，這個傳統一直被繼承下來。當美利堅白人以「橫掃一切」之勢向西挺進時，他們以與實際結合非常密切的科學試驗解決所面臨的各種新問題，現實生活中所需要的發明不斷湧現。有人甚至把「發明精神」看作是美利堅民族的一個特質。如研究美國社會生活史的美國著名專家洛德‧布賴思就認為：

> 美國拓荒者的發明和技術，使他們成功地比其他國家的大多數普通男人或婦女高出一頭，儘管在這個新國家裡，居住在美國東部的更多人有過許多重要的發明，但西部地區起到了把這些發明的精神傳布到全國人民之中，並使其成為一個民族的特徵品質的作用。[11]

這種精神實際上就是美國人對科學研究的基本態度。他們不願意在具有長時效的理論問題上下功夫，而只注重對眼前利益有所促進的科技發明。抽象思辨的研究在美國幾乎沒有市場，而應用科學卻在美國備受青睞。世界上許多對現代文明產生過重大影響的發明都出自美國人之手，這種狀況可以說是一直持續至今。本杰明‧富蘭克林就是一個典型的例子。他首先是一位傑出的政治家和外交家，在促使十三個殖

---

10　托克維爾：《論美國的民主》下冊，頁560。
11　轉引自《美國研究參考資料》1990年第5期，頁38。

民地擺脫英國殖民統治上功勳卓著，美國革命的勝利乃至獨立之初許多重大問題的解決，與富蘭克林的名字是分不開的，但富蘭克林同時又是一名出類拔萃的科學家。他對科學的研究並不在於深奧的理論方面，而是看得見摸得著對實際生活有用的發明。美國人崇尚和尊重富蘭克林，固然因為他是美國開國先輩之一，但他通過自己的實驗進行的科學探索，使他成為美國人的典範，他那反映出美國人務實特性的思想更是對後世產生了深刻的影響。一七三六年和一七四八年富蘭克林先後寫了《致富者須知》和《對青年商人的忠告》兩本書，以通俗易懂的格言把務實的商業精神體現出來。比如「切記，時間就是金錢。……切記，信用就是金錢。……切記，金錢具有孳生繁衍性。……切記下面的格言：善付錢者是別人錢袋的主人。……影響信用的事，哪怕十分瑣屑也得注意。……行為謹慎還能表明你一直把欠人的東西記在心上；這樣會使你在眾人心目中成為一個認真可靠的人，這又增加了你的信用。……要當心，不要把你現在擁有的一切都視為己有，生活中要量入為出」等等。[12]富蘭克林只是受到產生於這塊大陸上的文化薰陶的千千萬萬美國人的代表，他們在科學研究上的功利性和實用性也令歐洲人望塵莫及。十九世紀中後期的法國著名作家凡爾納在談到這一點時指出：「美國人是世界上最偉大的機械工，天生就是工程師，就像意大利人是天生的音樂家和德國人是天生的名學家一樣。」[13]作為一個置身於美國文化之外的人，凡爾納在與其他國家的比較中突顯了美國人的這一特性。

　　著名學者拉斯基在為托克維爾《論美國的民主》一書所作的導言

---

12 參見馬克斯·韋伯著，于曉等譯：《新教倫理與資本主義精神》（北京市：生活·讀書·新知三聯書店，1987年），頁33-35。

13 弗雷德里克·哈福曼等著：《正在變化世界中的美國對外政策》（Frederick H. Harfmann and Robert Wendrel, *America's Foreign Policy in a Changing World*）（紐約市：哈珀·柯林斯學院出版社，1994年），頁91。

中特別強調：「美國人是一個講究實際的民族，不大善於思考。他們凡事考慮眼前的利益，而不大追求長遠的利益。他們所重視的，是夠得到、摸得著、切實存在並能用金錢估價的東西。」[14]拉斯基上述之言未必都十分準確，但的確觸及到了美國文化中的一個核心問題，即美國人在處理問題上出於實際需要的考慮。實用精神可以說滲透到美國社會的各個方面，美國人在處理或解決所面臨的問題時無不表現出這一特徵。他們判斷事物一般都是從功利的角度出發，很少有不切實際的幻想或空想。如打算要從事某項活動，首先要看這項活動能否順利開展，是否划算。如果結果肯定有利，他們就會毫不猶豫地投入，甩開膀子大幹。如果經過盤算後無利可圖，他們就會及時偃旗息鼓，另作打算。多數美國人的生活信念就是工作──掙錢──消費，工作成就的大小一般以賺錢多寡來衡量，「享受人生，消費至上」成為賺錢的基本目的。這種人生準則在美國社會獲得普遍認可，也成為美國在西方工業化國家中率先進入現代大眾消費社會的主要原因。

　　美國人多信仰基督教，基督教對人們現實生活的影響無處不在，甚至在政治生活中也可以看到宗教在起作用的影子，但與一些宗教國家不同，社會上很難看出濃厚的宗教氛圍。美國人身上更是體現不出狂熱的宗教情緒，宗教信仰既是一種對終極目標的追求，也在很大程度上只是一種形式而已，人們不會因為信仰宗教而改變既定的生活方式，更不會讓宗教的教規對他們的行為方式形成強制性約束。用一位美國學者的話來說，美國「既不是一個把其宗教感情宣之於外的國家，也沒有很強的固守宗教儀式的興趣。宗教信仰也許已經深入到國家的每個層次，但是這種信仰更可能是在人們的心靈裡，而不是反映在對於教堂禮拜活動的盲目忠誠上，或是對某一宗教的格言的字面意

---

14 托克維爾：《論美國的民主》下冊，頁954。

義的盲從上」。[15]美國人在工作中特別注重效率，厭惡浪費時間；生活中追求物質的欲望很強，但絕不亂花錢財；計畫方案或總結報告都力戒繁文縟節，甚至連日常說話也變得簡明扼要，只要互相能夠明白對方的意思就行。美國人注重實際的事例在現實生活中比比皆是。美國社會學家戴維‧波普諾在談到美國文化中的這一特徵時指出：

> 美國人習慣於以實用觀來評判事物：這個能行嗎？這個划得來嗎？這種觀念部分地起源於美國邊遠地區的傳統。邊遠地區的危險環境使當時的開發者們對那些沒有效率和不實際的工具、武器甚至都十分輕視。作為實用主義者，美國人喜歡盡快解決手頭上的問題。結果，美國人看重技術，並有一種想控制物質世界的強烈願望，他們不願意追求長遠的、不切實際的目標。[16]

作為一個長期生活在美國文化圈內的學者，波普諾以自己的耳聞目睹，甚至是切身體驗道出了一個無可置疑的事實。美國人講究實際，無暇也不願意在深奧的理論問題上大做文章，認為那樣做太費周折，還不見實際效益，所以在美國很難出現類似康德、黑格爾等等那樣把抽象思維發揮到極致的大哲學家。在歐洲人的眼中，玄奧的哲學在美國幾乎無立足之地。在這一點上，托克維爾的觀察可謂是細緻入微，即「在文明世界裡沒有一個國家像美國那樣最不注重哲學了」。[17]德意志的文化土壤造就了世界級哲學家輩出的輝煌時代，美國「最不注重哲學」的文化氛圍同樣培植出了在西方哲學史上具有很大影響的實用主義哲學思潮。十九世紀七〇年代產生於美國的實用主義思想儘管受

---

15 路易斯‧哈里斯著，詩宓等譯：《美國內幕》（北京市：華夏出版社，1990年），頁48。

16 戴維‧波普諾著，劉雲德等譯：《社會學》上冊（瀋陽市：遼寧人民出版社，1987年），頁128。

17 托克維爾：《論美國的民主》下冊，頁518。

到英國經驗主義和近代德國哲學的影響，但無疑是美國文化中重利輕理的價值觀在思想意識領域的反映，屬於地地道道的「美國貨」。美國著名歷史學家小阿瑟・施萊辛格指出：「美國人以務實民族而著稱，重事實而輕理論，從結果上發現命題的含義，把試驗和謬誤視為通向真理之路，而不在乎演繹邏輯……當美國人形成一種獨具特色的哲學時，它自然是威廉・詹姆士的實用主義。」[18]小施萊辛格這裡實際上道出了實用主義哲學在美國產生的文化根源。美國外交史學家小塞西爾・克拉布認為美國沒有形成一套嚴格的哲學體系，如果反意識形態「能夠被準確地稱為一種哲學的話，實用主義便是美國的信條」。[19]實用主義的代表人物之一約翰・杜威以後也承認，實用主義思想受益於國家拓荒者的經歷，也就是說邊疆經歷對美國人的精神氣質產生了很大的影響。[20]《美國精神》一書的作者認為，實用主義的特點反映出了美國民族的特性，這些特點「奇妙地同一般美國人的氣質一拍即合。實用主義撥開神學、形而上學和宿命論科學的雲霧，讓常識的溫暖陽光來激發美國精神，有如拓荒者清除森林和樹叢等障礙物，讓陽光來復活美國的西部土地一樣。從某種意義上說，美國過去的全部經歷已為實用主義的誕生作好準備，如今好像又為它的存在提供基礎和依據」。[21]由此可見，產生於美國的實用主義哲學思潮既有其深刻的歷史和文化根源，又適應了美國人對付那種複雜多變和競爭劇烈的社會生活的要求。

---

18 小施萊辛格：《美國歷史的循環》，頁52。

19 小塞西爾・克拉布：《決策者及批評者：美國外交政策的衝突理論》（Cecil V. Crabb, Jr., *Policy-Makers and Critics: Conflicting Theories of American Foreign Policy*）（紐約市：普雷格出版社，1986年），頁74-75。

20 參見斯托・帕森斯：《美國思想史》（Stow Persons, *American Minds: A History*）（紐約市：霍爾特出版社，1958年），頁401。

21 H・S・康馬杰著，楊靜予等譯：《美國精神》（北京市：光明日報出版社，1988年），頁142。

　　實用主義又稱實效主義、實驗主義以及工具主義等，起源於希臘詞 Pragmatikos，原始含義指人們在工商和法律方面的技藝，後來就在此基礎上派生出「實用」的含義。實用主義哲學強調人的創造性，要求一切從實際出發，而不是從理論和邏輯出發，把實際效果看作是檢驗一切理論和學說的標準，其目的在於應付生活環境，解決人們在現實活動中所遇到的問題。「有用即真理」、「真理即工具」就是對實用主義哲學的形象準確的表達。查爾斯‧皮爾斯、威廉‧詹姆斯以及杜威等人是美國實用主義哲學的代表人物。

　　皮爾斯是美國實用主義的創始人，一八七八年他發表了〈信仰的確定〉和〈怎樣把我們的觀念弄明白〉兩篇論文，提出了實用主義的一些基本原則。他認為任何命題的真理最終都取決於其在未來所取得的結果，「處於行動中的思想是真正重要的思想」，也就是說，任何事物的真理性都在於未來結果的檢驗，人的思想是實用的，人們正是通過自己的活動賦予了思想的意義。皮爾斯的最後結論是，科學或哲學必須突破抽象思辨的框子，走到人們實際生活的天地中來，訴諸人的實踐活動，用自然科學的方法，規定事物或概念的意義。[22]皮爾斯儘管竭力否認他是「實用主義」一詞的始創者，但他的思想卻為隨後實用主義哲學在美國的迅速發展奠定了基礎。

　　詹姆斯是美國實用主義哲學的真正奠基者，他把皮爾斯抽象論述過的實用主義方法論原則發展成為一個比較系統的理論體系。一八九八年，詹姆斯在加利福尼亞大學發表了題目為「哲學概念與實際效果」的講演，進一步闡述了皮爾斯的實用主義哲學。他說，我們「總

---

22 參見車銘洲等：《現代西方的時代精神》（北京市：中國青年出版社，1988年），頁79。有的學者研究了皮爾斯的哲學思想，發現皮爾斯的哲學思想中存在著大量的「理想主義」成分。詳見羅伯特‧阿爾梅德：〈查爾斯‧皮爾斯的理想主義〉（Robert Almeder, "The Idealism of Charles S. Peirce"），載《哲學史雜誌》（*Journal of the History of Philosophy*）第19卷第4期（1971年10月），頁477-484。

可以把任何哲學命題的實際意義，繼續到我們未來的實際經驗──不論它是積極的還是消極的──中的某個特定結果。問題與其說是在於它必須是積極的這個事實上，倒不如說是在於經驗必須是特定的這個事實上」。[23]一九〇七年詹姆斯出版了《實用主義》一書，系統論述了實用主義的真理觀，提出了「有用即真理」的命題。他認為，說「『它是有用的，因為它是真的』，或者說『它是真的，因為它是有用的』，這兩句話的意思是一樣的」。因此，「真實觀念的實際價值基本上是由於觀念的對象對於我們的實際重要性而產生的」。[24]詹姆斯提出的其他哲學命題無不反映出了實用主義的基本觀點，他的哲學觀適應了美國社會發展的實際需要，集中體現出了美國的時代精神。有人把詹姆斯稱作「美國的亞里斯多德」，美國思想和行為的化身。[25]英國著名哲學家懷特海認為現代哲學開始於詹姆斯，他是第一位這樣的哲學家，即他的思想符合現代科學的兩個基本原則：指導量子力學研究的愛因斯坦相對論和海森堡的「測不準原則」（Uncertainty Principle）。對詹姆斯這樣高的評價足見他的實用主義思想對美國乃至世界產生的廣泛影響。

　　杜威把皮爾斯、詹姆斯創立的實用主義哲學發展到一個新的高度，成為這種哲學的集大成者。他自稱自己的哲學是工具主義

---

23 轉引自《西方著名哲學家評傳》第8卷（濟南市：山東人民出版社，1985年），頁347。

24 威廉・詹姆斯著，陳羽綸等譯：《實用主義：一些舊思想方法的新名稱》（北京市：商務印書館，1979年），頁104。關於皮爾斯與詹姆斯與「實用主義」哲學的淵源關係，詳見艾埃弗雷德・艾爾：《實用主義的起源：查爾斯・桑德斯・皮爾斯和威廉・詹姆斯的起源》（Alfred J. Ayer, *The Origins of Pragmatism: Studies in the Philosophy of Charles Sanders Peirce and William James*），聖弗朗西斯科：弗里曼、庫珀出版社，1968年。

25 參見馬庫斯・福特：《威廉・詹姆斯的哲學：一種新觀點》（Marcus P. Ford, *William James's Philosophy: A New Perspective*）（阿默斯特：馬薩諸塞大學出版社，1982年），頁27。

（Instrumentalism），科學家、哲學家和從事真理探求的其他人應該毫
不隱諱地公開承認，他們的目的是改變或改善世界，科學思想以前是，
現在還是「實現價值觀的一種工具」。[26]「真理即工具」是杜威對實用
主義哲學的發展和貢獻。他還把實用主義的一般原則推廣到政治思想、
文化教育以及倫理道德等領域，由此獲得了高度的評價和讚揚，被稱
為「實用主義的聖保羅」、[27]「偉大的希臘哲學家中的最後一個」、「他
在自己的生活方式和自己的哲學中體現出了美國人的理想」、他「是
美國人的顧問、導師和良心」、是「美國天才的最深刻、最完全的表
現」。[28]實用主義哲學在杜威所處的時代達到了鼎盛時期，對美國歷史
的發展產生了非常重要的影響。列寧在當時談到實用主義在美國泛濫
時指出：「在最新的美國哲學中，『最時髦的東西』可以說是『實用主
義』了……在哲學雜誌上談論得最多的恐怕也要算是實用主義。」[29]

　　美國文化中注重功利的實用精神對美國歷史的發展產生了不容忽
視的積極影響。當美國不斷朝著更為發達的社會邁進時，人們都可以
從這一進程中看到實用主義發揮的重要作用。斯大林曾經高度讚揚了
美利堅民族的這一特徵，他指出：「美國人的求實精神是一種不可遏
止的力量，它不知道而且不承認有什麼障礙，它以自己求實的堅忍精
神排除所有一切障礙，它一定要把已經開始的事情進行到底，哪怕是
一件不大的事情。」[30]正是美國人的求實態度和創新意識才在這塊並
非古老的土壤上滋生起最能反映出美國社會精神的實用主義哲學，而

---

26 小塞西爾・克拉布：《美國外交和實用傳統》（Cecil V. Crabb, Jr., *American Diplomacy and the Pragmatic Tradition*）（巴吞魯日市：路易斯安那州立大學出版社，1989年），頁71-72。杜威的實用主義哲學思想詳見喬治・諾瓦克：《實用主義對馬克思主義：約翰・杜威哲學的評價》（George Novack, *Pragmatism Versus Marxism: An Appraisal of John Dewey's Philosophy*），紐約市：開拓者出版社，1975年。

27 小克拉布：《美國外交和實用傳統》，頁69。

28 參見《西方著名哲學家評傳》第8卷，頁385-386。

29 《列寧選集》第2卷（上冊）（北京市：人民出版社，1972年），頁349。

30 斯大林：《論列寧主義基礎》（北京市：人民出版社，1959年），頁97。

這種哲學思潮又以其國人獨有的理論方式使實用主義精神深深扎根在美國文化價值觀之中。美國前國務卿亨利・基辛格曾經說，實用主義是「美國精神」，它培養了美國人的求實作風和進取心，美國的領導是「官僚──實用主義型領導集團」。基辛格以自己的為官之道說出了實用主義的真諦。受功利主義的影響，美國領導人很少沉溺於空泛的「理想」之中，他們通常都是以務實的態度來解決所面臨的問題。用小克拉布的話來說，實用主義型的美國領導人具有七個特徵，一是「缺乏明確的意識形態目的」；二是「行動似乎不受規定分明的道義──倫理原則的指導」；三是「考慮問題只出於近期打算，不在乎長期目標和戰略」；四是「利用所能得到的機會試圖實現最大的利益或所得」；五是「善於妥協，在爭議迭起的環境中達成一致」；六是「靈活變通，能夠從經驗中吸取教訓，善於使自己的觀點適應正在變化的現實」；七是「謹慎明智，往往避免極端主義的解決方案」。[31]其實，與其說是受實用主義的影響，倒不如說是美國文化中的注重功利特性造就了美國領導人的上述特徵。

　　毋庸置疑，從歐洲移民踏上北美大陸之日起，勤勞務實的精神便開始發揮著巨大的作用，乃至後來成為美國文化價值觀的重要組成部分。美國人在自己的日常活動領域無不留下重利輕理的痕跡，美國領導人在處理內政外交上更是表現出務實的態度，惟恐自己的行為悖逆美國社會的這種「精神」而給政治前途帶來不測。美國已故前總統理查德・尼克松就曾深有體會地說：「領導美國的秘訣在於使美國人相信，你想做的事情符合他們的私利。」[32]對美國領導人來說，內政和外交固然是兩個不同的領域，所面對的對象截然相異，國內政績的好壞完全是以給國民帶來實際利益或好處來衡量。美國的對外關係儘管

31　參見小克拉布：《美國外交和實用傳統》，頁57。

32　引自理查德・里夫斯著，韓守信等譯：《美國之旅：沿150年前托克維爾足跡重遊美國》（北京市：中國對外翻譯出版公司，1992年），頁55。

常常貌似「理想主義」，但很難掩飾住對現實利益的追求，「務實」作為美國文化的一種價值觀，同樣對美國決策者制訂和執行對外政策發生顯而易見的影響。

## 二　美國早期外交的務實傳統

「上帝的選民」、對人類的發展和命運承擔一種特殊的使命等等說教，固然能從美國盎格魯—撒克遜文化形成中找到根源，也使美國對外關係表現出了濃厚的「理想」色彩，但這並不能真正反映出美國外交的本質，恰恰相反，卻會在一定程度上掩飾了美國外交對現實利益的追求。一個國家的外交，總是以追求最大的現實利益為其外交目標。作為一個置身於國際競爭場所的主權國家，美國也不例外。然而，美國外交政策所確定的目標常常具有很大的「隱蔽性」，研究者如果略有疏忽或不慎，極易被充滿華麗辭藻的「理想」語言所迷惑，乃至「誤入迷津」，得出與歷史事實不符的結論。其實，美國文化中的注重功利特徵從一開始就在美國對外關係上表現出來，給美國的早期外交打上了明顯的務實烙印。尼克松曾談到美國開國先輩們在國家初創之際領導國家度過了一個又一個危機時所持有的基本思想：

> 他們都是理想主義者，但也是非常實際的人。他們對於建立一個……新烏托邦不存在幻想。他們知道人應朝著盡善盡美而努力，但他們決不可能希望達到這一境界——他們生活在一個並不完美的人所居住的並不完美的世界之中。他們知道沒有實用主義的理想主義是無所作為的，而沒有理想主義的實用主義卻又是毫無意義的。[33]

---

33 尼克松著，王觀聲等譯：《1999年：不戰而勝》（北京市：世界知識出版社，1989年），頁318。

　　尼克松在這裡試圖表明理想主義與實用主義在開國先輩身上的完美結合為一個新獨立國家在人類地平線上冉冉升起創造了絕無僅有的條件。持類似觀點者在美國政界和學界不乏其人。這裡當然並不否認美國開國先輩們的「言論」包含著「理想」的成分，但他們的「舉止」卻完全是出於維護一個新生國家在一個紛爭世界中的現實利益。獨立後的美國只是一個鬆散的政治聯合體，同時卻面對著遠比殖民時期更為錯綜複雜的政治、經濟以及外交等問題。開國先輩們在無先例可循的情況下探索著一條適合這個新國家的發展道路。他們希望這個新國家能夠成為全世界效仿的榜樣，以「民主與自由」的制度打破幾千年來束縛人們思想與行為的專制鐐銬。然而，這種根深柢固於美國文化中的「理想」除了對追求自我利益起著一種粉飾之效外，絲毫不能有助於美國對現實問題的解決。他們只有以一種現實主義的態度才能率領這個新獨立的國家走出「困境」。因此，在這些開國先輩所表露出的思想中，現實的考慮顯然占有壓倒一切的主導地位，只有這樣，百廢待興的國家才能在險象環生的局勢下化險為夷，走向強大。

　　開國總統喬治・華盛頓在美國歷史上功勳卓著，國人有口皆碑。在美國人眼中，他是美利堅民族的化身，美國人的許多特性在他身上得到了完整的體現。華盛頓長期生活在與實際生活打交道的環境中，很難說他是一位深邃的思想家，但他作為一個時代的巨人，無論是他的思想，還是他處理問題的方式都對美國以後的發展產生了很大的影響。他是一個非常務實的領導，從來不相信在國與國關係中存在著無私的原則。當美國獨立戰爭進行得如火如荼之時，他就批評了只講原則而不顧國家利益的人。他寫道，那些「按照無私原則行事者相對來說只是滄海一粟」。他承認愛國主義會使人民產生激情和勇氣，具有強大的力量，「但是我冒昧地斷言，一場偉大而持久的戰爭從來不只是根據這種原則而受到支持。這場戰爭肯定得益於一種利益的遠

景」。[34]華盛頓出任美國聯邦政府首屆總統後絲毫不追求虛無縹緲的「理想」，而是腳踏實地和一絲不苟地解決美國面臨的現實問題。他在一七九五年寫道：「根據本政府的每項法令，我一直追求我國同胞公民的幸福，我們實現這一目標的體制一貫是照顧到個人、地方、局部的所有考慮；期望合眾國成為一個偉大的整體，以及僅僅考慮我們國家的現實的和永久的利益。」[35]具體到對外政策上，國家利益是華盛頓奉行的至高無上的原則，他聲稱：「建立在人類普遍經驗之上的一個準則是，沒有一個國家被相信不受其利益的限制，任何精明的政治家都不敢冒險背離這一準則。」[36]他認為外交決策的更可靠基礎不在於辨別對錯，而在於如何正確地確定國家在現實世界所追求的利益。因此，在國際交往中，國家利益構成了主權國家所追求的最高目標。「每個國家都必須反映出其利益的某種概念。不把自我保護作為制訂政策的主要動因的任何國家都不能生存；毋庸置疑，在國際交往中，任何背逆自己國家利益的國家都不可信賴。在國際事務中，如果沒有國家利益作指南，將無任何秩序可言。」[37]華盛頓在以後告誡美國人要經常考慮到，「一個國家想從別國尋求無私的援助是愚蠢的，它必定要付出它的獨立的一部分作為代價以換取所接受的任何援助。那種方式的接受可能會使自己置於這樣的境地：即用等價物來交換名義上的援助，卻被忘恩負義地譴責為給得太少。而更大的錯誤莫過於預期或指望國與國之間會有真誠的援助」。[38]華盛頓這種務實思想決定

---

34 參見埃德蒙‧西爾斯‧摩根：《喬治‧華盛頓的天才》（Edmund Sears Morgan, *The Genius of George Washington*）（紐約市：諾頓出版社，1980年），頁50-54。

35 諾曼‧格雷伯納編：《思想與外交：美國外交政策的理性傳統選集》（Norman A. Graebner, ed., *Ideas and Diplomacy: Readings in the Intellectual Tradition of American Foreign Policy*）（紐約市：牛津大學出版社1964年），頁77。

36 格雷伯納編：《思想與外交：美國外交政策的理性傳統選集》，頁77。

37 小施萊辛格：《美國歷史的循環》，頁76。

38 轟崇信等譯：《華盛頓選集》，頁325-326。

了其所制訂和執行的對外政策完全是出於如何更好地實現本國利益的
考慮。

　　托馬斯・杰斐遜被譽為美國民主體制的主要奠基者之一，其思想
敏銳激進，可稱得上美國建國前後的一位偉大政治家和思想家。誠
然，杰斐遜比較堅持原則，崇尚進步，注重法理，但他絕不是一個充
滿「幻想激情」的理論家。他的思想並不只侷限於高度的抽象思維，
而是與美國的社會需要密切結合在一起，在歷史上產生了非常重要的
影響。正如一位美國學者指出的那樣：

> 杰斐遜很少對諸如柏拉圖等古典哲學家著作中所表述的抽象哲
> 學原則感興趣，或很少有耐心地去理解。杰斐遜可以說是美國
> 社會對啟蒙運動哲學和法國革命諸原則的最重要闡釋者。然而
> 他的思想不是因為新穎而著名，在某種意義上說主要是因為富
> 有創造性，即杰斐遜把已經存在的政治思想運用於美國的具體
> 環境，努力解決獨立前後美國人民面臨的一系列具體問題和挑
> 戰。[39]

　　杰斐遜的價值標準是非常講究實用的，他對實用技藝的愛好近乎
著迷，發明了一些人們實際生活中所需要的技藝。用他的話來說，
「對國家的最大貢獻莫過於在其文化土壤上添置一棵有益的樹木」。[40]
杰斐遜在美國獨立後就開始在中央政府內出任公職，先後擔任駐法公
使、國務卿和總統，直接參與了國家對外政策的制訂與執行，在決策
過程中有時還起著決定性的作用。正如羅伯特・塔克等人指出的那
樣：「早期美國外交的中心人物是托馬斯・杰斐遜。在實現美國獨立

---

39　小克拉布：《美國外交和實用傳統》，頁12。

40　詳見理查德・霍夫斯施塔特著，崔永祿等譯：《美國政治傳統及其締造者》（北京
　　市：商務印書館，1994年），頁24-25。

後的時代期間，杰斐遜在對外政策的日常處理中占據著至關重要的地位。」[41]儘管很多學者把杰斐遜看作是美國「理想主義」外交方式的始作俑者，但他宣稱的「理想」只是其實現美國外交目的的一種手段，以務實的作風處理美國面臨的現實問題在杰斐遜擔任總統任內顯然居於主導地位。

　　亞歷山大・漢密爾頓是華盛頓第一屆政府的財政部長，在聯邦政府內也曾權傾一時，舉足輕重。他的政治觀在許多方面與杰斐遜的相左。他從來不認為政體的善惡能夠決定戰爭與和平，宣稱人是有缺陷的，他們「野心勃勃，具有復仇心理，貪得無厭」。他認為人的這些特徵同樣存在於主權國家，所以國家之間衝突不斷，戰火頻仍。他主張建立一個強有力的中央集權政府，領導這些新獨立諸州在一個敵對世界中協調一致，促進共同利益。他特別強調國際關係中強權政治的本質，每個獨立國家都在以不同的方式來促使本國利益的實現。漢密爾頓是一位毫無掩飾的「現實主義者」，他曾坦然相告，他的目的不是「建議一種絕對自私或興趣只在國家的政策，而只是表明，一種受國家自己利益控制的政策就其公正和真誠而言，本來和應該占據主導地位」。[42]

　　本杰明・富蘭克林在美國人眼中是務實的「典範」，他的政治影響雖然遠不及華盛頓和杰斐遜，但他的實用思想卻成為美國文化中的寶貴財富。有的學者高度讚揚了富蘭克林對美國社會發展的貢獻，認為他的思想與行為反映出了「國家氣質中的實用主義精神」。[43]約翰・

---

41 羅伯特・塔克等：《自由的帝國：托馬斯・杰斐遜的治國才能》（Robert W. Tucker and David C. Hendrickson, *Empire of Liberty: The Statecraft of Thomas Jefferson*）（紐約和牛津：牛津大學出版社，1990年），頁viii-ix。

42 小施萊辛格：《美國歷史的循環》，頁77。

43 參見埃爾默・普利斯奇科主編：《現代外交：藝術和藝術家》（Elmer Plischke, ed., *Modern Diplomacy: The Art and the Artisans*）（華盛頓特區：美國企業研究所，1979年），頁219-221。

亞當斯、詹姆斯・門羅、約翰・昆西・亞當斯等人都曾在政府內擔任要職，位居決策高層，他們無不把實現國家利益作為思想與行動的指南。正是在這種務實精神的指導下，這些開國先輩們在多無先例可循的情況之下解決了許多對後世產生很大影響的問題，為美國的崛起奠定了一個堅實的基礎。當然，他們絕不是「用一種聲音說話」，更不是「步調一致」地行動，他們在許多方面存在著分歧，有時甚至到了互相難以容忍的地步，但他們都有一個一致的目標，即為美國探討一種比較切合實際的發展道路。因此，他們在任期間，所執行的政策無論在內政上，還是外交上都留下了深深務實的痕跡。美國著名學者理查德・霍夫施塔特把開國先輩時期稱為「現實主義時代」[44]，的確是很有道理的。

　　美利堅合眾國成立以後，國家作為一個主權實體在外部關係中具有了自己的利益。外部安全是一國對外關係中首先關注的問題，對一個新獨立的國家來說，這一問題尤為突出。美利堅合眾國初創時期，來自外部對其安全的威脅並未減弱，一些在美洲擁有殖民地的歐洲國家對這個新獨立國家多抱有警惕之心，虎視眈眈地注視著美國的外交舉措，力圖阻礙美國向外發展，以免形成強大的競爭對手。美國開國先輩們在這種外交局勢下，以現實主義的態度解決了他們所面對著的錯綜複雜的外交問題。

　　在美國獨立戰爭期間，美國為了盡快取得對英國的勝利，積極爭取到了與英國矛盾突出的國家的援助。一七七八年二月，美國與法國締結同盟。在當時美國與英國力量十分懸殊的情況下，法國的支持對美國的勝利起到了非常重要的作用。美國所為之付出的代價就是把自己與歐洲局勢的變化緊緊聯繫在一起。一七八九年七月，法國爆發了革命，向傳統的封建君主專制制度提出了挑戰。對於發生在大洋彼岸

---

44　參見霍夫施塔特：《美國政治傳統及其締造者》，頁7。

的這場革命，美國民眾多表示了歡呼讚揚的熱情，希望法國的舊秩序由此壽終正寢。當時美國駐法公使古弗尼爾‧莫里斯在致華盛頓總統的信中談到：「我以為，我們在法國的自由上擁有一種『利益』。這裡的領導人都是我們的朋友，其中許多人在美國吸收了其原則，我們的範例激起了所有人的熱情。他們的對手們絕不會為我們革命的成功而歡欣，許多對手傾向與英國形成最密切的聯繫。」[45]莫里斯的這番話表達了美國政界對法國革命的一種普遍看法。杰斐遜更是把法國革命看作是美國革命確立的原則的延續，是對歐洲舊秩序的一個沉重打擊。一七八九年八月二十六日，法國國民議會通過和向全世界發布了《人權與公民權宣言》。兩天之後，杰斐遜在致麥迪遜的信中表示，美國應該採取幫助革命法國的措施，不能把法國置於「只是與英國一樣的地位」。他滿懷這激情寫道：

> 一個國家為了我們參與一場毀滅性的戰爭，流血和花錢拯救了我們，在和平時期向我們敞開了懷抱，幾乎把我們視為處於其公民的地位；而另一個國家在戰爭中竭盡全力消滅我們，在和平時期其所有計畫中使我們受盡凌辱，在每個其享有利益的港口把我們關閉在門外，在外國誹謗我們，竭力阻止這些國家接納我們很有價值的商品。當把這兩個國家置於一個基點上時，如果使不平等地位平等的格言正確，就將賦予一個國家比另外一個國家更多，所以我們必須把更多的注意力放到其中之一的國家上。[46]

---

45　轉引自瓦格：《開國先輩的外交政策》，頁76-77。

46　杰斐遜致麥迪遜信，一七八九年八月二十八日（Jefferson to Madison, August 28, 1789），這封信的原件見美國國會圖書館《托馬斯‧杰斐遜文件集》（*The Thomas Jefferson Papers at the Library of Congress*, Image 857 and transcription），全文可在 http://www.access.gpo.gov/su_docs/locators/coredocs/index. html網址上獲得。

　　杰斐遜的「這個國家」當然就是指革命的法國。法國革命的進程儘管充滿著暴力的色彩，但卻是對歐洲舊秩序延存的一個很大的威脅，自然會招致歐洲君主國家的恐懼與干涉。革命爆發後不久，普魯士和奧地利對法國進行了軍事干涉。一七九三年二月，英國對法國宣戰，並組成反法聯盟，從而使歐洲陷入了經年不息的戰亂之中。歐洲的災難儘管使美國在巨人搏鬥的夾縫中有了生存的迴旋餘地，但根據法美盟約，美國必須對法國提供支持。這實際上把美國置於捲入歐洲大國廝殺的境地，直接對美國的獨立構成了威脅。在當時的歷史條件下，美國面臨著兩個選擇：一是根據歐洲戰爭的意識形態性質來決定美國的反應，盡量支持鼓吹自由、平等、博愛的法國，甚至不惜冒戰爭之險；或者把維護美國的和平與獨立放在第一位，不讓意識形態因素過多地干擾本民族的根本利益，奉行中立政策。二是或者執行法律至上原則，無節制地追求沒有能力實現的法律權利，或者根據能力來確定對外政策目標，必要時寧願委曲求全，以保障本國的獨立生存。[47]

　　當時在聯邦政府內已經形成了代表不同利益集團的聯邦黨和民主共和黨，其代表人物之間的黨派之爭也在外交政策的制訂與執行上反映出來。以杰斐遜為首的民主共和黨人熱情洋溢地讚揚法國革命，鼓動起公眾支持法國革命及其原則的熱情。當法英之間爆發戰爭後，杰斐遜自然竭力敦促美國根據法美盟約旗幟鮮明地站在革命的法國方面，履行美國的條約義務。杰斐遜為此宣稱：「我們寧願看到地球上一個地方荒蕪，而不願看到這個事業失敗；即使在每一個國家只留下一個亞當和一個夏娃，聽任他們自由行動，那情況也會比現在好得多。」[48]當然，杰斐遜絕不是為了原則而犧牲美國的利益，他只是想

---

47　參見時殷弘：〈論美國早期外交中的共和黨人與聯邦黨人〉，載《美國研究參考資料》1991年第10期，頁30。

48　轉引自參見塞繆爾・弗拉格・貝米斯：〈華盛頓的告別演說：關於獨立的對外政策〉（Samuel Flagg Bemis, "Washington's Farewell Address: A Foreign Policy of Indepen-

利用法國來打破美國在市場和資金方面對英國的依賴關係，利用法國
作為抵制英國的平衡物。因此，杰斐遜等人支持法國，就與當年法國
支持美國獨立一樣，絕不是出於法國的利益考慮，而是想借法抑英。
然而聯邦政府如果按照杰斐遜等人的主張行事，就得冒與英國重新開
仗的風險，對一個新獨立的國家來說，這種代價的後果是不堪設想
的。以漢密爾頓為首的聯邦黨人竭力反對美國捲入歐洲的紛爭，尤其
是擔心美國與英國交惡給英美貿易帶來災難，因為美國百分之九十的
進口貨物來自英國。其中半數以上由英國商船運載，而美國每年將近
百分之五十的貨物輸往英國，假如兩國貿易中斷，進口稅將會銳減，
美國勢必陷入財政危機，因此，與英國保持友好關係至關重要。至於
法美盟約，漢密爾頓以法國波旁王朝已被推翻而自然中止，美國不再
為法國承擔義務。雙方經過在國會內的激烈辯論，漢密爾頓的主張占
取了上風。實際上，杰斐遜等人也希望美國避開歐洲戰爭。在這種情
況下，華盛頓政府宣布客觀上奉行有利於英國的中立政策，法美聯盟
名存實亡，美國從法律原則上擺脫了捲入歐洲動盪的風險，為獨立成
果的鞏固與和平發展創造了一個相對良好的開端。美國政府對法國革
命的態度以及奉行的政策表明，不管是漢密爾頓等人的「親英」，還
是杰斐遜等人的「親法」，都是侷限在一定的「度」之內，這個
「度」就是有助於實現美國利益的範圍。從這個意義上來講，他們在
根本目標上並無衝突。勞倫斯·卡普蘭在一篇論文中認為，漢密爾頓
和杰斐遜的主張在實現美國的長遠目標上存在著一致之處。[49]加德納
等人也指出：「以後的歷史學家認為，雙方將按著親英和親法來劃

---

dence"），載《美國歷史評論》（*American Historical Review*）第39卷第2期（1934年1
月），頁250-268。

[49] 勞倫斯·卡普蘭：〈1789年一致：杰斐遜和漢密爾頓論美國對外政策〉（Lawrence S.
Kaplan, "The Consensus of 1789: Jefferson and Hamilton on American Foreign Policy"），
載《南大西洋季刊》（*South Atlantic Quarterly*）第71期（1972年冬季號），頁91-105。

分。雙方沒有一方是在犧牲美國利益的情況下親英或親法。這兩個集團只是在使用什麼最佳手段來擴大和維護這些國內利益上產生分歧，結果在對外政策上出現意見不一。」[50]因此，我們很難用「親法」（理想主義）或「親英」（現實主義）把他們的政策取向截然分開，倒是美國的國家利益是把他們的主張結合在一起的切點。

　　美國中止與法國的結盟關係並不意味著與英國關係的緩和。自獨立戰爭結束以來，英國並未根據達成的和約從美國疆域內撤兵，繼續控制著一些在戰略上具有重要意義的要害地區，並操縱印第安人部落與美國為敵，自己從中漁利。顯然，英國還想捲土重來。美國宣布中立後，英國竭力阻撓美國的商品流入法國，美國的中立權利受到嚴重侵犯。英國樞密院命令，對一切載有法屬殖民地產品的船隻，以及一切向法屬殖民地運送糧食的船隻，一律加以攔截和沒收。多艘美國商船在加勒比海遭到英國海軍的攔截，貨物被沒收，船員被強行徵募加入英國海軍。英國對美國中立權利的破壞致使美國國內沸沸揚揚，一些國會議員建議採取經濟報復措施，甚至中斷英美通商。一七九四年三月，美國宣布禁運，矛頭直接指向英國，兩國關係急劇惡化，大有一觸即發之勢。對美國來說，與英國開戰實在是不得已而為之的事情，顯然弊多利少，只會加劇美國國內的危機。漢密爾頓由此斷言與英國關係的破裂將導致美國信貸和商業的崩潰。美國力量的孱弱使它無法以強硬的態度與英國對抗，為了避免與英國開戰，華盛頓總統派遣最高法院首席法官約翰・傑伊前往英國進行談判。經過美國屈辱性的妥協讓步，一七九四年十一月兩國締結了著名的《杰伊條約》。條約實際上否定了美國一貫堅持的中立權利和海上自由原則，美國的海

---

50 勞埃德・加德納等：《美利堅帝國的建立》（Lloyd C. Gardner, Walter. LaFeber and Thomas McCormick, *Creation of American Empire*）第1卷，《到1901年美國外交史》（*U.S. Diplomatic History to 1901*）（芝加哥市：蘭德・麥克納利學院出版公司，1976年），頁49。

外貿易也受到了種種限制，但條約也使英國退出了非法占領的美國領土，解決了多年來一直困擾美國的西部印第安人問題。更為重要的是，條約的簽訂消除了美英之間的戰爭危機，保證了美國國內發展的和平環境。《杰伊條約》雖然受到民主共和黨人的猛烈抨擊，但以後歷史的發展證明了它對維護美國獨立與生存的重要性。正如美國外交家學者帕特森等人指出的那樣：「任何條約上的讓步確實證明了美國能夠在一個敵對的世界中保持它的獨立。由於開始一個為期十年的英美相對友好時期，《杰伊條約》給了美國時間，使它在領土、人口和民族意識方面都得到了發展。」[51]

　　華盛頓政府在妥協讓步中度過了與英國關係的危機後，深刻而清醒地認識到與歐洲國家糾纏在一起的危險，因此，華盛頓在離任之時發表了著名的〈告別詞〉，確定了美國長期奉行的孤立主義政策的基調。約翰‧亞當斯繼任總統後，繼續奉行前任的獨立外交政策，經過與拿破崙法國的談判，正式廢除了法美同盟，從而使美國不再承擔妨礙其實行中立的所有條約義務。杰斐遜任內利用拿破崙在戰爭中的困難處境，以一千五百萬美元購買了路易斯安那。用一位歷史學家的話來說，這次購買的結果是「歷史上最大的不動產交易」。[52]正是開國元勳們在外交問題上的現實主義態度，使美國在險惡的國際環境中贏得了一次又一次的外交成就，開創了美國獨立外交的新局面。

　　這裡需要指出的是，開國時期的美國決策者的思想明顯受到歐洲強權政治的影響，他們極力想維持歐洲有利於美國生存與發展的均勢。均勢論是歐洲國家奉行強權政治的產物，指在一個相互爭奪權力資源的國際社會中，必須以強權制約強權，依靠力量的相互制衡來維持歐洲的「和平與穩定」，防止「歐洲大陸任何國家獲得一種霸權，

---

51 帕特森等：《美國外交政策史》第1卷，頁48。
52 小克拉布：《美國外交和實用傳統》，頁13。

達到這樣一種權力和影響的地位，以致會對其餘國家完整構成潛在的威脅」。[53]歐洲均勢的存在對大洋彼岸的美國來說無疑是個「福音」。當大國力量形成相互牽制之勢時，力量孱弱的美國遭到外部侵略的威脅就可能減少到最低限度，為美國把主要精力集中於國內發展提供了可能性。因此在美國初創時期，維持歐洲大國的均勢不僅有利於美國獨立成果的鞏固，而且是美國擺脫歐洲紛爭和致力於國內發展與北美大陸擴張的一個重要條件。華盛頓、漢密爾頓等主要決策者在某種意義上也就把均勢原則運用到美國外交政策制訂過程中。約翰‧亞當斯寫道：「聯合法國摧毀英國從來不可能符合我們的利益⋯⋯另一方面，聯合英國使法國蒙受奇恥大辱也從來不可能是我們的義務。」[54]托馬斯‧亞當斯竭力宣揚歐洲的均勢適合美國的需要，他在一七九九年十月宣稱：「只要美國是一個獨立共和國或國家，局勢必然是歐洲的均勢將繼續對其福利至關重要。法國勝利和英國及其盟國衰落之時，我們自己就必須保持警戒，反之亦然。」[55]杰斐遜儘管從感情上傾向於革命的法國，但他絕不希望拿破崙一世的鐵蹄橫掃一切，主宰歐洲。一八一四年正是英美激烈鏖戰之時，杰斐遜反倒不情願看到法國征服英國獲得成功，而希望拿破崙的軍事活動受挫。他寫道，「整個歐洲歸於一個君主的統治之下不符合我們的利益」，這種局面一旦形成，美國就會永遠難以擺脫危險之虞，拿破崙「如果繼續向莫斯科推進，我依然希望他慘遭失敗，以阻止他到達彼得堡。即使結果是我們與英國人的戰爭拖延下去，我寧願對付英國人，也不願意看到整個歐洲的力量掌握在一個人手中」。[56]以強調意識形態因素和法理主義而

---

53　阿諾德‧澤克：「均勢」（Arnold Zurcher, "Balance of Power"），載愛德華‧康拉德‧史密斯：《美國政治辭典》（Edward Conrad Smith, ed., *Dictionary of American Politics*）（紐約市：巴恩斯和諾布爾出版公司，1944年），頁125。

54　格雷伯納編：《思想與外交：美國外交政策的理性傳統選集》，頁11-12。

55　格雷伯納編：《思想與外交：美國外交政策的理性傳統選集》，頁79。

56　小施萊辛格：《美國歷史的循環》，頁53。

著稱的杰斐遜尚且如此,可見保持歐洲大國均勢對於力量弱小的美國的生存和發展是何等重要。

美國締造者們的外交活動在美國對外關係史上占有非常重要的地位。正是他們對美國所處的國際環境的清醒認識,把維護國家的獨立與發展置於任何其他考慮之上,以國家利益為圭臬,制訂和執行了符合美國近期利益和長期利益的政策,為美國的發展創造了一個相對穩定的外部環境。他們那種在外交問題上靈活變通的態度為其後繼者提供了「楷模」,形成了美國早期外交的務實傳統。

## 三　美國外交中的「理想主義」傾向

「理想主義」是一些學者對美國政府在外交領域奉行的一種方式的稱謂。按照美國人的解釋,這是他們重視信仰追求在對外關係上的反映,也就是在很多情況下美國政府執行的對外政策包含著把其他國家從苦海中解救出來的使命。用一位美國學者的話來說,美國人「從立國開始,就一直相信自己的天命是通過民主示範使自由和社會正義普及全人類;帶領人們擺脫惡行;建立和諧的國際秩序。……美國不僅要成為讓其他民族仿效的優良的國內民主生活方式的燈塔,而且還要成為在道德上優於他人的國際行為的楷模」。[57]美國所謂「理想主義」的文化根源在前章已有所述,此處不必贅言。然而,談到「理想主義」,人們的確很難把它與一貫注重功利的美國人聯繫在一起,更難解釋美國外交追求實利的本質。許多美國學者認為這是美國外交中兩種互不相容的傾向,如小施萊辛格就持這種觀點,他認為,美國對外政策被兩種彼此競爭的傾向所掌握,「一種是經驗的,另一種是教條的;一種以歷史觀看待國際關係,另一種以意識形態觀看待國際關

---

57 莫特雷:〈美國的非常規衝突政策和戰略〉,頁97。

係；一種設想美國同所有社會一樣具有不完善、弱點和邪惡，另一種視美國為幸運的帝國，才智傑出，德行完美，受託拯救人類」。[58]小施萊辛格看到了美國對外關係上的兩種似乎相互矛盾的傾向，但卻忽視了兩種傾向在本質上的一致之處。

事實上，美國領導人宣傳的「理想」常常為現實服務，甚或成為實現現實利益的一種手段。如美國學者把立國初期杰斐遜與漢密爾頓在外交上的爭執分別貼上「理想主義」與「現實主義」的標籤。按照他們的分類，這場爭執以漢密爾頓的「現實主義」勝利而結束。其實，杰斐遜的「理想主義」同樣也是出於美國的現實利益考慮，最終也是務實的。關於這一點，當時的法國赴美公使皮埃爾・阿代說得很明白：

> 杰斐遜先生因為憎恨英國而喜歡我們；他試圖拉近與我們的關係，因為他擔心英國甚於擔心我們；只有英國不再引起他的憂慮，明天他也許就改變了對我們的看法。杰斐遜是自由和科學的朋友，他贊成我們打破套在我們身上枷鎖以及清楚蒙在人類頭上愚昧陰雲的種種努力，但我說杰斐遜是一個美國人，正因為如此，他不會是我們真摯的朋友。美國人生來就是所有歐洲民族的敵人。[59]

阿代曾試圖勸說美國決策人物對法國革命的支持，以為經常把「民主與自由」掛在嘴邊的美國領導人會對追求民主事業的法國提供物質上的支持，但最終以失望告終，憤慨之下說出了上邊那番話，既算是他

---

58　小施萊辛格：《美國歷史的循環》，頁54。

59　勞倫斯・卡普蘭：《由殖民地變成國家：1763年至1801年的美國外交》（Lawrence S. Kaplan, *Colonies into Nation: American Diplomacy 1763-1801*）（紐約市：麥克米蘭出版公司，1972年），頁219。

與美國決策層打交道之後的經驗之談，也可對人們認識「理想主義」
外交的實質也有啟迪。一位美國學者也認為，杰斐遜是一個理想主義
者，但他也像舊世界的任何老練的外交家一樣「冰冷強硬，講究實際
和玩世不恭」。[60]這位美國學者倒是看到了「理想」與現實在杰斐遜身
上的一致之處。杰斐遜是一個擴張主義者，他主張美國向外擴張對隨
後的美國外交發生了重要影響，甚至到了十九世紀末美國掀起海外擴
張時，許多著名擴張主義分子把擴張傳統追溯到杰斐遜的「理想主
義」。如共和黨領袖西奧多‧羅斯福和亨利‧洛奇就宣稱，麥金萊只
是走在杰斐遜規劃好的路上，「杰斐遜對路易斯安那的所為和目前在
菲律賓採取的行動十分驚人的一致」。[61]參議員艾伯特‧貝弗里奇也指
出，十九世紀九〇年代不是一個分水嶺，而是共和國「第一個帝國主
義者」杰斐遜發起的擴張進程的組成部分。[62]很有意思的是，正是杰
斐遜的「理想主義」，才推動了美國在北美大陸上掀起了領土擴張的
高潮，最終為美國在二十世紀作為一個世界政治大國的出現創造了客
觀條件，而正是漢密爾頓的「現實主義」，才使美國避開了紛爭的歐
洲，致力於國內的經濟發展，為美國在二十世紀作為一個世界經濟大
國奠定了雄厚的物質基礎。這兩種外交方式相輔相成，交互地服務於
美國外交戰略的實現。正如美國歷史學家保羅‧西伯里所言：「一般
而言，杰斐遜的傳統……類同於西部擴張和對新土地的兼併。漢密爾
頓的傳統保守地與一個工業的、城市的和海洋的美國利益協調一致，
警惕地向外注視著一個國際競爭世界。」[63]事實上，杰斐遜出任總統

60 內森‧沙赫納：《托馬斯‧杰斐遜傳》（Nathan Schachner, *Thomas Jefferson: A Biography*）第1卷（紐約市：阿普爾頓一世紀一克羅夫茨出版社，1951年），頁407。

61 梅里爾‧彼得森：〈美國人腦海中的杰斐遜形象〉（Merril D. Peterson, *The Jefferson Image in the American Mind*）（紐約市：牛津大學出版社，1960年），頁270。

62 邁克爾‧亨特：《意識型態與美國對外政策》（Michael H. Hunt, *Ideology and U.S. Foreign Policy*）（紐黑文市：耶魯大學出版社，1987年），頁40。

63 德康德主編：《美國外交政策百科全書：主要動向和思想研究》，頁860。

後奉行的許多政策並不與漢密爾頓的思想發生衝突。在他的身上，既表現出領土擴張的強烈願望，又致力於美國在政治上孤立於歐洲大陸，促進國內經濟發展。這一發生在開國先輩「現實主義」時代的插曲說明了「理想主義」並非有悖於美國的國家利益，只是美國實現現實利益的一種工具，以後的歷史發展充分地證明了這一點。

　　美國外交史學家小克拉布在解釋美國對外關係的「理想主義」色彩時指出，美國對外政策在操作上是實用主義的，但是領導人在決策和執行對外政策時必須提及相應的原則，作為使他們行為合法化的一種手段。這樣，「美國在國外行使權力必須顯示出與某種明顯值得追求的人道目的相聯繫，這種目的必須被美國人所理解（或至少被他們直觀上所領悟）」。否則，「在海外運用美國的權力……不可能成功或永久」，而且公民們往往用實用主義的功效標準來評價理想受到堅持的程度。[64]小克拉布的這番話表明，聽起來很感人的「理想」語言只是美國領導人在國外推行強權政治的合法化解釋，此見誠有道理。在美國外交史上，很少美國領導人不在講話和政策文告中體現出「理想」的成分，其目的顯然是掩飾欲要奉行的政策的真正目的，因此美國決策者所「做」並非與其在政策文告中或公開講演中所「說」完全一致，所「說」往往成為所「做」的一種合法化掩飾。

　　西奧多·羅斯福是美國進入二十世紀之後的第一位總統，他的外交政策的秘訣就是「說話要溫和，但要帶根大棒」。他特別崇尚在國際事務中運用強權政治，但還想給美國的強權外交披上「道義」的外衣。他在一九〇六年十二月三日的國情咨文中宣稱：

　　　　一個國家漠視自己的需要既不明智，也不正確，認為其他國家
　　　　將忽視各自需要則更是愚蠢——甚或是邪惡的。但是對一個國

---

64 小克拉布：《美國外交和實用傳統》，頁183。

家來說，僅僅考慮自己的利益也是邪惡的，認為這是驅使任何其他國家的唯一行動也是愚蠢的。我們的堅定目標應該是在努力提高個人行為道德標準的同時，提高國家行為的道德標準。[65]

西奧多·羅斯福還竭力宣揚「文明大國」的每次擴張都意味著「法律、秩序和正義」的勝利，它們對落後國家事務的干涉「直接有助於世界和平」的實現，有利於被干涉國家走向進步。在他的眼中，「野蠻狀態在一個文明化的世界沒有和不能有一席之地。我們對生活在野蠻狀態下的民族的責任是看到他們擺脫自己的枷鎖，我們只能消滅野蠻狀態本身而解放他們。傳教士、商人、士兵在這種消滅以及最終提高這些民族方面都會起到作用」。[66]實際上，西奧多·羅斯福政府在外交政策執行中，哪裡能看到一點「文明」與「道義」的影子呢？看到的只是為了實現美國的利益對弱小國家的干涉。西奧多·羅斯福從門羅主義暗含的內容中推出了一個自鳴得意的定理，試圖把美國可以依照自己的邏輯任意干涉美洲各國事務「合法化」。阿根廷《新聞報》一九〇四年十二月刊文把他的推論看作是「出自華盛頓對南美洲主權完整的最嚴重的威脅性宣言」。[67]西奧多·羅斯福政府為了從哥倫比亞手中奪取運河的控制權，策動巴拿馬獨立派發動了脫離哥倫比亞的叛亂，成立了巴拿馬共和國。作為對美國支持的回報，美國以一次

---

65　西奧多·羅斯福：〈第六次年度咨文〉（Theodore Rooselvet, "Sixth Annual Message"）1906年12月3日，全文可在http://www.presidency.ucsb.edu/ws/index.php?pid=29547網址上獲得。

66　參見威廉·哈博主編：《西奧多·羅斯福著述》（William H. Harbaugh, ed., *The Writings of Theodore Roosevelt*）（印第安納波利斯：鮑勃斯─梅里爾出版社，1967年），頁357；霍華德·希爾：《羅斯福和加勒比》（Howard C. Hill, *Roosevelt and the Caribbean*）（芝加哥市：芝加哥大學出版社，1927年），頁207。

67　托馬斯·麥克甘恩：《阿根廷、美國和美洲國家體系，1880-1914年》（Thomas F. McGann, *Argentina, the United States, and the Inter-American System, 1880-1914*）（劍橋市：哈佛大學出版社，1957年），頁223。

性付給一千萬美元和九年每年付給租金二十五萬美元的低價，取得巴拿馬一條十英里寬地帶的永久租讓權，還獲得了在該地帶內建造運河鐵路和駐軍設防的權利，巴拿馬完全淪為美國的保護國。西奧多・羅斯福一九一一年多少帶有點霸道氣地吹噓說：「我取得了運河區而讓國會辯論；一方面進行辯論，一方面繼續運河之事。」[68]從一九〇四年至一九〇五年，西奧多・羅斯福政府借多米尼加共和國欠歐洲國家債務危機之時機，以保護美國官員的安全和防止歐洲干涉為名，派遣海軍陸戰隊登陸，控制了多米尼加共和國的海關，把該國關稅收入完全掌握在美國手中，並用其中的百分之四十五償還外債。

西奧多・羅斯福政府為了維持遠東的均勢，支持日本抑制俄國。一九〇四年二月，日本對沙俄不宣而戰，美國隨即給日本以外交上和經濟上援助，但結果卻出乎西奧多・羅斯福的意料之外，沙俄不堪一擊，日本節節勝利。美國政府所設想的兩敗俱傷的局面顯然很難出現。為了保持日俄形成相互牽制之勢，西奧多・羅斯福向交戰雙方提出調停。日俄雖然最後達成了和約，美國也暫時維持住了遠東的均勢，但卻是以犧牲中國和朝鮮的利益為代價。西奧多・羅斯福所處的時代正是美國外交的重大轉折時期，美國的擴張觸角開始由封閉的半球伸向遼闊的海外。西奧多・羅斯福作為一個時代「傑出」的政治家，其外交活動明顯地促進了美國擴張利益的實現。

西奧多・羅斯福的繼任者威廉・塔夫脫以奉行「金元外交」而著稱，用塔夫脫的話來說：「本政府的外交力求適應商業往來的現代概念。這個政策的特徵是以金元代替子彈。這個政策要求用理想主義的人道感情、健全的政策和策略指導和正當的商業目的來作出決定。」[69]塔夫脫這番話以「理想化」的語言道出了其外交政策主要為美國商

---

68 帕特森等：《美國外交政策史》第1卷，頁222。

69 德特林・杜蒙德著，宋嶽亭譯：《現代美國1896-1946》（北京市：商務印書館，1984年），頁243。

業擴張服務的目的。金元外交在拉美地區主要有三個目的：一是為美國國內剩餘資本尋找投資場所，進而加快對拉美地區的經濟滲透；二是保證美國在中美洲和加勒比地區的政治和戰略利益不受到經常爆發的「革命」威脅，也就是要剷除這些國家滋生「革命」的土壤；三是消除歐洲國家對拉美地區干涉的機會，維護門羅主義。金元外交在拉美地區的推行使美國大獲其益，據統計，美國對外投資從一九〇九年的二十億美元上升到一九一三年的二十五億美元，其中一半在拉美國家。[70]一九一三年美國控制了拉美各國對外貿易的百分之二十八，並在古巴、墨西哥等國的投資超過英國。金元外交在這一時期美國對華政策中也居於主導地位，其目的是支持美國金融財團積極插足中國經濟活動，擴大美國在華經濟權益，為最終在中國事務中居於優勢奠定基礎。塔夫脫本人就明確說：「供給中國的大鐵路和其他企業以資金的國家，在中國事務中必須具有優先地位，美國資本參與這樣的投資，將給予美國在該國的政治爭端中以更有權威性的發言權。」[71]金元外交服務於美國在華利益在此便可見一斑。

　　在二十世紀前半期，只有伍德羅・威爾遜才算稱得上奉行「理想主義」外交的總統。威爾遜是個虔誠的基督教徒，美國白人對世界承擔一種特殊責任的「使命感」在他身上體現的比較明顯，他還是個學者，對美國歷史與民主制度有著比較深的研究，他在此基礎上形成的政治思想自然充滿了「理想」的色彩，美國民主制度的特殊性以及把這種制度傳播給其他地區體現在其論著的字裡行間。威爾遜算是文人從政，在總統任內試圖把他的「理想」貫徹到美國的對外政策之中，

---

70 參見斯科特・尼爾林等：《金元外交──美國帝國主義研究》（Scott Nearing and Joseph Freeman, *Dollar Diplomacy: A Study in American Imperialism*）（紐約市：許佈施和瓦伊金出版社，1925年），頁12。

71 勞倫斯・亨利・巴蒂斯蒂尼：《美國和亞洲》（Lawrence Henry Battstini, *United States and Asia*）（紐約市：普雷格出版社，1955年），頁72。

這大概是他能夠被賦予「理想主義」總統的一個主要原因。其實，作為一個主權國家的行政首腦，威爾遜即使滿腦子充滿了「拯救」他國的夢想，但他的這種特殊位置決定了他只能以追求和實現國家利益為首要選擇，而不是有悖於這一目的的其他。因此，威爾遜絕不是一個不切實際的「理想主義者」，更不是在外交決策和執行過程中忽視美國實際利益的政治家。他宣揚的「理想」只是實現美國現實利益的一種手段，「理想」與現實在威爾遜身上並不衝突，而是有機的統一。威爾遜出任美國總統後奉行的外交政策就足以證明了這一點。

　　威爾遜剛就任總統，其南鄰墨西哥的政壇就出現動盪。一九一一年獲得政權的馬德羅總統被其主要將領維多利亞諾・韋爾塔所謀殺，隨後建立了以韋爾塔為首的臨時政府。威爾遜一改美國政府的慣例，拒絕承認韋爾塔臨時政府，要求韋爾塔立即下臺，通過民主選舉程序在墨西哥建立一個符合憲法的民選政府。他在就任總統後首次發表的聲明中指出，只有基於法制，而不是基於武力或專橫之上的合法與公正政府的存在，合作才有可能。「我們不同情那些試圖奪取政府權力以推進個人利益或野心的人。我們是和平的朋友，但我們知道，在這種形勢下，任何持久或穩定的和平都不可能存在」。[72]威爾遜為了達到迫使韋爾塔下臺的目的，不惜採取令主權國家難以接受的武力干涉手段，這種政策暴露出了國際關係中的大國強權政治。威爾遜就毫不諱言地說：

　　　　如果我只能通過偶爾擊倒某人來保持對他的道義影響，如果這就是他尊重我的基礎，那麼出於為他的緣故，我就偶然將其擊倒。如果一個人不安靜地坐下來聽你說，就騎在他的脖子上，

---

72 阿瑟・林克編輯：《伍德羅・威爾遜文件集》（Arthur S. Link, ed. *The Papers of Woodrow Wilson*）第27卷（普林斯頓市：普林斯頓大學出版社，1978年），頁172。

強迫他聽。[73]

威爾遜有一句名言，即「教訓南美洲共和國選舉好人」，有的美國學者把這句話解釋為美國政府對中美洲和加勒比地區保守黨的支持，以反對該地區的居於主導地位的自由黨。[74]其實，這句話體現出地地道道的強權作風，目的是建立一個美國能夠控制的政府。「好人」是根據美國是非標準來評判的。所謂「好人」，就是指經過美國甄別通過選舉而執掌權力的人。所以，美國政府在致力於韋爾塔這個「壞人」倒臺時，就開始按照自己的標準挑選「好人」。美國主張在墨西哥建立立憲政府只是「好人」執政的一個條件，但如果執政者不服從美國指揮，損害美國在墨西哥的政治經濟利益，「好人」就會轉化成「壞人」，從這個意義上講，就是立憲政府也會遭到美國的反對。威爾遜政府與立憲的卡蘭薩政府的交惡就深刻說明了這一點。威爾遜的對華政策常常被美國學者說成是「理想主義」的體現，如美國著名學者伯頓·比米斯總結道：「史學家們在一個問題上看法是一致的：即理想主義在威爾遜政府對遠東問題的態度上占重要地位。根據總統的見解，美國在世界性事務中扮演著傳播文明的角色。美國政府旨在促進人權，提高道德水平，培植正義的統治地位。」[75]實際上，威爾遜政府拒絕支持美國銀行家參加六國貸款，並不意味著美國放棄了「美元外交」，更不能用來說明美國對華政策的根本改變，只不過是威爾遜政府為了達到「門戶開放」既定目標的一種更為現實的選擇。就連把

---

73 林克編輯：《伍德羅·威爾遜文件集》第37卷（普林斯頓市：普林斯頓大學出版社，1982年），頁48。

74 馬克·佩塞尼：〈美國軍事干涉期間促進民主的兩條道路〉（Mark Peceny, "Two Paths to Promotion of Democracy during U.S. Military Interventions"），載《國際研究季刊》（*International Studies Quarterly*）第39卷第3期（1995年9月），頁375。

75 歐內斯特·梅等編，齊文穎等譯：《美中關係史論——兼論美國與亞洲其他國家關係》（北京市：中國社會科學出版社，1991年），頁159。

威爾遜外交稱為「傳教士外交」的阿瑟・林克教授也指出：「老於世故的外交家們認為，他們在威爾遜的行動中看到了某種馬基雅弗里式的目的。」[76]

　　第一次世界大戰爆發後，威爾遜政府宣布實行中立，中立的天平顯然傾斜於協約國。這並不能說明美國對協約國事業的同情起了決定性的作用，也不是因為英法似乎為「文明」而戰，因而得到美國的支持。在這方面絲毫見不到威爾遜宣稱的「無私」痕跡，存在的只是美國的利益。關於這一點，與威爾遜政府打交道的英國人和法國人體會最深。一九一五年三月威爾遜的親信幕僚愛德華・豪斯上校在紐約時，他要求法國新聞署長德卡塞納夫坦率地談談法國人對美國的看法，德卡塞納夫直言不諱道：「普通法國人認為，美國除了美元之外，一無所慮。」豪斯在隨後致威爾遜總統的信談到了美國在法國人腦海中的形象，「我們完全受惟利動機的指導在法國已經成為普遍看法」。[77]一年後豪斯在日記中寫道：「事實上，法國在整體上不相信我們具有任何理想，只有美元標記所代表的東西。」[78]英國人說得更明白，一九一六年二月二日，英國政治家喬治・塞爾在致豪斯的信中批評了威爾遜宣稱的理想主義外交，「關於外交政策和國際生活中的理想主義，先生，總統和您應該記得，美國的政策與德國的政策一樣是惟我為臬的自私」。[79]上述這幾個人站在本國利益的角度道出了威爾遜宣稱的「理想主義」外交為本國利益服務的實質。

　　美國對德宣戰後，威爾遜將美國戰爭目標「理想化」，認為美國參戰一是不尋求物質利益和各類擴張，二是為了各民族的自由發展而

---

76　林克：《伍德羅・威爾遜和進步時代1910-1917年》，頁83。

77　查爾斯・西摩主編：《豪斯上校私人文件集》（Charles M. Seymour, ed., *The Intimate Papers of Colonel House*）第1卷（波士頓市：霍頓・米夫林出版社，1926-1928年），頁398。

78　西摩主編：《豪斯上校私人文件集》第2卷，頁264。

79　西摩主編：《豪斯上校私人文件集》第2卷，頁263。

戰，三是保證未來世界的和平與安全。這樣，美國參與這場戰爭的目的完全不是「利己」，而是「利他」。用威爾遜的話來說：

> 我們將為我們一向最珍視的事業而戰鬥，——為民主，為屈從於權勢的人們在自己的政府中有發言的權利，為弱小民族的權利與自由，為自由人民協力合作的普遍權利而戰。這種自由人民的協力合作必將給各國帶來和平與安全，並使世界本身最後獲得了自由。[80]

情緒忿激的美國人在威爾遜這種「理想」語言刺激下，迅速被動員起來，進入了戰爭狀態。其實，威爾遜那充滿激情的語言只是政治家的外交辭令，本身並不能真實地反映出美國參戰的現實目標，而後者恰恰是對前者的無情嘲諷。隨後美國國內出現對公民自由權利的侵犯更能說明美國政府維護國外「人類權利」的虛偽性。美國著名外交史學家托馬斯·貝利曾說：「在外交中，追求的目標並不總是公開承認的目標。」[81]這句話雖然是就威爾遜政府的某一外交行為而引發出的議論，但恐怕也是這位研究威爾遜外交的學者發自心底的精闢總結。正如美國學者羅斯·格雷戈里指出的那樣，威爾遜雖然為美國確定了很高的道義標準，但設想他的政策在各個方面是非現實主義和不可行的卻是毫無根據，「道德主義與現實主義並不自動發生衝突，道義政策……也許符合國家的最佳利益」。[82]格雷戈里是以讚揚的口吻談

---

80 參見林克編輯：《伍德羅·威爾遜文件集》第37卷（普林斯頓市：普林斯頓大學出版社，1982年），頁519-527。

81 小理查德·沃森：〈伍德羅·威爾遜及其解釋者〉（Richard L. Watson, Jr., *Woodrow Wilson and His Interpreters (1947-1957)* )，載《密西西比流域歷史評論》（*The Mississ-ippi Valley Historical Review*）第44卷（1957年9月），頁223。

82 羅斯·格雷戈里：《美國介入第一次世界大戰的起源》（Ross Gregory, *The Origins of American Intervention in the First World War*）（紐約市：諾頓出版社，1971年），頁16。

論二者之間的一致性，當然不會認識到這種所謂「道義」外交的實質。事實證明，威爾遜正是打著「理想主義」的旗號把美國的向外政治、經濟以及文化擴張發展到美國歷史上的一個高潮，美國的現實利益由此得到最大限度的實現。

　　富蘭克林・羅斯福是二十世紀美國著名的總統之一，他入主白宮之時，正值美國經濟在大蕭條的衝擊下奄奄一息，美國民主制度的延存也受到很大的威脅。羅斯福力挽狂瀾，大膽革新，推行了舉世矚目的「新政」，把美國經濟從行將崩潰的邊緣挽救過來。他在解決國內問題上處處表現了務實作風，他本人就宣稱，「我相信務實的解釋和務實的政策」，首先要付諸行動，然後再讓他的幕僚們對他的行動含義做出解釋和理論化。[83]富蘭克林・羅斯福時代是美國對外關係史上的重要時期，他在外交上面臨的形勢並不比國內輕鬆。美國學者對富蘭克林・羅斯福的外交思想或風格評價不一。富蘭克林・羅斯福的傳記作者富蘭克林・弗雷德爾在談到其外交思想時指出：「從他任總統期間總是把美國利益放在首位來看，他是一個民族主義者；從他相信美國幸福有賴於其他各國的政治穩定與經濟保障來看，他是一個國際主義者。」[84]研究富蘭克林・羅斯福外交的美國學者羅伯特・達萊克稱他「既是理想主義者，又是現實主義者」。[85]一些對富蘭克林・羅斯福歌功頌德者甚至認為他是全世界民主政治的保衛者。富蘭克林・羅斯福曾是威爾遜「國際主義」的忠實追隨者，他儘管未能像威爾遜那樣享譽「理想主義總統」的桂冠，但「理想化」的語言在他的講話和政策文告中同樣隨處可見。不過他的外交思想或方式更是靈活多變，總是順應潮流發展，以變應變，我們很難用一個固定術語如「國際主

---

83　小克拉布：《美國外交和實用傳統》，頁88。

84　轉引自羅永寬編著：《羅斯福傳》（武漢市：湖北辭書出版社，1996年），頁203。

85　羅伯特・達萊克著，陳啟迪等譯：《羅斯福與美國對外政策1932-1945》下冊（北京市：商務印書館，1984年），頁459。

義者」、「理想主義者」、「現實主義者」以及「保守主義者」等等給富
蘭克林・羅斯福的思想下個定義，他把這些概念反映出的內容融合到
自己的思想中，使其政府執行的外交政策與美國現實的需要相一致。

　　「睦鄰政策」是二十世紀三〇年代期間美國政府對西半球政策的
一次重大調整。富蘭克林・羅斯福一九三三年三月四日就職總統時宣
布：「在對外政策方面，我認為我國應該奉行睦鄰政策──決心尊重
自己，從而也尊重鄰國的權利──珍視自己的義務，也珍視與所有鄰
國和全世界各國協議中所規定的神聖義務。」[86]當然，「睦鄰政策」對
緩和美拉關係和保證第二次世界大戰勝利等等方面起過程度不同的積
極作用，但它只是使用政治手段、強調經濟手段、限制軍事干涉手段
來達到美國在西半球的既定目的。因此，「睦鄰政策」的執行對西半
球歷史的發展並未如富蘭克林・羅斯福宣稱的「一個嶄新的，更加完
善的國際關係準則的時代已經到來」。[87]正如墨西哥歷史學家阿倫索・
阿吉拉爾指出的那樣：「睦鄰政策並沒有對美拉關係的基礎發生影
響，格蘭德河以南的國家仍然受制於這個北方大國，形勢將發生根本
變化的幻想很快成為泡影。」[88]這一時期也是美蘇關係的一個轉折
點，富蘭克林・羅斯福出於現實主義考慮正式承認了蘇聯，兩國建立
了外交關係。美國從來不會放棄在意識形態上與蘇聯的敵對，但與這
個社會主義國家確立正式外交關係顯然是出於更現實的目的考慮：一
是不願意放棄蘇俄這個廣闊的市場；二是想借蘇俄遏制住日本在東亞
的擴張勢頭，維護既定的「門戶開放」政策。正如國務卿科德爾・赫
爾對富蘭克林・羅斯福所言的那樣：「世界正走向一個危險的時期，

---

86 關在漢編譯：《羅斯福選集》（北京市：商務印書館，1982年），頁17。

87 達萊克：《羅斯福與美國對外政策1932-1945》上冊，頁25。

88 阿倫索・阿吉拉爾著，阿薩・扎奇（Asa Zatz）譯：《從門羅到現在的泛美主義》
　（Alenso Aguilar, *Pan-Americanism: from Monroe to the Present*）（紐約市：MR出版
　社，1967年），頁69。

歐洲和亞洲同樣如此。在穩定這種局勢方面，俄國會起很大的幫助作用。」[89]赫爾這番話從一個方面表明了美國政府與蘇聯關係正常化的深層目的。

富蘭克林‧羅斯福政府在二戰前與英法等國一起對德意日法西斯的侵略行徑採取姑息態度，名曰維護了世界和平，實則助長了以強凌弱的囂張氣焰，加劇了世界局勢的緊張。不過，富蘭克林‧羅斯福算是一個順時達變的總統，他從美國的長遠利益出發，逐漸地把美國與世界反法西斯的事業密切聯繫在一起。這種傾向在二戰爆發後更為明顯，乃至美國最終捲入了戰爭。富蘭克林‧羅斯福政府在二戰中採取的政策對於法西斯的崩潰起了很大的作用，其功不可沒，但美國在戰爭中獲得的好處恐怕是不能僅僅用數字統計來加以說明的。美國在富蘭克林‧羅斯福時期終於完成了威爾遜的未竟之業，為美國戰後充當「自由世界」的領袖和全球擴張鋪平了道路。就富蘭克林‧羅斯福本人而言，他無疑是一個時代的偉人，但又是一個執著地追求美國現實利益的總統。他的行為方式更多地體現出了實用主義的傾向，「隨機應變，猶如掮客」，高度的靈活性，「甚至連他的某些朋友也認為他似乎是處於一種變化莫測的狀態，沒有什麼既定的方針，因為許多學說和教條他都棄而不用」。[90]正是這種不拘泥於教條理論的務實態度，才使得富蘭克林‧羅斯福在內政和外交方面取得了前所未有的「成功」，成為美國歷史上受美國人敬仰的總統之一。

以上我們考察了二十世紀前半期美國幾個主要總統外交政策的輪廓，主要想說明美國對外關係上的「理想主義」最終服務於現實利益的目的，使人們更加清楚地認識到美國外交的務實性和功利性。「理

89 J‧布盧姆等著，戴瑞輝等譯：《美國的歷程》下冊，第二分冊（北京市：商務印書館，1988年），頁430。

90 詹姆斯‧麥格雷爾‧伯恩斯著，孫天義等譯：《羅斯福傳：獅子與狐狸》（北京市：商務印書館，1995年），頁604。

想」的語言掩遮不住美國外交以國家利益為圭臬的實質,「理想化」的政策絲毫不與美國現實利益相悖,相反卻促進了美國在特定時期內的利益的實現。美國「新左派」的領軍人物威廉‧威廉斯在《美國外交的悲劇》一書中認為,美國非常成功地把現實追求的具體利益同口頭宣揚的道德和意識形態目標混合在一起,後者是用來動員人們支持這些利益的。美國歷史學家詹姆斯‧伯恩斯評價富蘭克林‧羅斯福是「用狐狸的狡猾手段去達到獅子的目的」。當我們研究那些以「理想」為手段來實現「現實」目標的美國領導人時,這句話倒也不失為一種更為形象的說明。

## 四　現實主義與戰後美國外交

現實主義理論的思想淵源可以追溯到意大利文藝復興時期著名的政治理論家和歷史學家尼科洛‧馬基雅弗里和十七世紀英國著名政治家及哲學家托馬斯‧霍布斯的政治哲學觀。馬基雅弗里著有對後世影響頗大的《君主論》一書。在他看來,統治者為確保國家的生存,必須採取不同於常人的道德標準,必須把政治手段和軍事措施同宗教、道德、社會考慮完全分隔開來。他特別強調權力政治,認為以利益為核心的政治衝突總是體現在國家之間的關係上,因此,外交活動的目的就是為了保存和擴大政治權力本身。簡而言之,君王須兼獅子的凶殘與狐狸的狡詐,為達到政治目的,可以不擇手段。[91]霍布斯強調權力在人類行為中的至關重要性,追求權力是人的一種本能,永不安

---

91 馬基雅弗里的政治思想詳見威廉‧鄧寧:〈馬基雅弗里的政治理論〉(William A. Dunning, "The Political Theory of Machiavelli"),載《國際月刊》(*International Monthly*)第4期(1901年7月、12月),頁766-793;安東尼奧‧桑托蘇奧索:〈馬基雅弗里的道義與政治:兩種近期的解釋〉(Antonio Santosuosso, "Morality and Politics in Machiavelli: Two Recent Interpretations"),載《加拿大歷史雜誌》(*Canadian Journal of History*)第25卷第1期,頁85-90。

寧，永不知足，直至死亡。「沒有刀劍的契約只是一句空話，根本無力保護個人的安全」是霍布斯對其權力政治說的概括。[92]他們的思想對後世產生了很大的影響，使近代歐洲國家的外交深深地打上了強權政治的烙印。

　　現實主義理論興起於二十世紀三〇年代，主要是針對國際關係領域的理想主義學派發出的挑戰。英國著名學者愛德華・哈利特・卡爾一九四〇年出版了其代表作《一九一九年至一九三九年的二十年危機──國際關係研究導論》一書，他承認在國際關係中存在著一種國際道義，但由於不存在執行國際道義的權力機構，所以這種道義對主權國家並不能形成約束力，主權國家依然追逐以自我利益為核心的權力。因此，那種主張以道德規範建立超國家的國際組織來謀求國際社會穩定的主張只是一種不切實際的空想。[93]卡爾儘管對此前的現實主義觀點也提出了異議，但這本書的出版標誌著現實主義學派開始在國際關係學領域嶄露頭角。第二次世界大戰後，現實主義理論迎合了西方大國對國際局勢的估計，尤其適應了冷戰期間東西方兩大陣營對立所造成的局面，遂在西方國際關係學中占據了主導地位，一批研究和提倡現實主義理論的學者著書立說，對這些國家制訂和執行對外政策產生了很大影響。正如美國國際關係學家小查爾斯・凱格利指出的那樣：「現實主義從一九三九年到一九八九年這段充滿衝突的五十年期間找到了繁榮的適宜空間。在這一時期，對權力的渴求、帝國擴張的

---

92　關於霍布斯的政治思想詳見喬治・卡特林：〈托馬斯・霍布斯和當代政治理論〉（George E. G. Catlin, "Thomas Hobbes and Contemporary Political Theory"），載《政治學季刊》（*Political Science Quarterly*）第82卷第1期（1967年3月），頁1-13；弗雷德里克・奧拉夫桑：〈托馬斯・霍布斯和現代自然法則理論（Frederick A. Olafson, "Thomas Hobbes and the Modern Theory of Natural Law"），載《哲學史雜誌》（*Journal of the History of Philosophy*）第4卷第2期（1966年1月），頁15-30。

93　參見愛德華・哈利特・卡爾：〈1919年至1939年的二十年危機──國際關係研究導論》（Edward Hallett Carr, *The Twenty Years' Crisis, 1919-1939: An Introduction to the Study of International Relations*），倫敦市：麥克米蘭出版公司，1940年。

欲望、爭奪霸權的鬥爭、超級大國的軍備競賽和對國家安全的關注都是十分顯而易見的。」[94]美國現實主義理論的主要代表人物之一肯尼思‧華爾茲在二十世紀九〇年代初發表的一篇論文中詳細考察了現實主義與新現實主義理論的演變及其基本內涵。[95]

　　主權國家在爭奪權力資源的國際社會中維護和追求本國的利益是現實主義理論的核心內容之一，其實一些國家的政治領導人早就從他們的外交活動實踐中總結出了這種思想。十九世紀中期前後任英國外交大臣和首相的帕麥斯頓就明確指出，指導大英帝國外交政策的原則應該是：「我們沒有任何永久的聯盟，我們也沒有任何永久的敵人。我們的利益是永恆的，追求這些利益是我們的責任。」[96]這番話被追求強權政治大國奉為「至理名言」。類似這樣的言論更常見於二戰後許多國家領導人的講話。如印度首相尼赫魯一九四七年十二月四日在制憲會議發表講話時宣稱：「一個國家外交事務的藝術在於發現什麼對國家最為有利。……歸根結柢，一個政府行使職責是為了它管理的國家利益，任何政府都不敢做在短期或長期明顯不利該國的任何事情。」[97]法國總統夏爾‧戴高樂的一句名言是，國家是「缺乏感情的冷血動物，……受自己的物質利益所支配」。[98]這裡舉出這幾個政治家

---

94 小查爾斯‧凱格利：《國際關係理論的爭執：現實主義與新自由主義挑戰》（Charles W. Kegley, Jr., *Controversies in International Relations Theory*: *Realism and Neoliberal Challenge*）（紐約市：聖馬丁出版社，1995年），頁341。

95 肯尼思‧華爾茲：〈現實主義思想和新現實主義理論〉（Kenneth N. Waltz, "Realist Thought and Neorealist Theory"），載《國際事務雜誌》（*Journal of International Affairs*）第44卷第1期（1990年春季號），頁21-37。

96 詹姆斯‧蔡斯：《一個其他地方的世界：美國新對外政策》（James Chace, *A World Elsewhere*: *The New American Foreign Policy*）（紐約市：斯克里布納，1973年），頁86。

97 小克拉布：《決策者及批評者：美國外交政策的衝突理論》，頁111。

98 查爾斯‧波倫：《美國對外政策的轉變》（Charles E. Bohlen, *The Transformation of American Foreign Policy*）（紐約市：諾頓出版社，1969年），頁97。

的觀點只是說明現實主義理論在國際關係學領域曾經「獨領風騷」，顯然是有廣泛基礎的。

　　美國不是現實主義理論的發祥地，但美國學者提出的「現實主義」在美國外交史上早就存在。不過，這裡談到的「現實主義」儘管與二戰後的現實主義理論有許多相同之處，但很大程度上是美國政治家從務實的角度出發強調國家利益高於一切在對外關係上的反映。如二十世紀二〇年代初，美國國務卿查爾斯・休斯就宣稱：「外交政策不是建立在抽象的概念上，它們是國家利益這一實際概念的產物，這種國家利益產生於當前某種迫切的需要或在對歷史的回顧中生動地反映出來。」[99]事實上，美國開國先輩們在外交上開創的「現實主義」傳統一直被延續下來，而且不斷地根據形勢的變化有所發展。因此，在美國歷史上沒有一個總統敢冒天下之大不韙在外交上悖逆美國的現實利益，他們只是採取不同的方式使之得以實現。從這個意義上講，美國對外政策的制訂與執行無一不是出於現實利益的考慮。貝利從對美國外交史的研究中得出了「自身利益是一切外交的基石」的結論。[100]所以，當現實主義作為一種理論出現在國際關係學界時，美國實際上早就為它的「繁盛」提供了必要的「養分」。

　　在國際關係學界，現實主義理論的後起之秀多是出自美國，其代表人物既有理論功底深厚的專家學者，又有位居決策層中的資深外交家，他們提出的觀點儘管不盡一致，但無一不是以權力政治為核心來闡釋國際關係的本質。他們的主張簡單概括如下：一是崇尚權力政治，認為國家之間圍繞權力進行的鬥爭構成了國際關係的主要內容。美國著名國際關係學家漢斯・摩根索認為，國際政治同其他政治一

---

99　查爾斯・比爾德：《國家利益觀：美國對外政策的分析研究》（Charles A. Beard, *The Idea of National Interest: An Analytical Study in American Foreign Policy*）（紐約市：麥克米蘭出版公司，1934年），頁1。

100　參見托馬斯・貝利：《美國外交政策：過去與現在》（Thomas A. Bailey, *America's Foreign Policy: Past and Present*）（紐約市：對外政策協會，1945年），頁88。

樣，是為了權力而進行的鬥爭。不論國際政治的最終目標是什麼，權力總是主權國家所追逐的直接目標。「因為最大限度地獲取權力的欲望是普遍存在的，所有國家勢必總是擔心它們自己的計算錯誤再加上其他國家權力的增加，會造成自身的權力劣勢。它們會不惜一切代價來避免這種劣勢的」。[101]斯派克曼認為：「奪取權力的競爭是人類關係的根本實質。在國際事務的領域內尤其如此。……其餘一切都是次要的。因為到最後惟有強權才能實現外交政策的目的。」[102]二是強調國家利益在外交決策中決定性的作用，也就是美國對外政策必須建立在國家利益的基礎上，而不必考慮普遍的道義原則。著名政論家沃爾特・李普曼寫道：「總的說來，我們必須考慮美國的國家利益。如果我們不考慮，如果我們把美國的外交政策建立在某種有關權利和義務的抽象理論之上，我們無異於建立了一個空中樓閣。」[103]美國前國務卿約翰・杜勒斯直言不諱地宣布：「我們沒有任何朋友，只有利益。」[104]摩根索同樣非常強調國家利益在對外關係上的指導作用，在他看來，「一項從國家利益出發制訂的外交政策要比一項按普遍道德原則制訂的外交政策在道德上更為完美」。[105]三是主張以大國力量平

---

101 漢斯・摩根索著，徐昕等譯：《國家間政治——尋求權力與和平的鬥爭》（北京市：中國人民公安大學出版社，1990年），頁267。

102 愛・麥・伯恩斯著，曾炳鈞譯：《當代世界政治理論》（北京市：商務印書館，1983年），頁479。

103 歐文・哈里斯主編：《美國的目的：美國外交政策新見》（Owen Harries, ed., *America's Purpose: New Visions of U.S. Foreign Policy*）（聖弗朗西斯科：CS出版社，1991年），頁34。

104 凱文・米德布魯克等編：《80年代的美國和拉美：關於危機十年的爭論觀點》（Kevin J. Middlebrook and Carlos Rico, eds., *The United States and Latin America in the 1980s: Contending Perspectives on a Decade of Crisis*）（匹茲堡市：匹茲堡大學出版社，1986年），頁326。

105 漢斯・摩根索：《維護國家利益：對美國對外政策批評性考察》（Hans J. Morgenthan, *In Defence of the National Interest: A Critical Examination of American Foreign Policy*）（紐約市：艾埃弗雷德・克諾夫出版社，1951年），頁34。

衡來維護世界的穩定。被譽為「遏制」理論之父的喬治‧凱南指出：
「欲要保證大國之間的穩定，真正的需要仍是維持它們之間的現實力
量均勢以及現實理解相互至關利益的範圍。」[106]摩根索寫道：「力量
均衡及旨在維持均衡的政策不但是不可避免的，而且是一個主權國家
的社會裡的基本穩定因素。」[107]以上這些主張是現實主義理論的核心
內容，也是對戰後美國外交政策發生影響的主要方面。

　　任何理論都不是一成不變的，其對決策產生作用同樣存在一個由
盛轉衰的過程。隨著國際局勢的變化，現實主義理論的一些命題逐漸
失去了昔日的影響力，於是新現實主義、存在主義的現實主義等新學
派就在美國國際關係學界脫穎而出，試圖保持現實主義理論的「輝
煌」。不過，美國外交政策的制訂與執行絕不會囿於某一種理論或原
則，一般是靈活多變，視勢而定，美國對外關係上的務實傳統就是以
此為基礎的。現實主義理論對戰後美國外交發生了重要的影響，這一
點應該是無可置疑的，但戰後美國政府決策者並不會把自己的外交視
野侷限於現實主義理論提供的框架之內，他們「縱橫捭闔」，在錯綜
複雜的國際形勢下試圖制訂出最有利於實現美國現實利益的政策。這
裡所說的「現實主義」與現實主義理論有相通之處，但應該是指美國
開國先輩們在外交上遺留下來的傳統，也就是以國家利益為圭臬，為
美國的外部擴張和內部發展營造一個有利的環境。只有基於這種考
慮，我們才能對戰後外交有一個更為清晰的認識。

　　戰後美國的「遏制」戰略顯然是深受權力政治影響而產生的一項
政策。儘管對蘇聯的遏制在二戰一結束就在國內決策層內被炒得沸沸
揚揚，但遏制政策在理論上的始作俑者卻是現實主義學派的主要代表
人物喬治‧凱南。一九四六年二月中旬，時任美國駐蘇參贊凱南為了

---

106　喬治‧凱南：《回憶錄：1925年至1950年》（George F. Kennan, *Memoirs: 1925-1950*）
　　（倫敦和紐約：哈欽森出版社，1968年），頁262。
107　轉引自張歷歷等：《現代國際關係學》（重慶市：重慶出版社，1989年），頁45。

使美國決策層內對蘇聯有一個更清楚的認識，起草了一封長達八千字的電報，對戰後蘇聯的意圖進行了全面的估計，突現了蘇聯與美國勢不兩立的態勢。[108]凱南認為，美國的一切外交活動或決策都應圍繞著對蘇聯的這種認識。杜魯門主義實際就受到這封電報的影響。一九四七年七月，凱南在《外交事務》季刊上發表了〈對蘇聯行為的根源〉一文，從意識形態上系統地分析了蘇聯與美國敵對的根源，首次公開提出對蘇實行「遏制」戰略的主張。美國隨後在外交政策上展開了一場全國性辯論，但對蘇實行遏制的呼聲占取了上風。此後遏制戰略長期成為美國對外政策的基本出發點。這裡不想就美國的具體外交政策加以論述，只是想說明現實主義思潮很長時期對戰後確定對外戰略的影響。誠如小克拉布所言：「雖然美國人從來不屑於做權力政治的信徒，因為他們的政治領袖很少以政治現實主義的語言使外交政策正當化。但事實上，遏制就是基於一系列現實主義政治觀念之上。」[109]當然，戰後初期美國決策者對國際局勢的估計未必都是客觀的，凱南在若干年後曾坦率地承認了這一點，但美國政府的確從兩極對立的設想中獲得了許多好處，至少堂而皇之地充當了「自由世界」的領袖，實現了美國多少代政治家夢寐以求的目標。不過美國也為之付出了代價，而且有時名曰追求國家利益而實際上有悖於國家利益。[110]這樣才招致了現實主義者對美國外交政策的批評，也才有了戰後美國對外戰略的幾次大調整，其中尼克松擔任美國總統時期進行的全球戰略收縮明顯受到現實主義理論的影響。

---

108 關於凱南「長電報」的內容參見資中筠主編：《戰後美國外交史》上冊（北京市：世界知識出版社，1994年），頁50-51。

109 小克拉布：《決策者及批評者：美國外交政策的衝突理論》，頁140。

110 如六〇年代美國一些著名現實主義者摩根索、凱南、李普曼、尼布爾等人譴責美國捲入越南戰爭不符合美國的國家利益，但總統林登‧約翰遜卻在一九六五年七月二十七日的講話中解釋說，他決定將這場戰爭美國化是因為「我們的國家利益要求這樣做」。參見小施萊辛格：《美國歷史的循環》，頁76。

　　尼克松一九六八年當選為總統後，在外交領域面臨著種種挑戰，美國力量的不足顯得分外突出。戰後美國憑藉著武力恫嚇和美元肆無忌憚地插手世界各地事務，在東西方冷戰中奉行四面出擊和咄咄逼人的全面遏制戰略。這種戰略實際從一開始就包含著勃勃野心與力量不足的矛盾，這種力量在世界力量極不平衡時尚不明顯。美國強大的經濟力量支撐短時期承擔世界警察職責還可對付，但無限的延長勢必暴露出難以解決的問題。到了六〇年代末和七〇年代初，美國已經感到力不從心，精疲力竭，國內經濟也難以為繼。尤其是美國捲入越南戰爭後，財力和人力耗費巨大，導致國內政治與經濟危機迭出，社會動盪不安，猶如掉入泥潭，難以自拔。此外，由於美國軍費開支龐大和其他西方大國走出了被二戰巨大破壞的狀況，在國際社會重新崛起，直接的後果之一導致美國在資本主義世界經濟中的地位嚴重下降。到了七〇年代初期，以美元為中心的資本主義貨幣體系宣告瓦解。與此同時，蘇聯為了在全球有效地與美國抗衡，全面加強擴軍備戰，很快就在軍事實力上與美國並駕齊驅，並且乘美國捲入越南戰爭後無暇他顧之機，加快了在美國影響薄弱的地區擴張滲透。到了六〇年代末，美蘇戰略態勢開始由美攻蘇守轉為蘇攻美守。這一時期美國對西方盟國的控制力明顯減弱，西歐諸國和日本越來越不再跟著美國指揮棒轉了。第三世界國家為了維護自己的正當權益，加強了團結與聯合，結果美國在這些地區顧此失彼，連連受挫。為了擺脫困境，扭轉不利局面，尼克松不得不進行全球性戰略調整。

　　一九六九年七月二十五日，尼克松在關島發表了關於「越南化」的講話，承認美國不能「負起保衛自由世界國家的全部責任」，美國的盟國或潛在盟國應該分擔相應責任。一九七〇年二月，尼克松向美國國會提出關於美國七〇年代對外政策的三項原則，即「實力地位」、「談判時代」、「夥伴關係」，這就是所謂的「尼克松主義」。尼克松主義顯示出美國在世界上的實力地位明顯下降，也說明了美國全球

戰略將由進攻轉入防守。[111]在尼克松主義的指導下，美國結束了與越南的戰爭，打破了美國與中國長達二十餘年互不接觸的僵局，對蘇聯推行緩和外交，重新調整與盟國的關係等等，這些外交舉措反映出了尼克松政府主要決策者的現實主義觀。尼克松和基辛格兩人都是現實主義政治家，尤其是基辛格多年從事美國外交研究，具有深厚的理論素養和敏銳的政治頭腦。他特別推崇梅特涅的維持歐洲「均勢」思想，主張在實力均衡的基礎上建立穩定的國際秩序，以維護美國在一個多極化世界中的利益。這種主張與尼克松的現實主義觀不謀而合，深得尼克松的賞識，成為尼克松任內的主要決策者之一。此外，正是基於對國際形勢的現實主義認識，這屆政府的對外政策才自然表現出非常務實的特徵。基辛格就提倡「清除對外政策中的一切感情用事」，在處理國家間關係上應該體現出「求實風格」。[112]

　　吉米・卡特是以執行「人權外交」而著稱的總統。人權外交儘管是卡特政府維護和實現美國現實利益的一種工具，但畢竟蒙上了十分濃厚的「理想主義」、「意識形態」、「道義原則」的色彩。實際上，卡特政府的對外政策同樣體現出了務實特徵。卡特時期美中兩國政府經過磋商，於一九七九年一月一日正式建立了外交關係，這一舉世矚目的事件對國際局勢發生了重大影響。關於美國從中美建交中獲得的好處，卡特在公開的電視講話中指出：「有了中國這個朋友，還會有個很有意思的潛在的好處，那就是它能悄悄地改變我們本來很難與之打交道的第三世界國家的態度。」[113]卡特政府還努力解決了直接影響到

---

111 關於尼克松主義提出的背景、內容和執行詳見弗蘭克・特拉格：〈尼克松主義和亞洲政策〉（Frank N.Trager, "The Nixon Doctrine and Asian Policy"），載《東南亞觀點》（*Southeast Asian Perspectives*）第6期（1972年6月），頁1-34。

112 參見亨利・基辛格著，陳瑤華等譯：《白宮歲月——基辛格回憶錄》第1冊（北京市：世界知識出版社，1980年），頁249-250。

113 吉米・卡特著，裘克安等譯：《保持信心：吉米・卡特總統回憶錄》（北京市：世界知識出版社，1983年），頁181。

美國與拉美國家關係改善的重大問題，如簽署了巴拿馬運河新條約。這一明智之舉改善了美巴之間的緊張關係，緩和了其他拉美國家的反美情緒，維持了美國對運河繼續管理二十年的權利。卡特在《回憶錄》中明確談到美巴運河新約帶給美國的實際好處。[114]卡特政府還恢復了與古巴的談判，試圖改變孤立古巴的政策，並做出了一些積極與古巴改善關係的姿態。卡特政府與古巴謀求正常關係主要想從內部瓦解蘇聯對西半球這個島國的軍事控制，以減少對美國的威脅。在對待蘇聯的態度上，卡特政府逐漸地由強調緩和轉向強調實力，其基本設想是與蘇聯緩和助長了蘇聯的擴張勢頭，對美國的利益形成了威脅。用國家安全顧問布熱津斯基的話來說：「蘇聯已經從日本海到地中海對美國的至關重要的利益提出挑戰，……這種挑戰必須受到美國更為直接的抵制。」[115]

　　一九七九年十二月二十七日，蘇聯入侵阿富汗，這一事件在美國反應強烈。美國人民期望卡特總統「考慮美國的榮譽和外交信譽，孜孜以求和隨機應變地維護美國在海外的戰略和外交利益。一句話，美國人民期望這位行政首腦當機立斷」。[116]在這種情況下，卡特採取了國家安全顧問布熱津斯基的主張，以實力為後盾再次拉開了對蘇強硬政策的帷幕。一九八○年一月二十三日，卡特在國情咨文中宣稱：「任何外部勢力企圖控制波斯灣地區的嘗試都被視為是對美國切身利益的一種進攻，美國將使用一切必要的手段，包括使用軍事力量打退這種進攻。」[117]這個稱為「卡特主義」戰略的問世標誌著美國外交又一次重大轉變的開始，表明美國的對蘇政策從緩和走向強硬。卡特本

---

114　參見卡特：《保持信心》，頁171。

115　小克拉布：《美國外交政策的主義：它們的含義、作用和未來》，頁336。

116　小克拉布：《美國外交和實用傳統》，頁199。

117　〈有缺陷的卡特主義〉（"The Flawed Carter Doctrine"），載《人事》（*Human Events*）第40卷第5期（1980年2月2日），頁6。卡特咨文全文可在http://www.presidency.ucsb.edu/ws/index.php?pid=33079網址上獲得。

人雖然因為外交困境失去了連任總統的機會，但他在下臺之際的強硬
態度一度構成了美國對蘇政策的基調。

　　羅納德・里根是共和黨內的保守派代表，他在外交政策主張上屬
於典型的「強硬派」，他在大選年中針對國內輿論對前幾屆政府外交政
策的普遍不滿，提出「恢復美國昔日雄風」的口號。這一口號的基本
含義是，把蘇聯作為遏制的目標，強調重振和復興國內經濟和軍事實
力，以此為後盾來恢復美國在西方世界的領導地位。里根在總結二十
世紀七〇年代美國外交時強調：「十年來我們疏忽、軟弱、猶豫不決。
現在美國外交的任務就是重振軍備，在政治上再次發動攻勢。」[118]因
此里根在美國總統任內，他的對外政策的突出特點是從兩極對立的思
想出發，對蘇聯採取強硬的新「遏制」政策，這就使美國外交從七〇
年代的守勢轉入積極的進攻。里根時期的外交政策意識形態色彩很
濃，他在講話中屢屢宣稱美國是地球上最崇高的國家，是熱愛自由者
的聖地，「我總是認為，這片光輝燦爛的土地以一種不同尋常的方式
獨立存在，一個神聖的計畫置於這片位於兩洋之間的大陸，這塊大陸
被地球上每個角落那些特別熱愛和信仰自由的人發現」[119]類似這些
語言經常出現在里根的講話之中。里根強調美國所謂的「理想」傳統
絲毫掩飾不了其外交政策的務實性。曾是美國政府決策層的官員葆
拉・多布里斯基指出：「里根政府首先確信它想要從其前任的錯誤和
成就中吸取經驗教訓，它認識到，即使追求理想主義的目的也需要用
實用主義的方式和深思熟慮的貫徹。」[120]

　　里根在尚未出任總統之前對中國懷有很大偏見，尤其是在對臺灣

---

118　曼德爾伯姆等著，韓華譯：《里根與戈爾巴喬夫：美蘇關係突破的良機》（北京
　　市：國際文化出版公司，1988年），頁21。

119　小施萊辛格：《美國歷史的循環》，頁16。

120　葆拉・多布里揚斯基：〈人權與美國對外政策〉（Paule J. Dobriansky, "Human Rights
　　and U.S. Foreign Policy"），載《華盛頓季刊》（*The Washington Quarterly*）第12卷第
　　2期（1989年春季號），頁161。

問題上大做文章。他在競選總統時發表了許多不利於中美關係的言論，大有使兩國關係發展停滯，甚至倒退之勢。但里根作為一國之首腦，其外交決策首先要符合美國的現實利益，個人的好惡必須服從於這個大前提，而中美關係的進一步發展與改善，可使兩國都可從中獲益。因此，里根政府經過反覆調整以及與中國談判，最終形成了比較務實的對華政策。儘管中美關係的根本分歧依然存在，但里根時期中美關係在更為現實的基礎上有了積極的、實質性的發展。[121]里根政府初期，美蘇在第三世界爭奪十分激烈，國務卿亞歷山大·黑格在談到全球均勢時說：「整個世界的平衡已經遭到破壞。我們的敵人蘇聯乘美國意志力軟弱之機，在其明顯利益和影響的自然範圍之外進行擴張。」[122]所以里根就力圖利用美國的經濟實力，聯合第三世界國家「有限推回」蘇聯的勢力，奪回七〇年代所失去的勢力範圍，繼續保持美國在第三世界的優勢地位。「軟硬兼施，靈活機動」構成了里根政府對第三世界政策的主要特徵。

　　冷戰結束後，世界局勢發生了令人矚目的變化，第二次世界大戰後維持了四十餘年的國際秩序在一系列重大國際事件發生過程中趨於瓦解，世界開始進入了一個新舊格局交替的過渡時期。美國作為冷戰遺留下來的唯一超級大國，其政策也在不斷調整，以適應這一始料未及的變化過程。客觀上講，自九〇年代初期以來，美國對外政策中所包含的「理想主義」成分有明顯上升之勢，但現實的考慮依然是美國對外政策調整的基本出發點，如美國政府從其切身利益出發，強調國家間的經濟合作，把它在對外關係中的地位提到非常高的程度。布什總統一九九〇年六月二十七日提出了「開創美洲事業倡議」，宣布與

---

121　參見資中筠主編：《戰後美國外交史》下冊，頁910-929。

122　小亞歷山大·黑格：《警告：現實主義、里根和對外政策》（Alexander M. Haig, Jr., *Caveat: Realism, Reagan and Foreign Policy*）（紐約市：麥克米蘭出版公司，1984年），頁126。

拉美國家建立一種「新的經濟夥伴關係」，把開闢一個西半球自由貿易區的計畫提上了議事日程。一九九二年八月，美國、墨西哥和加拿大達成組建北美自由貿易區的協定，向著「美洲經濟圈」邁出了艱難而非常重要的一步。比爾‧克林頓政府除了繼續推進美洲自由貿易區進程外，還加強了同亞太國家的經濟合作，積極參與亞太經合組織首腦會議。克林頓政府儘管在外交上「理想」的調子居高不下，但已明顯地向務實的方向轉變，如宣布中國貿易最惠國待遇與人權脫鉤；重開美日貿易談判；主動邀請馬來西亞總理和印度總理訪美等等。這些舉措使克林頓政府的外交打上了「務實」的烙印。

不過需要指出的是，即使是在現實主義理論完全左右了美國國際關係領域的時代，美國決策者在實際外交活動中從未放棄所謂「理想主義」外交所體現的基本內容，而是把它與美國面對的現實更為密切地結合起來，一方面掩飾美國外交赤裸裸地對私利的追求，另一方面滿足許多美國人文化優越心態。用斯帕尼爾的話來說：

> 只要能使現實主義政治看上去像是理想主義政治，美國就可以推行這種現實主義政治，使理想政治同美國推行外交政策的國家風格一致起來；如果這個國家過去總認為在國際上使用強權乃是罪惡之事，那麼現在就需從理論上證實強權政治是合乎道理的。對於國內來講，為了民主目的而行使權力是合法的；對於國外來講也是如此，必須根據美國的民主價值觀念來證實使用強權是合理的事。[123]

斯帕尼爾是研究美國外交史的名家，他的這一結論比較深刻地反映了美國領導人宣稱的「理想」只是對追求現實利益的一種掩飾。美國學

---

123 斯帕尼爾：《第二次世界大戰後美國的外交政策》，頁427。

者勞倫斯・達根說得更激進，他批評了戰後初期美國對拉美政策是打著「理想」旗號的變相帝國主義，也就是「漠視我們根據國際法應承擔的義務，破壞愛好和平的鄰國權利。美國人固然不會立即同意這種侵略的看法，但是卻很容易想出一些『道德高尚的』辭藻來為我們損人利己的行為解釋」。[124]很有意思的是，尼克松入主白宮後，要求將威爾遜的用過的辦公桌搬進總統辦公室，以示繼續威爾遜外交的標誌。尼克松常常說，他只是試圖貫徹威爾遜的高尚「道義」原則。以推行「現實主義」外交而著稱的尼克松尚且如此，足見威爾遜的「理想主義」對戰後美國外交的影響。小戈登・萊文在七〇年代出版的《伍德羅・威爾遜與世界政治》一書得出結論，美國自一九四五年之後的全球政策構成了威爾遜價值觀的「全面勝利」。格雷戈里認為，在美國歷史上很少有美國總統能像威爾遜那樣執行如此深遠的政策。他說，當威爾遜的「後繼者們把第二次世界大戰的鬥爭作為確定冷戰時期的全球政策時，無一不相信他們正在遵循著威爾遜的真正精神。」[125]這些學者的研究從一個方面表明了「理想主義」在美國追求現實利益過程中的重要作用。

　　正因為美國戰後現實主義外交中包含著「理想」內容，所以美國的一些政治家和學者就會從理論上給予總結，提出現實主義與「理想」、「道義」的結合才會使美國外交顯現出特色，才會使美國的現實利益得到最充分的實現。一九八五年十月，美國國務卿喬治・舒爾茨接受摩根索紀念獎時說，建立在現實主義基礎之上的對外政策既不能忽視思想意識的重要性，也不能忽視道德的重要性。但是，現實主義

---

124 勞倫斯・達根：《美洲：對西半球安全的追求》（Laurence Duggan, *The Americas: A Search for Hemispheric Security*）（紐約市：霍爾特出版社，1949年），頁47。

125 弗蘭克・默里等主編：《美國外交決策者：從西奧多・羅斯福到亨利・基辛格》（Frank J. Merli and Theodore A. Wilson, eds. *Makers of American Diplomacy: From Theodore Roosevelt to Henry Kissinger*）（紐約：1974年），頁74、頁76。

要求我們的各項對外政策避免完全建立在同政治現實脫節的道德絕對論的基礎上。美國政治學家詹姆斯・比林頓指出：「我們會驚異地發現，外部世界的許多趨勢都證明我們腦海裡的種種構想是正確的；此即我們的外交政策既需要務實，又需要遠見：當我們重新看到美國對開明思想和宗教信仰所承擔的歷史使命時，我們同其他國家的關係就會處理得比較得當。」[126]基辛格在一九九四年出版的《外交》一書中特別強調了理想主義對美國冷戰決策的影響。有些人甚至提出，把「理想主義」同「實用政治」這兩個對立概念結合在一起，形成「理想政治」這一新概念，以表示「理想主義」的現實性和實用性。[127]顯而易見，美國政府在二戰後把「理想」融合進其現實主義的強權外交中獲得了無數的好處，這大概就是美國人注重功利的務實性在戰後美國外交上「最佳」的反映。曾任歐洲經濟委員會主席的雅克・德洛爾形象地說，「日益富有侵略性和意識形態很濃」的美國政府「一隻手拿著《聖經》，另一隻手拿著槍」。[128]德洛爾的描述意味深長，逼真地反映出了「理想」與現實在美國外交中的一致之處。

---

126 詹姆斯・比林頓：〈美國對外政策中的現實主義和遠見〉，載《交流》1988年第2期，頁18。

127 斯坦利・科博：〈理想政治〉（Stanley Kober, "Idealpolitik"），載《外交政策》（*Foreign Policy*）第79期（1990年夏季號），頁24。

128 雅克・德洛爾：〈歐洲戰線上遠非平靜〉（Jacques Delors, "It's Far from Quiet on the European Front"），載《紐約時報》（*The New York Times*）1984年12月30日，頁4。

# 第三章
# 孤立主義在美國外交中的興衰

　　美國外交決策是一個十分複雜的過程，對決策者做出最後決定產生影響的因素是多方面的。總統領導的行政部門是外交政策的具體制訂者和執行者，但往往受國會的制約，難以為所欲為。從深層的意識形態角度講，美國外交決策潛在地受到根深柢固於美國社會中的文化價值觀的影響。這些反映美國某一時期或長期利益的觀念在美國社會形成一股股強大的潛流，左右著決策者的思想意識。孤立主義是二十世紀四○年代之前影響美國外交決策的主要思潮之一，它沒有表現出具體的外交政策，但卻使美國在處理外部關係時深深地留下這方面的痕跡。孤立主義思潮直到一九四一年十二月才在珍珠港呼嘯而來的炸彈聲中宣告徹底崩潰。第二次世界大戰後，面對著已經改變了的國際環境，孤立主義再也無力重整旗鼓，東山復起，但作為一種滯留在人們思想意識深處的文化積澱，依然餘波未盡，不時地以變換了的形式向美國跨洋稱雄發出挑戰。國會內宣傳孤立主義的聲音不絕於耳，有時還甚囂塵上，成為影響美國外交決策主潮流之外的一種明顯的牽制性力量。

## 一　維護共和國外部利益的「天然屏障」

　　孤立本來是指一個國家或民族在尚未受到外界影響之前所處的一種封閉狀態，由於受客觀條件的限制，它對外部世界全然無知或知之甚微，依靠著自身的力量按照社會發展的基本規律緩慢地向著更高級文明的演進。十五世紀末，哥倫布遠航到了美洲，在全球意義上實現

了東西半球的匯合。自此以後，世界開始形成為一個不可分割的整體，國家或民族之間的彼此交往和相互影響變得必不可免，而且越來越密切廣泛。原來受地理因素限制的隔絕狀態完全被打破，孤立的自然屬性基本上不復存在，處在歐洲之外的國家或民族不管願意與否，都主動或被動地進入了歐洲一些國家掀起的這場「全球化」進程之中。這種結果是世界歷史發展的必然趨勢，也是人類走向文明進步的重要標誌，但卻為後世留下了「血與火」的歷史。如在美洲被征服過程中，無數個土著居民在西方殖民者隆隆槍炮聲中頭顱落地，他們世世代代繁衍生存的土地被殖民者無情地剝奪，一些從現在看來曾經獨放過異彩的文化成就在殖民者的燒殺搶掠中幾乎化為灰燼。某些非西方國家或民族的統治者面對滾滾而來的「白色文明」的衝擊，深感難以與之抗衡，只好人為地在其疆界上構築起一道屏障，試圖使國家孤立起來，把來自外部對其古老傳統文化以及生活方式延存的威脅減少到最低限度，以此保證其政治、經濟以及文化發展的完整性和單一性。中國、日本等國在歷史上實行的「閉關鎖國」就是這種圖謀的表現。事實上，這種人為地把自己與外界完全隔絕開來的被動做法固然是一種「求生圖存」的反應，但從長遠來看並不會給國家或民族帶來利益或安全，一旦孤立狀態被打破，國家將會陷於更大的不幸，很多國家的歷史發展已經證明了這一點。

　　美國歷史上的「孤立」儘管也是指國家在特定時期所處的一種狀態，但體現出的內容卻與上述國家的孤立全然不同。英國學者戴維‧雷諾茲認為，在許多方面，「孤立主義」在運用到美國對外關係上時是一個誤導性概念。在德川幕府統治時期，日本切斷了與西方的經濟、文化和宗教的接觸。如果以此為參照系的話，美國從來不是孤立主義國家。[1]美國的孤立主義總是相對的，多表現為一種情緒或心

---

1　參見戴維‧雷諾茲：〈閱讀歷史：美國的孤立主義〉（David Reynolds, "Reading History:

態。美國的孤立狀態絕不是劃地為牢，自縛其身，更不是權宜之策，目的要把來自外部的東西抵禦在疆域之外，而是借助著美國民眾意識中早就形成的孤立情緒，利用浩淼大洋帶給歐美兩大陸這道地域上的天然屏障，把美國從政治上與歐洲大陸常常發生的動盪「隔絕」開來，以便把美國在安全上面對的外部威脅減少到最低限度。因此，「作為早期美國對外政策的一種表述，孤立主義只是一種手段，而不是目的」。[2]美國立國之初在政治上「孤立」於歐洲的狀態符合了國家的長遠利益，有效地維護了共和國的獨立，使國家有可能把主要精力集中於國內經濟的發展和其他問題的解決。美國的「孤立」狀態之所以被冠上「主義」（-ism），一方面說明了它在美國社會的廣泛性和持久性，另一方面也表明了它對美國外交決策發生了持續性的重要影響。

　　作為一種根深柢固於美國民族意識中的文化觀念，孤立主義有著深刻的歷史根源。在很大程度上講，孤立情緒伴隨著移民始祖來到北美大陸。誠如美國歷史學家唐納德‧德拉蒙德所言，孤立思想的歷史「同英國在北美大陸首次殖民一樣古老」。[3]如前所述，早期移民們離開故土，飄洋過海，一方面不甘忍受舊大陸統治階級的政治和宗教迫害而尋求一塊生存之地，另一方面想擺脫貧窮處境，發財致富，他們自身就帶著對母國的不滿和怨恨，很多人來到北美之後大概再也沒有想到返回故里。我國研究美國文化史專家莊錫昌教授指出：

---

American Isolationism"），載《今日歷史》（*History Today*）第34卷第3期（1984年3月），頁50。

2　小阿瑟‧埃克奇：《思想、理想和美國外交：它們發展與互動的歷史》（Arthur A. Ekirch, Jr., *Ideas, Ideals, and American Diplomacy: A History of their Growth and Interaction*）（紐約市：梅雷迪思出版公司分社，1966年出版），頁1-2。

3　唐納德‧德拉蒙德：《1937年至1941年美國中立的消失》（Donald F. Drummond, *The Passing of American Neutrality, 1937-1941*）（安阿伯：密歇根大學出版社，1955年），頁1。

如果對美國人的心理進行深層次的分析，人們不難發現，儘管
大多數美國人與歐洲有著血緣關係，但是多數美國人的內心深
處對歐洲有一種鄙視心理。他們從心底裡認為歐洲在墮落，歐
洲在沉淪，而對美國自己的制度和價值觀念卻感到自豪，因此
他們感情上不願與歐洲為伍。[4]

這種對歐洲「鄙視」的文化「情結」的形成最早可以追溯到北美大陸
殖民地時期。這片人煙稀疏的荒涼大陸最初並未使他們坐享其成，種
種難以預料的困難接踵而來，他們像被母親拋棄到荒野的孩子一樣處
境孤立，無依無靠。在這樣一種狀況下，他們已無退路，只有奮力拚
搏，才能在極其艱難的環境中求得生存。不過那綠水青山的自然風
光，取之不盡的自然資源，一望無垠的平坦土地，以及不存在爾虞我
詐的政治紛爭和動盪不寧的兵燹之災等等，除了增添了他們戰勝困難
的勇氣外，還使他們感到了全能上帝的「恩寵」。他們有時彷彿置於
夢境，恍若有隔世之感，創造一個不同於歐洲的全新世界的思想油然
而生。把北美大陸與他們腦海中的腐敗和壓迫的歐洲隔離開來的觀念
逐漸取代了對母國的依戀之情，在移民群體中形成了一種普遍的孤立
情緒，這種情緒常常在他們的行為中反映出來。美國學者弗雷德里
克·西格爾指出：「孤立主義反映美國人中新教徒的觀念：美國是上
帝的選國，是一塊未沾染舊世界罪惡的聖土，是一座照耀所有國家的
正義燈塔。」[5]西格爾是從美國白人對世界承擔一種特殊責任的「理
想」角度來談孤立主義起源的，其實孤立情緒在北美大陸上盛行有著
更為現實的選擇，這種現實性到了美利堅合眾國建立之後就更為顯而
易見了。

---

4　莊錫昌：《二十世紀的美國文化》（杭州市：浙江人民出版社，1993年），頁93。
5　弗雷德里克·西格爾著，劉緒貽等譯：《多難的旅程──四十年代至八十年代初美
　　國政治生活史》（北京市：商務印書館，1990年），頁6。

　　當然孤立情緒也是相對而言的，它並不包含著舊大陸的文化在美國文化形成過程中發生的深刻影響，但移民們顯然不是把母國的文化簡單地移植到北美大陸。歐洲的許多封建傳統在這裡沒有找到生根結果的土壤，其中一個很重要的原因便是移民們對母國甚少依戀所致。當然，英國對殖民地政治壓迫和經濟掠奪的加深，歐洲大國不顧殖民地利益相互之間發生的掠奪性戰爭，促使了生活在北美大陸上的人的孤立情緒更為強烈。誠如瑟法蒂・西蒙指出的那樣，「在整個十八世紀，殖民地人民抱怨在美洲從事的出於非美洲人利益的戰爭給他們帶來的種種負擔。他們認為，殖民地是當時在國際政治中扮演主要角色的歐洲大國的工具。」[6]美國獨立戰爭爆發前夕，殖民地社會的孤立情緒已經十分強烈，在某種意義上說，北美大陸上的一些政治家正是從民眾的這種意識中找到了擺脫英國殖民統治的驅動力，成為他們動員廣大民眾拿起武器捍衛自己權利的一個有力的武器。革命活動家托馬斯・潘恩影響深遠的《常識》一書就包含著強烈的孤立情緒。潘恩寫道：

　　　　對大不列顛的任何屈從或依附，都會立刻把這個大陸捲入歐洲的各種戰爭和爭執中，使我們同一些國家發生衝突，而那些國家本來是願意爭取我們的友誼的，我們對他們是沒有憤怒或不滿的理由的。既然歐洲是我們的貿易市場，我們就應當同歐洲的任何部分保持不偏不倚的關係。北美的真正利益在於避開歐洲的各種紛爭，如果它由於對英國處於從屬地位，變成了英國政治天平上的一個小小的砝碼，它就永遠不能置身於紛爭之外。[7]

6　西蒙・瑟法蒂：《敵對世界的美國外交政策：危險年月》（Simon Serfaty, *American Foreign Policy in a Hostile World: Dangerous Years*）（紐約市：普雷格出版社，1984年），頁4。

7　馬樹槐等譯：《潘恩選集》，頁24。

潘恩這番話包含了孤立主義的基本原則，其他北美殖民地領袖人物程度不同地持有這種思想。這種自移民始祖來到這裡後形成的傳統對獨立後的美國確定其與歐洲國家的關係產生了很大的影響。美國學者馬克斯韋爾・薩維爾是研究殖民地時期美國外交起源的專家，他認為孤立主義「已經是北美殖民地的一種傳統，逃避歐洲的根深柢固情緒和受歐洲外交促動而避免捲入歐洲衝突的強烈願望是其基礎」。[8]美利堅合眾國成立以後，國家作為一個主權實體開始有了代表本民族的整體利益。外部安全是一國對外關係中首先關注的問題，對一個新獨立的國家來說，這一問題尤為突出。美國雖已獨立，但來自外部的威脅並未減弱，再加上內部問題也此起彼伏。對決策者來說，稍有不慎，獨立的成果便有遭到傾覆的可能。一些歐洲國家對這個新獨立的國家多抱有戒備之心，虎視眈眈地注視著美國的外交舉措，力圖給美國的發展設置障礙，以免形成強大的競爭對手。這種險惡的國際環境，一方面促使美國加快解決國內問題，擺脫政治上四分五裂的局面，盡早使美國作為一個統一的國家出現在世人面前；另一方面，為了集中注意力於國內發展，美國急欲解除獨立戰爭期間與某些國家的結盟關係，以便置身於歐洲大國的政治角逐之外。這樣，孤立傳統自然就體現在國家對外政策之中，成為維護這個新生共和國在外部世界紛爭中自我利益和實現國家長治久安的一種重要手段。正如美國外交史學家羅伯特・貝斯納認為的那樣：

> 孤立主義不是一個自然事實，它是一種國家的目標。美國外交家遠離歐洲列強間的鬥爭，不受歐洲總理們的影響，以一種追求自私國家利益的謹慎方式處理美國事務。美國公眾則把孤立

---

8　馬克斯韋爾・薩維爾：《美國外交原則的殖民地起源》（Maxwell H. Savelle, "Colonial Origins of American Diplomatic Principles"），載《太平洋歷史評論》（*Pacific Historical Review*）第3卷第3期（1934年9月），頁331。

　　視為一種防止墮落的歐洲習俗和制度毒害美國試驗的預防器。[9]

　　貝斯納這裡談到了美國立國之初決策層內瀰漫的孤立主義情緒既是一種傳統的體現，也反映了美國在複雜的局面下如何更好地追求和實現最實際利益的一個武器。受文化傳統和實際需要的影響，美國政府這一時期的決策者從一開始就在其言論和行為上體現出孤立主義的傾向。他們經過一系列外交實踐，在處理錯綜複雜的外部問題中最終把孤立主義確定為指導美國外交的主要原則之一。美國的孤立首先是借助了地理上的有利條件，浩瀚的大洋在交通不是十分發達的時代成為美國奉行體現孤立主義原則的對外政策的天然「屏障」。美國早期政治家喬治‧梅森一七八三年寫道：「大自然用一望無際的海洋把我們同歐洲國家分隔開來，我們介入它們的紛爭和政治愈少，對我們就愈有利。」[10]這道天然「屏障」一方面使歐洲國家大規模派兵干涉美洲事務望而卻步，在很多情況下打消了把美洲納入大國競爭場所的意識，另一方面使力量孱弱的美國不捲入大洋彼岸大國之間沒完沒了的政治紛爭，專心致力於國內經濟發展。對美國早期外交發生重要影響人物基本上都持這種思想。約翰‧亞當斯一七七六年宣稱：「我們應該不與任何歐洲大國達成任何結盟協定，……我們應該盡最大可能把我們自己孤立起來。」[11]他在一七八二年對英國和談代表理查德‧奧斯瓦爾德表示了對歐洲承擔義務的擔憂，「顯而易見，所有歐洲大國都在繼續與我們玩花招，誘使我們進入它們實際的或想像的均勢。……他們在擴大各自力量時，無一不希望我們成為平衡物。這一

---

9　羅伯特‧貝斯納：《從舊外交到新外交，1865年至1900年》（Robert L. Beisner, *From the Old Diplomacy to the New, 1865-1900*）（阿靈頓海茨：哈倫‧戴維森出版社，1986年），頁10-11。

10　伯恩斯：《美國的使命觀：國家目的和命運的概念》，頁277。

11　勞埃德‧米查姆：《美國與拉美關係考察》（J. Lloyd Mecham, *A Survey of United States-Latin American Relations*）（波士頓市：霍頓‧米夫林出版社，1965年），頁40。

點的確絲毫不足為怪，我們儘管不總是，但卻常常能夠使平衡發生變化。但是我認為不干預應是我們遵循的規則，歐洲大國遵循的規則也應是不希望我們介入，甚至不允許我們介入」。[12]托馬斯‧杰斐遜一七八五年寫道，如果他能自主行事，美國將採取中國的閉關自守政策，與外部世界隔絕。一七八七年他在法國寫道，他非常清楚不把美國捲入歐洲事務的紛爭是美國奉行的一項明智的準則。杰斐遜確信這一天將會到來，屆時，「我們也許通過把西半球隔開的大洋正式需要一條分開的子午線，在大洋的這邊，歐洲隆隆的槍炮聲將永遠不會被聽見，在大洋的那邊，人們同樣不會聽見任何美國的槍聲」。[13]亞歷山大‧漢密爾頓把不捲入「歐洲的紛爭和戰爭」看作是美國外交的最終目的。[14]在一七八八年弗吉尼亞批准憲法的大會上，麥迪遜在回答「美國的處境如何」這一問題時說，美國「遠離歐洲，不應該捲入其政治或戰爭」。[15]

　　上述這些政府決策者儘管是在不同場合針對某種局勢發出這些議論的，然而在政治上孤立於歐洲的思想從一開始就存在於他們的腦海之中。當然，把這種孤立思想完全體現在美國對外政策上顯然存在一個過程，但這種思想顯然成為這些在很大程度上決定美國未來發展方向的菁英人物的共識，注定會成為美國早期外交的指導原則。其實，這一時間的來臨並沒有持續太久。一七八三年六月十二日，美國國會通過決議宣稱，美利堅合眾國的「真正利益要求應該盡可能地不捲入

---

12 格雷伯納編：《思想與外交：美國外交政策的理性傳統選集》，頁78。

13 引自阿諾德‧沃爾弗斯等：《外交事務中的盎格魯-美利堅傳統：從托馬斯‧莫爾到伍德羅‧威爾遜讀物》（Arnold Wolfers and Lawrence W. Martin, eds., *The Anglo-American Tradition in Foreign Affairs: Readings from Thomas More to Woodrow Wilson*）（紐黑文市：耶魯大學出版社，1956年），頁162。

14 參見瑟法蒂：《敵對世界的美國外交政策：危險年月》，頁4。

15 轉引自貝米斯：〈華盛頓的告別演說：關於獨立的對外政策〉，頁261。

歐洲國家的政治與紛爭」。[16]這是孤立原則在美國政府正式文告中的較早體現。在美國獨立戰爭勝利前夕，美國決策層已經意識到把這個新國家同紛亂的歐洲分離開來的重要性，孤立情緒體現在美國對歐洲國家的態度和政策選擇上。孤立主義作為指導美國外交的一項基本原則，則是獨立後美國領導人根據外交實踐深思熟慮的結果。美國學者詹姆斯・麥克考密克把「孤立主義」看作是美國的傳統價值觀之一，許多早期的美國領導人擔心美國的民主價值觀受到世界其他地方，尤其是歐洲的玷污。當然，美國政府奉行具有孤立主義傾向的對外政策也有著更為實際的考慮：首先，美國在地理上與十八世紀和十九世紀國際政治的主要競技場歐洲以及世界各地分開；其次，美國是個年輕的國家，國力弱小，無強大的軍隊，如果在國外尋求對手和潛在的衝突幾乎是不明智的；第三，國內的統一仍然受到限制，政府需把更多的注意力放到國內事務上；最後，在北美大陸的擴張是壓倒一切的任務，這個就決定了美國政府採取孤立主義態度的主要原因。[17]因此，美國政府奉行所謂的「孤立主義」外交既受到傳統觀念的影響，又有著面對複雜的國際環境如何能夠維護這個年輕共和國利益的現實考慮。

　　獨立戰爭期間，剛剛在世人面前出現的美利堅合眾國就充分利用了歐洲國家之間的矛盾，與法國結為聯盟，一致對付英國。這種聯盟關係彌補了美國力量的不足，在某種意義上說是獨立戰爭獲勝的有效保證之一。獨立戰爭取得勝利之後，美國儘管有時也須仰仗暫時的結盟來維持有利於這個新生共和國的歐洲均勢，但它顯然已把從政治上擺脫歐洲的關係作為其外交決策的一項基本考慮。毫無疑問，包括美

---

16 理查德・利奧波德：《美國對外政策發展史》（Richard W. Leopold, *The Growth of American Foreign Policy: A History*）（紐約市：克諾夫出版社，1962年），頁18。

17 參見詹姆斯・麥克考密克：《美國對外政策和美國價值觀》（James M. McCormick, *American Foreign Policy and American Values*）（艾塔斯卡：皮科克出版公司，1985年），頁6。

國領導人在內的很多美國人對法國的援助心存感激，但美法聯盟已變為美國在外交領域實踐孤立主義原則的主要羈絆，只要法美聯盟存在，擺脫歐洲大國的紛爭便成為空談。歐洲局勢的變化為美國政府解除與法國的盟約以及奉行孤立外交提供了契機。一七八九年七月，一直處在專制王朝統治之下的法國爆發了資產階級革命，之後英法等國陷入了長期的戰爭之中，很多歐洲國家捲入，長期維持歐洲大陸穩定的均勢開始打破。歐洲這一新的格局曾導致美國政府內部在外交問題上，尤其是在處理與法國的關係上發生過激烈的爭執，但無疑使美國調整和確定其外交發展方向有了很大的迴旋餘地。一七九三年初，法國對英國宣戰的消息傳至費城，隨後法國公使埃德蒙・熱內抵美，要求美國政府履行美法盟約的規定，並多方奔走，試圖在美國境內掀起一股支持法國的浪潮。面對著美國捲入歐洲紛爭的危險，華盛頓總統一七九三年四月二十二日發布了《中立宣言》，聲稱美國不介入戰爭的任何一方，規定美國公民不得參加交戰任何一方的軍事行動，禁止同交戰雙方進行走私貿易。《中立宣言》的合法性儘管仍然在美國政府內部引起很大的爭論，但其很快付諸實施導致了法美聯盟名存實亡，也成為美國最終確立孤立主義外交原則的先聲。一七九六年九月十七日，華盛頓在宣布退出政壇時發表了致全國人民的〈告別詞〉，系統地闡述了孤立主義基本準則。他宣稱：

> 我們對待外國應循的最高行動準則是在擴大我們的貿易關係時，應盡可能避免政治上的聯繫。……歐洲有一套基本利益，我們則沒有，或關係甚疏遠。因此歐洲必定經常忙於爭執，其起因實際上與我們的利害無關。因此，在我們這方面通過人為的紐帶把自己捲入歐洲政治的詭譎風雨，與歐洲進行友誼的結合或敵對的衝突，都是不明智的。我國位於隔離的和遙遠的位置，這要求我們並使我們追尋另一條不同的道路。……我們真

正的政策是避開與外界任何部分的永久聯盟。[18]

作為美國國父，華盛頓這番發自肺腑之言反映出了美國社會廣泛存在的孤立主義情緒，其重要性在於把傳統的孤立思想第一次用明確的語言表達出來，確定了美國很長時期制訂和執行外交政策的一項主要原則。美國著名外交史學家塞繆爾‧貝米斯稱之為「第二次獨立宣言」。[19]這篇對後世產生了重要影響的〈告別詞〉許多年來被美國政治家奉為圭臬，成為主張孤立者射向那些要求跨洋干涉者的一支利箭。

美國的政治孤立空間從來不是北美十三州的疆界，而是把歐洲與美洲兩大陸隔開的大西洋。因此，當歷史的時針旋轉到十九世紀之後，這種本來針對歐洲大國對美國安全構成威脅的外交方針順其自然而成了維護美國在西半球利益的武器。十九世紀二〇年代，當拉丁美洲新獨立的國家面對著歐洲君主國家組成的「神聖同盟」干涉的危險時，[20]美國政府認為把整個美洲囊括到其孤立主義範圍內的時機已經成熟，門羅總統遂於一八二三年十二月二日在致國會的咨文中提出了以《門羅宣言》而著稱的政策聲明。[21]

《門羅宣言》包含的幾個原則體現出美國孤立主義外交的選擇。

---

18 聶崇信等譯：《華盛頓選集》，頁324-325。

19 參見貝米斯：〈華盛頓的告別演說：關於獨立的對外政策〉，頁250-268。關於華盛頓告別演說的影響另參見亞歷山大‧德康德：〈華盛頓告別演說、法國聯盟和1796年選舉〉（Alexander DeConde, "Washington's Farewell, the French Alliance, and the Election of 1796"），載《密西西比河流域歷史評論》（*The Mississippi Valley Historical Review*）第43卷第4期（1957年3月），頁658。

20 神聖同盟遠隔重洋派兵干涉也受到種種客觀條件的限制，尤其是同盟諸國並不是一個完全受原則支配的整體，其內部也是矛盾重重，它希望西班牙在美洲恢復君主統治，也會支持某一國家進行干涉，但要集體達成協議出兵美洲並非輕而易舉。「海洋霸主」英國的極力反對更使神聖同盟干涉計畫付諸實行的可能性降到最低限度。

21 關於《門羅宣言》的全文見詹姆斯‧理查森主編：《總統咨文與文件彙編》（James D.Richardson, ed., *A Compilation of the Massages and Papers of the Presidents*）第2卷（華盛頓特區：國家文獻局，1897年），頁776-789。

「美洲體系原則」是構成《門羅宣言》的理論基礎，用咨文的話來說，「同盟諸國的政治制度和美洲的制度本質不同」，因而歐洲國家「把它們的制度延伸到這個半球的任何部分的任何企圖，對我們的和平與安全都有危害」。美洲體系原則一方面強調不允許主要指歐洲國家的非美洲國家在西半球進行領土擴張，另一方面又要排除非美洲國家在美洲已經存在的勢力影響，把美洲變成孤立於歐洲之外的以美國為首的封閉體系。這一原則從表面上看是以南北美洲地理鄰近、制度上類似和利益上一致為出發點，其實是美國的孤立主義外交方針發展到一定階段的標誌。美洲和歐洲之間除了浩淼大洋的這道天然屏障外，美國試圖通過這一原則，再人為地構築起一道藩籬，把歐洲國家擋在其外，給美國在美洲隨心所欲留下更為廣闊的空間。「互不干涉原則」是對美國立國以來奉行的「不捲入」歐洲事務政策的發展，其中心思想是不准歐洲國家干預美洲事務。用咨文中的話來說，歐洲國家「如果企圖把它們的制度擴張到西半球任何地區，則會危及我們的和平與安全。我們不曾干涉過任何歐洲國家的現存殖民地或屬地，而且將來也不會干涉。但是對於那些已經宣布獨立並維護獨立的，而且我們基於偉大動機和公正原則承認其獨立的國家，任何歐洲國家為了壓迫它們或以任何其他方式控制它們命運而進行的任何干涉，我們只能視為對美國不友好的表現」。這一原則如果被付諸實行，自然是對歐洲國家在美洲地區的政治干涉行為形成約束，另一方面因為沒有明確對美國在西半球的行為做出規定而給美國干涉這一地區事務大開「綠燈」。《門羅宣言》的始作俑者約翰‧昆西‧亞當斯在一八二三年十一月三十日給美駐英公使理查德‧拉什的指令中表明，「對美洲的事務，不論北美大陸或南美大陸的事務，從今以後美國都不能置之不理。有關它們的一切政策問題都對美國的切身權利和利益有直接關係，它不能聽任純粹遵循歐洲原則和歐洲利益的歐洲列強們來加以安

排」。[22]這段話露骨地概括出了美國試圖把整個美洲「集體孤立」於歐洲之外的真實意圖，也從更深的層次表明了美國政府發布《門羅宣言》的根本目的。

　　《門羅宣言》從內容上看不只是孤立主義在空間上的延伸，把整個美洲也包括在孤立於歐洲政治紛爭的範圍內，更重要的是，它從理論上發展了美國立國以來的指導外交實踐的基本思想，從實踐上把本來維護美利堅合眾國獨立的「盾牌」演變成美國問鼎西半球的一件得心應手的工具。到了此時，美國不僅藉著大洋的屏障讓歐洲國家干預美洲的事務失去了「合法性」，而且從與歐洲專制制度的區別中突顯了美國對世界承擔的特殊使命。美國早期外交的成功使得孤立主義情緒在美國社會更為普遍，完全演化為美國文化中的一個很重要的價值觀。關於上述幾個因素之間的聯繫，誠如有的美國學者指出的那樣：

> 由華盛頓和杰斐遜宣布，具體體現在約翰・昆西・亞當斯外交政策中的美國孤立於歐洲聯盟以及歐洲衝突的思想，是保證這個年輕國家及其理想得以維護的嘗試。孤立主義的情緒被牢牢地灌輸於美國人的意識中，以致它的號召力及影響在兩百年之後仍然可以感覺到。它為美國在一個紛爭的世界中完成其使命提供了一種強有力的影響。[23]

　　在美國早期歷史上，奉行受孤立主義原則指導的對外政策給美國帶來很多實際利益或好處，但很多美國學者在研究孤立主義時持一種「理想化」的觀點，更多地強調孤立主義包含著美國樹立了一個與歐

---

22　威廉・曼寧編輯：《美國關於拉美國家獨立的外交通信集》（William R. Manning, ed., *Diplomatic Correspondence of the United States Concerning the Independence of Latin American Nations*）第1卷（紐約市：牛津大學出版社，1925年），頁215。

23　希爾德等著：《文化與外交：美國的經歷》，頁342。

洲專制、腐敗以及墮落區別開來的榜樣方面。因此上面談的這種觀點在美國學者中很有代表性。用小塞西爾・克拉布話來說，「孤立主義的概念也許強調美國與其他大陸，尤其與歐洲地理上的分離。它也許主要強調美國精神上與哲學上同歐洲的分離，強調進步的『美國生活方式』與歐洲停滯的社會和經濟體制的對比。它也許主要關注新世界的民主與舊世界獨裁或專制的政治體制和意識形態之間的區別」。[24]小克拉布的這番話主要從意識形態角度強調了孤立主義的另外一個方面的特徵，也是美國許多政治家在為孤立主義外交辯護時所持的重要理由。其實這種從表面上看「理想」色彩很濃的原則在執行中只是一種實用主義外交的變形，成為服務於美國特定時期外部利益實現的一種有效工具。美國立國之初，無論在經濟上還是軍事上都無法與歐洲大國相提並論。此外歐洲大國對美國抱有戒備之心，雖以為尚不足懼，但卻是虎視眈眈，竭力把這個新獨立的共和國限制在十三州的地域之內。美國如果處處受制於歐洲，即使獨立成果得以倖存，發展起來又談何容易，只能成為四面受圍的一個小國而已。因此，擺脫歐洲大國的牽制是美國走出困境的先決條件之一。在美國決策者看來，把美國與歐洲分離開來是實現這一目標的最好途徑，既符合國內的傳統情緒，獲得民眾的支持，又可使歐洲國家難以問罪，吞下浩淼大洋帶來的這顆苦果。所以，當孤立主義成為指導美國外交政策制定的一個主要特徵時，其核心思想是美國不捲入歐洲的政治紛爭，歐洲不要干涉美洲的事務，其基礎是新舊世界各有一套迥然相異的政治制度。

　　當然，美國奉行的孤立主義外交絕不是閉關鎖國，完全把自己置於國際社會發展的主流之外。美國從來不可能與外界完全隔絕，在經濟上依然積極發展與外部的關係，尋求資本主義賴以生存與發展的國外市場，為美國最終能與歐洲國家正面抗衡奠定物質基礎。美國早期

---

24 小克拉布：《決策者及批評者：美國外交政策的衝突理論》，頁6。

外交決策者特別強調這一點。約翰‧亞當斯一七八〇年初告誡國會不要把美國和歐洲列強糾纏在一起，他說：「我們與它們的往來，它們與我們的往來只是商業，而不是政治，更不是戰爭，美洲長期以來一直是歐洲戰爭和政治的玩物。」[25]杰斐遜在第一次就職演說中特別強調說：「與世界各國和平相處、通商往來和友誠相待，但不與任何一國結成同盟。」[26]以後國會內的孤立主義領袖威廉‧博拉也曾解釋說：「在貿易和商業方面，我們從來不是孤立主義者。很遺憾，在金融問題上，我們從來和將永遠不會是孤立主義者。」[27]學者們的研究成果也揭示出美國的孤立主義僅只限於政治上不捲入歐洲的事務。諾曼‧格雷伯納寫道：「美國從來不尋求像日本和朝鮮等國那樣偏居一隅，與世隔絕；從共和國創建之日起，美國就創造和維持了一個覆蓋地球大部分地區的商業帝國。美國的孤立主義總是政治的和軍事的，但從來不是商業的或文化的。」[28]著名歷史學家小施萊辛格也持這種觀點，他指出：「美國的孤立主義是一個模稜兩可的概念。美國人在商業方面從來不是孤立主義者，我們的作家、藝術家、學者、傳教士和觀光者始終渴望周遊這個星球。」[29]此外，孤立主義絕不是一項消極的防禦政策，美國實際上在用孤立主義來彌補與歐洲大國競爭時力量的不足，既可借用這道「屏障」把歐洲大國阻擋在大洋之外，使自己在西半球這個遼闊的空間隨心所欲，「大展宏圖」，又可傾聽著遙遠

25 格雷伯納編：《思想與外交：美國外交政策的理性傳統選集》，頁77。

26 李劍鳴等編：《美利堅合眾國總統就職演說全集》（天津市：天津人民出版社，1996年），頁23。

27 參見曼弗雷德‧喬納斯：《1935年至1941年美國的孤立主義》（Manfred Jonas, *Isolationism in America, 1935-1941*）（伊薩卡：康奈爾大學出版社，1966年），頁149。

28 格雷伯納編：《思想與外交：美國外交政策的理性傳統選集》，頁80。

29 小阿瑟‧施萊辛格：〈舊轍重蹈嗎？孤立主義的威脅重現〉（Arthur M.. Schlesinger, Jr., "Back to the Womb? Isolationism's Renewed Threat"），載《外交事務》（*Foreign Affairs*）第74卷第4期（1995年7-8月號），頁2。

對岸炮聲隆隆的拚命廝殺聲，猶若隔岸觀火，或救或棄，視利而定。
早期的孤立主義適應了美國的需要，不僅有效地維護了美國的獨立成
果，而且在隨後很長時間內為美國的發展創造了一個有利的國內外環
境，也在人們的思想意識中留下了難以磨滅掉的深刻烙印。美國著名
史學家查爾斯・比爾德就確信，孤立主義政策「能使美國人民在一七
七六年原則指導下前進，征服一個大陸，創造一種文明，儘管這種文
明難免存在過失之處，但對我們來說具有珍貴的優點，不管怎麼說它
是屬於我們自己的」。[30]

## 二　跨洋稱雄者走不出的「藩籬」

美利堅合眾國草創時期，開國元勳們為國家的未來發展設計了很
多藍圖。他們當政時嘔心瀝血，殫精竭慮，在並無多少先例可循的情
況下為一個國家在北美大陸上的崛起奠定了基礎。他們的言行舉止和
品德風範反映出典型的美國人氣質，受到人們的尊重和敬仰。尤其是
他們手中形成的慣例和制度，很少被後繼者們棄置一旁，久而久之就
演化為美國政治文化中的重要組成部分，成為約束人們思想與行為的
主要軌範。他們確定的孤立主義原則儘管不是指導美國外交決策的唯
一選擇，但美國在特定時期得益於這種外交方針也是顯而易見的。因
此，自美國建立以來，「孤立主義就一直是美國政治中的一股力量」。
[31]用英國觀察家詹姆斯・布賴斯勳爵的話來說：「美國人生活在一個屬
於自己的世界。……她免遭進攻，甚至免遭威脅，在遙遠的彼岸傾聽

---

30 羅伯特・戈爾德溫編輯：美國對外政策讀物》（Robert A. Goldwin, ed., *Readings In
American Foreign Policy*）（紐約市：牛津大學出版社，1971年），頁131。

31 勒魯瓦・里塞爾貝奇：〈孤立主義行為的基礎〉（Leroy N. Rieselbach, "The Basis of
Isolationist Behavior"），載《輿論季刊》（*The Public Opinion Quarterly*）第24卷第4
期（1960冬季號），頁645。

著歐洲種族和教派的拚命廝殺聲。」[32]美國避開了歐洲大陸的戰亂而給國內營造的長期寧靜的環境為經濟發展創造了一個有利的客觀條件。正是在這種很少有外來威脅的發展過程中，美國以非常快的速度邁向了世界經濟大國和政治大國，與此同時，孤立主義精神牢牢地根植於美國的民族文化之中，長時期地影響著美國人對外部世界的態度與行為。其實，美國一直是個目光注視全球的國家，孤立主義基本上沒有阻礙美國向外發展，相反，在一定的時空範圍內促進了這種發展。畢竟大洋之外存在著更為遼闊的空間，對遙遠大洋彼岸所發生的重大事件，美國社會很難保持緘默，靜觀以待。美國政界總有一些人躍躍欲試，圖謀把已經強大的美國引向國際競技場，一展宏圖，但他們常常又懾於開國先輩們留下的孤立主義傳統，最終望而止步，難以大有作為。長期以來，孤立主義一直是美國社會的一股主要思潮，對政府決策產生了很大的影響。先輩的遺訓像一道閃亮的光環籠罩在美國的上空，使許多主張擺脫孤立、跨洋稱雄的政治家望而生畏，不敢越雷池一步。即使美國已經具備了與歐洲大國在海外抗衡的基礎或力量，歷史的發展也在逐漸地動搖著孤立主義賴以存在的條件，美國走向國際競技場成為大勢所趨，但是，那些試圖在外交上謀求轟轟烈烈的政治家還是謹慎小心，惟恐觸動這根人們極為敏感的神經，給自己的政治前途設下障礙。美國從華盛頓發表〈告別詞〉到第二次世界大戰從未與歐洲國家形成結盟關係，便反映出先輩們構築起的這一「藩籬」的強大威力。

　　貝米斯是研究美國早期外交的著名學者，可謂是著作等身，他所著的《美國外交政策史》在學界影響很大，反映了他對美國外交政策演變的深刻認識。在談到早期外交所確定的原則對後世產生影響時他

---

32 諾曼‧格雷伯納：〈孤立主義〉（Norman A. Graebner, "Isolationism"），載戴維‧西爾斯主編：《國際社會科學百科全書》（David L. Sills, ed., *International Encyclopedia of the Social Sciences*）第8卷（紐約市：麥克米蘭出版公司），頁218。

寫道:「美國外交政策在一七九六年才第一次確實地、清楚地規定下來。華盛頓告別詞的賢明的、完美的思想真正體現了開國元勳們的經驗和智慧。一百多年來沒有一個明白是非的政治家認真地否定過它。」[33]貝米斯這裡顯然是指孤立主義原則對美國政治家的無形約束,在很大程度上使他們很少敢冒天下之大不韙採取「越軌」行動。十九世紀二〇年代,大洋彼岸的希臘爆發了反對土耳其的民族起義,經過艱苦奮戰,最終獲得了獨立。在希臘起義軍民同前來鎮壓的土耳其軍隊奮戰之時,歐洲一些君主國出於各自目的準備對希臘革命進行干涉。歐洲君主國的這一舉措立即引起大洋彼岸的美國公眾的憤慨,一些政治家也打著支持希臘民族解放的旗幟發出了要求干預的呼聲。後來擔任美國國務卿的丹尼爾·韋伯斯特當時剛剛踏入政界,自恃才高氣盛,於一八二四年一月十九日在眾議院大聲疾呼美國積極參與國際事務,在文明世界發揮作用。他請求美國人民行動起來,反對那些「鎮壓整個文明世界自由」的行為。[34]韋伯斯特的講話在國會引起爭執,反對干預的意見顯然居於上風,因此,美國政府並未對這件事做出強烈反應。當時任國務卿的約翰·昆西·亞當斯解釋了美國的官方態度:

> 美國不去國外推翻妖魔。她對所有國家的自由和獨立表示衷心祝願。她只是自己的鬥士和維護者。……她深知,一旦雲集於其他國家麾下,她將無法解脫地捲入那些充滿著利益與欺詐以及個人的貪欲、妒忌和野心的戰爭之中,而這些戰爭欺世盜

---

33 塞繆爾·弗拉格·貝米斯:《美國外交史》(Samuel Flagg Bemis, *A Diplomatic History of the United States*)(紐約市:霍爾特、萊因哈特和溫斯頓出版社,1965年),頁109-110。

34 參見多蘿西·戈貝爾主編:《1776年至1960年美國對外政策文件考察》(Dorothy B. Goebel, ed., *American Foreign Policy: A Documentary Survey, 1776-1960*)(紐約市:霍爾特、萊因哈特和溫斯頓出版社,1961年),頁70。

名，濫用自由的標準。[35]

　　亞當斯的這番話道出了美國一段時期對世界各地，尤其是對歐洲發生民族民主革命的態度。一八四八年歐洲爆發革命後，在美國引起很大反響。一些持激進觀點的政治家主張打破孤立主義傳統，更多地關注與參與國外的事務。在他們看來，美國作為一個被上帝賦予特殊使命的國家，對舊世界爆發的爭取民族獨立的革命，絕不應袖手旁觀，冷眼相待。他們在美國社會掀起了一股以「青年美國」而著稱的政治浪潮。十九世紀中葉俄奧聯軍鎮壓了匈牙利起義後，起義領袖拉約什・科蘇特出逃美國，這一事件立即在美國社會引起軒然大波。國務卿韋伯斯特在歡迎科蘇特的宴會上作了長篇演說，頌揚了歐洲革命，號召人民為自由與共和的利益而戰，重新喚起並向世界推廣美國的民族主義。他說：「我們將歡呼美國的模式在多瑙河下游和匈牙利山上冉冉升起。」[36]科蘇特被稱為「匈牙利的喬治・華盛頓」。他接觸政府要員與社會名流，勸說他們放棄傳統的孤立主義政策。他也到處發表講演，試圖以其激昂慷慨的語言激發起美國公眾對匈牙利革命的同情，博得美國政府能夠提供實質性的支持。「青年美國」運動的一些骨幹人物也在這件事上大做文章，藉此想突破孤立主義對美國行為的約束，他們要求美國政府進行干涉。參議員劉易斯・卡斯在一八五二年一月二十日的提案中宣稱，美國不能再扮演「政治上無關緊要的角色」，世界必須知曉，實力強大的二千五百萬美國人的目光正在「越過大洋，注視著歐洲」。[37]他們的目的很明顯，顯然是想借維護其他地區的「民主自由」事業，把美國的觸角伸到西半球之外，擴大美

---

35 喬治・凱南：〈論美國原則〉（George F. Kennan, "On American Principle"），載《外交事務》（*Foreign Affairs*）第74卷第2期（1995年3月／4月），頁118。
36 格雷伯納編：《思想與外交：美國外交政策的理性傳統選集》，頁226。
37 格雷伯納編：《思想與外交：美國外交政策的理性傳統選集》，頁222。

國的政治影響，最終想使美國作為一個政治大國出現在國際舞臺上。這種主張雖然在表面上符合美國宣稱的使命，但因為當時美國尚不具備跨洋干涉的力量，所以並未對美國政府的外交決策發生任何影響。美國社會對這一事件的反應始於轟轟烈烈，但終於無聲無息。科蘇特本人也最終發現，一切活動在美國都無濟於事。所以，他是滿懷信心而來，結果是大失所望而歸。美國駐維也納外交官員正式通知奧地利政府，美國的任何干涉將不會發生。言下之意，美國不會做出有損於與奧地利關係的任何行為。其實，充斥於決策者思想內的孤立情緒從一開始就決定了這件事的如此結局。韋伯斯特雖然熱情地稱讚「匈牙利的獨立、匈牙利的自治和匈牙利對自己命運的掌握」，但卻強調這種偏愛並不暗示美國願意背離既定的中立方針。米勒德‧菲爾莫爾總統也持類似的觀點。前美國國務卿亨利‧克萊宣稱：「堅持我們明智的愛好和平制度，避開遙遠的歐洲戰爭，我們將保證我們這盞燈在這個西部海岸明亮地點燃著，作為照亮所有國家的光芒，對我們、對匈牙利以及對自由之事業來說，這比冒險使它完全熄滅在歐洲已被推翻的共和國廢墟中要好得多。」[38]以後美國政府對意大利統一運動的態度也反映出這種價值取向。[39]

　　進入二十世紀之後，美國已不再是國力弱小，而是羽翼豐滿的國家了，其目光開始從美洲轉向大洋之外。許多政治家發出了擺脫孤立的強烈呼聲，主張進行海外擴張的集團逐漸在國家政治生活中占據了

---

38 戈貝爾主編：《1776年至1960年美國對外政策文件考察》，頁93。

39 意大利統一運動的領袖馬志尼曾懇求美國放棄孤立主義政策，對其他地區爆發的民族民主運動或革命提供支持。他說，美國已成為歐洲和世界範圍內民主力量的代表，美國是「一個領路國家，你們美國人必須照此行動」，他譴責了孤立主義的作法，聲稱「袖手旁觀是一種犯罪。……你們必須當機立斷，從道義上，如果必要的話，從物質上援助世界各地正在進行神聖戰鬥的共和國兄弟」。（見小克拉布：《決策者及批評者：美國外交政策的衝突理論》，頁195）馬志尼對美國寄予厚望，但同樣以失望告終。

上風，孤立主義賴以存在的基礎開始動搖。美國波士頓大學歷史學教授戴維・弗羅姆金的研究表明，自一八九八年以來，美國對外關係的根本問題一直是美國是否將在國際事務中扮演一種持續性的作用。[40]美國外交發生的這場深刻轉變儘管不是一帆風順，甚至還會出現倒退，但的確成為一種發展趨勢。正是在這種背景下，美國憑藉著內戰後發展起來的強大經濟力量，為尋求海外市場大踏步地邁向了列強激烈角逐的場所，拉開了美國外交歷史性轉變的序幕。威廉・麥金萊總統在離開白宮的最後演講中告誡國人：「孤立主義不再可能合乎需要，……排外時期已經成為歷史。」[41]麥金萊總統也許說出了一個事實，也反映了很多政治家多少年夢寐以求的願望，但是要打破很長時期內形成的一種傳統又談何容易。孤立主義依然是美國社會的一股主要思潮，即使美國已經具備了跨洋干涉的力量，民眾意識的變化往往顯得非常滯後，他們還未從孤立狀態中清醒過來。在美國這樣的民主國家，決策者不能不考慮民意的選擇。就是對那些想有作為的政治家而言，先輩的遺訓還是一道緊箍咒束縛著他們的思想，使他們在外交上顧慮重重，至多也只能打打「擦邊球」而已。西奧多・羅斯福等人在入主白宮後，積極鼓吹海外擴張，加強美國的海軍力量，發揮美國在歐洲均勢中的作用等，他們試圖以此喚醒滯留在美國人思想深處的強國和領袖之夢，把美國的目光引向大洋彼岸的歐洲競技場，但同時又懾於美國社會普遍的孤立情緒，未敢放手行動，大有作為。在美國歷史上，真正地向孤立主義傳統提出挑戰的大概就是美國第二十八屆總統伍德羅・威爾遜了。

　　威爾遜所處的時代，正值美國社會、政治和經濟大變動時期，美

---

40 參見保羅・約翰遜對弗羅姆金一九九五年出版的著作的評論，保羅・約翰遜：〈美國孤立主義的神話〉（Paul Johnson, "The Myth of Americanism Isolationism"），載《外交事務》（Foreign Affairs）第74卷第3期（1995年5月、6月），頁195。
41 利奧波德：《美國對外政策發展史》，頁204。

國對外擴張也進入了歷史上的一個重要時期。他在步入政壇之前作為一個深諳美國歷史的著名學者，就意識到了美國正在走出孤立主義的藩籬，並試圖在理論上論證這一發展趨勢的合理性以及必然性。威爾遜把一八九八年發生的美西戰爭看作是美國歷史發展的一個偉大界碑，從時間順序上講，它是舊世紀的終結，又是新世紀的開端；從政治意義上講，它是孤立主義的結束，又是美國走向海外競技場的開端。他頗有信心地斷言，美西戰爭一方面標誌著美國孤立狀態的結束，更為重要的是標誌著美國在世界事務中發揮廣泛作用的新時代的到來。一九〇二年，威爾遜出版了當時在學界很有影響的五卷本的《美國人民史》，貫穿於全書的一個主要觀點是第一代政治家宣稱的不捲入歐洲外交事務的原則已經「壽終正寢」，美國已經從沉湎於國內發展轉向海外擴張。自從美西戰爭以來，美國已「成為一個殖民帝國，在國際政治領域中獲得了自己的權力位置，正在研究美國歷史進程的人無不對已經發生的事情感到合理的驚歎」。[42]他甚至對華盛頓的〈告別詞〉做出新釋，他斷言國父當時提出的指導美國外交方針的內含的意思是：「我要你們自我訓練，靜靜等待，直到你們成長為好樣的，直到你們有足夠強大的力量頂住外國的競爭，直到你們不必擔心外國勢力，那麼你們將準備參與世界事務。」[43]威爾遜從這一被孤立主義者奉為經典的〈告別詞〉中引申出新的含義，主要是為美國人尋求新邊疆進行辯護，但也足見打破人們早已形成的心理定式並非容易，還得藉先輩的「幽靈」來促使國人從孤立主義狀態中覺醒過來。

威爾遜出任總統後，正值第一次世界大戰爆發，他借著這一「天

---

42 阿瑟‧林克：《外交家威爾遜的主要外交政策一瞥》（Arthur S. Link, *Wilson the Diplomatist: A Look at His Major Foreign Policies*）（紐約市：新觀點出版社，1974年），頁7。

43 阿瑟‧林克編輯：《伍德羅‧威爾遜文件集》第12卷（普林斯頓市：普林斯頓大學出版社，1972年），頁57。

賜良機」，試圖把美國充當世界領袖的夢想轉化為現實。為了能夠順利地實現這種轉變，他屢屢談及孤立時代已經不可避免地結束。一九一六年一月二十七日他在紐約的講話中宣稱孤立已經不符合美國的利益，與美國的現實狀況格格不入，「我們在美國近幾代人從未夢想過的一種規模上被強行推出參與世界事務，我們不再是一個獨居一隅的國家」。[44]事隔數月，威爾遜在首都華盛頓對促進和平聯盟的講話中公開宣稱：「不管我們願意與否，我們將與其他國家合作。影響到人類的東西必然是我們的事務，也是歐洲和亞洲國家的事務。」[45]威爾遜的親信幕僚豪斯上校把這一計畫說成是標誌著美國新的國際關係的開始，是「我們舊時代的不干涉政策結束的轉折點」。[46]為了促使美國人的思想盡快適應國際局勢的變化，威爾遜再次對孤立主義奉為經典的華盛頓〈告別詞〉做出解釋：「它並不意味著我們將避開世界的糾紛，因為我們是世界的組成部分，牽涉到整個世界的事情我們都不能袖手旁觀。」[47]儘管國會內孤立主義的勢力依然十分強大，他們的主張在民眾中廣有市場，但威爾遜總是力圖把自己的思想體現在外交政策的制訂與執行上，使美國的外交表現出與過去相比很少有的特徵。在具體的外交實踐中，威爾遜始而想充當交戰雙方的仲裁者，繼而領導美國直接介入戰爭，進而扮演戰後世界和平安排者的角色。當然，在這一過程中，威爾遜有時不得不採取工於心計的策略，以便減少國內孤立主義傳統所帶來的壓力。如威爾遜政府宣布參戰後，就堅持美國只是協約國的一個夥伴，而不是盟國。這種說法儘管使協約國感到

---

44　林克編輯：《伍德羅·威爾遜文件集》第36卷（普林斯頓市：普林斯頓大學出版社，1981年），頁9。

45　林克編輯：《伍德羅·威爾遜文件集》第37卷（普林斯頓市：普林斯頓大學出版社，1982年），頁114。

46　西摩編輯：《豪斯上校私人文件集》第2卷，頁295。

47　林克編輯：《伍德羅·威爾遜文件集》第35卷（普林斯頓市：普林斯頓大學出版社，1981年），頁347。

不快，但卻迎合了美國人長期形成的孤立心理，很大程度上減弱了因捲入歐洲事務而背離外交傳統所受到的攻擊，並使美國在問鼎歐洲乃至世界時充分顯示出它的「獨特性」。在戰爭時期，美國國內的一切活動都納入了戰爭軌道，人們對戰時政府的熱情支持在心態上占據主導地位，致使國內反對派也不敢對威爾遜政府的「離經叛道」行為說三道四。然而，隨著戰爭的結束，孤立主義外交傳統再次在美國政壇上顯示出了強大的威力。

　　一九一九年六月二十九日，威爾遜帶著包括國際聯盟盟約在內的《凡爾賽和約》返回美國，美國國內隨即展開了一場批准和約的大辯論。威爾遜為了保證和約的批准，置身體狀況不佳於不顧，驅車西行，到了孤立主義情緒最為強烈的俄亥俄、印第安納、密蘇里、艾奧瓦、內布拉斯加、明尼蘇達和南、北達科他等州。從那裡他又到了西北部地區和太平洋沿岸主要城市。在完成了由東往西橫貫大陸的行程後，又開始了由西往東的回程，穿越內華達、猶他、懷俄明以及科羅拉多等州。威爾遜進行這次全美旅行的目的很明顯，他試圖直接向人民呼籲，喚起他們對國際聯盟的熱情，瓦解國內反對批准和約的政治派別賴以存在的基礎。結果並未使威爾遜如願，和約遭到參議院的否決。威爾遜為美國設計好的戰後世界藍圖最終在強大的孤立主義勢力面前成為泡影，他也帶著終生的遺憾離開了美國政壇。和約未獲批准的原因固然很多，但最基本的卻是人們的傳統孤立心理作祟。早在一九一六年三月二十四日，紐約聯邦儲備銀行的本杰明・斯特朗就對英國政治家赫伯特・基奇納勳爵預言：「華盛頓告誡美國人民不要捲入聯盟的傳統將阻止美國參議院批准任何進攻性和防禦性軍事聯盟的條約；這樣一種協定在不遠的將來一定也不會得到美國的同意。」[48]斯特朗並不是無的放矢，華盛頓的訓諭像一道緊箍咒一樣束縛著大多數

---

48 林克編輯：《伍德羅・威爾遜文件集》第36卷，頁441。

美國人的腦袋，成為那些試圖在兩洋之外稱雄的領導人在條件未成熟時難以逾越的障礙。在威爾遜的時代，孤立主義仍然是一股強大的社會思潮，尤其在以農業為主的西部和中西部，人們還不能接受威爾遜設計好的戰後世界藍圖。

　　威爾遜深感孤立主義對美國外交行動的約束，他不厭其煩地向人們宣傳孤立時代已告結束，美國進入世界競技場已是大勢所趨，甚至不止一次地對華盛頓〈告別詞〉做出新釋，試圖促使美國人的思想適應新的形勢，但對那些頑固堅持在政治上不捲入歐洲事務的人來說，威爾遜的圖謀收效甚微。國會中仍然擁有一批有影響的人代表著這股強大的勢力，他們隨時準備對威爾遜的計畫進行攻擊。早在美國參戰前夕，美國著名記者赫伯特‧克羅利就致信威爾遜說：「在全國共和黨人中間，尤其在國會中存在一種傾向，即明確反對美國在任何條件下參與一個國際聯盟。」[49]克羅利這裡指的就是以參議員威廉‧博拉為首的「不妥協分子」。當然，這批人在參議院中並不居多數，他們只是代表美國某些地區的利益，但他們強烈反對美國戰後捲入美洲之外事務的主張迎合了多數美國人的心態，因此在參議院還是具有舉足輕重的影響。威爾遜無法與他們達成一致，只能求助於宣傳，消除民眾中的孤立心態，減弱他們在國會中的影響力。參議院外交委員會主席亨利‧卡伯特‧洛奇是一個強烈的擴張主義分子，他本人也曾提出建立類似國際聯盟的國際組織，但出於黨派之爭為了擊敗威爾遜的國際聯盟盟約，也不得不與「不妥協分子」聯手，以保證投票時占居三分之二多數，但他想通過保留案來實現美國的霸權地位也因為「不妥協分子」從中作梗終成一紙空文。投票結果正如美國歷史學家邁倫‧約翰遜所言：「就美國來說，這時不僅是威爾遜的國聯死了，而且洛

49 林克編輯：《伍德羅‧威爾遜文件集》第40卷（普林斯頓市：普林斯頓大學出版社，1982年），頁559。

奇的國聯也死了。」[50]「不妥協分子」在這場批准和約鬥爭中的作用
誠如托馬斯‧貝利說的那樣：「當威爾遜開始領導美國人民擺脫孤立
主義道路進行有效的世界合作時，他使我們的外交政策發生了一場革
命。然而，孤立主義者⋯⋯能夠對這次革命進行反擊，使我們又回到
了過去的道路。」[51]孤立主義使美國這場始於十九世紀末的外交轉變
延長了數十年之久。

　　第一次世界大戰後美國國內演出的這場所謂「國際主義」與孤立
主義的鬥爭，深刻地反映了美國傳統的巨大力量。在十九世紀末和二
十世紀初，美國已經在物質上具備了與歐洲大國在世界各地抗衡的條
件，經濟的發展和強大促使美國需要在大洋之外尋求更為廣闊的發展
空間。一些政治家大聲疾呼的「國際主義」正是順應了這種需要和可
能，他們積極促進實現美國外交從孤立傳統向主動參與國際競爭的轉
變，徹底改變美國政治上囿於一隅的被動局面。這些人的主張應該說
順應了美國社會發展的大趨勢。然而，許多美國人的文化心理還遠遠
滯後於形勢的發展，他們的意識還停留在過去那種「孤芳自賞」的年
代，厭惡在政治上捲入大洋彼岸的事務，生怕在世人的眼中，「純
潔」的美國與腐敗的歐洲同流合污，沆瀣一氣。當然，他們想通過致
力於美國的「自我完善」來為世界其他國家樹立一個可效仿的榜樣，
以此完成上帝賦予美國的神聖「使命」。這種意識本身就是一種優於
他國的心態，美國多少代政治家追求的世界領袖之夢其實就源出於
此。但是，當一些政治家試圖通過積極捲入世界事務來實現這種夢想
時，卻在很長一段時間裡背逆了美國社會久已形成的傳統，因此很難

---

50 邁倫‧約翰遜：《國際聯盟：從1914年到1946年美國對外政策評論》（Myron M.
　　Johnson, *The League A Review of America Foreign Policy from 1914 to 1946*）（波士頓
　　市：埃丁博羅書社，1946年），頁17。

51 托馬斯‧貝利：《伍德羅‧威爾遜和大背叛》（Thomas A. Bailey, *Woodrow Wilson and
　　Great Betrayal*）（紐約市：麥克米蘭出版公司，1945年），頁368。

得到多數美國人的認同。完成人們的心理轉變需要時日，當美國邁向國際競爭社會成為大勢所趨時，這種轉變必然隨著時間的推移最終會要到來的。

## 三　不斷失去存在基礎的「誤區」

　　美國歷史上的孤立主義在二十世紀二、三十年代進入了所謂的全盛時期。出現這種現象從根本上講還是美國人的傳統孤立心態作祟。繼威爾遜之後，才能平庸的沃倫·哈丁能夠當選為總統，主要是以「恢復常態」抓住了普通美國人的心理，而他一上臺，就信誓旦旦地向選民們保證：「一九二一年八月執政的本政府肯定而堅決地放棄了加入國際聯盟的一切想法。本政府現在不提議從旁門、後門或地下室的門進去。」[52]不管哈丁這番話是否發自肺腑，但從一個側面反映出美國社會的孤立情緒對政治家處理外交事務的巨大影響。就連原先主張美國加入國際聯盟的富蘭克林·羅斯福，雖然威爾遜的「國際主義」在他的內心深處依然居有一席之地，但在危難之際出任美國總統後，面對著國內強大的孤立主義思潮，有時也不得不逢場作戲，曲意逢迎，隨波逐流，以一種似乎消極的態度等待時機的到來。他在公開的場合與過去判若兩人，屢屢明確表示美國不會成為國際聯盟的一員。如一九三三年聖誕節過後不久，他在伍德羅·威爾遜基金會上的講話中儘管對國際聯盟表示敬意，也希望美國在使用它的機構方面採取公開合作的態度，但是他並沒有忘記聲明：「我們不是它的成員國，我們也不打算成為成員國。」[53]在一些重大的外交問題上，羅斯福對國會內的孤立主義勢力也禮讓三分，有時甚至唯他們的意見是從，惟恐略有閃失，在政治上招來不測之災。作為曾經是威爾遜「國

---

52　約翰遜：《國際聯盟：從1914年到1946年美國對外政策評論》，頁17。
53　伯恩斯：《羅斯福傳》，頁327。

際主義」忠實追隨者的羅斯福尚且如此，足見孤立主義思潮在這一時期的氾濫以及對政治家行為的束縛之深。美國歷史學家曼弗雷德·喬納斯指出，三〇年代的孤立主義是「美國的一種普遍情緒」，瀰漫於國家的各個地區，決定了人們的政治態度。「從紐約到加利福尼亞，從愛達荷到得克薩斯，人們的政治信仰不管是諾曼·托馬斯的社會主義，還是赫伯特·胡佛的保守共和主義，在外交政策領域都有著共同的事業，他們相信單邊主義，擔心戰爭對美國的影響」。[54]國會內主張孤立的政治家正是借助著民眾中這股強大的孤立主義思潮，一度對美國外交發生了重要的和決定性的影響。

　　這一時期孤立主義思潮的氾濫也存在著深刻的社會原因。二十世紀二〇年代末，美國爆發空前嚴重的經濟危機，這場危機使近十年的經濟繁榮頓時化作過眼煙雲，很多人突然陷入了貧窮之中，面臨著基本生存都得不到保障的問題。這種狀況是普通美國人始料未及的，造成了他們心理上的恐懼感。富蘭克林·羅斯福出任總統後，在非常時期採取了非常的措施，大刀闊斧，實行新政，意欲力挽狂瀾，救民眾於水火，救國家於危難。在這種情況下，人們的注意力必然普遍轉向與自己切身利益相關的國內問題，而對於美國以外的事務，尤其是歐洲問題興趣索然。威廉·蘭格等人的研究表明，在這次國內經濟危機期間，絕大多數美國人似乎確信，美國應該「集中一切力量解決國家的社會和經濟問題，以維護這個偉大的民主堡壘不受到損傷」。[55]注重國內事務向來是孤立主義者向政府跨洋干涉的對外政策發難的一個有力口實，參議院外交委員會主席威廉·博拉一九三二年宣稱：「美國

---

54 羅伯特·達萊克：《美國對外政策方式：文化政治和外交事務》（Robert Dallek, *The American Style of Foreign Policy: Cultural Politics and Foreign Affairs*）（紐約市：克諾夫出版社，1983年），頁118。

55 威廉·蘭格等著：《1937年至1940年孤立的挑戰》（William L. Langer and S. Everett Gleason, *The Challenge to Isolation: 1937-1940*）（紐約市：哈珀出版社，1952年），頁13。

人應該關心自己的利益，效力於我們自己的民族。」[56]這是「美國第一」的觀念，也是孤立主義者主張的核心，或許不符合美國的利益，但卻在特定的時期適應了美國社會的需要，迎合了人們首先關注自身問題解決的強烈要求。

　　人們對戰爭的憎惡和恐懼是這一時期孤立主義思潮盛極一時的文化心理基礎。第一次世界大戰時經四年，是人類歷史上前所未有的浩劫。這場戰爭儘管給美國帶來巨大的利益，但許多美國人血灑異國他鄉，無數的財富在雙方拚命的廝殺中化為烏有，這對長期生活在一種和平寧靜環境中的美國人來說，多少總是有些不可思議。美國戰後和平主義運動風靡全國便反映出這種情緒。人們不願意談及戰爭，想盡快把這場戰爭的悲劇從記憶中消除掉，就連描寫戰爭的書籍在民眾中也沒有市場。一位歷史學家寫道：「到一九二〇年，出版商警告作者們不要送來有關戰爭的稿件──人們不願意聽到戰爭。當他們終於願意對戰爭做出一番思考時，他們認為戰爭是一種錯誤，他們熱衷於讀把戰爭描寫為蠢事的圖書。」[57]這種對戰爭的痛恨心理使美國人不希望看到戰爭的再次降臨，是不願意美國再次捲入其中。美國的和平主義運動到三〇年代中期達到鼎盛，參加者多達四千五百萬到六千萬人。歐洲在他們的眼中是罪惡的淵藪，戰亂的禍根，美國只有與之隔離，才能避免過去悲劇的重演。美國學者羅伯特‧費雷爾在其著述中強調了美國人的這種心態。他寫道，大多數美國人感到「介入一九一七～一九一八年的世界大戰愚蠢至極，以及感到了把美國與歐洲分離開來的合理性與必要性。」[58]這種情緒自然成為孤立主義在美國社會

---

56　戈登‧馬特爾主編：《1890年至1993年美國對外關係重新審思》（Gordon Martel, ed., *American Foreign Relations Reconsidered 1890-1993*）（倫敦和紐約：勞特利奇出版社，1994年），頁80。

57　達萊克：《美國對外政策方式：文化政治和外交事務》，頁95。

58　羅伯特‧費雷爾：《大蕭條時的美國外交》（Robert H. Ferrell, *American Diplomacy in the Great Depression*）（紐黑文市：耶魯大學出版社，1857年），頁18。

氾濫的一個根源。

　　共和黨參議員杰拉爾德・奈伊是這一時期的著名孤立派代表，一九三三年他要求對第一次世界大戰軍火交易的內幕進行調查，參議院接受了他的請求，決定成立奈伊委員會，具體負責這一工作。一九三四年底，奈伊委員會公布了調查結果，以大量的數字和文件說明了美國參戰完全是少數經濟利益集團操縱所致，華爾街銀行老闆與戰爭進程聯繫密切，與政府主張參戰者遙相呼應，內外勾結，借戰爭大發橫財。「軍火商賄賂了政客，共享了專利的好處，瓜分了企業，賺了難以置信的巨額利潤，而又偷稅漏稅——這一切都隱藏在那些骯髒的殺人武器買賣裡。更糟的是，軍火商為了攫取利潤還助長了戰爭的危險」。[59]這次調查儘管打上了明顯黨派之爭的色彩，但其結果的公布在美國社會引起強烈反響，上當受騙之感在美國人腦海中油然而生，原以為美國參戰是為了「世界民主的安全」，現在一下子變成了在少數人操縱之下為大壟斷財團服務的一個機會。其實，美國是第一次世界大戰的最大贏家，同盟國和協約國一敗一傷，美國儘管為戰爭的勝利也付出了代價，但它們的拚命廝殺卻為美國在國際社會脫穎而出提供了前所未有的機會。然而，深受孤立主義傳統影響的絕大多數普通美國人卻認為，美國參戰不僅是為歐洲大國火中取栗，而且是為了少數人的利益，「拯救世界民主事業」以及「維護美國的正當權利」等等只不過是那些從戰爭中撈到巨額好處者動員民眾參戰的堂皇口號。三〇年代中期以後，歐洲上空再次顯現出戰雲跡象，此時此刻國會山上的孤立主義者在美國社會掀起的這股反戰浪潮顯然是「醉翁之意不在酒」，多少有點「項莊舞劍」的味道。其用意無非是利用民眾群情激憤的情緒，對政府的外交行為形成牽制，防「患」於未然。羅斯福總統面對著國內日益高漲的孤立主義風潮，也屢屢表示美國絕不捲入歐

---

59　伯恩斯：《羅斯福傳》，頁331。

洲的紛爭。一九三五年，他告訴澳大利亞首相約瑟夫‧萊昂斯，無論出於什麼原因，美國將再不會被拖入一場歐洲戰爭。[60]同年十月二日，他在加利福尼亞聖地亞哥市鄭重其事地宣布：「不管其他大陸發生什麼事情，美利堅合眾國一定而且必須保持我們國父許久以前所祈求它能保持的──置身事外，不受牽連。」[61]不管羅斯福的此類保證是否為由衷之言，但反映出了孤立主義思潮這一時期在美國社會居於的主導地位，孤立主義以其強勁的力量左右著美國人的思想意識，牽制著政府在外交政策上的抉擇。

　　這一時期美國奉行的對外政策明顯受到了孤立主義原則的影響，具有明顯的特徵。歷史學家比爾德在談到這一點時指出，孤立主義在對外關係上的表現意指：

> 拒絕加入國際聯盟；不捲入歐洲和亞洲的政治紛爭；不介入上述大陸爆發的戰爭；美國通過採取適宜於實現這些目的的措施來保證中立、和平以及防禦；奉行一種對所有傾向互惠的國家友好的外交政策。[62]

　　比爾德是生活在那個時代的著名學者，他本人在政治上也高唱著孤立，儘管他是以讚賞的口氣來觀察孤立主義的，但大致描述出了這一思潮在該時期的特徵。在涉及到具體的外交問題上時，孤立主義便顯示出了它的強大「威力」，使那些本想「略微偏軌」的政治家領略到它的「厲害」。一九三五年，羅斯福總統向參議院提出美國應該加

---

60　參見羅伯特‧費雷爾：《美國外交史》（*American Diplomacy: A History*）（紐約市：諾頓出版社，1959年），頁367。

61　關在漢編譯：《羅斯福選集》，頁94。

62　查爾斯‧比爾德：《1932年至1940年發展中的美國對外政策：對諸責任的研究》Charles A. Beard, *American Foreign Policy in the Making, 1932-1940: A Study in Responsibilities*）（哈姆登：阿昌書社，1946年），頁17。

入國際法庭（World Court）。國際法庭在名義上是解決國際爭端和防止戰爭的組織。其實從成立之日起這一國際組織就形同虛設，對主權國家根本無任何權力和威懾力可言。美國一向主張用國際法約束主權國家的違法行為，設立國際法庭至少在表面上與美國宣稱的所謂「理想」相符，如果美國置身其外，難免受世界輿論譏諷。因此，美國早就想加入這一組織，以堵塞「好事者」攻擊美國之口舌。一九二六年美國參議院也曾投票贊成，但美國自詡為是其他國家應當效法的楷模，只想通過國際法約束其他國家，而不願自己受到束縛。因而國會在贊成加入國際法庭的同時，又提出了非常苛刻的附加條件，即如果事先未得到美國同意，美國拒絕接受國際法庭在涉及到與美國有關之爭執上提出的忠告性意見。國際法庭無法接受這一條件，加入之事就此擱淺。羅斯福差不多十年之後重提加入國際法庭，除了上面提到的動機之外，還希望美國在國際事務中能有所表現。可是結果卻出乎羅斯福的意料，他的建議似乎觸動了孤立派的敏感神經，國會內一片非議之聲。許多議員把國際法庭與國際聯盟聯繫起來，參議員海勒姆‧約翰遜甚至危言聳聽地宣稱，一旦國際法庭在「與美國發生關係的問題上提出忠告性意見，那麼我們自從作為一個國家以來所形成的整個結構便會徹底瓦解」。[63]在他們的宣傳鼓動下，抗議浪潮風靡全國，孤立主義思潮在國家政策制訂上顯示出了強大的影響力，有關議案因七票之差不足法定的三分之二多數而遭到否決。事後羅斯福在致亨利‧史汀生的信中說：「如今真是不正常的年代……人民有如驚弓之鳥……在我國及其他任何國家莫不如此……在今後一、二年……我們要經歷一段在每件事情上都得不到合作的時期。」[64]羅斯福的這番話預示了如果不發生對美國產生震動性的事件，採取想在國際社會有所

---

63 達萊克：《美國對外政策方式：文化政治和外交事務》，頁115。

64 J‧布魯姆等著，戴瑞輝等譯：《美國的歷程》（下冊，第二分冊）（北京市：商務印書館，1988年），頁432。

作為的行動都將受到民眾孤立情緒的牽制，不僅事倍功半，而且甚至無果而終。

　　羅斯福的估計無疑是基於現實狀況的基礎上的。孤立派似乎從羅斯福提議美國加入國際法庭這件事上領悟出有必要用立法手段束縛住行政部門的手腳，他們尤其對羅斯福本人耿耿於懷，惟恐這個善用計謀的政治家重施威爾遜的故技。一九三五年八月，在孤立派的提議之下，美國國會制定了對交戰國實行武器禁運的中立法，規定對一切交戰國實施「武器、彈藥和軍需品」的強制性禁運，授權總統來確定軍需品的種類和實施禁運的時間；禁止美國向交戰國運送軍火和美國公民搭乘交戰國的船隻旅行。一九三六年二月，國會對中立法作了補充，規定禁止向交戰國提供貸款，並授給總統以裁斷權，可以將軍火禁運範圍擴大到新參戰的其他國家。羅斯福屈於國內孤立情緒的壓力，在簽署中立法時未表示任何異議。中立法儘管本意只是防止美國捲入歐洲衝突，但其付諸實施卻在客觀上助長了一些富有侵略性國家的為所欲為。如意大利入侵埃塞俄比亞、西班牙內戰、慕尼黑陰謀、日本進犯中國等等。這些事件成為世界戰爭再次爆發的先聲。

　　這一時期的孤立傳統在人們的思想意識中具有重要的地位，孤立主義在美國的政治生活中占據了上風。就美國自身而言，這種孤立局面已與其社會發展的大勢相悖逆，因此並不能夠有效地維護美國的外部利益的實現。其實美國已經無法對大洋彼岸所發生的事情無動於衷了，這是自十九世紀末葉以來美國外交發生根本性轉變的一個必然趨勢。孤立主義可以延緩這種轉變，但無法從根本上扭轉這種趨勢。因此，隨著美國捲入國際事務程度的加深，孤立主義賴以存在的政治基礎逐漸動搖。從這個意義上說，孤立主義在其鼎盛時期就不知不覺地敲響了其走向衰落的晚鐘。

　　歐亞法西斯國家在世界各地的恣意妄為加劇了國際局勢的動盪不寧，世界大戰的可能性日益向現實性轉化。美國如果袖手旁觀，任形

勢繼續惡化，其在世界各地的利益同樣受到嚴重的威脅。美國避免戰
爭的唯一辦法是聯合其他民主國家制止侵略行徑，防止衝突擴大。這
實際是要求美國更多地介入國際事務。羅斯福已別無選擇，只有勇敢
地站出來，向孤立主義傳統發出了挑戰。一九三七年十月五日，羅斯
福在孤立主義大本營芝加哥發表了著名的「防疫」演說，指出侵略戰
爭目前正向世界各地蔓延，不點明地譴責了德、意、日法西斯的非人
道的侵略行為，呼籲「愛好和平的國家必須作出一致努力去反對違反
條約和無視人性的行為，這種行為今天正在產生一種國際間的無政府
主義和不穩定狀態，僅僅依靠孤立主義或中立主義，是逃避不掉
的」。羅斯福把這個不幸的事實比作「無法無天的流行症」，「在生理
上的流行症開始蔓延時，社會就會認可並參與把病人隔離起來，以保
障社會健康和防止疾病傳染」。面對這種危機，美國必須做出積極反
應，與其他愛好和平的國家聯合起來，伸張正義，阻止這種疾病的蔓
延。他最後還暗示了不能排除美國捲入戰爭的可能性：

> 我們決心置身於戰爭之外，然而我們並不能保證不受戰爭災難
> 的影響和避免捲入戰爭的危險，我們正在採取措施盡可能縮小
> 捲入的風險，但是世界處於騷亂之中，信任與安全已經崩潰，
> 我們並無安全的保證。[65]

羅斯福的演說在美國社會引起強烈反響，從最初輿論反應來看，
支持他的觀點占取了上風。[66]國會內的孤立派似乎從這篇演說中覺察
到某些「不祥之兆」，他們隨即進行反擊，對羅斯福的「防疫」說大
肆攻擊，斷言羅斯福正在試圖把美國引入戰爭的陷阱，有些議員甚至

---

65 講演全文見關在漢編譯：《羅斯福選集》，頁150-154。
66 參見達萊克：《羅斯福與美國對外政策1932-1945》，頁217。

發表彈劾總統的威脅。一時間國內輿論被他們炒得沸沸揚揚，國會內外一片喧囂之聲。深謀遠慮的羅斯福也只好作罷，未敢在具體的外交政策上體現出「防疫」演說的內容。羅斯福放出的這顆「試探性氣球」儘管被孤立主義勢力所擊落，但並未影響到羅斯福與孤立主義分道揚鑣的決心。

　　羅斯福領導的「國際派」與孤立派首先在修改中立法上展開了較量。中立法是孤立主義給總統設置的一個羈絆，羅斯福常常對此流露出不滿。如一九三八年慕尼黑事件之後，羅斯福把支持他的參議員召到白宮，據參議院外交委員會成員康納利的記載，總統顯得焦躁不安，詛咒中立法，把中立法說成是支持了希特勒發動戰爭。羅斯福對他說：「如果我們能擺脫武器禁運，局勢就不會這樣糟。」[67]可是面對著國內普遍存在的孤立情緒，他也只能委曲求全，等待時機，否則會欲速則不達。其實沒過了幾個月，羅斯福就在一九三九年一月四日的國情咨文指出了修改中立法的必要性。他坦率地承認：「我們的中立法執行起來可能是不公平和不公正的，它實際上是幫助侵略者，而使被侵略者得不到援助。自衛的本能告誡我們，今後再也不應該讓這樣的事情發生了。」[68]羅斯福認為只有取消了禁運條款，才能改變這種不利於被侵略國家的局勢。當然國會內的孤立派也不會輕易讓步，羅斯福的要求隨即遭到國會的拒絕，直到該年七月份，參議院外交委員會才通過投票決定把關於修改中立法的辯論推遲到國會下屆會期舉行。兩個月後，歐洲戰爭的爆發給修改中立法帶來轉機。九月二十一日，羅斯福強烈要求國會召開特別會議，廢除禁運條款。他說：「我這樣要求是因為，在我看來，這些條款對於美國的中立、美國的安全、尤其是美國的和平具有致命的極大危險。」[69]經過國會內外的激

---

67 轉引自鄧蜀生：《羅斯福》（杭州市：浙江人民出版社，1985年），頁169。

68 德拉蒙德：《1937年至1941年美國中立的消失》，頁80。

69 關在漢編譯：《羅斯福選集》，頁231-232。

烈辯論，參眾兩院分別於十月二十七日和十一月二日通過決議廢除了
軍火禁運條款。修正後的中立法廢除了不得把軍火輸往交戰國的禁
令，允許它們在美國購買軍火，但需付現款，並不得用美國船隻運
輸。即實行「現購自運」的原則。這場修改中立法的鬥爭以「國際
派」對孤立派的勝利而告終。

　　第二次世界大戰爆發後，避免介入到這場衝突之中儘管依然是多
數美國人的意願，但民眾對大洋之外所發生之事的情緒和態度都發生
了明顯的變化。根據民意測驗，一九三九年秋天，百分之八十二的美
國人把戰爭的責任歸咎於德國，百分之八十三的美國人希望英法獲
勝。德國占領波蘭後，在接受問答的美國人中，百分之六十三認為德
國在歐洲的勝利最終會導致進攻美國。法國淪陷後，百分之六十三的
美國人預言德國會把進攻的目標轉向西半球，百分之四十二點五的美
國人則認為德國會立刻對美國發動進攻。到了一九四〇年九月，百分
之五十三的美國人把幫助英國擊敗希特勒看作比置身於戰爭之外更為
重要。四個月後，這一數字上升到百分之六十八。[70]蓋洛普民意測驗
中有這樣一個問題：「你認為美國是應該避免參戰呢，還是應該盡力
幫助英國，甚至冒參戰的風險呢？」對這一問題的回答也反映出了民
情的變化。一九四〇年五月，主張避免參戰者占百分之六十四，主張
幫助英國者占百分之三十六；到了十一月，主張避免參戰者下降為百
分之五十，而主張幫助英國者上升為百分之五十；再過了一個月，主
張避免參戰者下降為百分之四十，而主張幫助英國者上升為百分之六
十。[71]民意測驗儘管不是絕對準確地反映出整個美國人對這場戰爭的
看法，在很大程度上是不同利益集團用來影響和製造輿論的一種手
段，但這場戰爭促使了許多美國人在思想意識上逐漸走出了孤立的狀

---

70 參見達萊克：《美國對外政策方式：文化政治和外交事務》，頁128-129。
71 威廉・曼徹斯特著，廣州外國語學院美英問題研究室譯：《1932-1972年美國實錄：
　　光榮與夢想》第1冊（北京市：商務印書館，1986年），頁326。

態則是一個事實。他們已經把美國的安全與外部的動亂聯繫在一起，誠如著名學者理查德‧霍夫斯塔特指出的那樣：

> 戰爭的開始意味著美國人無可選擇地最終被從習慣的安全中拉了出來。他們的國內生活曾經只被外國世界的危機擾亂過，現在他們被迫進入了一種國內生活主要決定於外交政策和國防需要的情境中。隨著這一改變，美國民族最終捲入了它一直追尋逃避的所有現實事件之中。[72]

　　羅斯福十分重視並精於觀察和掌握輿情的變化，他不顧孤立派的阻撓向英國提供援助和加強美國的國防，基本上順應了多數美國人的意願。他第三次以絕對優勢蟬聯總統在一定程度上表明了美國選民對其外交政策的支持。孤立主義此時儘管在國會內仍然具有相當大的勢力，但已在民眾中失去了昔日的影響力，從這個意義上來說，它在與「國際派」的鬥爭中已成為強弩之末了。

　　戰爭的曠日持久使英國已無力按照「現購自運」的原則從美國得到急需物資了，羅斯福當然不能見死不救，更何況這與美國的現實利益也密切聯繫在一起。一九四〇年十二月十二日，羅斯福在記者招待會上提出了「租借」政策，這位善於工計的老牌政治家用借給鄰居澆水管子幫助他撲滅住宅之火來形象生動地說明了他的設想。按照這個邏輯推理，「如果你借出一定數量的軍火，在戰後得到歸還，如果這軍火是完好如初的——沒有損壞——你就不吃虧；如果它們損壞了，或者陳舊了，或者完全丟掉了，而如果你借給的人照樣賠償，在我看來，你就沒有吃虧」。[73]羅斯福的這番話在國內引起強烈共鳴，隨後他

---

72 理查德‧霍夫斯塔特著，俞敏洪等譯：《改革時代——美國的新崛起》（石家莊市：河北人民出版社，1989年），頁274。

73 關在漢編譯：《羅斯福選集》，頁259。

又在關於國家安全的「爐邊談話」中強調了向英國提供全面援助對美
國的重要性，發出了「我們必須成為民主制度的偉大兵工廠」的呼
籲。一九四一年一月六日羅斯福在年度咨文中正式提出了向反對軸心
國的民主國家提供大量軍備和物資的「租借法案」。國會內的孤立派
也深知這一法案通過後下一步將意味著什麼。他們百般阻撓，在國內
進行了煽動性宣傳，但一切活動似乎都無濟於事。民意測驗表明，百
分之七十二的人支持該法案。經過國會內的激烈辯論，參眾兩院分別
於一九四一年二月九日和三月十八日通過了租借法案。租借法的實施
把美國與英法等國的命運無可解脫地聯繫在一起，是羅斯福領導的
「國際派」在與孤立主義的鬥爭中取得的重大勝利之一。法案通過
後，國會內著名的孤立主義者阿瑟‧范登堡在其日記中寫道：「我們
把華盛頓的告別詞棄置一旁。我們完全把自己置身於歐洲、亞洲和非
洲的權力政治和權力戰爭之中。」[74]范登堡的這種心情多少有點「無
可奈何花落去」的味道。

　　當羅斯福一步一步地把美國引向戰爭時，國會內的孤立派並沒有
坐以待斃，他們竭盡全力想使美國置身於戰爭之外。如果說他們此時
還擁有與「國際派」抗衡的力量和在民眾中具有一定的影響力的話，
那麼，珍珠港呼嘯而來的炸彈聲一下子就把孤立派置於絕境，他們再
也沒有力量把美國從通向戰爭的路上拉了回來，只能順形勢的自然發
展了。一九四一年十二月七日，日本偷襲了美國太平洋艦隊大本營珍
珠港。港內包括八艘戰列艦在內的十九艘大型艦隻被擊沉或擊毀，三
百一十一架飛機被炸毀，二三二五名美國官兵和六十八名平民喪生。
這一事件使美國國內萬分震驚，怒火沖天的美國人萬萬沒有想到戰火
竟然燃燒到自己的家門口，美國本土的安全已經與大洋之外的戰爭密

---

74 小阿瑟‧范登堡編輯：《參議員范登堡私人文件集》（Arthur H. Vandenberg, Jr., ed.,
　　*The Private Papers of Senator Vandenberg*）（波士頓市：霍頓‧米夫林出版社，1952
　　年），頁10。

切相關，孤立派再也無法用昔日的理由為自己的政治主張辯解。誠如研究羅斯福政府外交的美國學者達萊克所言：「日本偷襲珍珠港的震驚使民眾腦海中剩餘的孤立主義情緒也蕩然無存了，為美國人再次進行一場使世界事務成為國內信念之延展的征戰開闢了道路。」[75]范登堡在十二月七日那天宣稱：「對任何現實主義者來說，這一天結束了孤立主義。」[76]范登堡以一個孤立主義者的觀察力道出了一個誰也無法否認的事實。

　　美國告別孤立主義似乎是付出沉重代價之後的一種痛苦選擇。其實，當孤立主義的說教不能有效地維護美國外部利益甚或與之背道而馳時，它退出美國政治舞臺也就成為歷史的必然了。面對著這種局面的變化，許多持孤立主義觀點的人在政治態度上也發生了明顯的變化，有的甚至向「國際主義」轉變。孤立主義的大本營共和黨對美國參戰的態度與過去相比判若兩別，幾乎完全放棄了孤立主義的主張，以順應歷史潮流的發展。據范登堡一九四二年四月二十一日的日記記載，共和黨全國委員會當天通過決議，不僅支持政府參戰直到取得徹底的勝利，而且提出美國應具有幫助帶來國家之間的理解、互尊和合作的責任，中央才能保證美國的自由得以維護，戰爭的破壞過程不再強加給美國以及世界上熱愛自由和平的民族。范登堡本人完全擁護共和黨這種新的方針，主張美國在戰爭結束之後以比此前更大的規模介入國際事務，成為一個範圍更加廣泛的「國際合作者」。[77]對很多政治家來說，如果固執己見地堅持這種過時的主張，不僅會毀滅自己的政治前程，而且會把美國引向歧途。在這種已經完全改變了的局勢下，孤立主義作為曾經影響政府外交決策的主潮流之一，其退出歷史舞臺也就成為必然了。

---

75 達萊克：《美國對外政策方式：文化政治和外交事務》，頁132。

76 小范登堡編輯：《參議員范登堡私人文件集》，頁1。

77 參見小范登堡編輯：《參議員范登堡私人文件集》，頁30、41。

　　然而，固存於人們腦海中的孤立意識並不會一下子就能消除掉，早在戰爭尚未結束之前，本杰明・凱澤就發表文章認為，孤立主義並沒有壽終正寢，其在美國對外關係上依然發揮著作用，只不過是以變換的形式。[78]一生與孤立主義打交道的羅斯福也曾私下說：「那些認為孤立主義在這個國家已經壽終正寢的人一定是頭腦發昏了。只要戰爭一結束，孤立主義就會比以前更為強烈。」[79]羅斯福這裡顯然是指美國意識中固存的孤立情緒。他的預言並非無的放矢。美國人的這一文化情結只要一遇到適當的條件，便會釋放出強大的能量，以多種形式表現出來，程度不同地對美國外交發生著影響。

## 四　當代美國外交中的新孤立主義

　　美國學者小克拉布指出：「從華盛頓告別演說開始，孤立主義實際上是關於美國與外部世界特定關係的一組態度和設想。孤立主義從一開始就包含幾個組成部分，當這一概念被運用到國內外盛行的具體形勢時，每個時代都往往會修改它的內容。」[80]此見誠有道理。孤立主義在美國外交中本來就具有很大的伸縮性，它的內容也在隨著時代的發展而發生變化。第二次世界大戰後，美國多少代政治家夢寐以求的世界領袖終於成為現實，孤立主義儘管作為一種文化傳統深深地存在於人們的意識之中，但在政府決策層內已失去往日的效能，只是在美國海外干涉失利時，才會以新的形式出現，對美國政府外交決策發生影響。

---

78　參見本杰明・凱澤：〈孤立主義沒有壽終正寢〉（Benjamin H. Kizer, "Isolationism in Not Dead"），載《遠東調查》（*Far Eastern Survey*）第13卷第17期（1944年8月23日），頁155-156。

79　小施萊辛格：〈舊轍重蹈嗎？孤立主義的威脅重現〉，頁4。

80　小克拉布：《決策者及批評者：美國外交政策的衝突理論》，頁2-3。

　　戰後初期，美國對其外交政策進行了大規模的調整，逐步形成了以全面「遏制」蘇聯為特徵的全球「冷戰」戰略。由於美國國內根深柢固的恐共反共情緒，再加上政府媒介聳人聽聞的宣傳報導，在意識形態上與國際共產主義的抗衡打上了「愛國主義」的色彩。在這樣一種形勢下，絕大多數美國人支持政府在海外採取遏止共產主義「擴張」的措施，美國政府的對外戰略一度得到民主黨和共和黨的一致支持，國會內原先持孤立主義觀點者多審時度勢，搖身而成為美國海外干預的積極支持者。到了此時，在政治上代表孤立主義的派別似乎銷聲匿跡，政治家諱言自己是孤立主義者，惟恐在政治上劃入另類，被拋棄在歷史發展的主潮流之外。來自加利福尼亞州的共和黨參議員諾蘭的觀察便深刻地說明了這一事實。他認為，在美國無人是孤立主義者，「美國不可能再回到孤立主義，如同成年人無法回到童年一樣」。曾是美國共和黨孤立主義領袖的羅伯特・塔夫脫為自己辯解說，美國捲入了戰爭，簽署了各種條約，建立了各種國際關係，在這種形勢下，「我們怎麼會是孤立主義者呢？」[81]他在一九五〇年甚至表白：「我不知道孤立主義意指何物，今天無人是孤立主義者。」[82]這些在戰前屬於孤立主義陣營內很有影響的人物思想的徹底轉變表明了孤立主義已不再符合時宜，更不會有助於美國國家利益的實現。他們不僅放棄了反對美國捲入國際事務的主張，相反還積極行動起來為戰後美國充當世界領袖做了大量的工作。上文談到的范登堡在戰爭即將結束之際針對國內孤立主義抬頭的傾向發表過一篇引人注目的講話，明確指出，美國要打破「沉默」，積極參與世界事務，原因就是由於科學殺人武器的發展，海洋已不是保衛美國的「護城河」，因此，美國應謀求最大限度的國際合作，以促進建立聯合國的基本思想獲得成功。

---

81 轉引自張也白：〈五十年代初期的美國外交政策大辯論〉，載《美國研究參考資料》1984年第7期，頁5。

82 小克拉布：《決策者及批評者：美國外交政策的衝突理論》，頁4。

這與美國自身利益相一致。戰後他又向參議院提出一個議案，為形成
北大西洋公約組織鋪平了道路。[83]小施萊辛格指出，在冷戰初期，「甚
至傳統的孤立主義共和黨也共同支持聯合國和集體行動。美國人看來
最終完成了這一偉大轉折，此後將永遠接受集體責任。美國孤立主義
時代最終走到了盡頭」。[84]小施萊辛格的這種估計無疑是正確的，自此
以後，作為所謂的自由世界的領袖，美國的各種現實利益決定了它再
也不可能退回到獨居一隅的時代，相反卻藉著力量的強大在干涉國際
事務中越陷越深。

　　舊式的孤立主義儘管在美國政壇上失去了存在的理由，但固存於
人們意識深層中的孤立情緒並沒有隨之消失得乾乾淨淨。正如一位美
國學者的研究表明的那樣：「舊日的孤立態度依然存在。絕大多數居
民和孤立主義者一道，認為戰爭結束了，美國在海外的軍事捲入要大
量縮減。還有一種流行的意見，反對用納稅人的錢讓『傻大叔』去為
重建那些破落凋敝的戰時盟國提供資金。」[85]這位學者談到的這種情
況存在於美國人中間，這樣一種從過去一直沿襲下來的孤立情緒也會
對人們的態度產生影響，但在戰後並沒有形成一股強大的社會思潮，
除了在特定的情況下，很少對美國外交決策的方向發生實質性的影
響，充其量只能算作是影響美國決策主要思潮之外的一種呼籲而已，
可能會對美國大規模地在海外行動形成了一種牽制。不過，它畢竟反
映出民眾之中對美國與外部世界互動關係的一種看法，因而必然會產
生其在政治上的代言人，成為戰後所謂新孤立主義興起的社會基礎。

83 關於范登堡向「國際主義者」的轉化以及他的行為表現詳見詹姆斯‧加澤爾：〈阿
　　瑟‧范登堡、國際主義和聯合國〉（James A. Gazell, "Arthur H. Vandenberg, Internation-
　　alism, and the United Nations"），載《政治學季刊》（Political Science Quarterly）第
　　88卷第3期（1973年9月），頁375-394。也見參見資中筠主編：《戰後美國外交史——
　　從杜魯門到里根》（上冊）（北京市：世界知識出版社，1994年），頁55。
84 小施萊辛格：〈舊轍重蹈嗎？孤立主義的威脅重現〉，頁5-6。
85 西格爾：《多難的旅程》，頁27。

　　新孤立主義在五〇年代初以主張「美國堡壘」而喧囂一時，其代表人物主要是美國前總統赫伯特・胡佛和參議員羅伯特・塔夫脫等人。他們否認蘇聯對美國構成的威脅迫在眉睫，提出將美國的防衛撤回到美洲，依靠兩洋屏障維護這塊大陸的安全，強調對美國生存的「重大危險」主要來自國內，要求政府把精力和財力集中於內部問題的解決。一九五〇年十二月二十日，胡佛在電臺發表講話，大聲疾呼美國不要再為「歐洲派一兵一卒或花一元錢」，而要把美國國家政策的基礎放在「必須是對世界來說把西半球保持為西方文明的直布羅陀」之上。[86]塔夫脫公開否認自己是孤立主義者，但卻認為美國安全的實質在於發展國內經濟，反對組建北約，把美國為之承擔過多的軍事義務看作是對國家自由的侵犯。在塔夫脫看來，「正如我們的國家能夠毀於戰爭一樣，國內侵犯自由或摧毀美國財政和經濟結構的政治和經濟政策同樣能使國家遭到巨大的破壞」。[87]道格拉斯・麥克阿瑟將軍一九五一年宣稱，外部力量對美國國家安全構成「直接威脅的論調純屬胡言亂語」，對國家福利構成真正的威脅來自「根植於內部的邪惡力量」，它們已經大大改變了「我們自豪地稱為美國生活方式的那些制度」。[88]這些人與所謂的「國際主義」一樣，持有堅定的反共立場，區別只在於他們強調共產主義威脅主要在亞洲，因此要求政府在遠東執行更為強硬的政策，把共產主義從東亞一掃而光。他們的主張在五〇年代釀成了美國國內一場關於外交政策的大辯論，這場辯論在一九五一年達到高潮，一直持續到一九五二年的總統選舉。這些主張「美國堡壘」或「美國第一」的人提名塔夫脫作為共和黨總統候選

---

86 全文見赫伯特・胡佛：《關於美國之路的講演集，1950年至1955年》（Herbert Hoover, *Addresses upon the American Road, 1950-1955*）（斯坦福市：斯坦福大學出版社，1955年），頁3-10。

87 格雷伯納編：《思想與外交：美國外交政策的理性傳統選集》，頁718。

88 格雷伯納編：《思想與外交：美國外交政策的理性傳統選集》，頁717。

人，但遭到否決，可是當選為總統的德懷特‧艾森豪威爾為了避免共和黨內部分裂，不得不在外交政策上與新孤立派達成妥協。在某種程度上說，艾森豪威爾是依靠共和黨內右翼保守派和自由派兩個集團的支持才上臺的。他出任總統後，起用了在很多主張上與新孤立派相一致的杜勒斯為國務卿，使其政府的對外政策體現出新孤立派的主張。只是到了後來，由於新孤立派所作所為在國內愈來愈不得人心，逐漸失去了存在的合理性，艾森豪威爾政府才與這夥人分道揚鑣，重新回到始於杜魯門政府的「遏制」戰略。不久，這一時期的新孤立派的代表人物相繼退出美國政治舞臺，他們的影響也在舉國一片的「遏制」聲中最終化為煙雲。

　　胡佛等人提出的「美國堡壘」主張在許多方面仍然深深地留著戰前孤立主義的痕跡，在某種意義上說，它是後者在新形勢下的「迴光返照」。在美蘇兩國劍拔弩張的冷戰時代，這種主張顯然不合時宜，甚至與美國這一時期所追求的長遠目標背道而馳，因此其最終喪失影響和退出政壇乃是歷史的必然。真正的新孤立主義興起是在六○年代後期，與美國這一時期所面臨的內外問題密切相關。戰後美國插手世界事務雖然給美國帶來顯赫一時的地位，但美國也為此付出了沉重的代價。其實遏制戰略本身已經包含著勃勃野心與力量不足的矛盾，這種矛盾在世界力量極不平衡時尚不明顯，美國強大的經濟力量支撐短時期承擔世界警察職責還可對付，但無限的延長勢必暴露出難以解決的問題。到了六○年代末和七○年代初，美國已經感到力不從心，國內經濟也難以為繼。尤其是美國捲入越南戰爭之後，財力和人力耗費巨大，直接導致國內政治、經濟危機迭出，社會動盪不安。美國猶如掉入泥沼，難以自拔。越戰給美國社會帶來的創傷，是很長時期內難以彌補的，至今依然餘波猶存。據統計，從一九六一年五月美國入侵越南起，美軍投入兵力六十六萬多人，死傷官兵十餘萬人，戰爭費用高達三千五百餘億美元。就美國公眾而言，他們絲毫沒有從這場戰爭

中得到任何好處，相反只是危害。他們由此對政府的信任度急劇下降，反戰情緒與日俱增，示威遊行此伏彼起，要求美國放棄承擔海外義務的呼聲不絕於耳。新孤立主義正是在這種背景下在美國政壇上脫穎而出的。

　　這一時期的新孤立主義已不是舊式孤立主義的簡單回潮，在主張上更接近「國際主義」，它不再要求美國放棄與世界的聯繫，同樣主張美國在國際事務中發揮積極作用，與「國際主義」的區別之處只是強調美國力量的「限度」，海外干涉不能超越自身力量所及。美國應放棄因過度承擔海外義務而進行的軍事干涉，代之以少花本錢多收利的政治經濟干涉主義，特別是通過多邊經濟援助在第三世界維護和擴展美國的勢力。美國學者區分得更細，根據不同的主張分為保守的新孤立主義和自由的新孤立主義，前者認為，「美國不能充當世界警察；它必須仔細地選擇欲要履行的國際義務，尤其是那些請求美國運用軍事力量實現對之保護的義務」。[89]後者認為，一種過分的「干涉主義外交政策——尤其是主要依賴軍事力量的干涉政策——構成了對美國內部和外部的危險；從內部講，它造成了對國家政策過度的軍事影響，國防預算持續增加，美國政體內部政治分裂日漸加深；從外部講，它在國外造成另外一個越南，在不成功的外交冒險中消耗掉國家的力量和資源，使美國喪失海外的影響與信用」。[90]共和黨議員漢密爾頓·菲什在二戰期間曾譴責羅斯福是戰爭狂人，是國會內的孤立主義的代表。七〇年代他發表文章說他從來不是一個孤立主義者。因為孤立主義者「反對與其他國家建立任何類型的外交聯繫。我只是反對承擔不涉及我們自己防禦的義務。我是一個新孤立主義者和民族主義者」。[91]菲什

---

89　小克拉布：《決策者及批評者：美國外交政策的衝突理論》，頁33。

90　小克拉布：《決策者及批評者：美國外交政策的衝突理論》，頁68-69。

91　參見邁克爾·羅斯金：〈見解：什麼是「新孤立主義」？〉（Michael Roskin, "Opinion: What 'New Isolationism'"），載《外交政策》（*Foreign Policy*）第6期（1972年春季

的話倒是很形象地刻劃了新孤立主義的基本主張。客觀上講，新孤立
主義對美國全球擴張政策的批評旨在更好地服務於美國海外利益的實
現，從美國的角度來看無疑具有合理性。許多戰後曾經竭力鼓吹美國
全球擴張的「國際主義者」此時都搖身變為新孤立主義者，其原因也
就於此。正如尼克松一九七一年三月指出的那樣，今天具有諷刺意味
的是，第二次世界大戰以後時期偉大的國際派，在越南戰爭期間，特
別是在戰爭開始走向結束以後的時期裡，已成為新孤立主義者。[92]如
戰前最早提出對蘇聯採取遏制政策的喬治‧凱南，其思想在七〇年代
就發生了很大的變化，他強烈要求美國避免在國外的干涉主義傾向，
聲稱美國並不享有解決其他國家內部問題的直接責任或權力，美國應
該以自己的範例來影響國外事件的發展。當然，凱南並不是要美國退
守到西半球，而是要美國在力量、資源有限的情況下如何實現外交上
的最佳選擇。他指出：

> 要牢記，我們的資源有限，同時我們面對著一些緊急、困難而
> 又有限的任務，而順利地完成這些任務對世界安全和我們自己
> 的安全都是必不可少的；要牢記，由於這個原因，我們不能把
> 注意力、精力和資源浪費在使世界更加美好的夢想上，浪費在
> 追求捲入全球事務和全球權威上，浪費在擺道德架勢上，這些

---

號），頁119。這一時期新孤立主義的主張詳見沃爾特‧拉克爾：〈從全球主義到孤立
主義〉（Walter Laqueur, "From Globalism to Isolationism"），載《評論》（*Comment-ary*）第54卷第3期（1972年9月），頁62-67。

92　〈需要的領袖〉（"Leadership Needed"），載《紐約時報》（*New York Times*），1971年
3月14日，頁E12。尼克松對「新孤立主義」的批評另見C‧L‧蘇茲貝格：「採訪中
尼克松說這可能是最後的戰爭……」（C. L. Sulzberger, "Nixon, in Interview, Says This
Is Probably Last War; Summing Up Foreign Policy, President Terms Vietnam Conflict
Near End -Warns Against Neo-Isolationism Nixon, in Interview, Says He Foresees No
Wars"），載《紐約時報》（*New York Times*）1971年3月10日，頁1。

都是非常迎合美國政治氣質和美國社會生活的浮誇作風的。[93]

　　凱南既是一個政治家，又是一個很有學術見解的學者，特別是在美蘇關係上提出了很多發人深省的觀點。凱南思想的轉變很大程度上基於學術研究所得出的結論，尤其對政府決策具有重要的參照價值，這才是凱南的真正目的，他並不在乎自己屬於「國際主義」陣營還是「新孤立主義」陣營。參議院外交委員會主席富布賴特和一九七二年民主黨總統候選人喬治・麥戈文等人也持類似的觀點。他們被認為是這一時期新孤立主義的代表，其實他們的主張與戰前的孤立主義相比已經大相逕庭了，甚至存在著本質上的不同。[94]七〇年代尼克松政府被迫實行全球戰略大調整，儘管其目的是為了更有效地同蘇聯進行全球爭奪，也是出於在力量不足的情況下如何更好地實現美國現實利益的考慮，但在一定程度上也受到了所謂新孤立主義思潮的影響。[95]

　　在美蘇全球冷戰中，任何情況下美國都不可能坐視蘇聯勢力範圍的擴大，更不會對海外發生的重大事件袖手旁觀，它必然會採取各種措施試圖影響事件朝著有利於實現美國現實利益的方向發展，直接干涉是其中司空見慣的重要手段之一。新孤立主義只是代表了美國政壇上一種提倡「有限國際主義」的力量，在美國決策層內並不占據主導地位，對美國外交政策的制訂與執行產生的作用十分有限。然而，由於它反映了美國社會上一股經久不衰的思潮，所以，人們往往可以在美國外交決策中看到這個「閥門」所起的調節功能。小施萊辛格認為，里根政府的國家主義意識形態除了別的方面，是美國歷史上孤立

---

93　喬治・凱南著，柴金如等譯：《當前美國對外政策的現實──危險的陰雲》（北京市：商務印書館，1980年），頁228。

94　關於孤立主義和新孤立主義的區別參見羅斯金：〈見解：什麼是「新孤立主義」？〉，頁118-119。

95　參見時殷弘：《尼克松主義》，頁61-62。

主義的一種新形式。「孤立主義從來不意味著脫離世界。其實質是拒
絕對其他國家承擔義務，堅持國家行動的自由不受到妨礙」。[96]小施萊
辛格之語顯然只是強調里根政府的保守主義一面，忽視了其在外交中
的「靈活性」恰恰是服務於重振美國在世界上的「雄威」，但卻比較
準確地道出了新孤立主義的實質所在，也從一個側面表明了這種在決
策層內不算是微弱的呼聲對美國外交決策發生的影響。

　　八〇年代末和九〇年代初，世界局勢發生了令人矚目的變化，第
二次世界大戰後維持了四十餘年的國際秩序在一系列重大國際事件發
生過程中趨於瓦解。戰後兩極格局是美蘇兩個超級大國爭奪勢力範圍
的產物，隨著世界朝著多極化方向發展，這種阻礙世界和平與發展的
大國強權體系逐漸失去了存在的基礎，其最終走向解體乃是其發展的
必然歸宿。蘇聯的解體便是這種格局結束的最後標誌。在某種程度上
說，世界出乎許多國家意料地走出了東西方冷戰時代，進入了一個新
舊格局的過渡時期。美國作為影響世界格局的超級大國之一，其戰略
在不斷地調整，以適應冷戰後新的國際局勢。由此也在國內引發出規
模空前的外交政策大辯論，新孤立主義作為其中的一大派別在辯論中
尤其引人注目。

　　一九九一年夏天，美國《外交》季刊主編威廉・海蘭接受《紐約
時報》記者採訪時為布什政府進言，聲稱冷戰的勝利使美國在今後十
年內必須把自己的思想、注意力和資金從國外轉向國內，「美國今天
受到外國勢力的威脅比以往任何時候都要小，……但國內繁榮受到的
威脅卻是大蕭條以來最為嚴重的」，現在「必須有選擇地解除一些國
外負擔以節省資源」來解決國內問題。[97]海蘭雖然位於美國外交決策

---

96　小施萊辛格：《美國歷史的循環》，頁58。

97　參見萊斯利・蓋爾布：〈外交事務：為布什先生的備忘錄〉（Leslie H. Gelb, "Foreign
　　Affairs: Memo For Mr. Bush"），載《紐約時報》（*New York Times*）1991年6月12日，
　　頁27。

層外，但卻是能夠對決策產生影響的外圍集團的核心人物。從海蘭以往發表的言論看，說他是一個堅定的國際主義者一點都不為過，很多人就是這樣看他的。就海蘭本人而言，他從來不承認自己是一個孤立主義者，但他在這篇文章中提出的政策建議在美國朝野引起較大反響，許多人撰文表示贊成，由此形成了冷戰結束之後美國政界和學界一種很引人注目的觀點。美國對外關係委員會主席彼得‧彼得森提交了一份研究報告，提出了美國優先原則，他主張美國要把國內議程放到第一位，因為美國生產、投資、青年教育等方面的軟弱無力對美國制度與價值觀所產生的直接影響可能超過來自國外的威脅。美國經濟戰略研究所的埃倫‧托爾內森在一九九一年七月號的《大西洋月刊》上發表文章說：

> 近五十年來美國的對外政策一直是建立在國際主義基礎上的，認為世界上每個地方的安全與繁榮都與美國休戚相關，而現在這種國際主義包含著的巨大風險與代價，已超出了我們所能繼續承擔或必須支付的程度。……現在是制定新的對外政策藍圖的時候了。美國必須照顧自己，並認識到增強自己的力量，而不是建立一個十全十美的世界，才是保證自己安全與繁榮的最好辦法。[98]

　　在持續四十餘年的冷戰中，美國無疑獲得了很多實際的利益，但同時也為冷戰的進行付出了很大的代價，有時甚至為了不惜一切代價與意識形態上的競爭對手全面抗爭不僅無暇國內問題的解決，往往還使之加重。在很多美國人看來，冷戰的結束也就意味著美國沒有必要

---

98 詳見埃倫‧托爾內森：〈什麼是國家利益？〉（Alan Tonelson, "What is the National Interests?"），載《大西洋月刊》（*Atlantic Monthly*）第268卷第1期（1991年7月），頁35-37。

繼續把主要目光注視著全球，而應轉向國內。用美國前駐聯合國大使珍妮・柯克帕特里特的話來說，冷戰後美國的目標應該主要是國內的，「半個世紀的戰爭和冷戰的最主要結果之一是賦予外交異乎尋常的重要性。而冷戰的結束使美國可以把時間、注意力和資源集中於自己的需要上」。[99] 上述這些對美國政府決策很有影響的人物與孤立主義並無多少瓜葛，他們的主張只是為美國決策者出謀劃策，希望美國政府在新的局勢下能夠執行一種更有利於國家安全和利益的政策。然而這些建議或主張在客觀上與新孤立主義的主張不謀而合，所以他們也被列入了新孤立主義者的行列。一些文人學者紛紛撰文遙相呼應，推波助瀾，很快就使新孤立主義在美國社會形成了一股強大的政治思潮。[100]《紐約時報》的一篇文章將之稱為〈孤立主義的回潮〉。[101]

　　比較系統和完整闡明冷戰後新孤立主義主張的是美國極端保守主義政治家帕特里克・布坎南。布坎南曾是尼克松的演講撰稿人，里根政府的對外聯絡辦主任。一九九一年九月，布坎南在《華盛頓郵報》發表文章，明確提出：「我們的戰爭——冷戰結束了，現在該是美國回家的時候了。」他的具體政策建議主要體現在以下七個方面：一是在對拉美國家關係上，美國應徹底修正「門羅主義」，將其適用範圍縮小到只包括南美洲的北海岸、加勒比地區及中美洲；二是撤除美國駐韓國部隊，停止美韓聯合軍事演習；三是廢除《美日安全條約》，如果東亞小國希望美國太平洋艦隊留在該地區，那麼經費應由這些國

---

99　珍妮・柯克帕特里特：〈一個處於正常時代的正常國家〉（Jeane J. Kirkpatrick, "A Normal Country in a Normal Time"），載哈里斯主編：《美國的目的：美國外交政策新見》，頁156。

100　關於冷戰後新孤立主義的主張詳見羅伯特・阿特：〈新近的地緣政治：選擇性捲入的戰略〉（Robert J. Art, "Geopolitics Updated: The Strategy of Selective Engagement"），載《國際安全》（*International Security*）第23卷第3期（1998-1999年冬季號），頁104-106。

101　參見〈孤立主義的回潮〉（"Isolationism's Return"），載《紐約時報》（*New York Times*）1999年10月31日，頁WK14。

家承擔；四是美國不應把核保護傘由西歐向東歐延展；五是撤回駐扎西歐的部隊，將北約組織交給歐洲人管理；六是盡早停止一切對外援助，撤消國際發展機構，撤出在亞非拉地區的發展銀行；七是美國國會應該阻止政府向國際貨幣基金組織和世界銀行提供更多的資金。他的著名論調是：「我們現在需要的是一種新的民族主義，一種新的愛國主義，一種不僅要把美國放在第一位，而且放在第二位、第三位的新的外交政策。」[102]布坎南一九九二年作為共和黨候選人競選總統，他在競選綱領中進一步提出，美國現在不該過於多管世界事務，背負不屬於自己的責任，而應該轉而致力於解決美國本身的問題，取消所有對外援助，撤回駐在國外的美軍，設立貿易保護主義的關稅壁壘。[103]布坎南雖然在這次總統競選中敗北，但他依然以其非常激進的主張作為一個令人矚目的人物活躍於美國政界。

　　新孤立主義者提出的「美國第一」主張迎合了美國中下層要求政府集中精力和財力改善國內狀況的強烈呼聲，在美國社會擁有廣泛的市場。參議員理查德・盧格指出，許多人都有一種強烈的孤立主義情緒，認為美國可以在各個方面自給自足。這是大多數人的情緒，而且已經存在了很長時間了。基辛格聯合諮詢公司的經濟學家阿蘭・斯托格說，孤立主義不僅僅是狂熱的中西部的共和黨人具有這種情緒，他們從來沒有成為國際主義者。這個國家的許多人都有這種情緒。他們的描述顯然不是無中生有，更不是危言聳聽，而是反映了固存於美國民眾意識中的孤立情緒受到新的國際局勢促動而不可避免地迸發出來。這股潮流對美國政治的衝擊是顯而易見的，在一定程度上減弱了

---

102 帕特里克・布坎南：〈美國第一——第二和第三〉（Patrick J. Burchanan, "America First—and Second, and Third"），載哈里斯主編：《美國的目的：美國外交政策新見》，頁34。

103 詳見安德魯・羅森塔爾：〈一九九二年大選〉（Andrew Rosenthal, "The 1992 Campaign: Republicans; Republican Duel: A Party Wounded"），載《紐約時報》（*New York World*）1992年2月29日，頁1。

美國對海外干涉的步伐或力度。[104]布什總統在海灣戰爭中使美國出盡了風頭，但卻在連任競選中敗給了克林頓，他固執於「全球主義」不能不說是造成這種結果的重要原因之一。而同屬於「國際主義」主流派的克林頓卻是見風使舵，絲毫不敢對美國社會上的孤立情緒掉以輕心，而以「重建美國」、「人民第一」以及「代表美國人真正希望的變革」等競選口號抓住了大多數美國人的心理，在大選中出乎意料地獲勝。競選綱領或競選口號往往出於爭取更多的選民考慮，包含著濃厚的虛幻成分，克林頓出任總統後顯然不會將之完全兌現，他依然繼續前任的全球主義外交，但在政治上代表新孤立主義的派別有時會對其政策形成牽制之勢。如一九九五年初克林頓首次提出的緊急援助墨西哥的計畫就未能得到國會的支持，對於這種結果，法國《費加羅報》刊文指出，在民粹主義的吸引下，美國人不再想要那種傷財的對外政策了。今天，美國輿論顯然已受到了退回「美國堡壘」的引誘。政治評論家吉姆・曼在《洛杉磯時報》發表文章說，半個世紀以來，最強大的孤立主義潮流正在衝擊著美國及其國會，很可能把美國五十年來的激進主義對外政策傳統一掃而光。[105]美國《外交政策》雜誌主編的查爾斯・威廉・梅恩斯指出：「美國恢復二〇年代純粹孤立主義的危險現在要比我曾經看到的要大。目前，思潮是單邊主義的，而不是孤立主義的，但它將導致孤立主義，因為我們不可能帶著盟國同我們一

---

104 參見小阿瑟・施萊辛格：〈新孤立主義者削弱了美國〉（"New Isolationists Weaken America"），載《紐約時報》（*New York Times*）1995年6月11日，頁E15。

105 參見吉姆・曼：〈孤立主義趨勢危及積極行動的美國對外政策〉（Jim Mann, "Isolationist Trend Imperils Activist U.S. Foreign Policy"），載《洛杉磯時報》（*Los Angeles Times*）1995年2月14日，頁1；吉姆・曼：〈克林頓為公司海外政策確定人權準則〉（Jim Mann, "Clinton to Set Human Rights Guidelines for Firms Overseas Policy: Principles Drawn up with China in Mind Have been Broadened. Support from U.S. Business Leaders is Paltry," 載《洛杉磯時報》（*Los Angeles Times*）1995年1月13日，頁1。

起走。」[106]這些美國學者的話未必切中問題的要害，但卻從一個側面反映出新孤立主義在美國政治中起到了不可忽視的作用。

　　新孤立主義的呼聲儘管在國會內和民眾中具有一定的基礎，但多數民眾還是贊成美國積極干預國際事務。九○年代美國多年的民意測驗有這樣一個問題：「你認為對這個國家未來最好的是積極參與國際事務還是置身於國際事務之外？」一九九○年十月的民意測驗表明，百分之六十二贊成積極參與，百分之二十八主張置身其外；一九九一年三月這一數字分別是百分之七十九和百分之十五；一九九三年四月分別是百分之六十七和百分之二十八；一九九三年十二月分別是百分之五十七和百分之三十五；一九九六年分別是百分之六十六和百分之二十八。[107]民眾對政府積極捲入國際事務的支持決定了新孤立主義顯然不會作為冷戰後美國外交的主要選擇。用維爾納・費爾德的話來說，孤立主義迄今對許多美國人來說具有循環的感染力，然而對於像美國這樣的超級大國而言，孤立主義不能是外交政策的適當動力。因此，雖然返回到美國堡壘看起來預示著美國田園般的和平與幸福，但對美國來說只是一種用現實主義的觀點來講根本不存在的選擇。所以新孤立主義從一開始就遭到另一些美國「有識之士」的反駁。美國企業研究所高級研究員歐文・克里斯托爾指出：「美國確實沒有撤回到『美國堡壘』的選擇權。我們今天與世界經濟的一體化程度不僅使之在經濟上不可能——我們的繁榮不能與商品和投資相對無限制的流動分開，而且美國人民將不放棄美國作為一個世界大國的地位。」[108]克里斯托爾從經濟角度說明了美國這個世界強國無法解脫地與世界聯繫

---

106 見沃納・費爾德：《美國對外政策：抱負與現實》（Werner J. Feld, *American Foreign Policy: Aspirations and Reality*）（紐約市：威利出版社，1984年），頁103。

107 參見〈什麼是新孤立主義？〉（"What Neo-isolationism?"），載《威爾遜季刊》（*Wilson Quarterly*）第23卷第2期（1999年春季號），頁9。

108 歐文・克里斯托爾：〈界定我們的國家利益〉（Irving Kristol, "Defining Our National Interest"），載哈里斯主編：《美國的目的：美國外交政策新見》，頁66。

在一起。《華爾街日報》著名編輯羅伯特‧巴特利卻從另一個角度得
出了相同的結論：

> 如果美國試圖抵制這種新的世界趨勢，退回到一個孤立的、目
> 光朝內的堡壘，最大的損失將是美國精神。一個新孤立主義的
> 美國將與歷史格格不入，它將會打一場不可能取勝的競賽，眼
> 看著其他國家建立一個在許多方面基於美國激情和美國傳統之
> 上的新世界，而具有諷刺意味的卻是無美國參加。[109]

　　新孤立主義的主張儘管在廣大民眾中擁有市場，但很難在美國政
府內起著主導決策的作用。有人如果敢公開與美國所謂的「國際主
義」叫板，很可能就會成為「孤家寡人」，受到眾人非議。一九九六
年初，一位名叫約翰‧林德的共和黨人在國會說：「承認北約一九八
九年八月就已壽終正寢的時間已到。我們現在舉行隆重的軍事葬禮合
乎禮儀地將其送入墳墓，我們要尋找一種新的外交政策和新的安排，
因為昔日的威脅在那裡已經不復存在了。」他這番話即刻遭到攻擊，
被認為是淺薄無知，自以為是。[110]有鑑於此，新孤立主義從來沒有在
美國決策層內居於主導地位，只是作為一種強大的在野力量發揮著作
用。其實，布什政府從一開始就沒有買新孤立主義的帳。布什本人一
九九一年十二月七日在夏威夷利用珍珠港事件五十週年紀念日對新孤
立主義的主張加以反擊，他說，現在有人「認為扭臉不理世界上的事
就能大大改善國內狀況，這是忘記了二十世紀的悲慘教訓。事實是，
當我們拒絕了政治上和經濟上的孤立主義、主張捲入世界事務並發揮

---

109 羅伯特‧巴特利：〈雙贏遊戲〉（Robert L. Bartley, "A Win-Win Game"），載哈里斯
　　　主編：《美國的目的：美國外交政策新見》，頁78-79。
110 參見《國防與對外政策》（*Defense and Foreign Policy*）1996年2月3日，頁306。

領導作用時，美國就享受最長久的經濟發展與繁榮」。[111]他明確表示堅決反對「國內外的孤立主義與保護主義」。布什政府內的其他主要決策者也持相同的看法。一九九一年美國發起海灣戰爭就是反新孤立主義的主張而行之。[112]

　　克林頓上臺後，在新孤立主義者的呼籲聲中依然我行我素，繼續奉行「全球主義」政策。一九九五年三月一日，他在國會發表講話，對新孤立主義者進行了抨擊，批評了他們試圖改變「我們自第二次世界大戰以來就得到兩黨支持的對外政策的基礎」，強調為了捍衛「社會開放和人民自由的思想」，美國必須在全世界保持強大的存在。他把維護美國世界領袖的傳統與一種孤立主義的新形式對立起來，認為二者不能共存。如果美國想要繼續改善全體美國人的安全和繁榮，那末美國的領袖地位必須居於主導地位。因此：

> 新孤立主義者是錯誤的，他們將使我們獨自面對未來。他們的觀點將削弱美國的力量。我們必須不讓已經形成的孤立主義波紋演變為巨浪。如果我們今天從世界撤退，記住我的話，明天我們就不得不努力對付由於我們的疏忽而造成的後果。[113]

　　克林頓的這番話明確表明了政府的態度。在克林頓任期內，美國

---

111　喬治・布什：〈在夏威夷火奴魯魯對二戰老兵及其家庭的講話〉（George Bush, "Remarks to World War II Veterans and Families in Honolulu, Hawaii"）1991年12月7日。全文可在 http://www.presidency.ucsb.edu/ ws/index.php?pid=20316網址上獲得。

112　關於布什總統任內的國際捲入詳見喬治・韋格爾：〈行走在孤立主義路上嗎？〉（George Weigel, "On the Road to Isolationism? "），載《評論》（Commentary）第93卷第1期（1992年1月），頁36-43。

113　威廉・克林頓：〈在尼克松中心召開的和平與自由會議上的講話〉（William J. Clinton, "Remarks to the Nixon Center for Peace and Freedom Policy Conference"）1995年3月1日，載《美國總統公開文件》（Public Papers of the Presidents of the United States）第1卷（華盛頓特區：美國政府出版局，1995年），頁284-285。

政府不大理會新孤立主義對政府加大海外干涉的抨擊，繼續對國際上發生的重大事件施加強大影響，總是想試圖扮演由其說了算的世界領袖的角色。即使未來的美國或國際局勢發生大的變動，只會是美國在國際干涉的路上越走越遠，而不是從全球退回到國內。可以預見，新孤立主義只能起著牽制政府決策的作用，遠遠不能阻止住美國依靠著強大的政治、經濟、軍事和文化力量在國際事務中繼續發揮其重大的影響。

　　從華盛頓發表〈告別詞〉起，至今已經過去了二百餘年了。在此期間，美國發生了天翻地覆的變化，其在國際事務中的地位遠非華盛頓時代所能比擬，但這位開國元勳留下的孤立主義遺產卻融合進了美國政治文化之中，即使在它不合時宜時也無法從美國人的意識中剔除掉。誠如小克拉布指出的那樣：「孤立主義精神根深柢固於美國的民族氣質之中；甚至在二十世紀後期，它依然對美國人的思想發生著強有力的影響。」[114]在一個相互依存的世界裡，孤立主義絕不會在美國社會重現昔日的雄風，但作為美國人意識深層中的一種文化積澱，在遇到合適的環境時，必將以不同的形式對美國政治生活發生程度不同的影響。

---

114 小克拉布：《決策者及批評者：美國外交政策的衝突理論》，頁248。

# 第四章
# 美國文化中的擴張主題

　　縱觀人類歷史的發展，那些在不同時期曾經炫耀一時的帝國無不在與其他國家的交往中深深地留下了向外擴張的烙印。一般而言，這些帝國的統治者為了實現對其他民族或國家的征服，往往窮兵黷武，南征北戰，無不希望其他民族都向自己俯首稱臣，它們的疆土都歸自己管轄。這樣的擴張儘管會給帝國帶來一時「榮譽」，也會暫時滿足統治者的貪婪欲望，但從長遠看卻與整個民族利益背道而馳。被征服地區的人民身背重負，苦不堪言，內外矛盾，交互爆發，征服者最終將自食其無止境的擴張所帶來的「苦果」。這些帝國由於所處的歷史地位和文化背景各不相同，其向外擴張也各有自己的特徵。美利堅合眾國興起於近代，在美國人眼中它並沒有跨入帝國的行列，但向外擴張卻成為其主流文化所體現的一個明顯特徵，深受這種文化薰陶的美國人從不諱言自己屬於一個擴張民族。因此，當美國開始具有了自己的外部利益時，擴張便以不同的形式在美國對外關係上表現出來。

## 一　美國對外擴張的文化基礎

　　擴張是體現在美國盎格魯─撒克遜白人文化中的一根永恆主線，在某種意義上說，新大陸的「發現」便是歐洲文明向世界擴張的結果，而北美十三個殖民地則是英國商業擴張的產物。十五世紀末，哥倫布率船隊從西班牙出發遠航，來到尚未被歐洲人所完全認識的美洲。自此以後，歐洲國家的移民爭先恐後地湧向新大陸。他們的到來給這裡土著人寧靜的生活帶來意想不到的災難，但他們對這片土地的

探險與開拓則翻開了人類歷史上嶄新的一頁。英國作為當時世界上比較發達的國家之一，在海外探險上絲毫沒有落後於其他歐洲國家之後，逐漸成為北美大西洋沿岸的主人。英國王室是在重商主義的動機下向北美大陸移民的，先後在大西洋沿岸建立起十三個殖民地。北部的四個殖民地分別為馬薩諸塞、羅德島、新罕布什爾和康涅狄克，它們合稱為新英格蘭；中部的四個殖民地分別為賓夕法尼亞、紐約、新澤西和特拉華；南部的五個殖民地分別為弗吉尼亞、馬里蘭、北卡羅萊納、南卡羅萊納、佐治亞。因此，對英國王室而言，北美殖民地主要是服務於商業的目的，一方面可以作為英國工業品的銷售市場，另一方面可以作為歐洲不生產而又需要消費的產品的來源地，還可以從來自美洲殖民地產品的轉口貿易中獲得巨額的關稅收入。「世界體系論」的創始人伊曼紐爾・沃勒斯坦在談到英國人熱衷於通過海外擴張建立殖民地的原因時指出：

> 美洲的殖民地服務於兩個目的。第一，它們是所謂熱帶產品的來源——糖、棉花、煙葉——這些產品需要一種氣候，歐洲大部分地區不具備那種氣候條件，擴大的加勒比海地區（包括巴西和北美洲的南部地區）在生態環境方面比較適宜，為此，英國和法國在這一地區獲取了殖民地。兩個國家在這方面的差異相對較小，儘管英國比法國更為成功。第二點而且也是殖民地相當不同的功能是，它是工業產品和轉手出口商品的市場。熱帶殖民地市場疲軟，正是因為它們有賴於使用強制勞動以減少生產成本。它需要生活較高的歐洲殖民者創造足夠的集體淨收益以服務於這種功能。[1]

---

1　伊曼紐爾・沃勒斯坦：《現代世界體系：重商主義與歐洲世界經濟體的鞏固（1600-1750）》第2卷（北京市：高等教育出版社，1998年），頁118-119。

　　英國出於商業利益的需要，不斷地向歐洲之外的地區擴張，最終造就的一個「日不落」帝國的形成。作為英國向外擴張的產物美利堅合眾國是否繼承了英國的這種擴張特性，學術界存在著不同的觀點，至少很多美國學者明確否定了這樣一種延承關係。美國人絲毫不諱言自己是一個擴張民族，但往往否認其擴張的特性與英國的殖民擴張具有密切的聯繫。如羅伯遜在其著述中寫道：「英國人在擴張方面是帝國主義者，而不是民族主義者——這是體現在美國民族主義與擴張神話中的細微區別。在美國人看來，英國的擴張動機是卑鄙可恥的，一開始就注定採取侵略手段，注定擺脫不了衰敗的命運和導致革命。除美國之外，所有國家的擴張都是因為國王、政府、大人物或者黨派對征服、財富、資源、擴充和支配其他民族的生命財產垂涎三尺而引起的。」[2]持類似觀點者在美國學術界並非鮮見。羅伯遜等人顯然是為美國人的擴張特性辯解，目的在於把美國與「帝國主義」的殖民擴張區別開來。

　　其實，這種觀點與歷史事實並不完全相符。畢竟美國移民的始祖是來自不列顛帝國，他們雖然對母國抱有怨恨，但很難在文化上割斷與母國千絲萬縷的聯繫。擴張意識從一開始就存在於他們的腦海之中，這種意識的形成固然與北美大陸的特殊環境以及他們的宗教信仰密切相關，但很難說不受當時西方「文明」向世界，尤其是向尚未歐洲人所知的地區擴張的影響。[3]所以，擴張意識一開始就在移民始祖

---

2　羅伯遜：《美國神話美國現實》，頁73-74。

3　美國史學家范阿爾斯坦就認為美國的大陸擴張與英國的擴張主義具有承繼關係。他說：「美國在北美洲的擴張是英國殖民者十七世紀沿馬薩諸塞和南卡羅來納的大西洋沿岸獲得立足點的繼續。」見理查德‧范阿爾斯坦：《行動中的美國外交》（Richard. W. Van Alstyne, *American Diplomacy in Action*）（斯坦福市：斯坦福大學出版社，1947年），頁517。西奧多‧羅斯福也持類似的觀點，他在所著的《西方的勝利》一書中認為，根據邊疆居民與印第安人鬥爭的歷史，白人的到來將無法阻擋，種族之間的戰爭不可避免。「在過去三個世紀期間，講英語民族向世界荒蕪空間的擴張不僅是世界歷史的最明顯特徵，而且其影響和重要性在所發生的其他事件中最為深遠」。他

的行為中表現出來，他們一踏上新大陸，便開始了向西拓殖過程。當然這種意識所導致的行為很大程度上是他們面對險惡環境所做出的一種求生圖存的反應，但卻在北美大陸的開拓過程中融入了美國白人文化之中，成為美利堅民族的一個顯著特徵。正如美國歷史學家朱利葉斯・普拉特指出的那樣：「認為有一種天命在主宰和指導著美國擴張，這種思想根植在我們的民族意識裡面，簡直很少有不存在的時候。」[4]普拉特這裡是以讚揚和自豪的口氣談論美國的擴張的，其觀點在美國學界很有代表性。擴張主義分子勞倫斯・洛厄爾在談到美國使西部殖民化時告誡人們說，在這一過程中，「我們決不要忘記，盎格魯—撒克遜種族是擴張性的」。[5]參議員威廉・西沃德在一八五○年斷言：「在羅馬帝國的歷史上，還沒有像標誌著美國那種十分顯著的擴張野心。」[6]這些在美國歷史上很有名的擴張主義者顯然把美國的向外擴張追溯到文化的根性上，目的是為美利堅民族的向外擴張推波助瀾，尋求合理的依據。

美利堅民族的擴張意識主要起源於「天賦使命觀」。如前所述，使命觀是盎格魯—撒克遜白人清教徒的宿命論在美國文化中的反映，這些「自命不凡」的清教徒認為他們的行為是實現上帝賦予的一種特殊使命。這種觀念並不是發軔於近代西方文明的形成初期，早在古代就是先進民族征服落後民族的一種解釋。古希臘著名思想家柏拉圖和

---

把這種「偉大的擴張」追溯到許多世紀之前日爾曼部落從其居住的森林出發踏上征服的路程之時，認為美國的發展代表了這一種族發展的偉大歷史的最高成就。見理查德・霍夫斯塔特：《美國人思想中的社會達爾文主義》（Richard Hofstadter, *Social Darwinism in American Thought*）（波士頓市：比肯出版社，1955年），頁175。

4　亞歷山大・坎貝爾主編：《擴張與帝國主義》（A. E. Campbell, ed., *Expansion and Imperialiam*）（紐約市：哈珀和羅出版社，1970年），頁23。

5　霍夫斯塔特：《美國人思想中的社會達爾文主義》，頁181。

6　威廉・威廉斯主編：《從殖民地到帝國：關於美國對外關係史論文集》（William A. Williams, ed., *From Colony to Empire: Essays in the History of American Foreign Relations*）（紐約市：威利出版社，1972年），頁119。

亞里斯多德就認為，人類是由兩部分構成的，一部分是希臘人，亦即文明人：一部分是非希臘人，亦即野蠻人。柏拉圖呼籲希臘人不應該內部廝殺，燒毀房屋，殺戮婦孺，但如果這種行為針對未開化的野蠻人時，就毫無理由對之譴責。亞里斯多德則認為，野蠻人天生只適應奴隸制度，希臘人應該統治他們。[7]現代意義上的使命觀可以在反映資產階級要求的新教倫理中找到雛形，也就是新教徒作為上帝的選民，在塵世肩負著上帝賦予的重任，以自己的宗教理想來使撒旦控制的「邪惡」世界變為上帝光澤普照的人間天堂。因此，「對熱衷宗教的人來說，世界是他的責任，他有按其禁欲的理想改變世界的義務」。[8]

　　這種上帝賦予其拯救世界的觀念被尋求宗教自由的新教徒帶到了北美大陸，與征服洪荒莽野的披荊斬棘精神相結合，深深地扎根於美利堅民族的意識中。正是在這種觀念的促使下，白人移民揚起了「文明」征服「荒野」的大旗，不斷地向內地推進，沿途的燒殺搶掠都在拯救他人出苦海的使命下被合法化了或打上了「正義」的烙印。印第安人世世代代居住的土地遭到侵占，他們成為「白色文明」衝擊下的犧牲品。這種擴張既表現出美利堅民族求生圖存和勇於開拓的精神，對土著居民來說，它又是充滿暴力和血腥的侵略行為。這種雙重變奏在以後美國政府不斷掀起的擴張過程中更加顯而易見。因此，美國白人認為擴張並不是一個貶義詞，而是反映出美利堅民族生氣勃勃的開拓與冒險精神，實現盎格魯—撒克遜人傳播基督文明、征服野蠻民族和落後文明的神聖使命。用朱爾斯・本杰明的話來說，美國擴張的所有形式都「起源於這種信仰，即美國的文明是迄今產生的最高文明，

---

7　參見伯恩斯：《美國的使命觀：國家目的和命運的概念》，頁3。

8　馬克斯・韋伯：《經濟與社會：解釋社會學大綱》（Max Weber, *Economy and Society: An Outline of Interpretive Sociology*），京特・羅特等（Guenther Roth and Claus Wittich）編輯，埃弗賴姆・菲斯喬夫（Ephraim Fischoff）等翻譯（紐約市：貝德米尼斯特出版社，1968年），頁542。

其他民族達到美國水平的能力被認為至少取決於它樹立的榜樣，也就是取決美國教化它們的努力」。[9]本杰明是研究美國與拉美國家關係的專家，而拉丁美洲地區又是美國向境外擴張的最早對象，他的研究表明，美國在這一地區的擴張具有最實用的目的，但卻可以從美國白人的信仰中找到這種擴張所賴以依據的根源。

　　美利堅民族的擴張意識還受到英國思想家約翰·洛克「自然權利」學說的影響。洛克斷言，國內的繁榮和社會的安定需要積極的帝國擴張。洛克顯然是為大英帝國進行殖民擴張辯解，但他這種觀點卻隨著其學說在北美大陸的傳播而被殖民地一些知名人士所接受，美國獨立戰爭前後的許多革命領袖的言論便反映出這方面的傾向。一生致力於美國獨立事業的本杰明·富蘭克林積極主張建立一個包括加拿大、佛羅里達、西印度群島，甚至愛爾蘭在內的美利堅帝國。一七五一年，他曾預言殖民地人口每七十年會翻一番，在一個世紀內將擠滿大西洋沿岸地區，「需要不斷地獲取新土地來開闢生存空間」。[10]約翰·亞當斯一七五五年寫道，英國現在是地球上最偉大的國家。宗教改革後不久，一些英國人出於「良心的緣故」來到這個新的世界。這個顯然微不足道的偶然事件也許會把這個偉大帝國的位置轉移到美洲。在他看來情況很可能是這樣的，即「要是我們能夠清除了騷亂的高盧人，根據最精確的計算，我們的人民在下個世紀將變得人數眾多，超過英國人的數量。如果果真如此，我可以說，因為這個國家的所有海軍用品都掌握在我們手中，那末獲得對海洋的控制將是很容易

---

9　朱爾斯·本杰明：〈二十世紀美國與拉美關係結構〉（Jules R. Benjamin, "The Frame-work of U.S. Relations with Latin America in the Twentieth Century"）載《外交史》（*Diplomatic History*）第2卷第2期（1987年春季號），頁91。

10　加德納等：《美利堅帝國的建立》，頁8。富蘭克林一段關於美利堅人口迅速增長將不滿整個北美大陸的言論詳見阿艾伯特·史密斯：《本杰明·富蘭克林文選》（Albert H. Smyth, ed., *The Writings of Benjamin Franklin*）（紐約市：麥克米蘭出版公司，1907年），頁71-72。

了；歐洲所有的力量聯合起來將不能征服我們」。[11]托馬斯・杰斐遜在
一七八六年說：「我們聯邦必須看作一個巢窟，從這裡開始，我們要
向整個南美移民。」[12]美國地理學家迪狄亞・莫爾斯在一七八九年寫
道：「眾所周知，帝國一直在從東部向西部擴展，很可能它最後和最
遼闊的地盤將是美洲。……我們只能期待這個不太遙遠的時代的來
臨，那時美利堅帝國將包括密西西比河西部的幾百萬人。」[13]享有美
國地理學之父之稱的杰迪代亞・莫爾斯（Jedidiah Morse）在十八世紀
九〇年代出版的《美國地理》一書中通過對未來美景的描述把美國囊
括整個美洲大陸的夢想大白於天下。在他看來，美利堅帝國正在從東
向西延伸，這是一個誰也無法否認的事實，可能其最後和最廣泛的疆
域將是美洲。在這個大帝國之內，科學以及文明化生活的藝術將得到
極大的改進，公民和宗教自由不受到世俗和教會暴政的殘酷之手的壓
抑而得到保障，那些具有天賦的人能力將得到最大限度的發揮。莫爾
斯知道這副誘人的美景只是一種預測，但他認為這一時刻的到來並不
是很遙遠的：

　　　　我們為這些前景感到歡欣鼓舞，這不只是異想天開，而是我們
　　　對一個不太遙遠時期的預測，屆時美利堅帝國將把密西西比河
　　　以西的數以百萬計的人包括進來。根據可靠基礎上的判斷，密

---

11 查爾斯・亞當斯編輯：《約翰・亞當斯著作》（Charles F. Adams, ed., *The Works of
　　John Adams*）第1卷（波士頓市：利特爾、布朗出版公司，1856年），頁23。轉引自
　　約翰・卡爾・帕里什：《天定命運思想的出現》（John Carl Parish, *The Emergency of
　　the Idea of Manifest Destiny*）（洛杉磯市：加利福尼亞大學出版社，1932年），頁7。
12 沃爾特・拉夫伯：《新帝國：對1860年至1898年美國擴張的解釋》（Walter LaFeber,
　　*The New Empire: An Interpretation of American Expansion 1860-1898*）（伊薩卡：康奈
　　爾大學出版社，1963年），頁3。
13 理查德・范阿爾斯坦：《正在上升的美利堅帝國》（Richard W. Alstyne, *The Rising
　　American Empire*）（紐約市：牛津大學出版社，1960年），頁69。

西西比河從未被選定為是美利堅帝國的西部邊界。上帝從來沒
有打算地球上的這一最好的地區應該由離它們四千英里之遙的
一個君主的臣民來居住。我們不妨大膽地預測，當人的權利將
更為人們充分地所知時，當對這些權利的瞭解在歐洲和美洲迅
速上升時，歐洲君主的權力將只侷限於歐洲，其現存的美洲屬
地將與美國一樣成為享有主權的自由獨立的帝國。[14]

　　這些人的言論並沒有立即變成現實，但折射出美利堅民族文化中
的擴張意識，當以後美國掀起大規模的領土擴張時，很多著名的擴張
主義分子認為他們是在實現這些開國先輩們早就勾畫好的宏偉「藍
圖」。

　　美國總統詹姆斯・布坎南在一八五八年十二月致國會的咨文中宣
稱:「我們國家的生存法則就是擴張，即使我們想要違背它，也不可
能。」[15]布坎南這段毫無掩飾之語不僅把美利堅民族的一種特性展示
得淋漓盡致，而且充分表明了美國政府向外擴張的急切心情。美國的
擴張具有自身的特性，在動機上與歷史上其他帝國的向外擴張並無多
大區別。明明是出於自己私利考慮的一種只有利於美國而侵犯他國或
他民族利益的行為，布坎南卻把它說成是遵循一種誰也無法抗拒的
「法則」，言下之意，美國的擴張順天應時，合乎情理，不光是擴張
者不能違背這一「法則」，被擴張者的抵制也是毫無作用，只能是落
一個「咎由自取」的下場。當然，布坎南以「法則」來解釋美國的擴
張是順乎天意在美國政界並非新穎，早在十九世紀二〇年代當美國對

---

14 杰迪代亞・莫爾斯:《美國地理》（Jedidiah Morse, *The American Geography*）第2版
　（倫敦:1792年），頁496。轉引自勞倫斯・豪普特曼:〈帝國的西進:1783年至
　1893年的地理教科書與天定命運〉（Laurence M. Hauptman, "Westward the Course of
　Empire: Geography Schoolbook and Manifest Destiny, 1783-1893"），載《歷史學家》
　（*Historian*）第40卷第3期（1978年5月），頁426。
15 帕特森等:《美國外交政策史》第1卷，頁36。

加勒比海的「明珠」——古巴懷有覬覦之心時，當時的國務卿約翰・昆西・亞當斯就提出「熟果理論」以解釋美國兼併古巴合乎「法則」。他是這樣闡述美國這一擴張行為的合理性的：

> 古巴併入我們共和國勢在必行，……如同物理的引力定律，也存在有政治法則。被暴風雨從樹上打掉的蘋果，沒有其他選擇，只能落到地上。古巴如被迫脫離它與西班牙不正常的聯繫而無法自立，它只能倒向北美聯邦，根據同一自然法則，我們也不能把它從懷中推開。[16]

亞當斯提出的「熟果理論」顯然是牽強附會，為美國的領土擴張辯護，在當時的美國政界影響很大。到了布坎南時代，「熟果理論」便發展為「政治引力法則」。根據這種「法則」，美國政治制度優越，共和原則完善，民主精神滲透到社會的各個領域，生活在這塊充滿生機的土地上的人民安居樂業，隨著時間的推移，勢必把其落後的近鄰吸引到美國的懷抱，而這種引力與自然法則一樣是無法抗拒的。關於這一點，一些擴張主義分子做出了更「精闢」的闡述，如眾議員謝爾比・卡洛姆在國會辯論時強調說：「我認為，我們注定擁有控制從巴芬灣到加勒比海的整個西部大陸，但是先生們，我們不必著急，當果子成熟時，它將落入我們的手中。」[17]亨利・亞當斯宣稱：「北美整個大陸及其鄰近島嶼必須最終落入美國的控制是絕對根深柢固於我們人民頭腦中的一個信念。」眾議員諾曼・賈德在辯論多米尼加問題時也說：「我們制度的影響不只是限於現在屬於我們的領土，而是在時間的流逝中，如果我們的政體持續不變，它將擴大到其他國家，我毫不

---

16 溫伯格：《天定命運：美國歷史上國家主義的擴張主義之研究》，頁229；另見拉夫伯：《新帝國：對1860年至1895年美國擴張的解釋》，頁4。

17 溫伯格：《天定命運：美國歷史上國家主義的擴張主義之研究》，頁243。

懷疑，這種影響……將把這些島嶼以及鄰近我們的領土併入我們的懷抱。」[18]美國政界和學界有關這方面的言論俯拾皆是。政治引力法則適應了美國向外擴張的趨勢，成為美國思想界為擴張辯護而杜撰出來的一種「冠冕堂皇」的解釋。這種解釋明顯包含著「弱肉強食，適者生存」的社會達爾文思想，但反映出美國力圖利用其政治制度的優越性，最終使其落後的鄰邦對之仰慕而自然地併入美國。用一個擴張主義分子的話來說：「其他國家依靠軍隊的征服，而我們則依靠思想的征服。」[19]在美國的向外擴張中，依靠武裝力量實現對他國領土侵占的目的不是沒有，但美國政府更強調對被擴張對象的思想征服，這大概也是美國向外擴張所表現的明顯特徵之一。

任何時期的美國對外擴張都反映了實現美國在一定時期所注重的特定利益，但美國人總是把這種最實用的行為說成是代表了人類的文明與進步。美國歷史學家戴維‧希利指出：「擴張思想從未在美國真正消失；它的存在從來沒有完全與進步和使命的概念相脫離。從殖民地開始，美國人就把自己視為一個他們認為體現進步的更完善的新社會的建設者。」[20]希利之言反映出美國政界和學術界一種對美國擴張認識的流行看法。美國的對外擴張從一開始就與傳播「文明」密切聯繫在一起，給本來赤裸裸的利己政策披上了一件「利他」的外衣。其基本設想是，美國是世界上的「文明」大國，它有義務將代表人類進步的基督教「文明」傳播給那些處於「愚昧」狀態的落後國家，而後者必須接受文明國家的統治，以便得到教化，向文明狀態轉化。用本杰明的話來說：「美國應該教會劣等民族文明化，也必須把它們從專制下解放出來。為此，美國在維持國際法時，必須向一個腐敗的世界

---

18 溫伯格：《天定命運：美國歷史上國家主義的擴張主義之研究》，頁241。

19 溫伯格：《天定命運：美國歷史上國家主義的擴張主義之研究》，頁240。

20 希利：《美國的擴張主義：19世紀90年代的帝國主義欲望》，頁37。

秩序提出挑戰。」[21]所以，十九世紀美國白人發起驅逐和殺戮印第安人的「西進運動」時，向「荒野」傳播「文明」是他們做出的一個最便當的解釋。國會議員弗朗西斯・貝利斯一八二三年說，西進運動「教給荒野生活的真諦，使科學的光芒照射荒野，這一切不違背上帝的戒律；野蠻人在大片荒野上遊蕩，他們從來沒有開墾的土地一直荒蕪著，因而占領這片土地不是侵犯人權。」[22]他們認為，文明、教育、共和體制和民主理想伴隨著他們來到了茫茫西部，「文明」最終成為這片土地的主人。美國學者詹姆斯・柯可・波爾丁一八二三年寫道：

> 白人到達的第一年僅僅是一片荒野的主人，對荒野的擁有既受到野獸的威脅，也受到捕獵野獸的紅種人的抵制。然而野獸逐漸地愈來愈少了，紅種人在「見多識廣的白人」的無法抗拒的影響下逐漸退卻了。白人無論走到那裡，走到地球的任何地方，不管是東是西，是南是北，都懷有一種使這個世界文明化然後予以統治的使命。[23]

當美國的擴張觸角開始伸向疆域之外的土地時，與其相鄰的國家便成為首當其衝的對象。美國政府的許多決策者一向把拉丁美洲設想為美國傳播「文明」的「試驗地」，他們認為，拉美國家屬於劣等民族，經濟發展落後，政治制度與民主悖逆，社會生活動盪不寧，它們無法靠著自身的力量來解決這些問題，只有靠著文明國家的無私「幫助」才能走上通向「繁榮昌盛」的發展道路。這一文明使命自然責無旁貸地落在處於同一地區的美國肩上，美國在西半球是「文明」與「進步」的象徵。因此，美國在西半球的擴張具有正當的合理性。正

---

21　本傑明：〈二十世紀美國與拉美關係結構〉，頁93。

22　羅伯遜：《美國神話美國現實》，頁72。

23　利德基主編：《締造美國：美國的社會和文化》，頁180。

如戈登・康奈爾-史密斯教授指出的那樣:「在擴張主義者眼中,美國
在拉丁美洲具有一種文明使命,猶如歐洲強國在世界其他『落後』地
區具有文明使命一樣。」[24]西奧多・羅斯福就是一個表現出強烈的「文
明」擴張色彩總統,在美國決策層中很有代表性。他認為,一個強國
對其統治下的落後地區有強制傳播「文明」和宣揚「正義」的責任,
「一個文明大國的每次擴張都意味著法律、秩序和正義的勝利」。[25]傳
播「文明」導致了美國的擴張,美國的擴張反過來又促使了「文明」
的傳播,這種在美國擴張鏈條上的無盡循環成為美國實現其外部利益
的一個「振振有辭」的口實。許多美國學者對美國擴張高唱頌歌也就
是基於此種理由,如羅伯遜在批評英國的對外擴張時,卻頌揚美國
「必須擴張,這並非出於什麼國王或個人追求榮譽的貪婪之心,而是
由於人民、民主和自由的力量不可遏制。」[26]美國政府也正是在上述
藉口下,一次又一次地把美國對外擴張推向歷史上的高潮。

　　如前所述,孤立主義是影響早期美國外交決策的主要思潮之一。
從表面上看,孤立似乎與擴張無緣,把一個與外界隔絕起來的國家說
成是擴張性的顯然是自相矛盾,在邏輯上難以成立。然而,美國的孤
立由於在歷史上具有特定的含義,所以並不與美國的擴張發生衝突,
相反在一定的時空範圍內有效地維護和促進了美國的向外擴張。前面
已經專章對孤立主義進行了探討,在許多美國人看來,孤立主義包含
著濃厚的「理想」成分,美國在政治上不與歐洲形成結盟關係,所持
的一個主要理由就是要保持美國這塊人間「樂土」的純潔性,以免受
到腐敗墮落的歐洲的「玷污」,為其他國家樹立一個效仿的榜樣。格

---

24 參見戈登・康奈爾―史密斯:《美國和拉丁美洲:美洲國家間關係的歷史分析》
　　(Gordon Connell-Smith, *The United States and Latin America: A Historical Analysis of
　　Inter-American Relations*)(倫敦市:海涅曼教育出版社,1974年),頁286。
25 哈博主編:《西奧多・羅斯福著述》,頁359。
26 羅伯遜:《美國神話美國現實》,頁74。

雷伯納就認為國家的民主理想主義是美國不捲入外部事務的原因之一，「在某些情況下，這種理想主義把在世界範圍內促進美國的理想任務賦予外交去完成」。[27]而向落後地區擴張則又成為實現這種「理想」的最積極手段，許多美國學者就看到了其中的聯繫。哈韋・斯塔爾認為，孤立主義「出自美國的道義或政治獨特性，或『例外論』的自我形象，要求對獨特的美國民主試驗的保護，這只能避免歐洲權力政治和戰爭，以及傳教士式的擴張主義在非歐洲地區的實現」。[28]類似這種觀點在美國學術界不乏其人，他們是從讚頌的角度談論二者關係的。歷史表明，美國只是想利用孤立主義原則束縛歐洲國家的行為，而使自己在外交上進退自若，使歐洲國家難以對美國在美洲大陸的擴張行為提出異議，設置障礙。保羅・西伯里就比較清楚地看到了孤立主義與向外擴張之間的一致之處，他在著述中寫道：「在美國政治傳統中，孤立主義並不代表對政治的一種消極態度。相反，它是美國侵略性的領土增加和其文化與經濟擴張的一個方面。」[29]另外一位美國學者談到美國領土擴張與孤立主義的關係時指出，「孤立主義」的招牌成為「擴張主義」的婢女，為擴張主義提供了對其成功至關重要的自由與能力。因此，十九世紀的孤立主義與擴張主義的互動不是一個「單行道」，而是互為作用，相得益彰。不介入歐洲事務是孤立主義的真諦，但卻有利於美國在西半球的領土擴張。事實上，美國的擴張

---

27 格雷伯納編：《思想與外交：美國外交政策的理性傳統選集》，頁80。

28 肯・布思等主編：《美國人關於和平與戰爭的思考：關於美國思想和態度新論》（Ken Booth and Moorgead Wright, eds., *American Thinking about Peace and War: New Essays on American Thought and Attitude*）（紐約市：巴恩斯和諾布爾出版社，1978年），頁45。

29 保羅・西伯里：《權力、自由和外交：美利堅合眾國的對外政策》（Paul Seabury, *Power, Freedom and Diplomacy: the Foreign Policy of the United States of America*）（紐約市：蘭德姆出版社，1963年），頁47。

主義大大有助於二十世紀美國孤立主義的非現實性。[30]「孤立」與「擴張」是在相同文化背景下形成的兩種不同概念，當二者體現在美國對外關係上時，不是相互制約，彼此不容，而是互為作用，密不可分，使美國在特定時期的外部利益得到最大限度的實現。

　　擴張本是美利堅民族文化特性在對外關係上的體現，反映出了美國政府對自己私利的追求。不管是擴張動機，還是擴張過程，還是擴張結果，我們都能清楚地看到決策者奉為圭臬的國家利益在其中起著主導作用。然而，許多美國人卻把這種最富有實用性的行為冠之於「理想」以及「利他」等修飾性詞語，以圖來掩蓋住擴張的真正目的。誠如美國歷史學家約翰‧布盧姆所言，美國人「自視為上帝的選民，如果必要的話，運用武力『以布滿和擁有上帝指定給我們的這個整塊大陸，以發展偉大的自由試驗和聯邦政府』。妄稱自己有權占領印第安人、墨西哥人和西班牙人的土地以及把美國人的自由概念和美國人的財產使用帶給這些土地只是美國虛構的命運。所以，一種表面的德操使征服之路更為暢通無阻」。[31]美國人向來非常注重實際，講究功利，這一特徵常常體現在與他國的交往上。在縱橫捭闔的國際舞臺上，一個國家最大限度地追求本國利益原本無可厚非，人們只是譴責那些不顧他國利益甚或侵犯他國利益的強權行徑。美國的外交行為往往是追求前者時具有濃厚的後者色彩。然而美國人，尤其是那些活躍於美國政界的大人物從來不承認這一點，相反則用「理想」的外衣把美國對自身利益的追求嚴實地包裹起來，一方面借助著美國盎格魯—撒克遜文化中的價值觀來實現既定的實用目標，另一方面則用這種虛

---

30 小伯納德‧芬斯特沃爾德：〈美國「孤立主義」與擴張主義的剖析〉（Bernard Fensterwald, Jr., "The Anatomy of American 'Isolationism' and Expansionism"）第一部分，載《衝突決議雜誌》（*The Journal of Conflict Resolution*）第2卷第2期（1958年6月），頁116。

31 約翰‧布盧姆：《美國的希望：一種歷史的考察》（John Blum, *The Promise of America*: An Historical Inquiry）（波士頓市：霍頓‧米夫林出版社，1966年），頁15-16。

無縹緲的「理想」來證明自己非人道行為的合理性。美國的對外擴張歷史深刻地說明了這一事實。

## 二　美國版圖擴張的完成

美國社會曾經流傳一個故事。三個美國人在國外旅遊時在外國人面前描述美國的疆土。第一個人說，「美國北臨英屬美洲，南接墨西哥灣，東臨大西洋，西瀕太平洋」。第二個人認為不對，他說，「美國北接北極，南臨南極，東邊疆界是日出之處，西邊是日落之處」。第三個美國人的口氣更大，他說，「我給你們一個真正的美國。美國的北疆是北極光所至，南疆是歲差（此處含義為一直向前移動——引者注），東邊以天地初始為界，西邊以世界末日為終」。[32]這個故事雖然是「虛構」，但折射出美國人腦海中積極向外尋求領土擴張的一種強烈欲望。

遼闊的疆土是一個大國所具備的自然特徵。美國立國之初，羽翼未豐，國力遠不能有效地對付其疆界之外虎視眈眈的歐洲國家，但從一開始就有為全球樹立一個效仿榜樣的美國決策者絕不會將自己的發展囿於獨立時的十三州疆域之內，其文化中固有的擴張意識從國家一具有了外部利益時就明顯表現出來。杰斐遜一八○一年對門羅說：「不管現在我們的利益會怎樣把我們限制在我們的疆界之內，但不可能不展望未來，那時，我們迅速發展壯大會把我們的利益擴大到這個疆界之外，我們會占領整個北美，即使不是南美的話。」[33]約翰・昆西・亞當斯認為：「北美似乎被上帝注定由一個民族的人口來居住，他們講一種語言，接受一種普遍的宗教體系和一套政治原則，而且習

---

32 參見托馬斯・貝利：《街頭之人：美國輿論對外交政策的影響》（Thomas A. Bailey, *The Man in the Street: The Impact of American Public Opinion on Foreign Policy*）（紐約市：麥克米蘭出版公司，1948年），頁272-273。

33 帕特森等：《美國外交政策史》第1卷，頁45。

慣於已形成的社會習俗。」[34]這些美國早期決策者的擴張思想決定了美國外交的基本走向。美國正是在這種擴張意識的促動下，充分利用外部環境提供的有利時機，一步一步地把其擴張的觸角伸向獨立時的疆域之外，以自己疆土的擴大解決了美國早期面對的領土歸屬問題。美國立國初期的領土問題反映出國家的擴張性質，但這一問題的解決無疑對美國的安全提供了一種有效的保證。美國外交史學家帕特森稱之為「在戰爭世界保持獨立與擴張」並不是沒有道理的。[35]當時這個新生的共和國面對的局面正如美國歷史學家雷金納德‧斯圖爾特的研究所表明的那樣：

> 歐洲國家占據了北美的很多地方，它們的影響危及了美國。英國保持著西印度群島、百慕大以及延伸到大陸內部大湖流域地區的美國北部邊界諸地。對美國來說，這意味者北疆的不安全，因為英國占據了美國土地上的皮毛貿易點，控制了從事皮毛貿易的印第安人部落。美國革命期間和之後，大批的親英分子逃離美國，來到這些地區避難。西班牙控制了佛羅里達和路易斯安那地區。這樣西班牙控制了密西西比河的出入口，對美國人來說，這是一七八三年之後進入俄亥俄流域的一條越來越重要的交通水路。此外，西班牙還控制了北美的太平洋海岸，而英國和俄國靠著勘探和商業活動，到了十八世紀末也保持著在太平洋沿岸的存在。[36]

---

34 沃爾特‧麥克杜格爾：《希望之地、征服者國家：自1776年以來美國與世界相遇》（Walter A. McDougall, *Promised Land, Crusader State: The American Encounter with the World since 1776*）（波士頓市：霍頓‧米夫林出版社，1997年），頁78。

35 帕特森等：《美國外交政策史》第1卷，頁45。

36 雷金納德‧斯圖爾特：《美國擴張與英屬北美：1775-1781》（Reginald C. Stuart, *United States Expansionism and British North America, 1775-1781*）（查普爾希爾：北美羅萊納大學出版社，1988年），頁3。

　　因此，美國在初期領土擴張時面對的最大障礙主要是在北美大陸擁有大片殖民地或屬地的英國和西班牙。獨立戰爭結束之後，英國並沒有根據一七八三年與美國達成的和約將駐紮在現在屬於美國境內的部隊全部撤走，相反英王喬治三世還密令加拿大總督，暫不放棄美加邊界上的軍事戰略要地。英國繼續占領這些據點的目的很明顯，試圖在戰略上控制了整個北部地區，壟斷了大湖地區和俄亥俄流域同印第安人的皮毛貿易。此外，英國殖民官員繼續保持與印第安人部落的密切聯繫，給他們提供武器裝備，鼓勵他們抵制美國沿海諸州居民向西運動，堵塞住美國向西發展的通道，試圖把美國的發展限制在獨立時的疆界之內，把這個新國家對英國在北美大陸上的既得利益構成的威脅減少到最低限度。

　　西班牙在美洲擁有一個龐大的殖民帝國，它對美國一展現在世人面前就表露出向外擴張的勃勃野心十分擔憂。所以西班牙竭力反對美英和約所確立的邊界，力圖把這個新共和國的疆界限制在遠離密西西比河流域的墨西哥灣。為了達到這一目的，西班牙在從現在的孟菲斯之南到新奧爾良的密西西比河下游和莫比爾盆地設置了要塞，派兵駐守。它也與西南部的印第安人部落結為聯盟，阻止美國移民向前推進。一七八四年，西班牙政府命令新奧爾良總督關閉密西西比河出海口，不准美國船隻進出，切斷了美國西部新開拓的肯塔基、田納西和俄亥俄地區通向世界市場的水上通道。西班牙的政策不僅阻撓了美國的領土擴張，而且與英國一起形成了對美國的包圍態勢，對美國作為一個主權國家的安全形成了直接的威脅。[37]歐洲的災難向來是美國的福音。一七八九年法國革命的爆發以及隨後多年歐洲局勢的動盪不僅保證了美國的獨立成果，而且為美國解決領土問題提供了有利的契

---

37 關於西班牙對美國擴張的擔憂詳見G・L・里夫斯：〈1759年的西班牙和美國〉（G.L. Rives, "Spain and the United States in 1795"），載《美國歷史評論》（*The American Historical Review*）第4卷第1期（1898年10月），頁62-79。

機。西班牙捲入歐洲戰爭後，不願意與美國交惡，以免分散精力，疲
於應付。一七九五年十月，美國與西班牙談判簽訂了《平尼克條
約》，西班牙承認了一七八三年英美和約中劃定的美國疆界以及美國
公民在密西西比河的航行權。這一條約以對美國有利的方式解決了獨
立戰爭後美西之間在疆界以及其他問題上的外交爭端，奠定了美國向
西部和南部擴張的基礎。隨後美國加緊了對這一地區的滲透，拉開的
美國領土擴張的序幕。關於這一條約的重要性，正如美國學者雷蒙
德‧楊指出的那樣：

> 這一條約的重要性也把以後的談判延伸到佛羅里達問題上。作
> 為密西西比河自由航行的結果，肯塔基陰謀分離的運動由此停
> 止；這個國家在此之前被分為「東部人」和「西部人」，現在
> 卻更為強有力地團結為一個整體，商業有了驚人的發展，美國
> 的西疆大大擴展。[38]

　　路易斯安那位於密西西比河和落基山脈之間，幅員遼闊，面積約
二百一十五萬平方公里。這一地區的歸屬也是幾經滄桑，它最初屬於
西班牙，十七世紀法國探險家到達密西西比河後，又宣布這一地區歸
屬法國。一七五六年至一七六三年七年戰爭期間，西班牙由於站在法
方對英作戰，戰敗後喪失了佛羅里達，法國遂將路易斯安那讓與西班
牙，以彌補西班牙的領土損失。《平尼克條約》之後，美國借著有利
形勢，加緊了在這一地區的活動，在美國政府的鼓勵下，美國疆民蜂
擁而入。西班牙對此十分恐慌，它不僅擔心路易斯安那和東西佛羅里
達會易手美國，更憂慮美國勢力向得克薩斯和墨西哥地區擴展，成為

---

38　雷蒙德‧楊：〈平尼克條約：一種新的觀點〉（Raymond A. Young, "Pinckney's Treaty-
　　A New Perspective"），載《西班牙美洲歷史評論》（*The Hispanic American Historical
　　Review*）第43卷第4期（1962年11月），頁534-535。

難以有效抵制的隱患。西班牙沒有選擇，只有將路易斯安那重歸法國，使其在強國手中變成遏制美國南下的屏障。一八〇〇年，西班牙和法國簽訂密約，西班牙同意讓出路易斯安那，法國保證這塊領土不讓與西班牙以外的任何強國。法國在一七六三年退出美洲大陸以來，一直伺機捲土重來，拿破崙上臺後，重建法屬美洲的考慮提上了議事日程，西班牙自願轉讓路易斯安那正投法國之意。用美國邊疆史學派創立人弗雷德里克‧特納的話來說，拿破崙的目的是「與西部人沆瀣一氣，利用控制（密西西比河）航行權對他們施加影響，使印第安人成為一個障礙，逐漸擴大其控制的疆界，直到墨西哥灣成為一個法國湖，可能阿勒格尼山脈就成為美國的邊界」。[39]法國的美洲帝國之夢與美國的領土擴張發生了正面的衝突。

　　美國對這件事的進展自然十分關注，當時任美國總統的杰斐遜認為路易斯安那和新奧爾良從羸弱的西班牙落入強盛的法國之手是對美國最大的威脅。一八〇二年四月，他在給美駐法國公使羅伯特‧利文斯頓的信中談到法國擁有新奧爾良等地是對美國擴張利益的束縛，表示一旦出現這種情況，美國就與英國結盟。[40]當美國政府派人就此問題與法國進行交涉時，形勢突然發生急轉，法國主動提出願意出賣包括新奧爾良在內的整個路易斯安那地區。拿破崙的這一決定主要出於兩方面考慮，一是遠征海地的法軍慘敗，這無疑是對他重建法屬美洲帝國計畫的沉重一擊；二是歐洲局勢再度緊張，拿破崙的注意力再次轉向與英國的鬥爭。他把路易斯安那轉讓給美國視為遏制英國的一個措施。他明確宣稱：「領土的增加永遠確定了美國的強國地位，我正

---

39 塞繆爾‧貝米斯：《美國的拉丁美洲政策：一種歷史的解釋》（Samuel F. Bemis, *The Latin American Policy of United States: An Historical Interpretation*）（紐約市：哈考特、布雷斯出版社，1943年），頁19。

40 參見托馬斯‧貝利主編：《美國精神：當代人眼中的美國歷史》（Thomas A. Bailey, ed., *The American Spirit: United States History as Seen by Contemporaries*）（列克星頓：希思出版社，1983年），頁175-177。

是要給英國樹立一個海上競爭者，這個競爭者早晚會挫敗它的傲氣。」[41]在歐洲國家相互牽制下，美國輕而易舉地以一千五百萬美元的價格購買了路易斯安那。這一地區的獲得對美國來說意義非凡，它不僅使美國的領土擴大了一倍，而且為美國向西、向南擴張創造了一個有利的條件。一八一〇年西屬美洲獨立運動爆發以後，美國擔心歐洲強國，尤其是英國乘機占領西班牙的殖民地，也積極為其領土擴張創造條件。一八一一年一月十五日，美國國會兩院聯合通過了「不轉讓原則」決議，頒布執行。這一決議內容主要是：

> 考慮到西班牙及其美洲諸省的特殊形勢，考慮到美國南部疆域也許對美國安全、穩定和商業的影響，因此，美利堅合眾國參眾兩院集會決定，在現行危機的特定形勢下，美國不能坐視上述地區落入任何外國列強之手，美國對其安全的正當考慮迫使它在某些事件發生時對上述地區給予占領；同時，它宣布，在其控制的上述地區的歸屬將仍然以未來的談判為轉移。[42]

在「不轉讓原則」的指導下，一八一二年三月，美國軍隊攻入了東佛羅里達，占領了阿美利亞島。與此同時，美國政府宣布把西佛羅里達併入版圖。佛羅里達問題此時雖然還懸而未決，美國的占領並沒有使這一地區歸屬完全合法化，但對美國來說，解決這一問題並不是遙遙無期的。時過數年，整個佛羅里達地區終於合法地併入了美國版圖之內。

如果說美國的早期領土擴張還與維護自身存在的安全交織在一起的話，那麼它在十九世紀中葉掀起的大陸擴張卻完全暴露出美國資本主義向外侵略擴張的本質。這一時期美國的領土擴張很大程度上受國

---

41 帕特森等：《美國外交政策史》第1卷，頁60。
42 米查姆：《美國與拉美關係考察》，頁26-27。

內政治、經濟氣候變化的影響。十九世紀四○到五○年代，美國資本主義獲得了迅速發展。東北部地區的工業革命此時正伸向縱深，新興工業相繼出現，工廠制取代了手工業，在工業生產中占據了主導地位。市場是資本主義工業賴以存在的基本條件，而市場的擴大則是其發展的根本動力。大規模鐵路修建促進了國內市場的擴大，引起了對土地的進一步需求和追求國外市場不斷擴大的欲望。在東北部工業革命的衝擊下，西部的農業逐漸擺脫了與南部的經濟聯繫，加強了同東北部的一體化，成為東北部工業的糧食供應地和工業品市場。西部的農業利益集團在深深地捲入了資本主義商品經濟漩渦後，迫切要求向西部縱深地區拓殖，同時開闢哥倫比亞河通向太平洋的出海口，並占領了加利福尼亞海岸，作為農產品新的輸出通道。南部種植園經濟到了十九世紀四、五十年代，已經失去了昔日的「雄風」，奴隸主在種植園實行殘酷野蠻的奴隸制度，造成生產力低下，南部製造業發展緩慢，經濟單一化，缺乏足夠的地方市場缺乏，導致可利用土地的嚴重衰竭等，凡此種種使奴隸制經濟發展陷入了不可自拔的境地。為了擺脫這種危機，奴隸主只有求助於週期性的土地擴張。儘管國內各個經濟利益集團具有各自不同的目標，但把美國的疆土向外延伸的一致性卻為大陸擴張提供了有利的國內環境。

　　「天定命運」[43]是這一時期適應美國領土擴張需要而產生的一種理論。美國歷史學家弗雷德里克・默克指出：「在十九世紀四○年代中期，一種名稱上、號召力上和理論上新奇的擴張主義形式在美國出現了，它就是『天定命運』。……它意味著上天預先安排的向未明白

---

43 據有學者考證，「天定命運」這一術語最早用於一八四五年七至八月出版的《民主評論》刊載的一篇文章，該文宣稱：「為了我們每年成倍增加的數百萬任的自由發展，實現人口布滿上帝賦予的這一大陸是我們的天定命運」。詳見約翰・卡爾・帕里什：《天定命運思想的出現》（John Carl Parish, *The Emergency of the Idea of Manifest Destiny*）（洛杉磯市：加利福尼亞大學出版社，1932年），頁2-3。

確定的地區擴張。在一些人的心目中，它意味著向太平洋地區擴張；在另一些人的心目中，是向北美大陸擴張；在另一些人的心目中，則是向西半球擴張。」[44]美國學者邁克爾‧埃里斯曼認為：「天定命運是指美國經濟和政治優勢將不可避免地導致對加勒比地區的控制。」[45]美國外交史學家丹尼斯‧博斯德特羅夫把「天定命運」看作是始終存在於美國文化中的神話之一，這種神話「在十九世紀中期第一次被美國帝國主義分子明確地表達。他們認為，美國奉天注定將其疆域擴張到太平洋，最終擴張到北美洲其他地方。許多人聲稱，美國將最終囊括整個西半球」。[46]美國學術界雖然對「天定命運」的含義持不同看法，但都不否認這一理論是對美國在十九世紀四〇年代以後掀起的領土擴張行為「合理性」的解釋。一八三七年創辦的《民主評論》雜誌在擴張主義分子約翰‧奧沙利文的主持下，大肆宣揚美國的擴張命運，在輿論上推波助瀾，把美國的大陸擴張推向高潮。[47]

　　美國在這一時期掀起的大陸擴張本來是其立國以來領土擴張的繼續，充分體現出美國文化中的擴張特性和資本主義本質，但卻用什麼「命運」、「使命」之類的神話來為這種擴張披上種種「合理」與「合法」的外衣。這方面的論據主要有：首先，消除「腐敗」歐洲影響的威脅，保持美國這塊「樂土」的「純潔性」。美國學者認為歐洲在美

---

44　雷德里克‧默克：《重新解釋美國歷史上的顯定命運和使命》（Frederick Merk, *Manifest Destiny and Mission in American History: A Re-interpretation*）（紐約市：克諾夫出版社，1963年），頁24。

45　邁克爾‧埃里斯曼：《加勒比海的挑戰：美國在一個動盪地區的政策》（H. Michael Erisman, *The Caribbean Challenge: U. S. Policy in a Volatile Region*）（博爾德市：西點出版社，1984年），頁75。

46　博斯特多爾夫：《總統任期與外交政策巧辯》，頁177。

47　關於約翰‧奧沙利文主持的《民主評論》所宣揚的擴張思想詳見朱利葉斯‧普拉特：〈約翰‧奧沙利文和天定命運〉（Julius W. Pratt, "John L. O' Sullivan and Manifest Destiny"），載《紐約歷史》（*New York History*）第14卷第3期（1993年7月），頁213-234。

洲的勢力威脅到美國的民主理想，使美國人的「空間和自由行動的機會」減少，因此「完全擺脫與歐洲接觸的污染，對於這種偉大的共和制試驗的發展是必不可少的」。[48]其次，完成美國向落後地區傳播「文明」的使命。一些信奉「天定命運」的擴張主義者宣稱，美利堅人是最優秀的民族，他們「有征服劣等民族的權利」，也具有扶植落後民族復興的能力和使命。華盛頓《聯合日報》一八四七年十月十四日刊登的一位賓夕法尼亞人寫給編輯的一封信。這位寫信者要求「在上帝的指引下」發動一場對墨西哥的戰爭。他說：「履行我們的光榮宗教使命，旨在使那些愚昧懶散的不幸的人們得到教化，成為基督徒，把他們從混亂和墮落中解救出來。」[49]十九世紀中期任新澤西學院地理學教授的阿納爾德・居約以地理決定論頌揚了美利堅民族的偉大，將注定成為人類發展的主宰。因此，「由於擁有開化進步的人民，擁有基於人人平等和兄弟情誼之上的社會組織，美國似乎注定提供了對基督教文明最完善的表述，成為為所有人種提供一種更高的新生活的源泉」。[50]第三，維護人類民主自由需要。美國著名詩人沃爾特・惠特曼把擴張主義的渴望視為民主的成就，他是這樣來闡釋這一觀點的，即「我們國家及其法律擴展是我們的願望，只有這樣，才能必然保證去掉阻礙人們享受好處與幸福之機會的鐐銬」。[51]安德魯・杰克遜總統在

---

48 溫伯格：《天定命運：美國歷史上國家主義的擴張主義之研究》，頁389。

49 溫伯格：《天定命運：美國歷史上國家主義的擴張主義之研究》，頁173。

50 阿納爾德・居約：《自然地理》（Arnald Guyot, *Physical Geography*）（紐約和芝加哥，1873年），頁120-121。轉引自豪普特曼：〈帝國的西進：1783年至1893年的地理教科書與天定命運〉，頁428。

51 恩里克・克勞澤：《英國、美國與民主輸出》（Enrique Krauze, "England, the United States, and the Export of Democracy"），載《華盛頓季刊》（*The Washington Quarterly*）第12卷第2期（1989年春季號），頁191。關於惠特曼的擴張思想詳見亨利・納什・史密斯：〈沃爾特・惠特曼與天定命運〉（Henry Nash Smith, "Walt Whitman and Manifest Destiny"），載《亨廷頓圖書館季刊》（*Huntington Library Quarterly*），第10卷第1/4期（1946-1947年），頁373-389。

離職演說中振振有辭地宣稱：「上帝把無數的福祉賜給這片受到優待
的土地，選擇你們作為自由的保護人，為了人類利益而維護它。」[52]
《紐約論壇報》的一篇文章宣稱，美利堅合眾國「愈來愈堅信，地球
的文明——古代世界政體的改革——整個人類的解放，在很大程度上
取決於美國」。[53]最後，美利堅民族從幼年到成熟的標誌。美司法部長
凱萊布·庫欣一八五三年說：「這就是現在的美國——力量的巨人，
自由的巨人，國際精神的人。……他體格健壯，感到血管裡流動著成
熟與活力的血液，因此需要行動，而且必須有行動，它是生存的必
需。」[54]「天定命運」的鼓吹者就這樣從各個角度解釋了美國的大陸
擴張，在種種與實際狀況並不一致的語言下使之合理化與合法化。這
些解釋大多是牽強附會，旨在掩蓋這一時期美國擴張的侵略本質，但
美國政府決策者卻從這種扭曲的理論中找到一支行動的「令箭」，加
快了在北美大陸的擴張步伐。

　　得克薩斯原為西班牙的殖民地，墨西哥獨立後成為該國的一個重
要省份。美國擴張主義分子兼併得克薩斯蓄謀已久。一八三六年三
月，在美國政府的插手下，得克薩斯宣布脫離墨西哥而獨立，美國翌
年予以承認，完成了合併得克薩斯的第一步。隨後得克薩斯申請加入
美國聯邦，但由於美國民主黨和輝格黨因為奴隸州和自由州之爭，合
併問題總是懸而未決。直到一八四五年三月一日，約翰·泰勒總統在
他卸任前三天簽署了兼併得克薩斯的兩院聯合決議，喧囂十多年的這
一問題才告一段落。一八四五年，美國著名擴張主義分子詹姆斯·波
爾克走馬出任美國總統。波爾克當時競選口號是「重新合併得克薩

---

52 羅伯特·雷明：《安德魯·杰克遜與1833年至1845年的美國民主進程》（Robert V.
　　Remin, *Andrew Jackson and the Course of American Democracy 1833-1845*）（紐約
　　市：哈珀和羅出版社，1984年），頁418。
53 格雷伯納編：《思想與外交：美國外交政策的理性傳統選集》，頁157。
54 溫伯格：《天定命運：美國歷史上國家主義的擴張主義之研究》，頁203。

斯」和「重新占領俄勒岡」，這無疑迎合了舉國上下的一片擴張的喧囂呼聲。

　　英法兩國在美國兼併得克薩斯上處處作梗，它們首先承認得克薩斯的獨立地位，繼而積極促使墨西哥與得克薩斯達成一個條約，保證後者不使自己併入美國。英法兩國的目的是想把獨立的得克薩斯作為一個阻止美國擴張的緩衝地區，限制美國力量的發展。英國外交大臣阿伯丁說，英國政府希望「得克薩斯繼續作為一個獨立的國家存在，按照自己的法律和體制發展，一定有助於北美大陸更穩定，因而更永久的利益平衡，它插在美國與墨西哥之間為維護兩國政府之間的友好關係提供了最好機會」。法國首相基佐也認為：「在美洲同歐洲一樣，我們享有政治和商業利益。這一明顯事實使我們需要獨立的國家，即一種力量的平衡，這應該是支配法國的美洲政策的實質思想。」[55]英法兩國出於各自利益考慮，想限制美國的領土擴張，這令美國政府深感不安。波爾克就職總統伊始，就派兵到得克薩斯。與此同時，美國政府派遣海軍到墨西哥灣和加利福尼亞沿海地區待命，並任命約翰・斯萊德爾為特使赴墨西哥談判。一八四五年十一月十日，國務院在致斯萊德爾的指令中要求將得克薩斯的邊界由努埃西斯河推進到格蘭德河，還要求「購買」新墨西哥和加利福尼亞地區。這一指令宣稱，美洲大陸國家有自己不同於歐洲的特殊利益和政治制度，美國不能聽任歐洲國家干涉美洲事務，也不允許歐洲國家在美洲建立新的殖民地。十二月二日，波爾克向國會宣讀了他的第一個年度咨文，重申了二十餘年前門羅政府提出的對美洲政策原則，並作了一些重要的補充和新的解釋，尤其針對英法在美洲推行均衡政策把門羅咨文中的「互不干涉原則」發展成為不准歐洲國家干預美國在美洲任意合併他國的權利。他在咨文中宣稱：

---

55 德克斯特・珀金斯：《門羅主義，1867年至1907年》（Dexter Perkins, *The Monroe Doctrine 1867-1907*）（格洛斯特市：史密斯出版社，1966年），頁71。

美洲的政體完全不同於歐洲的政體。歐洲各國君主之間的猜忌，擔心其中某個大國強於其餘的，已使他們渴望建立他們所謂的均勢。我們不能允許這種均勢在北美大陸上，特別是對合眾國加以運用。我們必須永遠維護這種原則，即本大陸的人民單獨有權決定他們自己的命運。如果他們中的某一部分組成一個獨立國家而建議要和我們聯邦合併時，這將只由他們和我們來決定，而勿需任何外國的干預。我們絕不同意歐洲列強因為這種合併會破壞他們也許想在本大陸維持的均勢而進行干涉以阻撓這種合作。[56]

　　波爾克對國會的咨文並不是「虛張聲勢」。幾週後，得克薩斯正式併入美國，隨後美國的擴張勢頭繼續向西蔓延。波爾克政府起初試圖通過壓力迫使墨西哥政府將加利福尼亞和新墨西哥出賣給美國，但這一招未能奏效，遭到墨西哥政府的拒絕。美國隨之於一八四六年一月派兵開赴格蘭德河，雙方軍隊發生了幾次交火事件，波爾克政府就以此為藉口發動了對墨西哥的戰爭。五月十一日，波爾克向國會遞交了戰爭咨文，宣稱墨西哥部隊「已經越過了美國的邊境，入侵了我們的領土，使美國人的鮮血在美國土地上流淌」。[57]波爾克所謂的「美國土地」實際上是美墨之間發生爭議的地區，咨文中所列的理由純屬藉口，眾議員阿伯拉罕·林肯稱之為「十足的謊言」。五月十三日，美國國會通過法案，宣布對墨西哥作戰，戰爭進行了一年多，以墨西哥的失敗而告終。一八四八年二月二日，美墨雙方在墨西哥城附近的一個小鎮簽訂了瓜達盧佩－伊達爾戈條約。墨西哥把加利福尼亞和新墨西

---

56 見詹姆斯·甘滕賓主編：《我們的拉美政策演變：一部文件錄》（James W. Gantenbein, ed., *The Evolution of Our Latin-American Policy: A Documentary Record*）（紐約市：哥倫比亞大學出版社，1950年），頁328-329。

57 康奈爾-史密斯：《美國和拉丁美洲：美洲國家間關係的歷史分析》，頁79。

哥劃給了美國，同時確認了美國對以格蘭德河為界的得克薩斯的所有權；美國付給墨西哥一千五百萬美元和美國公民向墨西哥要求賠償的三百二十五萬美元。一八四六年，在美國的壓力下，英美聯合占領俄勒岡宣告結束，兩國達成協議，美國獲得二八六五〇〇平方英里的地區，包括今天的俄勒岡、華盛頓、愛達荷及懷俄明和蒙大拿部分地區。一八五三年，美國通過「加茲登購買」，在梅西亞流域獲得四萬五千平方英里土地，而僅僅支付了一千萬美元。美國共產黨的領導人威廉‧福斯特在總結美國從合併得克薩斯到「加茲登購買」這一期間在「天定命運」藉口下進行領土擴張時譴責說：「這是美國歷史上最可恥的事件之一，也是後來引起一八四六年墨西哥戰爭的一連串事件之一，美國奪取了墨西哥整個領土的一半。在這種搶劫行動中（包括1853的加茲登購地事件）美國新添了九四八二五平方英里的土地。」[58]到了此時，美國在「天定命運」理論的指導下，基本上完成了在北美大陸上的版圖擴張，奠定了一個強國在疆土上所必備的基礎。

美國從獨立到十九世紀中期，時間不到一個世紀，就發展成為一個東西疆界瀕臨兩洋的大國，用「地大物博」形容此時的美國一點也不過分，遼闊的疆土為美國經濟發展提供了豐富的自然資源和必需的國內市場，也為美國邁向世界大國奠定了自然條件的基礎。美國從疆土擴大中得到的好處恐怕不能僅僅用數字所能衡量的。當然美國也不會到此為止，其文化中的擴張特性決定了這一點。一位參與疆土擴張的美國軍人拉菲爾‧塞姆斯寫道：「我們的種族進入得克薩斯、新墨西哥和加利福尼亞只是偉大的向南運動的第一步，這場運動是我們命運的組成部分。」[59]在烏利西斯‧格蘭特總統舉行的一次宴會上，擴

58 威廉‧福斯特著，馮明方譯：《美洲政治史綱》（北京市：生活‧讀書‧新知三聯書店，1956年），頁266。
59 托馬斯‧帕特森主編：《美國對外政策中的重大問題：文件和論文》（Thomas G. Paterson, ed., *Major Problem in American Foreign Policy: Documents and Essays*）第1卷（列克星頓：希思出版社，1978年），頁216。

張主義分子埃弗里茨叫囂說：「美洲是美洲人的美洲！此話不錯，但我們把它理解為美洲是美國人的美洲。讓我們先從墨西哥開刀，我們已經獲得了該國的一部分，現在必須全部予以吞併。中美洲將伴隨其後，以刺激起我們對南美洲的食欲。瞧一下我們看的這張地圖，南美洲像一隻火腿，山姆大叔的大菜就是火腿。我們那布滿星星的旗幟足以從一個大洋伸向另一個大洋。某一天它將獨自飄揚著，象徵著我們從北極到南極的勝利。」[60]他們的言論只是映出擴張主義者對美國未來的「憧憬」，並沒有即刻向現實轉化。以後的歷史發展表明，美國的版圖擴張再沒有超過格蘭德河以南的地區，但美國卻通過其他方式，逐步完成了在西半球的擴張過程，以確立在這一地區的霸權地位來實現了上述擴張主義者的「預言」。

## 三　美國海外經濟擴張的動力

一八九三年，弗雷德里克・特納發表的一篇題目為「邊疆在美國歷史上的重要作用」的論文，在美國學界引起很大的反響，標誌著對美國歷史研究產生很大影響的邊疆學派的形成。特納在這篇論文中，開首就引用了美國人口調查局局長一八九○年報告中的幾句重要之言：「直到一八八○年（1880年在內）我國本有一個定居的邊疆地帶，但是現在未開發的土地大多已被各個獨自為政的定居地所占領，所以已經不能說有邊境地帶了。因此，對邊疆範圍，對向西部移民運動等等進行討論，也已不能再在人口調查報告中占有篇幅了。」[61]特

---

60 塞繆爾・英曼：《1826年至1954年的美洲國家會議：歷史和問題》（Samuel G. Inman, *Problem in Pan Americanism*）（紐約和倫敦：喬治・多蘭出版公司，1926年），頁146-147。

61 轉引自楊生茂編：《美國歷史學家特納及其學派》（北京市：商務印書館，1983年），頁3。

納引出這段話旨在說明，美國歷史上的一個偉大運動已告結束，國內邊疆不復存在，美國要繼續保持應付經濟危機和解決社會問題的「安全閥」，就必須不斷地尋找新的邊疆。特納不相信「美國人生活中的擴張特性現在已經完全消失。它的主要事實一直是運動，除非這種訓練對一個民族不再起作用，否則美國人將繼續要求得到更廣泛的地區來發揮這種活力」。[62]邊疆學派著重宣揚美國向新領土擴張乃是美國歷史發展的基本規律。關於一點，深受邊疆學派影響的伍德羅‧威爾遜說得更明白。威爾遜一八九五年五月十六日在新澤西歷史學會上發表了題目為「美國歷史進程」的講話，認為美國歷史主要受「拓荒運動」的驅動，也就是受邊疆精神的支配。他把美利堅民族看作是一個不斷尋求新邊疆的民族，這種邊疆精神貫穿於北美三百年來的歷史發展中。他說：「直到一八九○年，美國總有一個邊疆，總是指望遠方未被占據的地區，這是其精力發洩的途徑，是其人民移居和獲取成就的新場所。將近三百年來，它的發展一直遵循著一個單一的規則──擴張進入新領土的規則。」[63]一九二○年，特納出版了《美國歷史上的邊疆》一書，他在書中強調：

> 將近三個世紀來，擴張在美國生活中一直占據支配地位。隨著向太平洋沿岸移民，隨著自由土地被占去，這個擴張運動將近結束了。如果說這種擴張的能力不再發生作用，那就是一個魯莽的預言。要求強有力的外交政策，要求兩大洋之間開鑿運河，要求恢復我們的制海權，要求把美國勢力伸向本土外的島嶼和鄰近的國家──這一切都表明這個運動還會繼續下去。[64]

---

62 帕特森等：《美國外交政策史》第1卷，頁158。
63 林克編輯：《伍德羅‧威爾遜文件集》第12卷，頁11。
64 轉引自楊生茂編：《美國歷史學家特納及其學派》，頁68。

特納創立的邊疆學派只是為美國海外擴張行為進行辯解的一種理論，其立論並不符合美國歷史的發展，但從一個側面反映出了美國社會正處在深刻的變動之中，受這種變動的促進，美國的對外擴張也進入了歷史上的一個重要時期。

美國著名外交史學家邁克爾·亨特指出：「美國人在加勒比地區確立霸權的同時，他們正越過太平洋以擴大他們的影響。他們認為這既是通向亞洲之路，又是對合眾國的最有力保護。」[65]事實正是如此，美國除了在西半球繼續奉行既定的政策外，其擴張勢頭開始轉向大洋外的世界，這是國內經濟膨脹所帶來的必然結果。美國南北戰爭之後，資本主義經濟開始迅速發展起來。馬克思在《資本論》中指出：「美國南北戰爭的結果……造成最迅速的資本集中，……在那裡，資本主義生產正在飛速向前發展。」[66]在這一時期，西部廣大地區得到開拓，歐洲移民大批流入，四通八達的交通網把各地區聯結起來，形成了任何其他資本主義國家都不可比擬的廣闊而統一的國內市場，美國歷史上稱這一時期為「經濟革命」。工業的高漲首先開始於大規模的鐵路修建，這是適應開拓西部土地和在政治上、經濟上把東部同西部聯結起來的需要。政府為了鼓勵私人修築鐵路，不惜重金，規定每修築一英里鐵路，撥給鐵路兩旁各十英里土地，並發給每英里約一點六萬至四點八萬美元的補助金。在這種獎勵制度的刺激下，美國私人投資修建鐵路成風。一八六五年美國有鐵路線三點五萬英里，在此後的八年間，國家鐵路線翻了一番。從一八七四年到一八八七年，大約又鋪築了八點七萬英里長的鐵路。大規模鐵路的修建，直接帶動了鋼鐵、煤炭、機器製造等工業部門的發展，一系列新的工業部

---

65 邁克爾·亨特：〈美國外交傳統：從殖民地到大國〉（Michael H. Hunt, "Traditions of American Diplomacy: from Colony to Great Power"），載馬特爾主編：《1890年至1993年美國對外關係重新審思》，頁4。

66 《馬克思恩格斯全集》第23卷（北京市：人民出版社，1972年），頁842-843。

門也先後出現。自一八五九年在賓夕法尼亞西部發現第一個油田後，又陸續在俄亥俄、印第安納、西弗吉尼亞、堪薩斯、加利福尼亞、田納西和得克薩斯發現了新油田。一八八○年第一個發電廠建成，以後發電機很快就在工業中得到普遍的應用。

　　一八七九年，一個富有時代標誌意義的壟斷組織在美國出現，這就是洛克菲勒組織的美孚石油托拉斯。美孚石油公司在一八七○年成立時只有資本一百萬美元，僅僅經過九年，其名義資本就高達七千萬美元。當時它兼併了其他十四家大石油公司，並控制了另外二十六家石油公司的多數股票，從而把美國石油生產的百分之九十集中到自己手中。它還掌握了產油區的各大鐵路，修建了四通八達的輸油管道，建立了擁有上百艘輪船的海上運輸隊。美孚石油托拉斯的建立開了風氣之先，隨後托拉斯在美國各行各業中蜂擁而出。一八五九年美國工廠數為十四萬家，生產品總值為一八八六○○萬美元，到一八八九年，工廠數增加到三十五點五萬家，生產總值為九三七二○○萬美元。十九世紀八○年代美國的工業生產量趕上了英國而居世界第一位，經過十年的發展，美國的工業生產總額占全世界的百分之三十一，而此時英國占百分之二十二，德國占百分之十四，法國占百分之八。這種迅速膨脹的經濟不僅為美國從自由資本主義過渡到壟斷資本主義奠定了必要的物質基礎，而且也為其推行全面擴張政策提供了強大的物質後盾。

　　另一方面，經濟的飛速發展也給美國社會帶來新的矛盾。國內經濟的發展除了受內部因素影響外，與對外貿易和市場擴大密切相關。美國經濟的膨脹使消費市場不足日益顯得突出。一八八一年，美國政治家約翰‧卡森警告說，如果美國不為其農產品和工業品尋找市場，「我們的剩餘品將很快從大西洋沿岸蜂擁而至內地，繁榮的車輪當裝

載著極為沉重的負擔時，將無法向前移動」。[67]美國經濟學家戴維・韋爾斯並非危言聳聽地主張，美國必須打開新的國外市場，否則「我們肯定會被我們自身的過分肥胖窒息而死」。[68]美國歷史學家布魯克斯・亞當斯宣稱：「任何國家的擴張必須取決於為其剩餘產品尋找市場；中國是現在能夠提供幾乎無限吸收剩餘品可能性的唯一地區。」[69]這一時期無論在美國的政界，還是學界，很多政治家和學者鼓吹向外經濟擴張，他們儘管強調的擴張重點不同，所持的觀點也有區別，但目的很明確，就是敦促美國政府揚帆遠征，為美國國內日益發展的經濟尋求新的「邊疆」。

當時美國政界和學界一片擴張的喧囂聲完全是出於本國的利益考慮，說穿了也就是宣揚一種公開的對外經濟擴張，但的確反映了美國政府面對的一個非常重大的問題。美國國內經濟的飛速發展造成了國內市場的嚴重不足，如果過剩產品找不到銷路，必然要爆發週期性的經濟蕭條和危機，這一問題直接影響到美國資本主義的發展甚至生存。關於它對美國對外關係的作用，誠如查爾斯・坎貝爾所言：

> 美國日益增長的農業和工業產量在十九世紀八〇年代對美國外交政策產生了重大影響。所謂剩餘產品的影響在越過邊界與墨西哥爭執期間就已經露出端倪，在切斯特・阿瑟擔任總統期間尤其顯而易見。就連十分謹小慎微的國務卿弗雷德里克・弗里林海森都竭盡全力不僅在像加勒比海、夏威夷和歐洲這樣的熟悉地方，而且甚至在遙遠的非洲尋找市場。[70]

---

67 查爾斯・坎貝爾：《1865年至1900年美國對外關係的轉變》（Charles S. Campbell, *The Transformation of American Foreign Relations 1865-1900*）（紐約市：哈珀和羅出版社，1976年），頁85。

68 帕特森等：《美國外交政策史》第1卷，頁159。

69 坎貝爾：《1865年至1900年美國對外關係的轉變》，頁154。

70 坎貝爾：《1865年至1900年美國對外關係的轉變》，頁106。

　　美國一些學者把這一時期美國的向外擴張說成是受內部壓力所迫，這固然是一個事實，但顯然忽視了這種擴張在美國歷史上的延承性，是對美國在新時期把擴張目光轉向海外的一種巧妙辯解。美國的擴張絕不是一種不得已而為之的行為，而是美國政府在實現其外部利益過程中所使用的一種「最佳」手段。

　　指導這一時期美國對外擴張的理論基礎是「新天定命運」。新天定命運在內容上與舊天定命運相差無幾，都是美國盎格魯—撒克遜白人文化中的使命觀在特定形勢下的再現，但它的涵蓋面遠非後者所能比擬。它摻進了當時社會上流行一時的社會達爾文主義，把美國白人注定對世界承擔一種特殊使命的觀念推到歷史上的一個高潮期，在美國朝野產生了強烈的反響。一八五九年，英國生物學家達爾文出版了《物種起源》一書，提出了「物競天擇，適者生存」的生命由低級向高級進化的規律。這種理論隨即被很多西方宣揚白人種族優越的人應用於解釋社會發展，在西方的政界和學界形成了風靡一時的社會達爾文主義。美國許多學者根據這種理論，從所謂的科學角度解釋了美國白人天生具有對變化了的「環境」的適應能力，提出了新「天定命運」的理論基礎。歷史學家約翰·菲斯克的研究結論是，美國境內的盎格魯—撒克遜人已經發展出了一切政治原則之中「最適宜」的原則，即聯邦制度，整個世界都將在未來某一天根據這個原則組織起來，而且盎格魯—撒克遜人在人力和經濟力量上更是其他種族望塵莫及，這就是該種族的「適應性」。[71]

　　對這種思想系統闡述的是美國著名公理會牧師和狂熱的福音傳教士喬賽亞·斯特朗。一八八五年斯特朗出版了《我們的國家》一書，他的基本命題是，美國由於控制著一片廣大地區，擁有豐富的自然資

---

71 坎貝爾主編：《擴張與帝國主義》，頁28。另見約翰·菲斯克：〈天定命運〉（John Fiske, "Manifest Destiny"），載《哈珀新月雜誌》（*Harper's New Monthly Magazine*）第70期（1984年12月-1985年5月），頁578-590。

源，所以注定成為統治世界的國家，這樣一種未來之所以得到保證是
因為美國人屬於盎格魯─撒克遜血統。他宣稱：「顯而易見，盎格魯─
撒克遜人手中掌握著人類的命運。毋庸置疑，美國將成為這個種族的
家園，其力量的主要源泉，其影響的偉大中心。」[72]斯特朗毫不諱言
地宣揚赤裸裸的社會達爾文主義，適應國際競爭環境的種族將得以生
存，而不適應的民族將被淘汰。他說：「不再有任何新的世界，地球
上的可耕地是有限的，將很快被占領。……然後，世界將開始其歷史
的一個新階段──種族的最後競爭，盎格魯─撒克遜人正在為此受
訓。」[73]種族競爭規律將迫使盎格魯─撒克遜這個強大的種族「向南
移動進抵墨西哥，再向南進抵中美洲和南美洲，向外進抵海上各島
嶼，跨海進抵非洲和以遠各地。有什麼人能夠懷疑這一種族間的競爭
將是『最適者生存』呢？」[74]當《我們的國家》初版時，美國的海外
擴張正在孕育之中，這本書的著眼點主要是以向世界傳播基督福音為
出發點，但對隨後美國的政治和經濟擴張提供了重要的理論依據。約
翰・伯哲士是哥倫比亞大學教授，他在一八九〇年出版的《政治科學
和比較憲法》一書中，侈談在世界上所有民族中只有盎格魯─撒克遜
人具有可以統治世界的民族性格。因此，這些民族注定應該向全世界
發展，傳播「政治文明」。共和黨在一八九二年的競選綱領中聲稱要
「在最廣泛的意義上實現共和國的天定命運」。[75]美國對落後地區承擔

---

72 拉爾夫・加布里埃爾：《美國民主思想歷程：自一八一五年以來的理性史》（Ralph
　 H. Gabriel, *The Course of American Democratic Thought: An Intellectual History Since
　 1815*）（紐約市：羅納德出版公司，1940年），頁369。

73 達萊克：《美國對外政策方式：文化政治和外交事務》，頁22。

74 坎貝爾主編：《擴張與帝國主義》，頁29。關於斯特朗宣揚傳教士式的擴張對美國對
　 外政策的影響詳見詹姆斯・埃爾丁・里德：〈美國對外政策，使命政治和喬賽亞・
　 斯特朗，1890-1900年〉（James Eldin Reed, "American Foreign Policy, The Politics of
　 Missions and Josiah Strong, 1890-1900"），載《教會史》（*Church History*）第41卷第2
　 期（1972年6月），頁230-245。

75 朱麗葉斯・普拉特：《1898年的擴張主義分子：夏威夷和西班牙所屬諸島的獲得》

責任的想法在美國政界和學界得到普遍的響應，因而在社會上廣泛傳播。正如研究美國社會思想發展的專家小保羅‧博勒指出的那樣：「到了美西戰爭之時，盎格魯—撒克遜人在世界上履行一種特殊的教化和統治使命的思想已牢牢地包含在美國人的思想中，深深地影響了許多著名美國人對美國與其他國家關係的態度。」[76]這種對落後地區承擔的特殊使命，遂成為美國掀起海外擴張的主要口實之一。

　　浩淼的海洋把人類居住的這個星球分隔為幾大洲，大凡目光注視全球的擴張性國家，無不重視發展海上力量，否則就會「望洋興嘆」。英國之所以長時期馳騁世界，成為「日不落」帝國，很大程度上就是依靠著一支強大的海軍，擁有控制海上通道的制海權。美國立國之後，自以為有東西兩洋屏障，本土安全不會或很少受到來自大洋之外的大國入侵的威脅。對美國來說，這樣一種優越的地理條件可以使其不必把人力財力投向花費巨大的國防上，專注於國內經濟問題的解決，但在另外一個方面卻造就了美國往往不重視國防的建設與發展，尤其是海軍力量異常薄弱，在世界海軍列強中根本無一席之地。美國內戰爆發時，聯邦海軍能夠投入作戰的戰列艦僅四十二艘，內戰期間受戰時所需的刺激，美國一度加大海軍建設力度，但內戰後又大幅度削減國防經費，海軍發展再次處於停滯狀態。由於戰艦長年失修，到一八八〇年時僅餘四十八艘。美國的海軍力量與歐洲大國相比，簡直很難同日而語。到了十九世紀末，美國開始把擴張目光轉向大洋之外的世界時，若沒有強大的軍事力量作為後盾，顯然很難在國際競技場上「有所作為」，因此建立一支強大的海軍力量迫在眉睫，

---

　　（Julius Platt, *Expansionists of 1898: The Acquisition of Hawaii and the Spanish Islands*）（巴爾的摩市：約翰斯‧霍普金斯大學出版社，1936年），頁78-79。

76 小保羅‧博勒：《轉變中的美國思想：進化自然主義的衝擊1865-1900年》（Paul F. Boller, Jr., *American Thought in Transition: the Impact of Evolutionary Naturalism, 1865-1900*）（華盛頓特區：美利堅大學出版社，1981年），頁217。

這也成為美國積極參與國際競爭所必需的一個條件。用海軍準將羅伯特‧舒菲爾特的話來說，海軍是「商業的先驅」。他對一個眾議員說：「為了追求新的貿易渠道，……需要國旗和大炮的經常保護。它可以對付野蠻種族──這些人只知道靠體力來講理。……軍艦走到商人前面，給未開化的人民以深刻的印象。」[77]

　　被西方視為研究海軍戰略問題權威的美國歷史學家艾爾弗雷德‧馬漢提出的理論對美國現代海軍發展影響頗大。一八九〇年，他出版了《海上實力對歷史的影響，一六六〇～一七八三年》一書，提出了「海上實力論」，以後又在一系列論著中進一步闡明了這種理論。所謂的海上實力，具體講主要包括海軍、商船隊、海外殖民地和海軍基地等，這幾個要素互為聯繫，密不可分，其中擁有一支強大的海軍最為重要。這支海軍在和平時期可以有效地保證海上通道不受到敵方的堵塞，使國家與外國的交往暢通無阻，尤其要保證運輸商品的商船隊安全往來，在戰時可以切斷敵方的供應線，掌握制海權，從而給對手以致命打擊，最終贏得戰爭的勝利。此外，要發展海軍，還需要建立海上加油站和海軍基地。馬漢在談到它們之間的關係時說：

> 一個國家為了獲得繁榮與偉大，必須組建自己龐大的商船隊，避免它的對外貿易由外國船隻轉運，該國也應該形成一支能夠保持海路暢通和在戰時維護其船運的海軍；此外，它必須在世界各地建立殖民地，為商船和海軍提供避難站和供應；提供商業港口，提供海軍基地。[78]

　　根據歷史學家比爾德的研究，馬漢的戰略思想由以下幾個原則構

---

77　帕特森等：《美國外交政策史》第1卷，頁161。

78　小博勒：《轉變中的美國思想：進化自然主義的衝擊1865-1900年》，頁217。

成：建立一支強大的海軍；在世界各地獲得殖民地；在戰略要地建立
和發展海軍基地，用來保護貿易和對其他國家施加壓力；對商船提供
資助；對妨礙美國追逐現實利益的仲裁和調解，一概置之不理；對那
些無助於國防發展的社會立法予以限制；通過政府行動促進外貿，尤
其與中國的貿易；運用海軍保持海上商業道路在和平與戰時暢通，以
致美國商人能從中獲取利潤；教育政治家接受和支持上述原則，積極
行動起來。[79]馬漢提出建立一支強大的海軍顯然主要是為這一時期美
國對外經濟擴張服務的，難怪有的歷史學家把馬漢的思想稱為「重商
主義的帝國主義」。[80]

　　馬漢的「海上實力論」適應了這一時期美國社會的擴張思潮，受
到決策層內一些擴張主義分子的稱頌讚揚，西奧多·羅斯福、亨利·
洛奇以及艾伯特·貝弗里奇等人積極敦促政府識時達務，組建與美國
經濟力量相符的海軍，以保證美國在海外擴張過程中所確定的目標能
夠如願以償。貝弗里奇一八九八年四月二十七日在波士頓的一次講話
中說：「我們的商船將布滿海洋，我們將建立與我們強大相一致的海
軍。我們自己進行管理，飄揚著我們國旗和與我們進行貿易的大殖民
地將圍繞著我們的貿易站發展。我們的制度將在我們的商業兩翼跟隨
著我們的國旗。美國的法律、美國的秩序、美國的文明、美國的國旗
將出現在迄今仍是血腥和愚昧的海岸，靠著上帝的幫助，此後將使之

---

79 參見查爾斯·比爾德：《美國外交政策》（Charles A. Beard, *A Foreign Policy for America*）（紐約市：克諾夫，1940年），頁43。關於馬漢的海權思想另參見彼得·卡斯滕：〈「影響」的本質：羅斯福、馬漢以及海權概念〉（Peter Karsten, "The Nature of 'Influence': Roosevelt, Mahan and the Concept of Sea Power"），載《美國季刊》（*American Quarterly*）第40卷第4期（1971年11月），頁519-522。

80 參見沃爾特·拉夫伯：〈關於艾爾弗雷德·塞耶·馬漢的「重商主義帝國主義」的評論〉（Walter LaFeber, "A Note on 'Mercantistic Imperialism' of Alfred Thayer Mahan"），載《密西西比河流域歷史評論》（*The Mississippi Valley Historical Review*）第48卷第4期（1962年3月），頁674。

美麗和明亮。」[81]西奧多・羅斯福宣稱:「我們的船艦應是第一流的——這是迫在眉睫的事,而且應該數量龐大。我們需要一支陣容齊整的海軍,不僅僅由巡洋艦組成,而且也包括占相當比例的威力大的戰列艦,這才能夠對付任何其他國家的海軍。政府在從津貼到公共建築上四處亂花錢時卻緊縮我們的海軍開支,這不是節約——這是小家子氣,是愚蠢的,是目光短淺的。」[82]呼籲政府組建強大的海軍成為這一時期美國政治家的一個主要話題。在他們的推動下,美國政府開始大規模地建立現代海軍,到一九〇〇年,其海軍實力從一八八〇年的世界第十二位躍為第三位,僅次於英國和法國。這支海軍力量在美國向外擴張過程起了不可忽視的重要作用。

　　美國內戰後的領土擴張多是為美國大踏步地邁向國際競技場做準備。一八六七年,在擴張主義者威廉・西沃德的一手策劃下,美國以低廉的價格從俄國手中購買了阿拉斯加,從而加強了美國在太平洋上的地位,獲得了把擴張觸角伸向東方的基地。《紐約時報》在這次購買後的翌日以醒目的位置刊文宣稱,阿拉斯加落入美國之手為美國與中國和日本的貿易帶來「光輝燦爛的前景」,無疑對擴大美國的太平洋貿易「百利而無一害」,從此,「通往中國和日本的貿易之途暢通無阻」。[83]位於太平洋中間的夏威夷早就成為美國擴張主義者覬覦的目標,西沃德擔任國務卿期間就把兼併夏威夷提上議事日程,到了格蘭特政府時期,美國兼併夏威夷的政策就更為明確了。國務卿漢密爾頓・菲什指出,美國將很快「在太平洋海岸與廣大的亞洲地區之間的

81 昆西・豪:《我們自己時代的世界史》(Quincy Howe, *A World History of Our Own Times*)(紐約市:西蒙和舒斯特出版社,1949年),頁128-129。

82 H・W・布蘭茲:《對帝國的束縛:美國與菲律賓》(H.W. Brands, *Bound to Empire: the United States and the Philippines*)(紐約市:牛津大學出版社,1992年),頁14。

83 歐內斯特・保利諾:《美國帝國之基礎:威廉・亨利・西沃德與美國對外政策》(Ernest N. Paolino, *The Foundations of the American Empire: William Henry Seward and U.S. Foreign Policy*)(伊薩卡:康奈爾大學出版社,1973年),頁111-112。

太平洋中部尋求一個駐足點」，而夏威夷正是開啟「東方貿易大門的鑰匙」。[84]一八八二年國務卿詹姆斯·布賴恩直言不諱地警告英國人不要染指夏威夷，因為它「實質上是美國各州體系中的一部分，是北太平洋貿易的鎖鑰」。[85]當然夏威夷這顆「梨」也不是輕易能夠落入美國之手的，兼併過程由於種種原因延續了數十年之久，直到一八九八年才正式成為美國的領地。

薩摩亞位於南太平洋，距美國本土約四千英里，戰略地位十分重要。英國、德國和美國的移民先後到達這塊寶地，三國都想把這個最早稱為「航海家群島」據為己有。他們角逐激烈，互不相讓，致使薩摩亞的歸屬問題遲遲不能定局。直到一八八九年十一月，英國才同意以它在薩摩亞的「權利」交換德國在非洲及太平洋的一些島嶼，從而退出了在該群島的競爭。隨後美國與德國簽訂了瓜分薩摩亞的條約，規定西經一百七十一度為界，以東的土土伊拉島和帕果帕果港歸屬美國，以西的所有島嶼歸德國所有。這樣美國在太平洋上又獲得了一塊踏上彼岸地區的基地。關於這件事的意義，直接參與談判的美國代表約翰·巴西特·穆爾以後說得很明白：「在美國歷史上，沒有哪一個事件……比我們政府對薩摩亞群島的方針更有助於我們理解對菲律賓的兼併。」[86]

一八九八年，美國和老牌殖民帝國西班牙之間發生了戰爭。這場戰爭是由美國挑起的。是年二月十五日晚，停泊在古巴哈瓦那港的美國戰列艦「緬因號」突然發生爆炸沉沒，原因至今不明。但是，美國政府卻一口咬定是西班牙人所為，國內迅即掀起了一股反對西班牙的

---

84 拉夫伯：《新帝國：對1860年至1898年美國擴張的解釋》，頁35。

85 戴維·普萊徹：《麻煩的年代：加菲爾德和阿瑟任內的美國對外關係》（David M. Pletcher, *The Awkward Years: American Foreign Relations Under Garfield and Arthur*）（哥倫比亞：密蘇里大學出版社，1962年），頁70。

86 拉夫伯：《新帝國：對1860年至1898年美國擴張的解釋》，頁140。

戰爭喧囂聲。麥金萊政府藉口這一事件，不斷威逼西班牙答應美國提出的條件。西班牙別無選擇，遂於四月二十三日向美國宣戰。這場戰爭僅持續了三個多月，美國以摧枯拉朽之勢，一舉擊敗了西班牙。十二月十日，美西兩國在巴黎簽訂了和約。和約規定，西班牙放棄對古巴的主權和所有一切要求，由美國占領該島；西班牙將波多黎各島和關島讓於美國；西班牙以取得二千萬美元為代價將菲律賓群島割讓給美國。這場戰爭儘管發生在二十世紀前夕，但卻具有劃時代的意義。它拉開了帝國主義列強重新劃分勢力範圍的序幕。對美國來說，美西戰爭的意義更是非凡，美國正是通過這場戰爭成功地顯示出自己的實力，逐步把與其利益至關重要的地區控制在自己的手中，為美國在美洲建立地區霸權奠定了基礎。美西戰爭在美國歷史上也是一個重要的轉折點，自此以後，美國開始告別傳統的孤立主義，大踏步地跨入了與諸列強在海外激烈競爭的行列，在與諸列強的海外競爭中，美國在商業上的優勢不斷地顯現出來，成為美國打入老牌殖民大國控制的地區的一個有力武器。

美國學者拉爾夫·佩里指出：「土地的占領和自然資源的獲得受到發現和征服精神的刺激。美國人貪婪地注視著現在疆界之外的加拿大、中南美洲、西印度群島、太平洋群島以及北極和南極的未開發地區，決心把其歐洲競爭者排除出去，在位於大西洋和遠東之間的那一整個地區實現霸權。」[87]對於一些極端擴張主義者來說，獲得新領土的欲望永遠不能滿足，儘管鼓吹兼併鄰近國家的言論依然在美國政界甚囂塵上，但美國顯然已經放慢或停止了版圖的擴張。也就是說，這一時期美國的擴張已不再是以增加版圖為特徵，而主要轉向尋求資本主義賴以生存和發展的疆域外市場，增加新的領土已不是目的，而只是一種更好地服務於異域經濟擴張的手段。此時美國政界和學術界，

---

87 佩里：《清教主義與民主》，頁580。

鼓吹經濟擴張的言論俯拾皆是，很少政治家能夠在這種喧囂聲中保持緘默。就連當時一些所謂的反帝國主義分子也不譴責商業擴張，倫敦《泰晤士報》指出，在美國，甚至譴責美國政府海外殖民行動的反帝國主義分子都歡迎「商業征服」政策。[88]伍德羅‧威爾遜在尚未出任總統之前是個著名學者，他在五卷本的《美國人民史》中強調了外交服務於經濟擴張的需要，「外交，如果必要的話，必須為市場打開一條通道」。[89]美國吞併太平洋之中的菲律賓群島主要是出於向亞洲經濟擴張考慮。參議員貝弗里奇等人極力宣揚兼併菲律賓，這樣做的目的是，「在菲律賓的另一邊，便是中國無邊的市場」。亨利‧洛奇在參議院宣稱，如果美國不獲得菲律賓，「那對我們的貿易、商業和我們的企業將是一個不可估計的巨大損失」。[90]這些在當時活躍於美國政壇的人物所持的觀點適應了美國海外經濟擴張的需要，對美國政府制訂和執行相應的對外政策發生了重要的影響。自此以後，美國就揚起了海外經濟擴張的大旗，同西方其他列強激烈地爭奪經濟勢力範圍。即使第一次世界大戰後受國內孤立主義思潮的影響，美國一度放緩了對世界事務的介入，但海外經濟擴張從未間斷，相反卻伴隨著美國國內經濟的急劇膨脹而日益加快，從國外市場上獲得的利潤或原材料源源不斷地流入美國，刺激著美國經濟朝著更高的水平發展。正是在這個基礎上，美國完成了第二次世界大戰後承擔「自由世界」領袖的物質準備工作。

　　隨著時代的進步，公開宣揚對外擴張的言論很少出現在美國決策者的口中，「經濟擴張」這一術語已不多為美國政治家所用，過去那種赤裸裸地為經濟擴張服務的手段似乎也走進了歷史陳列室，但並不

---

88 威廉‧威廉斯：《美國外交的悲劇》（William Appleman Williams, *The Tragedy of American Diplomacy*）第2版（紐約市：德爾出版公司，1972年），頁35。

89 威廉斯：《美國外交的悲劇》，頁72。

90 轉引自楊生茂主編：《美國外交政策史1775-1989》，頁212。

意味著美國政府放棄了這一術語體現出的基本內容。美國要求其他國家降低關稅和開放市場，並竭力敦促非西方國家接受美國的經濟發展模式，採取西方式的市場體制等等。這些措施除了直接服務於美國在海外的經濟利益外，還包含著更深層的目的，無非是想使一個統一在美國價值觀之下的以西方市場經濟為基礎的世界早日到來，這大概也是美國一個世紀以前發起海外經濟擴張的最終目標。

## 四　美國對外文化擴張

在國際關係學中，「文化擴張」主要指一國將其傳統價值觀傳播或強加給其他國家，以達到「不戰而屈人之兵」的目的。在世界歷史上，許多大國對他國征服往往伴隨著文化上的擴張，只有文化上的征服才能實現長治久安。在古代埃及，法老極力用本國文化來薰陶充當人質的外國青年貴族，目的是希望他們回國擔任領導職務時能夠具有埃及人的世界觀和生活方式。在古羅馬帝國時代，羅馬統治者極力在其臣服民族中傳播羅馬的語言、宗教、建築以及市民文化。現代西方文明興起後，西方殖民者踏上異國土地時莫不宣稱要以自己的宗教觀改變異教徒的信仰，以後逐漸發展為用西方的文化價值觀來改變與自己文化不同的國家，使這些國家按照西方設計好的道路發展。這一歷史過程長期在西方國家的對外關係中體現出來。馬克思曾以英國在印度的殖民統治為例做出過精闢的分析，他說：「英國在印度要完成雙重的使命：一個是破壞性的使命，即消滅舊的亞洲式的社會；另一個是建設性的使命，即在亞洲為西方式的社會奠定物質基礎。」[91]

因此，在西方列強掀起的全球擴張過程中，對西方之外國家的經濟剝削或掠奪是這一擴張的中心所在，而實現對這些被征服對象的政

---

91 《馬克思恩格斯選集》第2卷（北京市：人民出版社，1972年），頁70。

治控制也主要是為經濟擴張服務的。其實自古至今，那些在歷史上炫耀一時的帝國儘管是靠著武力攻城略地，但要實現對被征服地區的長治久安顯然不能完全靠著軍事力量，而是要依賴宗主國的文化對被征服土地上的臣民進行心靈上的「洗禮」，使他們最終對征服者文化的認同，從而達到鞏固宗主國對殖民地永久統治的目的。用一位專家的話來說，帝國主義「不只是通過鎮壓維持其統治，還要通過出口和制度化歐洲生活方式、組織結構、價值觀念、人際關係、語言和文化產品」使其統治具有堅固的基礎。這樣，帝國主義本身就是「一個多方面的文化進程，為準備接受和採納很遲到來的媒介文化產品奠定基礎」。[92]非洲幾內亞民族獨立運動的先驅之一阿米卡爾‧卡布拉爾以自己的親身體驗談到了帝國主義統治與文化征服之間的密切關係，他指出，實行帝國主義統治「需要文化壓制，試圖直接或間接摧毀被統治人民的文化的實質成分」。[93]這樣，「文化征服」在帝國主義概念中顯然具有很重要的地位。法國學者弗朗茨‧法農聲稱，「分解文化的計畫」是帝國主義控制殖民地的根本。西方殖民主義不會僅僅滿足於政治和經濟的統治，而且會試圖把當地人腦子裡所貯存的東西清洗一空，使其語言、飲食習慣以及性行為受到挑戰，改變了他們的坐臥姿勢、嬉笑言談和享受生活的方式，並且轉變了他們的歷史發展方向以及他們自己的人格。因此，在法農看來，當地人必須拒絕歐洲的價值

---

92 安娜貝勒‧斯里伯尼—穆罕默迪：〈帝國主義的多文化面孔〉（Annabelle Sreberny-Mohammadi, "The Many Cultural Faces of Imperialism"），載彼得‧戈爾丁等：《超越文化帝國主義：全球化、交流和新的國際秩序》（Peter Golding and Phil Harris, *Beyond Cultural Imperialism: Globalization, Communication and the New International Order*）（倫敦市：塞奇出版社，1997年），頁51。

93 梅爾‧拉特納：〈贏得人心：為維護獨立與文化帝國主義鬥爭〉（Merle E. Ratner, "Winning Hearts & Minds: Combating Cultural Imperialism to Defend Independence"），二〇〇一年七月二十日至二十一日在法國普羅旺斯大學舉辦的暑期討論班提交的論文，頁1。全文可在http://hoithao. viet-studies.org/Aix_Ratner.pdf網址上獲得。

觀，抵制它們，把它們徹底拋棄。[94]法農是個馬克思主義者，嚴厲抨擊了西方殖民主義，他號召受到奴役的當地人完全拒絕接受西方的價值觀儘管幾乎是不可能的，但卻反映出西方殖民主義者通過轉變當地文化來達到永久控制殖民地的目的。因此，文化擴張成為西方國家對落後國家外交政策上的一個鮮明特徵，這一特徵從一開始就明顯表現在美國處理與其他國家的關係之上。

　　在競爭激烈的國際舞臺上，許多國家都程度不同地以自己的文化觀念影響著國際關係，西方國家尤甚，但很少像美國那樣如此熱衷於文化擴張，並使其帶有明顯的持續性，有的學者把美國稱為「文化帝國主義」正是反映出美國對外關係上的這一特徵。美利堅是一個目光注視全球的民族，充當世界領袖是美國政府歷屆領導人追求的一個夢想。在實現這一目標的過程中，美國必然十分重視文化上的擴張，力圖用自己「優越」的文化取得政治、經濟以及軍事力量所不能達到的目的。早在一九三八年的時候，美國國務院美洲司的理查德‧帕蒂就有針對性地指出：「政治滲透帶有強制接受的烙印，經濟滲透被譴責為自私和強制，只有文化合作才意味著思想交流和無拘無束。」[95]他在這裡沒有公開談論文化擴張，但話中顯然包含著美國文化能夠對其他國家發生潛移默化的重要影響。美國在與這些國家的交往過程中，實際上很少不把文化價值觀作為實現其現實利益的一種有效武器。冷戰結束後，隨著文化因素在國際關係中的地位上升，美國更加重視文化擴張，試圖以自己的文化價值觀來確定世界的發展方向。本‧瓦騰伯格自豪地宣稱：「今天只有美國的民主文化才有基礎，只有美國人才擁有使命意識。……我們在歷史上是最強有力的文化帝國

---

94　參見小施萊辛格：《美國歷史的循環》，頁157-158。

95　弗蘭克‧寧柯維奇：《思想外交：美國對外政策與文化關係》（Frank A. Ninkovich, *The Diplomacy of Ideas: U.S. Foreign Policy and Cultural Relations*）（紐約市：劍橋大學出版社，1981年），頁27。

主義。」[96]瓦騰伯格的觀點反映了冷戰後美國政界和學界的一種很有代表性的傾向。

美國的文化擴張首先表現為政治文化的擴張。美國政治文化向外擴張有著深刻的歷史根源。「從一開始，一些美國人就把他們國家的國際使命確定為靠著道義的榜樣領導這個世界，而另一些人卻贊成直接干預來傳播具有德行的美國方式」。[97]政治文化擴張主要由政府部門所為，旨在影響其他國家的政策選擇，其政治性比較明顯。美國政府一向重視政治文化的擴張，正如哈利‧諾特在一九四一年強調的那樣，美國正在通過文化輸出，完成由英國開始的全球自由革命，「一個世紀前，當英國開始輸出其工業進程、工具以及製造方法的奧秘時，伴隨而來的是其他國家由此獲益。現在為了各民族的進步，我們必須有意輸出文化的奧秘」。[98]在這裡，「文化輸出」與「文化擴張」成為說明相同過程的兩個不同術語。當然，美國的文化輸出或擴張並不像諾特說的那樣是「利他性」的或者產生了「利他性」的結果，對其他國家或民族來說，這種行為產生的負影響或負作用是顯而易見的，甚至給這些國家帶來不幸與災難。在許多情況下，美國的文化擴張往往伴隨著隆隆的槍炮聲來到了異國他鄉。早在殖民時期，白人移民就揚起了「文明」征服「荒野」的大旗，不斷向內地推進，土著人遭到無情的屠殺和驅逐。許多美國人曾以「文明必將征服野蠻」為這種非人道行為辯護。如美國一家影響很大的雜誌編輯萊曼‧阿博特就把基督教文明傳播給「非文明」民族說成是盎格魯─撒克遜種族的責

---

96 本‧瓦騰伯格：〈新顯定命運主義〉（Ben J. Wattenberg, "Neo-Manifest Destinarianism"），載哈里斯主編：《美國的目的：美國外交政策新見》，頁110。

97 利奧‧里布福：〈美國對外政策史上的宗教〉（Leo P. Ribuffo, "Religion in the History of U.S. Foreign Policy"），載埃利奧特‧艾布拉姆斯主編：《信仰的影響：宗教團體與美國對外政策》（Elliott Abrams, ed., *The Influence of Faith: Religious Groups & U.S. Foreign Policy*）（拉納姆：羅曼和利特菲爾德出版公司，2001年），頁2。

98 寧柯維奇：《思想外交：美國對外政策與文化關係》，頁65。

任。他是這樣批評持有異議者的「荒唐」的：

> 有人說，我們毫無權利進入一個由野蠻民族占據的土地，干涉他們的生活。有人說，如果他們寧願野蠻狀態，他們有權利還是野蠻人。我否認野蠻民族保持地球上任何地區的權利。我重申我已經說過的話，野蠻狀態不享有文明必須尊重的任何權利。野蠻人享有文明人必須尊重的權利，但是他們沒有任何權利保持野蠻狀態。[99]

　　阿博特的說法在那些一向認為美國對落後國家或民族承擔「開化」責任的美國人當中頗具代表性，在美國社會也廣有市場，美國政府向所謂的「野蠻地區」發難，這是一個使其明顯帶有「侵略」性質之行為「合理化」的重要理由。歷史事實表明，盎格魯—撒克遜文化在所謂野蠻人遊蕩的「荒野」占據統治之日，也就是這片土地的原主人印第安人失去「自由」之時。當屬於墨西哥的領土在隆隆的槍炮聲中並進了美國的版圖時，美國人也沒有忘記對這種充滿血腥的活動添上幾筆誘人的「色彩」。《紐約先驅報》一八四七年五月十五日刊文說，美國能夠在數年之內更新與解放墨西哥人民，教化這個國家，「使其居民意識到他們享有的許多好處與福祉正是我們命運的組成部分」。[100]類似這樣的說法在當時美國政治家的口中是常見之語，既反映了使美國最具實用性的現實利益目標有了合法化的解釋，又表明了美國還是試圖通過其文化征服他國之人的優越心態。

　　伊曼紐爾・沃勒斯坦在對世界體系演變的研究中得出了「文化總是強者的一個武器」的結論。[101]這種武器對實施對象所起的潛移默化

---

99　漢迪：《一個基督教的美國：新教希望與歷史現實》，頁109。

100　溫伯格：《天定命運：美國歷史上國家主義的擴張主義之研究》，頁171。

101　伊曼紐爾・沃勒斯：《民族與普世：存在著諸如世界文化這類事情嗎？》（Immanuel

作用往往是其他征服手段所不及的。包括美國人在內的西方人眼中的
「東方」是異教徒居住的地區。當美國的擴張目標轉向位於太平洋西
岸中國這個神秘而富有魅力的文明古國時，大批的傳教士捷足先登，
紛至遝來，他們自認為肩負著所謂教化中國人的「神聖使命」，試圖
以基督教文化來改變東方人的思維定式，為美國文化最終征服這些東
方國家奠定一個堅實的基礎。這樣一種所謂的「神聖使命」不僅體現
在身負重任的傳教士身上，而且也在那些來到東方國家的美國人士身
上表現出來。塔夫脫承認，直到他去了東方以後，他才認識到國外傳
教的重要性，「基督教和基督教的傳播是現代文明希望的唯一基礎」。
[102]整個世界的進步也許已把那種赤裸裸地宣揚「文明」對落後國家征
服的論調掃進了歷史陳列室，即使現在美國領導人在公開的場合也很
少談論對弱小國家的「教化」使命，但美國政府從來沒有放棄向外擴
張其文化價值觀的考慮。

　　太平洋彼岸歷來是美國擴張其文化價值觀的場所。冷戰結束之
後，亞洲一些國家異軍突起，經濟發展令人矚目，在美國的全球戰略
中越來越受到重視。當美國開始設想未來形成一個以它為首的太平洋
共同體時，以自己的文化價值觀要求這一地區國家的政治發展和經濟
改革就成為美國的一項基本戰略。二十世紀九〇年代初布什政府時
期，美國就大力促進亞太地區「民主化」趨勢的發展，把接受西方式

---

Wallerstein, "The National and the Universal: Can There be Such a Thing as World
Culture?"），載安東尼‧金主編：《文化、全球化和世界體系：當代認同表現的條件》
（Anthony D. King, ed., *Culture, Globalization and the World-System, Contemporary
Conditions for the Representation of Identity*）（明尼阿波利斯：明尼蘇達大學出版
社，1997年），頁99。

102 保羅‧瓦格：《傳教士、中國人和外交家：1890年至1952年載中國的美國新教傳教
運動》（Paul A. Varg, *Missionaries, Chinese, and Diplomats: The American Protestant
Missionary Movement in China, 1890-1952*）（普林斯頓：普林斯頓大學出版社，1958
年），頁80。

的市場經濟作為衡量某些國家對外開放的尺度，旨在加深共同的價值
觀念，強化共同體的思想意識，為美國主宰正在出現的太平洋共同體
掃清障礙。克林頓政府提出了「新太平洋共同體」的構想，把「安
全、開放市場和民主化」作為加強美國在這一地區地位的主要考慮。
克林頓在出席第二次亞太經合組織首腦會議之前發表講話說，美國不
必在人權與亞洲的貿易之間做出選擇，「促進人權和民主價值也要求
政府與政府之間加強聯繫，所以我將毫不後悔地在亞洲和全世界推動
這些權利和價值」。[103]克林頓這番話既說明了美國政府在亞太地區奉
行的政策的一個基本特徵，也反映出冷戰後美國政府對擴張其文化價
值觀的重視。

　　美國在發展中國家的政治擴張與美國的經濟利益具有密切的聯
繫，歷史事實已經證明了這一點。一九四七年三月十日，美國國務院
官員麥克唐納德在致麥克馬洪的信中說，海外美國之音應該宣傳商
業，因為「一個根本的思想是，美國必須向世界其他地區推銷我們美
國的自由企業制度」。美國「自由主義」市場體制在全球範圍內的擴
張成為美國所謂民主制度取得最後勝利的堅實基礎。許多「冷戰」鬥
士認為，以市場為動力的美國制度是對極權國家控制制度的唯一理想
的取代。[104]這樣，在美國的政治文化中，諸如自由企業、自由貿易、
自由放任、門戶開放等與經濟具有直接聯繫的詞彙被包含在內，成為

---

103 參見威廉·克林頓：〈在喬治敦大學埃德蒙·沃爾什對外服務學院的講話〉（William
　　J. Clinton, "Remarks at the Edmund A. Walsh School of Foreign Service at Georgetown
　　University"）載《美國總統公開文件》（*Public Papers of the Presidents of the United
　　States*）1994年11月10日，第1卷（華盛頓特區：美國政府出版局，1995年），頁2059-
　　2060。
104 南希·伯恩哈特：〈真相大白：公眾事務電視和國務院的國內信息運動〉（Nancy
　　E. Bernhard, "Clearer than Truth: Public Affairs Television and the State Department's
　　Domestic Information Campaigns"），載《外交史》（*Diplomatic History*）第21卷第4
　　期（1997年秋季號），頁552。

固存於美國人腦海深處的價值觀念。因此，美國政治文化的擴張自然也包括向外傳播這些觀念。威廉・威廉斯指出，美國政界的一種普遍觀點是，美國的經濟福利和民主體制的存在取決於出口和海外金融關係，華盛頓需要形成一個擁有「道義上無限權力」的非正式帝國，以保證擴大貿易關係的安全與穩定的環境。他據此得出結論，對於自由國際主義者來說，美國政府總是具有一種非常重要的責任，「保護和擴大自由競爭原則能夠運轉的市場。如同重商主義一樣，古典的自由經濟學導致了一種擴張主義的外交政策」。[105]這位美國著名歷史學家已經作古，但他這番話對我們理解美國政治文化擴張的內涵不無意義。美國要求發展中國家市場完全開放與要求它們接受美國的民主制從來就是同一過程中無法割裂的兩個方面，這樣一種特徵決定了美國從中所得並不限於滾滾而來的豐厚利潤，還包含著更為深刻的內容。美國貿易代表查倫・巴爾舍夫斯基談到通過與其他國家簽署自由貿易協定，美國有效地出口了美國自由競爭、公正規則和效率等價值觀，把美國對打破控制的熱情變成對外政策的一個工具。[106]耶魯大學管理學院院長傑弗里・加頓說得更明白，認為美國的外交行為動機從來不是純商業的，「美國的商業一直與開放市場為伍，開放的市場又和政治自由具有關聯，政治自由則伴隨著民主，而民主還連接著和平」。[107]加頓是以讚美的口氣談論美國打開別國市場的更深層的目的，其實發展中國家按照美國標準的政治民主化歸根到底還是有利於美國經濟利益的實現。

---

105 克里斯托夫・萊恩和本杰明・施瓦茨：〈沒有敵人的美國霸權〉（Christopher Layne and Benjamin Schwarz, "American Hegemony: Without An Enemy"），載《對外政策》（*Foreign Policy*）第92期（1993年秋季號），頁13。

106 戴維・桑格：〈打貿易這張牌〉（David E. Sanger, "Playing the Trade Card"），載《紐約時報》（*New York Times*）1997年2月17日，頁1。

107 傑弗里・加頓：〈商業和外交政策〉（Jeffrey E. Garten, "Business and Foreign Policy"），載《外交事務》（*Foreign Affairs*）第76卷第3期（1997年5-6月），頁69。

　　美國的政治文化擴張也在其對社會主義國家政策中表現出來，美國試圖以其宣稱的文化「優勢」，從思想意識上置對手於防守境地，最終實現在戰場上所無法實現的目的。一九一七年，俄國取得了社會主義革命的勝利。到第二次世界大戰後，社會主義越出了一國範圍而形成了與資本主義抗衡的世界體系。美國對之採取敵對態度乃是兩種社會制度根本對立所決定的。美國參議員喬治・麥戈文寫道，蘇聯和其他各種共產主義向「美國的夢想與價值觀」提出了挑戰，自二戰以來，美國人往往把「任何與共產主義有關的事件幾乎必然視為危機，一種對其基本價值觀可怕的和根本性的威脅」。[108]美國從來沒有放棄對社會主義國家的政治敵對和經濟封鎖，不過從一開始就認識到單憑武力是不能置其於死地的。威爾遜總統曾說：「布爾什維克主要是思想上的侵略，你不能靠軍隊擊敗思想。」[109]言下之意，美國應對蘇俄發動一場瓦解其內部統治基礎的文化攻勢。冷戰期間，雖然政治、經濟和軍事對抗在美蘇關係中占據主導地位，但美國從未放棄利用其文化與蘇聯展開意識形態上的交鋒。一九八二年五月八日，里根發表講話說，美蘇全球衝突的最後決定性力量「將不是炸彈和火箭，而是意志和思想的較量」。他表示要「通過思想和信息的傳播」來影響蘇東人民，最終使這一地區實現西方模式的民主化。在這種思想的指導下，美國不時以其文化價值觀向蘇聯陣營發起攻勢，從外部促成了蘇東國家向著資本主義制度的演變，給冷戰劃上了句號。在這一過程中，美國文化以其對當事國政治家和民眾潛移默化的影響扮演了十分重要的角色。捷克作家伊萬・克里馬在接受記者採訪時深有感觸地談到自由歐洲廣播電臺和美國的宣傳攻勢對東歐國家演變所起的巨大作

---

108 喬治・麥戈文：《戰爭時代，和平時代》（George McGovern, *A Time of War, A Time Of Peace*）（紐約市：陳釀書社，1968年），頁179-180。

109 林克編輯：《伍德羅・威爾遜文件集》第53卷（普林斯頓市：普林斯頓大學出版社，1986年），頁576。

用，「我確信，這種『地下文化』對一九八九年秋天的革命性事件產生了重要的影響」。[110]美國政界和學術界的一種具有代表性的觀點就認為，美國靠著其思想意識和文化價值觀打贏了這場戰爭。其實，蘇東國家的演變主要是其內部矛盾所致，但美國的文化滲透和擴張無疑起了推波助瀾的作用。

　　美國政治文化擴張主要對他國統治階層在政策選擇上發生影響，直接與美國的對外政策密切相關。美國大眾文化擴張在多數情況下屬於非政府部門所為和受巨額利潤所驅動，但在實際操作中受到政府的支持，尤其在對外宣傳方面已與美國外交不可解脫地聯繫在一起。二戰後初期，美國負責文化事務的助理國務卿威廉·本頓敦促其政府使用無線電廣播、電影和報刊等宣傳媒介來影響和改變他國公眾的政治態度。在他看來，無論是文化交流，還是新聞宣傳，其任務都是推銷美國思想。美國中央情報局的老祖宗之一艾倫·杜勒斯也說過，如果我們教會蘇聯的年輕人唱我們的歌曲並隨之舞蹈，那麼我們遲早將教會他們按照我們所需要他們採取的方法思考問題。杜勒斯的本意是促進政府使用無線電廣播、電影和報刊等宣傳媒介來影響和改變他國公眾的政治態度，在美國與前蘇聯的「冷戰」中發揮美國的大眾文化「優勢」。大眾文化擴張造成的影響非常廣泛，美國學者理查德·巴尼特等人一九七四年出版了名為《伸向全球：跨國公司的力量》一書，其中就談到美國傳播媒介對第三世界絕大多數人思想意識的影響。他們寫道：

　　　　在美國社會，宣傳部門在形成價值觀念、愛好和態度方面所起的作用，如今由跨國公司在「自由世界」的許多地方起著同樣

---

110　參見菲利普·羅思：〈在布拉格的談話〉（Philip Roth, "A Conversation In Prague"），載《紐約書評》（*New York Review of Books*）第37卷第6期（1990年4月12日），頁12。

　　的作用。例如，通過電視和電影院中的廣告節目、連環漫畫、
　　雜誌廣告，外國公司對墨西哥處於底層的一半人民的思想的影
　　響，毫無疑問，比墨西哥政府和墨西哥教育制度的影響更為持
　　久。[111]

　　美國大眾文化擴張在當代國際關係中與日俱增，現在全世界幾乎
每個地方都能感到美國大眾文化的存在，它正在潛移默化地影響著其
他國家的生活方式及其公眾的思想意識。哈佛大學國際事務研究中心
主任小約瑟夫·奈把美國大眾文化的吸引力稱為美國對外政策「庫
存」中的「軟」資源，他說：「美國文化是一種相對廉價和非常有用
的軟實力資源。顯而易見，美國文化的某些方面對其他國家的人民沒
有吸引力，在評價文化力量來源上總是存在著偏見的危險。然而，體
現在產品和通訊中的美國大眾文化具有廣泛的吸引力。從未到過美國
的日本青年穿著印有美國大學名字的運動衫，尼加拉瓜政府（指桑地
諾民族解放戰線執政時期——引者注）在與美國支持的游擊隊作戰
時，而尼加拉瓜電視臺卻在播放美國的電視節目。同樣，蘇聯青少年
身穿牛仔褲，尋求美國的錄音帶，中國大學生在一九八九年動盪中使
用了以自由女神像為模型的象徵。儘管中國政府抗議美國的干涉，但
中國公民依然對美國民主和文化感興趣。」[112]這種「軟」資源的利用
使美國的生活方式和價值觀念得到廣為傳播。據八〇年代末統計，美
國電視節目出口是居世界第二位的英國的七倍，美國是唯一擁有全球
電影發行網的國家。美國電影產量約占世界的百分之六至百分之七，
但占世界電影放映時間的百分之五十。這種情況到了九〇年代更為嚴

---

111 斯塔夫里亞諾斯著，遲越等譯：《全球分裂：第三世界的歷史進程》下冊（北京市：
　　商務印書館，1993年），頁514。

112 小約瑟夫·奈：〈軟實力〉（Joseph S. Nye, Jr., "Soft Power"），在《對外政策》（*Foreign Policy*）第80期（1990年秋季號），頁168-169。

重。布熱津斯基認為，美國通過這種大眾文化的擴張，左右著全球的談論、全球的認識和全球教育上的相互影響。「據估計，全球傳輸和數據處理量的百分之八十以上均起源於美國。……美國在國外播放的電視節目之多，任何其他國家都是望塵莫及的。……從而每一個洲都受到美國電視所播放的形象和價值觀念的影響」。[113]他在一九九七年出版的一本著作中指出，美國在世界上處於「首屈一指」的地位，除了軍事、經濟和技術等方面外，大眾文化也起著決定性的作用。「在文化方面，美國文化雖然有些粗俗，卻有無比的吸引力，特別在世界的青年中。所有這些使美國具有一種任何其他國家都望塵莫及的政治影響」。[114]因此，美國政府常常通過自身的行為促進美國大眾文化的擴張。如美國在同意中國享受最惠國待遇時把不要干擾「美國之音」作為一個前提條件，美國國會在「一九九五年中國政策法」中將開辦「自由亞洲電臺」列為重點條款之一。在中美知識產權談判中，美國談判代表奉政府之命，強硬地要求中國開放國內文化市場，接納美國各類影音製品。占領中國市場固然是美國方面的主要目的，但傳播美國文化同樣是其中的很重要的考慮。

　　信息革命給人類生活帶來巨大的變化，美國大眾文化擴張由此更為便利。這些充滿美國情調的文化產品蜂擁而至那些國門初開或敞開的國家，儘管豐富了當地的文化生活，但卻在悄悄地吞噬著那裡的民族文化。用古巴國務委員會主席卡斯特羅的話來說，「這些東西對每個人的靈魂、人們的思想的滲透是難以想像的」。[115]美國學者約翰‧耶馬在一九九六年發表的一篇題目為〈世界的美國化〉一文中不無憂慮指出：「美國的真正『武器』是好萊塢的電影業、麥迪遜大街的形

---

113　布熱津斯基：《大失控與大混亂》，頁106-107。

114　茲比格涅夫‧布熱津斯基著，中國國際問題研究所譯：《大棋局——美國的首要地位及其地緣戰略》（上海市：上海人民出版社，1998年），頁32-33。

115　小施萊辛格：《美國歷史的循環》，頁157。

象設計廠和馬特爾公司、可口可樂公司的生產線。美國製作和美國風格的影片、服裝和『侮辱性的廣告』成了從布瓊布拉一直到符拉迪沃斯托克的全球標準，這是使這個世界比以往任何時候都更加美國化的最重要因素。」[116]毫無疑問，文化上的「美國化」對那些信守傳統的國家來說也許是不幸的，甚至是災難性的，但帶給美國的好處恐怕不能僅僅用巨額的經濟利潤所衡量。

　　美國影視產品形成的這種文化攻勢就連一些西方國家也難以倖免。法國就是一個例子。據統計，在巴黎收看的六個電視頻道每年總共播放一千三百部電影和電視劇，其中一千部來自美國，美國電影占法國影院票房收入的百分之六十以上。受美國影視作品的影響，法國的生活方式正在發生著令政府焦灼不安的變化。法國人引以為豪的法式大餐受到麥當勞快餐的襲擊；巴黎高檔時裝難以與西部牛仔服為敵；香檳酒讓位於可口可樂；古典歌劇和芭蕾更是難以抵禦「搖滾」和「霹靂」。西歐許多國家的情況與法國大同小異。面對著美國這場文化「入侵」，以法國為首的西歐國家與美國展開了一場「文化大戰」，法國總統雅克‧希拉克一九九三年底在談到法國文化受到威脅時說宣稱，法國的前途處在危機關頭，既然法國人熱愛這個國家，那末他們就必須保存它的獨特性、它的根本及其傳統，並把這些把法國與其他國家區別開來的東西世世代代傳下去。言下之意，文化代表了一個國家的特性，不能像商品那樣可以在市場上進行交換，以此來限制美國文化產品的輸入。這場大戰孰勝孰負，尚未明見分曉，但說明美國文化產品的進入已經到了不可等閒視之的地步。正如歐共體一些著名人士大聲疾呼的那樣：「美國電影就像恐龍一般，正把它的利爪伸向『世界公園』，要是歐洲國家再不聯合行動，歐洲文化就瀕臨滅

116　約翰‧耶馬：〈世界的美國化〉（John Yemma, "The Americanization of the World"），
　　　載《波士頓全球報》（The Boston Globe）1996年7月28日，頁F1。

絕。」[117]一九九九年上半年，加拿大為了保護本國文化免遭美國出版物、電影、電視的衝擊與美國發生爭執，幾乎釀成兩國之間的貿易戰。加拿大一些有識人士認為，加拿大必須保持其民族特性，而不應由好萊塢和迪斯尼對其文化構成侵略。加拿大遺產部部長希拉·科普斯在接受路透社記者採訪時談到了文化的重要性，認為文化是一個確定二十一世紀何去何從的問題，人們不應該為保護文化而感到羞愧。因為存在著這樣一種危險，即加拿大人可能會在全球化的單一文化中喪失自我。因此，加拿大強硬的文化政策「保證了思想的自由流動，但為我們自己的臉面和聲音保留了緩衝的空間。如果你看不到你自己體現在圖書、電影和音樂中，那末這就是正在失去的文明的一個組成部分」。這樣，在科普斯看來，「任何貿易協定必須尊重文化的獨特性」。[118]科普斯這裡是代表官方說上述話的，明確表明了加拿大政府在這一問題上的基本立場。科普斯的擔心不無道理。美國大眾文化擴張是對政治文化輸出的一種有效「補充」，儘管它一時不會對他國決策過程發生明顯影響，但長此以往，維繫國家的民族精神和文化基礎就會動搖。思想意識上的「美國化」將為美國實現其外部利益清除了一切潛在的障礙。因此，對美國來說，美國大眾文化是美國外交中一種「低代價、高效益」的「軟」資源。

　　冷戰結束後，國際形勢變得更加錯綜複雜，美國面對著各方面的挑戰，更加注重文化擴張的作用。前蘇東國家政權轉型後，隨即開始了政治與經濟結構的轉變。美國就把促進這些國家確立西方式的民主

---

117 轉引自《新華文摘》1994年第9期，頁157。

118 彼得·福特：〈聯合國與美國文化帝國主義戰鬥〉（Peter Ford, "UN Fights U.S. Cultural Imperialism"），載《科羅拉多日報》（*Colorado Daily*）2003年10月23日。全文可在http://coloradodaily.com/articles/ 2003/10/23/news/arts/arts03.tx網址上獲得；愛迪生·斯圖爾特：〈推進文化多樣性〉（Edison Stewart, "Push on for Cultural Diversity"），載《多倫多星報》（*Toronto Star*）1998年6月28日。全文可在NewsBank世界各國報紙全文數據庫中獲得。

制和自由市場經濟作為一種既定戰略，除了通過經濟援助保證這一過程順利進行之外，還利用美國文化這種「軟實力」促使人們思想觀念的轉變。國務卿詹姆斯‧貝克一九九二年二月對獨聯體六國進行了訪問，在同這些國家領導人會談中明確把「民主改革」和接受美國的人權標準作為美國提供援助或建交的先決條件。克林頓競選總統時，就大談上臺後要重視在國外促進美國文化價值觀的傳播，執政後屢屢宣稱，「本屆政府的對外政策將以民主原則和民主制度為根基」，「促進世界的民主革命是美國的一項首要戰略原則」等等。他在就職演說中也不無所指地說，美國最大的實力就是它的思想力量。一九九三年九月下旬，克林頓政府要人先後發表四篇引人注目的外交政策演說，提出「把市場制民主國家的大家庭」推廣到全世界的「擴大戰略」。在這一戰略的指導下，克林頓政府對前蘇東地區政策的基本出發點是支持和促進那裡業已開始的民主化進程與市場經濟改革，認為這一地區的民主化改革的成敗對美國全球安全至關重要，美國一九九四年國家安全戰略報告中就明確指出，其他任何地區民主取得的成功都不如這些國家民主取得成功更為重要。

在國際關係中，只要國家之間存在著交往，文化上的相互影響就不可避免地發生。不同文明之間的文化交流推動著世界歷史向前發展，是人類進步的主要因素之一。英國著名哲學家伯蘭特‧羅素精闢地概括說：「不同文明之間的接觸在過去常被證明是人類進步的里程碑。希臘向埃及學習，羅馬向希臘學習，阿拉伯向羅馬帝國學習，中世紀的歐洲向阿拉伯學習，文藝復興的歐洲向拜占廷學習。」[119]羅素顯然是指平等的文化交流而言。在當今世界上，國家的對外關係已經成為國家發展的重要條件，隨著國家交往的頻繁，文化上的相互影響

---

119 羅素：〈中西文明的對比〉，載何兆武等主編：《中國印象——世界名人論中國文化》下冊（桂林市：廣西師範大學出版社，2001年），頁89。

自然就更為顯而易見。因此，平等的文化交流有利於相互取長補短，使不同文化背景的國家在許多問題上求同存異，達成共識。尤其對於發展中國家來說，通過吸取發達國家文化的精華，更能使本國的傳統文化適應現代化的需要。

　　然而，美國的文化輸出並不具有這方面的內容。美國政府要求或強迫在其他國家接受美國的文化價值觀反映出了美國人的「救世主」心態，其形式完全變成了一種單向行為的文化滲透，其目的也完全超出了文化交流的本來意義，美國試圖使多元文化世界歸宗到一種文化的統治下。用哈佛大學歷史學教授入江昭的話來說，「美國的夢想將在全球範圍內實現，美國的經歷將成為世界的經歷，只有當美國的理想和制度堅定地移植到全球的各個部分時，美國才不是獨特的，整個世界將成為一個偉大的美國」。[120]由此可見，美國文化輸出的目的是實現美國一統天下的全球霸權夢的一種手段。以研究美國文化外交而著稱的寧柯維奇教授對美國大量的原始檔案研究後，於一九八一年出版了《思想外交》一書。他得出的結論是，美國對外文化關係首先是在國際政治中運用文化影響的一種特殊政策工具，文化手段和政治、經濟、軍事手段一樣，不但都是美國外交政策的組成部分，在大國間軍事作用有限的條件下，特別是在現代核戰爭中無法嚴密保護本國不受報復的情況下，文化手段尤其成為美國穿越障礙的一種更加重要的強大滲透工具。[121]這一結論對我們認識美國文化輸出的實質頗有啟迪。

　　美國歷史上的擴張主義是美國白人文化表現出的一個鮮明特徵，它給被擴張對象常常帶來災難和不幸，但美國人卻引以為榮，認為這是實現盎格魯─撒克遜人傳播基督文明的神聖使命。正如西奧多・羅斯福指出的那樣：「縱觀我們國家的絕大多數時期的經歷，我們的歷

---

120　入江昭：〈文化之間的關係〉（Akira Iriye, "Intercultural Relations"），載德康德主編：《美國外交政策百科全書：主要動向和思想研究》，頁429-430。

121　參見寧柯維奇：《思想外交：美國對外政策與文化關係》。

史就是一部擴張史。擴張在不同時期表現出不同的形式。這種擴張不是令人感到遺憾，而是令人感到自豪。」[122]所以美國人把擴張視為進步的體現，是上帝賦予他們在塵世履行的一種特殊使命的具體化。當然這些「娓娓動聽」的言辭並不能掩蓋美國擴張的真實目的。歷史已經證明了這一點。儘管領土擴張已經成為過去，經濟擴張也在採取更為隱蔽的形式，文化擴張也往往遇到異族他國的抵制，但作為一個所謂「一往無前」的民族，美國不會放棄它所承擔的「使命」，它會更加強調一種無形的擴張，用自己的文化價值觀潛移默化地影響它認為需要「教化或改造」的國家，把美國文化中這一永恆的追求繼續在其外交關係中體現出來。

---

122 小施萊辛格：《美國歷史的循環》，頁157。

# 第五章
# 「白人的負擔」與美國對外關係

　　「白人的負擔」是十九世紀後期英國著名作家拉迪亞德・吉卜林撰寫的一首詩的主題，旨在為西方殖民大國征服和統治亞非拉落後地區辯解，西方先進的文明教化或轉換非西方世界的野蠻狀態貫穿於這首詩的字裡行間。「白人的負擔」隨後就屢屢出現在美國傳媒上，被美國擴張主義者援引來說明美國對外擴張的「合理性」。這一術語顯然是對美國與落後國家關係的一種扭曲，典型地反映出美國盎格魯—撒克遜白人文化中的種族優越心態。美國儘管沒有像南非一樣成為種族主義的國家，但種族優越在美國白人身上表現得淋漓盡致，一度造成了種族主義在美國歷史上猖獗一時，有色人種在這個「自由」的國度裡備嘗艱辛。現在有色人種在美國的境遇已非昔比，他們應該享受的基本權利也得到了法律的認可和保護，但這並不意味著美國白人的種族優越感消失殆盡。種族之間事實上的不平等依然十分嚴重，像一張張無形的網絡「困擾」著美國社會。這種種族優越感同樣深深地影響著美國人對異族他國人的看法與態度，並在美國處理與其他文化不同的國家的關係上表現出來。正如美國學者斯蒂芬・萊文指出的那樣，在美國的政治文化體系中，「美國自認為受到全能的上帝的特殊恩寵，注定不僅在西半球而且在世界其他角落扮演一個既行使支配權又樂善好施的角色。下等人（大多數是黑人）在這個自然的民族等級制度中必須接受他們的從屬地位。這兩種思想的結合培植起這樣一種民族意識：樂觀主義和自信精神發展到近乎自大狂的地步」。[1] 萊文揭

---

1　斯蒂芬・萊文：〈災難的邊緣：1945年的中美關係〉，載袁明等主編：《中美關係史上沉重的一頁》（北京市：北京大學出版社，1989年），頁39。

示了美國政治文化中存在的一個明顯現象，美國白人的種族優越顯然是產生這種現象的根源，並對美國對外政策的制訂和執行產生了重要的影響。

## 一　美國白人種族優越的文化根源

　　美國學者阿爾森在《美國方式》一書中指出：「外國訪問者常常發現，美國人總的來說是以恩賜的態度對待他們的，有點像對待經歷有限、或許智力低下的孩子。」[2]阿爾森倒是一針見血地道出了踏上美國國土的異邦人在與美國人打交道時的真實感受。當然他這裡所謂的「美國人」，顯然是指在美國社會居於支配地位的白人。在阿爾森看來，體現在他們身上的這種「優越感」已經完全是一種下意識的行為，自覺或不自覺地在接觸異國人時流露出來。阿爾森只是揭示出存在於美國現時社會的一種普遍現象，既沒有對這種明顯包含著以我為中心的現象提出尖銳批評，也沒有對之追根溯源。其實，美國白人的種族優越感或種族主義在美國盎格魯—撒克遜文化中由來已久，源遠流長，它與白人對有色人種的偏見以及白人「至尊至上」的觀念密切相關。

　　種族是在生物學上對體質形態上具有某些共同遺傳特徵的人群的分類，一般是以膚色、頭髮的形狀和顏色、眼色、面容等生理特徵為標誌，這些特徵是生活在不同地域內的人長期適應自然環境而形成的，並不能表明在體質屬性上具有明顯差別的人種有優劣之分，然而這種自然的差異卻成為西方人來突顯白人種族優越的一個藉口。一七五八年，瑞典動植物學家林奈對人類進行了分類，列出了六個種族，分別是野人、美洲印第安人、歐洲人、亞洲人、非洲人和變態人。這

---

2　阿爾森：〈怎樣瞭解美國人〉，載《現代外國哲學社會科學文摘》1992年第6期，頁19。

種分類儘管具有一定的科學依據，但把野人和變態人作為種族對待，在今天看來未免就有些荒誕無稽了。一七七五年，德國早期人類學家布魯門巴赫根據對顱骨測量的研究，把生活在不同地區的人分為高加索人種、蒙古人種、埃塞俄比亞人種、亞美利加人種和馬來亞人種，這種分類法對後世產生了很大的影響。上述學者的分類主要還是從學術研究的角度出發，並不是要證明歐羅巴人種比其他種族的優越，但這種分類本身還是以歐羅巴人種為中心來進行的，成為以後白人種族主義者宣稱本種族優越的所謂科學根據。現在通常將人類分為三大人種，即蒙古人種（黃種人）、歐羅巴人種（白種人）和尼格羅人種（黑種人）。

　　我們全人類本來都是起源於屬於一個「智人」的物種，只是環境的差異才造成了分布於不同地區的人種在演化過程中在外表上形成了相互區別的明顯特徵。種族的外形特徵並非必然決定種族之間存在著優劣之分，或其智力具有高低之別。二十世紀七〇年代，美國一個名叫福特的教授曾做過一個這方面的試驗。他讓一對來自非洲的移民夫婦把他們的孫子送進一所幼兒園，同時送去的還有一個來自以色列的同齡兒童。在幼兒園共同生活了一年之後，兩個兒童接受智商測試的結果完全相同。這一結果表明種族生來並沒有智力上的差異，差異完全是後天形成的。有人對此評論說，這個試驗「駁斥了一切認為低劣和優越是與出生相聯繫的理論，並且表明了智力的形成僅僅在於、而且完全在於環境與訓練」。[3]當然我們也不否認主要由白種人構成的歐美社會從近代以來發展遠遠走在了其他地區的前列，但這並不足於證明白色人種就一定比有色人種優越。美國人類學家羅伯特・莫非指出：

---

3　引自讓—雅克・塞爾旺—施賴布爾著，朱邦造等譯：《世界面臨挑戰》（北京市：新華出版社，1982年），頁262。

並沒有資料證明某些天生的精神或感情的特點與種族特徵有
關。事實上那種認為淺色皮膚的人比深色皮膚的人聰明的看法
無視生活和歷史的知識。人類智力的進化經歷了幾十萬年的歷
程。北部歐洲人取得先進的地位不過才從十六世紀開始。當歐
洲還處於蒙昧時代時，阿拉伯人就在北非和近東建立了文明古
國。當帝國和大城市在北非繁榮之際，巴黎不過是一個粗鄙小
鎮。在羅馬文明尚未達到北部歐洲很久以前，在中國、印度、
伊拉克和埃及就存在著複雜的社會。[4]

由此可見，與生俱來的種族外表並不能決定社會的先進與落後，
更不是文明與野蠻的自然標誌。然而，白人種族主義者卻在種族的形
體差異上大做文章，力圖說明人類各種族在智力和道德發展能力上有
高有低，高級種族生來具有創造高度文明的生物本質，負有統治世界
的使命；低級種族天性愚蠢，只能成為被統治的對象，也只能在優越
種族的教化下向著文明過渡。美國參議員約翰・丹尼爾在一八九九年
就宣稱：「有一種時間和教育都不能改變的東西，你可以改變豹子身
上的斑點，但永遠改變不了種族的不同特性。上帝創造這些特性就是
為了使他們在世界的發展與文明化中完成各自不同的使命。」[5]丹尼
爾的這種說法沒有任何科學依據，但卻是他所處的時代美國社會一種
流行的觀點，反映了美國盎格魯─撒克遜白人向落後地區擴張並成為
這些地區的主人的急切心態。

種族應該無優劣之分，但社會發展卻有快慢之別，當一個種族居
於優勢的社會在文明程度上明顯高於另一個種族構成的社會時，前者
就會產生一種優越於後者的觀念或心態，其實這也是人類歷史上種族

---

4　羅伯特・莫非著，吳玫譯：《文化和社會人類學》（北京市：中國文聯出版公司，1988
　　年），頁17。
5　霍夫斯塔特：《美國人思想中的社會達爾文主義》，頁192。

主義產生的一個重要條件。所以，當人類進入階級社會之後，種族不平等也就相伴而來。一些學者認為印度的種姓制度是種族主義的一種早期形式，起源於征服者「雅利安人」和被征服者「達薩」（Dravidians）之間在形體上的差別。據世代相傳的印度文獻《梨俱吠陀》記載，「雅利安」意即「出身高貴的人」，「達薩」被形容為沒有鼻樑，皮膚發黑，語言不清，不祭神靈。這兩類人分別屬於兩種不同的「瓦爾那」（Vernas）。「瓦爾那」意即「顏色」，他們分別代表兩個在頭型、膚色、語言、宗教等方面互有區別的種族。印度的種姓制度就是在此基礎上逐漸形成的。因此，在印度文化中，白黑兩種顏色分別與善惡具有聯繫。在古代希臘，當文化發達的希臘人對非希臘人進行征討時，一些著名的思想家也從種族或民族優劣角度為之辯護。如柏拉圖就認為雅典人不准奴役雅典人，不准使對方成為自己的奴隸，希臘諸城邦之間由於血統和感情相同而不得發生戰爭，但卻肯定與野蠻的異邦人之間的戰爭，並且允許把對方的俘虜變成自己的奴隸。柏拉圖宣稱：

> 我斷言，希臘種族的所有成員相互都是兄弟親屬，對野蠻世界來說則是外人。……因此當希臘人與野蠻人發生戰爭時，我們把他們描述為天敵，相互拚命廝殺，關於此類敵對，我們將賦予「戰爭」之名，但是當希臘人與希臘人處於相同的狀態時，我們將說他們是天然的朋友，只是在此設想的情況下，希臘人處於內部衝突的病態，對此類敵對，我們稱之為「叛亂」。[6]

　　比柏拉圖稍晚一點的另一位古希臘哲學家亞里斯多德同樣具有這種思想。亞里斯多德從最初的生物有機體學說論證了奴隸制的合理

---

6　佩里：《清教主義與民主》，頁595。

性，認為天賦理性高的人，能夠發號施令，天賦理性低的人，只能聽命服從。前者天然是主人，後者自然是奴隸，主人支配奴隸合乎天理。[7]因此，在亞里斯多德的筆下，希臘人的高貴和非希臘人的卑賤被形象地刻劃出來。在古代希伯萊人文化中，我們也可以看到膚色決定地位的痕跡，如所羅門之歌（the Song of Solomon）中的一段話表明了對黑膚色的偏見，即「我皮膚黑黝，但舉止合宜，……不要因為我黑而盯著我，這是風吹日曬的緣故。我母親的兒子對我發怒，他們打發我去守護葡萄園」。[8]在古代社會，文明與野蠻很大程度上並不是以種族為界，儘管一些比較先進的國家在處理與異族關係時已經使種族中心主義暴露無遺，但由於不同種族相隔比較遙遠，更何況人類並沒有便利的交通工具衝破大自然設置的障礙，除了個別和偶然的交往外，各種族基本上還是處於孤立的發展狀態。所以，以種族特性區別優劣實際上只是限制在同一種族的不同民族群體之間，確定地位和身分的是文化，而非種族，發達民族界定的野蠻人只是操另一種語言和具有不同風俗習慣的其他民族集團。儘管如此，古代社會已存在著以天生的優劣來劃分人的社會地位，這種觀念成為種族主義產生的思想根源。

種族優越與文化中心主義密切聯繫在一起。事實上，不管在歷史上還是在現實中，文化中心主義幾乎成為每種文化與他文化接觸時一種源於對自己文化自豪或維護的本能反應。正如戴維・萊文森指出的那樣：「種族中心主義是凡人皆有的，因為至少有時所有文化的成員都表現出這種傾向。在許多文化中，人們往往以固定的積極術語來描述他們自己文化的信仰、習慣和行為，而以固定的消極術語來描述其他文化的習慣與信仰。」[9]德國學者馬勒茨克也持這樣的觀點，他指

---

7　詳見劉紹賢主編：《歐美政治思想史》（杭州市：浙江人民出版社，1987年），頁64。

8　《大英百科全書》（*Encyclopaedia Britannica*）第15卷，頁361。

9　戴維・萊文森等主編：《文化人類學百科全書》（David Levinson and Melvin Ember,

出：「每一種文化都將自己置於世界的中心，並將自己看作是萬物的標準。」[10]按照他們的說法，任何文化都有著以自己文化為中心的傾向，只不過是程度不同而已，有的文化表現得不太明顯，有的文化則表現得非常強烈，主要視該文化屬於「強」文化還是「弱」文化而定。一種文化總是適合於一個群體的生存方式，凡是屬於這個群體的成員，皆對在這種自己熟悉的文化氛圍下生活感到舒服和習慣，對於他文化總是有一種陌生或異樣的感覺。相比之下，他們各自都會覺得自己的文化比所接觸或看到的異文化要好。古希臘歷史學家希羅多德指出，如果任何人得到機會在世界上所有國家中選擇一套最好的信仰的話，他將毫不猶豫地選擇他自己國家的信仰。希羅多德進而斷言，每個人都認為本國習俗和宗教是最好的。[11]客觀上講，這是一種正常的文化心態，能不能劃到文化或種族中心主義的範疇，還值得進一步的研究。因為這種「文化優越」感只是侷限於一種特定文化群體的體驗，可以說它是一種文化的偏見，但並不會影響到其他民族的文化發展。

現代意義上的種族主義[12]幾乎與西方文明的興起是同步的。歐洲

---

eds., *Encyclopedia of Cultural Anthropology*）第2卷（紐約市：亨利・霍爾特出版公司，1996年），頁404。

10 馬勒茨克著，魏亞玲譯：《跨文化的交流：不同文化的人與人之間的交往》（北京市：北京大學出版社，2001年），頁17。

11 參見社論：〈全球化中的一致性〉（Editorial, "Solidarity in Globalization"），載《美洲》（*America*），第100期（2000年6月3日），頁3。

12 詹姆斯・瓊斯對種族主義下的定義是：「種族主義是由種族偏見和／或種族中心主義轉變而來，是通過有意或無意支持整個文化的個人和機構行使針對被視為是低劣的一個種族群體的權力轉變的。」詹姆斯・瓊斯：〈種族主義概念及其正在變化的現實〉（James M. Jones, "The Concept of Racism and Its Changing Reality"），載本杰明・鮑澤等主編：《種族主義對白種美國人的影響》（Benjamin P. Bowser and Raymond G. Hunt, eds., *Impacts of Racism on White Americans*）（貝佛利希爾斯：塞奇出版社，1981年），頁28。轉引自理查德・洛伊：〈雅皮士的種族主義：20世紀80年代的種族關係〉（Richard Lowy, "Yuppie Racism: Race Relations in the 1980s"），載《黑人研究雜誌》（*Journal of Black Studies*）第21卷第4期（1991年6月），頁448。

人把殖民擴張的觸角伸向世界各地時，第一次廣泛而直接地與數目眾
多的不同膚色的種族發生了接觸，他們有時儘管對外部文明取得的文
化成就歎為觀止，但征服異族的急切心理和對物質財富的貪得無厭往
往使他們撕下「文明」的面孔，給這種種族間的接觸過程打上了「血
與火」的烙印。當我們翻開歐洲早期海外擴張史時，哪一頁不是流淌
著土著人的血與淚，有多少人類文化的瑰寶在殖民者的手中化為灰
燼。面對著這種幾乎是不可抗拒的「歐洲文明」的衝擊，當地人的奮
力抗爭終歸難以抵制手持現代武器的海外「來客」。他們只能在對蒼
天的哀鳴聲中成為他人「刀俎」下的「魚肉」。白種人在有色人種生
活的世界裡肆虐橫行所帶來的結果必然是前者對後者統治關係或依從
關係的確立，這種不平等的關係便是種族主義產生的基本條件。白人
統治者身上的種族優越感乃是他們在與其他種族發生接觸時的一種自
然或本能表現，而種族主義則是他們為了使對征服異族合理化而杜撰
出來的一種「神話」。這種「神話」被後來的一些鼓吹種族主義的白
人大肆渲染，逐漸形成了比較完善的理論體系。一八五三年，法國社
會學家戈比諾出版了《論人類種族的不平等》一書，認為種族優劣是
社會興衰、文化高低的決定因素。有色人種是低級種族，白種人是高
級種族，其中以日爾曼人最為高貴。優劣種族自身所具有的特徵是永
遠不能改變的。這本書顯然服務於西方國家對白人之外種族的征服，
被稱為種族主義的「聖經」。

　　在歐洲國家向外擴張過程中，白種人對有色人種的種族主義行徑
令人髮指，西方殖民者在實踐上把種族主義發展到一個新的階段，對
非西方民族進行了幾乎毀滅性的征服。美利堅合眾國是歐洲人向外擴
張的產物，這個國家的主體民族主要由白人構成，其自然繼承了母國
在這方面的傳統，甚至將之發展到登峰造極的地步。[13]「種族優越

13 關於美國白人種族主義與歐洲的聯繫詳見布萊恩‧赫德森：〈簡單的公正：歷史視
　　野中的肯定行為與美國的種族主義〉（J. Blaine Hudson, "Simple Justice: Affirmative

感」成為美國盎格魯—撒克遜文化的一個顯著特徵，用一個美國學者的話來說：「盎格魯—撒克遜種族是人類天生的統治者，是『世界的無冕之王』。」[14]從起源上講美國白人的種族優越感與十五世紀以後歐洲人對有色人種形成的偏見存在著密切的聯繫，但隨著北美大陸的開拓，這種優越感明顯地帶有了本地區的特徵。美國白人宣稱的「使命觀」已經包含著白人優越論的價值取向。當移民的始祖們踏上北美大陸後，茫茫荒野使他們完成上帝賦予的一種神聖使命得到加強，征服荒野，把文明帶給尚處於落後狀態下的土著人便成為他們注定承擔的使命。這種設想反映出一個簡單的邏輯推理，他們靠著全能上帝的指引來到這塊預示人類未來的「希望之鄉」，把世界從「野蠻、無知、落後、頹廢、腐敗」中拯救出來對他們來說自然是責無旁貸。對印第安人的驅逐和殺戮是北美大陸上最早的種族主義的表現形式。這種視不同種族為低劣的觀念造成的結果成為困擾美利堅民族多少世紀的一個「惡疾」。

　　北美大陸的種族主義無疑根源於美國白人自視為上帝選民的觀念，但與美國獨特的地理環境和獨立之後形成的政治體制也有著很大的關係。他們自認為生活在一個與舊大陸完全相異的新世界，這裡地大物博，富饒無比，人們的民主自由又有世界上獨一無二的政體給予保障，所以他們確信美國是世界上最好的國家。美國著名歷史學家亨

---

Action and American Racism in Historical Perspective"），載《黑人學者》（*The Black Scholar*）第25卷第3期（1995年夏季號），頁17。很多學者把美國的種族主義起源追溯到北美殖民時期，認為白人移民對土著印第安人和黑人的態度明顯具有了種族主義的傾向。這方面的代表性觀點詳見奧爾登·沃恩：《美國種族主義的根源：關於殖民經歷的論文集》（Alden T. Vaughan, *Roots of American Racism: Essays on the Colonial Experience*）（紐約市：牛津大學出版社，1995年）。

14 約瑟夫·泰勒：〈對歐洲移民的限制和種族概念〉（Joseph Taylor, "The Restriction of European Immigration and the Concept of Race"），載《南大西洋季刊》（*South Atlantic Quarterly*）第1期（1954年1月），頁32。

利‧康馬杰在其著述中寫道:「美國人完全生活於新世界,這裡得天
獨厚,無比富饒,因而形成一種夜郎自大的信念,確信美國是世界上
最好的國家。每一個橫渡大西洋——很少走別的路——到美國來的移
民,在想像中也確信這是全世界公認的事實。對美國人來說,遼闊的
荒野確是可以任意馳騁的樂園;他們輕視其他國家和民族幾乎達到旁
若無人的程度。」[15]桑塔格也認為:「大多數美國人具有一種根深柢固
的沙文主義,⋯⋯他們的確不承認其他國家生活方式的存在。」[16]就
連對美國文化產生很大影響的歐洲在美國白人眼裡也不屑一顧,他們
認為歐洲人的智慧、創造力和天才早已枯竭,文明的中心已經從大西
洋的東岸轉到西岸。美國人對同種的歐洲文化尚且如此,對不同種族
就很難不讓他們顯示出優越感了。這種視自己為「天下第一」的觀念
必然成為種族主義產生與氾濫的「溫床」。

　　種族優越感作為一種價值觀固存於美國白人文化之中,在每個受
這種文化薰陶的白人身上表現出來。這種觀念在美國社會上層居於優
勢地位的盎格魯—撒克遜人身上尤甚。他們實際上並不把北美大陸看
作是一個由多元文化構成的社會,在他們的眼中,「大西洋共同體基
本上是英國的。通過根據他們自己規定的條件對其他白種人的同化,
盎格魯—撒克遜人決心保持殖民地的英國特徵以及自己在其中的特權
地位。在這些移居而來的英國人當中,許多人如同在其祖國一樣確
信,他們是上帝的選民,他們必須保持這種崇高的地位」[17]歷史事實
證明,在一個多種族並存的社會裡,如果占據統治地位的種族決心要
維護其居於其他種族之上的特殊地位,種族優越感或種族主義必然會

---

15 康馬杰:《美國精神》,頁13。

16 克里斯托弗‧索恩:〈美國政治文化與冷戰的結束〉(Christopher Thorne, "American
　Political Culture and the End of the Cold War"),載《美國研究雜誌》(*Journal of
　American Studies*)第26卷第3期(1992年12月),頁318。

17 亞歷山大‧德康德:《民族、種族和美國對外政策》(Alexander Deconde, *Ethnicity,
　Race, and American Foreign Policy*)(波士頓市:東北大學出版社,1992年),頁11。

相伴而來。因此，在美國政界和學界，宣揚赤裸裸的種族主義大有人在，就連一些以實現民主自由理想為己任，對美國歷史發展產生很重要影響的人物也難以突破它的藩籬。

　　本杰明‧富蘭克林在對待有色人種的態度上是個典型的種族主義者，他根據膚色來劃分人類，給每種膚色標上特徵，以別優劣高低。他公開譴責印第安人屬於「嗜血好戰和以屠殺為樂的野蠻無知的部落」。他在私人通信中把印第安人描寫為愚昧無知，天性懶惰，褻瀆上帝，蠻橫無理，把黑人視為不願勞作，偷竊成風，不會過日子，他甚至為奴隸制法典公開辯護。[18]所以，富蘭克林希望北美大陸成為一個由「純白人」組成的社會，那些「黝黑的」歐洲人和非洲人及亞洲的「黑人和黃種人」統統都應該從北美殖民地驅逐出去。他認為盎格魯─撒克遜人是最白的人種之一，他們無論是否被上帝所選擇，都是地球上最適宜的人種。他在一七五一年寫道：

> 世界上純白人的數目比例非常小。非洲大陸都是黑人和黃褐色人。亞洲主要是黃種人。美洲（除了新來者）均為黃種人。在歐洲，我們一般把西班牙人、意大利人、俄國人和瑞典人看作皮膚黝黑的人種；日爾曼人也是如此，只有撒克遜人例外，他們講英語，成為生活在地球上的白人主體。我希望他們的數目日增，……也許我對我們國家（指英國——引者注）的膚色抱有偏見，因為這種偏見對人類來說是自然而然的。[19]

　　富蘭克林在這裡竭力為白人種族優越辯護或尋求理論根據。杰斐遜在一七八一年到一七八五年寫的《關於弗吉尼亞州的筆記》中討論

---

18 參見亨特：《意識型態與美國對外政策》，頁46。
19 亨特：《意識型態與美國對外政策》，頁46。也參見德康德：《民族、種族和美國對外政策》，頁11。

了奴隸制問題以及這種制度對白人和黑人的影響。杰斐遜雖然在這篇論文中重複了他始終如一地反對奴隸制的思想，但也不可避免地流露出白人優越的情緒。他把黑人刻劃為具有「強烈討厭味道」的種族，由於天生的種族差異，不能與白人和諧地生活在一起。他認為黑人在外貌上醜陋，缺乏遠見，記憶力上也許同白人不差上下，但理性和想像力上遠不如白人。詹姆斯·麥迪遜在去世前幾年尖刻地批評了提倡「白黑人口混合」的觀點。雖然杰斐遜和麥迪遜都把奴隸制視為一種邪惡，希望最終被廢除，但兩人都認為，黑人無法達到白人的智力水平，否認兩個種族能在平等基礎上和睦相處。他們設想的唯一解決辦法是把逐漸解放的黑奴遣送回非洲。這種觀點也影響到亞伯拉罕·林肯，林肯在內戰前與斯蒂芬·道格拉斯的著名辯論中，談到幾乎所有白人對黑白種族不加區別的混合思想有一種天然的厭惡，他承認對奴隸制的第一個衝動是解放這些受害者，然後把他們送回到利比里亞。一八七七年，美國著名人類學家路易斯·亨利·摩爾根通過對美國西部和西南部印第安人的考察，寫出了對後世影響很大的《古代社會》一書，他對人類由野蠻狀態進入文明社會進行了科學的描述，但字裡行間也流露出白人種族優越的情緒。如他在書中寫道：「雅利安人代表人類進步的主流，因為它產生了人類的最高類型，因為它通過逐漸控制地球而證明了它內在的優越性。」[20]

　　種族優越感在這些以開明而著稱的人士的身上都有所表現，在那些持有保守觀點的美國白人身上體現出強烈的種族優越或種族主義傾向自然也就不足為奇。這裡舉出幾個有代表性的政治家和學者的觀點，旨在說明種族主義在美國白人文化中根深柢固，同時試圖揭示出美國白人所宣揚的「民主自由」理想並不是針對所有種族而言，那些「失去上帝恩寵」的有色人種是不能享受到這些自由的。紐約港高高

20 路易斯·亨利·摩爾根著，楊東蓴等譯：《古代社會》下冊（北京市：商務印書館，1981年），頁557。

聳立的自由女神銅像在歷史上只是向大西洋彼岸的同種人高舉著自由的火炬，召喚著在歐洲受到迫害的白種人來到這塊提供「自由」的聖地，實現他們發財致富的夢想。我們很難想像美國白人會對太平洋彼岸的窮苦人做出類似之舉，恰恰相反，早期許多有色人種是被鎖鏈帶到了這個大陸，他們獲得的不是自由，而是成為美國白人「自由與幸福」的犧牲品。美國學者范登伯格認為美國革命和法國革命傳播的平等與自由理想與種族主義發生了衝突，所謂平等適用的範圍只限於白種人。他講了一句很意味深長的話，即「對統治種族來說是民主的，但對從屬種群來說卻是暴政的」。[21]

　　歷史的發展沒有使美國成為像南非那樣赤裸裸的種族主義國家，但美國社會不是由單一種族構成，多種族的並存決定了居於支配地位的白人無法消除掉固存於他們腦海中的優越感，惟我至上的觀念始終在國家處理種族之間的關係上作祟，導致了美國歷史上發生了一幕幕種族屠殺、種族迫害以及種族歧視的人間悲劇，種族主義也曾經在美國社會橫行一時，宣揚美國白人優越，注定居於其他種族之上甚至到了無以復加的地步。美國歷史上種族主義的氾濫完全是受利益驅動的，每一次美國都從中獲取巨大的利益，甚至成為美國社會邁向現代化的推動力，但這種畢竟與人類進步相悖的非人道行為很難與文明相容。社會的文明程度越高，野蠻的種族主義越難有棲身之地，美國社會至今仍然背負著種族主義的沉重的包袱，實際上正在吞食著數世紀之前形成的這一「苦果」。我們可以在政府的內外政策中看到種族優越留下來的深深陰影。

---

21 皮里・范登伯格：《種族和種族主義：一種比較的觀點》（Pierre L. Van den Berghe, *Race and Racism: A Comparative Perspective*）（紐約市：威利出版社，1967年），頁18。轉引自科林・韋恩・利奇：〈民主的窘境：解釋平等社會的種族不平等〉（Colin Wayne Leach, "Democracy's Dilemma: Explaining Racial Inequality in Egalitarian Societies"），載《社會學論壇》（*Sociological Forum*）第17卷第4期（2002年12月），頁688。

## 二　非白人在北美大陸的歷史遭遇

膚色是區別人種的主要標誌之一，膚色的深與淺絲毫不改變作為共同的「人」的本質，只能說明生活在不同地區的人類在進化過程中適應自然環境所留下的結果之一。一個人可以通過後天的努力改變所處的境遇，但祖先遺傳下來的膚色卻自始至終伴隨著他走完人生的旅途。人們不能選擇與生俱來的膚色，然而先天的膚色卻成為白種人向有色人種發難的一個理由，非白人在北美大陸上的歷史遭遇就深刻地說明了這一事實。

北美大陸早在殖民時期就以膚色來確定不同人種的等級。富蘭克林的種族概念可以說是開了這方面的先河。隨著時間的推移，在十九世紀美國社會就已經逐漸形成了比較複雜的種族等級分類。在此時的美國中小學教科書中，這種種族分類常常是圖文並茂，描繪了一幅優越的白人成為或即將成為有色人種主人的圖景，白人種族優越的觀念牢牢灌輸到了美國兒童幼小的心靈裡。膚色的深淺決定了種族在社會上的等級地位。一般來說，「膚色最淺者位於等級的最高層，而膚色最黑者則被貶到最底層。中間是『黃色』的蒙古人和馬來亞人、『紅色』的美洲印第安人和混血的拉丁美洲人。每種膚色都暗示著一種體制、智力、道德的發展水平」。[22] 這樣一種等級分類儘管毫無科學根據，純屬主觀臆造，更不符合人類的基本道德觀念，但卻長期牢牢定型於美國白人的腦海之中，他們在歷史上以殘酷的方式對待有色人種便是這種分類在實踐上的集中體現。

印第安人是北美大陸最早的主人，在歐洲殖民者到達之前，他們已世世代代繁衍生息在這塊土地上，過著寧靜而原始的部落生活。現在學術界一般都認為印第安人起源於亞洲，約在西元前四萬年至兩萬

---

22 亨特：《意識型態與美國對外政策》，頁48。

年，印第安人的始祖由亞洲越過當時連結亞洲和美洲大陸的白令海峽，到達阿拉斯加，繼而向南移動，逐漸擴散到北美、中美和南美。所以他們屬於蒙古人種，膚色為褐裡透紅，早期歐洲移民稱之為「紅種人」。當首批歐洲移民踏上北美大陸後，面對著茫茫荒野，孤立無援，自然界帶給他們的困難接踵而來，古樸好客的印第安人並未對乘船而來的歐洲人懷有敵意，他們教會了白人如何適應嶄新的自然環境，使後者掌握了克服困難的各種方法。因此，歐洲白人在與印第安人交往之初，關係還算比較和諧。有的歐洲移民甚至設想印第安人與白人同源，他們生下來為白，只是由於風吹日曬才逐漸變黑。[23]

　　即使最早來到北美大陸的歐洲白人對土著印第安人不抱種族歧視之意，但兩種迥然相異的文化相遇使代表所謂「文明」的白人很難不對「落後」的印第安人文化抱有深刻的偏見。隨著白人移民人數的增多，特別是他們對土地和財富貪婪的胃口日益增大，外來人與土著人之間的矛盾也日益發展。這種文化偏見很容易轉化為種族衝突，在各個方面處於落後狀態的印第安人必然會成為手持先進武器的白人的犧牲品。所以當白人踏上了這塊廣袤無際的土地時，「厄運」便不可避免地降臨到了印第安人頭上。白人一旦適應了環境，就把槍炮對準曾經幫助過他們的印第安人，後者陷入了意想不到的災難深淵。昔日的寧靜生活被隆隆的槍炮聲所取代，土地被掠奪，住處被焚燒，人口被驅逐或屠殺。印第安人在「白色文明」的「衝擊下垮了下來，像許多加勒比人一樣死去。他們從祖先那裡繼承下來的生活方式遭到破壞，他們無法理解，無法保存自己」。[24]對印第安人來說，這種意想不到的種族滅絕成為他們很多代人面對的一個不可避免的命運，直到他們完全喪失了抵抗能力和任由白人安排為止。

---

23 參見布雷默：《清教實驗：從布拉福德到愛德華茲的新英格蘭社會》，頁201。
24 羅伯遜：《美國神話美國現實》，頁50。

　　隨著歐洲移民向內地的推進和對土地貪得無厭的要求，兩個種族
之間的衝突日益加劇。印第安人不甘被驅逐和殺戮，開始進行反抗，
因此從肉體上消滅他們自然就成為「文明」對「野蠻」的討伐和對
「荒野」的征服。這一征服過程延續了幾個世紀，白人對印第安人可
以說使用了無所不用其極的殘暴手段，在人類文明史上留下了血淋淋
的一頁。印第安人在殖民時期直接和間接地死於白人之手的確是不計
其數的。美利堅合眾國成立後，印第安人並未享受到公民的待遇，美
國憲法第一條明確規定，眾議員人數及直接稅稅額，應按聯邦所轄各
州的人口數目比例分配，但不包括不納稅的印第安人。這條規定顯然
否認了印第安人的公民權。以後這一點更被美國政府加以強調。一八
四五年，美國政府的司法部長凱萊布・庫欣宣布：「印第安人是本政
府的內部屬民，……因而他們不是公民。」[25]一八三〇年，傑克遜政
府對印第安人推行強行遷徙政策，規定密西西比河以東各州的印第安
人，全部遷徙到密西西比河以西，以便給白人讓出東部肥沃的土地。
成千上萬的印第安人在美國政府的逼迫之下，背井離鄉，向西而去，
他們一路上風餐露宿，飽嘗艱辛，很多人未能走完這段路程便死於非
命，印第安人把這條西遷的道路稱為「眼淚之路」。實際上，當印第
安人被驅逐到白人劃定的保留地時，種族就瀕臨滅絕之境。法國著名
學者托克維爾十九世紀三〇年代考察了美國境內的印第安人狀況後得
出結論：「北美的印第安人注定要滅亡。我也無法使自己不認為，一
旦歐洲人在太平洋海岸立足，那裡的印第安人亦將不復存在。」[26]托
克維爾沒有對美國白人這種種族屠殺的非人道行為進行激烈的抨擊，

---

25　沃爾特・威廉斯：〈美國印第安人政策和關於菲律賓兼併的辯論：美國帝國主義起
　　源的本質〉（Walter L. Williams, "United States Indian Policy and the Debate over Philip-
　　pine Annexation: Implications for the Origins of American Imperialism"），載《美國歷
　　史雜誌》（*Journal of American History*）第66卷第4期（1980年3月），頁817。
26　托克維爾：《論美國的民主》上卷，頁380。

但他的觀察卻道出了一個誰也無法否認的歷史事實。然而印第安人的苦難決沒有到此結束。十九世紀四〇年代末，加利福尼亞發現金礦，成群結隊的白人淘金者蜂擁而至，太平洋沿岸的印第安人再遭飛來橫禍，他們幾乎被消滅殆盡。美國學者沃爾頓・比恩寫道：

> 在美國的加利福尼亞，所有非白少數民族都遭到各種不公正的歧視，而虐待印第安人開始得最早，也最為嚴重。從一八四六年到一九〇〇年，加利福尼亞的印第安人約十分之一是種族滅絕的犧牲品，而死於疾病和饑荒者更多。在加利福尼亞與在美國其他地方一樣，十九世紀美國對待印第安人的歷史常常是種族主義的屠殺和偽裝神聖的欺詐交織在一起的令人作嘔的記錄。[27]

美國內戰之後，資本主義迅速發展更是增加了美國白人對土地貪求的欲望。為了把尚存在印第安人手中的土地強占過來，美國政府對印第安人發動了有組織的武裝圍剿，這個本來就已十分弱小的種族再次處於「在劫難逃」之境。有的白人甚至喪心病狂地提出了「只有死去的印第安人才是好印第安人」的口號。一八六四年，科羅拉多民兵對手無寸鐵的印第安人任意屠殺。美國南北戰爭期間北方軍著名將領威廉・謝爾曼對此評論說：

> 我們今年殺死的愈多，明年必須被殺死的就愈少，因為我看到這些印第安人愈多，我就愈加確信，所有印第安人都必須被殺掉，要麼就作為靠救濟過活的標本保存下來。試圖將他們文明

---

27 沃爾頓・比恩：《加利福尼亞：一部解釋史》（Walton Bean, *California: An Interpretive History*）（紐約市：麥格勞─希爾出版社，1968年），頁508。

化將是荒謬可笑。[28]

　　卡斯特中校也持這種觀點，他毫不掩飾地說：「如果白人要求得到印第安人自稱是他的那一份土地，那就不存在上訴問題，他必須交出來，否則就可無情地把他輾得粉碎，邊摧毀邊前進。」[29]到了十九世紀末，美國境內的印第安人僅存二十四萬人，人口減少幅度之大的確是駭人聽聞的，用「種族滅絕」形容印第安人的最終命運並非過甚之詞。當美國白人大談開拓者對印第安人的勝利是「光明對黑暗的勝利……，文明對野蠻的戰鬥」時，[30]這種辯解在歷史事實面前顯得太蒼白無力了。開拓北美大陸，發展資本主義是美國白人驅逐和殺戮印第安人的根本原因，他們揮舞著「文明」的旗幟，完成了對印第安人的征服過程。當美國白人使「荒野」變成「文明」之日，也正是印第安人失去昔日自由之時。本書無意論述土著文化的消滅乃是哥倫布發現新大陸後世界歷史發展的一個近乎「殘酷無情」的趨勢，也無意討論印第安人生存方式在滾滾的西進車輪中壓得粉碎對北美資本主義經濟發展和財富積累上所起的巨大作用，而旨在說明美國白人文化中的「種族主義」對一個早在白人來到之前已經世代在此繁衍生息以及至少是同樣有權利生活在北美大陸上的種族造成的種種惡果。當然，美國白人對待印第安人這種非人道行為也受到一些富有正義感的白人的譴責，如美國著名作家拉爾夫・愛默生曾抗議說：「自從大地開創以

28　拉爾夫・安德里斯特：《長久的死亡：大草原印第安人的最後日子》（Ralph K. Andrist, *The Long Death: The Last Days of the Plains Indians*）（紐約市：麥克米蘭出版公司，1964年），頁154。

29　卡羅爾・卡爾金斯編，王岱等譯：《美國擴張與發展史話》（北京市：人民出版社，1984年），頁26。

30　海約翰之語，在美國政界頗有代表性，典型地反映出美國白人對印第安人的態度。見威廉斯：《美國印第安人政策和關於菲律賓兼併的辯論：美國帝國主義起源的本質》，頁816。

來，從未聽說過在和平時期，以及在一個民族對待自己的同盟者和受
監護人時，竟然如此背信喪德，如此蔑棄正義，並對於乞求憐憫的悲
鳴如此置若罔聞。」[31]這種正義的呼聲在美國社會從來沒有停止過，
並不足以改變印第安人注定的歷史命運，充其量只是反映了那些具有
良知的人們在看到對另一個種族一幕幕慘劇時按捺不住地對這一非人
道行為的譴責。

　　在世界幾大人種中，膚色最深者莫過於黑人，在白人種族主義者
的眼中，他們屬於未開化的民族，愚昧無知，天性野蠻，徒具人類之
形，缺乏文明之儀，只能居於社會的最底層，受制於白人。美國學者
埃里特奧在一八六〇年出版的一本書中寫道：「黑人現在是人類的一
個下等種族，或至少是一種變種，是確定不移的事實，而且我們認為
必定也為所有人所承認。靠他自己將永遠不會從野蠻狀態中擺脫出
來；而且即使在白人控制下已部分得到開化的時候，如果獲得解放，
他也會迅速地退回到相同狀態，現在這是不容置疑的真理。」[32]埃里
奧特說這番話時正值美國廢除奴隸制的鬥爭進入白熱化的階段，他顯
然是不贊成解放黑奴，所列理由只是為之辯護而已，但他的觀點在美
國社會廣有市場，美國白人對黑膚色人種的奴役在歷史上達到登峰造
極，黑人雖然沒有像印第安人一樣瀕臨種族滅絕之境，但在北美大陸
上遭受的苦難同樣也是罄竹難書的。

　　據歷史記載，首批二十名黑人是被荷蘭人於一六一九年運到詹姆
斯敦的，隨後轉賣給英國殖民者。隨著黑人大批地被販運到北美殖民
地和取代白人契約奴成為殖民地的主要勞動力，他們在法律上享有的
身分地位逐漸明朗。到了十七世紀中葉以後，北美大陸各殖民地先後
通過法律，確定了黑人的奴隸地位，使已經開始成型的奴隸制度規範

---

31 莫里森等：《美利堅共和國的成長》上卷，頁573。

32 納爾遜・曼弗雷德・布萊克著，許季鴻等譯：《美國社會生活與思想史》上冊（北
　　京市：商務印書館，1994年），頁252。

化與合法化。種植園奴隸制在北美大陸的出現固然主要受經濟因素的驅動，但白人對黑人的種族偏見同樣起著不可忽視的作用。誠如納爾遜所言：「種族偏見無疑有助於奴隸制度的建立。即使在英國殖民者購買第一批非洲奴僕之前，他們可能已把白人的優越感也帶到北美來了。若干世紀以來，白人一直保存著一種傳統的象徵主義的看法：白色象徵著善良、純潔、美麗，而黑色象徵著罪惡、腐朽、醜陋。」[33]一六八〇年，弗吉尼亞制定了第一批奴隸法典，從法律上剝奪了黑人作為「人」所應享受的權利，其他各殖民地起而效仿，內容大致相同的奴隸法典紛紛出籠。黑人完全變成了一種「會說話的工具」，他們可以像牲口一樣被隨意買賣、轉讓和出租。南部殖民地黑奴一生備受種植園主的剝削和凌辱，常常是食不果腹，衣不遮體。繁重的體力勞動致使許多黑人早早就「撒手西歸」。在北部殖民地，黑人的境遇比起南部來要好得多，但膚色決定了他們也只能處在社會的最底層，遭受著種族歧視帶給他們的苦難。

美利堅合眾國建立後，黑人的地位並未有所改觀，南部奴隸制被保留下了，黑人依然被視為一種財產，被排斥在美國公民之外。正如恩格斯指出的那樣：「可以表明這種人權的特殊資產階級性質的是美國憲法，它最先承認了人權，同時確認了存在於美國的有色人種奴隸制；階級特權被置於法律保護之外，種族特權被神聖化了。」[34]在法律的保護和慈惠下，美國南部種植園主對黑人肆無忌憚，任意宰割，黑人可以說是用自己的「血與淚」真實地記錄下了他們在白人的皮鞭下備遭磨難的歷史。一八五二年，黑白混血兒弗里德里克‧道格拉斯在美國獨立紀念日時發表演說，義正辭嚴地譴責了美國白人對黑人的剝削與壓迫：

---

33 布萊克：《美國社會生活與思想史》，頁19。
34 《馬克思恩格斯選集》第3卷（北京市：人民出版社，1972年），頁145-146。

　　獨立日對美國奴隸有什麼意義呢？我的回答是，同一年中的其他日子比起來，這一天更充分顯示了極端不正義和暴行，而黑人是經常的受害者。對他來說，慶祝是一場欺騙，你們吹噓的自由是一張不兌現的支票；所謂民族的偉大是自吹自擂的虛誇；你們歡樂的聲音是空調而冷淡的；你們對暴君的斥責是厚顏無恥的；你們叫嚷的自由平等是虛偽的嘲弄；你們的禱告和讚美詩、講道和感恩祈禱、你們一切的宗教排場和莊嚴，對他來說只不過是虛誇、欺騙、蒙蔽、邪惡和偽善——它是一層遮掩罪行的薄薄紗幕，這些罪行即使對一個野蠻民族，也是玷辱。世界上還沒有哪個民族像當前美國人這樣罪行累累，其情節既驚人又殘忍無比。[35]

　　道格拉斯道出了多數黑人的心聲，但在一個黑人不被視為「人」的國度裡，若非政府採取行動，民間的正義呼籲在法律對奴隸制構築的一道道保護網前終究顯得單薄無力。一八五七年三月六日美國聯邦最高法院做出了對原黑奴德雷德‧斯科特一案（Dred Scote case）的判決，公開宣布奴隸制適用於美國所有領土，重申了奴隸只是奴隸主的一種財產。判決書並宣布，黑奴是「被視為從屬的、劣等的一類人，他們是為統治的種族所制服的人們，……他們不得有任何其他權利和特權的」。[36]不過，美國南部種植園奴隸制到了十九世紀中期以後，雖然表面上還呈發展勢頭，但其內部已在分崩離析，尤其是當與美國整個經濟發展大勢相悖時，它也就像一個垂危的病人一樣「日薄西山，氣息奄奄」，走到了歷史的盡頭。

　　一八六一年美國南北發生內戰，結果是北部獲勝，肆虐了近兩個

---

35 轉引自鄧蜀生：《美國與移民》，頁155-156。

36 引自謝德風選譯：《一七六五～一九一七的美國》（北京市：生活‧讀書‧新知三聯書店，1957年），頁72。

世紀的奴隸制最終被廢除。一八六五年開始生效的憲法第十三條修正案規定：「合眾國境內或屬合眾國管轄地方之內，不准有奴隸制或強迫勞役存在，惟用以對合法制罪之罪犯作為懲罰者不在此限。」[37]奴隸制的廢除對黑人社會地位的改變具有重要的意義，但隨後法律上公民權的確認並不意味著黑人享受到了真正的平等權利。在社會上居支配地位的白人無法改變他們對黑皮膚人種的固有偏見，黑人在白人的眼中依然屬於劣等民族。托克維爾早就預言過：「你可以使黑人獲得自由，但你無法使歐洲人把他們看成是自己人。」[38]這是一種長期形成而又根深柢固於美國白人文化中的種族偏見，種族偏見必然導致種族歧視，對這樣一種強大的無形力量，法律也是無可奈何的，這就決定了跳出了奴隸制火炕的黑人們的命運段時期不會得到實質性的改變。他們只是以「自由人」的身分從事著社會上最低下的工作，處處遭人白眼，在一個「自由」的國度裡依然飽受著種族「歧視」之苦。正如美國黑人廢奴主義者弗雷德里克·道格拉斯所言，黑人「擺脫了單個的主人，卻成了全社會的奴隸。他沒有錢，沒有財產，也沒有朋友。他擺脫了舊日的種植園，但除了腳底下塵土飛揚的大路而外一無所有。他擺脫了一度容他棲身的老舊宿舍，卻成了夏天的淫雨和冬天的嚴寒的奴隸。他流落在露天下，無拘無束，赤身裸體，腹中空空，一貧如洗。」[39]這便是「解放」後的黑人生活的真摯寫照，他們在美國歷史上的悲慘遭遇無疑是對白人種族主義的控訴。

當美國向世界敞開了移民大門時，構成移民主體的是歐洲人，黃膚色的亞洲人只是移民大潮中的一小股水流，許多人並非是自願離家出走，而是蒙受欺騙，糊里糊塗來到了北美大陸。當這些黃皮膚的東

---

37 漢密爾頓等著，程逢如等譯：《聯邦黨人文集》（北京市：商務印書館，1995年），頁468。

38 托克維爾：《論美國的民主》上冊，頁398。

39 莫里森等：《美利堅共和國的成長》上卷，頁951。

方人以自己一技之長和吃苦耐勞的精神在美國謀生時，膚色決定了他們最終難逃美國種族主義的迫害。中國勞工在美國的遭遇便是一個明顯的例子。華工對美國西部早期開發所作的貢獻，已經是一個不爭的事實。親眼目睹華工辛勞的奧斯瓦德‧加里森‧維拉德在美國眾議院作證時說：「我想提醒你們，不要忘記華工為開發這個國家的西部所做的一切。……（他們）在森林深處披荊斬棘，忍受著寒冷和酷暑，冒著被敵對的印第安人殺死的危險，幫助開發我們的西北帝國。我收到過西北太平洋公司總工程師的一份電報，電文裡講述了華工怎樣冒著嚴寒，踏著八英尺深的積雪，出門繼續上工，而當時卻沒有一個美國人敢於面對這種條件的挑戰。」[40]維拉德證詞目的不是讚揚華工，而是規勸政府不要迫害對美國發展有所貢獻的華工，可是這種聲音在種族主義肆虐的年代裡顯得太微弱了，對美國政府的相關決策幾乎不會發生任何影響。因此，占據統治地位的美國白人的種族主義觀念決定華人在這個社會遭侮的命運「在劫難逃」。一位美國學者就認為，華人「巨大的數目，他們的身體差異，他們對民族服飾的保留，留著一條長辮子的習慣，以及他們的各種風俗傳統，在西方人看來都是不可理解的，這些就使他們很容易成為攻擊的目標」[41]膚色和文化的不同成為種族主義者向華人發難的一個堂而皇之的藉口。

其實美國掀起的大規模的排華運動，主要是經濟因素在起著作用，種族主義只是乘風揚沙，推波助瀾，成為美國白人為這種不人道行為進行開脫的口實。種族主義者塞繆爾‧岡珀斯在《排華的若干原因》中解釋說：「美國白種人與亞洲人的種族差異永遠不會消除，優等白人必須通過法律排斥低等亞洲人，如屬必要，可以訴諸武力。」[42]以後出任美國國務卿的詹姆斯‧布萊恩甚至危言聳聽地宣稱：「不是

---

40 轉引自陳依范：《美國華人史》（北京市：世界知識出版社，1987年），頁99。
41 金特爾等主編：《美國之夢：信念和實踐的歷史》，頁176。
42 陳依范：《美國華人史》，頁165。

盎格魯－撒克遜種族擁有太平洋沿岸，就是蒙古人占有它。」[43]這樣，華人從十九世紀五〇年代中期就開始成為美國種族主義者發洩攻擊的主要對象。他們無端受侮，財產被劫，人身安全極難得到保證，整日提心吊膽地過活，惟恐遭到白人的襲擊。一八五七年，加州《沙斯塔共和報》曾刊文指出：

> 五年以來，華人之為人謀殺者，不下數百，皆我亡命之徒所為。蓋謀殺華人之事，無日靡有，而罪人斯得，明正典刑者，最多不過兩三次，猶有反對白人為華人抵償者，竊以人之情忌，其違背天理，莫此為甚。[44]

一八六八年中美雙方簽訂的《蒲安臣條約》雖然消除了華工赴美的障礙，但並未阻止美國國內排華運動的發展。從十九世紀七〇年代開始，美國排華運動與日俱甚，華人常遭暴徒的襲擊，逐出家園者不計其數，辛勞所得的財產往往被付之一炬，謀殺事件更是司空見慣，有關這方面的史籍記載俯拾皆是。一位中國老人以自己的親身經歷描述了當時的可怕情景：「每星期六晚上，我們從來不知道是否能活到天明。在礦區居住地附近，我們開了一個洗衣店。星期六是礦工門狂飲的夜晚。他們強行闖入我們的店鋪，從衣櫃裡奪走乾淨雪白的包裹，把辛苦洗好的襯衫放在腳下亂踩。襯衫被撕破，我們就不得不賠償。一天晚上，一個礦工把臉靠在樓前窺視。他雖然離開了，但我們知道，我們的生命危在旦夕，因此逃走了。我們的財產和錢財全丟在那裡。那個礦工果然領著一幫暴徒回來把洗衣店洗劫一空，搶走了三百六十美元。這可是我們所有的積蓄啊！然後他們放火燒了店房，幸運

---

43 德康德：《民族、種族和美國對外政策》，頁50。
44 宓亨利著，岑德彰譯：《華僑志》（北京市：商務印書館，1928年），頁138。

的是我們活著逃了出來，來到了東部。」[45]這就是華人生活的真實寫照，瑪麗・庫利奇教授寫道：「在卡尼主義（卡尼是當時煽動排華的著名人物——引者注）年月，任何在美國的中國人能夠活下來真是一個奇蹟。」[46]隨著美國政府陸續通過了一系列排華法案，發端於加州的排華運動逐漸向全國蔓延，在美的華人完全陷入了種族迫害的深淵之中，他們無處申訴，法律只是使他們的處境更為惡化。中國駐美公使伍廷芳一九一一年十一月在談到中國移民遭受到不公正的待遇時曾經抗議到：「為什麼你們美國人不能公正待人？如果我國不是一個弱國，你們將像這樣談論嗎？如果中國人擁有選舉權，你們將何以待之？」[47]就連西奧多・羅斯福總統在一九〇五年對國會的年度咨文中也不得不承認：「我國在極力實行排逐華工——華人苦力——政策的過程中，使中國人民遭受了極大的冤屈，最終也使美國蒙受了奇恥大辱。」[48]然而，這場把華人作為「替罪羊」的種族迫害運動直到一九四三年才算正式結束，在這半個餘世紀期間，華人可謂含垢忍辱，在死亡線上苦苦掙扎，他們在美國的慘痛經歷給美國歷史寫下了悲劇性的一頁。

美國政治家拉爾夫・邦奇寫道，在美國，「街上走的每個人，不管是白種人，黑種人，還是紅種人和黃種人，都知道這是『自由之地』、『機會之地』、『自由的搖籃』和『民主的故鄉』，美利堅的旗幟象徵著『人人平等』，向我們全體保證了『生命、自由和財產的維護』，言論自由、宗教自由和種族容忍」。[49]邦奇之言代表了許多美國

---

45 金特爾等主編：《美國之夢：信念和實踐的歷史》，頁178-179。

46 金特爾等主編：《美國之夢：信念和實踐的歷史》，頁178-179。

47 德爾伯・麥基：《1900年至1906年的排華對門戶開放政策：羅斯福時代在對華政策上的衝突》（Delber L. McKee, *Chinese Exclusion versus the Open Door Policy 1900-1906: Clashes over China Policy in the Roosevelt Era*）（底特律市：韋恩州里大學出版社，1977年），頁72。

48 轉引自陳依范：《美國華人史》，頁241。

49 貢納爾・摩道爾：《進退維谷的美國：黑人問題與現代民主》（Gunnar Myrdall, *An*

人的觀點，但撇開政治上的因素，充其量只是反映出了美國民眾觀念中的一種「理想」，既不能說明歷史，也與現實不相符合。所謂美國是追求自由者的「樂園」、「希望之鄉」以及「避難所」等說法，在歷史上是有特定含義的，並不是針對生活在地球上的所有人而言，從一開始就是指大西洋彼岸的同種白人。那些「失去上帝恩寵」的有色人種是不能享受這一切的。有色人種在北美大陸的命運就證明了這一點。歷史的變遷有時也許會沖淡人們對這些不再發生的一幕幕悲劇的記憶，儘管現在有色人種的地位在美國也可以得到法律的保護，但白人價值觀中對有色人種的偏見很難從根子上徹底消除。這種文化隔膜帶來種族間的巨大鴻溝一時半載也無法填平，結果必然是事實上的不平等。尤其是那些來自發展中國家的新近移民，有多少人帶著夢幻般的「理想」來到這個「天堂」之國，他們之中又有多少人能夠融合進美國的主流社會？一些人也許在這裡獲得了從未有過的物質享受，但文化上和精神上受到的壓抑恐怕遠不是物質生活所能夠彌補的。美國社會的確為人們進取提供了許多「機會」，但對一些非白膚色的人來說，一道道無形的障礙只能使他們對這些機會可望而不可及。[50]這種狀況不是法律條文所致，但卻是一個誰也無法否認的事實。如果要追根溯源的話，在美國主體文化中，上帝的「伊甸園」只能由他的選民進入，上帝在北美有意留出的這塊「希望之鄉」也只能由他們所統治，到這個「人間樂土」實現夢想的追求自由者最終只能是他們之中的分子。這種根深柢固的文化價值觀在歷史上是如此，到現在也沒有發生根本性的改變。

---

American Dilemma: the Negro Problem and Modern Democracy）（紐約市：哈珀和羅出版社，1962年），頁4。

50 加利福尼亞大學心理學系教授科林‧韋恩‧利奇以有色人種在美國社會所處的低下地位解釋了平等社會的種族不平等現象，他將之稱為「民主的窘境」。利奇：〈民主的窘境：解釋平等社會的種族不平等〉，頁681-696。

## 三　美國社會難以消除的種族歧視

在歷史上，美國白人的種族優越感導致了有色人種在這個世界上所謂的「平等與自由」的國度遭受到種種不公正的待遇，用「非人道」來形容美國白人對印第安人、黑人、東方人和其他有色人種的行為一點都不為過。歷史的演進沒有使美國成為種族主義的國家，有色人種最終也與白人一樣享受到了受憲法保護的權利。公開的對有色人種的歧視在如今的美國幾乎已經不存在了，但在一個白人居於多數和控制地位的國度裡，要實現各種族之間的完全平等談何容易，美國主流文化中根深柢固的對有色人種的偏見依然潛移默化地影響著受這種文化薰陶者的態度與行為。關於這一點，站在美國社會和文化之外的人可能看的更清楚一些。正如馬來西亞總理馬哈蒂爾指出的那樣：

> 總之，西方的種族優越感反映出在白人社會非常突出的種族偏見。如果你指出這一點，西方人，尤其是美國人竭力否認。然而，這本身就證明了這種優越感持續不衰。當然，儘管相對很少，亞洲也存在著種族偏見和歧視，但這種偏見和歧視從來沒有發展為基於一個人膚色之上的種族主義。[51]

馬哈蒂爾這裡旨在說明西方社會，尤其是美國社會種族歧視的根深柢固性。正如上文所言，在美國歷史上，有色人種遭受的非人待遇真可謂罄竹難書，正是在對有色人種的恣意盤剝、侮辱以及洩憤中，美國白人逐漸形成了一些難以改變的固定觀念。隨著時間的推移，這些觀念深深地扎根於白人文化之中，受這種文化薰陶和在這種文化氛圍中成長起來的美國人很難成為「叛逆者」，除非其思想受外界的衝

---

51 薩利姆・拉希德主編：《「文明的衝突？」亞洲的反應》（Salim Rashid, ed., *"The Clash of Civilizations?": Asian Responses*）（紐約市：牛津大學出版社，1997年），頁xiii。

擊而發生劇烈的變更。因此，美國白人對有色人種的歧視可以說是受其文化影響的一種本能反應，即使法律的明文規定也無法改變這一點。由於歷史上有色人種的不斷爭取民主權利的鬥爭，美國的法律條文也使他們享受到與白人一樣的平等地位。事實上，在白人占主導地位的美國社會，法律的保障往往只流於形式或表面，並不會有助於有色人種的社會地位發生實質性的改善。相反，種族歧視像一張無形的大網籠罩在美國的上空。白人無法逾越出這張網的束縛，有色人種卻在這張網的下面飽嚐了偏見或歧視所帶來的種種惡果與苦難。

按照社會學的解釋，偏見是一種態度或看法，歧視則是一種行為，很大程度上是由偏見轉化而來的，也就是說那些對其他種族抱有偏見的人最容易表現出歧視行為。在歷史上，美國白人對有色人種的偏見曾經造成了一幕幕淒慘的種族主義悲劇。社會的進步儘管再也不會使這類悲劇重演，但由偏見導致的歧視行為並沒有從美國社會徹底消失。《美國之旅》的作者里夫斯採訪尼克松時問道，美國人是否為種族主義者，尼克松坦率相告他們是，「現在許多人仍持種族主義態度，不過這已經不時髦了，我認為這是非常重要的。你不能像過去那樣談論黑人了，……我認為，種族主義減少了，但它還存在，而且將永遠存在」。[52]尼克松的這番話道出了種族歧視在美國白人身上的根深柢固。這種歧視儘管不能與昔日的種族主義相比，但畢竟與之共起源於同一種文化，具有異曲同工之效。當然，美國也不乏一些有色人經過自己的奮鬥而能躋身於美國中上層社會，但就作為一個種族群體而言，他們與白人相比一直處於一種事實上的不平等的競爭位置。科林‧鮑威爾是布什任內的參謀長聯席會議主席，他是第一位出任該職位的黑人，年富力強，能力卓著，海灣戰爭中指揮若定。他在美國享有較高聲譽，也算是個顯赫人物，退役後曾有意參加一九九六年的總統競選，試圖打破美國總統總是由白人擔任的不成文「規定」。鮑威爾

---

52 里夫斯：《美國之旅：沿150年前托克維爾足跡重遊美國》，頁211。

的膽識勇氣可謂過人，但最終還是「識時達務」，激流勇退。他退出競選總統固然因素很多，但不能改變的「膚色」恐怕也是其中重要的原因之一。處在美國上層的鮑威爾尚且具有「膚色」之憂，那麼處在社會底層的廣大有色公眾面對著無處不在的種族歧視更是在劫難逃了。

　　黑人是美國社會最大的有色人種群體，共有三千五百萬左右，占美國人口的百分之十二強。種族主義在美國歷史上的氾濫使他們經歷了非人的悲慘遭遇，他們的地位和境況儘管隨著時代的發展有了很大的提高和改善，但始終難以擺脫種族歧視的「幽靈」，依然在法律難以約束的實際生活中遭受著各種歧視和不公正待遇。爭取政治權利和改善政治地位是黑人長期奮鬥不懈的目標之一。黑人在一八七○年三月三十日憲法第十五條修正案批准生效後才獲得了投票權，這是黑人政治地位改善的開端。這條規定「公民的投票權不得因種族、膚色或曾為奴隸而加以拒絕和剝奪」的法律在實際中並未有效執行，黑人享受的政治權利只是徒有虛名而已。只是經過黑人近一百年的鬥爭，才在一九六四年一月二十三日憲法第二十四條修正案批准生效後真正獲得了選舉權。在近幾十年來，黑人的參政議政活動開始逐漸增多，但與黑人在總人口中所占比例仍然不相稱，黑人公職人員僅占總數的百分之一點五，在數千名總統任命的官員中，黑人還占不到百分之一，黑人議員在國會中比例僅為百分之二左右。黑人官員在職務提升等問題上明顯不如白人，如一九八六年十月，美國國務院黑人外交服務官上訴地方法院，控告國務卿舒爾茨在職務提升和退休方面歧視黑人，視黑人為「二等官員」。頗具諷刺意味的是，在一九八九年十一月美國地方選舉中，黑人候選人利用美國社會日益嚴重的種族問題，巧妙地把自己的黑皮膚和少數民族身分轉化成獨一無二的政治資本，出奇制勝，脫穎而出，如戴維・丁金斯當選為紐約市長，成為美國第一大城市有史以來第一位黑人市長，道格拉斯・懷特當選為弗吉尼亞州州長，成為美國歷史上第一位通過選舉產生的黑人州長，在底特律、西

雅圖、克利夫蘭、紐哈芬等大中城市，黑人候選人也分別新選或連選
出任市長。眾多黑人的競選勝利充分反映出美國普通民眾要求盡快醫
治「種族問題」的強烈呼聲，也從另一個側面說明了種族歧視現象在
美國還是一個遠沒有解決的嚴峻現實。

　　黑人的經濟地位和狀況近幾十年來雖然有所改善，但在他們通往
富裕的路上，種族歧視依然給「黑膚色」設置下種種難以突破的障
礙。據統計，一九六七年年收入超過五萬美金的黑人中產階級占全部
黑人家庭的百分之七，一九九〇年這一比例增加到百分之十五，但該
年黑人中等家庭收入只相當於白人家庭收入的百分之六十二，這一差
距與七〇年代相比幾乎沒有多大變化。而黑人群體中的收入差別正逐
年拉大，資料表明一九六七年處於貧困線以下的黑人家庭比例為百分
之十四，至八〇年代末上升為百分之三十，一九六七年收入不足五千
美元的極端貧困的黑人家庭比例為百分之八，而到九〇年代則上升為
百分之十二。[53]據一九九四年統計，黑人、拉美裔人以及印第安人貧
困率平均在百分之三十以上，是白人的三倍。黑人兒童生活在貧困中
的可能性比白人兒童大四倍，在美國無家可歸者中，黑人占到百分之
四十八。黑人失業率也遠遠高於白人，一九九四年美國的失業率為百
分之五點六，而成年黑人失業率為百分之十五點九，黑人青年失業率
則高達百分之四十，黑人失業率一般是白人的二至三倍。「膚色」是
黑人就業的最大障礙。據《青年非洲經濟》報導，美國企業界存在嚴
重的「膚色論」，很多黑人因在本企業受到種族歧視之苦而憤然離
職。據美國第屆全國二十九城市聯盟年會在一九八九年八月發表的材
料說，美國黑人的就業和發展機會較少。[54]黑人因膚色而在公司企業

---

53 參見陳東曉：〈黑人問題：一個遊蕩在美國上空的幽靈〉，載《國際展望》1995年第
　　21期，頁18。
54 參見戴增義：〈黑人狀況與種族歧視面面觀〉，載《美國研究參考資料》1990年第8
　　期，頁27。

中得不到與白人均等的晉升機會，他們深受企業「高築種族藩籬」之苦，始終處於中下層，提升到高級職位者寥寥無幾，減薪裁員則是首當其衝。黑人多數生活在大中城市裡的黑人聚居區，這裡居住條件極差，周圍環境惡劣，與白人居住區形成了天壤之別。

　　黑人的社會地位與權利儘管受到美國法律的保護，但他們在實際生活中卻難以享受到與白人完全平等的地位，在很多場合遭人白眼，始終不能擺脫「低人一等」的境地。美國黑人問題研究專家阿爾芬‧杰斐遜的研究表明，在過去二十年內，美國社會發生了深刻的變化，表現在非裔美國人的生活和文化各個方面，「但在美國理想的言辭和美國黑人人口日常現實之間存在著嚴重的不符。從純粹的生活必需品到基本的人權，二十世紀八〇年代美國黑人的狀況比六〇年代都更為惡化。甚至連在一個不再執行的全國計畫中促進種族平等的空洞承諾都消失的無影無蹤」。[55]美國東北大學一九八八年初提供的一份研究報告認為，由於過分膨脹的膚色論，黑人在美國社會中受屈辱和難堪的事情比比皆是，處處被視為「二等公民」。一些極端種族主義分子殺害黑人的暴行時有發生，一九八七年全美發生的四五二起種族犯罪中，百分之五十三是對黑人身體的傷害，百分之四十七是對黑人財產的侵犯。美國大中城市的中上層居住區一般拒絕黑人入內，黑人若隨便進入，輕則拳打腳踢，重則亂棒毒打，弄不好還會有進無出，命歸黃泉。進入九〇年代之後，種族暴力事件有增無減，僅一九九一年美國就發生此類案件四五五八起，其中黑人成為最大的受害者。一九九

---

55 阿爾芬‧杰斐遜：〈20世紀80年代的美國黑人：言辭對現實〉（Alphine W. Jefferson, "Black America in the 1980s: Rhetoric vs. Reality"），載《黑人學者》（*Black Scholar*）第17卷第3期（1986年），頁2。轉引自洛伊：〈雅皮士的種族主義：二十世紀八〇年代的種族關係〉，頁454。另見約翰‧麥科納海等：〈種族主義在美國已經衰落了嗎？它取決於所問之人和所問內容〉（John B. Mcconahay, Betty B. Hardee and Valerie Batts），載《衝突解決雜誌》（*The Journal of Conflict Resolution*）第25卷第4期（1981年12月），頁563-579。

五年初以來，美國南部一些州有三十餘座黑人教堂被白人種族主義者
焚毀，僅在一九九六年六月的十幾天內，美國就連續發生了五起燒毀
黑人教堂的事件。美國法律雖然並未明確規定黑白種族犯罪區別對
待，但實際上對黑人的犯罪行為懲治更為嚴厲，據聯合國特別報告員
格雷雷‧安漢漢佐一九九四年十月訪問美國後寫的調查報告，在美
國，犯有同樣的罪，黑人及有色人種往往受到比白人重二到三倍的懲
罰，殺害白人被判處死刑的黑人是殺害黑人被判死刑的白人的四倍。
《紐約時報》一九九五年報導，雖然自一九七七年以來，在美國被謀
殺的人中，黑人和白人所占比例大致相同，但在被判死刑的犯人中，
百分之八十五是因犯有謀殺白人的罪行，只有百分之十一是因為殺害
了黑人。

　　教育領域的種族歧視一向比較嚴重，六〇年代前後美國爆發的聲
勢浩大的民權運動最終給種族隔離的學校教育體制劃上了句號，但種
族歧視仍然存在於各級教育機構。美國一些社會學家認為，黑人在就
業、住房、醫療保險等方面受到的歧視以及自身的貧困，無不可以從
教育方面存在的種族主義找到原因。正因為如此，黑人的教育水平遠
遠低於白人以及全國的平均水平。近些年來，美國的許多高校不斷發
生種族歧視事件，黑人學生經常無辜受辱，生活在一種精神十分壓抑
的氣氛中，白人學生對他們的恐嚇、諷刺、嘲笑和謾罵更是司空見
慣。與白人相比，黑人的衛生保健狀況相距甚遠，黑人的死亡率和許
多疾病的發病率是白人的兩倍，黑人嬰兒的死亡率也是白人的兩倍。
黑人健康狀況惡化主要由社會問題所致，生活水平普遍低於白人也是
其中重要的原因。芬蘭赫爾辛基大學教授西莫‧維爾塔寧等人把二十
世紀九〇年代美國黑人狀況的惡化看作是「新種族主義」所導致的結
果，他們通過調查獲得的大量數據羅列出了「新種族主義」在美國社

會的各種表現，並揭示出了其與舊式的種族主義之間的有機聯繫。[56]

　　一九六三年八月二十八日，黑人領袖小馬丁‧路德‧金在華盛頓林肯紀念堂前向參加爭取就業和自由進軍的二十五萬聚會者發表了〈我有一個夢〉的著名演講，他說：「一百多年後的今天，我們都不得不面對一個悲慘的現實：黑人遠沒有獲得自由。一百年後的今天，黑人依然在種族隔離和種族歧視的雙重桎梏下步履維艱，掙扎謀生。一百年後的今天，黑人依然蜷縮在美國社會的角落苟延殘喘，身居祖國，卻如同漂泊異鄉。」[57]三十餘年過去了，客觀上講，美國社會的種族歧視心態較過去已經大大減退，種族平等觀念在許多領域中顯示出了強大的影響力。對任何人來說，法律條文上已無不平等可言，但黑人爭取到事實上與白人的平等地位還是一個相當漫長的過程。為了黑人幸福自由而捐軀的小馬丁‧路德‧金的「夢想」遠沒有成為現實，大批黑人依然游離在美國經濟發展和社會進步的主流之外，甚至還過著幾十年前所描述的那種悲慘生活。

　　黑人的狀況是當今美國社會有色人種生活的縮影和真實寫照，許多亞裔美國人和拉美裔美國人同樣難逃種族歧視之網。他們要想出人頭地，必須付出比白人高出許多倍的努力。實際上，大多數人在種族歧視設置的一道道無形的障礙面前望而卻步，在美國主流社會之外過著貧窮而壓抑的生活。近些年隨著亞洲和拉美的合法移民和非法移民大量湧入美國，排外主義重新抬頭，種族歧視大大增強，種族迫害事件時有發生，亞裔和拉美裔遭到暴力侵犯呈上升趨勢。加利福尼亞大學教授理查德‧洛伊認為在二十世紀八〇年代種族主義在美國依然是

---

56　參見西莫‧維爾塔寧等：〈舊式的種族主義和種族偏見的新形式〉（Simo V. Virtanen and Leonie Huddy, "Old-Fashioned Racism and New Forms of Racial Prejudice"），載《政治雜誌》（*The Journal of Politics*）第60卷第2期（1998年5月），頁311-332。

57　小馬丁‧路德‧金：〈我有一個夢想〉（Martin Luthur King, Jr., "I Have a Dream"）1963年8月26日。全文可在http://www.stanford.edu/group/King/publications/speeches/address_at_march_on_washington.pdf網址上獲得。

一個嚴重的社會問題，反映在發生在整個這一國家此起彼伏的種族偏見事件中。[58]據紐約市警察局的統計，二十世紀九〇年代以來該市針對亞裔的暴力事件共上升了百分之六百八十。一九九五年，全美國登記在案的反亞裔暴力事件達四百五十八起，比一九九三年增加了百分之三十七。據墨西哥官方的報告，一九九五年美國侵犯墨西哥移民的事件達七二八六四起，自一九九〇年以來，約有一百名墨西哥人慘死在美國警察和邊境巡邏人員手中，而絕大多數凶犯至今仍然逍遙法外。實際上許多移民由於沒有美國公民權，享受不到應有的合法權益。那些非法居留者的境況更慘，不僅工資極低，勞動條件很差，而且沒有任何合法權利，經常受到美國雇主的非人待遇，而得不到任何法律保障。當然，不同的有色人種或少數民族並不是團結一致，相反，他們常常受生活所迫相互爭搶工作，甚至大打出手，如黑人的一些暴力犯罪就是針對亞裔和拉美裔的。亞裔人常常對黑人避而遠之，不屑與之為伍，惟恐出現不測。儘管他們相互猜忌或不信任，但就其政治、經濟以及社會地位而言，他們無疑都是白人種族歧視或迫害的犧牲品。

種族歧視在美國社會根深柢固，源遠流長，絕非一朝一夕所能根除，美國許多持有正義感的白人對此深感不安和內疚，他們為了實現各種族之間的平等正在做出不懈努力。當然，更多的白人認為有色人種低人一等是上天注定，合情合理，他們試圖在理論上為這種不合乎人道的行為尋求合法性。如一九九四年哈佛大學和美國企業研究所的兩位教授出版了《正態曲線》一書，在這部八百四十餘頁的著作中，作者以洋洋數萬言論證了遺傳基因決定了黑人在智力上低於白人，認為這種差異與生俱來，無法通過外在因素予以消除，因此，黑人貧困是命中注定。該書的一個重要結論是政府對黑人的福利補貼不但無助

---

58　參見洛伊：〈雅皮士的種族主義：20世紀80年代的種族關係〉，頁446。

於使窮人擺脫貧困，而且會助長其依賴心理，並增加私生子數量，使
劣等基因進一步擴散。[59]這本書一出版即被輿論炒得沸沸揚揚，迅速
風行美國，對本來就十分嚴重的種族歧視起了推波助瀾之效，更重要
的是反映出了美國社會由種族歧視引發出的種族矛盾呈現出激化態
勢。事實也是如此。自八〇年代後期以來，美國各地不時掀起抗議種
族暴力的活動。一九八九年八月二十六日，華盛頓舉行了有來自全國
各地數萬人參加的抗議種族歧視的遊行，參加者有黑人政治家、工會
領導人和民權運動積極分子。一九九二年三月，白人警察毆打黑人司
機羅德尼・金的事件一曝光，隨即引發起大規模的種族衝突，黑人抗
爭的怒火迅速遍及全國各主要城市，美國政府出動了三千名陸軍和一
千五百名海軍陸戰隊到洛杉磯「維持秩序」。這場衝突延續數日，財
產損失無計，人員傷亡重大，五十八人死亡，二三八三人受傷，一一
八二四人被捕。時隔三年，號稱「世紀審判」的美國影星和球星辛普
森謀殺白人妻子案引起黑白種族的關注，實際成為兩個種族的一次較
量。辛普森腰纏萬貫，一擲千金，巧妙地利用了美國社會的種族衝突
與矛盾，最後被判無罪開釋。我們且不說這一結果是否使罪犯逍遙法
外，但對案件的審理和判決卻充分反映出美國社會種族矛盾何等尖
銳。這一案件劃上句號還不到半個月，一九九五年十月十六日美國首
都華盛頓又發生了一場名為「百萬黑人遊行」集會，這次集會的發起
人法拉汗極端仇視白人，他振臂一呼，黑人民眾群起而應，四十萬人
浩浩蕩蕩，雲集華盛頓。這次遊行在美國引起很大震動，美國政府也
不敢等閒視之，集會當天克林頓總統在得克薩斯發表演講，呼籲美國

---

59 理查德・赫恩斯坦和查爾斯・默里：《正態曲線：美國生活中的智力和階級結構》
　　（Richard J. Herrnstein and Charles Murray, *The Bell Curve: Intelligence and Class
　　Structure in American Life*）紐約市：自由出版社，1994年。對這本書的介紹與評價
　　參見悉尼・卡唐（Sidney Kardon）發表的書評，這篇書評載於《社會工作》（*Social
　　Work*）第41卷第1期（1996年1月），頁116-117。

民眾「打掃乾淨種族主義房屋」、「促進種族間相互理解」，試圖表達政府對黑人問題的重視來平息眾怒。[60]這一連串事件反映出種族問題給美國社會帶來的潛在危機，觸發它們的根本原因乃是黑人低下的政治經濟地位所導致的憤悶壓抑情緒。

　　種族問題像「夢魘」一樣，常常攪得美國社會動盪不寧。美國政府感十分撓頭，也曾力圖通過法律來解決這個長期困擾美國社會的棘手問題，但往往是事倍功半，收效甚微，種族歧視依然橫行美國，其所導致的種族矛盾和衝突大有激化之勢。當然受白人文化薰陶的美國決策者首先維護的是白人的利益，他們採取緩和種族對立的措施只是出於維護其統治考慮，種族歧視在他們的腦海中同樣居有一席之地，他們也難以擺脫「白人至上」、「白人優越」的觀念。這恐怕也是美國種族歧視長期難以解決的一個重要原因。

## 四　種族優越與美國對外關係

　　影響國家對外關係的因素很多，其中，決策者的思想觀念往往對外交政策的制訂與執行發生著潛在的作用。因此，當美國開始處理與亞洲、非洲、拉丁美洲國家的關係時，固存於決策者思想中的種族優越觀念必然會以各種形式表現出來，成為美國對落後國家外交政策的一個明顯特徵。誠如美國歷史學家邁克爾‧亨特所言：「由於對辯論和決策者思想的支配，由於對新聞界的影響，由於對全體選民的控制，種族歧視強有力地形成了國家對付其他民族的方法。這種歧視不只是包括富蘭克林時代之前的印第安人，當美國人形成獨立的外交政

---

60 講話全文見威廉‧克林頓：〈在奧斯丁得克薩斯大學的講話〉（William J. Clinton, "Remarks at the University of Texas at Austin"）1995年10月26日，載《美國總統公開文件》（*Public Papers of the Presidents of the United States*）第2卷（華盛頓特區：美國政府出版局，1995年），頁1600-1606。

策時而且包括拉丁美洲、東亞和歐洲。」[61]亨特是研究意識形態對美
國對外政策制訂與執行的專家，種族優越也是固存於美國白人腦海中
的一種意識形態，自覺或不自覺地在美國政府處理與非西方國家的關
係上表現出來。美國學者斯特林‧約翰遜在談到種族偏見影響到美國
對其南鄰墨西哥的政策時指出：

> 許多盎格魯人對非洲人和印第安人形成了一種強烈的種族偏
> 見，很容易把種族低劣的觀念援引到墨西哥人身上。種族意識
> 形態在支持盎格魯人從墨西哥人那裡強占土地和使之合理化上
> 服務於一種經濟目的。[62]

約翰遜這裡提到的「種族意識形態」就是美國白人對非白人的一
種根深柢固的種族偏見。這種偏見一開始就在決策者的思想中體現出
來。拉丁美洲是美國最早發生對外關係的主要地區之一，如果從種族
上追根溯源的話，拉美和北美大陸的「發現」都是歐洲人揚帆遠征的
結果。主宰南北美洲的統治者在種族上同源，只不過拉美地區在以後
的發展中種族構成發生了明顯的變化。混血種人、印第安人以及黑人
在人口中居於多數，純粹意義上的「白人」在這裡成了少數民族。更
何況拉美地區的白人與美國的白人存在著明顯的文化差異，因此，美
國白人把拉丁美洲人劃入「種族另冊」絲毫不足為奇。用一位研究者
的話來說：「美國白人民族主義的優越態度受到盎格魯─撒克遜種族
優於其他民族的加強。在這個美洲共和國的腦海裡，數目龐大的印第
安人和黑人居住在該地區往往使美國人把拉丁美洲人視為具有低劣的

---

61　亨特：《意識型態與美國對外政策》，頁52。
62　約翰遜：《全球追求與占有：美國國家利益對國際法》，頁8。

種族身分。」[63]這樣一種意識儘管不是美國政府決策的主導力量，但在特定的情況下只要對美國實現其利益有益，往往會對美國的外交政策發生舉足輕重的影響。

拉丁美洲獨立戰爭本來是西屬殖民地人民爭取獨立自由的民族解放運動，但美國許多白人對這場運動不屑一顧，認為長期處在西班牙專制統治下的拉丁美洲不可能真正獲得自由，即使獨立，自由也只是形式而已，種族的劣根性已經決定了這一點，杰斐遜和亞當斯等人就持這種觀點，他們在拉丁美洲獨立戰爭爆發後把天主教的迷信、西班牙專制的遺產和種族混合的人口看成是取得進步的嚴重障礙。杰斐遜直言不諱地宣稱，西班牙美洲「處在極其黑暗的愚昧之中，深受偏執和迷信的影響」，因此「就像孩子一樣不能自治」，他只是希望「軍事獨裁」取代現存的西班牙暴政。[64]約翰·昆西·亞當斯同樣認為：「我衷心祝願他們的事業，但是我過去看不到，現在還絲毫看不到他們將建立自由政府制度的前景。……他們沒有良好或自由政府的基本要素。軍隊和牧師的專橫權力銘刻在他們的教育、他們的習慣以及他們的制度之上。在他們所有尚處於萌芽狀態的原則中充滿著內部的紛爭。」[65]一些白人反對用相同的起源和類似的遭遇把美國與拉丁美洲聯繫起來，所持理由就是二者在文化和種族上毫無相似之處。如《北美評論》編輯愛德華·埃弗里特在一八二一年寫道：「我們與南美洲毫無關係。……我們不能對他們形成滿腔熱情。我們具有不同的血統，我們講不同的語言，我們受不同的社會和道義學校的薰陶，我們

---

63　格魯厄姆·斯圖爾特等：《拉丁美洲和美國》（Graham H. Stuart and James L. Tigner, *Latin America and the United States*）第6版（恩格爾伍德：普倫蒂斯·豪爾出版社，1975年），頁722。

64　轉引自亨特：《意識型態與美國對外政策》，頁100-101。

65　轉引自彼得·史密斯：《鷹爪：美拉關係的動力》（Peter H. Smith, *Talons of the Eagle: Dynamics of U.S.-Latin American Relations*）（紐約市：牛津大學出版社，1996年），頁47。

服從不同的法律準則，我們從根本上接受不同的宗教標準。」[66]儘管美國政府出於其他利益考慮最後還是對拉美獨立運動給予了支持，但這種選擇絲毫改變不了美國白人對拉丁美洲人的種族偏見。其實這種偏見對美國外交政策的影響，早在對海地革命的態度上表現出來。

一七九一年，海地島爆發了黑人奴隸反對法國殖民統治者的起義，起義軍勢如破竹，殖民統治岌岌可危。美國政府十分關注這場距離美國本土並不遙遠的戰爭，華盛頓、杰斐遜等政府決策者不僅對逃到美國避難的法國人深表同情，而且提供盡可能的支持，給法國白人種植園主送去了武器彈藥，幫助他們鎮壓黑人起義。美國政府的這種態度主要出於種族因素考慮，無非是擔憂起義將蔓延到美國南部，引起一場種族戰爭。用一位美國人的話來說，「這場戰爭將只會在一個種族或另一個種族的滅絕中結束」。[67]一八〇一年一月一日，海地宣布獨立，建立了現代世界的第一個黑人國家，美國拒絕予以正式承認，其原因自不待言。

對其他新獨立的拉美國家，美國儘管相繼與之建立了外交關係，但種族偏見成為發展正常關係的嚴重障礙之一。墨西哥首任駐美大使何塞・曼努埃爾・索索亞對此有著實際的體驗。在他看來，美國白人的「傲慢使他們不能平等對待我們，只把我們看作低劣一等，隨著時間的流逝，他們將成為我們的不共戴天仇敵」。[68]他以自己的親身經歷和體會道出了發自內心的深刻感觸。美國對墨西哥的領土強占本來是

66 阿瑟・惠特克：《西半球觀念的興衰》（Arthur P. Whitaker, *The Western Hemisphere Idea: Its Rise and Decline*）（伊薩卡：康奈爾大學出版社，1954年），頁32。

67 蒂莫西・馬修森：〈喬治強占華盛頓對海地革命的政策〉（Timothy M. Mathewson, "George Washington's Policy Toward the Haitian Revolution"），載《外交史》（*Diplomatic History*）第3卷（1979年夏天），頁38。

68 阿爾文・魯林斯坦等主編：《第三世界的反美主義：美國對外政策的言外之意》（Alvin Z. Rulinstein and Donald E. Smith, eds., *Anti-Americanism in the Third World: Implications for U.S. Foreign Policy*）（紐約市：普雷格出版社，1988年），頁31。

一種赤裸裸的以強凌弱的強盜行徑，也是美國歷史上不光彩的一頁，但美國白人卻從種族優越論中找到了為這種行為辯解的理由。美國白人把對得克薩斯白人「起義」的支持說成是白種的得克薩斯人與印第安人和西班牙混血種人之間一場不可避免的衝突。當美國通過戰爭的手段兼併了大片墨西哥領土時，美國白人也沒有忘記以種族上的理由使這種公開「劫掠」合法化。他們宣稱：「白種人道義和智力的優越將拯救其他種族：這樣最年輕的民族和最新開發的土地將成為最古老種族的復興者和改革者。」[69]《里士滿輝格黨報》一八四五年八月十九日刊文宣稱美國與墨西哥的這場衝突乃是「盎格魯—撒克遜人對混血種人的戰爭，前者是純白人血統，後者由印第安人、黑人和西班牙人構成。這三類人種由於血統和膚色的混合而退化」。[70]美國對墨西哥開戰有著最實際利益的需要，但很多美國白人和輿論給這場戰爭打上「種族衝突」的烙印卻會迎合了大多數白人的種族優越的心理，激發起國內的種族民族主義情緒，給這場本來赤裸裸的侵略戰爭掃除國內一切不必要的障礙。

美國對拉美地區的政策無疑受到種族優越的影響，這種優越感充分反映出了美國白人文化中「以我為主」的價值觀，威爾遜政府的加勒比政策就體現出了這方面的傾向。威爾遜是美國歷史上以執行所謂「理想主義」外交而著稱的總統，其實他是個典型的白人種族優越論者。他曾經允諾上臺後給國內黑人自由，但在處理實際問題時則深深地留下了種族主義的烙印。這裡僅舉一例便可說明。威爾遜時期黑人問題突出，種族隔離加劇，黑人代表到白宮面見威爾遜請願，但威爾遜對所提出的問題敷衍搪塞，言不由衷，最後甚至大發雷霆，讓代表們出去。以後威爾遜對這件事的處理方式頗為後悔，他對海軍部長約

---

69 加布里埃爾：《美國民主思想歷程：自1815年以來的理性史》，頁343-344。
70 德康德：《民族、種族和美國對外政策》，頁33。

瑟夫·丹尼爾斯說，他應該「洗耳恭聽，抑制怒氣，等他們說完後，然後對他們說，當然，你們的請願將予以考慮，他們然後就平靜地回去，將再也聽不到此事」。[71]這大概就是威爾遜能夠高於其他赤裸裸地宣揚種族優越論者的地方，但這種思想不可避免地暴露於他對落後國家的政策中，尤其對多米尼加和海地兩個黑人共和國更表現出這種傾向。美國海軍陸戰隊在海地登陸後，威爾遜主張採取強硬行動，並不擔心這種肆無忌憚地侵犯一個國家主權會在拉美國家造成什麼嚴重影響，也不在乎給他這個自詡為「西半球民主自由鬥士」留下不光彩的一頁，在他的心目中這個國家已被劃入另冊。一九一五年八月十五日威爾遜在給其戀人高爾特的信中暴露出平時罕見的思想，他說：「我們在海地採取的方針對『拉丁美洲』的影響將不是嚴重的，原因它是黑人國家，將不被視為兄弟之邦！」[72]他也曾幸災樂禍地嘲笑美國干涉給海地政府官員帶來的窘境。他八月二十四日致信高爾特說：「這些可憐的傢伙進退維谷，他們不敢冒犯我們，然而如果他們屈從了我們，他們的敵人將在隨後的選舉中針對他們製造事端。」[73]其他決策者同樣抱有這種思想。國務卿羅伯特·蘭辛一九一八年就海地的狀況寫道，「非洲種族」有一種「倒退到野蠻狀態和擺脫與他們的天性格格不入的文明約束的固有的傾向。當然，對於這個種族弱點有許多例外，但是，根據我們從本國的經驗所知，大部分人確是這樣」。[74]拉美事務局局長博阿茲·朗在討論對海地政策時，得出結論說，海地這個「低劣的民族不能維持法國留給他們的文明程度或形成他們有資格得

71 林克編輯：《伍德羅·威爾遜文件集》第31卷（普林斯頓市：普林斯頓大學出版社，1979年），頁309。

72 林克編輯：《伍德羅·威爾遜文件集》第34卷（普林斯頓市：普林斯頓大學出版社，1980年），頁209。

73 林克編輯：《伍德羅·威爾遜文件集》第34卷（普林斯頓市：普林斯頓大學出版社，1980年），頁311。

74 帕特森等：《美國外交政策史》第2卷，頁358。

到國際尊重或信任的任何自治能力」。[75]這種思想當然會對威爾遜政府的決策發生影響。

　　美國歷史學家弗雷德里克·卡爾霍恩考察了威爾遜的加勒比政策後，把「種族人道主義」說成是構成其外交政策的基礎，這一術語旨在說明威爾遜想要鼓勵這些拉美國家獲得更多的民主生活方式，但解決問題的方法卻使他打上了種族中心主義的烙印，所以，「他在使人民得到其自由的努力中，否決了他們選擇自己命運的權利」。[76]卡爾霍恩的基本立論並沒有超出受本民族文化影響的侷限性，他批評的只是威爾遜的外交方式而已，並不否認威爾遜的動機，從實質上肯定了威爾遜對這些國家的政策。以此解釋美國對外政策者在美國學術界也不乏其人。他們只注意到一些表面現象，把種族主義與武力干涉用「良好動機」不自然地聯繫在一起，掩飾住這種明顯具有強權特性之外交的真正實質。恰恰就是白人優越的種族中心主義，才使威爾遜政府在「理想」的外衣下揮舞著「文明棍」，以國際關係中最令主權國家難以接受的武力干涉完成了對其他國家的控制。在美拉關係上，類似威爾遜政府的做法並非鮮見。正如美國著名國際關係學者摩根索指出那樣：

　　　　在我們對拉丁美洲國家的態度中似乎存在著根除不掉的傾向。我們總是認為，自西半球贏得獨立以來北方巨人所享有的不可動搖的優勢，簡直是自然規律。人口趨勢、工業化、政治和軍事的發展，可能會修改這一規律，但不能根本改變它。同樣由於幾個世紀以來少數白人種族主宰著世界政治歷史，而有色人種主要是這一歷史的客體，因此對於所有種族來說都難以想像

---

75 弗雷德里克·卡爾霍恩：《權力與原則：威爾遜外交政策中的武裝干涉》（Fredrick S. Calhoun, *Power and Principle: Armed Intervention in Wilsonian Foreign Policy*）（肯特：肯特州立大學出版社，1986年），頁101。

76 卡爾霍恩：《權力與原則：威爾遜外交政策中的武裝干涉》，頁23。

　　會出現白人種族的優越政治地位不復存在的情況，也確實難以想像會出現種族間的關係顛倒過來的情況。[77]

　　體現在美國外交政策中的種族優越，常常使拉丁美洲人極為反感。許多國家經常爆發激烈的反美浪潮固然是多種因素所致，但美國人的傲慢偏見、目空一切、居高臨下等等，無疑誘發出了拉丁美洲人對這個北方巨鄰的本能牴觸情緒，成為美國政策在拉美地區遭到困境的最重要根源之一。

　　美國太平洋彼岸的東方主要生活著由黃種人構成的民族，這些民族或國家具有悠久的文化傳統，歷史上曾經放射出璀璨的光芒，成為人類文明進步的代表者。只是到了近代，當世界大踏步地邁向資本主義工業文明時，處於專制統治之下的東方國家卻明顯地落在這一大潮之後，乃至後來成為「船堅炮利」的西方國家侵略宰割的「俎上肉」。美國作為西方資本主義的大國之一，早就對神秘而富有魅力的東方「垂涎欲滴」。幅員遼闊的東方市場燃燒起美國商人西渡發財的欲望，大批的美國傳教士伴隨著隆隆的槍炮聲紛至沓來，試圖在東方實現「基督文明」復興世界的夢想。用美國學者斯陶特的話來說：「一切文明民族在推進它們的各種各樣的利益的同時，的確是結合在一起來摧毀亞洲的古老宗教和偶像崇拜，使已經衰竭不堪的亞洲種族獲得新生。伊斯蘭教和異教都必須同樣地湮沒下去，基督教必須進來，像燦爛的陽光射進混沌世界一樣來照亮和復興這個古老的世界。」[78]美國政府對亞洲國家的政策顯然是為其政治、經濟、文化擴張服務的，但由於美國白人對黃種人的深刻種族偏見，種族優越觀念

---

77 摩根索：《國家間政治——尋求權力與和平的鬥爭》，頁211。
78 呂浦等編譯：《「黃禍論」歷史資料選輯》（北京市：中國社會科學出版社，1979年），頁21。

自然會在美國政府處理與東方國家關係時表現出來，程度不同地對美國外交政策發生了影響。

　　菲律賓是美國通向東方市場的踏板，當美國十九世紀末吹起海外擴張的號角後，菲律賓首當其衝，美西戰爭之後被美國兼併。美國政界在兼併菲律賓上可謂眾說紛紜，但贊成者和反對者的觀點毫無例外地體現出了白人種族優越的觀念。主張兼併者所持的理由是，美利堅民族作為地球上最優越的種族，對落後民族負有「教化」的責任，以促進它們向「文明」轉化。最典型的是威廉・麥金萊總統對兼併菲律賓所作的道貌岸然的解釋。[79]反對兼併者並不是出於對菲律賓人追求獨立事業的同情，更不是反對美國向東方的商業擴張，他們不希望黃種的菲律賓人成為美國聯邦大家庭的「成員」，以免玷污了白種人的「純潔」。參議員約翰・丹尼爾斯認為，美國國內反對兼併菲律賓的人不希望將大量的馬來西亞人、中國混血種人和其他低劣種族「融合進美國制度」。[80]有的美國人甚至建議修改聯邦憲法，「以便規定我們偉大的美國共和國永遠不與亞洲國家結為夥伴關係」。[81]主張兼併者和反對兼併者在種族優越上毫無相異之處，用美國歷史學家亞歷山大・德康德的話來說，二者都擁有十分強烈的種族主義，「雙方都在試圖以一種種族理由影響美國的對外政策，只不過是帝國主義者占取了上風」。[82]美國在菲律賓的自治問題上總是表現出類似「大人對待小孩」的態度，菲律賓種族的不成熟決定了其難以實現自治，只有在成熟的

---

79　參見本書第一章關於麥金萊總統在這一問題上的相關思想。

80　魯賓・韋斯廷：《美國帝國主義的種族主義：種族態度對美國對外政策的影響，1893-1946年》（Rubin F. Westin, *Racism in U.S. Imperialism: The Influence of Racial Assumptions on American Foreign Policy, 1893-1946*）（哥倫比亞：南卡羅萊納大學出版社，1972年），頁93。

81　韋斯廷：《美國帝國主義的種族主義：種族態度對美國對外政策的影響，1893-1946年》，頁109。

82　德康德：《民族、種族和美國對外政策》，頁63。

盎格魯─撒克遜種族的引導下，菲律賓人才能逐漸走出長期形成的不適宜自治的文化傳統。這樣一種種族優越思想在美國兼併菲律賓群島問題上占取了上風，最終使美國如願以償，在太平洋上獲得了通向東方廣袤市場的一個重要門戶或踏板。

中國是美國在東亞地區最早接觸的國家之一，美國人過去對這個文明古國的瞭解主要是通過歐洲人撰寫的有關中國的書籍，並無多少感性認識，但黃皮膚的中國人在美國白人的腦海中深深地留下了種族偏見的烙印。美國一七八四年出版的一本地理書把中國人描述為「世界上最言而無信、最卑鄙和偷竊成性的民族」。[83]從十九世紀開始，隨著美國商人以及傳教士大批地湧入中國，美國人通過實際接觸瞭解中國的機會大大增多，但對黃種人的種族偏見決定了這種瞭解帶有很大的偏頗性，甚至是完全根據自己的臆想對事實的扭曲。中國被描述為「道德的荒原」，生活在這塊土地上的人們愚昧無知，道德淪喪，卑鄙下賤。[84]中國人的這種「不佳」形象在美國白人腦子裡長期存在。當美國政府把中國納入其「太平洋帝國」的重要組成部分時，其外交政策主要是為美國的政治、經濟、戰略等現實利益服務，但種族優越感也在潛在地發揮著作用，美國政府似乎負有一種把美國人眼中的這個「低劣種族」從水深火熱中拯救出來的使命，以美國的「優越」文化來「教化」愚昧的中國民眾，最終使中國能夠按照美國設計好的道路發展。

日本是十九世紀末在東方唯一崛起的國家，當日本具備了強大的經濟和軍事力量時，便對東亞地區虎視眈眈，試圖將之變成獨占的勢力範圍。這實際是對在這一地區享有巨大利益的美國的一種挑戰。一

---

83 魯斯‧米勒‧埃爾森：《傳統的衛道士：十九世紀美國的教科書》（Ruth Miller Elson, *Guardians of Tradition: American Schoolbooks of the Nineteenth Century*）（林肯：內布拉斯加大學出版社，1964年），頁162。

84 亨特：《意識型態與美國對外政策》，頁69-70。

九〇四年，西奧多・羅斯福談到日俄戰爭時寫道：「如果日本獲勝，不僅是斯拉夫人，而且我們都將不得不在東亞對付一個崛起的大國。」[85]從一九〇四年到一九一六年，美國國內大肆談論「黃禍」，這主要是針對日本而言的，這一時期美國國內掀起的排日浪潮正是反映出美國人對這個黃種人國家崛起的擔憂。一九〇四年，美國著名作家傑克・倫敦發表文章宣揚日本對美國構成的威脅，一場種族衝突在他所處的時代不可避免地到來。他宣稱：「種族冒險的可能性仍未消失。我們正處在我們自己的種族中間，斯拉夫人正整裝待發，難道黃種人和褐色人就不可能從事和我們一樣規模宏大而且更驚人的特殊冒險嗎？」[86]有的美國人更是危言聳聽，認為日本的威脅只是蒙古種人將由於人口問題引起擴張衝動，不久就會越過太平洋，到達西南美洲，最後經墨西哥逼近美國的大門。日本的擴張政策使亞洲許多國家深受其害，其實尚未對美國等白種國家構成災禍，只是損害了美國在東亞地區的既得利益。美國等國宣揚的「黃禍威脅論」並未遏止住日本在東亞的擴張勢頭，相反，卻激起了它們之間更加激烈的競爭。

美國和英國同屬盎格魯—撒克遜種族，來自英國的移民是北美大陸的開拓者，他們構成了人口中的主體，美利堅合眾國的建立是北美人擺脫英國殖民統治爭取獨立的結果。當美國作為一個主權國家活動在國際舞臺上時，英美兩國並不會因為種族上同源而一定保持和諧，利益之爭常常也會使兩國關係緊張，有時甚至到了拔刀相見的程度。然而，當英國與一個非白人國家發生衝突時，種族上的同源便會使美國明確地站在英國一邊。一八五六年，英國對中國發動了第二次鴉片戰爭，美國輿論界掀起一片支持英國的喧囂之聲。一家美國報紙一八五七年二月二十三日刊登社論指出，「已經衰退的伊斯蘭和蒙古種

---

85 達萊克：《美國對外政策方式：文化政治和外交事務》，頁56。
86 霍夫斯塔特：《美國人思想中的社會達爾文主義》，頁189。

族」注定要拜倒在盎格魯—撒克遜人面前，猶如印第安人和墨西哥人「在美國拓殖者前進中消失」一樣。[87]一些美國白人甚至敦促政府介入這場「盎格魯—撒克遜同類」發動的戰爭。一八五九年六月，英國及其盟國擊敗了中國後，派代表沿海而上到天津交付已被批准的和約。在途中他們遭到滿腔怒火的中國軍隊的抵制，中國人封鎖了前往天津的河道，並重創前來攻打的英法軍隊。此時美國海軍指揮官喬賽亞・塔特納爾高喊著「血濃於水」，率軍衝上前去援助，他說：「如果他袖手旁觀白種人在他的眼皮底下慘遭殺害，他將受到譴責。」[88]

　　一八七七年，英國兼併了一個布爾人的共和國德蘭士瓦（Transvaal），南非人指責這是一次侵略行為，希望美國能夠出面主持正義。他們的領導人保羅・克呂格爾親自向美國政府呼籲抗議這次兼併，但美國政府無動於衷，幾乎沒有做出任何反應。「除了少量關注的黑人外，很少美國人此時對非洲感興趣，對於那些盎格魯—撒克遜美國人來說，他們根本不希望捲入」。[89]一八九九年十月，英國人與布爾人發生了戰爭，美國國務卿海約翰明確表明了美國政府對這場衝突的基本態度，他寫道：「我堅信，我們對外政策的一個必然之特徵應該是對英國的友好理解，我只要在位一天，就不會採取改變這種信念的行動。」[90]一些英國社會名流通過傳媒向美國公眾呼籲支持英國人對布爾人的這場戰爭，所持理由就是英美兩國具有種族親姻關係以及盎格魯—撒克遜文化的優越無比。美國政府決策者如麥金萊、海約翰等明

---

87 參見斯圖亞特・米勒：《不受歡迎的移民：1785年至1882年美國的中國人形象》（Stuart C. Miller, *The Unwelcome Immigrant: The American Image of the Chinese, 1785-1882*）（柏克萊市：加利福尼亞大學出版社，1969年），頁123。

88 德康德：《民族、種族和美國對外政策》，頁38。

89 德康德：《民族、種族和美國對外政策》，頁65。

90 斯圖亞特・安德森：《種族與和睦：盎格魯-撒克遜主義與1895年至1904年的英美關係》（Stuart Anderson, *Race and Rapprochement: Anglo-Saxonism and Anglo-American Relations, 1895-1904*）（拉瑟福德市：菲爾萊狄更斯大學出版社，1981年），頁84。

確表示對英國提供支持主要出於種族考慮。馬克・吐溫一針見血地指出：「即使是錯的──實際就是錯的，英國也必須受到支持。」[91]類似這樣的例子在美國外交史上並非鮮見。在二十世紀，美國與英國的關係很少發生大的裂痕，並且每次英國處於岌岌可危之時，美國總會伸出援助之手，幫助英國度過危機。固然，美國的這種支持或幫助首先出於維護自身的利益考慮，但種族上的「親姻」和文化上的「同源」顯然也在發揮著一定的作用。

二十世紀之前，美國對非白人國家的外交政策明顯包含著種族主義的內容，隨著時代的發展和社會的進步，種族主義儘管在白人國家還廣有市場，但把之體現在對外關係上的做法已經遭到越來越多的國家抵制。然而，美國白人文化中的種族優越觀念並不會因此而消失，其對美國政府決策者思想的影響依然顯而易見。富蘭克林・羅斯福認為，「在世界民族中有許許多多未成年的孩子需要被託管」，其中首先是「東方的棕色民族」。他儘管希望解放日本控制下的亞洲國家，但堅持這些國家必須受到先進國家指導數十年後才能走上獨立的發展道路。[92]羅斯福的後繼者杜魯門、艾森豪威爾都表現出濃厚的白人種族優越的思想。一位美國學者從種族優越角度分析了美國對華政策失敗的原因：

> 種族優越感滋生了這種（低估中共力量的）錯誤認識。美國官員，包括中國問題專家，都把「中央王國」視為一個政治、軍事、經濟上的落後民族，美國過去屢次向它伸出援助之手，將來它仍需要美國的匡助。當共產黨人對過去美國為中國所盡的努力不表示感激或懷疑其動機時，外交官們就從意識形態方面尋找解釋，而不去注意諸如美國的行為這樣的外來刺激因素。

---

91 德康德：《民族、種族和美國對外政策》，頁67。
92 參見亨特：《意識型態與美國對外政策》，頁162。

美國人的思想中明顯地缺乏自我反省。[93]

　　在當代美國外交中，赤裸裸地宣揚種族主義甚至都為許多美國政治家所不齒，但種族主義遺留下來的文化優越感仍然深深地影響著美國人對非白人國家的態度和政府的外交政策。正如社會學家戴維・波普諾指出的那樣：「這些人總是傾向於用他們自己的標準來判斷所觀察到的文化。他們常常把那些要與他們自己的價值觀相矛盾的習慣和信仰稱為不開化和野蠻，而讚揚和接受那些與他們自己的價值觀相吻合的習慣。用自己的文化為標準來評價其他文化，並認為自己的文化是正確的而別人的是錯誤的。這種傾向叫做『種族中心主義』。」[94]一九九六年八月在亞特蘭大舉行的奧運會上，美國媒體對中國運動員的有意詆毀充分暴露出固存於一些美國人心理中的種族優越觀念。近些年來，中國體育健兒在國際體育大賽中成績突出，捷報頻傳，反映出了改革開放帶給中國的勃勃生氣。一向惟我獨尊的美國人打心眼裡不能容忍中國人在國際競技場擊敗美國人，前者只有永遠保持「東亞病夫」的形象才能滿足或符合後者的新種族主義的心理。就連美國的《華爾街日報》也承認，當中國贏了，美國人就說「中國人吃藥了」。如果中國輸了，他們又說「因為中國人沒有吃藥，所以中國贏不了」。如果中國金牌獲得者藥檢結果正常，他們就說中國採取了防藥檢措施。[95]其他非白人國家的運動員同樣難逃這種的惡意中傷。

---

93　威廉・懷特尼・斯蒂科：《對抗之路：1947年至1950年美國對中國和朝鮮的政策》（William Whiteney Stueck, *The Road to Confrontation: American Policy toward China and Korea, 1947-1950*）（查珀爾希爾：北卡羅來納大學出版社，1981年），頁254。轉引自袁明等主編：《中美關係史上沉重的一頁》（北京市：北京大學出版社，1989年），頁463。

94　波普諾：《社會學》上冊，頁121。

95　參見李希光等：《妖魔化中國的背後》（北京市：中國社會科學出版社，1996年），頁28。

　　一些美國人在最不應該講政治的體育競技場上都難以抑制住種族
上的偏頗之見，在處理與發展中國家的關係上更是暴露出了「老大自
居」的優越心態。新加坡資政李光耀一九九五年八月公開批評了美國
對亞洲國家的文化優越態度，他宣稱，當美國媒體讚揚臺灣、韓國、
菲律賓或泰國實行民主並有新聞自由時，這種文化上的優越感也是明
顯的。這是一種用傲慢態度提出的讚揚，是拍著下級的頭帶著文化上
的優越感給予的讚揚。李光耀的批評可謂一針見血，以自己長期與美
國政界要人打交道的經歷把美國人的種族優越感充分地揭示出來。正
是在這種優越心態的作用下，美國政府以自己的文化價值觀衡量他國
的行為，以自己的標準確定他國的發展方向。小馬丁・路德・金曾經
說過：「我相信，除非美國執行『沒有種族歧視』的對外政策，我們
是不會有世和平的，我們在越南，以及在多米尼加共和國的災難性的
經歷，在某種意義上說來，就是種族偏見的決策造成的後果。西方的
白人，不論他們喜歡與否，是在種族歧視的文化中成長起來的，他們
的思想都染上了這一事實的色彩。他們的思想中灌滿了欺騙性的神話
和傳統，使他們見不到別人的抱負和才能。他們不能真正尊重任何非
白種人。可是如果缺乏相互尊重，我們就根本不可能贏得和平。」[96]
三十餘年過去了，時光的飛逝絲毫沒有沖淡這位黑人領袖發自肺腑之
言的意義。

96 查爾斯・雷諾茲等編，徐克繼等譯：《美國社會》（北京市：生活・讀書・新知三聯
　　書店，1993年），頁115。

# 第六章
# 美國世界領袖的夢想與現實

　　國家自出現以來，總是存在著大小之分，強弱之別。在古代社會，這種差異往往是在列國的征戰廝殺中形成的，而強國對弱國的統治欲則是它們兵戎相見的主要原因。不過，這時形成的對周邊國家具有很大威懾力的帝國多是限於某一區域。當世界歷史發展到近代後，強國儘管依然為充當某一地區的「盟主」而爭得不可開交，但它們的目光已經開始越向域外，在更為遼闊的空間尋求支撐國內繁榮和穩定的殖民地和勢力範圍，其中也不乏試圖通過征戰來控制世界的大國。不過，這種征服世界的圖謀無一得逞，相反卻給本國或本民族帶來無盡的災難。美利堅合眾國興起於近代，很快就從一個小國發展為雄居北美大陸的強大國家，它與歷史上的任何大國一樣孜孜追求對其他國家的支配地位，但沒有一個大國像美國那樣在二十世紀的外交中把充當世界領袖體現得那麼明顯。這顯然與美國白人文化中始終存在的「救世主」觀念息息相關。美國前總統吉米・卡特曾說過：「在這個世界上能夠在國際社會中承擔真正領袖的只有一個國家，那就是美利堅合眾國。」[1]卡特的話可以說是代表了美國政治家和多數人的心聲或意願，也反映了美國外交長期追求的一個主要目標。美國實現世界領袖地位經歷了一個曲折的過程，最後變成了現實。說是「世界領袖」，其實是所謂的「自由世界」的領袖。因此，美國的世界領袖地位從一開始就面臨著挑戰，既有外部的，也有內部的。儘管如此，美國政府決策者從來沒有放棄對世界領袖地位的追求。

---

1　倫德斯塔德：《用一種比較觀點對美國「帝國」和美國對外政策其他方面的研究》，頁1。

# 一　爭當世界領袖的曲折歷程

在很多美國人看來，美國是一個特殊的國家，秉承上帝旨意對人類的發展承擔著一種其他任何國家所沒有的「使命」，因此美國領導世界實現上帝早就規劃好的「美好藍圖」是再自然不過了，正如美國前副總統阿爾・戈爾指出的那樣：

> 美國在很長時間裡一直是國際社會的當然領袖。自五百年前的偉大航海發現起，西方文明的政治想像便開始集中在新大陸上。那裡是第二次希望的所在，以菲茨杰拉德的話來說，是「人類最後一次找到能施展才能創造奇蹟的地方」。新大陸的神秘使命似乎以現代民主的誕生而完成。在過去的二百年間，新大陸的承諾變成了一個世人矚目的共和國。它有能力保護每個人「不可剝奪的」權利。其政治體制的基礎是立憲政體，其中每一權力中心都與其他權力中心保持適當的平衡。[2]

戈爾的這番話表明實現領導世界的夢想在美國文化中有著深刻的歷史淵源。如前所述，常常以「上帝的選民」自居的美國人總認為美國優越於世界上任何其他國家，它的「天賦使命」和「天定命運」是領導世界，在世界事務中讓其他國家俯首稱臣。這種意識一直在美國對外關係上體現出來，誠如邁克爾・亨特所言：「當美國決策者深思熟慮他們的選擇時，當他們決心使美國從成功走向成功以及最終實現作為一個全球大國的顯赫地位時，指導他們的這些思想在制定美國政策的框架內形成了一種持續不衰的強有力傳統，把早期的時代與以後的

---

2　阿爾・戈爾著，陳嘉映譯：《瀕臨失衡的地球：生態與人類精神》（北京市：中央編譯出版社，1997年），頁145。

時代聯繫起來。」[3]因此，美國的對外政策往往既反映了美國的與眾不同，又體現出了這種「與眾不同」所帶來的對世界領袖地位的追求。

　　美國立國之後很長一段時期，由於羽翼未豐，國力有限，再者集中於國內問題的解決和在北美大陸上擴張，不可能把它的觸角伸向世界各地，但美國並未因此放棄在世界事務中發揮特殊作用的願望，只不過是沒有採取主動「出擊」的形式罷了。美國人通常抱有這種思想，即他們國家的經歷為世界其他國家指明了一條通向「光明」的發展道路。這種把美國視為其他國家「範例」的傾向在美國許多早期決策者的思想中就有反映。華盛頓宣稱，「神聖之火」的持續係於美國人民進行的偉大試驗。[4]美國外交家喬治・巴洛一七八七年說，在美國「展現出的政治明智與和諧的範例將引起整個地球上的王國紛紛效仿，以及改善人類的狀況」。[5]以上說法在早期美國政府決策層內很普遍，既反映了美國人長期形成的「孤芳自賞」的心態，更重要的還是想說明美國在世界事務中所發揮的特殊「領導作用」。這是典型的「山巔之城」觀念，也就是想通過致力於自身的「完善」來為世界其他國家樹立一個「榜樣」。受這種說教的影響而形成的很長時期內的「孤立主義」外交使美國大獲其益，但畢竟反映出了美國自身力量尚不足於在大洋之外的遼闊世界「馳騁風雲，獨占鰲頭」，因此不可能是美國外交的最終選擇。一旦美國具備了與世界其他列強在海外競爭抗衡的力量，滯留在美國人腦海深處的世界領袖的夢想便會開始發揮作用，在美國對外政策中體現出來。當然，物質條件的具備並不等於充任世界領袖的條件成熟，美國民眾長期形成了在政治上孤立於大洋

3　邁科爾・亨特：〈美國外交傳統：從殖民地到大國〉（Michael H. Hunt, "Tradition of American Diplomacy: from Colony to Great Power"），載戈登・馬特爾主編：《美國對外關係再思考，1890-1993年》（Gordon Martel, ed., *American Foreign Relations Reconsidered 1890-1993*）（倫敦和紐約：勞特利奇出版社，1994年），頁6。

4　杜勒斯：《美國上升為世界大國，1898-1954年》，頁6。

5　溫伯格：《天定命運：美國歷史上國家主義的擴張主義之研究》，頁102。

之外事務的文化心態，這種心態嚴重阻礙了一些政治家走出美洲，跨洋稱雄。因此到了十九世紀末葉以後，美國外交雖然拉開了重大轉變的帷幕，但世界領袖的地位並非「唾手可得」，實現這一目的既需要外部國家的認可，又需要內部民眾的心理認同，兩者缺一不可，而這兩個條件同時成熟除了要借助外部的「天時地利」之外，自然也需要時日，因為完成人們的心理轉變絕非朝夕之事。如果在這兩個條件或其中之一條件不成熟的情況下強行將美國的世界領袖夢想轉化成現實，那也是枉然，最終還是逃脫不了破滅的命運。這樣美國實現其世界領袖地位的努力就呈現出曲曲折折和大起大落的特徵。

　　在孤立主義情緒盛行的時代，美國的世界領袖之夢只是在大洋之外局勢變動的刺激下偶然露出「崢嶸」，有時甚至還會在美國社會喧囂一時，但充其量只是一種「鼓譟」而已，並不會對美國的外交決策產生改變方向的重大影響，如十九世紀中葉發生的「青年美國運動」在美國社會掀起了一股向孤立主義挑戰的潮流，一些代表人物主張自由貿易和領土擴張，要求美國政府在國外事務中扮演積極的角色。這場運動儘管打上了明顯「天定命運」的烙印，但最終還是沒有突破孤立主義為阻擋美國走向海外設置的「藩籬」。還有一些政治家從不甘心於美國侷限在美洲大陸發展，不時地為美國的未來繪製出一幅幅「宏大」的藍圖，如曾任美國國務卿的威廉・西沃德在十九世紀中期前後提出的太平洋帝國的構想。從地緣政治角度講，在十九世紀中期，亞洲只是西方大國彼此競爭的地方，這固然構成了它們在亞洲活動的一個主要特徵，但西方國家有時為了共同對付亞洲國家的抵抗還會結成鬆散的同盟，美國此時說實在的也只是作為尾隨在歐洲大國之後分享「杯羹」的一個夥伴，談不到建立什麼「太平洋帝國」。歐洲儘管戰火頻仍，動盪不寧，但自資本主義興起以來就一直是世界政治的活動中心。當時的國際政治舞臺主要指歐洲大陸而言，只有首先問鼎歐洲，稱霸世界才存在著可能性。美國長期拒絕介入歐洲政治事

務，對歐洲舞臺上演出的一幕幕政治「戲劇」也只是隔岸觀望，至於「劇情」的發展以及結果如何似乎與美國毫無關聯；歐洲大國對美國也常常是「不屑一顧」，並不認為大洋彼岸的這個國家在歐洲爭奪的棋盤有多大的重要性。當美國在兩洋之外的世界尚未達到舉足輕重時，把世界領袖的「桂冠」戴在美國的頭上自然是一種「夢想」而已。就是到了十九世紀末葉美國在外交上開始重大轉變時，其擴張的目的也只是為日益膨脹的經濟尋求遼闊的海外市場。這時的美國充其量只能說是一個控制美洲和覬覦亞洲的大國，離世界政治大國還有很大差距，那就是因為還沒有擺脫孤立主義設置的羈絆，沒有登上歐洲政治舞臺去扮演「角色」，更不用說在眾生亮相的這個舞臺上扮演「主角」了。

西奧多・羅斯福大概是把美國外交引向歐洲政治的第一位總統。在他的任期內，美國已經具備了在世界政治舞臺上與歐洲大國抗衡的力量，但羅斯福深知美國還不可能凌駕於歐洲大國之上來獨立地履行「世界警察」的職責。他在一九〇二年告訴國會：「國際政治和經濟關係日益相互依賴和錯綜複雜，這就要求所有文明化的和秩序井然的國家義不容辭地承擔起適當維持世界的責任。」[6]日俄戰爭之後，美國在世界事務中的「身價」頓時倍增，羅斯福的政治密友亨利・洛奇致信總統說：「我們是目前存在的最強大的道義力量——也是物質力量，世界的和平很大程度上取決於我們。」[7]西奧多・羅斯福雖然懾於先輩的「遺訓」在外交上手腳未能完全放開，但在摩洛哥危機中邁出了捲入歐洲政治紛爭的第一步。羅斯福政府在一九〇四年就借保護僑民利益而介入了摩洛哥事務。摩洛哥是進入非洲的門戶，英國、法國以及德國等歐洲大國在這裡爭奪十分激烈，最終釀成了這幾個國家

6　達萊克：《美國對外政策方式：文化政治和外交事務》，頁34。
7　達萊克：《美國對外政策方式：文化政治和外交事務》，頁51。

大有訴諸武力來解決爭端的摩洛哥危機。羅斯福生怕這場危機造成打破歐洲均勢，危及到美國的利益，所以他就借著調停日俄戰爭成功的「東風」，介入摩洛哥危機，試圖通過調停來使歐洲均勢「安然無恙」。經過羅斯福的折衝樽俎，當事國在摩洛哥問題上達成協議，摩洛哥在經濟上門戶向這些大國洞開，在政治上建立了以法國為主的國際共管。

　　在這場危機中西奧多‧羅斯福究竟起到多大作用，史學界歷來存在著不同的看法，但是我們姑且不論這一點，單就美國介入這一事件來說，就在其外交史上有著重大的意義，這是美國主動捲入歐洲政治紛爭的開端，同時也標誌著美國作為一個世界政治強國出現在世人面前。用與西奧多‧羅斯福同時代的一位美國學者的話來說：「我們，美利堅合眾國的公民們，對是否應該在世界上發揮重大作用的問題不存在其他的選擇。命運已經替我們做出了決定，事態的進展替我們做出了決定，我們必須發揮那樣的作用。」[8]研究這一時期美國外交的華德‧比爾也指出：「西奧多‧羅斯福─洛奇式的擴張主義分子把美國人民帶入實現政治大國的帝國主義鬥爭，他們主要不是出於美國在世界範圍內的經濟利益考慮。西奧多‧羅斯福及其同時代的擴張主義者的主要考慮是權力和威望以及帶來二者的海軍力量。一想到他們的擴張主義政策將創造的美國偉大和權力，他們深感自豪和得意。」[9]他們對西奧多‧羅斯福外交的這種解釋未必見得符合實際，但把羅斯福時期視為美國追求世界政治大國的開端顯然是有一定道理的。

　　如果說西奧多‧羅斯福是喚醒美國世界領袖之夢的總統，那麼其

---

8　勞倫斯‧肖普等，怡立等譯：《帝國智囊團：對外關係委員會和美國對外政策》（上海市：上海譯文出版社，1981年），頁13。

9　霍華德‧比爾：《西奧多‧羅斯福和美國上升為世界大國》（Howard K. Beale, *Theodore Roosevelt and the Rise of America to World Power*）（巴爾的摩市：約翰斯‧霍普金斯大學出版社，1956年），頁50-51。

後任伍德羅・威爾遜卻第一次力圖把這種夢想轉化成現實，而第一次
世界大戰則為這種夢想成真提供了一個契機。大戰爆發後不久，豪斯
上校就在致威爾遜的信中坦言：「在這場悲劇中，世界希望您扮演一
個重要角色──您將的確如此，因為上帝已經賦予您這種力量。」[10]
豪斯不愧是威爾遜的親信幕僚，對威爾遜的內心活動可謂瞭如指掌，
他這番話正投威爾遜之意，說出了這位「雄心壯志」的總統把美國帶
向國際政治競技場以及在其中扮演「主角」的心聲。一九一六年十月
五日威爾遜在奧馬哈講話中說：「美國遠離現在這場衝突，而世界其
他地區則戰火蔓延，不是因為她不感興趣，也不是因為她冷漠無情，
而是因為她想要扮演的角色是一種不同於此的角色。」[11]威爾遜這裡
所言的「角色」顯然不是指美國還像過去一樣對歐洲爆發的戰爭「隔
岸觀火」，而是要站在戰爭之外發揮一個交戰雙方都「服從」的大國
作用，通過調停來結束這場戰爭，以展現美國的「與眾不同」的領導
作用。

　　在這樣一種思想的主導下，威爾遜政府奉行了中立政策，這一政
策表面上是對交戰雙方做到不偏不倚，但其主要目的之一就是想在中
立期間，縱橫於交戰國之間，以仲裁者的身分結束戰爭，以期左右國
際局勢，進而實現領導世界。因此，美國對交戰雙方的調停貫穿於威
爾遜政府的中立時期。調停在國際關係中，意指未介入衝突的第三國
站在公正的立場上使國與國之間的爭執得以解決，在不損及雙方根本
利益的前提下恢復過去的態勢。美國對衝突雙方的調停，其含義已經
遠不止此。儘管威爾遜也常常談到美國是作為一個「無私的朋友」服
務於交戰雙方，但在實質上，美國是想借助戰爭帶來的這次機會，通
過調停堂而皇之地進入國際競爭社會，為美國最終成為世界領袖奠定

10　西摩主編：《豪斯上校私人文件集》第1卷，頁325。
11　林克編輯：《伍德羅・威爾遜文件集》第38卷（普林斯頓市：普林斯頓大學出版社，
　　1982年），頁347。

政治基礎。當然這其中也包含著竭力避免出現一方大獲全勝和另一方
一敗塗地的結果，藉以保持均衡。不管是與衝突雙方分擔世界大國責
任也好，還是以仲載者的身分強迫交戰國接受和談也罷，美國都沒有
改變這一基本目的。在中立期間，威爾遜派豪斯上校幾次赴歐斡旋。
美國的調停活動反映了美國力圖充當世界和平仲裁人的嘗試，顯示出
美國奪取未來世界領袖的決心與圖謀，但同時也暴露出美國力量的不
足，無強大的軍事力量作為後盾，任何調停都會被交戰國敷衍搪塞，
甚至不屑一顧，對此豪斯上校深有體會。一九二五年四月他在致編輯
其文件的查爾斯・西摩的信中不無感觸地回憶說：「如果我們從戰爭
一開始就秣馬厲兵，等待時機干預，美國也許改變了歷史進程，……
因為協約國和德國將重視干涉的任何威脅，我們可以按照自己的條件
視情況進行干預。」[12]美國隨後開始擴軍備戰，其中一個主要原因就
是加強美國對交戰雙方說話的分量。

　　美國政府的調停努力雖然無一奏效，但這場戰爭喚起的這種夢想
再也不可能在美國政府決策者的腦海中消失。隨著戰爭的深入進行、
交戰雙方的精疲力竭以及美國力量的愈益強大，實現世界領袖之夢的
條件更加成熟。一九一七年四月二日，美國宣布站在協約國方面介入
戰爭。威爾遜政府參戰的一個主要原因就是在新的形勢下尋求實現世
界領袖地位的新的機會。調停是威爾遜力圖實現其世界領袖之夢的一
種手段，它未能奏效也並非意味著這種夢想的破滅，參戰在某種程度
上講也就是尋找一個新的機會，從這個意義上說參戰與調停在目的上
並無任何相異之處。早在一九一六年四月三日，豪斯上校就試圖勸說
威爾遜總統參戰：「我們成為交戰國不是沒有好處，因為它將加強您
在國內和與協約國打交道時的地位，……您在和會上的影響將是大大
加強，而不是減弱。」[13]美國參戰前夕，簡・亞當斯二月二十八日拜

---

12　西摩主編：《豪斯上校私人文件集》第2卷，頁83-84。

13　西摩主編：《豪斯上校私人文件集》第2卷，頁230。

訪了威爾遜總統，她後來回憶威爾遜對她說：「作為一個參戰國的首腦，美國總統將在和會上擁有舉足輕重的地位，但如果他仍然是一個中立國家的代表，他充其量只不過能夠『通過門縫叫喊』。」[14]雖然威爾遜政府沒有毫無掩飾地宣稱美國參戰是為了實現世界領導權，但這種思想無疑對美國參戰發生了重要影響，自然也就成為美國的主要戰爭目標之一。

　　美國對德國宣戰並不意味著美國與協約國在戰爭目標上完全一致。戰爭的進行需要盟國協同作戰，但是當勝利剛剛露出端倪時，美國與協約國之間暫時掩蓋的矛盾便開始暴露出來，一邊是共同對德作戰，一邊是盟國之間的外交斡旋，英法等國對美國尋求世界領袖感到不快，而美國則對協約國的「斤斤計較」難以求同。當時機成熟時，美國就會把那「空泛」的理想轉變成具體的目標或解決方案，美國充當世界領袖的野心自然也就充分體現於其中。如果說此前的外交為美國實現世界領袖奠定了基礎，那麼具體化的方案就成為實現這一目標的「博大精深」的藍圖。

　　一九一八年一月八日，威爾遜在國會兩院發表了他稱為「世界和平綱領」的十四點計畫，公開了美國的具體戰爭目標以及對戰後世界秩序的總構想。在威爾遜看來，建立一個國際聯盟組織是十四點計畫的核心，因為這個聯盟是美國實現世界領袖地位的必要保證。威爾遜這種思想由來已久，戰爭爆發後不久，他就給其內弟說：「必須有一個國際聯盟，所有國家聯合在一起以維護每個國家的完整，違犯這一契約的任何一個國家將給自己帶來戰爭，也就是說自動受到懲罰。」[15]一九一六年五月，威爾遜對「促進和平聯盟」講話中公開宣布支持一個戰後國際聯盟，以維護海洋自由和防止戰端再起。這次講話明顯具

---

14　戴維斯‧羅斯主編：《進步、戰爭和反應，1900-1933年》（Davis R. Ross, ed., *Progress, War and Reaction 1900-1933*）（紐約市，1970年），頁145。

15　卡爾霍恩：《權力與原則：威爾遜外交政策中的武裝干涉》，頁187-188。

體化了威爾遜關於美國在世界事務中發揮特殊作用的思想，建立國際聯盟自此以後成為美國重構戰後國際體系設想的主體。豪斯上校把這次講話稱為「新時代的開始和舊秩序的衰落」。[16]英國實際上也在積極促進成立一個國際聯盟，甚至在威爾遜調停時把它作為一個條件提了出來。英國的目的與威爾遜的主張雖然具有類同之處，但英國主張成立一個勝利者的聯盟，這就與威爾遜的國際聯盟思想有點格格不入了。威爾遜一九一七年十月二十八日與日內瓦大學經濟學教授威廉‧拉帕德談話時說：「我從不致力於建立目的在於贊成一個交戰國集團而犧牲另一個交戰國集團的民族聯盟。」[17]威爾遜設想的這個國際組織是一個以美國為盟主，囊括所有主權國家的聯盟，決不把戰敗國排除在外，只有這樣，美國才能成為世界領袖，否則只能成為與英、法等國相並列的主要盟國而已。威爾遜在十四點計畫提出後堅決反對把這一聯盟曲解為勝利者聯盟，其目的也就於此。一九一八年八月，有人敦促成立國際聯盟，此時成立聯盟顯然就是針對另一個交戰國而言，這當然不會得到威爾遜的同意。他主張國際聯盟只能在和會上組成，「如果我們仍在戰鬥之時組織聯盟，它將必然被視為一種針對德國的神聖同盟」。戰敗的德國不應被排除在聯盟之外，而「應該被邀參加國際大家庭」。[18]國際聯盟的性質以及美國在這一組織中的特殊作用在此就可見一斑了。十四點計畫是威爾遜政府在外交辭令掩飾下要求充當世界領袖的宣言，它把美國自戰爭爆發以來著力追求的目標以具體的綱領形式表現出來，勾畫出一幅以美國為領袖的戰後國際新秩序藍圖。雖然這一計畫並未立即帶來美國欲要的和平，也未出現豪斯

---

16 西摩主編：《豪斯上校私人文件集》第2卷，頁299-300。

17 林克編輯：《伍德羅‧威爾遜文件集》第44卷（普林斯頓市：普林斯頓大學出版社，1983年），頁488。

18 林克編輯：《伍德羅‧威爾遜文件集》第49卷（普林斯頓市：普林斯頓大學出版社，1985年），頁273-274。

所希望的威爾遜在和會上的「君臨地位」，但此後它一直是威爾遜政府外交中的指導性綱領。

　　一九一八年十一月，第一次世界大戰以協約國獲勝宣告結束。這場戰爭歷經四年，是人類歷史上前所未有的浩劫。交戰雙方無不竭盡全力取勝對方，人力和物力資源消耗慘重。協約國雖然取得勝利，但曠日持久的戰爭已使各國經濟千瘡百孔，亟待恢復。美國作為站在協約國方面參戰的夥伴國，無疑對戰爭進程發生了舉足輕重的影響。戰爭結束後美國在世界舞臺上的地位自然是舉世矚目。威爾遜親率美國代表團出席了巴黎舉行的戰後和平會議，旨在借著這場戰爭給美國帶來的有利國際地位，試圖實現他早就勾畫好的世界領袖藍圖，但協約國的政治家沒有對這位「現代耶穌」俯首稱臣，反而在許多問題上迫使威爾遜做出與其宣稱目標不符的讓步，世界領袖之夢並未立即向現實轉化，尚存的一點希望也在國內反對派的攻擊下蕩然無存了。威爾遜帶著終生的遺憾離開了美國政壇。

　　美國這一時期世界領袖之夢的破滅存在著歷史的必然性。自十九世紀末葉以來，美國借助著其迅速發展起來的強大經濟力量，開始擺脫幾個世紀以來獨居一隅的局面，大踏步地邁向國際競爭社會。美國擴張勢頭轉向兩洋之外的世界無疑是美國社會內部矛盾運行的結果，而最終實現美國歷屆政府決策者孜孜以求的世界領袖之夢則是這種擴張的必然歸宿。這種夢想一旦喚起，就很難在決策者腦海中消失，但是，實現這一夢想單憑經濟實力是遠遠不夠的，美國在其他方面還難以與其他列強匹敵，所以美國只能在歐洲之外的地區出擊。歐洲大國的殊死廝殺為美國實現世界領袖之夢提供了天賜良機，客觀上縮短了這一過程。威爾遜政府正逢其時，始而想充當交戰雙方的仲裁者，繼而直接介入大戰，進而扮演戰後世界和平安排者的角色。毋庸置疑，戰爭帶給美國經濟巨大繁榮、政治影響日益擴大和軍事力量空前強大，這些都為美國政府在戰後承擔世界警察責任創造了必要的條件。

威爾遜不僅在講話中暴露出這種傾向，而且已部分付諸行動，自己儼然就是拯救世界跳出苦海的當代「耶穌」。然而這一切都是特定形勢的產物。協約國贏得戰爭需要美國的援助，美國對戰爭進程的影響尤其在它參戰後更加明顯，協約國領導人也不敢輕易冒犯威爾遜，在涉及一些重大問題時總是讓他三分。美國國內的一切活動都納入了戰爭軌道，在威爾遜「理想主義」語言激勵下，美國人民對戰爭的熱情迅速提高，他們對戰時政府的支持使國內的反對派也不敢輕舉妄動。隨著戰爭的結束，這種特定情況不復存在。蘇俄政權雖然成為資本主義大國的主要敵人，但尚不能構成對整個資本主義體系的嚴重威脅。在這種形勢下，戰勝國之間的尖銳矛盾開始暴露出來，威爾遜也不得不付出巨大的政治代價來換取他所倡導的國際聯盟。國聯盟約只是滿足了戰後風靡世界的和平主義情緒，它對保障戰後和平只是空洞承諾而已，因此在大多數美國人眼中，國際聯盟不會給美國帶來世界霸主的交椅，只會加強英法在歐洲的地位，鞏固日本在亞洲的優勢，而美國的手腳反而受到束縛。美國學者用「理想主義衰退」[19]來形容美國人民態度的變化固然不足於揭示問題的實質，但說明威爾遜的勃勃野心並不會得到大多數美國人的認可。其實這種轉變在戰爭剛剛結束後就已經開始了。在一八一八年十一月舉行的國會選舉中，共和黨在參眾兩院獲得多數，威爾遜的民主黨從此失去對兩院的控制。西奧多‧羅斯福譏諷挖苦說：「我們的盟國、我們的敵人和威爾遜先生本人都應該明白，威爾遜先生現在已沒有任何權威來代表美國人民說話，他的領導權剛剛被美國人民斷然拋棄。」[20]威爾遜在和約批准受到威脅時，深入民間，企圖從民眾中尋求支持，結果是事倍功半。他在和約

---

19 貝克：《伍德羅‧威爾遜與世界和解》第1卷，頁82。
20 朱利葉斯‧普拉特：《挑戰與應戰：美國與世界領袖，1900-1921年》（Julius W. Pratt, *Challenge and Rejection: the United States and World Leadership, 1900-1921*）（紐約市：麥克米蘭出版公司，1967年），頁175。

未獲通過後，仍然寄希望於一八二〇年大選時的「全民複決」，但同樣成為泡影。才能平庸的哈丁以「恢復常態」的口號抓住了普通美國人的心理，當選為總統。執世界事務之牛耳是美國外交追求的一個主要目標，威爾遜以為這一時刻已經到來，當他滿懷信心迎接世界霸主地位時，卻埋下了以悲劇而告終的根源。誠如林克教授所言：

> 事實是，一八二〇年美國人民還沒有準備來承擔威爾遜所貢獻給他們的世界領袖地位，世界列強也還沒有準備去實施美國總統所創立的世界範圍的集體安全體系。[21]

美國參議院否決和約是多種因素綜合的結果，當然這裡並不排除批准和約的可能性，即使美國參加了國際聯盟，也很難出現威爾遜冀望的世界領袖地位，只不過是在資本主義大國吵吵鬧鬧中增加了一名成員而已，國聯依然是徒有虛名，美國還不會受國聯的約束而我行我素。從這個意義上講，威爾遜的世界領袖之夢的破滅具有歷史的必然性。關於這一點，威爾遜在一九二四年去世前已有所認識，他對家人說：「美國不參加國際聯盟是對的。……我長時期以來就在考慮這個問題，如果美國按照我的要求參加了，這當然是我個人的一個巨大勝利，但這不會起什麼作用。因為美國人民內心深處是不相信它的。當他們認識到有必要參加時，這個國家參加這樣一個聯盟的時刻就會到來。到這時，也只有在這個時候參加進去才有作用。」[22]威爾遜時代是美國向外政治、經濟、文化擴張的一個重要時期，世界領袖之夢雖然破滅，但美國積極參與國際事務，躋身世界政治舞臺的趨勢終不可阻擋。

---

21 林克：《外交家威爾遜的主要外交政策一瞥》，頁155。
22 轉引自鄧蜀生：《伍德羅‧威爾遜》（上海市：上海人民出版社，1982年），頁218。

## 二　美國治下的「和平與秩序」

　　第一次世界大戰後美國政壇上發生的「國際主義」與「孤立主義」的鬥爭從表面上看以前者的失利而告終，美國社會的孤立情緒似乎也達到了歷史上的高潮，但美國此時要與戰後形成的世界「秩序」相分離恐怕既不現實，也不明智。美國再也不可能對大洋之外的事務持袖手旁觀的態度了，因為這些事務的發展往往與美國的利益密切聯繫在一起。在這種局面下，美國政府奉行了一種所謂「單邊國際主義」的外交政策，也就是說美國不以其他國家結盟的方式捲入國際事務。這種方式同樣體現出了美國欲在一戰後的世界發揮特殊作用的心態。一九二一年英國駐美大使在給國內的一封信中寫道，美國人的「主要野心是為美國贏得世界領袖地位，贏得講英語國家的領袖地位」，他們打算「阻止我們把商品運往美國償還債務，他們尋求機會把我們視為一個從屬國，只要債務未被償還」。[23]這位英國人身居美國，整日與高官顯族打交道，應該說是對美國高層的政治動向有所瞭解，他以自己的耳聞目睹道出了美國外交發展的一個基本趨向。美國對外關係委員會秘書埃德溫·蓋伊一九三二年在《外交事務》季刊上發表了名為〈大蕭條〉的文章，他指出：

　　　　美國將成為世界強國和強大的債權國，從而也會極其關心國際貿易和世界繁榮。有朝一日，美國必然面對這個新地位的現實。……世界大戰確定了美國的國際政治責任，而世界性的蕭條顯示了美國和其他國家之間經濟上的相互依賴。美國不能成

---

23　埃米莉·羅森堡：《傳播美國之夢：1980年至1945五年的美國經濟和文化擴張》（Emily S. Rosenberg, *preading the American Dream: American Economic and Cultural Expansion, 1980-1945*）（紐約市：希爾和王出版社，1982年），頁144。

為一個閉關自守的國家。[24]

　　實際情況的確如此，美國的政治、經濟以及戰略等利益已經使美國無可解脫地與世界聯繫在一起，形勢的變化使美國再也不可能退回到過去的「孤立主義」時代了，用帕特森等人的話來說：「經過第一次世界大戰，美國成為公認的世界強國。戰後的美國外交家比以往任何時候更接近於從全球觀點考慮問題。他們知道美國邊疆已經擴大，即使美國人想對世界事務採取旁觀態度，他們也做不到。」[25]就美國外交而言，這是一個不可逆轉的趨勢，美國人厭惡捲入外部政治事務的傳統心態由此正發生著深刻的變化，儘管完全轉變尚需時日，但轉變的開始卻預示著美國充任世界領袖的時代正在緩慢的到來。

　　在第二次世界大戰中，美國在富蘭克林・羅斯福的領導下，基本上是堅定地站在反法西斯國家的一邊，在未介入戰爭之前就成為這些國家的「兵工廠」，源源不斷的戰爭物資從美國流向歐亞兩洲，對反法西斯戰爭的進行無疑具有「輸血」之效。美國參戰後與蘇聯一道積極推動反法西斯聯盟的形成，在促使德意日法西斯國家崩潰上起到了非常重要的作用。不過這場戰爭帶給美國實力大增，美國將在戰後扮演世界領袖的夢想再次在美國領導人的腦海中泛起。一些政治家和學者已經敏銳地意識到這一點，他們執筆為文，竭力促使美國政府承擔起歷史賦予的「重任」。富蘭克林・羅斯福任內的副國務卿薩姆納・韋爾斯說，戰後「必須是這樣的一個世界：淵源於其他國家的各種政治、社會、經濟力量都應納入能使我們獲得我們自己目標的各種渠道」。[26]一九四○年十二月，美國全國工業聯合委員會主席弗吉爾・喬丹在美國投資銀行家協會發表演說時指出：「無論戰爭的結果如何，

24 肖普等：《帝國智囊團》，頁19-20。

25 帕特森等：《美國外交政策史》第2卷，頁305。

26 轉引自中國美國史研究會編：《美國史譯叢》，1982年，頁110。

美國都已在世界事務及其生活的各個其他方面開始了一項帝國主義事業，機會、責任以及暗含的危險將伴隨而來。……在一種新的盎格魯—撒克遜帝國主義中，英國充其量只是一個低微的合作夥伴，而美國的經濟資源和陸海軍力量則位於中心。」[27]喬丹這裡所講的「帝國主義」道出了美國政府孜孜以求的世界領袖的實質。

　　一九四一年一月，美國著名出版商亨利・盧斯在《生活》雜誌上發表了一篇社論，題目為「美國世紀」。這篇文章不長，乍看起來並無多少驚世之語，所論多是當時美國社會討論的中心話題，即面對著在歐洲和亞洲肆虐的戰爭，美國是否應該介入。盧斯顯然贊成美國應及早介入戰爭，以承擔拯救這個災難四伏的世界的大國責任。盧斯是一個虔誠的基督教徒，他在這篇社論中實際上是用傳教士的「理想化」語言來闡釋一個非常現實的問題，他在文中雖然沒有明確批評當時在美國社會上依然具有相當影響力的孤立主義，但字裡行間卻滲透著美國「獨善其行」不僅與世界潮流相悖，而且與美國作為一個世界大國的地位不相匹配。在他看來，進入二十世紀之後，美國成為世界上最強大和最富有生命力的國家，但美國人無論在精神上還是在實踐上，都沒有使自己適應這一無可逆轉的事實。因此，他們沒有發揮作為世界大國的作用。這種失誤不僅會給美國人自己，也給人類造成災難性的後果。盧斯對「孤立主義」不點名的抨擊說到底就是要美國人認識到美國作為一個世界大國應在國際舞臺上扮演的角色，首先要在觀念上樹立起大國的意識，繼而在行動上履行大國的責任。如果美國人不能順利地完成這種權力角色的轉變，仍然過著「孤芳自賞」的生活，那將是美國的不幸，更是人類社會的不幸。

　　在盧斯看來，第一次世界大戰之後，國際局勢的變化為美國提供

---

27 小約翰・斯沃姆利：《美國帝國：二十世紀征服的新政治倫理》（John M. Swomley, Jr., *American Empire: New Political Ethics of Twentieth-Century Conquest*）（紐約市：麥克米蘭出版公司，1970年），頁95。

了充當世界領袖的一次「前所未有的機會」，對美國來說，這是一次「絕好的機會」，但美國沒有意識到這次機會的重要性，乃至與之擦肩而過，最終釀成了人類再次陷入世界戰爭的災難之中。盧斯對整體的美國一片讚頌之語，但對美國處理具體問題的做法卻毫不留情地給予批評，不管是讚頌，還是批評，無不反映了盧斯的良苦用心。在他的眼中，美國是一個代表「善」和「正義」的國家，如果美國承擔起世界領袖的責任，人類社會的發展便會具有美好的前景，如果拒絕這一責任，人類的災難勢必接踵而至。美國塔夫斯大學政治學教授托尼・史密斯在評論盧斯的這篇社論時指出，盧斯的呼籲聽起來很像林肯很有信心地斷言，美國是「地球上最後的最好希望」。[28]歷史再次把失去的「絕好機會」擺在了美國人的面前，美國應抓住這次「天賜良機」，以適當的方式對世界施加全面影響。只有這樣，二十世紀才能成為真正的「美國世紀」。因此，只要美國「充滿活力地登上世界舞臺」，就有可能最終會「明確形成用來指導我們實現真正的二十世紀，即美國世紀的觀念」。[29]這樣，盧斯在對美國遲遲不做抉擇的批評中展現出美國領導世界走向「大同」的美好前景。隨後這一社論以小冊子的形式出版，並把諸如多蘿西・湯普森、約翰・張伯倫、昆西・豪、羅伯特・斯皮瓦克和羅伯特・舍伍德等名流的相關評論收錄進去，在美國等國廣為發行。這本小冊子在美國社會反響較大，十分暢銷，為美國朝野人士研究和籌劃戰後世界秩序提供了基本的思路。

　　美國參戰後，美國政府決策者很少有人不認為美國在戰後世界事務中應該居於統治或主導地位，也就是說安排戰後世界秩序應由實力

---

28　托尼・史密斯：〈讓世界在美國世紀內對民主是安全的〉（Tony Smith, "Making the World Safe for Democracy in the American Century"）載《外交史》（*Diplomatic History*）第23卷第2期（1999年春季號），頁173。

29　盧斯這篇社論的全文見亨利・盧斯：〈美國的世紀〉（Henry R. Luce, "The American Century"），載《外交史》（*Diplomatic History*）第23卷第2期（1999年春季號），頁159-171。

無可比擬的美國說了算。美國對外關係委員會是為政府提供外交諮詢
的一個重要部門，在某種程度上說它提出的政策建議就預示了美國對
外政策的大致走向。此時該委員會的領導人就明確持有上述觀點。主
席諾曼・戴維斯斷言：「昔日的英帝國將一去不復返，美國可能不得
不取而代之。」喬治・斯特朗將軍認為，美國「對戰後世界的解決辦
法，必須養成一種使我們能把自己的條件強加於人的心理，我們的條
件可以說就是美國治下的和平。」領土小組負責人艾賽亞・鮑曼在致
漢米爾頓・阿姆斯特的信中說，對外關係委員會和美國政府現在必須
「用一種新的方式來考慮世界性的組織。由於美國在一定程度上是民
主國家的兵工廠，因而它必定也是勝利的最後軍火庫。它不能將軍火
庫裡的庫存扔掉，它必須承擔世界重任。……我們的勝利有多大，勝
利後我們的統治範圍也就有多大」。[30]美國著名新聞評論家沃爾特・李
普曼總結說：「在外交上，美國在第二次世界大戰中已經意識到，它
不再與許多大國並駕齊驅，而是一個領導大國，整個西方世界將依靠
著它來維護其安全和領導地位。」[31]富蘭克林・羅斯福原本就是一個
「國際主義者」，他一直對第一次世界大戰後美國放棄了維護世界秩
序的領導權耿耿於懷，他曾不厭其煩地告訴國人：「上次戰爭之後我
們的幻想破滅，我們放棄了實現更好和平的希望，因為我們缺乏在一
個眾所周知的不完善世界中完成我們責任的勇氣。我們務必不能再讓
這種事情發生了，否則我們將會重蹈悲劇之路——走向第三次世界大
戰之路。」[32]羅斯福十分清楚這場戰爭將會給美國帶來在世界上首屈
一指的實力地位，與之相伴隨的將是美國在國際事務中承擔起任何其

---

30 以上引文見肖普等：《帝國智囊團》，頁156-157。
31 奧斯卡・漢德林主編：《美國原則與問題：國家目的》（Oscar Handlin, ed., *American Principles and Issues: The National Purpose*）（紐約市：霍爾特、萊因哈特和溫斯頓出版社，1981年），頁474。
32 達萊克：《美國對外政策方式：文化政治和外交事務》，頁134。

他國家都無力承擔的責任。他在開羅會議前夕對兒子說：「美國將不得不出面領導，並運用我們的斡旋進行調解，幫助解決其他國家之間必然產生的分歧……我們有能力做到這一點，因為我們是大國，是強國……美國是能夠在世局中締造和平的唯一大國，這是一項偉大的職責。」[33]正是在這種思想的指導下，美國開始設計戰後領導世界的藍圖了。

一九四三年四月，在羅斯福的授意下，雷斯特・戴維斯發表了〈羅斯福的世界藍圖〉一文，透露出羅斯福政府建立戰後以美國為主導地位的戰略構想。羅斯福的「世界藍圖」是以大國合作，特別是以美蘇合作為前提，旨在通過美國居於優勢的國際政治或經濟組織，達到軟化蘇聯、拉攏英國、塑造美國世界盟主地位的目的。戴高樂在其回憶錄中記載了他與羅斯福會晤後的感受：

> 羅斯福把蘇聯拉在整體裡的打算隱藏著他的野心，美國在這個整體裡可以集合他的僕從國家。在這「四大國」中，的確，他知道蔣介石中國需要他的幫助，英國除非放棄它的自治領，否則也必須屈從它的政策。關於大批中、小國家，他能用美援的方式影響它們。[34]

戴高樂的觀察道出了美國外交的一個基本走向。羅斯福在任內的最後幾年就開始將這一「藍圖」付諸實踐，他致力於創建一個大國控制的國際政治組織，以便於美國履行領導全球的「責任」。一九四四年八月到十月，幾個大國的代表在華盛頓敦巴頓橡樹園先後召開會議，討論了建立聯合國組織的事宜，後又在雅爾塔會議上決定於一九

---

33 轉引自羅永寬編著：《羅斯福傳》，頁357。

34 夏爾・戴高樂著，北京編譯社譯：《戰爭回憶錄》（北京市：世界知識出版社，1959年），頁250。

四五年四月二十五日在美國舊金山召開聯合國成立大會。羅斯福雖然未能目睹聯合國成立時的盛況，但他生前致力於完成威爾遜的未竟之業現在對他所處時代的那些所謂的「國際主義者」來說終於如願以償。新任總統哈里・杜魯門在這次會議的閉幕式上發表演說，稱讚《聯合國憲章》「實現了三十年前那個偉大政治家──伍德羅・威爾遜的理想」和「第二次世界大戰中那個英勇的領袖富蘭克林・羅斯福的目標」。[35]顯而易見，這一國際組織的成立很大程度上是人類對戰爭與和平思考的結果，但美國長期控制了聯合國，頤指氣使，發號施令，這正是羅斯福等人提議創建聯合國的初衷。一九四四年七月，在羅斯福政府的積極倡導下，四十四個國家的代表雲集美國的新罕布什爾州布雷頓森林，舉行了「聯合國貨幣金融會議」，通過了美國建議成立戰後國際貨幣體系的方案，美元一躍而成為「世界貨幣」，老牌的金融帝國英國面對著美國強大的經濟力量，也無可奈何地承認了美國在世界經濟中的領導地位。「布雷頓森林體系」的建立儘管是世界經濟發展的客觀需要，但卻是美國追求世界領袖地位的一個重要結果。羅斯福本人設想的大國合作維持世界秩序的戰略雖然因羅斯福的去世而基本完結，但羅斯福為美國勾畫出來的世界領袖「宏圖」卻被後任者繼承下來。

　　第二次世界大戰結束後，國際政治格局發生了巨大的變化，德、意、日三國作為戰敗國，退出了諸列強的競爭行列。英、法雖為戰勝國，但在戰爭中國力消耗殆盡，戰後國內問題叢生，無力在國際事務中再現昔日的「雄風」。在西方資本主義大國中，這場戰爭的最大得益者就是美國。美國雖然也為戰爭的勝利付出了不小的代價，但與戰爭收益相比微不足道。它是交戰國中唯一沒有遭到戰火洗劫的國家，因而幾乎沒有平民傷亡和財產損失，而且盟國對戰爭物資的大量需求

---

35 哈里・杜魯門著，李石譯：《杜魯門回憶錄》第1卷（北京市：生活・讀書・新知三聯書店，1974年），頁218。

極大地刺激了美國的經濟發展。戰後初期美國擁有資本主義世界工業
產量的百分之五十三點七（1948年），出口貿易的百分之三十二點四
（1947年）以及黃金儲備的百分之七十四點五（1948年）。另一個統
計數字表明，一九四五年，占大約世界人口百分之六的美國生產世界
電力的百分之四十六，消費世界能源的百分之四十。美國的企業和公
司控制了世界石油儲藏的百分之五十九，在美國公路上跑的汽車占世
界的百分之六十。美國生產的汽車是蘇聯的一百倍，是德國、英國和
法國加起來的八倍。在一九四九年，美國人使用全世界電話的百分之
七十，冰箱的百分之八十，電視機接近百分之一百。到一九五〇年，
美國擁有世界貨幣黃金、儲蓄貨幣和國際貨幣基金組織儲蓄的百分之
五十左右，美國的人均收入比一九二九年高百分之二十二。[36]當時美
國的經濟實力正如英國外交大臣歐內斯特・貝文說的那樣，美國「今
天正處在拿破崙戰爭結束時英國的地位。在拿破崙戰爭結束後，英國
掌握了全世界財富的百分之三十左右，而今天，美國則掌握了大約百
分之五十」。[37]杜魯門總統在一次演講中趾高氣揚地宣稱：「我們是經
濟世界的巨人，不管我們喜歡與否，未來的（國際）經濟關係格局將
取決於我們。」[38]大戰期間美國的軍事力量也變得非常強大，到戰爭

---

36 參見馬爾科姆・布拉德伯里等主編：《美國研究入門》（Malcolm Bradbury and Howard
　　Temperley, eds., *Introduction to American Studies*）第2版（紐約市：朗曼出版公司，
　　1998年），頁303；倫德斯塔德：《用一種比較觀點對美國「帝國」和美國對外政策其
　　他方面的研究》，頁40；賴因霍爾德・瓦根雷特納：〈娛樂的帝國或有聲的蘇聯布魯
　　斯舞曲：自由的聲音與美國在歐洲的文化霸權〉（Reinhold Wagnleitner, "The Empire
　　of the Fun, or Talkin' Soviet Union Blues: The Sound of Freedom and U.S. Cultural Hege-
　　mony in Europe"），載《外交史》（*Diplomatic History*）第23卷第3期（1999年夏季
　　號），頁507。

37 托馬斯・帕特森：蘇美對抗：戰後重建與冷戰的起源》（Thomas Paterson, *Soviet-
　　American Confrontation: Postwar Reconstruction and the Origins of the Cold War*）（巴
　　爾的摩市：約翰斯・霍普金斯大學出版社，1973年），頁11。

38 約瑟夫・瓊斯：《十五周》（Joseph M. Jones, *the Fifteen Weeks*）（紐約市：瓦伊金出版
　　社，1955年），頁166。

結束時，美國軍隊曾達到一千二百萬人之多，戰後初期在強大的社會
輿論壓力下，這一數目減少到一百五十萬人，但其武器裝備和人員素
質遠非其他大國所能比擬，他們分別駐紮在美國本土和其他五十多個
國家。美國的軍事基地也遍布世界各地，尤其是美國戰後初期對原子
彈的壟斷更使本來就十分強大的軍事力量增添了一種令人恐怖的威懾
力。美國可以說具備了謀求世界領袖的兩個基本條件，一是外部國家
的認可，當然主要指資本主義體系中心的歐洲國家而言。戰後歐洲國
家在涉及到整個資本主義命運的大事上，基本上以美國之命是從，惟
恐得罪了這個錢袋鼓滿的「大兄弟」給自己國家經濟的恢復與發展設
置下障礙，因此它們是在無可奈何的情況下承認了美國的領袖地位。
二是國民心態的轉化。戰後初期，儘管「孤立主義」作為一種文化情
結依然滯留在很多美國人的腦海深處，但這種心態已失去了往日的強
勁勢頭，充其量也只能算是「強弩之末」，在美國政治舞臺上幾乎沒
有任何影響。這種狀況說明了從整體上講，美國人已經適應並支持政
府在國際事務中發揮一種積極的領導作用。客觀條件的具備使美國決
策者腦海中的世界領袖夢想開始向現實轉化。

　　杜魯門擔任美國總統後在很多次場合宣稱要承擔「領導世界」的
責任。一九四六年四月六日，他在芝加哥發表演講，公開宣稱「美國
今天是一個強大的國家，沒有任何一個國家比它更強大了，這不是自
吹自擂。……這意味著，我們擁有這樣的力量，就得挑起領導的擔子
並承擔責任」。[39]曾任美國陸軍參謀長馬克斯韋爾‧泰勒將軍後來是這
樣形容這一時期美國對外政策特徵的：「原子彈的驚人破壞力產生了
這樣的看法，即我們的空軍現在擁有決定性的武器，這種武器可以使
美國從此以後建立對世界的警察統治，並迫使世界接受美國治下的和

---

39 轉引自《戰後世界歷史長編》第1編，第三分冊（上海市：上海人民出版社，1977
　年），頁6-7。

平。」[40]正是在這種稱霸世界心態的驅使下，美國在戰後初期完成了自威爾遜時代以來的全球戰略大轉變，堂而皇之地登上了資本主義世界霸主的寶座。不過美國儘管具備了履行「世界警察」職責的條件，而且在國際事務中橫行無忌，不可一世，但戰後的世界是錯綜複雜的，「美國治下的和平」終歸仍是一個夢想，美國政府把這種由「羅馬治下的和平」和「英國治下的和平」演繹過來的說法作為其外交戰略的基本出發點，無非要消除掉邁向這一目標時的各種障礙，使戰後的世界按照美國確定好的方向發展。

　　美國謀求世界霸權的主要障礙自然是在意識形態上與之對立的蘇聯。在戰爭期間，由於面臨著共同敵人，美蘇兩國暫時拋開了意識形態上的敵對，結為反法西斯聯盟。然而，隨著戰爭的勝利和共同敵人的消失，兩國在戰爭中潛在的矛盾逐漸表面化，戰時的合作夥伴開始轉變成勢不兩立的競爭對手。蘇聯在二戰期間承擔了希特勒德國的大部分的軍事壓力，遭受的戰火浩劫比較嚴重，但也正是在這種嚴酷的考驗中軍事實力大大增強。到了戰爭結束之時，蘇聯擁有世界上最強大的陸軍，成為僅次於美國的軍事強國。蘇聯儘管曾在本國安全需要的藉口下對其鄰國擴張侵略，但至少在戰爭初期並沒有表現出在世界範圍內與美國一爭高低的欲望。一九四五年六月美國國務院向杜魯門報告說：「只要沒有跡象表明西歐諸國正在聯合起來反對他們，俄國人並不十分關心西歐的事態發展。」[41]其實擺在蘇聯面前的迫切之事並不是另一場戰爭，而是國內的重建，這就需要一個穩定的國際和國內環境。凱南以後也承認：「我認為當時蘇聯根本沒有任何方法來構成對我們的軍事威脅，……單戰後重建就明顯需要幾年的時間，俄國

---

40 轉引自楊生茂主編：《美國外交政策史》（北京市：人民出版社，1991年），頁438。

41 沃爾特・拉夫伯：《美國、俄國和冷戰，1945-1984年》（Walter LaFeber, *America, Russia, and the Cold War, 1945-1984*）（紐約市：克諾夫出版社，1985年），頁27。

人渴望和平的心情是巨大的。」[42]美國決策者當時不是沒有認識到這一點，但並沒有把其政策基於這點考慮之上，認為共產主義和資本主義勢不兩立，不能共存，蘇聯的存在就是對西方「自由世界」的潛在威脅，也是橫亙在美國實現全球霸權道路上的障礙。正是在這種估計的基礎上，美國在戰後初期對其外交政策進行了大規模的調整，逐步形成了以全面遏制蘇聯為特徵的全球「冷戰」政策。

戰後初期美國實行遏制戰略在前章已略有所論，這裡需要強調的是，以一九四七年三月杜魯門主義的出臺為標誌的「冷戰」政策，其主要目的就是要縮小或消除蘇聯在世界上的影響力，在擴大資本主義陣營的同時鞏固美國在國際事務中的既定地位，最後實現消滅共產主義，使美國成為名副其實的世界霸主。美國許多評論家由此認為：「在杜魯門主義的幌子下，美國實際上要把美國治下的和平強加給世界。因為這是杜魯門主義的『真正』目的，被宣稱的民主制和共產主義或自由和暴政的鬥爭毫無意義，它只是服務於把美國自己追求霸權的趨勢合理化而已。」[43]歐內斯特・勒菲弗指出，當美國採取遏制戰略時，它「完全接受了強加給我們自由世界的領導地位，採取適當的措施以建立一個生氣勃勃的西方聯盟」。[44]以後艾森豪威爾政府和約翰・肯尼迪政府先後推出「解放戰略」與「和平戰略」，雖然在形式上和手法上與杜魯門時期的「遏制戰略」有所不同，但其基本出發點都是一致的，即為美國邁向世界霸主地位掃除前進路上的「絆腳石」。

戰後初期，歷來被認為是資本主義中心的西歐面臨著難以依靠自身力量所能解決的災難。這一地區的國家飽經了戰火的洗劫，戰爭帶

---

42 喬治・凱南：〈當時和現在的遏制〉（George Kennan, "Containment Then and Now"），載《外交事務》（*Foreign Affairs*）第65卷第4期（1987年春季號），頁885-886。

43 小克拉布：《美國外交政策的主義：它們的含義、作用和未來》，頁141。

44 歐內斯特・勒菲弗：《道義與美國對外政策》（Ernest W. Lefever, *Ethics and United States Foreign Policy*）（紐約市：梅里迪安書社，1957年），頁42。

給它們的惡果在戰爭結束兩年後也到處可見。整個西歐滿目瘡痍，生產凋敝，工廠寂然無煙，農村田園荒蕪，黃金外匯儲備枯竭，人們賴以生存的生活必需品奇缺。一九四六年冬天西歐又遭受了百年不遇的嚴寒襲擊，連續兩個月，氣溫一直在零度以下，暴風雪之後又是洪水氾濫。天災接連的降臨對於飢腸轆轆和衣不蔽體的西歐人來說，無疑是「雪上加霜」。英國路透社報導說：「自從一個帝國的心臟——君士坦丁堡——沒落以來，當代最大的崩潰已迫在眉睫。這不僅僅是幾場暴風雪的問題。這是可怕的衰落，因為幾場暴風雪就能影響到如此程度。」[45]溫斯頓·邱吉爾在一九四七年形容西歐僅僅是「一堆瓦礫，一個藏骸所，一片瘟疫和仇恨的滋生地」。[46]對當政者來說，更可怕的是嚴重的社會動盪將為共產黨「乘虛而入」大開方便之門，這一時期西歐一些國家共產黨影響明顯增大。美國作為「自由世界」的領袖，當然不會坐視西歐的崩潰。歐洲歷來對美國具有重大的戰略意義，二戰以後更是如此，失去西歐，美國的領袖地位又何從談起，只有支持西歐經濟的復興，才能保住這塊與蘇聯直接對抗的前沿陣地，而且還可藉此從經濟上和政治上控制西歐，這對美國謀取世界霸權可以說是意義非同小可。其實，美國自戰爭結束以來就不斷地向西歐提供援助，但並未能使西歐狀況有所改善，所以西歐的復興成為美國全球戰略棋盤上的當務之急。美國決策者經過深思熟慮，決定對西歐進行大規模的經濟援助。

　　一九四七年六月五日，國務卿喬治·馬歇爾在哈佛大學發表演說，在一種非正式的場合表達了美國政府援助歐洲的必要性和重要性，他希望歐洲人應該首先提出倡議和方案，然後美國再視需要給予幫助。馬歇爾的講話立刻在歐洲引起強烈反響，幾個月後英法等十六個西歐國家正式聯合提出一份總報告，要求美國在四年內提供二二四

---

45 斯帕尼爾：《第二次世界大戰後的美國外交政策》，頁45。
46 布盧姆等：《美國的歷程》下冊，頁509。

億美元的援助和貸款。一九四八年四月三日，杜魯門簽署了《一九四八年援助法》，援外金額共六十點九八億美元，其中五十三億用於「歐洲復興計畫」。從一九四八年四月到一九五二年六月，美國國會為馬歇爾計畫共計撥款一百三十二億美元，資金主要流向英國、法國、意大利和西德。馬歇爾計畫無疑是成功的，西歐和美國都從中獲得巨大利益。西歐復興的本身已經超過了經濟上的意義，敵對意識形態的影響大為削弱，資本主義制度得到鞏固和加強，對美國來說也不僅僅限於得到經濟實利，通過經濟上的依賴關係，美國實際加強了對西歐國家的控制。這一時期西歐國家在國際事務中緊隨美國，亦步亦趨，成為支持美國追求全球霸權的重要力量。

在馬歇爾計畫執行的同時，美國積極籌劃與西歐結為軍事同盟，意在通過結盟關係把西歐國家與美國的全球戰略緊緊地拴在一起。一九四八年七月，西歐和北美七國開始就建立北大西洋聯盟舉行大使委員會會議，同年九月通過了「華盛頓文件」，翌年四月四日，美國、英國、法國、比利時、荷蘭、盧森堡、加拿大以及挪威等十二國雲集華盛頓，舉行了隆重的簽字儀式，正式成立了「北大西洋公約組織」。北約的建立使歐洲成了美國與蘇聯冷戰的全球戰略的「頭一道防線」。[47]

對於戰敗的日本，美國在占領期間大力推行改革政策，力圖以西方的民主模式重新塑造日本。一九四八年後美國確定日本為其遠東依靠的重點，把日本納入了其全球「遏制」戰略的軌道，在經濟上給予大力扶植。到五〇年代初，美國與日本結成了軍事同盟，日本遂成為美國在東亞與社會主義國家抗衡的「馬前卒」。美國與西歐和日本形成結盟關係使資本主義國家緊緊地「團結」在了美國的周圍，大大加強了美國在「自由世界」的領袖地位。

---

47 斯帕尼爾：《第二次世界大戰後的美國外交政策》，頁52。

　　拉丁美洲一向在美國的全球戰略中舉足輕重，戰後初期成為美國名副其實的「後院」。美國出於全球戰略考慮，把外交重點放在了歐洲和亞洲，但並不是說拉美在美國的通盤戰略中失去了昔日作用。只不過這裡不存在著刀光劍影的爭奪，咄咄逼人的談判，也不存在著經濟崩潰、內部混亂、人民起義、政權變更的緊迫形勢。其實拉美地區在美國的全球冷戰中依然具有重要的地位。具體來說，這一地區是美國全球爭霸的戰略後方，只有「後院」穩固，美國在「前院」履行「警察」職責才無後顧之憂，所以美國在戰爭結束後就加強了對拉美國家政治上的控制和經濟上的滲透。一九四七年八月十五日至九月十二日，二十個美洲國家的代表在巴西的里約熱內盧舉行了關於大陸和平與安全的泛美特別會議，美國與拉美國家簽訂了《美洲國家間互助條約》，其中第二條規定：「任何國家對美洲國家的武裝進攻應視為對全體美洲國家的武裝進攻。」[48]這個條約是美國戰後初期在強化地區性防禦體系的「第一個冷戰條約」，它要求拉美國家在強化經濟和軍事防禦方面與美國合作，美國正式把拉美國家的經濟和軍事拉入同蘇聯進行全球「冷戰」的軌道，「形成了美洲國家對國際共產主義威脅的抵制」。[49]一九四八年三月，國務卿馬歇爾率代表團到哥倫比亞的波哥大參加了第九次美洲國家會議，他在會上發表演說，強調了美洲國家合作對付極權主義威脅的必要性，這次會議完成了對泛美體系的改組，新成立的美洲國家組織進一步使泛美體系組織化和制度化，長時期內成為使美國在西半球干涉行為「合法化」的工具。拉美國家由於受協定的約束，在東西方冷戰中基本上站在美國的一邊，成為美國與蘇聯抗衡時的一支重要的輔助力量。美國在戰後初期把拉美視為對美

---

48 羅伯特・伯爾和羅蘭・赫西主編：《美洲國家合作文件》（Robert N. Burr and Roland D. Hussey, eds., *Documents on Inter-American Cooperation*）第2卷（費拉德爾菲亞：賓西法尼亞大學出版社，1955年），頁173。

49 米查姆：《美國與拉美關係考察》，頁167。

國經濟發展至關重要的廣闊市場，通過各種協定加強了對拉美地區經濟滲透。

　　一九四九年一月二十日，杜魯門在第二任就職演說中概述了構成未來四年美國對外政策的計畫，其中一項內容是向落後國家提供技術援助，這就是所謂的「第四點計畫」。拉美地區是這一計畫實施的重點，該計畫對於改善一些國家貧窮狀況起了一定作用，但其目的除了具有明顯的政治性外，服務於美國資本向落後地區的滲透也是顯而易見的。誠如一位美國學者所言，杜魯門政府「立即開始以日增的侵略性推行一項計畫，旨在促進美國私人資本在拉丁美洲的投資」。[50]因此拉美國家抱怨說：「美國政策的目的是增加對它們的經濟控制，而不是幫助它們發展。」[51]這句話正確地道出了美國對拉美地區經濟政策的實質。此外，美國也通過「第四點計畫」，積極擴大在亞非地區的勢力範圍，試圖把這一廣闊的中間地帶綁到美國的「冷戰」戰車上，遏制住共產主義力量在這些地區的發展，最終實現美國對它們的控制。美國在亞非拉地區的活動構成了其爭奪全球霸權的重要組成部分。

　　戰後初期，美國在國際事務中的權力達到登峰造極，美國儼然以「世界領袖」自居，在世界各地揮舞著星條旗，讓雲集到其麾下的國家按照美國的意志行事。實際上，戰後的世界並不是完全按照美國的安排向前發展，用劃一的模式把這個紛繁複雜的世界統一起來本身就不切合實際。所以「美國治下的和平」也只是美國的一廂情願，難以成為現實。儘管美國在這一時期「春風得意」，出盡了風頭，結果卻沒有使美國如願，相反，形勢的發展對美國的霸權地位形成了日益難以應付的衝擊和挑戰。

---

50 唐納德・多澤：《我們是好鄰居嗎？》（Donald M. Dozer, *Are We Good Neighbors?*）
　　（蓋恩斯維爾市：佛羅里達大學出版社，1959年），頁244。
51 康奈爾－史密斯：《美國和拉丁美洲：美洲國家間關係的歷史分析》，頁205。

# 三　多極化對美國霸權的衝擊

　　第二次世界大戰後，世界發生了天翻地覆的變化，其發展之快，變化之大確實是史無前例的。這種變化同樣反映到國際政治領域的各個方面。美國在戰後很長一段時間以其無可比擬的政治、經濟以及軍事實力成為資本主義世界中的「無冕之王」，「無所不能」的狂妄意識左右著美國領導人的決策過程，世界上無論什麼地方發生引人注目的政治事件，不管是不是與美國有關，都會招致美國的過問和干預。美國政府插手世界各地事務的一個簡單邏輯是，美國是「當之無愧」世界領袖，領袖「理所當然」地負有維護世界「和平與秩序」的責任。其實，更深層的原因是與美國的現實利益息息相關，美國無非是想通過干涉，一方面顯示出美國在國際事務中享有至高無上的「權力」，使被干涉國家懾於壓力或威脅集合到美國的麾下，擴大美國與敵對意識形態進行全球競爭時的地盤或陣營；另一方面使事件的發展按照美國設計好的方向發展，為美國全球擴張創造一個更為有利的國際環境。然而這僅僅是美國的一廂情願而已，出現的結果往往與美國所設想的不相一致甚或相反，遭到干涉的國家並沒有甘心臣服於美國，有時還促使了它們向著與美國敵對陣營的靠攏，甚至加盟。更何況美國的干預本身已帶著某種先入之見，並不是出於當事國的考慮來解決問題，所以只會加劇動盪，難以出現美國欲要的「和平與秩序」。從這一時期的國際局勢來看，當某國或某地區出現動盪不寧時，如果有外部勢力作祟，美國很少能擺脫干係。哪裡有「麻煩」，哪裡就有美國，哪裡有美國，哪裡很可能就會遇到更大的「麻煩」。這幾句話倒是對美國履行「世界警察」職責並不會給世界帶來秩序與穩定的形象說明。因此那種在國際事務中以「老大」自居而恃強淩弱的強權做法勢必遭到抵制，即使是弱國或小國也很難容忍對其主權的侵犯。從這個意義上講，美國在戰後推行的全球擴張政策從一開始就包含著與其

他國家發生衝突的根源。戰後以來美國是「自由世界」無國可以替代的領袖，這種局面自然形成了以美國為中心的資本主義陣營，身居其內的國家與美國結盟存在著共同的利害關係，但它們承認美國的領袖地位實在是無奈之舉，客觀條件使然，美國的強大與它們的衰弱形成顯明的對比，它們無不希望在國際事務中通過追隨美國而從這個財源似乎「取之不竭」的國家獲得經濟上的好處，在這方面美國也會顯得「慷慨解囊」，幫助與美國具有戰略關係的盟國從經濟困境中走出。

　　不過，美國的政策總是從本國的利益出發，儘管在一定的時空範圍內也許與其盟國的利益相吻合，但絕不是出於它們的利益考慮，而且美國對其盟國的支配權最終是要保證美國的利益順利實現，有時甚至還要以犧牲或侵犯它們的利益為前提。所以從維護各自利益的角度講，美國擁有的支配地位並不會得到他國的真正認同，而且這種狀況也不是固定不變的，尤其是對那些曾經有過「輝煌」歷史的國家來說，屈從美國猶如受「胯下之辱」，一旦它們變得強大，就會對美國產生離心傾向。關於這一點，我們將會在後文詳細談到，這裡只是強調美國的領袖地位即使在資本主義體系內也不是十分穩固的。實際上對美國領導地位的挑戰是來自多方面的，既有內部的，也有外部的。當歷史的時針旋轉到七〇年代以後，美國儘管在國際事務中依然舉足輕重，但與以前相比大有「江河日下」之勢，對美國領導地位的挑戰變得日益明顯和表面化，尤其是當世界呈現出「多極化」的發展勢頭時，美國全球霸權的「黃金時代」大概是一去而不復返了。

　　戰後初期，美國視蘇聯為勢不兩立，不能共存，其發動的全球「冷戰」攻勢就是要消除掉這個阻礙美國世界領袖實現的「眼中釘，肉中刺」，但結果並未能使美國如願。蘇聯很快就從戰爭的廢墟中走出，經過兩個五年計畫，國民經濟得到進一步恢復和發展，一九四九年八月蘇聯原子彈試製成功，美國的核壟斷從此宣告結束。尼基塔・赫魯曉夫上臺後，大力推行改革，使蘇聯的工業和科技獲得了進一步

發展，一九五三年至一九六三年工業產值年均增長率一直保持在百分
之十以上，科技領域也取得了令人矚目的成就，一九五四年六月建成
了世界上第一座原子能發電站，一九五七年八月發射了第一枚洲際導
彈，同年十一月又成功地把第一顆人造衛星送上太空。美國中央情報
局局長艾倫‧杜勒斯一九五九年四月在愛迪生電力研究所（Edison
Electric Institute）發表的講話中談到了蘇聯在軍事和經濟上對美國形
成了嚴重的挑戰。[52]列昂尼德‧勃列日涅夫一九六四年十月入主克里
姆林宮後，繼續推行了一系列經濟改革，大大促進了蘇聯國民經濟的
增長和社會發展，此時美蘇經濟實力的差距明顯縮小，蘇聯作為一個
世界經濟強國屹立在世人面前。蘇聯經濟的恢復與發展使其領導人開
始在國際事務中走上與美國爭霸的道路。赫魯曉夫希望與美國平起平
坐，和平共處，共同主宰世界，實際上要與美國平分秋色。為了達到
這一目的，赫魯曉夫把重點放在發展蘇聯的軍事力量之上，提出了
「火箭核戰略」，並且不失時機地在蘇伊士運河事件、柏林危機和古
巴導彈危機中顯示出蘇聯的力量。儘管在這些事件中，蘇聯多在美國
揚言不惜一戰的恐嚇聲中退卻了，做出了妥協，但蘇聯顯然已經具備
了在國際事務中與美國一爭高低的基礎。在這些事件發展過程中，蘇
聯似乎蒙受了「屈辱」，結果卻進一步刺激了蘇聯發展軍事力量，哪
怕是以犧牲本國人民生活水平提高也在所不惜。在這點上，美國就難
以與蘇聯相比了。

　　列昂尼德‧勃列日涅夫一九六四年十月入主克里姆林宮後，美蘇
經濟實力的差距進一步縮小。勃列日涅夫執政時期，蘇聯的軍事工業
部門大為擴展，軍費開支在國民生產總值中所占的比例長期居高不
下。結果蘇聯的整體軍事實力趕上了美國，有些領域甚至超過了美

---

52 參見〈艾倫‧杜勒斯關於蘇聯的軍事──經濟挑戰的講話〉（"Speech by Allen W.
　 Dulles on Military-Economic Challenge of the Soviet Union"），載《紐約時報》（*New
　 York Times*）1959年4月9日，頁8。

國。據統計，一九六二年古巴導彈危機前夕，美國的洲際導彈以五比一的優勢領先於蘇聯，美國擁有二百多枚洲際導彈和一千多架能夠對蘇聯進行核打擊的轟炸機，而蘇聯僅有四十枚左右的洲際導彈，戰略轟炸力量更是難以與美國相匹敵。到了六〇年代末，美國擁有一〇五四枚洲際導彈，二百枚潛射彈道導彈和五四〇架遠程轟炸機，蘇聯則擁有一千二百枚洲際導彈，二百枚潛射彈道導彈和二百架遠程轟炸機，兩國戰略力量基本達到平衡，但蘇聯的核軍備發展迅猛，大有超越美國之勢。此外蘇聯擁有世界上最強大的陸軍，空軍與美國旗鼓相當，海軍亦在奮起直追，已經向美國長期形成的制海權發出了挑戰。基辛格就承認：「曾經成為整個戰後時期特徵的美國的決定性優勢，到一九六七年就已經結束了。」[53]正是在實力增強的基礎上，蘇聯開始在被美國視為重要的戰略地區主動出擊，美攻蘇守的態勢逐漸讓位於蘇攻美守的局面，美國對蘇聯的挑戰只能是疲於應付，顧此失彼。如果說在戰後初期美國對蘇聯全球利益的威脅只是政治家杜撰出來的一種「神話」，那麼美國現在卻面對著一個實實在在的強大競爭對手。此時東西方關係在激烈爭奪的另一面呈現出「緩和」的態勢，就美國而言，「緩和」與蘇聯的關係大概也是一種無奈的選擇。

　　西歐和日本在戰後很長一段時間是美國在與蘇聯全球抗衡時的最重要的政治附庸，在對付敵對意識形態上，它們與美國有著利益的一致之處，但對美國支配地位並不是打心眼裡服從，只不過是在力量十分懸殊和對美國有求的情況下「不敢言」而已。一旦從經濟困境中走出，在國際事務中徹底擺脫美國的「陰影」儘管還不現實，畢竟它們之間還存在著共同的利益，但必然會強調獨立自主性，聽命於大洋彼岸的美國未見得事事都符合它們的國家利益，況且對於這些極富民族

---

53 轉引自梁守德等編：《世界政治與國際關係》（武漢市：湖北人民出版社，1987年），頁160。

自尊心的國家來說維持這種對美國的屈從關係也不可能是長遠之計。西歐的經濟恢復和發展較快，到了一九五二年，西歐國家的工業生產先後恢復到戰前的水平，之後進入了高速發展階段，一直持續到七〇年代初。結果西歐國家在世界工業生產中所占的比重明顯加大，在世界貿易中的地位大大加強，黃金外匯儲備也大為增加。在此期間，西歐開始了經濟一體化過程，並取得了顯著的成效。戰後日本經濟發展更是迅速，到了五〇年代初，日本的工礦業開始超過戰前水平，以後就進入了高速發展時期。到了一九六八年，日本的國民生產總值成為資本主義世界僅次於美國的第二大經濟大國。西歐和日本經濟實力的增強勢必導致在政治上更加表現出獨立行事的趨向。基辛格在六〇年代發表的一篇論文中指出：「無論如何，美國不能希望使歐洲戰後的不幸永久成為國際關係的一種不變的模式。歐洲經濟的復元勢必導致它回到更為傳統的政治壓力方面。」[54]事實正是如此，西歐國家從六〇年代紛紛開始調整其對外戰略，力圖作為美國的平等夥伴國出現在國際事務中。法國在戴高樂總統的領導下，六〇年代奉行了不依附美國的獨立外交政策。他一執政就要求法國分享北約組織中的領導權和決策權，遭到美國拒絕後斷然退出了北約軍事一體化組織，他提出的「歐洲是歐洲人的歐洲」口號顯然是針對美國而言。一九六四年九月十一日，戴高樂在記者招待會上宣稱：「歐洲大國應該有屬於它們自己的國家的防務權利和義務。一個大國的命運聽從於另一個大國的決定和行動是不可容忍的，不管這另一個國家可能如何的友好。」[55]西德在六〇年代以後也開始在外交上表現出相當程度的自性，如六〇年代末奉行的「新東方政策」，主張加強與西方合作的同時，爭取與東方的

---

54 亨利‧基辛格著，復旦大學資本主義國家經濟研究所譯：《美國對外政策》（上海市：上海人民出版社，1972年），頁50。

55 國際關係研究所編譯：《戴高樂言論集》（北京市：世界知識出版社，1964年），頁244。

諒解。這一政策旨在改變西德長期以來惟美國馬首是瞻的被動狀況。

　　就整個西歐國家而言，它們開始走上了聯合自強的道路，在許多問題上為了維護自身的利益而不願意屈從美國，如拒絕對美國農產品敞開市場，批評美國的中東政策和越南政策，逐步改善與蘇東國家的關係，積極開展與發展中國家的外交等等。凡此種種都表明了美國在西歐的支配地位大大減弱。日本在經濟發展起來後，也開始謀求擺脫在各方面從屬美國，力爭與美國建立「富有成效的夥伴關係」。一九六〇年一月美日兩國簽署了「美日共同合作和安全條約」，取代了一九五一年的「日美安全條約」，廢除了美軍干涉日本內部事務的條款。日本在外交上實行了多邊自主的政策，逐步改變了緊隨美國的形象。正如日本外相大平正方在一九七二年指出的那樣：「日本跟美國走的時代已經過去了，日本現在應該為採取負責的行動做出決定。」[56]西歐和日本儘管實現與美國的「平等夥伴」地位尚須努力，但它們到了七〇年代無疑已經作為重要的力量活躍在國際舞臺上，美國對它們逆自己意志行事的外交活動有時也不得不予以默認。美國援助盟國強大原本是增強與蘇聯全球抗衡中的力量，但它們強大起來後卻不再願意聽命於美國，甚至與美國產生嚴重對立，這一點大概是戰後初期美國領導人所始料未及的。

　　戰後初期，美國憑藉著其強大的實力，把處於中間地帶的許多亞非拉國家拉入到與蘇聯進行全球「冷戰」的陣營，「必欲控制而後快」構成了美國對這些國家政策的基本特徵，也就是對親美政權提供盡可能的支持，維護住美國欲要的「穩定與秩序」，消除共產主義滋生的土壤，以保證美國在這些地區的政治、經濟以及戰略利益的實現。然而，這些地區戰後發生了巨大的變化，亞非拉國家為了維護自

---

56 轉引自武桂馥等編：《競爭與衝突》（北京市：國防大學出版社，1991年），頁130-131。

己的切身正當利益，結成了不受大國干預的同盟或集團，以一種新的姿態和力量出現在國際舞臺上。

一九五五年四月，亞洲和非洲二十九個國家代表在印尼萬隆召開了歷史上第一次沒有西方國家參加的國際會議，這次會議體現出了民族獨立國家團結友好，互相合作，維護世界和平而進行共同鬥爭的精神。亞非會議的召開是第三世界在國際社會崛起的標誌，而不結盟運動的興起則表明第三世界的力量進一步壯大。一九六一年九月，在南斯拉夫總統鐵托等一些國家領導人的倡導和發動下，二十四個國家的代表在貝爾格萊德召開了第一屆不結盟國家和政府首腦會議。不結盟運動的基本原則和目標是：在和平共處的基礎上對不同政治和社會制度的國家奉行獨立政策，支持民族解放運動，反對集團和建立軍事基地，解決國際經濟格局中的不平等現象等等。這一運動發展迅速，聲勢浩大，成為活躍在國際社會的一支重要力量。七七國集團是第三世界國家為爭取國際經濟新秩序而形成的一個組織。一九六四年六月，第一屆聯合國貿易和發展會議在日內瓦召開，會議結束時，七十七個國家和地區發表了「聯合宣言」，「七七國集團」由此得名。在這個集團的推動下，南北對話和南南合作進入了一個新的階段。第三世界的崛起使整個世界政治和經濟的基本格局大為改觀，儘管許多第三世界的國家難以擺脫對發達國家的依賴，在美蘇全球冷戰中也很難保持絕對的中立，內部同樣存在著各種矛盾和分歧，但在涉及到發展中國家的切身共同利益時，第三世界就會形成一種整體力量來與發達國家展開鬥爭。這種鬥爭帶來的結果自然對美國的全球霸權形成了很大的挑戰。

第三世界在爭取合理的國際新秩序鬥爭中矛頭不僅僅是針對美國，但對在第三世界享有巨大利益的美國來說，其在這些地區所確立的霸權地位由此大大動搖，干涉行徑遭到越來越多的國家的抵制，致使美國對外政策常常難以奏效，就此而言，美國在國際事務中面對著

一種再也無法控制和隨意擺布的力量。如在美國控制程度比較高的拉美地區，美國的政策很難暢行無阻，拉美國家常常聯合起來共同對付美國的政治和經濟壓力，「美國已不能指望在美洲國家組織中獲得多數。相反，如果美國強令拉美國家接受違反它們利益的政策，美洲國家就可能變成一個攻擊美國的講壇。……在今天的世界上，拉美國家不僅可以越來越放膽地發表這種批評和追求它們自己的利益，不怕得罪北方的老大哥，而且它們還將設法共同行動，務求打破拉美對美國過度依賴的局面」。[57]這種態度應該說是反映出了發展中國家對美國推行霸權政策的一種基本趨向。

　　戰後初期美國是靠著極其強大的實力走上全球擴張道路的。這種實力地位一方面建立在國內經濟繁榮的基礎上，另一方面可對比的參照國家均是破損不堪，更加映襯出美國的強大無比。當其他國家的經濟迅速發展起來後，美國就逐漸失去了這種在資本主義世界的絕對優勢地位。六〇年代初美國捲入越南戰爭本想顯示一下其在國際事務中的「威力」，但結果適得其反，侵越戰爭對美國霸權地位產生了強大的衝擊波，國力大傷，實力急劇下降。據統計，美國在越戰中，共投入兵力六十六萬多人，死傷官兵十餘萬，戰爭費用高達三千五百億美元。美國有的學者認為，侵越戰爭是美國「有史以來最花錢、最殘酷，卻又是最無價值」的戰爭。[58]六〇年代後期，美國國內反戰情緒與日俱增，示威大遊行此伏彼起，國內矛盾進而激化。此外，由於美國軍費開支龐大和其他西方大國的重新崛起，美國在世界資本主義經濟中的地位嚴重下降。一九四八年，美國在資本主義世界工業總產值中所占的比重是百分之五十四點六，一九七〇年僅占百分之三十七點八，在世界出口貿易中所占的比重也由百分之三十二下降為百分之十

---

57 亨利・歐文主編，齊沛合譯：《七十年代的美國對外政策》（北京市：生活・讀書・新知三聯書店，1975年），頁145。

58 拉夫伯：《美國、俄國和冷戰，1945-1984年》，頁306。

五點二。美元危機頻頻爆發，西歐各主要金融市場紛紛拋售美元，搶購黃金，到了七〇年代初，以美元為中心的資本主義國際貨幣體系宣告瓦解。這一時期美國的國民生產總值儘管一直位居世界首位，但實力已無法與戰後初期相比了。強大的實力地位是美國推行霸權政策的基礎，當實力不足時依然繼續這一政策就會在外交上顯得顧此失彼，處處被動，美國雖然還在處心積慮地維護其在世界上的霸權地位，但已無法再像過去那樣不可一世了。

　　「多極化」是當代世界政治經濟發展的一種基本趨勢，其並不專指對戰後初期所形成的雅爾塔兩極格局的根本改變，而只是說在美蘇全球冷戰中湧現出了多種影響世界局勢發展的政治和經濟力量。儘管這些力量往往形成相互牽制之勢，但對試圖以一種力量來左右世界格局發展的美國來說，多種力量的興起本身就是對這一圖謀的牽制與挑戰。如果美國無視這些變化，依然我行我素，把手伸向世界各地，未必就見得有利於美國的利益，其實常常以損及美國的利益而告終。朝鮮戰爭和越南戰爭就是明顯的例子。當然美國政界也不乏「識時務者」，他們竭盡全力維護美國的全球霸權地位是不變的，但同時又看到了美國力量的「限度」。實際上這兩者永遠無法「和諧」地結合在一起，只要美國不放棄對世界霸權地位的追求，即使政府決策者認識到這一點，而且在外交上採取更為現實的做法，但其政策最終還是難以奏效的。不過正是他們對美國戰後外交的重新認識以及在對外戰略上的調整，才反映出了美國在一個多極化世界中所面臨的挑戰。

　　六〇年代以後，世界進入了大動盪、大分化和大改組的時期，國際政治多極化趨勢開始出現。在美國政界嶄露頭角的肯尼迪六〇年代初就意識到國際形勢的變化對戰後初期形成的美國「無所不能」意識的衝擊，開始承認美國力量的「限度」。他在就職總統前曾在華盛頓大學發表演講時說：

　　我們必須面對事實，那就是，美國既不是無所不能，也不是無
所不知——我們不過只占世界人口的百分之六——我們不能把
我們的意志強加於其他百分之九十四的人類——我們不能去矯
正每一個錯誤，或者扭轉每一個逆境——所以說，對於世界上
的每一個問題，不可能都有一個美國的解決方案。[59]

　　上述這番話也許是肯尼迪的由衷之言，畢竟他還沒有坐到白宮的
總統位置上，他一旦就職為總統，其言談舉止自然就代表國家，而當
時的美國社會主流依然沉浸在「世界領袖」的夢幻之中，肯尼迪必然
要把這種認識反映到新政府的對外關係上。他在就職演說中特別強
調，美國必須要讓全世界知道，「為了保證自由的生存和成功，我們
將付出任何代價，承受任何重擔，面對任何困難，支持任何朋友，反
對任何敵人」。[60]因此肯尼迪基本上沒有背離前任所確定的冷戰框架，
堅持遏制理論，繼續推行稱霸世界的政策，到處插手世界事務，特別
是擴大對印度支那的干涉使美國開始陷入難以自拔的泥沼之中。約翰
遜繼任總統後，繼續打著遏制共產主義的大旗進行全球擴張，他肆無
忌憚地對拉美事務進行干涉，軍事上捲入非洲和中東事務，尤其是他
使越南戰爭「美國化」標誌著美國全面捲入了越戰。然而，在約翰遜
任內，世界的多極化趨勢進一步發展，約翰遜置這種變化於不顧，以
「有限」的力量去滿足美國「世界領袖」的目空一切心理，自然就會
在外交上捉襟見肘，形象大損。儘管美國政府不會從根本上改變謀求
世界霸權的政策，但以「有限」的力量去維護需要花費無限資源的
「霸權」越來越得不到美國人的認同。約翰遜沒有認識到這一點，所
以就難逃在政治上留下「敗績」的厄運，他本人自動宣布退出總統預

---

59 小阿瑟・施萊辛格著，仲宜譯：《一千天：約翰・菲・肯尼迪在白宮》（北京市：生
　　活・讀書・新知三聯書店，1981年），頁494-495。
60 哈特曼等：《變化世界中的美國對外政策》，頁91。

選還算是有「自知之明」，不過也確確實實反映出他的外交政策已不再能在美國獲得民心了。

　　六○年代後期，世界多極化趨勢日益明顯，新的「力量中心」在國際舞臺上十分活躍，美國儘管在國際事務中依然舉足輕重，但已不再是「無所不能」了，用基辛格的話來說：「美國不再能實行全球性的計畫；它只能贊助那些計畫的實行。它不再能夠把自己喜歡的解決方法強加於人；它必須設法讓別人提出它來。……我們的貢獻不應當是唯一或主要的力量，但它應能決定事情的成敗。」[61]尼克松上臺後，這位曾經是堅定的「反共戰士」面對著已經變化了的形勢，深知按照過去的思維模式已很難維護美國在一個多極化世界的利益，美國必須採取新的方式來保住其世界領導地位於不衰。他和基辛格首先從理論上闡明了世界格局的變化，認為世界已進入了一個新的時期。尼克松不止一次地強調「國際關係中的戰後時期已經結束」。基辛格也指出，戰後國際關係秩序年代就已終結，「冷戰的激烈兩極對立已不復存在，取而代之的是一個變化莫測和錯綜複雜的世界，擁有許多權力中心，危險與機會共存，前者更加難以捉摸，後者卻帶來新的希望」。[62]正是在這種認識的基礎上，他們提出了「五大力量中心說」。

　　一九七一年七月六日尼克松在美國堪薩斯城的講話中指出：「從經濟角度來說，美國不再是世界的頭號國家，超群的世界強國，也不再僅僅有兩個超級大國，當我們從經濟角度和經濟潛力來考慮問題時，今天世界上有五大力量中心」，它們是「美國、西歐、蘇聯、大陸中國，當然還有日本」。[63]不久基辛格對「五大力量中心」做了進一

---

61　基辛格：《美國對外政策》，頁72-73。

62　以上引文見瑟法蒂：《敵對世界的美國外交政策：危險年月》，頁239-240。

63　講話全文見理查德・尼克松：〈在堪薩斯城對出席國內政策通報會的中西部新聞媒體總經理的講話〉（Richard Nixon, "Remarks to Midwestern News Media Executives Attending a Briefing on Domestic Policy in Kansas City"）1971年7月6日，載《總統公

步的解釋，美蘇兩國是軍事上的兩極，中美蘇是政治上的三極，美日歐是經濟上的三極，三方面因素的綜合構成了當今世界的「五大力量中心」。尼克松政府正是在對世界多極化認識的基礎上，開始了美國戰後外交戰略的第一次大調整，形成了以全球戰略收縮為特徵的「尼克松主義」。這裡我們不想就尼克松政府的具體外交政策加以論述，只是想強調「尼克松主義」的出現深刻地反映出美國霸權地位的動搖，也說明了美國全球戰略將由進攻轉入防守。

羅伯特・希爾在《尼克松以後的美國》一書中寫道：「杜魯門主義的提出適應了一個正在擴張的帝國的需要，尼克松主義則相反，它是為適應一個逐漸崩潰的帝國的需要而產生的。」[64]尼克松政府進行全球收縮並不意味著放棄了美國在戰後國際事務中形成的領導地位，而是在承認美國力量「有限」的前提下在「五種力量中心」之間尋求新的均勢，以最小的代價來最大限度地維護住美國在世界格局中的優勢。這就決定了尼克松之後的幾屆政府雖然採取了各種手段試圖挽回美國正在失去的領導地位，但多是一時之功，最終難以奏效，既沒有遏制住蘇聯在世界各地的擴張，也沒有消除第三世界革命力量的發展，更沒有阻止住美國霸權的衰落。到了八〇年代初，美國政界的「遏制」之聲雀起，就連緩和政策的奠基人和執行者尼克松也轉變了態度。尼克松在一九八〇年出版的一本書中寫道：「為了應付對於我們自己的生存，對於自由與和平的生存的挑戰，我們必須大大增加我們的軍事力量，支持我們的經濟力量，恢復我們的意志力量，加強我們的總統權力，制定一種不僅旨在避免失敗，而且旨在取得勝利的戰略。」[65]里根上臺後其外交政策明顯地具有兩極對抗的特徵，目的就

---

開文件集》（*Public Papers of the Presidents*），全文可在http://www.presidency.ucsb.edu/ws/index.php?pid=3069&st=&st1=網址上獲得。

64 轉引自陶軍主編：《當代國際政治與國際關係》（武漢市：華中師範大學出版社，1986年），頁198。

65 尼克松著，常錚譯：《真正的戰爭》（北京市：新華出版社，1980年），頁19。

是要恢復「美國在世界上的領導地位」，里根口氣堅決地宣布：「從一九八一年一月二十日起，一寸土地都不能落到共產黨人之手。」[66]里根在位八年期間，正值蘇聯內部危機四伏，無暇他顧，美國乘此之機，轉守為攻，在與蘇聯全球爭奪中保持了明顯優勢。正是蘇聯的退縮，美國在第三世界奉行的政策取得了一定的成效。然而，這些都不意味著美國「領導地位」的恢復。當里根政府力圖以「實力」求得美國欲要的「和平」時，實際上是以犧牲美國經濟增長為代價，巨額的國防開支造成了財政赤字劇增，美國在里根任內首次由世界最大的債權國淪為最大的債務國。美國參議員比爾‧布拉德利說：「從軍事上說，如今我們在國際上比以往更強大了，但是從經濟上說，我們則比過去更弱了。」[67]布拉德利的這番話多少有點無可奈何的味道，表明美國想維持住全球霸權的圖謀越來越困難了。

　　在當代國際政治中，經濟是國力的基礎，只有國力的強大才能增加在國際事務中說話的分量，當然美國追求的不僅僅是「分量」而已。美國的軍事力量在里根時期無疑是強大的，但這種強大如果沒有雄厚的經濟支撐，以「強大」來謀求世界領袖地位自然就失去了基礎。實際上當美國經濟呈現出「相對衰落」的趨勢時，美國在這個多極化的世界面臨的挑戰更大，因此它在追求世界領袖地位過程中所遇到更多的困難也就不足為奇了。

## 四　冷戰後難圓的世界領袖夢

　　「冷戰」是二戰後形成的雅爾塔兩極格局的產物，主要指美蘇兩

---

66 轉引自威廉‧安德森等：〈「現實主義」如何是里根的外交〉（William D. Anderson and Sterling J.Kernek, "How 'Realistic' Is Reagan's Diplomacy?"），載《政治學季刊》（*Political Science Quarterly*）第100卷第3期（1985年秋季號），頁407。

67 轉引自楊生茂主編：《美國外交政策史》，頁619。

個超級大國使用直接武力對抗以外的一切手段來達到抑彼揚己的目
的。美國顯然是「冷戰」的始作俑者，因為在美國決策者的眼裡，蘇
聯是其奉行所謂「全球主義」的主要障礙，它的存在使美國的「世界
領袖」夢想難以變為現實。美國在冷戰期間也有「黯然失色」的時
候，但大部分時間都處在相對優勢的地位。當世界進入九○年代以
後，本來就已急劇變化的國際局勢再起波瀾，蘇聯內部矛盾進一步激
化，最終導致解體，給已崩潰的雅爾塔格局劃上了一個圓滿的「句
號」。一個超級大國突然從地球上消失儘管是其內部矛盾使然，但卻
出乎了許多政治家的意料之外，著實讓西方國家，尤其是美國歡喜了
一陣。四十餘年的競爭對手不攻自破，美國一下子就變成了世界上唯
一的超級大國，「世界領袖」的桂冠捨美國還有其誰。德國《明鏡》
週刊一九九七年十月下旬刊文指出：「由於共產主義終結和本國經濟
繁榮而地位加強的華盛頓似乎已拋棄了產生於越南戰爭創傷的自我懷
疑心態。美國現在是國際政治中的施瓦辛格：炫耀武力、橫衝直撞和
威脅別人。」[68]弗吉尼亞大學歷史系教授菲利普‧澤利科描述了冷戰
結束後美國力量的強大：

> 值此世紀之末，美國在軍事上、經濟上和政治上比任何時候都
> 要強大，在所有這些領域它比當代實力最接近的對手要強大的
> 多。它有威力挫敗科索沃的「種族清洗」；有足夠強大的影響
> 力動搖、甚至拯救世界市場；力量所及，能夠控制波斯灣；具
> 有道德權威，能夠將一位流亡的海地總統重新推上臺。[69]

---

68 參見威廉‧德羅茲迪亞克：〈甚至盟國也抱怨美國的控制〉（William Drozdiak, "Even
　　Allies Resent U.S. Dominance"），載《華盛頓郵報》（*The Washington Post*）1997年11
　　月4日，頁A01。

69 威廉‧拉斯伯里：〈超人的清單〉（William Raspberry, "Checklist for Superman"），載
　　《華盛頓郵報》（*The Washington Post*）1999年9月6日，頁A27。

　　澤利科教授的這番話說的多是實情，但並不說明美國在後冷戰時代可以在國際事務中為所欲為了。其實蘇聯的解體並不必然意味著美國的勝利，「冷戰無贏家」是人們經過冷靜思考後得出的一個比較切合實際的結論，美國人同樣深有體會，用美國國務院外交事務研究中心主任邁克爾・弗拉霍斯的話來說：「許多美國人感到，我們自己的需求已被這場偉大的鬥爭（指冷戰）的需要所延誤，我們為其他國家做出那麼長的犧牲，僅僅發現我們自己被削弱和誤入歧途。」[70]這種認識帶有美國政府奉行的對外政策具有「利他」傾向的味道，顯然不符合實際，但在冷戰結束之初的美國卻是一種強烈的呼籲，表明美國人對政府為了追求在國際事務中的領導地位而忽視了國內發展的不滿。其實，這種「美國第一」的呼籲並不足以阻礙美國政府決策者想在國際事務中發揮特殊的領導作用的欲望。

　　冷戰後世界局勢變得更加錯綜複雜，動盪不寧，作為自詡為「世界領袖」的美國自然是責無旁貸，必欲干預，以使問題能夠按照美國的意願得以解決。誠然，冷戰後美國在解決地區性衝突中顯然起到了重要的作用，但這種作用是否能用「領袖」來衡量恐怕值得懷疑。大概除了在國際事務中不再擔憂與另外一個超級大國正面衝突之外，美國在冷戰期間所遇到的對其「領袖」地位的各種挑戰依然存在，而且呈現出加劇之勢。美國外交政策研究研究所主任特德・蓋倫・卡彭特寫道：

　　　　在過去四十餘年期間，幾個主要權力中心已經出現或重新崛起。西歐國家早就不再是遭受戰爭蹂躪的棄兒，不能防衛歐洲大陸的安全。日本現在擁有世界上第二大經濟，在遠東能夠扮

---

70 邁克爾・弗拉霍斯：〈捫心自問〉（Michael Vlahos, "To Speak to Ourselves"），載哈里斯主編：《美國的目的：美國外交政策新見》，頁48。

演更為積極的政治和軍事角色。中國、印度和其他國家在它們
的政治、經濟和安全日程上已經成為重要的地區行動者。美國
不僅再也不必維持這個星球的治安，而且越來越可能的是，它
在這樣做的時候無一不侵犯其他大國的利益，因此造成了不必
要的摩擦和衝突。[71]

　　卡彭特的觀察的確很到位，也是美國國內重新抬頭的「新孤立主
義」要求政府不捲入與美國利益無關之事件的一個重要理由。然而，
美國政府領導人和一些政治家恐怕就不會這樣來考慮問題了，冷戰的
結束為美國在國際事務中發揮更大的作用提供了良機，摘取「世界領
袖」的桂冠似乎就是舉手之勞，如此夢寐以求的好事，豈有放棄之
理。所以儘管美國國內的新孤立主義呼聲很高，但還是很難影響到美
國政府的決策過程，「全球主義」在冷戰後美國對外戰略中占據主導
地位，布什政府和克林頓政府雖為實現美國的全球領袖地位做出了不
懈的努力，但終究還是一個「難圓的夢想」而已。
　　布什是在冷戰結束之際出任美國總統的，他上臺伊始，正值蘇東
社會主義國家內部劇烈變動之時，戈爾巴喬夫的改革「新思維」使蘇
聯的外交政策發生了巨大的變化，對抗儘管依然是東西方關係上的主
要特徵，但布什政府面對著已經改變的形勢，開始採取新的手段來完
成其外交目標，實現世界領袖地位依然是美國外交的中心內容。美國
國務卿詹姆斯・貝克一九八九年四月十四日提出，由於第二次大戰後
兩個超級大國的衝突已經不復存在，美國目前所面臨的任務將是「更
加複雜和微妙」，為了促成世界政治的變化和迎接新的挑戰，只有在
美國的「領導」下，才能實現解決全球性問題的國際合作。一九九〇

---

71 特德・蓋倫・卡彭特：〈一項獨立的方針〉（Ted Galen Carpenter, "An Independent
　Course"），載哈里斯主編：《美國的目的：美國外交政策新見》，頁82-83。

年下半年美國直接插手海灣危機表明了美國充當「世界領袖」的決
心。一九九○年八月初，伊拉克入侵鄰國科威特，隨後公然予以吞
併。這一事件使國際輿論大嘩，美國反應最為強烈，隨即進行大規模
的軍事集結，準備通過各種手段，包括使用武力迫使伊拉克「把吃進
去的東西乖乖吐出來」。美國這樣做主要是擔心其在海灣地區的石油
利益受到威脅，當然也想乘此機會，顯示一下超級大國的「權威」，
使世界都承認美國在處理重大國際事務時能夠起到「領袖」作用。當
伊拉克不買美國的「帳」時，美國就通過聯合國組織了以美軍為首的
多國部隊向伊拉克實施了「沙漠風暴行動」，面對多國部隊的軍事打
擊，伊拉克幾乎無抵抗能力，數日內就結束了這場舉世矚目的戰爭。
美國基本上達到了預期的目的，但同時暴露出美國經濟實力已不足以
維持美國在海外履行「警察」責任，布什不得不派人遊說他國，到處
要錢，以補充海灣戰爭所需要的龐大軍費開支。美國《時代》週刊刊
文指出，美國成了「超級大國和乞丐之間的奇怪結合體」。[72]法國新聞
界也藉此譏諷美國這個「唯一超級大國」是「泥足巨人」。儘管美國
經濟捉襟見肘，很難支撐美國政府在海外為所欲為，但這場戰爭喚起
的世界領袖之夢再也不可能從美國領導人的意識中消失，海灣戰爭的
指揮者之一美國參謀長聯席會議主席鮑威爾毫不掩飾地說：「海灣戰
爭喚醒了美國充當世界警察的意識，當世界需要警察時，究竟誰被召
喚出來恢復和平呢？將是我們。」[73]布什本人更是想藉著海灣危機和
海灣戰爭掀起的有利於美國形象改變的全球風潮，建立美國領導下的
世界新秩序。

---

72 參見喬治·丘奇等：〈一個新的世界〉（George J. Church and Dean Fischer, "A New
　 World: The Helsinki Summit is Only the Latest Sign of How Saddam's Belligerence is
　 Transforming Global Alignments and Shaking up Established Truths"），載《時代》
　 （Time）第136卷第12期（1990年9月17日），頁20-23。
73 轉引自倪世雄：《戰爭與道義：核倫理學的興起》（長沙市：湖南出版社，1992
　 年），頁199-200。

　　一九九一年一月二十九日，當海灣地區還處在隆隆的槍炮聲中時，布什向國會提交了他上任後的第二個〈國情咨文〉，提出了美國全球戰略新構想，其核心內容是建立美國領導下的「世界新秩序」，用咨文中話來說：

> 美國在這一實現世界新秩序的努力中起著主要的領導作用，在世界各國中唯有美國具有道義上的聲望，已具有支持這一聲望的物質力量，我們是世界上唯一能夠集合一切和平力量的國家。正是這一領導的重任以及實力，使美國在一個前途茫茫的世界中成為自由的燈塔。[74]

　　布什強調美國在世界範圍內的「領導作用」主要表現在三個方面：一是在處理國際事務中的「帶頭作用」，二是在西方世界的「核心作用」，三是對盟國安全的「保護作用」。海灣戰爭後，布什政府加快了對外戰略的調整，力圖以提高國內的經濟實力來保證海灣戰爭後所確立的美國在國際事務中的「領導」地位於不敗。一九九一年八月十三日布什在向國會遞交的《一九九一年國家安全戰略報告》中提出美國對外戰略的新目標應該是：繼續保持美國在世界上的領導地位，按照美國的價值觀建立「世界新秩序」。為了保證這一目標的實現，美國必須要以強大的經濟實力為後盾，「我們國家的力量最終取決於我們的經濟力量和恢復力」，否則「我們自身的安全就得不到保證」，美國強有力的宏觀經濟活動才是保持美國「全球政治領導地位的先決條件」。[75]蘇聯的解體使美國失去了在國際社會抗衡的對手，一些政治

---

74　參見喬治‧布什：〈國情咨文〉（George H. W. Bush, "State of the Union Address"）1991年1月29日，全文可在http://www.infoplease.com/ipa/A0900156.html網址上獲得。

75　〈國家戰略安全報告〉（"National Security Strategy Report"）1991年8月13日。全文可在http://www.globalsecurity.org/military/library/policy/national/nss-918015.htm網址上獲得。

家開始大談美國應該以「獨善其身」來取代「兼濟天下」，也就是無需再為另一個超級大國的存在而憂心忡忡，應該致力於國內問題的解決。但更多的人卻是興奮異常，得意忘形，認為這是美國推行「全球主義」的勝利，美國理應乘此機會，實現世界領袖地位。如一九九一年七月二十九日，查爾斯・克勞撒默在美國《新共和》週刊發表了題目為〈孤獨的超級大國〉的文章，鼓吹美國應利用其現在「唯一超級大國的獨特地位」領導世界，「建立美國治下的和平」，世界新秩序應為「美國化的秩序」。[76]

　　當然，美國在冷戰後所處的地位無法與戰後初期相比，克勞撒默等人的主張儘管反映出美國政府戰後一直孜孜以求的一個目標，但是此時若要美國像戰後初期那樣「四面出擊」恐怕財力也難以允許。倒是基辛格和布熱津斯基等人還沒有被「勝利」沖昏了頭腦，他們也非常強調冷戰後美國在全球的「領導作用」，如布熱津斯基就認為，美國在冷戰後必須更多地考慮「繼續致力於全球活動的需要」，為維護全球安全做出「特別貢獻」，也就是說處於過渡時期的世界秩序不僅需要「美國的參與」，更需要「美國的領導」，但美國的領導作用不是靠在全球範圍內全面行動，而是靠著在一些重要地區「有選擇地承擔義務」。對美國政府來說。他們的主張也許更為現實些，不過對國際社會發生的重大危機，美國「介入」或「不介入」之間並無明顯的界限，但政府領導人的「世界領袖」意識決定了美國絕不會袖手旁觀。布什總統在一九九二年一月二十八日發表的〈國情咨文〉中十分強調蘇聯消失後「美國已從西方的領袖變成世界的領袖」。[77]布什滿以為可

---

76 查爾斯・克勞撒默：〈孤獨的超級大國〉（Charles Krauthammer, "The Lonely Super-power"），載《新共和》（*New Republic*）第205卷第5期（1991年7月29日），頁19-23。

77 喬治・布什：〈在國會聯席會議上關於國情咨文的講話〉（George Bush, "Address Before a Joint Session of the Congress on the State of the Union"）1992年1月28日。全文可在http://www.presidency.ucsb.edu/ ws/index.php?pid=20544。

以連任總統，但卻在競選中敗給了一位在美國政界「初出茅廬」的小人物，這與布什過分強調美國的「世界領袖」時而忽視國內亟待解決的問題不無關係，也從另一個方面說明了冷戰後美國履行「世界警察」職責首先在國內就遇到了「麻煩」。頗有意思的是，布什在下臺之際還念念不忘美國的「領袖」地位。一九九二年十二月十五日，他在得克薩斯一所大學發表講話，聲稱美國必須在全球發揮領導作用，強調介入國際事務非常符合美國的利益，「歷史再次召喚我們發揮領導作用。美國在為過去自豪的時候必須再次放眼未來，我們必須實現我們祖輩最崇高的理想」。[78]這倒不是說布什總統「執迷不悟」，而是反映出冷戰後美國對外戰略上的一個主要特徵。

比爾・克林頓一九九三年一月宣誓就職為美國總統，他是第二次世界大戰後出生的第一位新一代總統，年輕有為，生氣勃勃。他從上臺開始就表現出「雄心壯志」，大有重振美國之勢。在對外政策上克林頓吸取了前任的教訓，推出了力圖適合冷戰後美國國情需要的戰略，發揮美國的世界領袖作用依然在其外交戰略中居於中心地位，只不過是克林頓更加強調從復興美國經濟開始，用他的話來說，如果人們不在國內重建這個國家的經濟實力，我們就不會成為超級大國，就不能在世界上起領導作用。他特別重視美國的世界領袖作用和對全球事務的參與，認為美國在世界上的領袖地位從來沒有現在這樣重要過，只要我們履行世界領袖的使命，就可以保證美國的全面安全和繁榮。克林頓同時非常注重美國文化價值觀在實現這一目標過程中的作用。他就職後不久在一次講話中指出，美國的利益要求美國率先努力建立一種由美國價值觀形成的社會秩序。如果美國不能承擔由此而來

---

78 喬治・布什：〈在得克薩斯農工大學的講話〉（George Bush, "Remarks at Texas A & M University in College Station"）1992年12月15日，載《美國總統公開文件》（*Public Papers of the Presidents of the United States*）第2卷（華盛頓特區：美國政府出版局，1993年），頁2194。

的責任，「我們將失去創造一個更為民主和穩定世界的機會」。[79]在克林頓任內，所謂的「孤立主義者」在美國政壇上還是十分活躍的，他們試圖影響美國政府的決策過程，但克林頓並未為之所動，依然堅持「國際主義」或「全球主義」，在每次闡述其對外政策時很少忘記強調美國在國際事務中的「領導地位」。一九九三年四月克林頓在談到巴爾幹半島危機時斬釘截鐵地說：「我們畢竟是世界上唯一超級大國，我們必須領導這個世界。」[80]美國國務卿沃倫‧克里斯托弗一九九五年一月二十日在哈佛大學發表對外政策講話，提出了美國外交戰略三原則，其中首要之原則是美國必須繼續介入世界並發揮領導作用。[81]他在一九九五年初在美國《外交政策》雜誌上發表文章竭力為美國充當世界領袖辯護，認為美國如果不抓住這次「機會」，對美國和對世界都將貽害無窮。他在文章結束時宣稱：

> 美國是世界上最大的軍事和經濟強國。我們國家的根本原則在全世界人民的想像力中依然居於特殊地位。我們財力雄厚，決心堅定，我們將依靠著美國人民的支持明智和有力地繼續促進我們的根本利益，利用正在出現的各種機會幫助形成一個更安全、更民主和更繁榮的世界。[82]

---

79 克里斯托弗‧萊恩和本杰明‧施瓦茨：〈沒有敵人的美國霸權〉（Christopher Layne and Benjamin Schwarz, "American Hegemony—Without An Enemy"），載《對外政策》（*Foreign Policy*）第92期（1993年秋季號），頁7。

80 〈克林頓總統的記者招待會〉（"The President's News Conference"）1993年4月23日，載《美國總統公開文件》（*Public Papers of the Presidents of the United States*）第1卷（華盛頓特區：美國政府出版局，1993年），頁488。

81 沃倫‧克里斯托弗：〈一項重大外交政策的講話〉（Warren Christopher, "A Major Foriegn Policy Address"）1995年1月20日，講話影音可在http://ksgaccman.harvard.edu/iop/events_forum_listview.asp?Type=Y網上獲得。

82 沃倫‧克里斯托弗：〈美國的領導，美國的機會〉（Warren Christopher, "America's Leadership, America's Opportunity"），載《對外政策》（*Foreign Policy*）第98期（1995年春季號），頁27。

　　就是共和黨人也不反對美國政府在世界事務中發揮領導作用，如
國會內的共和黨領袖之一鮑勃‧多爾在一九九五年初發表文章強調美
國充當世界領袖是其外交政策的根本所在，他說：「作為唯一的全球
大國，美國必須充當領袖。歐洲——不管是單個國家還是聯盟——則
不能。中國、俄國、印度、巴西和日本都是重要的地區性大國，一些
國家也許是潛在的地區性威脅。但是，唯有美國才能領導解決世界面
對的各種政治、外交、經濟和軍事問題。」[83]同年十月六日克林頓公
開譴責「孤立主義」在美國造成的不良影響，聲稱美國必須在世界發
揮領導作用，「如果你看看從波黑到海地，從中東到北愛爾蘭所取得
的成果，就可以再次證明美國的領導作用是必不可少的，要是沒有
它，我們的價值觀、我們的利益與和平本身都將汲汲可危。」[84]克林
頓一九九六年八月五日在華盛頓大學發表的講話要求美國在一個動盪
的世界承擔起領導責任：「事實是，美國仍然是不可缺少的國家。有
時候，美國，也只有美國，才能在戰爭與和平、自由與壓迫、希望與
恐懼之間起決定作用。當然我們不可能承受世界所有負擔。我們不能
成為世界警察。但是在我們的利益和價值觀需要這樣做、而且我們能
起作用的時候，美國必須採取行動並起帶頭作用。」[85]克林頓在這裡
雖然否認美國扮演「世界警察」角色，但言語中絲毫不掩飾只有美國
才能「領導」這個世界走向「完善」。

---

83 鮑勃‧多爾：〈形成美國的全球未來〉（Bob Dole, "Shaping America's Global Future"），
　載《外交政策》（*Foreign Policy*）第98期（1995年春季號），頁35-36。
84 威廉‧克林頓：〈白宮早餐的講話〉（William J. Clinton, "Remarks at a Freedom House
　Breakfast"）1995年10月6日，載《美國總統公開文件》（*Public Papers of the Presidents of the United States*）第2卷（華盛頓特區：美國政府出版局，1995年），頁1546。
85 威廉‧克林頓：〈載喬治敦大學關於國際安全問題的講話〉（William J. Clinton,
　"Remarks on International Security Issues at George Washington University"）1996年8月
　5日，載《美國總統公開文件》（*Public Papers of the Presidents of the United States*）
　第2卷（華盛頓特區：美國政府出版局，1996年），頁1257。

　　克林頓蟬聯美國總統後，這方面的調子更是居高不下。他在一九九七年二月四日發表的〈國情咨文〉中突出強調必須「保持美國強有力而可靠的領導作用」，樹立美國的「世界領袖」形象。[86]克林頓任內雖然沒有遇到類似伊拉克吞併科威特的海灣危機，但他對地區性衝突的干涉與前任相比也是有過之而無不及。如美國帶頭強迫伊拉克接受聯合國對該國武器生產的長期監督，對海地的制裁和干涉，出兵索馬里，向波黑地區派兵等等。此外克林頓政府也直接插手歐洲、亞太、拉美、中東等地區的事務，以樹立美國的「世界領袖」形象。克林頓政府的外交戰略取得了一定的成效，但在一個錯綜複雜的多極世界裡，實現「世界領袖」對美國來說，「挑戰」顯然大於「機遇」。正如俄羅斯學者任金娜在一九九七年十月初發表在俄《紅星報》的文章指出的那樣，美國把確立世界領袖的地位看作是實現國家利益的主要條件，如果需要的話，它準備對任何國家和國際集團施加壓力和武力，只要它們妨礙美國達到自己的目的。這就意味著，美國現在把自己與世界大多數國家對立起來，這些國家認為，世界的發展應是多極的，不應當由一國來統治。任金娜的觀點反映了美國境外學者對美國全球霸權的一種批評之聲。

　　蘇聯在尚未解體之前，在海灣危機中基本上保持了與美國的合作，在美國「主演」的這場「戲」中扮演了「配角」，輿論普遍認為這是蘇聯超級大國地位日趨下降的重要標誌。兩極格局崩潰之後，在原蘇聯的國土上林立起諸多國家，大概只有俄羅斯基礎雄厚，力量較強，不過在很長一段時間內，俄羅斯百廢俱興，並且有求於西方國家，所以在國際事務中並未「顯頭露角」。美國雖對俄羅斯的重新崛

---

86 威廉‧克林頓：〈在國會聯席會議上關於國會咨文的講話〉（William J. Clinton, "Address Before a Joint Session of the Congress on the State of the Union"）1997年2月4日，載《美國總統公開文件》（*Public Papers of the Presidents of the United States*）第1卷（華盛頓特區：美國政府出版局，1997年），頁109-117。

起早有提防，但以為尚不足懼，只要「防患於未然」，俄羅斯就不會對美國的「領導地位」構成威脅。實際上，俄羅斯沒有表現出對美國亦步亦趨，更不會像美國希望的那樣作為西方的一個戰略「夥伴國」出現在世人面前。葉利欽政府對美國的「如意算盤」可謂不屑一顧，嗤之以鼻。一九九四年三月十一日，俄外長安德列·科濟列夫在《消息報》上刊文聲稱，西方某些人夢想，他們可以在如下原則基礎上同俄國建立夥伴關係，即如果俄國人已經變好的話，他們就應該緊隨我們。科濟列夫強調對於一個曾經打敗過拿破崙和希特勒的民族來說，無論如何是咽不下這口氣的，更何況西方許諾的大筆援助，至今仍然是一張畫餅。俄國總統葉利欽一九九四年十二月六日批評了美國試圖主宰世界發展的政策：「當我說全世界的命運不能由一個國家的首都來決定時，我希望你們能清楚地理解我講的話。」自一九九四年十二月車臣戰事以來，俄羅斯在國際事務上不同美國合作甚至對著幹的事件屢有發生。如在北約東擴問題上，俄羅斯表現出非常強硬的態度，致使以美國為首的西方國家不得不放慢東擴步伐，打算以照顧俄羅斯的利益來換取其對美國做出戰略性的讓步。種種跡象表明，俄羅斯恢復大國地位已成定局，當然它要達到當年蘇聯的實力尚有距離，但對美國來說，俄羅斯的崛起無疑是對其「領袖」地位的一個挑戰。美國決策層內一些人已經認識到這一點，如美國防部部長佩里就說：「即使出現可以想像的最好結果，即出現一個完全民主和以市場為導向的俄羅斯，新俄羅斯的利益也將與我們的不同。」[87]基辛格一九九六年六月十七日在美國的《新聞週刊》上發表文章強調美國應防止俄羅斯民族主義對外政策威脅美國的世界領袖地位，「即使是在葉利欽的領導下，俄羅斯也在實行一項越來越武斷的政策，這項政策已經在世界

---

87 轉引自《世界知識》1995年第2期，頁5。

上許多其他地方妨礙美國心目中的世界秩序」。[88]他們的所言未必全是事實，但說明了西方國家，尤其是美國對俄羅斯作為一個大國重新崛起的擔憂。

冷戰期間，美國的盟國出於維護自身安全或利益的需要，基本上還能承認美國是「自由世界」的領袖，即使這樣，它們在國際事務中擺脫美國「陰影」的離心傾向日益明顯。冷戰結束後，由於蘇聯的消失，以美國為首的西方盟國共同對敵的凝聚力迅速弱化，美國已無法用昔日的理由將它們緊緊地維繫在一個共同的陣營之內，美國試圖這樣做，但很難說起多大作用。從一九九五年以來，美國不顧西歐諸國的異議，堅持加快北約東擴進程，其目的就是通過這一計畫的執行，既可利用北約來制約俄羅斯，又可利用俄羅斯來牽制西歐，起到一箭雙雕之效，確保美國在歐洲事務中的主導地位。北約東擴之所以後來得到西歐國家的贊成，原因主要在於北約的擴大首先對歐洲安全有利。然而北約內部卻在醞釀著一場深刻的變革。一九九六年五月十五日，北約在布魯塞爾擬訂了一項計畫，歐盟各國可以在沒有美國參加的情況下代表北約採取行動。德國外長金克爾就說，歐洲今後將實現「沒有美國干預的單獨行動」。六月三日，在柏林召開的北約理事會外長會議正式批准北約建立由歐盟直接指揮的多國多兵種特遣部隊的計畫，這樣歐盟就可以單獨履行有關歐洲安全的軍事使命，標誌著與美國平起平坐的開始。

更令美國擔憂的是，對於美國頒布的貿易制裁政策，其盟國不僅不支持，而且群起反對。如一九九六年七月十日，美國政府宣布正式執行旨在強化制裁古巴的赫爾姆斯─伯頓法，歐盟反應十分強烈。十五國聯合照會美國，如果美國一意孤行，歐盟將採取反制裁措施，限

---

88 亨利‧基辛格：〈當心：來自國外的一種威脅〉（Henry A. Kissinger, "Beware: A Threat Abroad"），載《新聞週刊》（Newsweek）第127卷第25期（1996年6月17日），頁41-43。

制向美國公民發放簽證、凍結美國資產等等，並準備向世界貿易組織
起訴美國。美國和歐盟在經濟上的衝突絕不是僅此一例。冷戰後國際
關係的重心開始逐漸轉向經濟領域，當美國試圖通過經濟制裁來確立
其「國際權威」時，二者的衝突就難以避免。美國國際經濟研究研究
所所長弗雷德・伯格斯特二〇〇一年發表在《外交事務》季刊上的文
章詳細地考察了歐盟與美國在貿易、能源、環境的金融等重大問題上
的分歧，由此明確地表明了世界經濟多極化趨勢的發展。[89]歐洲人對
美國的「霸道」做法越來越感到難以接受。正如法國學者多米尼克・
莫伊西指出的那樣：

> 今天，美國在國內的說教和國外的玩世不恭的結合可能嚴重地
> 損傷了歐洲與美國的關係。更富有意義的是，在歐洲，沒有人
> 把喬治・布什的美國看作是一個政治模式，而羅納德・里根的
> 保守主義革命曾鼓舞了歐洲許多知識分子和政治家。[90]

莫伊西的觀點在歐洲很有代表性，表明許多歐洲人對美國的「幻
想」正在破滅。法國前總統弗朗索瓦・密特朗在去世前幾個月談到了
對美國的擔憂，他特別強調說，儘管法國現在還沒有意識到，但是，
法國現在確實是在與美國展開一場戰爭，而且是一場至關重要的經濟
持久戰。他認為，這些美國人狡詐無比，而且貪得無厭，他們想獨霸
世界。密特朗的這番話儘管是告誡法國人的，但卻反映出了歐洲內部
一種抵制美國的情緒，也表明西歐國家獨立自主的意識日趨增強。歐

---

89 參見弗雷德・伯格斯特：〈美國兩條戰線的經濟衝突〉（Fred C. Bergster, "America's Two-Front Economic Conflict"），載《外交事務》（*Foreign Affairs*）第80卷第2期（2001年3-4月），頁16-28。

90 多米尼克・莫伊西：〈大西洋兩岸的真正衝突〉（Dominique Moisi, "The Real Crisis Over the Atlantic"），載《外交事務》（*Foreign Affairs*）第80卷第4期（2001年7-8月），頁149。

盟在處理與俄羅斯的關係上與美國雖然存在著一致之處，但擺脫美國控制的傾向也已初露端倪，正在向著獨立外交過渡。美國盟國不服從美國指揮棒轉的例子並非鮮見，如法國宣布，從一九九七年一月一日起，法國正式脫離以美國為首的多國部隊，不再參與多國部隊在伊拉克北部的任何軍事行動。更令美國擔憂的是，對於美國頒布的貿易制裁政策，美國盟國不僅不支持，而且群起反對。如一九九六年七月十日，美國政府宣布正式執行旨在強化制裁古巴的赫爾姆斯—伯頓法，歐盟反映十分強烈，輿論普遍認為，「禁止與古巴做生意的赫爾姆斯—伯頓法和阻撓與伊朗、利比亞做生意的達馬托—肯尼迪法案是難以容忍的『美國帝國主義』形式，因為這些法案企圖把美國的法律適應範圍擴大到其他國家。」[91]歐盟十五國聯合照會美國，如果美國一意孤行，歐盟將採取反制裁措施，限制向美國公民發放簽證，凍結美國資產等等，並準備向世界貿易組織起訴美國。美國和歐盟在經濟上的衝突絕不是僅此一例。

　　冷戰後國際關係的重心開始逐漸轉向經濟領域，當美國試圖通過經濟制裁來確立其「國際權威」時，美國與其盟國的衝突就難以避免。密特朗在去世前幾個月談到了對美國的擔憂，他出，儘管法國現在還沒有意識到，但是，法國現在確實是在與美國展開一場戰爭，而且是一場至關重要的持久戰，即一場經濟戰。在他看來，這些美國人十分厲害，而且貪得無厭，他們想獨霸世界。密特朗這番話儘管是告誡法國人的，但卻反映出了歐洲內部一種抵制美國的情緒，也表明西歐國家獨立自主的意識日趨加強。加拿大緊鄰美國，素來對美國懷有「心有餘悸」之感，在國際事務中常常屈從美國。冷戰後加拿大為了維護本國的利益在美國面前也挺起了腰桿，其總理讓·克雷蒂安一九九四年四月曾說：「我不想讓加拿大被人看作是美國的第五十一洲，

---

91　參見德羅茲迪亞克：〈甚至盟國也抱怨美國的控制〉，頁A01。

我們不是美國，我們是加拿大。」[92]克雷蒂安的話鏗鏘有力，擲地有
聲，反映了在加拿大存在著一種不想受制於美國的強烈的民族主義情
緒。他在一九九五年一月又說，加入美洲自由貿易集團的國家團結起
來，就會形成一種足夠抗衡美國的力量，以防止美國利用國際條約採
取變化無常的行動。加拿大不僅譴責美國對古巴實施赫爾姆斯－伯頓
法，而且高調加入了國際間反對美國制裁伊朗、利比亞的大合唱，抗
議美國對他國搞「治外法權」。至於美國在東亞的盟國日本，與美國
的經貿衝突已久，當美國試圖揚起「超級三〇一條款」強迫日本開放
市場時，日本毅然對美國說了「不」字。顯而易見，美國與其盟國的
關係正在發生著深刻的變化，美國如果還想用冷戰期間的方式對待其
盟國，那指揮棒只會「失靈」，而且還會給美國帶來無窮的煩惱。

　　美國在發展中國家的優勢地位也是今非昔比了，其推行的強權政
治遭到越來越多的國家的抵制。一九九六年六月六日，第二十六屆美
洲國家組織大會通過了一項關於「西半球貿易和投資自由」的決議，
強烈譴責美國企圖進一步強化對古巴制裁的赫爾姆斯－伯頓法，通過
這個決議時只有美國投了反對票，美國在這個地區性組織上首次成為
眾矢之的。一九九六年十月，美國國務卿克里斯托弗飛往非洲，遊說
他國支持美國採取的若干政策主張，可謂風塵僕僕，但收效甚微，非
洲國家反應冷漠。如在泛非部隊問題上，非洲領導人明確表示不希望
華盛頓插手；對制裁尼日利亞，非洲幾國領導人不曾認同；在聯合國
秘書長加利連任上，非洲統一組織的立場更是與美國大相逕庭。亞洲
國家更是不買美國人的「帳」，美國在亞太地區推廣美國文化價值觀
遭到這裡許多國家的強烈抵制。

　　總的來說，美國在冷戰後推行以我為中心的政策已很難得到他國
的認同或支持，就連美國報刊也提醒克林頓政府美國的霸權已遭到世

---

92　見《光明日報》1994年4月4日。

界的普遍憎惡。如美國《新聞週刊》一九九七年一月六日刊文指出：

> 九○年代末，無論美國人如何看待他們自己，世界其他地方的
> 人都把美國看作是一個氣勢洶洶的霸道者。華盛頓強迫外國開
> 放市場，要求讓美國商品在外國市場占有一定的份額，同時，
> 還威脅要對那些同古巴或利比亞做生意的國家實施制裁。它壓
> 低美元比價，從價格上擠掉競爭者的生意。美國到處耀武揚
> 威，將軍人或導彈運到伊拉克、中非、海地和臺灣海峽。它先
> 是污辱然後解除了一位聯合國秘書長的職務，同時，它還繼續
> 拖欠其應繳的聯合國的會費。甚至在美國的盟友中，對美國強
> 權的憎惡也越來越普遍。[93]

上述這番話表明，美國政府若不改變現在的一些強權做法，在世界上遇到的「麻煩」恐怕會更多。喬納森・鮑威爾一九九七年七月八日發表文章認為美國主宰世界的目標無法實現，美國若利用其新的經濟實力和無敵的軍事力量企圖席捲全球，將會引起嚴重的怨恨和妒忌，並樹立自己恰好想要迴避的敵人。北約東擴本身就是一個足夠嚴重的錯誤，但是，更帶有災難性的錯誤很可能正在醞釀之中。美國歐亞基金會主席查爾斯・梅恩斯在談到美國的霸權時說：「美國必須避免傲慢地要求別人接受它的觀點。美國既沒有意願，也沒有能力取得成功。美國能夠率先領導人權運動，但只是作為一個勸說者，並且率先垂範，而不是充當警察的角色。」[94]美國眾議院議長紐特・金里奇

---

93　邁克爾・埃利奧特：〈回家〉（Michael Elliott, "Going Home: People and Nations have a Sense of Identity, Which Could Fuel a Growing Resentment of America"），載《新聞週刊》（Newsweek）第128、129卷，第27卷第1期，1997年1月6日，頁41。

94　查爾斯・梅恩斯關於冷戰後美國對外政策的觀點詳見查爾斯・梅恩斯：〈自下而上的對外政策〉（Charles William Maynes, "Bottom-up Foreign Policy"），載《對外政策》（Foreign Policy）第104期（1996年秋季號），頁35-54。

一九九七年十一月在喬治敦大學外交研究所說：「如果我們不學會改變我們的領導作風，我們最終會在全球引起很大的怨恨。我們國家幅員遼闊，因而除非我們採取更注意『學習和聆聽』的領導作風，否則我們會引起許多怨恨。」[95]他們發出的這些批評之聲旨在規勸政府制定切實可行的對外政策，但美國由此而招致在世界各地遇到的「麻煩」則是眾所周知的事實。美國遇到的上述「麻煩」並不是說它在國際事務中不再是舉足輕重了，至今還沒有一個國家能取代美國或單獨與美國匹敵，很多美國人據此認為美國理所當然地承擔領導責任。克勞撒默以自豪的語氣描述了美國力量的強大。他寫道，無論從哪個方面講，美國的優勢程度都是令人吃驚的。「在軍事上，過去幾千年第一世界強國和第二世界強國之間的差距從來沒有像現在這麼大。甚至英帝國在其最強盛時也沒有展現出今天美國軍隊所表明的優勢。經濟上呢？美國經濟是離其最近的競爭對手的兩倍還多。我們幾乎是獨一無二地享有低通貨膨脹、低失業和強勁的增長。文化上呢？從美國蜂擁而出的 T 恤衫和牛仔褲、音樂和電影、錄影帶和軟體等等形成了潮流，世界各地的父母徒然地抵制著這股潮流，而他們的子女又渴望得到它們。一直存在著大眾文化，但以前從來沒有世界大眾文化。現在這種文化正在形成，它就是獨具特色的美國大眾文化。甚至未來的知識和商業大道，即互聯網，已經是靠著我們的語言和習語來建立。每個人都講美國的語言。外交上呢？沒有我們將一事無成。真的是這樣，……直到美國人到達波斯尼亞，戰爭才停了下來。當美國人在中東開始袖手旁觀時，什麼也取得不了進展。我們決定是否北約擴張，哪個國家加入進來」。所以，在他看來，「美國的支配地位是福音，因為它給世界帶來美國治下的和平，一個在二十世紀沒有見到的、在人類歷史上很少出現的國際和平與寧靜的時代。大國被拴進了美國的

---

95 轉引自德羅茲迪亞克：〈甚至盟國也抱怨美國的控制〉，頁A01。

『和平區』，以致中國和俄國受到了約束和／或遏制。小國不敢發動地區性的戰爭，它們看到了伊拉克的下場」。[96]美國副國務卿理查德‧阿米蒂奇指出：「今天，在二十一世紀來臨時，只有美國享有無可匹敵的外交、經濟、軍事和文化力量。作為一個民族，我們比我們歷史上任何時候都有更大的能力維護和推進我們的利益。作為一個國家，我們比我們歷史上的任何時候都有更大的責任行使領導權。」[97]也正是如此，美國政府才把「世界領袖」的桂冠戴在自己頭上，也才有恃無恐地在世界各地耀武揚威。諸如《新共和》與《時代》週刊在九○年代後半期經常載文鼓吹美國居於世界領袖地位是理所當然的，因為美國打贏了一戰、二戰和冷戰，有權得到戰勝品，國際體系的權力機構必須由一個主要強國來建立和維持，美國必須設法把自己的信條強加給其他國家。有些作者把美國居於世界領袖地位說成是人類的「幸事」，因為美國可以帶來了美國領導之下的世界和平，帶來了一個在二十世紀前所未有的、在人類歷史上也是罕見的國際和平與安寧時期。[98]這種觀點儘管與美國政府的「全球主義」戰略相符，但顯然過高地估計了美國對冷戰後世界的影響和作用，實際情況遠非如此。說美國在某些國際事件中起過「領導作用」還有據可依，不算為過，但說是「世界領袖」恐怕距現實甚遠，就是「領導作用」也面臨著挑戰。他們從政治、經濟、文化和軍事上談到了美國在後冷戰時代具有

---

96 查爾斯‧克勞撒默：〈美國統治：感謝上帝〉（Charles Krauthammer, "America Rules: Thank God"），載《時代澳大利亞》（*Time Australia*）第32期（1997年11月8日），頁60-61。

97 理查德‧阿米蒂奇：《在每個事件上的盟國、朋友與合作夥伴：國家安全戰略中的國際合作》（Richard L. Armitage, "Allies, Friends, and Partners on Every Page: International Cooperation in the National Security Strategy"），載《美國對外政策議程》（*U.S. Foreign Policy Agenda*）第7卷第4期（2002年10月），頁10。

98 參見查爾斯‧克勞撒默：〈一個想像的世界〉（Charles Krauthammer, "A World Imagined"），載《新共和》（*New Republic*）第220卷第11期（1999年3月15日），頁22-25。

任何其他國家所無法比擬的強大實力，主張美國應該在國際社會發揮特殊的領導作用，竭力要求美國採取單邊行動以確立一個「仁慈的全球霸權」或「美國治下的和平」，但並非必然說明了美國可以在國際事務中為所欲為了。美國學者戴維·卡列奧指出了單極世界的危險與其他大國的衝突：「美國式的全球主義意味著一個單極的美國治下的和平，並不是權力必須被分享的多樣化的多元世界。在現實世界裡，一種固執的單極想像與日益多元主義趨勢之間的差距反映了不斷加劇的危險。這種危險在抵制美國而同時符合俄羅斯、中國甚至歐洲利益的政治路線中是十分顯而易見的。」[99]基辛格在二〇〇一年出版的一本專著中對美國政界的右翼新保守主義分子的觀點提出了批評，認為儘管這些人意識到實力的重要性，但他們沒有認識到對美國強大力量存在的各種限制，在任何時候和任何情況下，其他國家都不會把美國的霸權視為仁慈的。在國際社會單邊地使用權力會刺激其他大國聯合起來，結成一個抵制美國過分強大的聯盟，「迫使美國採取一些將最終使它受到孤立和耗盡力量的強制措施」。所以，在基辛格看來，那些來自左翼和右翼的「菁英」正在促使美國奉行將瓦解像北約等多邊機制的單邊主義政策。這對美國來說無疑是一種「不祥之兆」。[100]

英國制裁問題專家約翰·布雷在一篇文章中寫道，美國不再是世界警察，而只是世界的「縣治安官」了，二者的區別在於，縣治安官不能獨立採取行動，需要召集一批武裝人員才能逮捕罪犯，而美國現

---

99　戴維·卡勒歐：〈美國與大國〉（David Calleo, "The United States and the Great Powers"），載《世界政策雜誌》（*World Policy Journal*）第16卷第3期（1999年春季號），頁12。

100　亨利·基辛格：《美國需要對外政策嗎？面向二十一世紀的外交》（Henry A. Kissinger, *Does America Need A Foreign Policy? Toward A Diplomacy for the 21st Century*）（紐約市：西蒙和舒斯特出版社，2001年）。參見約翰·米爾斯海默：〈基辛格的睿智……和忠告〉（John J. Mearsheimer, "Kissinger's Wisdom…and Advice"），載《國家利益》（*The National Interest*）第65期（2001年秋季號），頁125。

在無法召集一批武裝人員來對付古巴、伊朗或利比亞。其實，在一個多極化的世界裡，就是「縣治安官」，美國也越來越難堪此任。亨廷頓一九九七年在美國《外交事務》季刊秋季號上發表了題為〈美國國家利益被忽視〉的文章，其中談到了美國政府在國際事務中的強權行徑遭到諸國的抵制：「不論是大國還是小國，富國還是窮國，友邦還是敵國，民主國家還是專制國家，看來所有國家都能抵制美國決策人的誘惑和威脅。」[101]亨氏並非無的放矢，他以大量的事實說明了這一點。美國也不會由此而放棄對「世界領袖」地位的追求，克林頓政府如此，下屆政府同樣會強調這一點。如威蘭姆·普法夫一九九七年初撰文指出：「美國作為唯一超級大國的獨一無二的地位可能使這個國家沖昏了頭腦。國會具有為世界立法的習慣，行政部門可望看到這些法律得以實施，而學界則解釋說，全球霸主地位是明顯的天意。」[102]前美國國務卿貝克在討論美國二十一世紀外交政策時說，美國外交政策中的「頭號挑戰要數保持我們自第二次世界大戰一直追求的國際主義外交政策的形象」，因為這有助於促進全球的和平與穩定，「更為重要的是，對於美國人來說，它變成了直接的經濟利益」。不過這裡需要指出的是，「世界領袖」對美國來說已變得可望而不可及，過去是這樣，現在還是這樣，將來更是這樣。

---

101　塞繆爾·亨廷頓：〈美國國家利益被忽視〉（Samuel P. Huntington, "The Erosion of American National Interests"），載《外交事務》（*Foreign Affairs*）第76卷第5期（1997年9-10月），頁42。

102　〈美國權力的濫用〉（"The Misuse of US Power"），載《波士頓全球報》（*The Boston Globe*）1997年1月26日，頁E6。

# 第七章
# 反共意識形態與國家利益

　　資本主義是人類社會發展到一定階段的產物，這種制度長期代表了先進的生產力，以極快的速度推動著人類邁向現代社會。在這一過程中，它也暴露出了許多自身難以解決的各種矛盾和弊端。社會的進步需要人們進行理性的思考和探討，當西方文明出現危機或陷於困境時，人們必然會探求解決問題的新方式。在某種意義上說，社會主義就是人類對自身如何走出困境的一種有益探索，它從一開始就作為西方文明的對立面出現在歷史舞臺上，不管是早期空想社會主義思潮，還是馬克思主義指導下的工人運動，乃至俄國十月社會主義革命，莫不如此。美國是西方主要國家之一，與其他資本主義大國相比無疑具有自身的特殊性。資本主義制度是美國人的理性選擇，美國社會發生天翻地覆的變化顯然得益於這種制度。美國人從中獲得的多是利益，而鮮有危機，這就導致美國人幾乎是「忠貞不渝」地捍衛西方的民主體制。這種觀念已經成為美國政治文化中的重要組成部分。因此，當社會主義作為國家形態出現時，美國必然與之為敵，而且想方設法必欲除之而後快。「紅色幽靈」始終縈繞在美國政府的決策過程中，使二十世紀美國對外關係呈現出濃厚的「反共」色彩。

## 一　布爾什維克「異端」的衝擊波

　　美國著名外交史學家托馬斯・帕特森在一九八八年出版的一本專著中概略地談到美國人始終與共產黨政權敵對的幾個原因：一是「共產黨與美國的意識形態和經歷迥然相異」。美國人「尊重」財產私

有、個人創造力、自由市場體制以及權利法案等等，而共產黨的主張
與做法卻常常與之「背道而馳」，因此美國人就把「共產主義視為真
正的威脅和異己」；二是美國人認為共產黨政權「否認」政治和經濟
自由，讓人們「屈從於抑制創造力、阻礙經濟增長、使獨裁統治者利
己權力永久化」的政權；三是美國人對共產黨號召世界革命「怕得要
死」，認為大多數革命都是對美國「既定位置」的挑戰；四是共產黨
國家的「陰沉氣氛」和對人民的「殘暴行徑」加劇了美國人的反共情
緒。[1]當然，美國人是戴上「有色眼鏡」來看待共產黨國家的，偏見
和傲慢明顯體現於其中。不過，帕特森作為一個置身於美國社會的外
交史學家，其觀察或描述倒是確實反映出美國人對共產黨國家的基本
態度。自世界上出現了第一個社會主義國家以來，「紅色恐怖」就像
「夢魘」一樣搞得美國人惶惶不安，長期生活在這種氛圍之內的人自
然就形成了對共產黨根深柢固的偏見或敵對。這種情緒不光是見諸於
筆墨之上，從共產黨國家去美國的人都會深深地感到這一點。

　　一九一七年十一月，俄國取得了社會主義革命的勝利。這次革命
是馬克思主義學說在新形勢下付諸實踐的結果。它打破了資本主義鏈
條上最薄弱的一環，帶來了人類社會發展的本質變化。資本主義和社
會主義本來就是兩種在意識形態上根本對立的社會制度。俄國社會主
義革命的勝利在資本主義世界引起了陣陣恐慌，蘇維埃政權使美國及
西方資本主義大國在內心深處對這種新生的制度恨之入骨，將其扼殺
在搖籃之中是資本主義大國制定對蘇俄政策的基本出發點，也是對蘇
俄政權的基本態度。當然，我們並不是說資本主義大國在政策執行上
都表現出一致性，它們由於受各自現實利益的制約，暴露出來的矛盾
是不可避免的。威爾遜政府一開始並沒有響應協約國大國倡導的對蘇

---

1　參見托馬斯‧帕特森：《抵制共產主義的威脅：從杜魯門到里根》（Thomas G. Paterson,
　*Meeting the Communist Threat: Truman to Reagan*）（紐約市：牛津大學出版社，1988
　年），頁viii。

俄政權的武裝干涉，相反，在表面上還留下了阻止武裝干涉的印象，
這便是資本主義大國在這一問題上不能協調的表現。當然，美國政府
最初反對協約國的武裝干涉不能說明威爾遜政府對新生的蘇維埃政權
的同情，歷史事實也不是如此，而是意識形態的絕對衝突服從了眼下
國家利益的需要。美國的重點此時乃是打贏這場世界大戰，至少不能
讓以德國為首同盟國在戰場上獲得主動權，使和談難以到來。在這種
情況下，威爾遜政府自然竭盡全力想把蘇俄保持在戰爭之內，拖住德
國部分兵力，減輕對西線的壓力。在布列斯特和約簽訂之前，威爾遜
政府主要以「溫和」的態度誘使蘇俄繼續進行戰爭，但並不排除運用
其他方式達到這個目的。一九一七年十二月六日，美國駐莫斯科總領
事馬丁・薩默斯到醫院看望了俄國反動將領阿列克謝・布拉西洛夫，
後者向他談到俄國反布爾什維克力量如何強大，請求美國提供道義和
財政援助，以保證所謂的俄國忠誠部隊「將繼續與德國戰鬥，在前線
抵制德國部隊」。[2]國務卿蘭辛同其助手和顧問反復磋商後，決定對南
部反動將領阿列克謝・卡列丁提供財政支持。他十二月十二日給美國
駐英使館下達秘密指示，認為卡列丁和拉夫爾・科爾尼洛夫等人領導
的南部和東南部運動為重建一個穩定政府和繼續抵制德奧帶來了最大
的希望，而布爾什維克奉行的政策肯定會使俄國脫離戰爭。因此，
「任何趨向防止這種災難的運動都應受到鼓勵，即使它的成功僅僅屬
於一種可能性」。[3]美國對俄國境內蘇俄政權反對派的支持無疑有意識
形態因素作祟，顯然包含著對蘇俄政權的敵對。

　　當然，威爾遜政府公開支持俄國反布爾什維克力量與其宣稱的政
策不符，會使它的「道義」地位黯然失色，只能暗中對卡列丁等人的
活動給予支持。為此，蘭辛想了一個兩全之策，由英法出面為他們的

---

2　林克編輯：《伍德羅・威爾遜文件集》第45卷（普林斯頓市：普林斯頓大學出版社，
　　1984年），頁229。

3　林克編輯：《伍德羅・威爾遜文件集》第45卷，頁274。

活動提供資金，這筆錢由美國以貸款給英法的形式負擔。這種偷樑換柱的手法一方面可以保證卡列丁的所需資金，最終使卡列丁推翻布爾什維克政權的計畫取得成功，另一方面又可以避免美國捲入俄國內政之嫌。威爾遜當天致信蘭辛，表示完全同意這一計畫。美國這一行動的基本出發點是要扶植俄國內部反動勢力來確保東線於不潰，關於這一點，蘭辛二月十日在致威爾遜的信中說得很明白：「隨著布爾什維克統治的崩潰，俄國軍隊能夠重新組建，到翌春或翌夏成為戰爭中的一支重要力量。」[4]顯而易見，支持俄國反動勢力從根本上講是美國決策人物的反共意識形態心理作祟，但要達到推翻布爾什維克政權以重振東線的目標在當時並不現實。威爾遜政府不願意公開出面其實就是擔心這一計畫失敗後無迴旋餘地，就連把蘇俄保持在戰爭之內的希望也會成為泡影。威爾遜隨後支持喬治‧克里爾拒絕國務院要公共情報委員會在俄國內部發動一場反布爾什維克宣傳戰，顯然是出於這種考慮。到了一九一八年春天，美國政府屢屢宣布華盛頓無意承認俄國的任何反布爾什維克勢力同樣是這一傾向的表現。這說明威爾遜政府此時的重點並不在於推翻布爾什維克政權，而是想方設法達到阻止蘇俄退出戰爭這一目標。

一九一八年三月，蘇俄與德奧簽訂了停戰和約，正式退出了戰爭。《布列斯特—立托夫斯克和約》的簽訂標誌著美國以及協約國試圖把蘇俄保持在戰爭之內的政策破產，但同時也預示著威爾遜政府對蘇俄政策重點的開始轉變。當協約國積極策劃武裝干涉蘇俄時，威爾遜政府不願意日本單獨干涉，以免日本在遠東勢力增大，威脅到美國的門戶開放政策。一九一八年五月初，協約國最高軍事委員會通過第二十五號聯合照會，要求協約國支持集中在俄國北部的摩爾曼斯克和阿爾漢格爾斯克以及海參崴的捷克軍隊，威爾遜起初只同意在摩、阿

---

4　林克編輯：《伍德羅‧威爾遜文件集》第45卷，頁263。

兩地採取軍事行動，六月初，他派出了一支由七千名將士組成的部隊到達俄國北部。六月二十九日，一部分捷克軍隊推翻了海參崴的蘇維埃政權，並宣布建立一個新的反德東方戰線。協約國最高軍事委員會立即抓住這一時機，要求威爾遜批准干涉西伯利亞計畫。七月十六日威爾遜在白宮召開了最高級會議，批准了在西伯利亞使用美國軍隊的行動計畫，隨後就派陸軍少將威廉·格雷夫斯作為美國遠征司令官率部隊開赴西伯利亞，參與了西方資本主義大國蓄謀已久的對蘇俄的聯合武裝干涉。

　　威爾遜政府最終決定參與對蘇俄的武裝干涉暴露了其對蘇俄政策的實質。它做出這種選擇是多種因素綜合的結果，但意識形態上的根本衝突是其中的重要原因。美國作為一個資本主義大國，對蘇俄採取敵視是很自然的。蘇俄政權在威爾遜等人看來是威脅整個資本主義體系的「洪水猛獸」，威爾遜政府在特定形勢下，為了美國的特定利益，會暫時掩蓋住這種意識，但兩種社會制度的根本對立決定了美國不會奉行一種「騎牆」政策，而只能盡其所力消滅布爾什維克和阻止其向外傳播。這一因素決定了威爾遜政府對蘇俄政策的基本發展方向。美國研究這一問題的專家貝蒂·昂特伯傑認為「十四點計畫」中的第六點可以解釋威爾遜對布爾什維克的政策。在她看來，「在面臨救援捷克斯洛伐克軍隊問題時，威爾遜的基本目標是防止其夥伴國把救援使命變成一種對布爾什維克的討伐」。[5]特定形勢的需要和威爾遜的動聽之語不足於反映出這一時期美國對蘇俄態度的全貌，也不能揭露其實質。誠然，威爾遜政府確曾在政策文告中出現過同情蘇俄之語，也曾萌生過承認蘇俄政權之意，甚至在政策執行中也體現過這方

---

5　貝蒂·昂特伯傑：〈伍德羅·威爾遜與布爾什維克：蘇美關係的「嚴峻考驗」〉（Betty M. Unterberger, "Woodrow Wilson and the Bolsheviks: the 'Acid Test' of Soviet-American Relation"），載《外交史》（*Diplomatic History*）第11卷第2期（1987年春季號），頁90。

面的傾向。這些現象不能忽視，但不能到此為止，而應該著重揭露出
背後暗藏的真正動機。

　　歷史事實是，即使威爾遜政府奉行一種對蘇俄「和緩」政策時，
美國決策者也不能隱瞞內心對布爾什維克的仇視。一九一七年十二月
底蘇俄政府發布了「告協約國人民與政府書」，西方社會大為震驚。
蘭辛的評語是，這一文件「當然是對所有國家現行社會秩序的一種直
接威脅」。[6]此前蘭辛就代表政府發表聲明拒絕承認蘇俄為俄國事實上
的政府，理由是布爾什維克人推翻了「合法」的臨時政府。[7]蘭辛十
二月十日在致威爾遜的信中對這個新生政權竭盡污蔑，提出了支持俄
國內部反動力量，以使他們「足以強大到取代布爾什維克和建立一個
政府」。[8]威爾遜在這方面並不遜於他的顧問，他在一九一七年十二月
四日的國情咨文中說：「俄國人民已被使德國人民處於黑暗的非常相
同的謬誤所毒化，這種毒氣受到非常相同之手所控制。」[9]威爾遜沒
有對布爾什維克指名道姓，但此處指誰，無人不曉。一九一八年二月
九日，塞繆爾‧岡珀斯將奉命準備的一份關於俄國問題備忘錄送給威
爾遜。這份文件一方面道出了美國「與布爾什維克建立更好理解」的
主要目的，「既不是在他們的國內政策上，也不是在他們的外交政策
上鼓勵他們，而只是拖延和限制他們與德國接近」。[10]另一方面它預言
了社會主義運動對整個資本主義世界的威脅，由布爾什維克繼續成功
所導致的「一場全歐運動將幾乎必然波及到英國，它也不可能不對本
國的芝加哥、紐約、舊金山和其他對外工業中心產生影響」。[11]岡珀斯

---

6　林克編輯：《伍德羅‧威爾遜文件集》第45卷，頁428。

7　林克編輯：《伍德羅‧威爾遜文件集》第45卷（普林斯頓市：普林斯頓大學出版社，
　　1984年），頁205。

8　林克編輯：《伍德羅‧威爾遜文件集》第45卷，頁263。

9　林克編輯：《伍德羅‧威爾遜文件集》第45卷，頁199。

10　林克編輯：《伍德羅‧威爾遜文件集》第46卷（普林斯頓市：普林斯頓大學出版社，
　　1984年），頁311。

11　林克編輯：《伍德羅‧威爾遜文件集》第46卷，頁312。

之言也不完全是危言聳聽，一己之見，而是當時美國政府內許多高級官員的「共識」。蘭辛就認為布爾什維克的威脅比德國所代表的軍國主義威脅更大，他宣稱：

> 今日世界上有兩大害正在作祟，一是專制主義，其力量正在衰落；一是布爾什維克主義，其力量正在上升。我們已經看到了布爾什維克統治在俄國的駭人後果，我們也知道這一主義正在往西方傳播。想到在中歐國家實行無產階級專制統治的可能性就令人不寒而慄。[12]

威爾遜完全同意蘭辛的分析，他甚至想借德國之手與蘇俄對抗，據內政部部長富蘭克林・萊恩一九一八年十月二十三日關於內閣會議的備忘錄記載：「總統說，他擔心在歐洲出現布爾什維克主義，需要德皇對之鎮壓──維持某種秩序。」[13]儘管存在於美國決策者腦海中的這種思想很少公開過，但卻反映了他們想推翻布爾什維克政權的迫切心情。

美國政府決策者對共產主義傳播的擔憂甚至威脅到美國國內公民享受憲法保障的基本自由，如一九一九年，有「好鬥的公誼會教徒」之稱的米切爾・帕爾默被任命為司法部長，以對付國內的反政府高潮。他任職後，根據一九一七年的懲治間諜罪法和一九一八年的煽動叛亂罪法，對共產黨人、持不同政見的激進分子以及外國僑民進行瘋狂迫害。一九一九年十一月八日，紐約八百名警察襲擊了慶祝俄國十月革命的群眾大會，逮捕了數百名工人。一九二〇年一月二日，經威爾遜親自批准，在帕爾默的指揮下，聯邦政府特工人員在全國幾十個

---

12 轉引自斯塔夫里亞諾斯：《全球分裂》下冊，頁532。
13 林克編輯：《伍德羅・威爾遜文件集》第51卷（普林斯頓市：普林斯頓大學出版社，1985年），頁415。

城市進行突然搜捕，幾千名涉嫌人員被捕入獄，許多僑民被驅逐出境。據統計，在這次襲擊中，被捕者共達一萬餘人，其中五百餘人被押解出境。這些行動是對美國政府一向宣稱的「民主自由」的莫大嘲諷，充分暴露出了美國政府對共產黨影響的擔憂。

　　隨著時間的推移和形勢的變化，美國決策者的「恐共反共」思想必然會在美國外交政策實踐中有所反映，並逐漸成為美國制訂與執行對外政策時的主要考慮之一。布列斯特和約簽訂後，威爾遜政府對蘇俄政權的仇視在其政策中充分體現出來。美國仍然拒絕在外交上承認蘇俄政府。威爾遜一九一八年三月十日致信代國務卿波爾克說，美國對俄國的關係與義務絲毫沒有改變，因為在俄國，「事實上並不存在著與之交往的任何政府」，因此蘇維埃政權的「行動無一需要得到本政府的官方承認」。[14]五月初，美國前駐俄大使戴維·弗朗西斯建議把干涉作為一項反布爾什維克的措施。約翰·史蒂文斯在給政府的報告中認為，反對西伯利亞布爾什維克黨人聯合行動的需要是「絕對迫切的」。[15]被蘭辛視為研究俄國的權威喬治·凱南屢屢向政府進言，一是不承認布爾什維克政權；二是不應該與布爾什維克合作或向它提供援助；三是布爾什維克與德國都是協約國大敵。他五月二十六日在給蘭辛的信中說：「無論布爾什維克做什麼，無論他們對我們的最後態度是什麼，我們都應該毫不遲疑地站在反對他們的一邊。」[16]這些人的進言暴露出威爾遜政府對俄政策的實質。一九一八年六月初，蘇俄政府宣布準備任命馬克西姆·李維諾夫為駐美全權代表，威爾遜六月十日致波爾克的密信中指示他轉告弗朗西斯拖延回答。事隔兩天，威爾

---

14　林克編輯：《伍德羅·威爾遜文件集》第46卷，頁592。

15　貝蒂·昂特伯傑：《1918-1920年美國的西伯利亞遠征：國家政策的一項研究》（Betty M. Unterberger, *America's Siberian Expedition, 1918-1920: A Study of National Policy*）（達勒姆：杜克大學出版社，1956年），頁49。

16　林克編輯：《伍德羅·威爾遜文件集》第48卷，頁185。

遜把親自起草的電文發給弗朗西斯，「如果現存的蘇維埃政府退位或被推翻，你可以向俄國人民宣布，美國從未停止考慮俄國人民是它反對中歐國家的朋友」。[17]這份電文說明威爾遜根本就沒有把蘇俄視為俄國人民選擇的政府，它已經開始謀劃其被推翻之後的政策了。

　　威爾遜雖然一再否認美國參與武裝干涉是針對蘇俄，但事實證明這只不過是遮人耳目之言。在派往俄國的美國官兵中，許多人認為美國出兵目的是討伐布爾什維克。[18]就連昂特伯格在其一九八九年出版的一部著作中也承認，美國干涉的結果背離了美國的最初目的，「事實上，（沿橫貫西伯利亞鐵路）運輸系統的改善大大幫助了反布爾什維克事業。美國儘管矢口否認這一點，但積極捲入了俄國內戰」。[19]凱南一九一八年八月九日在致蘭辛的信中祝賀美國政府做出的干涉決定，設想這次遠征打算推翻明顯視為德國傀儡的布爾什維克政府。威爾遜這時公布偽造的「西松文件」顯然是出於與凱南相同的目的。西松是一名新聞記者，十月革命後他通過各種渠道獲得污蔑蘇維埃的文件。一九一八年二月九日到十三日，弗朗西斯將這些文件用電報發回國務院，主要內容講列寧等布爾什維克領導人自一九一四年戰爭爆發以來一直受德國政府僱用，甚至在獲得政權後還繼續接受德國提供的資金。當時許多人就否定這些文件的真實性，但數月後，威爾遜突然決定將這些文件在報紙上公布，其用心無非是想在國內外煽起一場反蘇運動，使自己的干涉行為在世人的眼中更具「合理性」。

　　「西松文件」公布三日之後，威爾遜代表政府發布了所謂俄國「紅色恐怖」的聲明，編造了在莫斯科和彼得格勒等城市成千上萬的

17　林克編輯：《伍德羅・威爾遜文件集》第48卷，頁277。

18　西爾維安・金達爾：《西伯利亞的美國士兵》（Sylvian G. Kindall, *American Soldiers in Siberia*）（紐約市：史密斯出版社，1945年），頁17。

19　貝蒂・昂特伯傑：《美國、革命的俄國以及捷克斯洛伐克的興起》（Betty M. Unterberger, *The United States, Revolutionary Russia, and the Rise of Czechoslovakia*）（查珀爾希爾：北卡羅萊納大學出版社，1989年），頁324。

平民百姓未經審判就慘遭屠殺的謊言。他宣稱：「我知道，我的國人
將希望我代表他們公開聲明對這種現存的恐怖主義狀態深切擔憂以及
他們對俄國人民的深切同情。」[20]此時大戰已接近尾聲，德國敗局已
定，威爾遜政府開始把布爾什維克視為對所謂「文明世界」的主要威
脅。其擔心正如整天跟隨威爾遜的約瑟夫・圖馬爾蒂十二月三十一日
致電威爾遜說的那樣：

> 如果美國現在失敗，社會主義將統治世界，如果在民主體制下
> 國際公平對待不能抑制（國家主義的）野心，只會存在著俄國
> 與德國已經開始的社會主義。[21]

　　包括威爾遜在內的美國高層人員把蘇俄與德國相提並論固然是他
們的偏見，但反映出他們對蘇俄存在的恐怖心理。美國政府一九二〇
年甚至通知日本，「鑒於阻止布爾什維克進展，它不傾向反對日本在
西伯利亞東部採取的任何合理措施」。[22]一些美國學者研究這一時期美
俄關係時也看到威爾遜派遣遠征隊的反布爾什維克性質。阿爾諾・邁
耶是修正學派的主要代表人物，他認為威爾遜的戰後國際體系計畫是
一種反對俄國布爾什維克和歐洲激進左派的保守企圖，這一計畫追求
經濟與文化擴張，阻止競爭的列寧主義制度傳播，要求世界門戶開
放，威爾遜參與協約國對蘇俄的干涉乃是這一計畫的具體體現。[23]戈
登・萊文也持相同觀點，認為「干涉西伯利亞的決定主要是由於威爾

---

20 林克編輯：《伍德羅・威爾遜文件集》第51卷，頁63。

21 林克編輯：《伍德羅・威爾遜文件集》第53卷，頁571。

22 《美國對外關係文件》（*Papers Relating to the Foreign Relations of the United States*）
　　1920年第3卷，頁501-502。

23 參見阿爾諾・邁耶：《締造和平的政治與外交：凡爾賽的遏制與反革命，1918-1919》
　　（Arno J. Mayer, *Politics and Diplomacy of Peacemaking: Containment and Counterre-
　　volution at Versailles, 1918-1919*）紐約市：克諾夫出版社，1967年。

遜希望運用美國的影響支持俄國自由民族主義反對德帝國主義和俄國布爾什維克構成的相互聯繫的威脅」。[24]這些學者試圖從意識形態對立上尋求美蘇冷戰的起源，所提出的一些觀點當然還有待深入研究，但他們的結論也不完全是牽強附會，空發議論，的確對我們研究威爾遜對蘇俄政策具有啟迪。

威爾遜政府參與了資本主義大國對蘇俄的武裝干涉，但需要強調的是，威爾遜本人與只會砍殺的窮兵黷武之徒還是有所不同。他很快認識到武力並不是解決這一問題的最佳方法，這大概是威爾遜高於協約國一些領導人之處。他曾對《曼徹斯特衛報》編輯查爾斯·斯科特說：「布爾什維克的侵略主要是思想上的侵略，你不能靠軍隊擊敗思想。」[25]他也曾深有感觸地：「在我看來，試圖用作戰部隊阻止一場革命運動就像用一把掃帚阻擋大潮一樣。」[26]不可否認，威爾遜的這種思想必然也注入了他的對蘇俄政策之中。他在戰爭結束後不久就要撤出美軍，除了其他因素外，與他認識到武力不能阻止布爾什維克的傳播有很大關係。他試圖對受布爾什維克影響較大的中歐地區提供經濟援助和扶植該地區的所謂「民主力量」，在蘇俄的周圍建立起一道「防疫線」，阻止布爾什維克的傳播。這種方式與武力干涉只存在著形式上的區別，其實質都是要達到消滅布爾什維克這一最終目的。

威爾遜是美國歷史上第一個與共產黨國家打交道的總統，他確定了美國對待社會主義國家的基本態度，他提出的某些原則被他的後繼者們所遵循。富蘭克林·羅斯福任內美國雖然承認了蘇聯，二戰期間美蘇還合作反對法西斯主義，但這並不意味著美國對社會主義國家的基本態度有所改變。隨著特定形勢的消失，合作很快就由大規模的「冷戰」所替代，威爾遜外交的影響更加顯而易見。誠如格雷戈里在

---

24 羅伯特·舒爾青格爾：《二十世紀的美國外交》（Robert D. Schulzinger, *American Diplomacy in the Twentieth Century*）（紐約市：牛津大學出版社，1984年），頁91。
25 林克編輯：《伍德羅·威爾遜文件集》第53卷，頁576。
26 林克：《外交家威爾遜的主要外交政策一瞥》，頁117-118。

一篇文章中說的那樣，當威爾遜的「後繼者們把第二次世界大戰的鬥
爭作為確立冷戰時期的全球政策時，無一不相信他們正在遵循著威爾
遜主義的真正精神」。[27]這種精神也就是指威爾遜針對蘇俄政權所確定
的基本原則。有些美國學者把威爾遜政府派兵參與干涉蘇俄說成是早
期冷戰的表現，從威爾遜政府的蘇俄政策對二戰後美蘇冷戰的影響上
講，這種說法也不是完全沒有根據的。正如歐文‧克里斯托爾所言：
「官方聲稱，美國二戰後外交政策的目標是威爾遜式的。這些目標似
乎反映出一種思維定式。美國政府發現根據這種定式能夠解釋其外交
政策。冷戰本身在很大程度上就是根據威爾遜的術語所解釋和描述
的。我們是『自由世界』的領袖，也是旨在『遏制』共產主義的反共
國際聯盟的領袖。」[28]克里斯托爾從與蘇俄對立的意識形態角度談到
了威爾遜給美國外交留下的一份遺產以及對後世外交的重要影響。

## 二　二戰後美國外交中的「反共」主旨

在第二次世界大戰中，美國為了維護西方的民主制度不至於遭到
法西斯國家的蹂躪，暫時拋開了意識形態上的偏見，毅然與蘇聯結為
戰時聯盟，在不同的戰線上抵制著法西斯國家的侵略。美蘇戰時合作
是卓有成效的，羅斯福總統曾設想通過繼續保持這種合作關係維持戰
後世界的和平與秩序，但這只是一種不切實際的「美好」願望，很快
就隨著局勢的變化而成為「歷史」。一九四五年五月二十二日，美國
前助理國務卿薩姆納‧韋爾斯在電臺上發表講話說：「在羅斯福總統
去世後短短的五週內，他煞費苦心制訂的政策就被改變。對俄國人來
說，我們的政府現在明顯是與蘇聯對立的西方聯盟的先鋒。」[29]韋爾

---

27 默里等主編：《美國外交決策者：從西奧多‧羅斯福到亨利‧基辛格》，頁76。
28 克里斯托爾：〈界定我們的國家利益〉，頁58。
29 達萊克：《美國對外政策方式：文化政治和外交事務》，頁159。

斯曾是羅斯福的主要幕僚之一，參與了羅斯福戰後「世界藍圖」的繪製，他對新政府的抱怨多少有點「戀舊」的味道，絲毫不意味著他想改變美國對蘇政策的總趨勢。隨著戰爭的結束，美蘇之間由於失去了共同的敵人，其固有的矛盾開始暴露出來，並且逐步表面化。美國把矛頭指向蘇聯乃是兩種社會制度存在著根本的衝突所決定的，即使羅斯福活著恐怕也很難改變美蘇最終走向對抗的結局。參議員喬治・麥戈文指出，蘇聯和其他共產主義國家向「美國的夢想與價值觀」提出了挑戰。自第二次世界大戰以來，美國人往往「把任何與共產主義有關的事件幾乎無一例外地視為一種危機，一種對其基本價值觀可怕的和根本性的威脅」。[30]麥戈文的觀點廣泛存在於美國社會，活躍在美國政治舞臺上的人物很少能夠擺脫這種思想。用美國學者弗雷德・尼爾的話來說，戰後「美國政策中的一個關鍵因素是一種難以擺脫的思想，即我們面對著蘇聯軍事侵略的經常和緊迫性威脅」，有時這種擔憂變成一種「全國性的妄想狂」。[31]蘇聯戰後急於擴大勢力範圍對美國在全球的利益形成了很大的挑戰，其擴張勢頭儘管在西方受到抑制，但在東方卻顯得有些肆無忌憚。[32]更有人無中生有，危言聳聽，試圖在國內掀起反蘇浪潮。如一九四七年三月二十六日，美國聯邦調查局局長埃德加・胡佛在國會作證蘇聯正通過其在美國的「第五縱隊」來推翻美國政府。[33]在一個紛繁多變的戰後世界，美國的對外政策總是針對具體的情況而制訂的，其目的自然是各不相同，但很少不包含著

---

30 麥戈文：《戰爭時代，和平時代》，頁179-180。

31 尼爾・霍頓主編：《與歷史抗爭：革命時代的美國對外政策》（Neal D. Houghton, ed., *Struggle against History: United States Foreign Policy in An Age of Revolution*）（紐約市：華盛頓廣場出版社，1968年），頁22。

32 關於戰後蘇聯勢力範圍在亞洲的擴張詳見雷蒙德・丹尼爾：〈在西方受到抑制的共產黨干涉東方〉（Raymond Daniell, "Communism, Held in the West, Strikes in the East"），載《紐約時報》（*New York Times*）1948年12月26日，頁E3。

33 參見亞歷山大・克倫斯凱：〈國際共產主義〉（Alexander Kerensky, "International Communism"），載《紐約時報》（*New York Times*），頁C24。

與共產黨對抗的內容，所以我們在考察戰後美國對外關係時，一條把
美國不同政策聯繫起來的「反共」線索便清晰地展現出來。

　　戰後初期，杜魯門政府認為蘇聯的存在構成了對「自由世界」的
威脅，作為西方世界力量最為強大的美國自然不能袖手旁觀，坐視不
理，必須「勇敢」地站了出來，率領西方國家「迎接」蘇聯的挑戰，
盡其所力遏制住所謂「國際共產主義」的全球「擴張」。美國政府的
這種認識迎合了美國社會長期存在的與共產主義勢難兩存的氛圍。小
克拉布談到這一點時指出，對蘇聯採取「遏制戰略符合美國特性和精
神氣質的某些特徵，與根深柢固於美國傳統中的一系列因素相一
致」。[34]對杜魯門政府來說，與蘇聯的敵對並非歷史的偶然，而是一種
必然的結果，只有揚起「反共」這面大旗，才能獲得國內各個方面對
其全球擴張政策的支持，「反共就像是騎兵的衝鋒號，喚起美國還要
去完成另一項外交使命，這種行為完全符合美國把世界劃分為罪惡與
美德兩個極端的傳統。……反共一直是決策者們要達到的目的，遏制
政策也得了公眾的和國會中民主與共和兩黨的長期而廣泛的支持」。[35]
因此，即使蘇聯在戰後初期並不願意與美國為敵，美國政府也會出於
需要想方設法找出蘇聯屬於敵人的種種理由，以利於其對外政策的順
利執行。凱南曾經借用一位同事的話說：「就是蘇聯的威脅從不存
在，我們也必須杜撰出這種威脅，以造成一種使我們立即採取行動的
緊迫感。」[36]所以杜魯門政府把世界上發生的不利於美國國家利益實
現的事件幾乎都與蘇聯或國際共產主義聯繫在一起，緩緩地拉開了對
蘇「冷戰」的序幕。

---

34 小克拉布：《決策者及批評者：美國外交政策的衝突理論》，頁158。

35 斯帕尼爾：《第二次世界大戰後美國的外交政策》，頁42。

36 巴頓‧格爾曼：《與凱南辯論：趨向一種關於美國權力的哲學》（Barton Gellman,
　　*Contending with Kennan: Toward a Philosophy of American Power*）（紐約市：普雷格
　　出版社，1984年），頁97。

　　關於「冷戰」，我們在前幾章中都有所論及，但很少以翔實的事實來說明美國發動「冷戰」的根源及其實質。從內心深處對共產黨的敵視是「冷戰」的根源，其目的也就是最終將共產黨這種敵對意識形態從這個星球上徹底消滅，實現資本主義制度的一統天下。用一位美國學者的話來說，冷戰的開始是因為美國政府努力使東歐地區民主化，剝奪蘇聯在第二次世界大戰中獲得的勝利果實。美國發動這場運動旨在「抑制全世界範圍內的共產主義，摧毀蘇聯境內的蘇維埃政權」。[37]里根在一次講話中談到蘇聯政權的真正本質、極權主義和民主之間的根本區別以及對蘇聯擴張主義構成對人權國際威脅抵制的道德義務導致了東西方的緊張。[38]言下之意，蘇聯政權的「邪惡」是美國對之「討伐」的根源。一九四七年二月二十一日，英國政府照會美國國務院，聲稱由於經濟困難不再提供給希臘和土耳其經濟和軍事援助，希望美國能挑起這付擔子，對這兩個國家給與經濟援助，以免共產黨人乘亂而起，奪取政權，繼而引發連鎖反應，對全球資本主義體系構成嚴重威脅。英國的「危言聳聽」之語正是美國政府的擔憂之處。希臘和土耳其扼東地中海，地處國際交通要道的匯合點，具有重要的戰略地位。當時美國政府許多高層人士認為希臘內部的「動盪」係共產黨人所為，旨在獲得政權。二月二十七日下午，美國副國務卿迪安・艾奇遜在杜魯門邀請國會兩黨領袖商議對策的會上做了長篇發

37 弗雷德里克・舒曼：〈世界事務中的蘇維爾社會主義共和國聯盟〉（Frederick L. Schuman, "The U.S. S.R. in World Affairs: A Historic Survey of Soviet Foreign Policy"），載塞繆爾・亨德爾等主編：《五十年之後的蘇維爾社會主義共和國聯盟：希望與現實》（Samuel Hendel and Rardolph L. Braham, eds., The U.S. S.R. after Fifty Years: Promise and Reality）（紐約市：克諾夫，1967年），頁217-218。

38 羅納德・里根：〈在洛衫磯世界事務理事會午宴上的講話和問答會〉（Ronald Reagan, "Remarks and A Question-and-Answer Session at a World Affairs Council Luncheon in Los Angeles"），1988年10月28日。全文可在http://www.presidency.ucsb.edu/ws/index.php?pid=35084&st=china&st1=human+right網址上獲得。

言，他特別強調說，蘇聯在土耳其、伊朗等地的活動受到挫折，現在
將「壓力集中到希臘頭上，除非希臘立即得到大規模的外來援助，共
產黨人很可能會順利地控制它。來自希臘的情報表明，幾個星期內就
可能出現全面崩潰的局面」。一旦「希臘和東地中海被蘇聯所控制，
這對於朝不保夕地維持著自由政體的這些國家的物質和精神的影響，
將是破壞性的，或許還是決定性的」。[39]艾奇遜的這篇講話多少有點危
言聳聽的味道，但卻真實地反映出當時美國決策層的意圖所在。經過
有關部門集體討論和精心準備，杜魯門三月十二日在國會兩院聯席會
議上宣讀了後來被稱為「杜魯門主義」的咨文，他明確提出了「兩種
生活方式的選擇」，「一種生活方式是以多數人的意志為基礎的，它突
出地表現為自由制度、代議制政府、自由選舉、對個人自由的保障、
言論和宗教自由和免於政治壓迫的自由。第二種生活方式則是以少數
人的意志強加於多數人為基礎的，它所依靠的是：恐懼和壓迫、報紙
和廣播受到控制、事先安排好了的選舉和個人自由的壓制」。緊接著
杜魯門就提出了這一講話的三點宗旨，一是「美國的政策必須是支持
各國自由人民，他們正在抵制武裝的少數集團或外來壓力所試行的征
服活動」；二是「我們必須幫助各國自由人民以他們自己的方式去解
決有關他們各自命運的問題」；三是「我們的幫助應該首先通過經濟
和財政援助的途徑，這種援助對穩定經濟和有秩序的政治進展是關係
重大的」。[40]杜魯門的講話通篇未提蘇聯，也隻字未提「共產黨」一
詞，只是強調了「民主制和極權主義」兩不相容，但極權主義國家指
誰，根本無需說明。杜魯門事後解釋說，這篇咨文「就是美國對共產
主義暴君擴張浪潮的回答」，是向「全世界說明，美國在這個新的極
權主義的挑戰面前所持的立場」，今後「無論什麼地方，不論直接或

---

39 參見《戰後世界歷史長編》第三分冊（1977年），頁37-39。
40 參見《戰後世界歷史長編》第三分冊，頁47。杜魯門講話的原件存於杜魯門總統圖
　　書館，可在http://www.coldwarfiles.org/files/Documents/trumandoctrine.pdf上獲得。

間接侵略威脅了和平，都與美國的安全有關」。[41]

　　顯而易見，杜魯門主義對美國的重要性或意義並不在於請求國會批准對希、土提供經濟援助，而是以「兩種生活方式」之間的鬥爭確定了戰後美國外交的基本框架。正如美國學者約翰·加迪斯所言：「通過根據兩種生活方式之間的意識形態衝突而提供給希臘和土耳其援助，華盛頓官員促成了一種把冷戰過分簡單化的觀點，這種觀點最終把美國的外交限制在一種意識形態的範圍之內。」[42]杜魯門政府兩種意識形態對立的思想集中反映了此時美國政府對蘇聯根本意圖的估計以及準備採取的相應對策。在此之前，國務院政策計畫司司長保羅·尼采領導的一個小組根據杜魯門一九五〇年一月三十一日的指令於四月七日向總統提交了一份題目為「美國國家安全的目標和計畫」的報告，四月十二日，杜魯門在給國家安全委員會執行主席小詹姆斯·萊的信中要國家安全委員會對該報告進行研究，以為政府決策提供進一步的相關信息。這份報告即成為美蘇冷戰初期著名的「NSC68號文件」。這份文件長達六十六頁，談到了目前這場世界衝突的背景與根源，分析了美國的「目的」與蘇聯的「陰謀」之間存在的根本區別，特別強調了兩者在思想領域和價值觀領域難以調和的衝突，並在對蘇聯和美國實際和潛在能力估計的基礎上提出了如何對付蘇聯對「自由世界」構成威脅的基本設想。國家安全委員會的六十八號系列文件進一步明確了兩極對立的思想，認為「共產主義」和「自由世界」勢不兩立，狂熱的和好戰的蘇聯人正試圖把「獨裁權力強加給世界其他地區」，美國必須挫敗克里姆林宮「惡魔」的全球「陰謀」，因為他們正

---

41 杜魯門：《杜魯門回憶錄》第2卷，頁120-121。

42 約翰·加迪斯：《美國與冷戰的起源：1941-1947年》（John L. Gaddis, *The United States and the Origins of the Cold War:1941-1947*）（紐約市：哥倫比亞大學出版社，1972年），頁352。

在冷酷無情地通過武力、滲透和恐嚇「蠶食自由世界」。[43] NSC68 號文件同樣是誇大了蘇聯的威脅，當時美國國務院的蘇聯問題專家查爾斯・波倫就認為 NSC68 號文件設想蘇聯陰謀征服世界是「過分簡單化了這一問題」。[44]這一系列文件的結論儘管受到許多人的懷疑，也未被歷史事實所印證，但卻完全符合了美國決策層的意圖，遂成為美國「冷戰」時期整個全球戰略的藍圖。艾森豪威爾總統一九五三年四月三十日在國家安全委員會上宣稱：「本政府確信，克里姆林宮打算統治和控制整個自由世界。自斯大林死後，新蘇聯領導人伸出的『和平觸角』並沒有改變蘇聯繼續對自由世界構成可怕威脅的充分理解。」[45]以後，隨著蘇聯力量的強大，在國際事務中成為能夠與美國抗衡的超級大國。到了此時，蘇聯對美國構成的「威脅」才從設想轉變成現實。蘇聯因素成為以後歷屆美國政府對外政策中首先考慮的問題。雖然其間美蘇關係出現過「緩和」，但這只是美國領導人認識到無法通過軍事對抗達到消滅對方的目的所致，實際上緩和成為消除共產黨威脅的一種新手段。關於「緩和」戰略中的「反共」因素，帕特森指出：

> 緩和意味著有限的合作，但是繼續與兩個主要共產黨國家——蘇聯和中國保持敵對。緩和是一種手段或方式，旨在通過遏制這兩個國家和抑制革命來產生一種國際均勢。尼克松和基辛格就試圖利用中蘇分裂，使兩個共產黨國家互相對立，保持一方

---

43 《執行秘書關於美國國家安全的目標和計畫對國家安全委員會的報告》（*A Report to the National Security Council by the Executive Secretary on United States Objectives and Program for National Security*）1950年4月14日。全文可在http://www.coldwarfiles.org/files/ Documents/nsc68.pdf網址上獲得。

44 帕特森：《抵制共產主義的威脅：從杜魯門到里根》，頁52。

45 諾曼・格雷伯納主編：《國家安全：其理論和實踐，1945-1960年》（Norman A. Grae-bner, ed., *The National Security: Its Theory and Practice, 1945-1960*）（紐約市：牛津大學出版社，1986年），頁57。

對美國與另一方打交道時的擔心，以此來實現雙方的相互遏制。[46]

客觀上講，美蘇緩和有利於世界局勢的穩定，通過談判解決分歧乃是發展國家間關係的最佳途徑。然而美國進行緩和的本意並不在此，因此其結果不是必然緩和了雙方的矛盾，有時還會加劇衝突，這樣美國最終又會回到「遏制」的老路上去。所以在「冷戰」期間，美國對蘇政策儘管不斷翻新，但說實在也只是「新瓶裝舊酒」。「遏制」以不同的形式貫穿於兩國關係上，把不同時期美國的對蘇政策有機地聯繫在一起。

當美國對蘇「冷戰」在歐洲等地進行得如火如荼之時，被稱為「東方睡獅」的中國正在發生天翻地覆的變化。中國共產黨領導的新民主主義革命取得節節勝利，代表腐朽反動的蔣介石政權日暮途窮，縱然靠著美國的支持，但招數已盡，再也無回天之術了，中國革命的勝利已成為大勢所趨。美國自二戰後期起就推行了扶蔣反共的政策，杜魯門一九四五年十月公然宣稱：「我的政策就是支持蔣介石。」[47]無論是赫爾利使華，還是馬歇爾調停，都是在這一基本原則指導下行事的。蔣介石政府挑起內戰後，美國提供錢財和武器，支持蔣政權「統一中國」。但美國的錢財倒是花了不少，就是不見「回報」，國民黨南京政府似乎是「扶不起的阿斗」，在與中國人民解放軍進行的戰爭中屢戰屢敗，在短短的幾年期間其所控制的「河山」盡數落入共產黨領

---

46 帕特森：《抵制共產主義的威脅：從杜魯門到里根》，頁222-223。

47 丹尼爾‧耶金：《支離破碎的和平：冷戰的起源和國家安全狀態》（Daniel Yergin, *Shattered Peace: The Origins of the Cold War and the National Security State*）（波士頓市：霍頓‧米夫林出版社，1977年），頁441。關於美國支持蔣介石政權的理由參見〈杜威請求美國幫助中國與共產黨人戰鬥的講話〉（"Dewey's Talk Demanding U.S. Help China to Combat Communists"），載《紐約時報》（*New York Times*）1947年11月25日，頁18。

導的人民民主政權之手。中國革命的勝利是歷史發展的必然，美國政府逆潮流而動，其對華政策自然就難以奏效了。杜魯門政府後來雖然對蔣介石政權失去了信心，減少了援助，試圖從中國內戰中「脫身」，但其對華政策的實質並未從根本上改變。一九四九年七月，美國駐華大使約翰‧司徒雷登曾提出要到北平談談，得到中共方面的應允。對美國來說，這是一次瞭解中國共產黨對外政策的「絕好機會」，但美國國務院指示司徒雷登盡量避免與中共高層接觸，「在任何情況下都不得訪問北平」。美國政府還是不希望在輿論界造成棄蔣而承認中共的誤解。不過到一九四九年底之前，美國採取了觀望等待的態度，這就是艾奇遜所謂的「等待塵埃落定」。

　　一九五〇年二月「中蘇友好同盟條約」簽訂後，在美國政府的眼中，中國已成為蘇聯的「附庸」。杜魯門該年在與英國首相克萊蒙特‧艾德禮的私人談話時說，中國共產黨人是「俄國的僕從，只要現在的北平政權在臺上，他們就是俄國的附庸」，是「徹頭徹尾的附庸」。他特別強調「對付共產黨的唯一辦法就是消滅它」。[48]這種思想自然體現在美國的對華政策中。隨著朝鮮戰爭的爆發和中美兩國在戰場上兵戎相見，美國開始對新中國推行了遏制、封鎖以及孤立的政策。到了艾森豪威爾執政時，美國對中國繼續奉行遏制與孤立的政策。在政治上，拒絕承認中華人民共和國，阻撓中國恢復在聯合國的合法席位；在經濟上，對中國實行全面貿易禁運和封鎖；在軍事上，力圖對中國形成包圍之勢。美國的目的就是要促使共產黨領導的合法政府崩潰，在中國建立一個親美的非共產黨政權。國務卿杜勒斯一九五七年六月二十八日在舊金山關於美國對華政策演說中說，「我們可以有信心把這樣一種假設作為我們的政策的根據：國際共產主義強求一致的統治，在中國和在其他地方一樣，是一種要消逝的，而不是一

48　帕特森：《抵制共產主義的威脅：從杜魯門到里根》，頁75。

種永久的現象」，美國應該盡其所力使「這種現象消逝」。[49]

到了肯尼迪政府和約翰遜政府時期，美國依然沒有從根本上改變遏制中國的政策，當時甚至把中國看作是比蘇聯更為危險的「敵人」。這兩屆政府竭力阻撓中國擁有核武器就是擔心對美國構成強大的威脅。據統計，五○年代初，百分之六十的美國人支持政府同中國對抗。五○年代中期，百分之九十二的美國人反對中國加入聯合國，從六○年代中期到七○年代中期，美國人認為中國比蘇聯更「可怕」。[50]美國長期奉行敵視中國的政策，使整整一代人的時光兩國處在尖銳的對立之中，其根源無非在於中國屬於共產黨國家。在美國外交思想中，「共產主義是一成不變的，無可逆轉的；而右翼軍事獨裁則被認為是可以改變的，是美國最終可以依靠其軍事保護的接受者。但是一個國家一旦走向共產主義，那麼一切漸變的希望都落空了」。[51]這位美國學者的話道出了美國對共產黨國家從心底裡敵視的根源。所以在「反共」成為美國全球戰略主旨的年代，很難想像美國能對中國採取「善意之舉」。

在國際關係中，國家的外交活動無一不是以追求國家利益為最高準則，美國當然希望意識形態的好惡能與實現國家利益保持一致，但錯綜複雜的國際局勢往往很難使美國的對外政策達到這一「最佳」狀態。在美國的對華政策中，與中國的敵對並非必然與美國的國家利益相一致。美國外交以維護國家利益始，以損及國家利益終，這樣的事例在美國外交史上並非鮮見。因此意識形態的絕對衝突有時也得服從於國家利益的需要。尼克松時期美中對抗的「堅冰」開始打破，乃至後來兩國關係完全正常化。對美國來說，國家利益的考慮顯然高於意

---

49 參見《杜勒斯言論集》（北京市：世界知識出版社，1959年），頁314。

50 參見林宏宇：〈美國公眾輿論與美國對華政策〉，載《世界經濟與政治》1997年第8期，頁68。

51 轉引自袁明等主編：《中美關係史上沉重的一頁》，頁463。

識形態之上，如果依然保持公開敵對，勢必更大地損及美國利益。這一時期美中關係迅速發展符合兩國的利益，對於世界局勢的穩定也大有裨益，但並不意味著意識形態因素在美國對華政策中不再起作用了。美國對共產黨國家的「恐懼」、「仇視」心理是永遠不會改變的，有時候以其他方式體現在其外交政策中。美國政府經常製造一些不利於兩國關係發展的事端其實就是意識形態因素作祟。只要中國是處在共產黨的領導之下，要美國徹底擺脫意識形態的「幽靈」恐怕也是不現實的。

　　美國戰後對共產黨國家的「遏制」戰略不僅僅體現在軍事對抗上，而且更多地表現為試圖通過思想文化的滲透，促使其內部滋生出親西方的勢力，最終實現向西方民主體制的演變。實際上從第一個社會主義國家蘇聯誕生之日起，美國就開始意識到西方文化思想的作用，並在美國對外政策上體現出來，二戰以後這種傾向更為明顯。一九四八年，司徒雷登建議胡適領導一場「新思想運動」，以抵制共產主義在中國的勝利。他後來致信美國國務院詳細地談了他的看法。他說，美國自始至終都反對共產主義，「共產主義的毒害是在道德方面或政治方面，而不是在軍事方面。……我們還必須用教育和其他辦法加以援助，然後非共產主義的地區才能夠表現出真正民主制度的優越性，不然的話，軍事上的收穫最終會自行消失」。[52]司徒雷登的建議顯然在於通過軍事以外的援助方式做到「防患於未然」。這和美國對已變為共產黨統治的國家發動思想文化「攻勢」如出一轍，具有異曲同工之妙。

　　約翰・杜勒斯是冷戰時期積極提倡利用西方文化的「優勢」來達到演變社會主義目標的重要人物。他是艾森豪威爾政府的主要決策者

---

52　引自柳靜編著：《西方對外戰略資料》第1輯（北京市：當代中國出版社，1992年），頁5-6。

之一。他把美蘇之間的鬥爭看作主要是思想意識上的衝突，在未出任國務卿之前就在美國政壇上大肆宣傳美國應通過和平的方式，促使共產主義從內部解體。艾森豪威爾政府所謂的「解放政策」主要出自杜勒斯之手。一九五三年一月十五日，即將出任國務卿的杜勒斯在國會作證時提出了這一政策，主張用「政治戰、心理戰和宣傳戰」等手段「解放」處於共產主義統治下的人民。隨後他在「我國外交政策的目標」演說中進一步闡述了「解放」的含義：所謂「解放」通常來自社會主義國家內部，「但是如果希望不斷受到外界的支持，解放就更易於來自內部。關於這一點，我們正多方面地在做。」[53]基於這種思想之上，杜勒斯很重視運用軍事以外的手段同社會主義國家「開展一場思想戰爭」，他加強了「美國之音」的宣傳攻勢，支持和贊助「自由歐洲電臺」的工作。如一九五六年六月五日美國政府得到赫魯曉夫在蘇共二十大的秘密報告後，不斷地用四十三種語言向全球播放。《紐約時報》就此報導，美國政府顯然「決心要利用赫魯曉夫關於斯大林一系列殘暴行為的說明，來對整個蘇聯制度，其中包括目前的蘇聯領袖們進行一次重大的宣傳攻勢」。[54]一九五六年東歐一些國家發生的政治事變儘管主要是其國內矛盾所致，但美國的宣傳攻勢無疑起了推波助瀾的作用。

　　肯尼迪在出任總統之前是國會內比較活躍的參議員，他特別強調美國以「和平」的方式對社會主義國家進行長期的文化滲透，以促使其內部發生演變。一九五九年十月七日，他在威斯康星州發表演講，提出美國應把「推動鐵幕後面的和平變革」付諸行動，這樣「我們才能在波蘭以及鐵幕出現的任何其他裂縫中，逐步地、慎重地、和平地

---

53　《杜勒斯言論集》，頁136。

54　詹姆斯・賴斯頓：〈美國利用來自赫魯曉夫講話中的材料〉（James Reston, "U.S. Exploiting Material from Khrushchev Speech"），載《紐約時報》（*New York Times*）1956年6月1日，頁1。

促進更密切的關係，培養自由的種子」。具體措施是擴大與社會主義
國家的貿易，增加美國人去那裡旅行的人數，利用資本和技術的優
勢，擴大學生和教師的交換，執行外交和新聞方面的經常計畫。[55]美
國歷史學家阿蘭‧內文斯專門把肯尼迪出任總統之前的講話彙編成
冊，取名為《和平戰略》。一九六〇年一月七日，美國參議院外交委
員會公布了哈佛大學國際事務研究中心提交的《意識形態和外交事
務》研究報告。研究者在這份報告中，特別強調了在社會主義國家從
思想意識上突破對美國的重要意義：

> 通過共產黨統治下的歐洲各國，來影響蘇聯內部的演變，也許
> 是一種更有效的方法。這些國家一向是矚目西方的，它們特別
> 容易接受西方的生活方式，而且已經起了將西方的原則、西方
> 的風格和西方的趣味灌輸到蘇聯去的傳送帶的作用。美國應當
> 繼續關懷東歐，以助長這些趨勢。[56]

　　肯尼迪執政只有一千天，但其政府的外交政策確實體現出了「一
手抓箭，一手抓橄欖」的戰略。美國對社會主義國家進行「和平攻
勢」在六〇年代幾乎成為美國政界的共識。
　　七〇年代初，美國新聞署署長謝克斯皮爾在回答記者問時強調了
「宣傳戰」在冷戰中的重要性，他說：「冷戰，爭奪頭腦的鬥爭依然
存在。當前世界的這場冷戰實際上是意識形態的交鋒。……美國仍需
要，或者說更有必要繼續向全世界作宣傳。」[57]不過這種「和平」戰

---

55 參見阿蘭‧內文斯編，北京編譯社譯：《和平戰略——肯尼迪言論集》（北京市：世
　　界知識出版社，1965年），頁38。
56 北京編譯社譯：《意識型態和外交事務：哈佛大學國際事務研究中心研究報告》（北
　　京市：世界知識出版社，1963年），頁166。
57 轉引自畢波編：《美國之音透視》（青島市：青島出版社，1991年），頁49。

略的奏效並不是單方面地取決於美國，在某種意義上說，社會主義國家的內部演變才會為西方的「和平演變」提供可乘之機。所以到了八〇年代中後期，當蘇東國家因受內部困境掀起改革浪潮時，美國終於等來了「機會」。里根在一次講話中談到了美國與蘇聯之間存在的根本區別：

> 我們與蘇聯的關係必須受希望和現實主義兩根柱子的支撐。美國和蘇聯是不同的；我們不只是由「制度」不同而分開的兩個勢均力敵的競爭超級大國。美國是一個自由開放的社會，是一個享有新聞自由和出版自由盛名的民主國家。蘇聯人民生活在封閉的獨裁制度下，民主自由在這裡遭到否定。他們的領導人對人民的意願無動於衷；他們的決定不是靠著公開辯論或異議；他們宣稱和追求列寧主義「革命」的目的。[58]

　　在這種意識形態對立的思想指導下，里根在二任期間把對蘇東國家的「攻心戰」推向高潮。布什入主白宮後，根據局勢的變化，提出了「超越遏制」戰略。這一戰略的核心內容是，美國在保持軍事實力以防止蘇聯擴張的前提下，抓住蘇東國家進行改革之機，更多地運用經濟、政治、文化、意識形態等手段，以和平的方式將蘇東國家逐步「融合」到西方的政治經濟體系之中。美國政府正是在這一戰略的指導下，對社會主義國家展開了猛烈的「和平攻勢」，從外部直接促使了蘇東國家發生了舉世矚目的劇變。美國對社會主義國家的「和平演變」戰略從五〇年代始，到了八〇年代末終於產生了令美國人興奮異常的「碩果」。

---

58　羅納德・里根：〈關於未來的美國日程致國會咨文〉（Message to the Congress on America's Agenda for the Future"）1986年2月6日。全文可在http://www.presidency.ucsb.edu/ws/index.php?pid=36768&st= china&st1=human+right網址上獲得。

戰後美國政府對共產黨國家的遏制戰略幾乎在美國外交各個方面
表現出來，美國重要的外交舉動很少不與「反共」相關。美國在全球
對蘇聯「冷戰」時捲入了幾次地區性的「熱戰」，就是想通過直接的
武力對抗來阻止想像中的共產黨擴大與美國對抗的「勢力範圍」。五
〇年代初美國出兵朝鮮，介入朝鮮半島內戰。美國的意圖很明顯，一
是幫助其傀儡李承晚「統一」朝鮮，二是通過這次戰爭，遏制住所謂
的「國際共產主義擴張」，增強美國在中間地帶的影響力。美國在這
次戰爭中損兵折將，並未達到預期的目的，但美國決策者腦海中固存
的「反共」意識使他們從來沒有從這次戰爭中吸取教訓，到艾森豪威
爾執政時又開始插手印度支那事務。艾森豪威爾的理論是，在一排多
米諾骨牌中，如果第一塊牌倒下了，其他的骨牌也會很快地跟著連續
倒下，直至最後一塊牌。這種「多米諾骨牌理論」對隨後美國擴大對
印度支那的干涉產生了重要的影響，最後使美國陷入了侵越戰爭的泥
沼之中。美國試圖通過武力達到遏制共產黨國家的目的很少奏效，相
反往往使美國外交陷於困境而難以自拔。

美國對社會主義制度的恐懼和仇視是對蘇發動「冷戰」的根源，
隨著社會主義制度在許多國家的確立，美國也就把「冷戰」的範圍擴
大到這些國家，有時甚至以「熱戰」的形式來實現「冷戰」的目的。
縱觀四十餘年的「冷戰」歷史，美國為了把社會主義制度從這個星球
上消除掉可謂無所不用其極。我們上面所論述的幾個方面遠沒有展現
出美國在「遏制」戰略指導下的外交活動全貌，只是提供了一個基本
線索，使我們可以從中比較清楚地看到「反共」因素在美國戰後對外
戰略中占據著何其重要的地位。

## 三　對發展中國家民主改革或革命的干涉

民族民主改革主要指第二次世界大戰後一些發展中國家對適合本

國國情的發展道路的探求，這種改革往往要打破阻礙國家經濟發展的舊體制，給社會帶來天翻地覆的變化。就當事國而言，改革符合國家發展的潮流，有利於國家走上「繁榮富強」，但是必然要侵犯竭力維護「舊秩序」的既得利益者。美國一般都在這些國家享有巨大的政治經濟利益，一旦這些國家改革成功，美國的既得利益不敢說是「喪失殆盡」，至少也是「元氣大傷」。因此「從意識形態的角度講，社會變革運動一般是華盛頓極為擔心的事情」。[59]尤其是當美國把「反共」作為其全球戰略的主旨時，它勢必認為這種引起社會巨大變化的「革命」與「國際共產主義擴張」具有某種有機的聯繫。變革不是在共產黨的領導下進行，就是受共產黨的暗中策動，結果給共產黨擴大「勢力範圍」創造了條件。所以美國寧願支持落後、腐朽以及反動的獨裁政權，也很難容忍這種代表進步但有悖於美國全球利益的激進行為。智利學者埃拉爾多·穆尼奧斯指出：

> 華盛頓傳統上把社會變革視為對其外部安全利益的潛在威脅，這樣就混淆了在拉丁美洲安全的外部範圍和內部範圍。頗具諷刺意味的是，美國的態度往往把社會轉變與外部（蘇聯）威脅等同起來，最終構成了對拉丁美洲利益的威脅，成為走向進步的社會經濟和政治變革的障礙。[60]

　　穆尼奧斯所言極是，儘管是就美國對拉美國家社會變革的態度而言，但他作為一個置身於美國文化圈之外的研究者，還是比較準確地

---

59 梅爾文·格托夫等：《失敗的根源：美國在第三世界的政策》（Melvin Gurtov and Ray Maghroori, *Roots of Failure: United States Policy in the Third World*）（韋斯特波特：格林伍德出版社，1981年），頁202。

60 羅伯特·韋森等主編：《拉丁美洲人關於美國政策的見解》（Robert G. Wesson and Heraldo Muñoz, eds., *Latin American Views of U.S. Policy*）（紐約市：普雷格，1986年），頁9。

道出了美國很難容發展中國家社會變革的根源以及美國的干預給後者
的發展帶來了種種的「不幸和災難」。美國人在這方面倒是直言不
諱，他們很容易地把發展中國家的民族民主改革與敵對意識形態的擴
張聯繫在一起。阿德萊・史蒂文森一九五四年十月十六日在舊金山召
開的民主黨大會上發表講話指出：「帝國主義的共產主義不只是一種
武裝威脅和一種地下陰謀，而且也是一場社會運動，儘管我們集中力
量與這種陰謀進行鬥爭，但這場運動尤其在不滿的廣大不發達地區日
益昌盛。即使我們遏制住了共產黨國家的軍事努力，但我們將是愚蠢
地讓它們在社會和經濟戰場上輕而易舉地獲勝。所以我們必須在非共
產黨世界不斷地推進發展經濟和道義力量。」[61]史蒂文森講這番話的
本意儘管是在外交上批評執政的共和黨，但卻表明了美國政治家對發
展中國家激進改革的一種通常認識。正是在這樣一種認識的指導下，
與美國利益息息相關的發展中國家一旦出現比較激進的改革，很少不
引起美國的擔憂，美國也很少不對之進行干預，以把這些威脅到美國
利益的改革扼殺在搖籃之中。

　　伊朗的摩薩台政府是美國戰後對中東地區干涉的第一個犧牲品。
一九五一年四月，穆罕默德・摩薩台出任伊朗首相，在日益高漲的國
內民族民主運動的推動下，對長期控制伊朗石油的英國英伊石油公司
實行國有化。美國最初想利用這次機會取代美國在伊朗的地位，但不
久就發現這場聲勢浩大的石油國有化改革使美國在伊朗的石油利益也
「在劫難逃」。杜魯門政府曾與摩薩台政府進行談判，並施加了各種
壓力，力圖保證美國石油財團在伊朗的利益不受侵犯，但均未奏效。
艾森豪威爾擔任總統後，在杜勒斯的直接策畫下準備採取推翻摩薩台
政府的措施。當時美國政府的主要決策者都認為是摩薩台政府是親伊

---

61 〈史蒂文森在對外政策上攻擊共和黨的講話全文〉（"Text of Stevenson's Speech Assail-
　ing G.O.P. on Foreign Policy"），載《紐約時報》（*New York Times*）1954年10月17日，
　頁58。

朗共產黨（杜德黨）的，伊朗正落入蘇聯的勢力範圍。關於這一點，中央情報局局長艾倫·杜勒斯以後煞有介事地說，共產黨在伊朗已經「實現了對政府機構的控制」。[62]二十年之後，美國《幸運》雜誌一九七五年六月還刊文認為，摩薩台「與伊朗共產黨（杜德黨）陰謀推翻巴列維國王，與蘇聯串通一氣」。[63]這種認識並不是伊朗的現實，但美國政府卻從中找到了干涉伊朗的「藉口」。在美國政府的指使下，中央情報局派人到伊朗秘密活動，向親巴列維國王的勢力提供錢財和武器，於一九五三年八月策動了一場政變，顛覆了摩薩台民族主義政府。關於美國在這次政變中的作用，美國陸軍少將喬治·斯圖爾特以後在美國國會作證說：「在這一危機關頭，事情幾乎快要失敗時，我們違犯了的我們常規，採取了一些行動，其中之一就是立即向（伊朗）軍隊供應物資，作為一項緊急措施，……他們手中所持的槍械，他們所乘的卡車，他們駕駛著穿過街道的裝甲車以及他們藉以進行指揮的無線電通訊器材等等，統統都是以軍事防禦援助計畫的方式供應給他們的。……如果沒有這次援助計畫，一個對美國不友好的政府可能現在還在掌權。」[64]這次政變之後，美國獲得了在伊朗的石油利益，巴列維國王在美國的扶植之下執政達二十餘年之久。

　　一九五七年一月五日，艾森豪威爾總統向國會發表關於中東問題的特別咨文，建議國會批准一筆每年向中東地區提供兩億美元的援助，並允許他在這一地區動用美國軍隊。國會批准了艾森豪威爾的請求，所通過的決議規定：「如果總統確定有必要，美國就準備使用武力幫助（中東地區）任何請求援助的國家或國家集團抵制受國際共產

---

62 艾倫·杜勒斯：《情報技巧》（Allen Dulles, *The Craft of Intelligence*）（紐約市：新美國圖書館，1965年），頁216。

63 轉引自威廉·布魯姆：《中央情報局：一部忘卻的歷史》（William Blum, *The CIA: A Forgotten History*）（倫敦和新澤西：奇德書社，1986年），頁75。

64 轉引自戴維·霍羅維茨著，上海市「五·七」幹校六連翻譯組譯：《美國冷戰時期的外交政策：從雅爾塔到越南》（上海市：上海人民出版社，1974年），頁166。

主義控制的任何國家發動的武裝侵略。」[65]這就是所謂的「艾森豪威爾主義」。美國也正是打著這一旗號，在中東地區飛揚跋扈，約旦、敘利亞以及黎巴嫩等國先後成為美國進行干涉的對象。美國的所作所為維護了其在中東的石油利益，但卻加劇了這一地區的緊張，並未給解決地區性衝突帶來任何「福音」。帕特森在談到這一點時指出，如果美國領導人認識到中東的現實與共產主義幽靈沒有多大關係，「他們至少把該地區的動盪理解為由當地問題所引發，而不是外部所輸入，也許就能制訂出一種包容性強和靈敏度高的政策」。[66]其實，美國政府恰恰就是在國際共產主義侵略或威脅的藉口下，逐步完成了在中東地區的擴張，至於中東國家遭到的「不幸」也正是這種政策所帶來的必然結果。

戰後拉丁美洲變成了美國名副其實的「後院」，這一地區在美國看來並不是美蘇「冷戰」的世外桃源，如果敵對意識形態在這裡打開缺口，不僅構成對美國本土安全的威脅，而且直接影響到美國的全球利益。杜勒斯就說：「如果世界共產主義占領無論多麼小的任何美洲國家，一個危險的戰線將會形成，這將會增加對整個自由世界的危險。」[67]然而，戰後拉美地區同樣存在著「起火」的條件，一是日益高漲的民族民主運動會促使一些國家的統治者進行民主改革；二是有的國家內部矛盾激化，會引發起革命，推翻現行的專制獨裁政府，建立民族主義政權。這兩種情況都會危及到美國在拉美地區的既得利益，所以美國必欲干涉，以恢復原狀。然而，戰後初期通過的《美洲國家組織憲章》第十五條規定：

　　　　任何國家或國家集團都沒有權利以任何理由直接或間接干涉任

---

65 小克拉布：《美國外交政策的主義：它們的含義、作用和未來》，頁155。
66 帕特森：《抵制共產主義的威脅：從杜魯門到里根》，頁190。
67 瑟法蒂：《敵對世界的美國外交政策：危險年月》，頁355。

何其他國家的內政和對外事務。前述原則不僅禁止使用武裝力量，而且禁止使用任何其他干涉形式或企圖威脅國家的存在或其政治、經濟和文化的構成。[68]

　　不干涉原則戰後明確載入憲章，得到美洲國家組織成員國的共同承認，成為美洲國家體系的主要原則之一。美國在特定的情況下，為了實現自己的長遠利益，會暫時屈從原則的限制，但它的擴張本質絕不會因為原則的存在而有絲毫的改變。因此，隨著歷史條件的變化，當美國的長遠利益的實現受到原則束縛時，那麼實現的形式就會隨之改變，美國政府甚至會以維護不干涉原則之名，行干涉之實。一九五二年，美國國務院宣稱，不干涉西半球事務的原則不適用於顯然屬於共產主義的政權。[69]一九五三年三月十二日，美國對外關係委員會研究小組領導人斯普魯伊爾‧布雷登在其演講中強調：「由於共產主義如此明顯地不是一個國家的內政問題，而是一個國際性的問題，因此，美洲的一個或幾個共和國在一個其他的共和國裡鎮壓共產主義，即使是武力鎮壓也罷，都不構成對那個美洲國家內政的干涉。」[70]在一九五四年召開的第十屆洲國家會議上，美國起草了〈維護美洲國家政治完整以抵制國際共產主義干涉的共同宣言〉（Declaration of Solidarity for the Preservation of the Political Integrity of the American States against International Communist Intervention），[71]試圖在西半球形成以其為首的反國際共產主義對美洲事務干涉的聯盟。這樣美國欲要

---

68 伯爾和赫西主編：《美洲國家合作文件》第2卷，頁183。
69 羅伯特‧弗里曼‧史密斯主編：《美國與拉丁美洲勢力範圍》（Robert Freeman Smith, ed., *The United States and Latin American Sphere of Influence*）第2卷（馬拉巴：克里格出版公司，1981年），頁50。
70 肖普等：《帝國智囊團》，頁179。
71 內容詳見〈美國關於共產主義的草擬決議〉（"U.S. Draft Resolution on Communism"），載《紐約時報》（*New York Times*）1954年5月7日，頁3。

對西半球某個國家進行干涉，就冠之於國際共產主義「干涉」美洲國家事務或被干涉國家屬於敵對意識形態的統治。所以當拉美國家發生了威脅美國既得利益的民族民主改革或革命時，美國就是打著這種旗號對這些國家進行冠冕堂皇的干涉。

一九五一年，哈科夫・阿本斯當選為危地馬拉總統，他上臺後推行了比較激進的社會改革和經濟改革。阿本斯在政府綱領中宣布：「我們將依照三個基本目的促進危地馬拉的經濟發展：第一，把我們國家從依附國和半殖民地國家轉變成經濟獨立的國家；第二，把我們國家從落後的和封建經濟占優勢的國家轉變成一個現代資本主義國家；第三，完成這種轉變，使廣大人民的生活標準隨之得到最大可能的提高。」[72]一九五二年六月，阿本斯政權頒布了《土地改革法》，這一法令的執行使美國聯合果品公司的近十六萬公頃的土地遭到沒收。此外，阿本斯政府還採取了許多旨在限制美國壟斷資本活動的措施，如建設聖托多新港，以打破聯合果品公司對危地馬拉港口的獨占；在首都附近建立一個新的水力發電站，以結束電氣公司對電力的壟斷；還準備修建一千公里的公路，以擺脫國際鐵路公司對交通運輸的控制。在外交上，阿本斯政府奉行了比較獨立的外交政策，尤其在國際事務中不惟美國之命是從，如公開宣布不派兵進入朝鮮半島，將集中精力於國內發展。

阿本斯政府的民族民主改革引起美國政府極大的不安，美國遂加快了對危地馬拉干涉的準備。它除了對危地馬拉採取政治和經濟壓力之外，還譴責阿本斯政府受共產黨控制，給「國際共產主義」提供了在美洲的橋頭堡。美國的一些電臺、報刊對此大肆渲染，說什麼危地馬拉面臨著「共產主義威脅」，聲稱危地馬拉是加勒比地區的「赤色

---

72 參見科爾・布萊齊爾：《徘徊的巨人：美國對拉丁美洲革命變革的的反應》（Cole Blasier, *The Hovering Giant: U.S. Responses to Revolutionary Change in Latin America*）（匹茲堡市：匹茲堡大學出版社，1985年），頁152。

危險」，「中美洲的赤色前哨」等等。《紐約時報》載文指出，在危地馬拉問題上，大多數美洲國家將接受門羅主義的現代擴張，把俄國帝國主義在任何藉口下在西半球獲得立足點視為「對它們和平與穩定的威脅」。[73]國務卿杜勒斯指責危地馬拉處在「一個共產黨的恐怖主義」統治之下。他在講話中把危地馬拉所謂的「動盪」說成是受蘇聯的操縱，對門羅主義形成了直接的挑戰。[74]艾森豪威爾總統警告說，「共產主義獨裁政權」在本大陸建立了「一個不利於所有美洲國家的前哨基地」。[75]一九五四年十月中旬，在美國的精心策畫下，一支由美國支持和提供裝備的僱傭軍侵入危地馬拉。阿本斯政府雖然進行了有效的抵抗，並取得了初戰的勝利，但美國又策動危地馬拉內部的反對派力量，特別是政府軍中的高級軍官，要他們向阿本斯施加壓力，逼其下臺。六月二十八日，阿本斯面對著強大的壓力，被迫宣布辭職，一場在危地馬拉持續多年的社會改革運動就這樣在美國的干涉下被扼殺了，危地馬拉重新回到改革前的親美獨裁統治。美國始終是打著「國際共產主義威脅」的旗號來進行這次干涉的。阿本斯本人是職業軍人，對馬克思主義理論知之甚少，直到當選總統之前才與危地馬拉共產黨開始接觸，逐漸地瞭解到一點馬克思主義。阿本斯的改革措施無疑受到共產黨人的影響，但這場改革始終沒有超出資產階級民族民主革命的範疇。阿本斯只是想通過限制外國資本的影響來發展民族經濟，並沒有對外資採取諸如國有化的更過激措施。阿本斯對共產黨採取寬容與合作的態度不能說明他本人就是共產黨人，共產黨對危地馬拉政治生活發生影響也不能說明他的政府受共產黨控制，事實上並沒

---

73 參見〈危地馬拉柱問題〉（"The Issues in Guatemala"），載《紐約時報》（*New York Times*）1954年1月21日，頁22。

74 參見〈杜勒斯關於危地馬拉動盪的講話全文〉（"The Text of Dulles' Speech on Guatemalan Upset"），載《紐約時報》（*New York Times*）1954年7月1日，頁2。

75 布魯姆：《中央情報局：一部忘卻的歷史》，頁77。

有一個共產黨人在其政府內身居要職。至於「國際共產主義」對阿本斯政府的「操縱」更是無稽之談，就連杜勒斯也承認，「找出證據明確地把危地馬拉政府與莫斯科聯繫在一起是不可能的」。甚至在干涉發生一年之後，艾森豪威爾政府仍然不能令人信服地表明蘇聯插手了危地馬拉事務。[76]所以「國際共產主義威脅」純粹是美國干涉的一種藉口，只是表明了任何威脅到美國利益的改革都為美國所不容。

戰後古巴在富爾亨西奧・巴蒂斯塔的專制統治下，階級矛盾非常尖銳，美國資本對古巴經濟的控制導致民族矛盾異常突出。這兩種矛盾交織在一起使廣大人民群眾對現狀日益不滿，當這種情緒與古巴社會的民族主義結合在一起時，就會匯合成一股強大的洪流沖蝕著現存統治的基礎。一九五八年十二月，菲德爾・卡斯特羅領導的起義軍以勢不可擋之勢攻克中部重鎮聖克拉拉，並繼續向西橫掃，直逼首都哈瓦那。一九五九年一月一日淩晨，起義軍勝利進入哈瓦那，巴蒂斯塔出逃，卡斯特羅領導的古巴革命宣告成功。美國儘管早就對卡斯特羅領導的武裝起義抱有成見，也估計到阿本斯在危地馬拉進行的改革會在古巴重現，但美國受客觀條件的限制，在古巴革命成功後並沒有立即對這個新政權採取公開敵視的態度，而是試圖引導古巴按照美國所設計好的方向發展。美國國務院設想，古巴新政權在政治上是分裂的，由於溫和派的影響舉足輕重，卡斯特羅能夠被說服進行將不進行激烈的政治、社會和經濟改革，不會改變美國在古巴事務中所起的重要作用。美國政府的估計顯得有些樂觀，古巴隨後發生的事情完全出乎了美國預料之外。

卡斯特羅領導的這場革命順應了古巴社會發展的潮流，獲得了廣大人民的支持，在短短的幾年時間內就獲得了勝利。這場推翻古巴獨

---

76 參見斯蒂芬・拉伯：《艾森豪威爾和拉丁美洲：反共產主義的對外政策》（Stephen G. Rabe, *Eisenhower and Latin America: The Foreign Policy of Anticommunism*）（查珀爾希爾：北卡羅萊納大學出版社，1988年），頁57。

裁統治革命的成功來自不易，新生政權的鞏固更需要繼續得到廣大古巴民眾的支持，而這只有在國內進行劇烈的變革才能實現。這一點決定了新政權與在古巴享有巨大利益的美國的衝突難以避免，對此卡斯特羅早有思想準備。一九五九年六月，他在一封信中寫道：「當這場戰爭結束時，對我來說，另一場範圍廣泛和聲勢浩大的戰爭將開始，我將進行一場反對他們（美國人）的戰爭，我深信這是我的真正命運。」[77]因此，古巴革命一勝利，卡斯特羅立即著手新政權的建設工作。經濟領域的變革是古巴新政府實現其各項目標的決定性一環，廣大人民對此翹首以待。一九五九年五月三日，古巴政府宣布對美國國際電報電話公司的子公司古巴電話公司實行國有化，這一舉措拉開了古巴政府經濟改革的序幕。五月七日，古巴政府頒布了《土地改革法》，廢除了大莊園制和禁止外國人占有古巴土地。這意味著外國資本土地所有制將在古巴不復存在。古巴社會這場翻天覆地的經濟變革使美國對卡斯特羅所抱的希望蕩然無存，美國加快了推翻卡斯特羅政府的準備工作。到一九五九年底，美國雖然尚未把卡斯特羅政府完全視為共產黨政權，但已經意識到它朝著這方面運動的「危險」。

　　一九五九年十一月五日，代理國務卿克里斯琴·赫脫在提交給艾森豪威爾總統的一份政策備忘錄中強調推翻卡斯特羅的三點理由：一是「卡斯特羅將不願意採取與華盛頓最低安全需要和政策利益相一致的政策與態度，把我們的政策建立在這種希望之上毫無道理」；二是「卡斯特羅政權在古巴以其現在的形式長此以往將對美國在拉美的地位產生嚴重不利影響，而對國際共產主義提供了相應的有利條件」；三是「只有通過在古巴內部形成一個凝聚力強的反對派，由希望在一個友好的美古關係框架內實現政治與經濟進步的人組成，卡斯特羅政權才能受到牽制或被取代」。這份備忘錄譴責了古巴政府的各項改革

---

77 史密斯主編：《美國與拉丁美洲勢力範圍》第2卷，頁54。

措施，認為尤其在經濟方面，「卡斯特羅政府的政策是極端的，日益朝向國家對古巴經濟生活的控制。我們在古巴的商業利益不僅受到嚴重影響，而且美國也沒有希望鼓勵與支持其他拉美國家的可行經濟政策和促進在拉美地區的必需私人投資」。[78]赫脫的觀點反映出此時美國政府決策層內對卡斯特羅政府改革的態度。美國社會輿論也為政府採取強硬措施大聲疾呼，十二月十七日，《紐約時報》載文說：「自巴蒂斯塔獨裁政權被推翻一年來，古巴已成為一個完全的革命國家，……古巴革命致力於……一場徹底無遺的經濟和社會變革目標，而這是在犧牲被巴蒂斯塔獨裁政權蹂躪的民主制前提下進行的。」[79]到了此時，美國政府已經基本上確定了對卡斯特羅政權奉行的策略方針，也就是竭盡全力推翻這個新政權。美國駐古巴大使菲利普·邦斯爾以後認為，卡斯特羅「一九五九年的勝利是激進的，純粹民族主義的；它之所以轉而依賴俄國，完全是因為美國一九六〇年春季的行動，使得俄國人除了挽救卡斯特羅之外，別無選擇」。[80]在這裡，邦斯爾把卡斯特羅領導古巴走上社會主義道路說成是受美國所逼，是美國戰略失誤所致。言下之意，兩國並不是必然對立。其實，卡斯特羅領導的這場革命從一開始就種下了與美國衝突的根源，民族民主革命的目標勢必侵犯美國的既得利益，如莫里斯·齊特林等人就認為，卡斯特羅的實踐不僅威脅了古巴的寡頭統治，而且危及了美國傳統上從現狀中獲益的私人利益。「當革命的政府堅持其決心貫徹似乎符合古巴利益而卻

---

78 亞利克斯·海貝爾：《領導人如何推論：美國對加勒比盆地和拉丁美洲的干涉》（Alex R. Hybell, *How Leaders Reason: US Intervention in the Caribbean Basin and Latin America*）（劍橋市：布萊克維爾出版社，1990年），頁87-88。

79 塔德·肖爾：〈卡斯特羅控制古巴的一年：左派促進大改革〉（Tad Szulc, "A Year of Castro Rule in Cuba: Leftists Speeding Vast Reforms"），載《紐約時報》（*New York Times*）1959年12月17日，頁1。

80 愛德華·邦斯爾：《古巴、卡斯特羅和美國》（Edward M. Bonsal, *Cuba, Castro and the United States*）（匹茲堡市：匹茲堡大學出版社，1971年），頁67。

損害美國私人投資者直接利益的綱領時，兩國之間的關係就惡化了」。[81]《紐約時報》一九六〇年八月刊登的一篇文章認為，卡斯特羅政權兩大方面的行為解釋了其把矛頭對準美國的原因，一是該政權絲毫不打算進行選舉，鎮壓所有的反對派，控制了新聞出版，侵犯了個人自由；二是這個越來越受共產黨控制的獨裁政權與蘇聯和中國公開結盟，共產黨在古巴已經成為主要政治組織。[82]一九六一年四月國務院在一份關於古巴的文件中譴責了卡斯特羅政權與國際共產主義的聯繫，明確表明了美國政府對這個具有共產主義性質的政權的敵對態度。[83]所以，即使卡斯特羅未轉變成一個共產主義者，古巴也沒有由民族民主革命向社會主義過渡，美國也很難允許在其視為至關重要的戰略地區存在一個不服從美國指揮的政權。從這個意義上講，美國對卡斯特羅政權採取敵視態度是必然的，而隨後美國對古巴事務的公開干涉便是這種態度的邏輯延伸。

　　肯尼迪就職總統後，美國準備武裝顛覆卡斯特羅政權的步伐隨即加快。一九六一年一月二十八日，中央情報局向新總統彙報了蓄謀已久的推翻新政權的計畫。在隨後的數月期間，肯尼迪與其顧問們數次開會討論這一計畫。肯尼迪無疑贊成採取非常措施推翻卡斯特羅政權，但不希望過多地暴露出美國的直接捲入，以避免造成輿論譴責美國武裝干涉一個美洲國家內政的口實。中央情報局根據總統的指示，

---

81 莫里斯・齊特林等：《古巴：我們半球的悲劇》（Maurice Zietlin and Robert Scheer, *Cuba: Tragedy in Our Hemisphere*）（紐約市：格羅夫出版社，1963年），頁126。

82 參見〈美國與古巴〉（"The U.S. and Cuba"），載《紐約時報》（*New York Times*）1960年8月12日，頁18。艾森豪威爾政府對卡斯特羅政權的態度詳見〈艾森豪威爾關於古巴聲明全文〉（"Text of the Statement by Eisenhower on Guba"），載《紐約時報》（*New York Times*）1960年1月27日，頁10。

83 詳見〈國務院譴責古巴卡斯特羅政權文件全文〉（"Text of the State Department's Document Denouncing Castro Regime in Cuba"），載《紐約時報》（*New York Times*）1981年4月4日，頁14。

對計畫略作修改，最後將登陸地點選擇在人煙稀少的豬灣（豬玀灣）海岸。四月十五日，美國派遣了兩架 B26 型飛機對古巴的飛機場進行了轟炸。四月十七日，肯尼迪下達了執行豬灣登陸計畫的命令。一千四百名受中央情報局訓練過的古巴流亡者乘美國運輸船在預定的地點登陸，中央情報局雇傭人員駕駛的飛機作掩護。這支受美國政府支持的入侵武裝遭到了早有準備的古巴部隊的抵抗，在短短的兩天之內就被擊潰。事後肯尼迪發表講話承擔了這次入侵失敗的全部責任。隨後，肯尼迪下令對古巴實行全面貿易禁運，強使美洲國家組織開除古巴，同時加強了反卡斯特羅的宣傳，並且策畫了一系列暗殺或傷害卡斯特羅的秘密行動。卡斯特羅為了防止美國再次策畫入侵活動，試圖借助蘇聯的力量與美國抗衡。蘇聯也乘機在古巴部署導彈與轟炸機。美國對此反應強硬，最終釀成了冷戰期間著名的「古巴導彈危機」。在這一事件中，美蘇雙方劍拔弩張，戰爭大有一觸即發之勢。美國在其他美洲國家的支持下，對古巴採取了軍事封鎖，以戰爭要挾蘇聯，強迫蘇聯拆除與撤除了在古巴部署的進攻性武器。隨後美蘇雙方開始談判，達成協議。蘇聯被迫撤出了在古巴的數千名軍事人員，美國政府宣布將採取一切必要的措施，保證美國不被古巴流亡分子用作入侵古巴的基地。古巴雖然像插在美國安全地帶的一把匕首倖存下來，但從此以後美國開始了對古巴的長期封鎖與孤立。這種封鎖一直持續至今。它給古巴經濟發展帶來的災難用數字是遠遠不能表明的。古巴經濟數度陷於危機，至今尚未走出發展的困境，美國的經濟封鎖是其中一個非常重要的原因。

　　美國以「共產主義威脅」干涉他國事務在拉美可謂司空見慣。一九六一年，賈根總理領導的英屬圭亞那人民要求獨立，並指望得到美國支持。賈根在接受記者採訪時回憶說，一九六一年十月二十五日，他親往白宮面見肯尼迪總統，希望在擺脫英國獨立上得到美國政府的支持。當時美國政府擔心他主持的圭亞那政府投靠俄國人。賈根為此

向肯尼迪保證，如果這是美國的擔心，那末這種擔心大可不必，圭亞那將不會成為蘇聯的基地。賈根的保證是希望消除美國的疑慮，向圭亞那提供經濟援助。[84]肯尼迪政府雖不反對圭亞那獨立，但卻懷疑賈根是馬克思主義信徒，於是決意要把賈根搞下臺，在中央情報局的直接插手和煽動下，圭亞那頓時流言四起，內亂不止。隨後美國又公開對這個彈丸小國實行經濟封鎖，終於迫使賈根在一九六三年底下臺。一九九四年十月三十日《紐約時報》披露了這一鮮為人知的事件，並評論說：「三十年前，圭亞那曾是南美洲最富裕的國家之一，而現在卻成了最窮的一個。」[85]話雖不多，卻一語中的。

　　一九六五年，多米尼加發生內亂，約翰遜政府悍然出兵進行干涉，出兵理由正如約翰遜該年五月二日在電視上發表講話指出的那樣：「美洲國家現在不能允許，並且將來也不允許在西半球建立另一個共產黨政府。」[86]這段話以「約翰遜主義」而著稱。實際上多米尼加的動盪是內部各個派別爭奪中央權力的矛盾激化，任何一方上臺充其量只是政權更替而已，絲毫不存在著向社會主義過渡的可能性，但動盪的局勢會給爆發古巴式革命提供了客觀條件。副總統尼克松在講話中宣稱，美國派遣部隊到多米尼加是值得稱讚的，因為美國「不容共產主義接管一個獨立國家」。[87]因此防止外部敵對意識形態插手和內部共產黨掌權儘管不完全是一種杜撰出來的無稽之談，但對美國政府

---

84 蒂姆・韋納：〈克林頓難以擺脫的肯尼迪——中央情報局陰謀〉（Tim Weiner, "A Kennedy-C.I.A. Plot Returns to Haunt Clinton"），載《紐約時報》（New York Times）1994年10月30日，頁10。另見蒂姆・韋納：〈保持每個人都知道的秘密〉（Tim Weiner, "Keeping the Secrets That Everyone Knows"），載《紐約時報》（New York Times）1994年10月30日，頁E16。

85 韋納：〈克林頓難以擺脫的肯尼迪——中央情報局陰謀〉，頁10。

86 小克拉布：《美國外交政策的主義：它們的含義、作用和未來》，頁235。

87 參見〈尼克松敦促採取強硬行動消滅共產主義的古巴〉（"Nixon Urges Strong Action to Rid Cuba of Communism"），載《紐約時報》（New York Times）1965年5月2日，頁79。

來說，至少找到了另一種使自己干涉「合法化」的理由。正如一位學者說的那樣：「當目前多米尼加共和國的危機爆發時，約翰遜先生除了單純的反共產主義之外再沒有比那更大的政治概念作依據了。」[88]一些人也從這次干涉中逐漸認識到：

> 反共產主義的自由政府是一種不可能實現的理想；因為任何尋求真正民主和社會改革的運動將總是吸引著那些將被美國必然列為「共產黨」的人參加；美國然後變得疑神疑鬼，暗中破壞，最終推翻這場運動。[89]

幾年後美國政府在智利的所作所為再次證明了這種觀點的正確性。一九七〇年，薩爾瓦多‧阿連德就任為智利總統後，開始在政治、經濟領域進行大刀闊斧的改革。他對美國的主要投資企業國有化，重新分配農地，使智利社會制度革命化，調整智利的對外政策。在美國政府看來，阿連德政府的這些舉措構成了對美國利益的直接威脅。因此，美國很難容忍阿連德的民主改革，但美國進行公開干涉很大程度上受制於客觀條件的限制。[90]七〇年代的國際局面與古巴革命成功之初大相逕庭，美國總統尼克松也不願意冒公開干涉智利引起整個拉美地區譴責美國之險。所以美國政府在表面上沒有介入智利內部事務，但實際上美國力促阿連德政權倒臺的意圖以及秘密活動從來沒有停止過。一九七三年九月，智利陸海空聯合發動政變，阿連德以身

88 弗蘭克‧尼斯：《一個向著自己的半球：美國與拉丁美洲關係史》（Frank Niess, *A Hemisphere to Itself: A History of US-Latin American Relation*）（倫敦和新澤西：奇德書社，1990年），頁163。關於美國對多米尼加的干涉詳見〈多米尼加危機與美國的作用〉（"Dominican Crisis and U.S. Role"），載《紐約時報》（*New York Times*）1965年5月2日，頁E1。
89 布魯姆：《中央情報局：一部忘卻的歷史》，頁206。
90 參見布萊齊爾：《徘徊的巨人：美國對拉丁美洲革命變革的的反應》，頁262-267。

殉職，智利成立了以陸軍司令皮諾切特為首的軍人政府。關於美國是否在幕後直接介入了這次政變一事，基辛格、赫爾姆斯等人後來在美國國會調查中央情報局秘密活動聽證會上矢口否認。雖然有關美國直接介入政變的材料研究者至今尚未完全掌握，但尼克松政府始終把阿連德視為「心頭之患」，必欲除之而後快則是一個眾所周知的事實。中央情報局正式報告說，在阿連德執政時期，進行反阿連德的活動總共花了八百萬美元。[91]杰拉爾德‧福特總統在一九七四年九月十六日的記者招待會上承認：「在（智利）這種情況下作出的努力幫助和支持了反對黨報紙與電子輿論工具的維持，保護了反對黨。我認為這最符合智利人民的利益，無疑也最符合我們的利益。」[92]福特這番話儘管還是出於為美國政府辯護之目的，但也無法掩飾住美國干預智利內政這一事實。

一九七九年，尼加拉瓜的桑地諾民族解放陣線推翻了索摩查的獨裁統治，取得了民族民主革命的最後勝利。桑解陣線領導的革命的成功使美國憂心忡忡，它執行的具有社會主義傾向的改革措施以及與蘇聯和古巴的密切聯繫更使美國難以容忍。卡特政府曾試圖通過經濟援助影響尼加拉瓜的變革過程，但未能奏效。里根上臺後，把尼加拉瓜視為中美洲的「第二個古巴」，必欲除之而後快。他採取的方法是，對尼加拉瓜政府施加壓力，支持尼加拉瓜反政府力量，試圖迫使尼加拉瓜政府按照美國的條件就範，以打破蘇聯——古巴——尼加拉瓜的三角聯盟。一九八三年三月十日，里根在對全國製造商協會的講話中宣稱，在中美洲，「戰略利害關係是如此之高，以致我們不能忽視一

91 約翰‧蘭尼拉格著，潘世強等譯：《中央情報局》（北京市：中國社會科學出版社，1990年），頁618。

92 〈總統關於國內外事務記者招待會記錄〉（"Transcript of President's News Conference on Foreign and Domestic Matters"），載《紐約時報》（*New York Times*）1974年9月17日，頁22。另見〈總統公開支持中央情報局的秘密行動〉（"President Publicly Backs Clandestine C.I.A. Activity"），載《紐約時報》（*New York Times*），頁1、10。

個意識形態和軍事上與蘇聯有密切聯繫的政府掌握權力的危險」。[93]在他看來，桑地諾解放陣線就是靠著蘇聯部隊的支持才能維護其統治的。里根政府試圖通過強硬政策迫使尼加拉瓜桑解陣線政府就範，這種強硬政策在各個方面表現出來。在經濟上，里根政府停止了對尼加拉瓜所承諾的一切經濟援助，削減了從尼加拉瓜進口牛肉的份額，並向國際金融機構施加壓力，阻止尼加拉瓜得到急需貸款。在政治上，美國竭力孤立尼加拉瓜，將它排除出中美洲民主共同體和中美洲防務委員會，並不斷揚言改變尼加拉瓜的現行體制，以防止中美洲其他國家發生類似革命。里根一九八五年四月強調說：「我們必須牢記，如果桑解分子現在不予阻止，他們將……試圖把共產主義傳播到薩爾瓦多、哥斯達黎加、洪都拉斯和其他地方。」[94]軍事上，美國使用了除直接出兵之外的各種威脅，不斷施加壓力，進行軍事挑釁，派遣飛機和軍艦侵犯尼加拉瓜的領空領海，並糾集盟國進行針對尼加拉瓜的軍事演習。除此之外，里根政府還積極支持和援助尼加拉瓜反政府武裝力量，使其在尼加拉瓜內部進行大規模的武裝侵襲和破壞活動，以達到美國未出兵公開干涉的目的。在美國直接和公開的軍事援助下，尼加拉瓜反政府武裝力量迅速壯大，反政府武裝的目標就是要顛覆現存的桑解政權，重建所謂「民主制度」。桑解陣線一九九〇年二月在尼加拉瓜舉行的大選中敗北，與美國對該國反對派聯盟提供大力援助是分不開的。

　　以上所述並未完全展現出美國戰後干涉發展中國家內政的全貌，

---

93 達里奧・莫雷諾：《美國在中美州的政策：無休止的辯論》（Dario Moreno, *U.S. Policy in Central America: the Endless Debate*）（邁阿密：佛羅里達國際大學出版社，1990年），頁111。

94 參見傑拉爾德・博伊德：〈里根斷言俄國部隊幫助尼加拉瓜：美國說俄國人幫助尼加拉瓜人〉（Gerald M. Boyd, "Reagan Asserts Russian Troops Help Nicaragua: U.S. Says Russians Help Nicaraguars"），載《紐約時報》（*New York Times*）1985年4月21日，頁1。

只是從一個側面反映出美國在第三世界奉行的強權外交本質。美國以抵制「國際共產主義」為名行干涉之實符合美國的全球戰略，作為一個在世界各地享有既得利益的國家，美國不能容忍對其利益的侵犯，更不允許敵對意識形態政權的出現。不過歷史的發展並不是以某一國家的意志為轉移，美國的目的可能會一時得逞，但從長遠來說，未必有利於美國，干涉者最終必自食其果，歷史事實已經證明了這一點。

## 四　「冷戰思維」的陰影

東西方的長期對立使許多美國人，尤其是那些活躍於政界的人物形成了觀察國際事務的特有的思維模式或認識框架，他們往往把與美國意識形態不同的國家劃入另冊，必欲「遏制」而後快。這種對不同意識形態國家的「刻板之見」早就成為美國政治文化中的重要組成部分，「冷戰」只不過是將之加劇而已，反過來又對美國外交政策發生了顯而易見的影響。前述部分儘管未能展現出美國在這方面的全貌，但提供的事例卻足以說明了這一點。東歐劇變和蘇聯解體之後，東西方之間有形而具體的「冷戰」不復存在，但「冷戰」留在美國人頭腦中的固定思維定式並不是朝夕可以改變的，尤其是當兩種制度和價值觀念之間的鬥爭依然存在時，美國不少政治家還是習慣於從「對立」或「衝突」的角度來考慮冷戰後的世界，給本來就不安寧的國際社會投下了「新冷戰」的陰影。因此，只要世界上存在著堅持走社會主義道路的國家，一些美國人就覺得共產主義的「幽靈」還會像過去那樣「攪得」他們睡夢不安，坐臥不寧。所以冷戰時期指導美國對外戰略的「遏制」概念，至今依然頻繁地見諸於美國報刊，特別是針對正在走向強大的中國。也正是在那些思想停留在冷戰年代的政治家或學者的鼓譟之下，美國有意識地把社會主義國家視為潛在的威脅，樹立為假想的敵人，結果必然是冷戰後的美國全球戰略深深地留下冷戰時代

的痕跡，美國對華政策就是顯然的例子。

　　中國自一九七八年以來，在中國共產黨的領導之下，堅持進行經濟體制的改革和對外開放，試圖通過自身的調整來適應外部世界的變化。尤其是冷戰結束後，各國都把戰略重點轉向經濟發展和如何為本國經濟實現增長創造一個有利的內外部環境，中國自然也加快了改革的步伐，成為亞太地區乃至世界經濟發展最快的國家之一。中國一直是在堅持社會主義的前提下不斷地探索著一條適合本國國情的發展道路。近二十年過去了，中國的改革開放取得了令世人矚目的成就，中國的經濟、政治、社會和文化等各個領域正在發生著深刻而廣泛的變化，作為置身於這一進程中的我們對此變化有著切身的經歷和體會。據統計，到一九九八年，中國的鋼產量是一九四九年七三一倍；原油產量是一三四一倍；原煤產量是三十九倍；發電量是二七一倍；水泥是八一二倍；糧食產量是四倍；棉花產量是十倍；油料是九倍；水產品是八十七倍。一九九八年中國的國內生產總值達到七九五二點八億元，是一九五二年六七九億元的一一七倍。從一九七九年算起按可比價格計算，平均每年增長百分之九點八。中國於一九九五年提前五年實現了比一九八〇年翻兩番的計畫。人均國民生產總值由三七九元提高到六四〇四元，剔除價格因素，平均每年實際增長百分之八點四。而同其他國家比較，截至到一九九八年，中國經濟總量居世界第七位；中國主要工農業產品產量居世界第一位；對外貿易總額居世界第十位；外匯儲備居世界第二位；國際旅遊業居世界第八位；吸收外資居世界第二位。[95]這些數字表明中國在世界經濟格局中的地位正處在深刻的變化之中，也顯示出改革開放給中國經濟帶來了勃勃生機。中國經濟的飛速發展不僅有利於全球經濟的穩定，而且使中國在國際舞臺上日益成為維護世界和平的一支重要力量。

---

95 參見《人民日報》1999年10月8日。

　　中國是一個發展中的社會主義國家，經過二十餘年的不斷探索，在實踐中逐漸形成了建設有中國特色的社會主義理論，也正是在這種理論的指導下，中國的改革開放取得了令世人矚目的偉大成就。中國改革的成功向全世界昭示，世界社會主義運動儘管遭受了重大挫折或處於低潮，但並沒有完全失敗。中國在堅持社會主義道路上的實踐已經初步回答了經濟落後的國家如何建成社會主義現代化國家的問題，不僅為現存的社會主義國家或發展中國家邁向現代化提供了有益的借鑒，而且為未來世界社會主義運動的復興提供了可能性。中國走向強盛是改革開放的必然結果，對世界經濟的發展與和平的穩定無疑是個「福音」，但對大洋彼岸的美國卻認為是「不祥之兆」。從根子上來講，美國很難允許一個意識形態上與自己完全對立的大國在國際上崛起。

　　在美國一些政治家和學者看來，中國正在日益打破世界力量的平衡，其強大必定對世界和美國構成新的威脅，更何況中國在意識形態和文化價值觀上一直被美國視為「異端」。因此美國輿論界的主流聲音把中國「妖魔化」，美國政界掀起「中國威脅論」喧囂聲，美國對華政策包含著明顯的「遏制」內容，凡此種種絲毫不奇怪，而是反映出已經成為歷史的「冷戰因素」對冷戰後美國全球戰略的影響。美國政治家勞倫斯‧伊格爾伯格曾經說過，美國人也許哪一天會懷舊式地回顧冷戰時代，那時共產主義是明確的和公認的敵人，東西方關係的模式在人們頭腦中根深柢固。他的這番話很值得玩味。對於一個欲要在世界上發揮「領袖」作用的美國來說，國際上有一個公開的「敵人」更能激發起國內對政府全球戰略的支持，更有利於政府在國外鋌而走險，為所欲為。蘇聯是美國奉行「遏制」戰略的基礎，而蘇聯的消失一下子使這種戰略失去了繼續的理由，結果之一是使美國政府在國外的重大舉措受到國內因素的牽制。小阿瑟‧施萊辛格在冷戰結束後就預言，一些美國人不習慣也不甘心於沒有敵人，總想找一個敵國來確定美國的外交方向。美國冷戰後是否需要在國際上有一個公開的

「敵人」，中國是否被美國人為地設想扮演這種「角色」，我們不想加以猜測，但美國在許多方面視中國為「敵」卻是世人皆知的事實。如果要對美國這些行為追根溯源的話，一個受共產主義意識形態左右的國家的強大會使美國本能地感到恐懼和不安，這正是美國冷戰後對中國採取一些不利於兩國關係發展的政策的根本原因所在。

美國媒體一向標榜「客觀公正」，但很少從正面報導中國，相反則對中國進行惡意中傷、歪曲、醜化或「妖魔化」。只要稍微瀏覽一下美國各大報刊，就會發現美國社會強烈的反共情結在輿論上暴露無遺。例如，北京爭辦奧運會，美國媒體大力煽動國內的反華情緒，同時使用各種手段活動其他國家不投中國的票。北京舉辦世界婦女大會，美國媒體進行片面報導，試圖把會議變成攻擊中國的講壇。至於一九九五年的吳弘達事件、一九九六年上海孤兒院事件都是美國媒體製造出來的聳人聽聞的虛假報導，以期在國內煽動起反華浪潮。關於美國媒體對中國的肆意攻擊，在美國《華盛頓郵報》曾工作半年的中國記者李希光先生寫道：「美國報界素以敢於發表不同意見而自居，但最近一年來他們關於中國的報導讀起來完全是一個聲音，如此輿論一致，如此有組織性，真是罕見。美國報人對於來自中國的消息，已經完全不在乎這些東西是否編造或是高度誇大。他們只是一心一意地要妖魔化中國。」[96]美國媒體這種置事實於不顧的做法顯然是根深柢固的反共意識作祟，造成的後果只能是「於人不利，於己不利」，一方面誤導了美國公眾，加劇了美國社會對中國的「敵意」，給中美關係的正常發展設置下障礙；另一方面在中國人中間種下了對美國不滿的民族主義情緒。美國國會一批反華議員不時地以一些無中生有的所謂「事實」掀起對中國「討伐」的惡浪。[97]一九九六年九月五日，美

---

96 李希光等：《妖魔化中國的背後》，頁5。

97 參見瓊‧陳：〈中國不是任何威脅〉（Jean Chen, "China's No Threat"），載《芝加哥論壇報》（*Chicago Tribune*）1999年11月12日，頁12。美國政界代表人物對中國「扭

國前總統布什在表示對美國媒體妖魔化中國極大憂慮時宣稱，他對於最近有時候出現的仇恨非常擔憂。美國抨擊中國的現象太多了。美國前總統卡特一九九七年八月十日專門在《紐約時報》上發表了題目為〈妖魔化中國是錯誤的〉文章，以自己參與發展美中關係的經歷和這些年來的訪華觀感為依據，批評了美國國內一些人對中國的歪曲和攻擊。他說：「相互是批評是正當的和必要的，但是不應當以傲慢的或自以為是的方式來進行。每一方都應當看到對方所取得的進步。」[98]他們當然不是「杞人憂天」，而是憂慮美國的利益在這種誤導的報導中遭受損失，但要美國媒體停止「妖魔化」中國恐怕不是幾個政治家的呼聲所能根本改變的。

　　如果說美國媒體「妖魔化」中國純屬憑空捏造，無中生有的話，那麼一些美國人杜撰出來的「中國威脅論」似乎倒是「有根有據」了。一九九三年五月三十一日美國《時代》週刊刊登文章根據購買力平價理論估計出中國到了二○二○年國民生產總值將超過美國，成為世界上經濟總額最大的國家。這篇文章一經發表，猶如一石投河，波浪頓起，中國在未來竟然超過美國，這對經常以「老大自居」的美國人來說簡直不可思議。美國中央情報局一九九五年對世界上十個最大的經濟國家的未來發展進行了估算，根據購買力平價理論，中國國內生產總值到二○二○年為二○○○四○億美元，美國和日本則分別為一三四七○○億美元和五○五二○億美元，中國赫然名列第一，美

---

曲」性言論詳見邁克爾・斯溫：〈不要妖魔化中國：關於中國軍事力量的論調不能反映現實〉（Michael D. Swaine, "Don't Demonize China: Rhetoric About Its Military Might Doesn't Reflect Reality"），載《華盛頓郵報》（*The Washington Post*）1997年5月18日，頁C01。

98 吉米・卡特：〈妖魔化中國是錯誤的〉（Jimmy Carter, "It's Wrong to Demonize China"），載《紐約時報》（*New York Times*）1997年8月10日，頁E15。

國、日本屈居之後。[99]這種統計固然說明了中國經濟發展的「美好前景」，究竟是否符合實際還有待未來檢驗，但卻給某些美國人製造「中國威脅論」提供了數字依據。至於在政治、軍事、文化等方面，美國人也把中國擺在對美國利益構成「威脅」的位置，並加以具體說明。一九九二年美國傳統基金會在《外交研究》秋季號刊登了題為〈覺醒的巨龍：亞洲的真正危險來自中國〉一文，聲言中國將對美國的經濟和當前利益構成威脅。一九九五年初，美國中央情報局全國情報委員會前副主席格雷厄姆・富勒發表了題為〈下一個意識形態〉的文章，提出中國等第三世界國家的文化價值觀將對西方世界形成嚴重的挑戰。[100]克勞撒默一九九五年七月三十一日在《時代》週刊發表了〈為什麼我們必須遏制中國〉一文，竭力鼓吹「遏制」乃至「顛覆」中國的種種理由。他毫無根據地宣稱，「如今的中國更像是個舊式獨裁專制國家而不是執行救世主似的任務，它一心追求權勢。它更像十九世紀晚期的德國。當時的德國對於它所處的歐洲大陸來說是太強大了」，因此美國應該召集西方國家結成像當年的「神聖同盟」那樣，對中國實行「遏制」，以防這個對美國全球利益構成威脅的大國的崛起。[101]

　　一九九七年二月，理查德・伯恩斯和羅斯・芒羅合作出版了《即將到來的中美衝突》一書。與此同時，兩位作者將他們的主要觀點摘編成一篇同名文章，發表在美國《外交事務》季刊上。他們在文章中斷言，中美之間在臺灣和南中國海發生軍事衝突的可能性始終存在，即使兩國「不發生正面衝突，在二十一世紀頭幾十年期間中國也將成為美國在全球爭奪中的主要敵手」。中美競爭將迫使其他國家站在某

---

99　參見理查德・哈洛倫：〈崛起的東方〉（Richard Halloran, "The Rising East"），載《對外政策》（*Foreign Policy*）第102期（1996年春季號），頁11。

100　格雷厄姆・富勒：〈下一個意識型態〉（Graham Fuller, "The Next Ideology"），載《對外政策》（*Foreign Policy*）第98期（1995年春季號），頁145-158。

101　查爾斯・克勞撒默：〈為什麼我們必須遏制中國〉（Charles Krauthammer, "Why We Must Contain China"），載《時代》（*Time*）第146卷第5期（1995年7月31日），頁72。

一方，從而在全球範圍內形成一個以中國為中心的非正式反美同盟，以此「對西方——尤其是對美國的全球霸權——日益提出挑戰」。由此可見，「中國必將成為美國長期的競爭對手，而不是戰略夥伴」。[102]這期《外交事務》雜誌上還刊登了羅伯特・羅斯的〈作為保守政權的北京〉一文，作者似乎以「公允」的態度來分析中美關係的發展，但「中國威脅論」同樣見諸於字裡行間。他宣稱：「中國儘管技術和軍事上落後，但能夠通過威脅美國的力量、加劇地區性衝突和拒絕與國際社會合作而增加地區不穩定，這樣就要求美國運用另外的策略手段維護其利益。」[103]美國參謀長聯席會議主席亨利・謝爾頓將軍公開宣稱，中國對美國「疑心重重」，正在「侵略性」地使其常規力量與核力量現代化。[104]一篇發表在一九九七年五月《華盛頓郵報》的文章認為，幾個月以來在觀察中國上形成了一股扭曲的潮流，即「持續不斷的一系列文章、書籍和輿論作品宣稱，中國現在是亞洲和平的主要威脅。這種觀點描述一個好戰的中國正在從事一項毀滅性軍事擴張計畫，目的強行使其鄰邦歸順，把美國從這一地區驅逐出去。這種描述的言外之意是很清楚的：美國面對著一個類似前蘇聯的新的戰略敵手」。他列舉了把中國「妖魔化」的五種「神話」：一是「中國通過軍事力量向臺灣展示的近圖謀證明了它旨在對整個亞洲構成了威脅」；二是「中國正在奉行一項毀滅性的軍事現代化計畫，據各種估計每年花在國防上的開支為八百億美元到一千五百億美元」；三是「中國已

---

102 理查德・伯恩斯和羅斯・芒羅：〈與美國即將到來的衝突〉（Richard Bernstein and Ross H. Munro, "The Coming Conflict with America"），載《外交事務》（*Foreign Affairs*）第76卷第2期（1997年3、4月），頁18-32。

103 羅比特・羅斯：〈作為保守政權的北京〉（Robert S. Ross, "Beijing as a Conservative Power"），載《外交事務》（*Foreign Affairs*）第76卷第2期（1997年3、4月），頁38。

104 參見約翰・霍爾德里奇：〈美國與中國：到處都是不滿〉（John H.Holdridge, "U.S. and China: Frowns All Around"），載《紐約時報》（*New York Times*）2000年12月20日，頁A34。

經具備了先進的軍事系統，大大擴大在其疆域之外實施打擊力量的能力，由此改變了亞洲的均勢」；四是「即使中國現在不具備潛在的進攻能力，它在十年內必然會擁有這種能力」；五是「中國的現代化努力主要目的是向美國在整個亞洲的能力提出挑戰」。作者是一位很著名的美國學者，他從維護美國利益的角度出發反對將中國如此「妖魔化」。[105]這位作者的聲音代表了很多人的看法，也反映了美國政界、學界以及輿論界對中國的「扭曲」已經到了不可等閒視之的地步。鼓吹中國「威脅」世界和美國的論調儘管是危言聳聽，理論上難以自圓其說，學術上毫無價值，但的確反映出美國社會長期存在的反共心態。這些對中國抱有很大偏見的學者也正是借助著這種心態在公眾中煽動起反華情緒和誤導政府的對華政策。

美國政府的對華政策首先是出於國家利益的考慮，本來兩國關係的健康正常發展最有利於兩國利益的實現，但美國政府卻不以為然，受「冷戰思維」的影響也把中國視為潛在的「敵人」。在已經變化的國際局勢下，公開「遏制」中國顯然已不可取，也有悖於美國的利益。克林頓政府曾反覆聲明，一個強大、穩定、繁榮、開放的中國符合美國的利益。美國不能對中國進行孤立、對抗和遏制，同中國進行建設性的接觸才是唯一選擇。這應該說是發展中美關係的一種明智態度。但在事實上，這種認識似乎是說給別人聽，往往流於言語上，並未真正地轉化為實際行動，相反「遏制」成分卻在美國對華政策中呈上升之勢。「反華」一直是美國領導人撈取政治資本的時髦話題，每逢總統大選，北京總是被雙方候選人作為攻擊的對象。克林頓在競選總統時就把北京設想為美國的「敵人」，極盡不實污蔑之辭。更有甚者，一九九四年春紐約世貿中心大樓爆炸後，克林頓在白宮的一次會議上對美國工商界人士說：「美國必須對中國採取強硬態度，否則下

---

105 斯溫：〈不要妖魔化中國：關於中國軍事力量的論調不能反映現實〉，頁C01。

次世界貿易中心爆炸的時候，炸彈很可能來自中國的核武器。」[106]把一件與中國毫不相干的事與中國掛起鉤來實屬「欲加之罪，何患無辭」。

美國蓄意與中國為敵的態度沒有停留在口頭上，而在實際外交活動中體現出來。在政治上美國政府認為中國是推行全球「民主化」的最大障礙，所以在美國國務院每年發布的人權報告中總是指名道姓地批評中國；在臺灣問題上玩「危險遊戲」，美國政府允許美臺之間建立次內閣級對話，准許美臺官員在白宮和國務院以外的政府機構會晤。一九九五年五月，竟然置對中國的承諾於不顧，批准李登輝訪美；在國際社會肆意詆毀中國，污蔑中國向一些國家出售戰略核武器的技術和設備。如美國中央情報局在關於一九九六年下半年大規模毀滅性武器擴散的報告中宣稱，中國是向外國提供與大規模毀滅性武器有關的商品和技術的「最重要的供應國」，其中包括「給予伊朗和巴基斯坦彈道導彈計畫的各種巨大幫助」。美國還在國際社會製造了結果令其非常難堪的「銀河號事件」。經濟上美國經常揮舞著「制裁」大棒，阻撓中國加入世界貿易組織，在雙邊經貿往來、知識產權談判等方面設置障礙。在思想意識上通過傳播美國的文化價值觀來「軟化」中國。一九九六年九月三十日，美國正式開通了「自由亞洲電臺」，主要是針對中國展開「攻心戰」。在軍事上試圖對中國形成包圍之勢，用美國某一政策研究機構報告中的話來說，從長期的戰略角度看，社會主義中國的存在對美國的生存構成了威脅，因此美國必須在中國周圍保持強大的軍事存在。一九九五年一月五日至十六日，美國、新加坡、泰國三國在泰國進行了意在牽制中國的聯合軍事演習。一九九五年七月，美國正式宣布同越南建立外交關係，其中一個戰略考慮就是利用越南來牽制中國。美國參議院軍事委員會委員麥凱恩直

---

106 轉引自李希光等：《妖魔化中國的背後》，頁264。

言不諱地宣稱，美國和越南有共同的利益，即遏制中國的霸權。讓經濟上有活力和穩定的越南強大起來，達到可以抵制其北方強鄰的地步，這絕對是符合美國的安全利益的。一九九六年四月，克林頓前往日本，與日本政府簽署了「美日安全保障聯合聲明」，美日重新結盟發生在該年三月第三次臺灣海峽危機之後顯然是「項莊舞劍，意在沛公」。此外，美國大約半數以上的陸基洲際導彈，對準北京和中國各大城市以及軍事基地。美國在太平洋的海軍海軍艦隊也是以中國為主要敵手。[107]

克林頓政府的對華政策顯然受到國內對華強硬派的影響。這伙生怕中美關係改善的人物主張美國對中國應以「遏制」為主，「接觸」為輔，以壓力促使中國改變對美國構成「威脅」的現行政策。也有一些人持相反意見，力主美國對華政策應以「接觸」為主，在此過程中，以美國的政治、經濟、文化優勢來影響中國，促使中國參與國際規則的制定，並逐步成為一個所謂「負責任」的國家。如美國前國務院亞洲政策顧問曼寧一九九六年七月二十三日發表文章稱應將中國納入國際體系以改變中國。美國國防部前助理部長小約瑟夫‧奈一九九七年九月十四日在美國《國際先驅論壇報》發表文章主張與中國保持接觸以防止其成為美國的挑戰者。相比之下，接觸派的主張還算比較務實，從長遠來說有利於美國利益的實現，因此也會對美國對華政策發生明顯的影響。目前克林頓政府的對華政策顯然表明「接觸派」占了上風，但通過「扭曲」中國來達到影響外交決策的力量在美國社會一直不可輕視。二〇〇〇年民主黨總統候選人戈爾在批評競爭對手布什時指出：「孤立和妖魔化中國是錯誤的，當我們需要建築一座橋樑時砌起一堵牆也是錯誤的。」[108]戈爾的批評主要是針對共和黨宣揚對華

---

107 參見李希光等：《妖魔化中國的背後》，頁269。

108 凱瑟琳‧西利：〈戈爾在對外政策上挑剔布什〉（Katharine Q. Seelye, "Gore Faults Bush on Foreign Policy"），載《紐約時報》（*New York Times*）2000年4月30日，頁30。

遏制而言的。不過就美國政府而言，無論是對華「遏制」，還是對華
「接觸」，無非都是出於要中國改變現行統治方式的目的。前國務卿克
里斯托弗在談到美國政府的對華政策時說，關於中國，美國的政策將
設法通過鼓勵那個偉大國家的經濟和政治自由化勢力，來促進中國從
共產主義向民主的和平演變。這正是美國政府對華政策的最終目的。

　　當然在美國並不是所有政治家都會加入到「反華」大合唱中去
的，其中也不乏真誠地希望通過中美關係的改善來共同促進兩國利益
實現的人。他們提出的觀點儘管首先出於維護美國利益的考慮，但是
比較客觀公允，有利於中美關係的健康發展。如美國國防部助理部長
幫辦羅什認為：「環顧世界，當今對美國安全最有影響的國家非中國
莫屬，美國在許多國際性問題上若不取得中國的合作，將會一事無
成。」美中商務委員會主席唐納德・安德森甚至警告說：「今之美國
如再無視中國的重要性，將自食其果。」[109]美國《國家利益》雜誌主
編歐文・哈里斯一九九七年五月發表文章從中國渴望全球霸權、中國
渴望地區霸權、中國擴充軍備、中國侵犯人權、中國政界人士對美國
持敵對態度和中國干涉美國內政六個方面駁斥了「中國威脅論」。中
國問題專家哈里・哈丁提出中美關係應是「非敵非友」的大國關係。
基辛格一九九七年七月六日在《華盛頓郵報》發表了題目為〈讓我們
與中國合作〉的文章。在這篇文章中，基辛格從各個方面論證美國與
中國合作的重要性，呼籲美國應從戰略高度出發與中國進行合作。[110]
他在一九九九年九月十日向美國政府呼籲在與中國打交道時一定要放
棄「冷戰思維」。在美國全國新聞俱樂部一九九七年十二月十五日舉
行的美國對華政策座談會上，前助理國務卿洛德主張美國應放棄對華

---

109 以上引文轉引自楊運忠：〈克林頓政府對華政策的演變與特徵〉，載《世界經濟與政
　　治》1996年第4期，頁62。
110 亨利・基辛格：〈讓我們與中國合作〉（Henry Kissinger, "Let's Cooperate with China"），
　　載《華盛頓郵報》（*The Washington Post*）1997年7月6日，頁C7。

遏止政策，因為遏止將會使中國變成敵人，美國也因此失去在一些領域同中國的合作，還會導致盟國關係緊張。

　　未來幾十年裡，美中關係既有順利的一面，又有摩擦的一面，因此美國政府應採取接觸政策，將中國融入地區社會和國際社會之中，通過相互依賴來抑制任何冒險主義的政策。卡特、布什等人在不同的場合也提出了與中國保持合作的主張。上述這些人多已退出了決策部門，但依然具有很大的政治影響力，所以會在一定程度上促使克林頓政府採取一些有利於中美關係改善的政策。但是，當保守主義思潮在美國政壇上居於主導地位時，這些政策不會成為「主流」。美國對華政策繼續體現出以「防範、遏制」為主，「交往、合作」為輔。無論今後中美關係朝著哪個方向發展，只要中國堅持走社會主義道路，美國政府就難以擺脫「冷戰思維」的陰影，更不會真誠地希望中國在對外改革開放中走向富強，相反還是要竭力通過各種手段改變中國的國家性質，根深柢固的「恐共和反共」意識決定了這一點。

# 第八章
# 輸出民主
## ──宣言與實踐

　　所謂「輸出民主」，主要是指美國以自己的是非標準來衡量其他國家，尤其是發展中國家的行為與文化傳統，並認為美國有義務和責任將美國的民主制度推廣到世界各地，即以美國的民主制為模式或原型，促進與美國文化不同的發展中國家的政治制度向著美國規定好的方向運行，最終實現美國式的民主體制的一統天下。輸出民主屬於美國政府傳播其文化價值觀的重要組成部分，是美國對發展中國家外交政策的一個明顯特徵。這種特徵在第二次世界大戰後和冷戰後表現得尤其明顯。它是美國對外關係上的一項文化戰略，是實現美國外部利益的一種有效手段，歷史和現實都證明了這一點。

## 一　「輸出民主」在美國文化中的思想根源

　　以自己的政治制度為模式，要求或強迫其他國家接受雖然也存於別的大國或強國的外交中，但其持續性和明顯性莫過於美國對與自己文化不同的經濟不發達國家的外交。美國企業研究所高級研究員克里斯托爾談到這一點時說：

　　歐洲民主國家無一認為在世界範圍內「促進民主」是其外交政策的重要組成部分。這些民主國家無一認為自己是「山巔之城」，而我們卻在世界上有一種特殊的道義──政治使命，我

們習慣上這樣認為和這樣行動。[1]

　　這種在其他國家外交中鮮見的現象不能不引起研究者的深思。只有首先搞清楚產生這種現象的思想根源，才能從深層揭示出這種行為的實質。美國白人文化中有一種根深柢固的觀念，即認為美國是世界上特殊的「道義之邦」，美國的政治制度在世界上「獨一無二」、「完美無缺」，是其他國家效仿的榜樣。正如美國學者阿爾森在談到美國人特性時說的那樣：「美國人通常認為，他們的國家是優秀的國家。它是個經濟和軍事強國；其影響遍及全球各處。美國人通常還認為，他們的『民主的』政治制度可能是一種最好的制度。」[2]這種認識反映到美國對外關係上時，就成為其向外輸出民主的思想基礎。

　　美國是個典型的資產階級共和政體，這種體制出現在北美大陸同樣有著深刻的歷史根源。受歐洲資本主義發展的影響，北美大陸在形成自己的文化過程中從一開始就包含著資產階級「民主、自由、平等」的成分。眾所周知，當美洲出現在歐洲人面前之前，資本主義生產方式已經在歐洲初見雛形，但很大程度上仍然是在社會上占統治地位的封建生產方式的卵翼下生存。如果僅僅侷限於在其產生的母國突破舊生產方式的束縛，無疑需要一個很長的歷史過程，所以海外探險就成為縮短這一過程的主要途徑之一。因此，美洲的發現存在著一個基本的前提條件，即受到歐洲資本主義生產發展的推動。美洲的殖民化雖然是在這個大背景下進行的，但由於殖民國家的政治制度不同，文化傳統相異，因而殖民化呈現出不同的模式。西、葡美洲和英屬美洲形成了鮮明的對比，這在很大程度上決定了美洲兩大陸以後走上了不同的發展道路。十九世紀中期美國著名政治家丹尼爾‧韋伯斯特認

---

1　克里斯托爾：〈界定我們的國家利益〉，頁60。
2　阿爾森：〈怎樣瞭解美國人〉，頁19。

為，「根據天意」，英國無意準備使北美殖民化，它培養了自由，發展了自由體制，把這些無價的禮物送給了橫渡大西洋尋找新國家的兒女。韋伯斯特對美洲兩大陸發展進行了比較，最後得出結論說：「英國給美國帶去了自由；而西班牙則帶去了權力。」[3]弗雷德里克·金特爾斯的研究結論是，「美國多數政治傳統是英國經歷的結果」。[4]拉美諾貝爾獎獲得者奧克塔維奧·帕斯指出：

> 一個是講英語的美洲，繼承的是奠定現代世界的傳統，即宗教改革以及伴隨而來的社會和政治後果、民主及資本主義；另一個是講西班牙語和葡萄牙語的美洲，繼承的是普世天主教君主制和反宗教改革。[5]

　　帕斯從不同宗教倫理的角度對兩個美洲之間懸殊的解釋儘管非常具有挑戰性，但的確提出了一個令人深思的重大理論問題。這些學者試圖從英國那裡找到美國的政治傳統，其中包括美國民主的起源。當然也有一些歷史學家力圖從北美大陸發展中尋找美國民主的起源，特納就持此說。他否認美國民主起源於歐洲，認為美國民主產生於西部，因為西部具有產生民主的客觀條件，所以「美國的民主充滿了活力，使之與歷史上的任何民主形成鮮明的對比，與歐洲通過立法進行種種理論努力創造一個非自然的民主秩序形成鮮明的對比。美國的問題不是創造民主，而是保存民主制度與理想」。[6]因此特納把美國民主

---

3　韋伯斯特：《美國的使命觀：國家目的和命運的概念》，頁45。

4　金特爾等主編：《美國之夢：信念和實踐的歷史》，頁9。

5　勞倫斯·哈里森：《不發達是一種心態：以拉丁美洲為例》（Lawrence E. Harrison, *Underdevelopment is a State of Mind: The Latin American Case*）增訂版（拉納姆：麥迪遜書社，2000年），頁xvii。

6　弗雷德里克·特納：《美國歷史上的邊疆》（Frederick J. Turner, *The Frontier in American History*）（紐約市：霍爾特出版公司，1920年），頁266。

的產生說成不是來自理論與夢想、不是起源於歐洲，而是來自美國的
森林、來自對新邊疆的占取。其實，把美國民主的產生僅僅溯源於英
國或北美本土都有些失之偏頗。北美殖民地在許多方面都留下了母國
的痕跡，尤其是英國的政治傳統對北美大陸的未來發展產生了重要的
影響，但如果說美國的民主是對英國政治傳統的簡單複製，卻就完全
忽視了北美大陸獨特的歷史條件的影響與作用。兩者的結合，再加上
十八世紀歐洲啟蒙運動的影響，才在北美大陸上產生了迄今仍存的資
產階級民主共和體制。

　　資本主義的擴展導致了北美大陸的發現，而後者的拓殖反過來又
促進了前者的發展。新興的資產階級首先對禁錮人們思想意識的封建
宗教提出挑戰，在歐洲大陸的主要國家先後掀起了聲勢浩大的宗教改
革運動，促成了人們的觀念從「中世紀」向現代世界的過渡。一五六
六年，尼德蘭爆發了反對西班牙統治的獨立戰爭，經過數十年的鬥
爭，到十七世紀初期，荷蘭建立了歐洲大陸上第一個資產階級共和
國。馬克思稱荷蘭是「十七世紀標準的資本主義國家」。[7]十七世紀中
葉，資本主義比較發達的英國爆發資產階級革命，一舉推翻了封建制
度，也是經過長期的鬥爭，最後確立了資產階級的君主立憲制，揭開
了人類歷史上的新的一頁。這次革命的勝利雖然標誌著資產階級已經
由在野力量上升為政權主體，但英國卻是拖著一條長長的封建尾巴開
始社會轉型的。此時資產階級民主政體只是一些激進人士的「理想」
而已，並未轉化為現實，歐洲大陸事實上依然處於封建制度的陰影籠
罩之中。這樣才在十八世紀出現了影響廣泛的歐洲思想啟蒙運動，向
封建「神權」挑戰的資產階級民主思想才在這場運動中脫穎而出。約
翰·洛克是英國著名思想家，他發展了自然權利理論，認為人類是生
而自由和平等的，具有生存權、自由權和財產私有權。他把人民政治

---

7　《馬克思恩格斯選集》第2卷（北京市：人民出版社，1972年），頁256。

主權原則作為建立國家的基礎。洛克的思想以「天賦權利說」而著稱於世，對後來一些國家建立資產階級民主制產生了很大的影響。法國思想家讓-雅克・盧梭提出了「社會契約論」和「人民主權論」，把民主共和國作為他理想中的政體。他們的思想充分體現出了早期資產階級民主成分，即人人都受自然法則的支配，都享有天賦的自由與平等權利；人民為了保證個人自由，才訂立契約，組成社會，建立國家，推舉統治者，所以主權應當屬於人民；如果統治者對人民施以暴政，人民就有推翻他們權利。這些學說成為資產階級問鼎政權時所操持的一把動員輿論的有力武器，在某種程度上也成為衡量資產階級民主政體的基本原則。這些民主制的基本原則被那些具有先進思想的移民們帶到了北美大陸，經過幾代人的消化與實踐，在這片新開墾的土壤裡深深地扎下了根。因此，民主制在北美大陸的出現決不是偶然的，很大程度上講具有必然性。誠然，歐洲啟蒙思想家的學說對北美大陸未來政體的形成產生了很大的影響，但不是決定性條件，如果不存在移民們來到北美大陸的背景以及這裡獨特的地理環境和優越的自然條件，很難設想這塊大陸的未來發展。許多早期移民自身就帶著舊大陸所不願意接受的思想與觀念，他們不畏艱難險阻來到這塊大陸，就是想創建一個與舊大陸完全不同的「新社會」。此外，由於英屬殖民地的特殊性，經濟發展從一開始就與資本主義商品經濟密切聯繫在一起，先進的生產關係預示著必然會在北美大陸上結出豐碩的政治果實。

　　隨著資本主義經濟的發展，資產階級必然要求獲得政權，實現生產關係的轉變，進而為生產力的發展創造條件。正是在這種基礎上，北美早期資產階級革命先驅藉西歐啟蒙思想家的「天賦人權」說為理論武器，發出擺脫英國殖民統治的呼聲。以「自由的使者」、「美國的號手」而著稱的革命思想家托馬斯・潘恩，用其犀利的文筆，寫出了振聾發聵的戰鬥檄文──《常識》，向北美人民宣布：「組織我們自己

的政府，乃是我們的自然權利。」[8]潘恩的宣傳可以說首次激發起美利堅民族獨立的激情，點燃起即將形成燎原之勢的獨立火花。資產階級民主主義者杰斐遜為了喚起人民的革命熱情，甚至認為，人民不但有權反抗暴政，而且在民主政體下舉行局部起義也是允許的，因為它是防止政府腐敗的「必須的良藥」。[9]他們在向人民宣傳與鼓動革命中發展了歐洲啟蒙思想家的「天賦人權」學說，形成了指導北美大陸獨立的革命理論，一七七六年大陸會議通過的《獨立宣言》便是這種理論的具體體現。它莊嚴地宣布：

> 我們認為下面這些真理不言而喻，即所有人是生而平等的，造物主賦予他們一定的不能轉讓的權利，其中包括生命、自由和幸福的追求。為了保障這些權利，人類才在他們之間建立政府，而政府之正當權利，是經過被統治者的同意而產生的。任何政府一破壞這些目的，人民便有權利把它改變或廢除，以建立一個新政府。新政府所依據的原則，和用以組織其權力的方式，必須使人民認為，那樣是最有可能使他們得到安全和幸福……。[10]

這些為後世所熟悉的詞句膾炙人口，激發起殖民地人民擺脫英國宗主國統治，組建自己政府的激情。《獨立宣言》所包含的全部內容標誌著資產階級的「自由、平等、博愛」學說已經發展到成熟階段，對美國歷史和世界歷史的發展都產生了重要的影響。約翰‧亞當斯就

---

8　馬樹槐等譯：《潘恩選集》，頁36。

9　菲利普‧方納編，王華譯：《杰斐遜文選》（北京市：商務印書館，1963年），頁54。

10　《獨立宣言》原件見美國國會圖書館編：《美國歷史上的基本文件》（The Library of Congress, *Primary Documents in American History*），可在http://www.loc.gov/rr/program/bib/ourdocs/DeclarInd.html網址上獲得。

認為，《獨立宣言》「注定覆蓋全球的表面。它一舉推翻了建立在征服之上的所有政府的合法性。它掃除了堆積數世紀奴役狀態的全部垃圾」。[11]《獨立宣言》儘管有時代的侷限性，但無疑是歐洲啟蒙運動產生的思想與北美大陸具體實踐結合的產物，它深刻地反映出美國早期資產階級革命者的民主思想。美國獨立戰爭勝利後，制憲會議一七八七年召開，通過了美利堅合眾國憲法，規定按三權分立的原則組成政府機構。立法權歸國會，行政權歸總統，司法權歸最高法院及其下屬法院，三大權力部門相互制衡，以防其中之一權力機構專權。憲法的通過標誌著資產階級民主共和政體的正式確立。一七九一年美國國會通過了憲法前十條修正案，稱為「權利法案」，確認了資產階級的民主原則，主要保障了美國國內男性白人在政治上和社會上所享受的基本權利。

　　在美國白人看來，他們的祖先為了尋求自由來到美洲，經過數世紀的奮鬥，現在終於在北美大陸上形成了有別於世界上任何其他國家政治制度的體制，美國採取了世界上能夠保證資產階級民主自由的最好制度。詹姆斯·門羅總統在離職前的最後一次致國會的咨文中說：「我們的制度在文明世界歷史上構成了一個重要的時代。一切都將取決於這種制度的維護以及最大限度的純潔。」[12]以這種「自由與開明」的制度為基礎去實現其復興和拯救世界的夢想，自然就成為美國白人文化中的一個重要組成部分。誠如研究美國民主思想發展的知名學者拉爾夫·加布里埃爾所言：「美國民主制把世界從專制者的壓迫

---

11　轉引自小愛德華·豪蘭·塔特姆：《一八一五年至一九二三年的美國和歐洲：對門羅主義背景的研究》（Edward Howland Tatum, Jr. *The United States and Europe 1815-1823: A Study in the Background of the Monroe Doctrine*）（伯克里：加利福尼亞大學出版社，1936年），頁243。

12　詹姆士·門羅：〈第八次年度咨文〉（James Monroe, "Eighth Annual Message"）1824年12月7日。全文可在http://www.presidency.ucsb.edu/ws/index.php?pid=29466網站上獲得。

下解放出來的使命正是基督教注定把世界從撒旦統治下拯救出來的世俗表達。」[13]眾議院撥款委員會在二戰初期的一份報告中寫道:「我們的先輩在這塊土地上灑下的自由種子如果得到適當培育的話,其生長就不應該僅限於我們的疆域之內,而應該進入到世界其他地區。」[14]博斯特德羅夫也認為,在美國,「使命神話堅持,美國具有一種服務於民主模式的道德義務,天定命運的神話卻表明,美國注定通過擴張其版圖成功地傳播民主」。[15]因此當美國開始處理與自己政體不同的國家關係時,這種價值觀必然會在其外交政策中體現出來,要求其他國家接受美國式的民主體制便成為其中的一個主要內容。

上述所論只是美國向外輸出民主的思想意識根源,並未涉及到美國對外關係中的政治、經濟和戰略等利益,而後者才是美國外交政策制訂與執行的決定性因素。因此,輸出民主固然能在美國白人文化中找到它的痕跡,但當這種價值取向在外交中與美國的實際利益結合在一起時,就完全轉變成實現美國政治、經濟、安全等利益的一種手段。

## 二　美國外交中的「輸出民主」表現

「輸出民主」是一個寬泛的概念,從狹義上講,它是指美國要求其他國家,尤其是發展中國家或意識形態與之相異的國家對其政體的被動接受。從廣義上講,它是指美國將其傳統文化價值觀傳播給其他國家。自從美國作為一個主權國家與外部發生關係以來,輸出或傳播

---

13 拉爾夫・加布里埃爾:《美國民主思想歷程:自一八一五年以來的理性史》(Ralph H. Gabriel, *The Course of American Democratic Thought: An Intellectual History Since 1815*)(紐約市:羅納德出版公司,1940年),頁37。

14 寧柯維奇:《思想外交:美國外交政策與文化關係》,頁123。

15 博斯特多爾夫:《總統任期與外交政策巧辯》,頁185。

美國式的民主制便作為美國政府決策者的一項考慮，始終存在於美國
對非西方國家的政策之中。我們並不否認，受傳統文化價值觀的影
響，許多美國人，包括躋身於美國決策層內的一些重要政治家，虔誠
地希望美國的民主體制能夠取代在他們眼中屬於「專制、獨裁、墮
落、腐敗」的政府，他們期望美國外交政策中的任何方針都能反映出
符合本國社會文化的價值觀。他們對外部世界的態度或認識常常有意
或無意地給政府外交決策造成一種有形或無形的壓力，迫使政府在執
行外交政策時總是力求在可能的情況下至少在表面上與美國的文化傳
統保持一致，以獲得公民對其外交政策的支持。其實，如果僅從意識
形態角度講，美國政府還是力求在輸出民主方面取得成效，以完成冥
冥之中的上帝賦予其在塵世所履行的一種特殊「使命」。外交是國與
國之間的一種互動行為，置身於這一過程中的任何一方無不力求其外
部利益得到最大限度的實現，美國也不例外。儘管許多美國領導人在
講話中和政策文告中常常以動聽的語言闡述美國的輸出或促進民主，
給這種外交行為穿上一件光彩熠熠的外衣，但他們也很難掩蓋現實利
益對輸出民主的制約。一旦這層外衣被剝開，我們就會發現輸出民主
具有更深層的目的。

　　美國從來不是一個囿於自身疆界之內發展的國家，它的目光始終
注視著疆域之外的世界，總是試圖在世界事務中扮演一種與他國不同
而且是居於他國之上的角色。立國之初由於受客觀條件所限，美國無
法在大洋之外的競技場上主動出擊，但美國並未由此放棄了在國際舞
臺上發揮特殊作用的願望，以自己所謂「完善」的民主體制昭示世界
體現出美國政府決策者工於心計的謀略。當其他國家對美國紛紛效仿
時，美國實際也就邁出了征服世界的第一步，至少在文化心理上勝其
競爭對手一籌，為日後美國把這些國家納入自己的勢力範圍奠定基
礎。美國早期領導人經常宣稱以美國的「範例」來「拯救」世界就是
這方面最好的說明。「範例」畢竟只是一廂情願而已，他國是否接受

與效仿並不是取決於美國，這種被動的文化戰略事實上在美國具備了問鼎世界領袖的力量時也就發生了改變。被動與主動同時並行，一方面「範例」繼續以其昔日的魅力吸引著他國的效仿，另一方面積極在國外促進美國式的民主。當然在現實生活中，這項文化戰略並未能夠完全遂美國政府之願，而且常常又受到美國其他利益的牽制，但在條件許可的情況下，美國政府會力求這一戰略與其他至關重要的利益保持一致。當一個「民主化」或「美國化」的世界到來時，美國自然就成為「無冕之王」，領袖地位何止僅限於美洲或西方。所以當美國積極追求在世界上發揮領導作用時，美國領導人從來沒有忘記拿出這件對美國既定目標實現非常有利的武器。

實現世界領導權和按照美國設計好的方案安排戰後國際秩序是美國參加第一次世界大戰的主要原因之一，但威爾遜總統卻把美國的目的說成是「必須使世界適宜於民主的推行」。他義正嚴詞地宣稱：

> 我們將為我們一向最珍視的事業而戰，——為民主，為屈從於權勢的人們在自己的政府中有發言的權利，為弱小民族的權利與自由，為自由人民協力合作的普遍權利而戰。這種自由人民的協力合作必將給各國帶來和平與安全，並使世界本身最後獲得自由。[16]

威爾遜的這番話不是美國參戰的真正原因，但也流露出民主會給動盪不寧的世界帶來和平與自由的傾向，為「民主」而戰成為動員美國民眾支持政府行為的一個最好的理由。富蘭克林・羅斯福骨子裡都銘刻著威爾遜「國際主義」的印記。他無時不想使這位他仰慕的總統為美國設計好的世界領袖「藍圖」轉化為現實，美國民主的傳播成為

---

16 林克編輯：《伍德羅・威爾遜文件集》第41卷（普林斯頓市：普林斯頓大學出版社，1982年），頁519-527。

實現這一目的的手段之一。羅斯福在一九三六年的總統競選期間公開宣稱，其他國家的人民「早就產生了他們的民主。……只有我們的成功才能激發起他們久已沉沒的希望。他們開始知道，在美國，我們正在為民主的生存……從事一場偉大而成功的戰爭。為了我們自己和全世界拯救這一偉大而珍貴的政體，我們正在戰鬥不息」。[17]同年十二月，他在布宜諾斯艾利斯召開的美洲國家會議上宣布：「民主制仍然是世界的希望。如果我們這一代能夠繼續使之在美洲成功地運行，它將會得到傳播，取代統治人們的其他方法。」[18]這些政治家之所以常常把「民主」掛在嘴邊，除了他們真心地希望美國的民主制度能夠被其他國家所接受之外，主要還是想以此掩飾美國在國外追求的真實目的，以在推行對外政策時獲得國內民眾的支持。

第二次世界大戰後，美國成為名副其實的西方世界領袖，為了控制對其世界霸權至關重要的「中間地帶」，促進和維護民主自由的旗號自然堂而皇之地出現在美國的對外政策中了。杜魯門一九四七年三月十二日在國會兩院特別會議上發表的著名演說中明確提出了「兩種生活方式的選擇」，美國的責任就是幫助和支持那些選擇了西方自由體制的國家。他以後聲稱：「整個世界應該採取美國的制度，美國的制度只有成為一種世界制度，才能存在下去。」[19]用阿納托爾·拉波波特的話來說，二戰之後，美國領導人確信，「世界需要美國，美國將保證使世界按照美國設計的方案適當地組織起來」。[20]肯尼迪出任總統時期，美國的戰後霸業達到了頂峰。這位「屬於冷戰一代」的總統

---

17　達萊克：《美國對外政策方式：文化政治和外交事務》，頁121。

18　達萊克：《美國對外政策方式：文化政治和外交事務》，頁121。

19　斯蒂芬·安布羅斯：《趨向全球主義：自一九三八年以來的美國對外政策》（Stephen E. Ambrose, *Rise to Globalism: American Foreign Policy since 1938*）（巴爾的摩市：企鵝書社，1971年），頁19。

20　阿納托爾·拉波波特：《兩大國：蘇美關於外交政策的觀念》（Anatol Rapoport, *The Big Two: Soviet-American Perceptions of Foreign Policy*）（紐約市：飛馬出版社，1971年），頁91。

自命不凡，雄心勃勃，大有以美國的自由體制征服世界之勢。他把其
政府欲要奉行的外交政策形容為「一手抓箭，一手抓橄欖枝」，在第
三世界大力促進所謂的「民主」，以圖改變美國戰後支持獨裁政權的
不佳形象。里根是以重振美國「昔日雄風」為己任出任美國總統的。
他力圖重新塑造美國在國際社會的形象，恢復美國執世界事務之牛耳
的地位，並把傳播美國的民主價值觀作為實現這一目的的重要手段。
一九八六年三月十四日，里根發表了對外政策咨文，聲稱美國要對全
世界「進行強有力的領導」，要推行一種「顧及世界各地尋求自由的
億萬人民命運的外交政策」，美國的目標是促進世界的「民主革命」，
讓世界「有自由」而無「任何形式的暴政」，美國將為實現這些目標
而不懈努力，按照美國的理想去影響事態發展，「將隨時準備在其他
國家幫助實現民主」。[21]

　　從美國領導人的言論來看，在國外促進民主似乎是美國對外政策
的一個主要目標，其實不然，在政策的實際執行中，促進一個民主化
世界的到來只是美國實現其世界領袖的前奏。美國前政府高級官員葆
拉・多布里斯基認為，美國在國外促進民主「除了得到純粹的軍事好
處外，一個民主的世界將產生一種最有益於美國政治、經濟和文化利
益的國際環境」。[22]用美國學者喬舒亞・穆拉夫契克的話來說：「一個
民主的蘇聯或一批民主化的後起國家將不是我們的敵人。我們將擺脫
核災難的經常恐懼。蘇聯將增加民主陣營幾乎不可抵制的力量。美國
和蘇聯作為一個夥伴國，而不是對手，靠著民主的歐洲和日本的支
持，美國能夠促成一個新的全球秩序。」[23]穆拉夫契克這裡就是少說
了一句話，在這種由「民主」國家構成的世界秩序中，美國自然是當

---

21 參見〈里根致國會關於對外政策全文〉（"Text of Reagan Message to Congress on Fore-
　ign Policy"），載《紐約時報》（*New York Times*）1986年3月15日，頁4。

22 多布里揚斯基：〈人權與美國對外政策〉，頁166。

23 喬舒亞・穆拉夫契克：《輸出民主：完成美國的使命》（Joshua Muravchik, *Exporting
　Democracy: Fulfilling America's Destiny*）（華盛頓特區：AEI出版社，1991年），頁7。

之無愧的領袖，這大概也就是美國政府在國外促進美國民主的一個主要目的吧。

　　大多數發展中國家由於歷史原因和經濟不發達，再加上發達國家相互爭奪勢力範圍，所以國內政局常常動盪不寧，政權更替頻繁。這種狀況對在這些國家或地區享有巨大利益的美國構成了一種潛在威脅。在許多情況下，美國對這些國家利益的侵犯是動盪的根源之一，但作為最大的既得利益享有者，美國又不願意或希望動盪的發生，它們的政治和社會的「穩定」是保證美國利益實現和發展的一個前提條件。正如美國學者斯特林·約翰遜指出的那樣：「一種穩定的國際體系的存在是維護美國經濟和軍事霸權的關鍵所在。因為對現狀的任何變革很可能不是促進美國的利益，而是損害美國的利益。」[24]所以，當非西方國家，尤其是那些與美國利益密切相關的國家發生破壞現狀的革命或動盪時，美國總會採取不同的方式進行干涉，迫使它們接受美國規定好的政體形式是其中經常使用的一種方式。因為在美國領導人看來，「不民主的國家生性好戰並且邪惡；而民主國家是和平的有道德的，這種國家受人民的監督並定期更換他們的領袖」。[25]用富布賴特的話來說：

　　　　第二次世界大戰以前，美國的對外干涉——即干涉其他國家的內部事務，幾乎完全侷限於我們公開宣布的在拉丁美洲的勢力範圍。第二次世界大戰以來，美國已成為在全球實行對外干涉的國家。作為戰後時期實力最強的國家，我們總是認為我們有進行干涉和維持秩序的責任，有在世界範圍內推行和執行發展和民主化計畫的責任。[26]

---

24　約翰遜：《全球追求與占有：美國國家利益對國際法》，頁10。
25　斯帕尼爾：《第二次世界大戰後美國的外交政策》，頁11。
26　富布賴特：《帝國的代價》，頁116。

　　我們以拉丁美洲為例來說明美國是如何干涉這些國家的政體形式。威爾遜常常宣稱，在世界範圍內傳播民主，促進其他國家接受民主政體尤其是美國外交的一個「主要目標」。林克教授把威爾遜政府的這種外交政策取向稱為「傳教士外交」就是以此為根據的。威爾遜剛出任美國總統伊始，就拒絕承認墨西哥通過政變上臺的韋爾塔政府，並借助各種手段迫使韋爾塔下臺，最後乃至出兵干涉，要求在墨西哥建立一個符合憲法的民選政府。他也借多米尼加共和國和海地的內亂，派美國海軍陸戰隊登陸，在刺刀的恐嚇下進行所謂的投票選舉。在這裡，投票者完全攝於美國的脅迫，不得不選出美國選擇好的總統。威爾遜的這種直接出兵形式在二戰前較為常見，戰後美國則更多地通過其他途徑干涉拉美國家選舉，如美國一九六二年出錢資助在巴西大選中的親美候選人。卡特政府在一九七八年多米尼加總統大選中，支持安東尼奧‧古斯曼當選，多米尼加人戲稱古斯曼是「卡特和萬斯的兒子」。在智利、厄瓜多爾、尼加拉瓜、危地馬拉、洪都拉斯、秘魯、薩爾瓦多以及加勒比地區，美國政府都程度不同地插手，力圖使選舉按照美國設計好的方向發展，最後組建親美的民選政府，以利於美國的政治控制和經濟擴張。美國學者小西奧多‧懷特研究了這一問題後得出結論：「美國並不有意在其他國家採取促進民主體制的政策。美國支持自由選舉是要解決伴隨其上升為世界強國的某些具體政策問題。首要之問題一直是如何防止或阻止革命。在與這一企圖有關的每個實際事件中，政治穩定是美國選舉干涉的直接或間接目的。」[27]在美國對大洋之外的國家或地區的干涉中，我們同樣可以清晰地看到這項文化戰略的痕跡。

　　美國政府的一位高級官員莫頓‧霍爾珀林指出，美國應該領導促

---

27 小西奧多‧懷特：《美國支持國外的自由選舉》（Theodore P. Wright, Jr., *American Support of Free Elections Abroad*）（華盛頓特區：公眾事務出版社，1964年），頁37。

進國外的民主趨勢，因為「民主政府更愛好和平，很少發動戰爭或引起暴力。那些屬於立憲民主的國家不可能與美國或其他民主國家進行戰爭，更願意支持對武器貿易的限制，鼓勵和平解決糾紛，促進自由貿易。這樣當一個國家試圖舉行自由選舉和建立一個立憲民主制時，美國和國際社會應該不僅幫助，而且應該保證這一結果」。[28]霍爾珀林這裡談的是冷戰後美國應該採取的政策，但這種思想在第二次世界大戰後美國對外政策中就不時地體現出來，至少在美國決策者看來：其一，世界民主化或美國化程度愈高，美國治下和平的可能性就愈大；其二，美國扶植的民主化國家不會與美國兵戎相見，很少對美國的地區或全球利益構成威脅；其三，民主國家不易爆發推翻現狀的革命，這樣就把戰後共產主義的「擴張」減少到最低限度。

第二次世界大戰後，美國單獨占領了日本，占領當局對日本進行了一次自上而下的民主改革。改革是按照杜魯門總統一九四五年九月六日正式批准的「戰後初期美國對日政策」這一文件進行的。這份文件的精神主要有兩點，一是保證日本非軍事化，不再構成對和平的威脅；二是剷除封建基礎，在政治上實現民主化。這次改革是基於日本文化與美國文化甚至西方文化二元對立之上來進行的。如參與起草日本憲法的比特・西羅塔・戈登認為，「日本文化實質上是封建主義的。日本人民服從當局的任何命令，即使作為個人的他們這樣做感到勉為其難。……日本的道義體系提高了為了大事業而犧牲個人利益者的地位。……日本人民不知道個人權利的基本概念。他們把這樣一個概念誤解為等同於自私或醜陋的個人主義」。相比之下，美國是一個

---

28 莫頓・霍爾珀林：〈保證民主〉（Morton H. Halperin, "Guaranteeing Democracy"），載《對外政策》（Foreign Policy）第91期（1993年夏季號），頁105。關於美國人認為民主國家熱愛和平的說法詳見巴巴拉・克羅西特：〈民主國家熱愛和平，不是嗎？〉（Barbara Crossette, "Democracies Love Peace, Don't They?"），載《紐約時報》（New York Times）1997年6月1日，頁E3。

對個人權利有著成熟理解的國家。[29]麥克阿瑟一九五一年在美國參議院聽證會上比較了美國戰後對日本和德國的占領，詳細地闡述了日本如何在美國的指導下成為一個「好學生」。在麥克阿瑟看來：

> 德國人民是一個成熟的民族。如果盎格魯－撒克遜在發展上、在科學上、在藝術上、在神德上以及在文化上到了四十五歲的年齡，那麼德國人是相當成熟的。然而，日本人儘管按照時間來衡量是古老的，但他們還處於一個被教誨的狀態，按照現代文明標準來衡量，與我們四十五歲的發展相比較，他們還是像一個十二歲的孩子。像處在任何受教誨的時期內，他們很容易追隨新的模式，接受新的思想。你能把一些基本的概念移植到這裡。[30]

麥克阿瑟的這番話在認為「民主制」很健全的美國人當中很有代表性，明顯包含著對日本文化的「貶低」，而日本人善於接受對本國發展有利的外來文化成分卻在這裡被說成是他們像「小孩」一樣易於接受美國這個「大人」的諄諄教導，也會按照「大人」的安排行事。不過也毋庸諱言，美國在日本強制推行的改革對戰後日本的發展產生了重大影響，尤其是美國一手操縱的日本新憲法的制定和通過，確立了美國式的三權分立政體，標誌著日本完成了從軍國主義專制體制向資產階級議會制的過渡。

---

29 米雷・科伊卡里：〈輸出民主嗎？一九四五年至一九五二年美國占領日本期間美國婦女、「女權主義改革」和帝國主義政治〉（Mire Koikari, "Exporting Democracy? American Women, 'Feminist Reforms,' and Politics of Imperialism in the U.S. Occupation of Japan, 1945-1952"），載《婦女研究雜誌》（*A Journal of Women Studies*）第23卷第1期（2002年），頁32。

30 轉引自約翰・道爾：《殘酷無情的戰爭：太平洋戰爭期間的種族與權力》（John Dower, *War Without Mercy: Race and Power in the Pacific War*）（紐約市：萬神書社，1986年），頁303。

在德國占領區，美國也聯合英法兩國，以西方民主制的模式成立了德意志聯邦共和國。當然美國對日本和德國進行的「民主化」改革本意主要是出於美國的利益考慮。日本與德國雖然戰敗，但依然具有一定社會文化基礎的法西斯殘餘並未隨著戰火的熄滅而消失殆盡，若不按照西方的民主模式對兩國進行激烈的改造，就會留下「隱患」，日後對美國地區利益乃至全球利益形成威脅。任盟國駐日占領軍司令道格拉斯・麥克阿瑟將軍就認為，日本的民主化是一種輔助性的目的，其「最終目標」是「促成一種形勢，最大可能地保障日本將不再構成對世界和平與安全的威脅」。[31]就連竭力倡導美國在國外應積極促進民主的穆拉夫契克也直言不諱地承認：「美國參加第二次世界大戰是為了維護自己，並不是使日本和德國民主化。然而，一旦美國捲入其中，便得出結論，維持和平的最好方法將是使日本和德國轉變成民主制。同樣，美國參加冷戰是為了維護自身，並不是為了傳播民主。不過美國常常發現或設想，建立一個抵制共產主義在其他國家進展的堡壘的最好方法是加強民主制。」[32]穆拉夫契克這裡至少說出了美國大力促進國外民主的一個主要原因。

拉丁美洲民主化是戰後拉美經濟發展所導致的在政治領域的一種變革趨勢。在這一進程中，美國是設置了障礙，還是促進了發展，國外的看法也不盡相同，但可以肯定地說，美國沒有置身於這一進程之外，而是將它納入了美國向拉美傳播美國文化價值觀的軌道。一九五八年五月，副總統尼克松出訪南美後提出美國應該熱情地支持拉美民主制的領導人，以免造成它正在幫助一小批特權階層的影響。這一建議雖然受到國務卿杜勒斯的異議，但說明促進拉美民主制已經引起美國上層的關注。[33]肯尼迪出任總統之後，提出在拉美推行「爭取進步

---

31 穆拉夫契克：《輸出民主：完成美國的使命》，頁92。
32 穆拉夫契克：《輸出民主：完成美國的使命》，頁119。
33 沃爾特・拉夫伯：《不可避免的革命：美國在中美洲》（Walter LaFeber, *Inevitable*

聯盟」計畫，把「促進經濟發展和加強民主體制」作為兩大目標。肯尼迪政府在這方面做了一些努力，試圖通過經濟援助，在拉美鞏固和發展以美國價值觀念和生活方式為基礎的代議制民主。七〇年代後期，卡特政府強調把在拉美建立「民主制度」作為其外交的重要內容，為此以中斷經濟和軍事援助為手段，迫使南美軍人政權改變統治方式，逐漸向文人政府過渡。里根政府在外交上雖然靈活多變，但把促進世界各地的「民主運動」作為其外交政策的一個「基本方向」。在這種思想的指導下，里根政府利用其所謂的文化優勢，以其民主價值觀向蘇聯陣營不時發動進攻，將其置於文化意識形態上的守勢境地，在促成蘇東國家的政治制度演變上起了推波助瀾的作用。

　　「輸出民主」作為一項文化戰略在美國對外關係上時隱時現，美國政府只要條件允許都竭力將之在對外政策中體現出來。這種外交行為得到美國一些政治家和學者的稱讚，如美國國務卿喬治‧普拉特‧舒爾茨（George Pratt Shultz）一九八五年一月三十一日在參議院作證時說，美國始終是民主制度的衛士。民主制度是人權的最好保證，也是局勢穩定的最長遠保證。在兩黨支持下全國對民主制度的援助反映了美國這種致力於民主的精神。在每一個大陸，我們都看到走向民主的趨勢和對民主的嚮往，它們生動地說明自由的思想完全不是一種同文化聯繫在一起的願望或者工業化的西方所獨有的東西。美國學者理查德‧巴尼特認為：「對美國人來說，美國政治制度得到證實是通過它被其他國家所接受。我們通過這種制度在國外被效仿和受稱讚的程度來判斷我們社會的價值。」[34]這樣的語言在美國政界和學界比比皆是。他們固然道出了美國文化中的一種價值觀，但並不能真實地反映出這種價值觀與美國的具體利益結合在一起所要達到的真正目的，實

---

*Revolutions: The United States in Central America*）（紐約市：諾頓出版社，1983年），頁137。

34　索恩：〈美國政治文化與冷戰的結束〉，頁323。

際上也就掩蓋了美國外交的本質。「利他性」只是「利己性」的一種掩飾，且不說在風雲變幻的國際競爭中沒有「利他主義」的一席之地，即使偶爾存在著利他因素，那麼這種「利他」首先是為了利己。「輸出民主」給美國獲取其他至關重要的利益蒙上了一層漂亮的外表，當我們把這層外表剝開後，它並不像美國政治家和學者們宣揚的那樣娓娓動聽，純粹是一種服務於美國政治、經濟、戰略等利益實現的一種有效輔助手段。

## 三　冷戰後美國「輸出民主」戰略

冷戰結束後，世界並未進入太平盛世，相反冷戰時期掩蓋和壓抑的許多矛盾紛紛暴露出來，國際局勢變得更加錯綜複雜。作為冷戰後的唯一超級大國，美國面對著來自各個方面對其世界領袖地位的挑戰，更加注重對外政策中的文化因素。美國強調以其政治發展為模式促進國外的民主，也就是試圖把一個意識形態多元化的世界用美國的價值標準統一起來，實現冷戰後美國治下的和平。

具體來講，美國主要出於下述考慮，東歐劇變和蘇聯解體使美國朝野一時沸沸揚揚，一種主要觀點認為美國靠著其思想意識和文化價值觀打贏了這場戰爭，如穆拉夫契克在一九九一年出版的一本書中寫道：「美國幾乎沒有費勁就贏得了冷戰，……不過，美國獲勝不是靠著其軍事力量和外交技巧，而是靠著美國制度基於之上的民主思想的力量和共產主義思想的失敗。」[35]斯坦福大學胡佛研究所高級研究員拉里・戴蒙德也持相同觀點。他認為：「民主制贏得了冷戰的這場偉大的意識形態鬥爭。」不過，戴蒙德沒有對這場西方的「勝利」得意忘形，他告誡那些得意忘形的美國人說：「民主制不是唯一的選擇。

---

[35] 穆拉夫契克：《輸出民主：完成美國的使命》，頁1。

各種獨裁主義——伊斯蘭原教旨主義的獨裁、極端民族主義的獨裁、軍事的獨裁、革命的獨裁——依然具有吸引力。」[36]戴蒙德本意還是要美國政府加大推行「民主化」戰略，消除這些美國人「視若恐懼」的威脅，但卻反映出一個統一到美國民主制旗幟下的世界對美國來說為時尚早。

其實，冷戰並沒有真正的贏家。雖然蘇東地區出現的形勢確實說明美國等西方國家文化價值觀的推波助瀾作用，但冷戰的結束並不意味著與美國不同的意識形態在這個世界上完全消失。除了還存在著堅持走社會主義道路的國家外，一些在美國人眼中屬於專制、獨裁、集權的國家也積極活動在國際舞臺上，成為建立以美國價值觀為主導的國際新秩序的主要障礙。美國決策者認為美國的民主具有無堅不摧的力量，是將這些國家引導或演變到「西方民主大家庭」中的有力武器。多布里揚斯基指出在國外促進民主與人權不僅是一種道義上迫切履行的義務，而且是一種支持美國國家安全的可靠戰略方式。[37]布什在向國會遞交《一九九一年國家安全戰略報告》時發表聲明說：

> 我們對戰略挑戰的對策一向是由我們作為一個民族的特性決定的，因為我們的價值觀連結著我們的過去與未來，連結著我們的國際生活與對外政策，連結著我們的力量與目的。作為一個國家，我們的責任不僅是保護我們的公民與我們的利益，而且還要幫助創建一個新世界，使我們的理想不但能生根，而且還能開花結果。這正是我們的國家安全戰略的根本所在。[38]

---

36 拉里・戴蒙德：〈促進民主〉（Larry Diamond, "Promoting Democracy"），載尤金・維特科夫主編：《美國對外政策的未來》（Eugene R. Wittkopf, ed., *The Future of American Foreign Policy*）（紐約市：聖馬丁出版社，1994年），頁101。

37 多布里斯基：《人權與美國外交政策》，頁166。

38 喬治・布什：〈關於一九九一年國家安全報告的聲明〉（George W. Bush, "Statement on the 1991 National Security Strategy Report"）1991年8月13日。這份文件存於布什

　　克林頓政府的國務卿克里斯托弗一九九三年在多次場合的講話中強調，美國對外政策的基本目標是保證美國本土的安全，促進美國的經濟繁榮，增強美國的民主價值觀念。在他看來，對這些目標的共同獻身精神把美國人民緊緊地連結在一起。促進他們的利益和發揚他們的理想一直是美國外交的中心任務。[39]美國政府在一九九八年十月日公布的《新世紀國家安全戰略》中強調，「支撐我們擔當國際領導的支柱是我們民主思想和價值觀所產生的力量。在制定我們的戰略時，我們認識到，民主的擴大對美國價值觀是一個支持，對我們的安全和繁榮是一個促進。民主國家的政府在面臨共同的威脅時彼此之間更易於進行合作，鼓勵自由貿易和促進經濟持續發展。因此，全世界走向民主和自由市場的趨勢有助於促進美國的利益」。[40]所以，冷戰後美國外交中所謂的「理想主義」成分上升絕非偶然，它反映出美國為適應外部環境變化的一種戰略調整，輸出民主自然成為其中一項重要內容。

　　在冷戰時期，美國為了有效地執行其全球遏制戰略，常常與那些堅決反共的親美獨裁政權結為聯盟，用經濟和軍事援助加強對這些國家的控制，維持有利於美國既得利益實現和抑制內部革命爆發的「穩定與秩序」。肯尼迪執政時期加強了對第三世界親美國家的經濟援助，其目的正如他關於對外援助的辛中寫道，通過援助使這些國家載社會、經濟和政治等方面取得進步，這對於防治國際共產主義的傳播

圖書館，可在http://bushlibrary.tamu.edu/research/ papers/1991/91081302.html網址上獲得。

39 沃倫‧克里斯托弗關於在全球範圍內促進民主的觀點詳見〈民主與人權〉（"Democracy and Human Rights: Where America Stands-Secretary of State Warren Christopher Addresses World Conference on Human Rights – Transcript"），載《美國國務院電訊》（*US Department of States Dispatch*）1993年6月21日。全文可在http://findarticles.com/p/articles/mi_m1584/is_n25_v4/ai_14168099網上獲得。

40 白宮：《新世紀國家安全戰略》（White House, *National Security Strategy for a New Century*）1998年10月。這份文件全文可在http://www.whitehouse.gov/WH/EOP/NSC/html/documents/nssr.pdf網址上獲得。

是至關重要的。[41]這種扶植和維護親美獨裁政權的政策雖然在一定時期對與蘇聯的抗爭頗為奏效，但長此以往必以損害美國的長遠利益而告終。美國也不時進行政策調整，儘管把支持的重點逐漸轉向那些與美國保持友好關係的民主國家，但並沒有完全放棄與獨裁政權的聯盟。冷戰結束後，美國無須再為一個意識形態上與它抗衡的超級大國存在而憂心焦慮，也無須再利用獨裁政權作為實現其安全利益的一個工具。不過蘇聯的解體並未使美國高枕無憂，作為一個虎視全球的世界警察國家，每個地區失去平衡都會威脅到它的利益，釀成對其世界領袖地位的挑戰。在美國決策者看來，在民主國家，執掌權力者由於受到政治和法制程序所限，不易製造地區動亂，不會對其鄰邦構成威脅，反而能夠配合美國維護所在地區的穩定與安全。此外，當經濟因素逐漸在冷戰後的美國外交中居於主導地位時，美國決策者把一個民主世界的存在看成是創造了一個有利於美國經濟利益實現的國際環境。因此在美國的戰略構想中，促進和傳播民主成為維護美國全球安全和經濟利益的主要先決條件之一。克林頓在當選為美國總統後說：

> 在世界上保衛自由和促進民主並不僅僅是我們最深刻的價值觀的反映，這些都對我們的國家利益至關重要。民主意味著國家之間和平相處，思想和貿易相互開放。[42]

美國國家安全顧問安東尼‧萊克說得更具體，「民主的傳播將幫助解決所有其他的美國外交政策問題，因為民主制不侵犯人權，不進攻其鄰邦，不採納限制性的貿易政策，不從事恐怖主義，或者不產生

---

41 參見〈肯尼迪關於對外援助計畫的信〉（"Kennedy Letter on Foreign Aid Program"），載《紐約時報》（*New York Times*）1961年5月27日，頁2。

42 伯姆斯塔德：〈克林頓的內政、外交政策〉，載《現代外國哲學社會科學文摘》1993年第2期，頁7。

難民」。[43]美國決策者認識到這一點，但美國與之打交道的國家並不都是以西方標準劃線的民主國家，而這些國家向西方政治結構演變也不是由外部環境或壓力所能決定的。冷戰後美國政府都把傳播美國價值觀和促進國外民主在其全球戰略中提到非常高度，無非就是迫不及待地夢想一個統一在美國價值觀之下的「民主」世界早日到來。

　　自由市場經濟是資本主義制度運行的根本條件，而反映出資產階級利益的政治民主化則是這種經濟模式發揮有效作用的基本保障。美國是個典型的資本主義大國，它在歷史上形成的民主共和制適應了自由市場經濟的發展，除了某些特定時期外，兩者基本上處於適應狀態，美國國內的經濟繁榮和政治穩定很大程度上有賴於此。冷戰結束後，國際關係中的主要矛盾發生了變化，各個國家都把尋求對自身經濟發展有利的國際環境作為外交政策的首要目標。美國也不例外，它既要振興冷戰遺留給美國國內日益衰退的經濟，又要在這股洶湧澎湃的國際經濟大潮中獲得支配地位。當世界經濟貿易區域化成為國際社會的一種發展趨勢時，作為一個謀求世界領袖地位的國家，美國更是率先一步，力圖以自己的貿易、金融、投資、技術、援助等優勢形成以地緣為基礎的自由貿易區，為主宰未來世界經濟格局奠定基礎。當美國開始為實現這一目標做出不懈努力時，就把促使與之貿易往來的國家的經濟市場化作為形成未來自由貿易區的基本要素，其實就是以自己的價值標準來主導美國介入的自由貿易區朝著美國規定的方向運行。所以美國領導人大力宣揚西方自由市場經濟的優越性，鼓勵其他國家效仿。如美國副總統阿爾伯特・戈爾一九九五年三月十二日在聯合國社會發展首腦會議上發言說，只有自由市場才能確保全球的經濟永遠向前發展，「我們認為，只有市場體制才能比任何其他形式的經

---

43 哈里・哈丁：〈瀕臨邊緣的亞洲政策〉（Harry Harding, "Asia Policy to the Brink"），載《對外政策》（*Foreign Policy*）第96期（1994年秋季號），頁61。

濟組織更能發揮人的潛力，而且只有市場體制才擁有創造財富的明顯的潛力」。[44] 戈爾這裡顯然指的是西方式的自由市場經濟。

美國政府在非西方國家促進西方市場經濟可謂深謀遠慮，但許多美國人認為，這種經濟體制只有在西方民主制下才能「茁壯成長」。美國學者達爾就持這種觀點，在他看來，歷史事實表明，現代民主制度只存在於私有制占優勢、市場調節經濟，或資本主義的國家。[45] 言下之意，西方民主政治與市場經濟是一對孿生兄弟，市場經濟只有在採用西方民主政體的國家才會順利運行，也只有通過市場經濟才會進一步使政治上更加「民主化」。戴蒙德在談到兩者之間的關係時指出：

> 出於兩個有力的理由，促進民主暗示著培育市場主導型經濟。第一，國家社會主義——意味著國家所有制和對生產手段的控制——在本質上與民主制水火不相容，民主制要求權力資源的某種分配，致使政治競爭能夠是真正的，國家能夠負有責任；第二，正如過去幾十年情況必然表明的那樣，國家社會主義沒有產生持續的經濟發展，中央集權型的經濟是落後的。這樣，只有市場主導型經濟才能產生合法的民主的條件。[46]

民主可以培育市場經濟，市場經濟反過來又可使民主制得到鞏固或更加成熟，市場經濟成為民主制到來的前奏。美國學者曼德爾鮑姆認為，推行市場經濟至少可以從兩個方面間接地培育民主。首先，市場運行不受統治當局的支配，這就擴大了個人可得到的活動空間。公民借助不受國家控制的社會空間而自我組織起來，這正是民主政治的

---

44 戈爾的講話可在www.un.org/documents/ga/conf166/gov/950312075543.htm網址上獲得。

45 引自阿爾蒙德：〈資本主義與民主〉，載《現代外國哲學社會科學文摘》1993年第5期，頁18。

46 戴蒙德：〈促進民主〉，頁102。

必要條件。其次，在經濟上獲得成就的條件下，民主政府似乎更易發展。[47]這些美國學者指出了民主與市場經濟之間的密切聯繫，這是正確的，但他們顯然是站在本國立場上為西方政治經濟體制高唱讚歌，道出了在美國政界和學術界流行的一種看法，即非西方國家政治民主化是實現世界穩定的保證，是經濟和貿易更加開放的一個先決條件，而經濟市場化卻是這種民主化不至於流於形式的基礎，二者的結合才會創造出一個有利於美國希冀的世界秩序到來的外部環境。所以美國政府在冷戰後把輸出民主提到非常高度，其中一個很重要的原因就是為西方市場經濟在非西方國家產生、發展以及運行創造一個條件。正如克林頓一九九二年在闡述其外交政策的一次演說中指出的那樣，「在這個新時代裡總統領導的第二個迫切的任務就是強化向民主和市場經濟發展的世界潮流。我們的戰略利益和道德價值根植於這一目標。在我們幫助民主擴展時，我們就會使我們自己和盟國更為安全。民主國家極少互相打仗或以恐怖主義相威脅。這些國家是貿易外交上更為可靠的夥伴。正在增長的市場經濟擴大了個人的機會和社會的寬容」。[48]這裡順便提到一點，在今天，隨著市場經濟成為非西方國家進行經濟改革的必然選擇時，是否一定要導入西方的民主政體才能保證經濟改革或調整的成功？許多非西方國家在經濟上取得了舉世矚目的成就證明了二者之間並非存在著必然的聯繫。很多研究成果也證明了這一點。如韓國學者李松仁指出，從邏輯上和制度上來看，民主制或「民主化」並不能成為經濟改革的必要前提條件。西方和第三世界國家的經驗告訴我們，在實行集權或菁英統治的政治體制下，市場經濟完全可以有效運轉。[49]李松仁的觀點是對美國在國外大力促進民主的

---

47　曼德爾鮑姆：〈布什的外交政策〉，載《現代外國哲學社會科學文摘》1992年第5期，頁3。

48　伯姆斯塔德：〈克林頓的內政、外交政策〉，頁7。

49　李松仁：〈民主加經濟改革：是俄羅斯發展的新模式嗎？〉，載《國外社會科學快報》1993年第3期，頁10。

一種含蓄的批評，在發展中國家的學術界很有市場。

　　第二次世界大戰以後，當某一國家爆發了威脅美國利益的民族民主革命或動盪局面時，美國政府常常藉著遏制蘇聯的滲透堂而皇之地進行干涉。干涉實際上成為美國控制在戰略上對美國至關重要的國家的手段。冷戰結束後，美國面對著一些地區或國家威脅到美國利益的動盪形勢，已無法利用冷戰時期的那些干涉藉口，必然要在新的形勢下尋找一種使自己干涉行為合法化的依據。當發展中國家的政治民主化成為一種趨勢時，美國也就找到了干涉的理由。美國一方面通過干涉使這種民主化的趨勢按照美國所引導的方向發展，防「患」於未然，另一方面對那些已出現動盪局勢的國家施加壓力，甚或不惜武力干涉，試圖以美國的標準建立或恢復民主統治，維護冷戰後的美國安全與經濟利益。此外，在冷戰後美國國內孤立主義大有回潮之勢時，以促進其他國家民主之名的干涉在多數情況下會得到國會和美國人的認同。霍爾珀林寫道：「美國人寧願看到其他國家享有與他們享有的自由，⋯⋯如果美國人認為美國決策者正在促進全球範圍內的民主，他們將更願意以承擔財經義務來支持美國的政策，如果必要的話，支持軍事行動實現這些外交政策的目的。」[50]克林頓也承認，如果不體現出美國人民持續的價值觀，任何對外政策都不可能長期是成功的。[51]國內壓力的減少可以使美國無後顧之憂地在海外充當「世界警察」。

　　布什是在冷戰結束之際當選為美國總統的，他上臺後在手持大棒的同時，把在國外促進民主明顯地注入美國外交中。一九九〇年四月他在接受記者採訪時聲稱，他希望成為幫助鞏固全世界出現的民主變革的總統，宣布美國在全球的「新作用」是繼續向全世界提出民主與人權的標準。[52]在此之前，國務卿貝克發表題為「民主與外交政策」

---

50 霍爾珀林：〈保證民主〉，頁106。
51 佩塞尼：〈美國軍事干涉期間促進民主的兩條道路〉，頁398。
52 〈美國的全球作用和國家認同——對布什的採訪〉（"US's Global Role and National

的講話，詳細闡述了對外輸出民主戰略的基礎。他提出民主意味著個人權利與個人責任，提供了一種獨一無二的政治合法性，所以美國的外交政策必須反映民主價值觀，以民主作為外交手段，實現美國在海外的利益。因此，「民主在於超越遏制。現在正在迅速掃除老的獨裁者，建立新的民主制度的時機已經到來，那就是布什總統確定我們的新的任務是促進和鞏固民主的原因。這是一個實行美國理想和美國利益的任務」。[53]一九九二年美國政府發布的《國家安全報告》闡述了二十世紀九〇年代美國的國家利益和目標，其中包括加強和擴大共同致力於民主和保證個人權利的自由國家的共同體，建立一個穩定和安全的世界，保證在這個世界裡政治和經濟自由、人權和民主制度的蓬勃發展。

　　在這種戰略思想的指導下，布什政府對已演變的東歐國家提供經濟援助，除了幫助獲得政權的反對派鞏固到手的權力成果之外，還促使它們向西方自由市場經濟的順利過渡。此外，布什政府還藉蘇聯內部不穩之機，一方面加快美國的文化價值觀的滲透，另一方面明確宣布支持要求民主的改革派，在蘇聯解體上扮演了一種積極的角色。布什政府對前蘇聯地區的「民主化」充滿信心，用國務卿貝克的話來說：

　　　　我們有機會把俄羅斯、烏克蘭和其他共和國牢牢地固定在歐洲大西洋共同體和民主國家聯盟之內。我們有機會把民主制度帶

---

Identity-Interview with Bush”），載《基督教科學箴言報》（*Christian Science Monitor*）1990年4月24日，頁7。

53 詹姆斯‧貝克：〈民主與外交政策〉（James Baker, “Democracy and Foreign Affair”），1990年3月在世界事務理事會上的講話，全文可在http://usinfo.state.gov/usa/infousa/facts/democrac/61.htm網址上獲得。有的學者把冷戰後美國在國外大力促進民主稱為「民主的理想主義」政策，參見戴維‧卡拉漢：〈理想主義時代〉（David Callahan, “The Hour of the Idealist”），載《紐約時報》（*New York Times*）1991年4月21日，頁1A。

給這些對它知之甚微的地區，這是一個超越歷史世紀的成
就。……這個歷史分水嶺，即在布爾什維克誕生地共產主義政
權的崩潰，標誌著歷史上賦予我們這種挑戰：把蘇聯帝國的崩
潰看成是整個前蘇聯帝國向民主制和經濟自由轉變的開始。[54]

對美國政府來說，蘇東地區按照美國設計好的民主化對其全球戰
略的實現意義重大，過去與美國完全敵對的國家一下子成為以美國為
首的資本主義陣營的成員，美國自然是樂在其中了。布什總統一九九
二年四月宣布：「曾經對自由與和平構成世界性威脅的一個國家現在
正試圖加入民主國家共同體。民主和自由在前蘇聯地區的勝利使我們
為子孫後代造成了一個新的和平世界成為可能。但是這場民主革命如
果失敗，就會使我們在一些方面顯然了比冷戰黑暗年月裡都更加危險
的境地。」[55]布什在這裡實際道出了前蘇聯在體制上向著西方式的民
主制轉變對帶來在後冷戰時代「美國治下和平」的重要性。

對於西半球，布什政府直接插手結束了中美洲的動盪局面，幫助
組建了清一色的親美文人政權；援助拉美地區剛剛確立民主制的國
家，試圖把這一地區出現的民主化運動引導到美國安排好的方向，建
立一個所謂的「民主化半球」，為形成由美國主宰的西半球自由貿易
區奠定政治基礎。布什一九九〇年提出的「開創美洲事業倡議」主要
是與拉美國家建立一種新的經濟關係計畫，但其政治性也是顯而易
見。用哥倫比亞前總統畢爾希略・巴爾科的話來說，古巴也加入世界
民主國家行列的日子不遠了，從而使整個美洲完全成為自由國家。在

---

54 托尼・史密斯：《美國的使命：美國與二十世紀世界範圍內爭取民主的鬥爭》（Tony
　Smith, *America's Mission: The United and the Worldwide Struggle for Democracy in the
　Twentieth Century*）（普林斯頓市：普林斯頓大學出版社，1994年），頁322。
55 〈布什關於援助計畫講話摘錄：今天我們必須贏得和平〉（"Excepts from Bush's
　Remarks on Aid Plan: Today We Must Win the Peace"），載《紐約時報》（*New York
　Times*）1992年4月2日，頁A11。

非洲，法國的勢力長期居於優勢。冷戰結束後，法國在蘇東劇變的鼓
舞下，試圖在法語非洲國家強制推行「民主化」改革，以加強和鞏固
對這一大陸的控制。美國則認為，冷戰的結束使法國失去了在非洲充
當「憲兵」的意義，美國應該介入該大陸的發展，資源共享，利益均
沾。因此布什政府與法國展開了激烈的爭奪。美國也打著「民主化」
的旗號，四處插手非洲國家事務。與法國等國相比，唯有美國在非洲
推行「民主化」最為堅決和嚴厲。在亞太地區，布什政府大力促進
「民主化」趨勢的發展，加深共同的價值觀念，強化共同體的思想意
識，把各種「專制主義的冒險」行動限制到最低限度，為美國主宰正
在出現的太平洋共同體掃清障礙。如在朝鮮統一問題上，美國表示只
支持「在韓國主導下實現的統一」，並且是「必須具有民主、自由和
市場經濟的價值觀的統一」。正如美國著名問題專家馬丁‧拉薩特在
一篇文章中認為的那樣：「美國支持在亞太地區建立民主制度和程
序。我們支持民主制是因為它是美國的理想。但更重要的是這種制度
能促使政治上的穩定和經濟力量的增強。如果要維持該地區和平並加
強亞太國家之間的合作，這些條件是必要的。」[56]

克林頓在向外輸出美國式的民主方面絲毫不比前任遜色。他在競
選總統時，就大談上臺後將比前任更加重視在國外促進民主和人權，
明確提出以「實現全球民主化」作為其對外政策的總綱領，「對於美
國來說，從全球退卻或者低估面臨的各種危險是錯誤的。這樣做將會
使我們作為民主主義者期望達到的一切全面倒退。在全球範圍內保衛
自由並促進民主，使個人自由、政治多元化和自由企業在拉美、東
歐、非洲、亞洲和前蘇聯牢牢扎根，不僅是美國價值觀的一種反映，
而且直接關係到美國的國家利益」。[57]克林頓執政後這方面的調子一直

---

56 馬丁‧拉薩特：〈美國對亞洲社會主義國家的政策〉，載現代國際關係研究所選編：
《美國政要論蘇聯和東歐》（北京市：時事出版社，1990年），頁30。
57 克林頓與布什競選美國總統的三場電視辯論中涉及到了在國外大力促進民主問題，

居高不下，宣稱，「我已要求採取一項戰略，美國應參與鼓勵在國外傳播和鞏固民主。不能有選擇地或半心半意地推行這樣一種戰略」。[58]一九九三年九月下旬，克林頓等政府要人先後發表四篇引人注目的外交政策演說，提出「把市場制民主國家的大家庭」推廣到全世界的「擴大戰略」。這一戰略具體內容有四個方面：一是鞏固與業已實行市場制民主國家的合作與團結，作為實施此戰略的核心力量；二是大力支持正在建立市場制民主國家的新生力量——俄羅斯、中東歐國家和獨聯體其他國家；三是從外交、經濟、軍事和技術上孤立對市場民主制持敵對態度的國家，促使那些採取市場機制的非民主國家走向民主；四是對天災人禍最深重的一些發展中國家提供人道主義援助，同時促其發展市場民主體制。克林頓說：

> 在一個充滿危險和機遇的新時代，我們壓倒一切的目標必須是擴大和加強以市場為基礎的民主制共同體。在冷戰期間，我們為遏制對自由體制的威脅進行了戰鬥。現在我們努力擴大生活在自由體制國家的圈子。只有在相互合作與和平共處的繁榮的民主制世界，世界上每個人的意見和能力才能得以充分表達和發揮。[59]

美國國家安全顧問安東尼・萊克提出七種因素是美國出兵海外的指導原則，其中一種因素是「維護、促進並捍衛民主，這反過來又會加強我們的安全，並傳播我們的價值觀」。他在一次講話中總結了克

---

客觀上講，雙方在這一問題上調子都很高。布什談他任美國總統期間在促進國外民主化取得的成就，而克林頓則批評布什政府在這方面的不力，提出如果他當選為總統，他將採取更為得力的措施，以保證在促進國外民主上取得更大的進展。兩人三場辯論的全文可在http://www.presidency.ucsb.edu/debates.php上獲得。

58 引自《現代外國哲學社會科學文摘》1993年第2期，頁8。

59 史密斯：《美國的使命：美國與二十世紀世界範圍內爭取民主的鬥爭》，頁311。

林頓政府在國外促進民主的基本內容，一是「加強市場民主制的共同體」；二是「盡可能地促進和鞏固一些國家新確立的民主制和市場經濟」；三是「抵制侵略和支持與民主敵對的國家的自由化」；四是「出於最偉大的人道主義考慮幫助民主制和市場經濟扎根於世界各個地區」。[60]上述構想轉化成實際行動儘管還存在一個複雜過程，但足以體現出克林頓政府對向國外輸出民主何等重視。

對於前蘇聯地區，克林頓政府的基本出發點是支持和促進那裡業已開始的民主化進程與市場經濟改革，把這一地區的民主化改革成敗視為對美國全球安全至關重要，美國《一九九四年國家安全戰略報告》特別強調，「其他任何地區民主取得的成功都不如這些國家民主取得成功更為重要」。對於拉美地區，克林頓政府在積極促成西半球自由貿易區形成的同時，把促進、鞏固、完善這一地區的民主作為其外交政策的主要目標之一，對那些通過軍事政變取代民主政權的國家，美國不惜威脅使用武力，對海地的干涉就是一例。對於社會主義國家古巴，克林頓政府加大了壓力，試圖從外部促使古巴政體向西方民主體制的演變。一九九三年五月，副國務卿沃頓在談到新政府的拉美政策時引用克林頓的話說：「不論古巴人民被告知了什麼，美國不對這個島國構成軍事威脅。……我們希望古巴人民通過那種已使其他許多國家變成民主國家的和平過渡方式來贏得自由。」[61]對亞太地區，克林頓政府提出了「新太平洋共同體」的設想。用美國學者扎戈里亞的話來說，克林頓總統堅定認為，「美國在建設一個新太平洋共同體的

---

60 轉引自道格拉斯‧布林克利：〈民主擴大：克林頓主義〉（Douglas Brinkley, "Democratic Enlargement: The Clinton Doctrine"），載《對外政策》（*Foreign Policy*）第106期（1997年春季號），頁116。

61 約翰‧戈什克：〈克林頓強調在拉美政策中的民主與人權〉（John M. Goshko "Clinton to Stress Democracy, Human Rights in Latin America Policy"），載《華盛頓郵報》（*The Washington Post*）1993年5月4日，頁A15。

第三個優先項目必須是支持席捲該地區的民主改革浪潮」。[62]所以，克林頓政府把對亞太地區的貿易、投資、技術轉讓與民主和人權掛鉤，動輒以最惠國待遇、經濟制裁等要挾一些亞洲國家，試圖迫使它們接受美國政府提出的一些附加條件。一九九四年度用於全球「民主計畫」的預算為二十五億美元，其中相當大的份額撥給了亞太地區。

　　冷戰後美國政府把輸出民主明確體現在對外政策中顯然是出於戰略考慮。《一九九四年國家安全戰略報告》指出：「擴大民主社會和自由市場國家的陣營有利於美國所有的戰略利益，從在國內促進繁榮到在國外遏制全球威脅，防止它們危及我們的領土。因此，同新興民主國家合作，幫助它們維持發展自由市場和尊重人權的民主制度，是我國安全戰略的一個關鍵部分。」[63]儘管這種政策在實際執行中未必完全奏效，但美國政府絕不會放棄這方面的努力。克林頓一九九四年十月十六日發表講話強調，美國在爭取全世界的自由和民主的鬥爭中起著重要的作用，「我們不能背離這一事業，我們今後也不會背離這一事業」。[64]

## 四　「輸出民主」難以走出的「困境」

　　「民主」源於希臘語，原指多數人統治，後來逐漸發展為指一個

---

62　紫戈里亞：〈克林頓的亞洲政策〉，載《現代外國哲學社會科學文摘》1994年第11
　　期，頁7。

63　《國家參與和擴展安全戰略》（*A National Security Strategy of Engagement and Enlar-
　　gement*），華盛頓特區：美國政府出版局，1994年7月版。參見威廉·薩菲爾：〈參與
　　和擴展文件〉（William Safire, "The En-En Document"），載《紐約時報》（*New York
　　Times*）1994年8月25日，頁A21。

64　威廉·克林頓：〈在雅加達對國際商界的講話〉（William J. Clinton, "Remarks to the
　　International Business Community in Jakarta"）1994年11月16日，載《美國總統公開文
　　件》（*Public Papers of the Presidents of the United States*）第2卷（華盛頓特區：美國
　　政府出版局，1994年），頁2101。

國家的民眾在政治上享有自由發表意見和參政議政的權利。以此標準來衡量，舉凡能夠反映出多數人意志或利益的政府，都會程度不同地使其統治具有民主的特性或色彩。不過，許多西方人卻不以為然，否認民主具有普遍性，所謂「民主」只能產生和成長於西方的土壤，民主屬於他們所獨占和獨享。西方之外的世界即使存在著不同的民主形式，也很難被許多西方人所承認。非西方國家的民主只能根據西方國家所確定的標準來評判。克拉布教授指出：「一般來說，在整個第三世界，土生土長的政府和政治運動試圖明確規定和運用各自的民主概念，但這些概念常常根本不同於美國的或西方的觀點。」[65]克拉布儘管意指發展中國家的民主觀與西方國家的差異，但其中明顯包含著前者很難為後者所認同。這種認識在自以為「眾人皆醉我獨醒」的美國人腦海中尤甚。所以，輸出民主的傾向在美國對外政策中表現的尤為強烈。

　　輸出民主在美國外交中帶有濃厚的「理想」色彩，美國歷屆政府領導人受其文化價值觀的影響，無不希望世界最終將統一到美國民主制的麾下，完成上帝賦予這個特殊國度的歷史使命。邁克爾・林德曾譏諷地說：

　　　　無論是「新全球主義者」，還是「新民族主義者」，都矢口忠於美國民主制的思想。然而，「新全球主義者」是「傳教士」，他們希望把民主制的福音傳布到世界各個角落。「新民族主義者」則是「修道士」，他們認為美國是民主政體的一個典範，宛如建在山上的寺廟，為了使自己的示範作用能繼續存在下去，寺院會銷售自己釀造的酒，以獲取巨額利潤。[66]

---

65 小克拉布：《決策者及批評者：美國外交政策的衝突理論》，頁217。
66 時事出版社編：《美國人看美國》（北京市：時事出版社，1992年），頁8。

　　因此，美國在國外輸出或促進民主根本無法擺脫現實利益的制約，在執行過程中只能成為實現美國政治、經濟、文化以及戰略等利益的一種工具，所以往往收效甚微，出現的結果往往與美國政府宣稱的目標相悖。這一現象也曾令一些美國學者困惑不解，也力促他們對這一「悖論」做出解釋。如霍華德・維亞爾達把美國向拉丁美洲輸出民主難以奏效的原因歸納為十種。[67]他們對這一問題的研究固然不乏睿識卓見，但總是難以擺脫本民族文化的限制。其實當我們把這一「悖論」放在特定歷史條件下或美國的整體利益中考察時，美國輸出民主的實質也就昭然若揭，「悖論」也就迎刃而解了。目的與結果的不一致只是一種「錯覺」，目的是對美國而言，結果則是對美國輸出民主所針對的國家而言，正是這種不一致，才為美國實現其長遠利益提供了一種有效的保證。

　　美國學者一向把輸出民主視為傳統的「理想主義」外交的組成部分，把這種行為與對美國早期外交具有較大影響的杰斐遜聯繫在一起。杰斐遜是個典型的資產階級民主主義者，他的思想受到歐洲啟蒙運動的影響，憎惡君主制和暴政，宣稱：「我對上帝的祭壇起誓對禁錮人類思想的各種暴政形式永久敵對。」[68]他把君主制看作是人類社會衝突的根源，所以自然認為民主制的確立是消除這種邪惡根源的唯一途徑。杰斐遜的政治哲學觀可以說是美國對外輸出民主的理論基礎，也給這一外交行為在表面上深深地留下了「理想」的烙印。美國的輸出民主從表面上看似乎超越了美國的現實利益，但在實際執行過程中無論從手段上，還是結果上都無法與美國宣稱的「理想」相一

---

67　霍華德・維亞爾達：〈民主能夠輸出嗎？美國拉美政策中對民主的追求〉（Howard J. Wiarda, "Can Democracy Be Exported? the Quest for Democracy in U.S.-Latin American Policy"），載米德布魯克等編：《八〇年代的美國和拉美：關於危機十年的爭論觀點》，頁326-327。

68　德康德主編：《美國外交政策百科全書：主要動向和思想研究》，頁859。

致，一方面美國從這種不一致中謀取到利益與好處，另一方面，卻給被干涉國家帶來不幸，甚至災難。

在美國外交史上，美國的輸出民主往往通過非民主的方式。在美國決策者看來，非西方國家的民主、自治的實現不是靠著本國社會的政治運行和經濟發展，而必須靠外力的推動，它們只是被動的承受者，對美國的相關政策必須無條件服從，否則美國將採取一切手段迫使這些國家的統治者接受美國的安排。這樣就出現了槍口下的選舉、壓力下的政體變更、直接出兵的武力干涉。這些方法無一不是對「民主」本身的莫大嘲諷，而且必然導致在落後國家建立民主自治體制完全是在侵犯他國主權的情況下進行。一種矛盾的「怪圈」由此出現，強加者提倡的「民主」愈烈，國與國之間的矛盾也就愈明顯，所以帶給這些國家並不是真正的民主，而是對它們利益的直接侵犯。美國占領菲律賓後，試圖以自己的政治模式來主導菲律賓的發展，但對菲律賓人來說，結果卻是令人悲哀。那些即使是屈從了美國的好惡實行了所謂代議制的國家，充其量也是民主其外，專制其內，美國只是在「民主」的外衣下尋找到了理想的代理人。

美國學者朱利葉斯·普拉特考察了威爾遜政府對拉美的政策後，不無感觸地說，「美國的干涉都沒有促進威爾遜和布賴恩聲稱的民主理想事業」，威爾遜政府的政策「雖然帶來秩序，但不是民主，頗具諷刺意味的是，由促進民主的願望所產生的政策反而加強了外國人控制的獨裁主義統治」。[69]普拉特雖然還是從「理想」的角度解釋威爾遜政府的政策，但他也無法迴避這種政策給被干涉國家帶來的種種惡果。美國著名外交史學家德克斯特·帕金斯根本不相信美國會真心地幫助被干涉國家建立民主體制，他談到美國在國外促進民主時說，這些討伐除了不可避免的失敗之外，幾乎總是帶有「某種與帝國主義的

---

69 普拉特：《挑戰與應戰：美國與世界領袖，一九○○～一九二一年》，頁87。

類似性」，尤其是對那些不想通過美國的干涉來按照美國的標準以在政治上獲得「拯救」的國家來說更是如此。[70]維亞爾達一針見血地指出，美國通過堅持輸出其民主體制，「加劇了拉丁美洲政治頻繁動盪，導致美國目前在中美洲和其他國家面對著各種混亂局面，這雖然不是二戰後拉丁美洲政治不穩定的唯一原因，但的確是一個主要起作用的因素」。[71]富布賴特更是坦率地承認：「歷史已經充分證明，我們既無能力，也無意扶植最優秀的人才上臺，並不想在我們進行干涉的國家創立誠實、穩定和民主的政府。」[72]美國政府這種宣稱的「目標」與實際的「結果」大相逕庭的做法必然會使當地人對美國式的民主概念提出質疑，原先抱有幻想的人也會大失所望。誠如美國學者卡爾曼・西爾韋特解釋的那樣，美國傳播的民主已「象徵著偽善，民主只是那些能夠提供它的人享受，……對世界上貧窮地區來說，它只是剩餘價值的盤剝者，是殖民主義的強加者，是本地菁英的收買者，是世界混亂的製造者」。[73]克拉布也指出：「在國外土壤中培植民主的努力只會留下反美主義和對美國不滿的餘波。在許多情況下，這種做法造成了與一個大國有聯繫的政治運動背上臭名。……當美國介入其他社會以促進民主和人權的代價變得明顯時——當美國人習慣地不願意付出這種代價時，美國就被斥責為虛偽和不是『真誠地』致力於國外的政治自由事業。」[74]因此，輸出民主的「理想」色彩只是對實現美國外部重要利益的一種掩飾，它在執行過程中，本身就包含著站在其他國家立場上難以用「理想」解釋的「悖論」。

---

70 德克斯特・珀金斯：《對外政策和美國精神文集》（Dexter Perkins, *Foreign Policy and the American Spirit: Essays*），范杜森等人編輯（Edited by Glyndon G. Van Deusen and Richard C. Wade）（伊薩卡：康奈爾大學出版社，1957年），頁26。

71 米德布魯克等編：《八〇年代的美國和拉美：關於危機十年的爭論觀點》，頁334。

72 富布賴特：《帝國的代價》，頁124。

73 卡爾曼・西爾韋特：《理解拉丁美洲論文集》（Kalman H. Silvert, *Essays in Understanding Latin America*）（費拉德爾菲亞：人文問題研究所，1977年），頁58。

74 克拉布：《決策者及批評者：美國外交政策的衝突理論》，頁226。

　　一九六一年，肯尼迪總統在談到與多米尼加共和國關係時說：
「在確定重點次序時存在三種可能性：一種是正派體面的民主政權，
一種是特魯希略政權的繼續，一種是卡斯特羅政權。我們應該把目標
放在第一種，但我們確實不能譴責第二種，直到我們確信我們能夠避
免第三種。」[75]肯尼迪這番話典型地反映出了美國在處理與獨裁政權
關係時的戰略考慮。美國的輸出民主從本意上講，包含著要那些在美
國人眼中屬於專制獨裁的國家能夠改變統治方式，按照美國設計好的
方案採用所謂的代議民主制。後來出任里根政府的駐聯合國大使珍
妮·柯克帕特里克認為，只要有足夠的時間以及具備某些經濟、社會
和政治條件，右翼獨裁政權有時能夠演變為民主政權，獨裁政權更能
與美國利益保持一致。[76]因此，美國決策者總是認為，美國式的民主
制或立憲政體能夠減少其享受至關重要利益的非西方國家的政局動
盪，消除國內革命或激進變革滋生的土壤，有效地維護美國在這些國
家享有的既得地位。正如美國一些學者在談到美國在拉美這方面舉措
時強調的那樣：「如果美國對拉美政策的主要目的是穩定、反共產主
義和獲得該地區的市場與資源，那麼促進民主只是在適當條件下使用
的一種工具，有助於保證實現穩定和反共產主義更優先考慮的目
標。」[77]

　　實際上，美國在為實現這一目標做出努力時，由於把採取立憲政
體從屬於美國的戰略和經濟利益，所以支持的對象多是能夠維持美國
欲要「穩定」的親美獨裁政權。一是親美獨裁政權能夠保證美國在它
們的國家享有的巨大利益不受到侵犯，同時又能為美國的進而政治控

75 諾曼·波德霍雷茨：《為什麼我們在越南？》（Norman Podhoretz, *Why We Were in Vietnam*）（紐約市：西蒙和舒斯特出版社，1982年），頁52。

76 參見阿蘭·托恩爾森：〈人權：我們需要的偏見〉（Alan Tonelson, "Human Rights: The Bias We Need"），載《對外政策》（*Foreign Policy*）第49期（1982-1983年冬季號），頁56。

77 米德布魯克等編：《八〇年代的美國和拉美：關於危機十年的爭論觀點》，頁336。

制和經濟滲透創造更好的環境。如古巴獨裁者巴蒂斯塔一上臺，就採取許多措施討好杜魯門政府，「對華盛頓私下保證，美國在古巴的利益將受到尊重」。[78]多米尼加共和國在獨裁者拉菲爾·特魯希略的統治下，「支持美國政策，提供美國建立軍事基地的區域，鼓勵美國進行投資」。[79]二是親美獨裁政權多是倚仗美國的政治、經濟以及軍事上的支持來維持國內的統治，所以一般對美國政府俯首聽命，成為美國實現其政治和經濟利益的可靠代言人。美國對尼加拉瓜索摩查獨裁政權的支持幾乎持續始終。對中國蔣介石政權，美國在政治上給予支持，在經濟上提供援助，在軍事上供給武器裝備，而這個政權卻是專制腐敗的。用美國一家報紙的話來說：「蔣介石政權主要興趣在於維持一個服務於地主和軍閥而不是人民的腐敗官僚制度與固定不變的社會和經濟體制。」[80]美國也正是在對蔣政權的大力支持過程中完成了對中國的控制。在富蘭克林·羅斯福時期，一次國務卿科德爾·赫爾請羅斯福過目受邀到華盛頓的國家首腦名單時，羅斯福指著索摩查的名字問道：「這個人不是被說成是無恥之徒嗎？」赫爾回答說：「的確是這樣，但他是我們的無恥之徒。」[81]這段話形象生動地展現出美國對獨裁政權的用心。三是第二次世界大戰後，美國對屬於自己勢力範圍內的國家，一個基本考慮是防止所謂「國際共產主義」的滲透，而獨裁政權則能保證與美國在這方面通力合作。正如喬治·凱南指出的那樣：「民選政府的概念與傳統過於軟弱，以致不能成功地抵制共產主

---

78 邦斯爾：《古巴、卡斯特羅和美國》，頁11-12。

79 波普·阿特金斯等：《美國和特魯希略政權》（G. Pope Atkins and Larman C. Wilson, *The United States and Trujillo Regime*）（新布藍茲維：拉特格斯大學出版社，1972年），頁72。

80 達萊克：《美國對外政策方式：文化政治和外交事務》，頁163。

81 愛德華多·克勞里：《獨裁者從未消失：尼加拉瓜和索摩查王朝的描述》（Edwardo Crawley, *Dictators Never Die: A Portrait of Nicaragua and the Somoza Dynasty*）（紐約市：聖馬丁出版社，1979年），頁99。

義的強烈進攻，因此，我們必須承認，政府嚴厲的鎮壓措施也許是唯一的解決辦法。」[82]獨裁政權的反共與反革命的堅定立場很受美國讚賞，美國對南朝鮮、南越、委內瑞拉、古巴、多米尼加、薩爾瓦多、尼加拉瓜以及伊朗等國歷史上的獨裁政權的支持就是明顯的例子。正如美國學者貝克威茨等人在其著述中指出的那樣，美國政府「一方面，試圖把民主製作為卡斯特羅式的共產主義的替代物。另一方面，美國政府又害怕民主政府的形成，特別是在『第三世界』國家，因為事實證明，缺少經驗的民主政體往往比右派軍事政府更無力抵禦共產主義。所以，當面臨逼近中的共產主義威脅時，美國的政策幾乎本能地支持實權派而不支持民主派」。[83]

美國許多學者在其論著中深刻地談到美國支持獨裁政權的必然性。漢斯‧摩根索一九七四年寫道：「自從第二次世界大戰以來，我們一直忠實地站在保守的和法西斯主義的一方鎮壓革命和激進的改革運動，在社會處於革命或準備革命階段時，我們成了世界上現存的最大的反革命力量。這樣一種政策只能導致道義上和政治上的災難。」[84]查爾斯‧凱利等人強調說，在許多情況下，「美國武裝和在其他方面支持現代世界中一些最殘暴和最野蠻的專制政權，而把這些政府說成是『自由世界』的成員」。[85]梅爾文‧格特夫也認為，美國對第三世界的政策始終是保護和加強具有共同經濟和戰略利益以及宣稱遵循共同價值觀的政權，而這類政權自然是獨裁主義。[86]邁克爾‧克拉維對許

82 轉引自亞伯拉罕‧洛溫塔爾主編：《輸出民主：美國和拉丁美洲》（Abraham Lowen-thal, ed., *Exporting Democracy: The United States and Latin America*）（巴爾的摩市：約翰斯‧霍普金斯大學出版社，1991年），頁387。

83 M‧貝克威茨等著，張禾譯：《美國對外政策的政治背景》（北京市：商務印書館，1979年），頁205。

84 轉引自斯塔夫里亞諾斯：《全球分裂》下冊，頁496。

85 約翰遜：《全球追求與占有：美國國家利益對國際法》，頁11。

86 格特夫等：《失敗的根源：美國在第三世界的政策》，頁198。

多個案研究後得失結論：「因為美國在拉丁美洲的道義提議從來不犧牲某些更重要的政治或經濟利益，所以美國將繼續與西半球一些最殘暴的獨裁者結為聯盟。」[87]他們的研究雖然旨在總結美國在第三世界留下的教訓，希望美國政府在決策時能夠做出更加符合美國利益的選擇，但卻揭示出了一個無法否認的歷史事實，即美國的第三世界政策無法超越其對現實利益的追求，在這種局勢下，美國政府宣稱的民主往淹沒在對獨裁政權的支持中。

美國長期對獨裁政權的支持顯然與美國政府宣稱的支持民主制的目標截然不同。美國政府在內外壓力下，也曾試圖改變做法，把支持代議制政府納入美國的輸出民主的軌道，但由於受戰略利益和經濟利益的制約，這些努力收效甚微，甚至事與願違，美國最終又回到了支持親美獨裁者的老路。這種狀況一直到冷戰結束後才有所改觀，美國再也無須依靠獨裁政權來與競爭對手蘇聯抗衡，但美國促進非西方國家的民主化進程依然受現實利益的制約。如果對美國實現其政治、經濟、戰略利益有益或需要，美國必然會故態復萌，舊轍重複。美國《紐約時報》一九九二年五月二十九日載文披露布什總統一九八九年十月簽署了《國家安全決定第二十六號命令》的文件，下令援助伊拉克，其目的是「美國同伊拉克之間正常關係將符合我們的較長期的利益，並將促進海灣和中東地區的穩定。美國政府應該給伊拉克經濟和政治鼓勵，以使它的行為變溫和，並增加我們在伊拉克的影響」。[88]而

---

87 理查德・費根主編：《資本主義與美拉關係的狀態》（Richard R. Fagen, ed., *Capitalism and the State in U.S.-Latin American Relations*）（斯坦福市：斯坦福大學出版社，1979年），頁168。

88 伊萊恩・西奧里諾斯：〈布什下令對伊拉克提供援助：視伊朗而不是伊拉克為該地區的主要威脅〉（Elaine Sciolinos, "Bush Ordered Iraqis Plied with Aid: Seeing Iran, not Iraq, as the Main Regional Threat"），載《紐約時報》（*New York Times*）1992年5月29日，頁A3。美國政府對中東地區獨裁政權的支持另見傑西・策爾・盧里：〈中東的民主〉（Jesse Zel Lurie, "Democracy in the Middle East"），載《紐約時報》（*New York Times*）1991年5月26日，頁BR4。

此時正是美國大力宣揚在全球促進美國民主之時。小施萊辛格在論述美國冷戰後對外政策時指出：

> 我們是否認真地期望或要求將民主作為其他社會合乎規範的政府形式。或許，伊斯蘭世界最能說明這個問題。我們當真要改變沙特阿拉伯的機制嗎？簡單的回答是「不」；多年來我們一直在尋求保持這些機制，有時還寧可不要民主力量在這一地區出現。法赫德國王已經毫不含糊地表明，民主機制並不適合他的社會。有意思的是，對此我們似乎並未保持異議。在其鄰邦科威特，我們更關切的是恢復那裡的合法性，而不是培養民主。[89]

其實，無論是輸出民主也好，還是支持獨裁政權也罷，二者看起來難以求同，但是當我們把視角轉向美國的整體利益時，矛盾也就成為一致了，它們只是美國政府保證其根本利益順利實現的任意選擇。

從文化傳播學上講，國家之間只要存在著交往，文化上的相互影響就不可避免地發生。平等的文化交流有利於相互取長補短，使不同文化背景的國家在許多問題上求同存異，達成共識。這是國際關係的一個重要內容。尤其對於發展中國家來說，通過吸取發達國家文化的精華，更能使本國的傳統文化適應現代瞬息萬變的世界的需要。不可否認，美國文化中存在許多可供其他國家借鑒的地方，受這種文化影響而形成的政治制度無疑適應了美國發展的需要，在促使這個國家從農業社會轉向工業社會，又從工業社會邁向現代社會過程中起了非常重要的作用。然而，當美國政府強行在其他國家傳播其文化價值觀或要求它們接受美國的政治發展模式時，文化交流中的彼此互惠完全變

---

89 施萊辛格：〈試論冷戰後的美國外交政策〉，載《現代外國哲學社會科學文摘》1993年第6期，頁3。

成了一種單向行為的文化滲透，其目的也遠遠超出了文化上的本來意義。在這種情況下，美國政府根本不考慮其他國家的文化傳統與現實條件，完全以自己的標準劃線，認為這些國家民主的實現不是本國社會的政治運行和經濟發展所然，而必須由美國這個對世界承擔「特殊使命」的國家「恩賜」於它們。凱南寫道：「那些聲稱確切瞭解其他國家人民需要以及哪種政治制度對他們更合適的美國人，最好還是問問自己，難道他們不是正在企圖把自己的道德標準、傳統和思想習慣強加給那些並不需要這些東西的人民嗎？」[90]尼克松也承認：「美國在同世界各國相處時一個最常犯的毛病，就是傾向於用西方民主的標準去衡量所有國家的政府，用西歐的標準去衡量各國的文化。」[91]其實，如果一種異質文化的強行進入不適應這些國家的環境與需要，甚或侵犯了它們的利益，很難得到當地社會的認同。正如小克拉布指出的那樣：「事件表明，實際上大多數第三世界社會既不想複製美國的模式，又不想重複蘇聯的模式，它們寧願與自己的傳統保持一致，形成可能把幾種可利用的外國模式成分結合在一起的獨特體制。」[92]小克拉布談的是一個歷史事實，表明了在發展中國家完全接受美國的政治模式不見得能夠適應國家的發展，它們只能從中吸取到有益於其發展的成分。一位美國學者一九九四年十一月十五日在《基督教箴言報》發表文章指出：「亞洲人正在躲避美國的政治和經濟模式。我們強調的是個人權利和自由市場，他們則強調集體成就和政府對經濟的干預。他們把本國的高增長率歸功於對個人自由的適當限制和經濟管理有方。他們逐漸在臺北、新加坡和東京，而不是在華盛頓找到了他們的政治和經濟模式。」[93]

---

90 凱南：《當前美國對外政策的現實》，頁40。

91 理查德·尼克松著，尤颺等譯：《領導者》（北京市：世界知識出版社，1983年），頁394-395。

92 小克拉布：《決策者及批評者：美國外交政策的衝突理論》，頁78。

93 轉引自潘龍海：〈瞻二十一世紀的東亞經濟和文化〉，載《未來與發展》1997年第2

　　在歷史上，受到干涉國家的統治者和人民自覺或不自覺抵制美國強行輸出民主的例子並不鮮見，有時還會釀成激烈的文化衝突。尤其是美國把輸出民主作為實現其安全、政治、經濟利益的一種手段時，這種衝突更加顯而易見。因此，當美國在發展中國家推行美國式的民主和傳統價值觀時，這種做法不僅無助於這些國家的政體向著更完善的方向發展，相反則起到了一種嚴重的阻礙作用。克里斯托夫·萊恩在談到美國的對華戰略時認為，美國試圖向中國「輸出」民主目光特別短淺，並且是很危險的。美國的價值觀被世人看作是效仿的樣板，更不用說中國了。此外，美國試圖普及自己開明的價值觀和制度更可能被他人視為行使霸權，而不是無私的利他主義。確實，人們普遍認為美國把自己的價值觀作為它主宰國際政治合法化的手段。萊恩曾經為克林頓政府的國家安全顧問，在這個職務上也曾為美國政府如何促進在國外的民主獻過策和出過力，他的這番話既是向決策者提出的忠告，也是他的經驗之談。言下之意，如果美國政府執意在向國外輸出民主，不僅事倍功半，還會招致抱怨甚或敵對。哥斯達黎加學者埃德爾韋托·托里斯－里拉斯把體現在拉美民主人士身上的積怨歸因於美國阻礙民主變革的結果。在他看來，美國的文化傳統對拉丁美洲人的情感是陌生的，對另一個國家政治制度的模仿只能像美國試圖在國外建立這種制度一樣迷失方向。[94]托里斯－里拉斯站在美國文化圈之外的這番話可謂洞若觀火，一語中的，對我們從文化衝突角度來認識美國的輸出民主實質深有啟迪。

　　盧梭曾經說過，每個民族都應根據自己的情況「確定一種特殊的

---

期。關於亞洲對克林頓政府促進西方政治模式的抵制詳見法里德·扎卡里亞：〈亞洲將轉向抵制西方嗎？〉（Fareed Zakaria, "Will Asia Turn Against the West?"），載《紐約時報》（*New York Times*）1998年7月10日，頁A15。

94 米德布魯克等編：《八〇年代的美國和拉美：關於危機十年的爭論觀點》，頁477-478。

制度體系，這種制度體系儘管其本身或許並不是最好的，然而對於推行它的國家來說則應該是最好的」。他還轉引另一位思想家布拉馬奇的話說，每一種好政府並不是同等地適宜於一切民族。在這一點上，必須顧及各個民族的氣質和特點以及國家的大小。盧梭等人還強調民主的「漸進性」，要注意實行民主的必要條件，要考慮居民的接受能力和「消化能力」，不能超前強制地推行民主。他們比喻說，民主自由是一種可口的、但難於消化的食品。虛弱的公民如果不具備消化能力，民主自由如果突如其來而且過分，也會致人於死命。[95]這些思想啟蒙大師儘管還是站在西方的立場上來看待其他民族的發展，但卻對我們研究美國輸出民主不無啟發。

　　在主權國家構成的國際舞臺上，各國由於歷史文化傳統千差萬別，經濟發展參差不齊，所以在選擇政治發展道路上必然存有差異。一個國家採取什麼樣的政體形式，固然其他國家提供的借鑒模式很重要，但歸根結柢還是由本國的條件所決定，是受本國經濟發展、文化傳統以及人們的思想觀念等因素的限制，而政治制度向著完善過程的發展同樣反映出國內條件的變化。美國採取了適合自己發展的政體，但這種政體形式未必就適合其他國家的發展。早在十九世紀三〇年代法國著名學者托克維爾考察了美國之後，以一個置身於這種文化圈外的人寫道：「在看了美國之後，只有利令智昏的人或蠢人才會堅持認為，以世界現實而言，美國的政治制度還可以適應於其他國家。」[96]基辛格在一九八七年十一月發表的一篇文章中指出，美國喜歡民主政權而不喜歡專制政權，這一點是不言而喻的。美國應當做好思想準備為它的這種偏愛付出某種代價也是顯而易見的。但是，西方的民主制度是土生土長的，是在地球的一個小小的角落裡經過幾百年的時間逐步

---

95 參見《光明日報》1994年10月3日。

96 里夫斯：《美國之旅》，頁328。

發展起來的，忘記這一點是很危險的。它是由西方文明一些獨有的特點培育起來的，迄今為止，在其他文明中還沒有出現同樣的特徵。富布賴特也不贊成把美國的民主體制移植到國外，認為那樣做不見得會取得成效，往往還事與願違。因為「我們的社會和政治制度是建立在也許是世界上最富庶、最豐饒、最理想的一塊地產上的。如果我們的制度移植到西伯利亞的荒涼地區，我懷疑這種制度會如此有效」。[97]所以那些懾於美國壓力而採取美國規定好的政體的國家，也只是流於表面，內部政治結構很難在不成熟的條件下進行徹底的變更。墨西哥歷史上的獨裁者波菲里奧·迪亞斯一九〇八年三月曾對一位美國記者說：

> 我認為民主制是一種真正的公正政體原則，雖然實際上它可能僅為高度發達的民族所享有。……在墨西哥，我們具有不同的環境。我在人民四分五裂，並不打算採取極端民主政體原則之際從一支勝利的軍隊手中接過了這個政府，立即把政府的全部責任強加給廣大群眾，將可能會造成懷疑自由政體事業的局勢。[98]

　　迪亞斯的這番話儘管有為他在墨西哥實行專制統治辯解之意，但卻從另一個角度反映出當時的墨西哥並不存在著接受美國民主體制的條件，而且類似迪亞斯這樣的人物在拉美國家出現則反映出時代的現實。委內瑞拉著名學者阿圖羅·彼得里對拉美歷史上的獨裁政權進行了大量的個案研究後得出結論，拉美歷史上的鐵腕人物「是這塊土地的產物，具有歷史的必然性。……拉丁美洲出現了與歐洲形成共和思想相反的社會組織形式，但完全適應了拉美經濟和社會結構」。[99]

---

97　富布賴特：《帝國的代價》，頁26。

98　馬茨等主編：《拉丁美洲、美國和泛美體系》，頁154。

99　馬茨等主編：《拉丁美洲、美國和泛美體系》，頁155。

　　美國的民主制是北美大陸特殊的自然環境和人文環境的產物，它適應了這塊大陸上形成的美利堅合眾國的發展，支撐這種體制運行的基本原則已經深入人心，成為美國政治文化的重要組成部分。對美國人來說，這種政治體制儘管還有進一步完善之處，但無疑是能夠保證他們基本權利的最好體制。發展中國家具有各自特殊的歷史文化傳統與人文環境，它們可以吸取美國民主制有益於其發展的因素，但很難全盤接受，因為這樣做不符合國家的利益，既不會取得效益，還會造成難以彌補的混亂。美國政治學家羅伯特‧帕肯哈姆寫道：「在可以預見到的未來，在大多數第三世界國家實現自由民主的機會不是非常大；美國能夠通過積極行動有效地促進民主事業的機會可能甚至更小。促進自由立憲政體的努力從可行性觀點講是非現實主義的，從合乎需要的觀點講，是種族主義的。」[100]美國學者歐文‧克里斯托爾認為：「在我們的外交政策聲明中，我們不應該自稱，在不遠的將來，我們能夠盼望民主制征服這個世界，世界並非如此。民主在阿根廷、或在菲律賓或在……南朝鮮取得的成功使一些人欣喜若狂，我不是其中一員。我敢打賭，民主制將不會在這些國家存在下去。民主制的先決條件是複雜的——某些強烈的文化態度。就我看到所言，這些國家並不具備它們，因此，建立在這些國家的民主制將很快失去信用，被某類或左或右的獨裁政權所取代。」[101]他們雖然擺脫不了美國狹隘的民主觀的限制，但對美國外交的批評卻說明了西方式的民主制很難在文化背景不同的異國他鄉找到合適生長的土壤。

　　第二次世界大戰後，美國政府在日本的民主化改革常常被一些美

---

100 羅伯特‧帕肯哈姆：《自由的美國與第三世界：對外援助和社會科學中的政治發展觀念》（Robert Packenham, *Liberal America and the Third World: Political Development Ideas in Foreign Aid and Social Science*）（普林斯頓：普林斯頓大學出版社，1973年），頁189。

101 歐文‧哈里斯等：《里根主義及其之外》（Owen Harries, et al, *The Reagan Doctrine and Beyond*）（華盛頓特區：美國企業研究所，1987年），頁24-25。

國人引證為輸出民主成功的一個範例。且不說在日本民族毫無抵制能力下進行的舉措，日本只能就範，但要在一個與美國文化完全相異的國家移植美國的民主制恐怕也非簡單之事。戰敗的日本也許迫於美國占領當局的壓力走上了以美國為效仿模式的民主化之路，但其中並不排除日本人以一種主動的態度向他們認為將會促進其國家復興的美國政治文化學習的因素在內。美國最終幫助日本完成了「民主化」的改造，但並非意味著日本全盤接受了美國在政治制度上的安排。關於這一點，許多美國人看得很清楚。如一九四五年五月二十八日，美國國務院的日本問題研究專家約瑟夫‧格魯告訴杜魯門總統：「從長遠的觀點看，我們能夠希望最好的是立憲君主制，因為經驗已經表明，民主制在日本將從來不會運行。」[102]格魯的話似乎有點極端，但主要是想說明在一個與美國文化完全相異的國家移植美國式的民主制恐怕並非簡單之事，要想使他們的文化心理完全歸屬西方更不是談何容易。美國國家安全委員會一九四八年八月的一份基本文件坦率地承認：「我們在德國和日本的經驗有力地表明，一個偉大民族的心理和觀念（文化）不能在一個很短的時空內僅僅在一個大國的強制命令下而被改變，甚至完全戰敗和降服後也是如此。」[103]一旦這種被動的任人安排的狀態結束，受其文化傳統的影響，日本人或多或少總會對美國人為他們設計好的政體提出異議。日本一位學者寫道，美國政府為日本制訂的「這部憲法無論在內容上多麼合乎需要，因為致命地打上了異國強加的烙印而蒙受侮辱。當這種占領成為歷史時，國家的獨立和自尊的恢復必然將日益提出制訂一部真正本土憲法的要求」。[104]從以後

---

102 西奧多‧科恩：《重塑日本：作為新政的美國占領》（Theodore Cohen, *Remaking Japan: the American Occupation as New Deal*）（紐約市：自由出版社，1987年），頁14。

103 容蘇科‧謝主編：《文化與國際關係》，頁113。

104 卡澤洛‧卡維：《日本的美國插曲》（Kazelo Kawai, *Japan's American Interlude*）（芝加哥：芝加哥大學出版社，1960年），頁57。

的歷史發展來看，日本從美國三權分立的政治制度中借鑒了很多有用的東西，但最後還是讓這一貌似從美國移植過來的體制打上本土文化的印記與起源國的體制區別開來。

　　古巴著名的民族主義者何塞・馬蒂指出：「政體必須在本國土壤上產生與發展，一種政體的精神必須基於該國的真正本質之上。」[105]因此只要是以國內現實條件為基礎，能夠反映出大多數人意願和促進國內經濟發展的政體都有其存在的合理性。對那些在國內實行暴政的政權來說，其出現固然也有一定的社會基礎，但長期存在下去必然失去了合理性，最終會被一種適合本國發展的新的政體形式所取代。如果不顧國情盲目以某一國家的體制為效仿模式，輕者會造成國內各種發展偏向，重者則會給國家帶來嚴重的不幸的災難，統治者也將自食其果。由模仿西方民主體制而造成國內混亂的例子在世界上並不鮮見。以美國為首的西方國家執意將自己的政治制度強加給其他國家，結果並不會像強加者所宣稱的那樣「娓娓動聽」，其帶給一些國家的災難已為事實所證明。德國前總統赫爾姆特・施密特一九九三年十一月發表文章批評了西方國家企圖把自己的文化價值觀強加給具有不同文化傳統的中國，他指出，這種做法成功的前景同企圖在俄國、西伯利亞或中亞第一次推廣民主一樣渺茫。假如鄧小平不光在經濟上搞改革，而且在政治上也嘗試實行公開性，中國目前也許正深陷混亂之中。施密特這番話寓意深刻，用來反思一些國家不顧國情盲目效仿西方發展模式而造成的國內混亂，足可令人深省。

　　由此可見，美國的輸出民主這一文化戰略本身就包含著難以用本來意義上的民主來解釋的許多「悖論」，而這些「悖論」恰恰是美國以輸出民主追求其長遠利益時所帶來的必然結果。因此，美國推行的輸出民主的做法，在理論上難以自圓其說，在實踐中更不能暢行無

---

105　馬茨等主編：《拉丁美洲、美國和泛美體系》，頁154。

阻。尤其是在冷戰後的世界，當美國給自己的外交行為打上明顯的「促進民主」烙印時，並不會有助於世界各種矛盾的解決，更不會給人們帶來長期希冀的太平盛世，相反則會給本來就不安寧的世界注入新的不穩定因素，成為國際社會動盪的主要根源之一。而對於那些尋求政治穩定和經濟發展的國家來說，民主絕不是舶來物，它只有經過本國環境的澆灌才能茁壯成長，也才會在本國的政治、經濟、社會運行中發揮重要作用。具有不同文化傳統和意識形態的國家只有在經濟發展上互惠合作，在政治體制上求同存異，在文化往來上平等相處，才能保證國際社會朝著一個健康的方向發展，使民主原則在國際範圍內真正得到實現。

# 第九章
# 人權外交
## ──歷史與現狀

　　在當代美國外交中，以「人權」為武器實現其既定外交目標是美國對外關係的重要組成部分。這樣一種傾向根源於歐美早期資產階級革命時期提出的「天賦人權」理論，發展於所謂的美國特殊地理環境與政治制度，但作為美國對外交往中服務於其國家利益實現的工具或口實則是形成於二十世紀初期。其後這種把「人權」作為衡量他國之行為的標準一直在美國外交中時隱時現，到七○年代後期吉米・卡特入主白宮後，正式作為國家的一項主要外交政策提了出來，「人權外交」由此得名，並且對後任總統的外交政策產生了重要的影響。「人權」作為美國對外關係上的一個重要籌碼固然反映出了美國主流文化中的「理想主義」成分，也在某種程度上給本來以國家利益為圭臬的外交政策留下了一道道「利他」、「自由」以及「民主」的深痕。然而，當我們把人權外交放到特定的歷史環境和具體的事件中加以考察時，就不難發現，表裡不一或雙重標準儘管是美國這種外交行為的一個明顯特徵，但更為重要的是，正是這種「虛有其表」才使美國對其他國家「大張撻伐」。在受到干涉的國家或民族看來，「人權」幾乎等於「強權」或「霸權」。因此，搞清楚美國人權外交的來龍去脈，對我們從深層認識美國強權外交的實質，無疑具有重要的歷史意義和現實意義。

# 一　美國「人權外交」的歷史演進

「人權」本是資本主義生產關係在西歐產生以後，新興的資產階級為了動員輿論，推翻與之對立的封建生產關係而提出的一種進步的要求。啟蒙思想家認為在國家與政府出現之前，人類處在一種自然狀態之下，他們受自然法的支配，本能地過著一種自由與平等的和睦生活，享受著普遍的自然權利。對此啟蒙大師之一洛克指出：

> 他們在自然法的範圍內，按照他們認為合適的辦法，決定他們的行動和處理他們的私人財產和人身，而毋須得到任何人的許可或聽命於任何人的意志。[1]

洛克把自然權利歸為三類：生命權、自由權和財產權。這些是造物主賦予人類的最基本權利，因而是與生俱來的，任何情況下都不得受到侵犯。這就是所謂的「天賦人權」理論。這種理論的提出與付諸實踐已經明顯帶有新興資產階級的侷限性，但確曾震撼了多少世紀以來歐洲封建專制王權統治的基礎。它雖然產生於西歐，但卻最先在北美大陸上開化結果。這與根植於美利堅民族形成過程中獨特的社會背景與歷史條件息息相關。如前所述，在當時封建生產關係居於統治地位的歐洲，人們對造物主賦予的基本權利的追求往往淹沒在「君權高於一切」的喧囂聲中，在這種陰氣森森的氛圍中，人的基本權利非但不能得到保障，且常常成為「君權」的犧牲品。許多移民就是不甘忍受這種對人性的壓抑而冒險越洋來到了北美大陸尋求一塊能夠使他們享受的基本權利得到保障的理想「聖地」。他們最初在這裡雖然面對著極其艱難的環境，但在某種程度上講卻保證了他們作為一個人應該

---

1　洛克著，葉啟芳等譯：《政府論》下篇（北京市：商務印書館，1964年），頁5。

享受到的權利。所以他們非常珍視這種來之不易的果實，並把這種觀念傳遞給了他們的子孫後代，使之深深地根植於美利堅民族文化的形成之中。

當歷史的時針旋轉到十八世紀後葉時，北美大陸上爆發了擺脫英國殖民統治的獨立戰爭，殖民地人民要求獨立的因素固然很多，但英國殖民當局逆民情而動，強制性地剝奪殖民地應享受的權利無疑誘發起了獨立運動的火花。北美早期資產階級革命先驅也正是以「天賦人權」為理論武器，很快就使獨立運動成為燎原之勢。一七七六年六月十二日，弗吉尼亞議會通過了由喬治・梅森草擬的《權利法案》，第一條明文規定：

> 所有人都是生來同樣自由與獨立的，並享有某些天賦權利，當他們組成一個社會時，他們不能憑任何契約剝奪其後裔的這些權利；也就是說，享受生活與自由的權利，包括獲取與擁有財產、追求和享有幸福與安全的手段。[2]

這一法案發布後時隔不到一個月，大陸會議便通過了杰斐遜起草的「獨立宣言」，宣布了「人人生而平等」，人人都享有「生命權、自由權和追求幸福的權利」。用馬克思的話來說，「獨立宣言」是人類歷史上的「第一個人權宣言」。[3]一七九一年十二月，美國第一屆國會通過了憲法前十條修正案，稱為「權利法案」，具體規定美國公民享受的民主自由權利。這些權利包括言論自由、出版自由和宗教信仰自由，和平集會及向政府請願的自由，攜帶武器，人身、住宅、文件和財產不受侵犯，無正式命令不得加以逮捕、傳訊和侵占，非經法院決

---

2　〈弗吉尼亞權利法案〉（"Virginia Bill of Rights"）1776年6月12日。全文可在http://www.constitution.org/ bor/vir_bor.htm網址上獲得。

3　《馬克思恩格斯全集》第16卷（北京市：人民出版社，1964年），頁20。

定，不能剝奪生命、自由和財產，禁止施以酷刑和處以過重的罰金等等。[4]「權利法案」對於改善美國公民的人權狀況起了非常重要的作用。不過，這些權利僅僅限於白人男子，並未給予印第安人、黑人與白人婦女，尤其是美國政府在立國之初對謝司起義的鎮壓和對印第安人生存權利的剝奪標誌著資產階級宣揚的「人權」學說已經開始走向它的反面。儘管維護「人權」在美國文化中已經打上了統治階級的烙印，但作為一種文化傳統卻在美國社會擁有廣泛的基礎。正如小施萊辛格在一九九〇年發表在美國《政治學季刊》的一篇文章中指出的那樣：「美國的建立是以維護人民的不可讓渡的權利為基礎的，人權歷來在美國的傳統中都會引起非同尋常的反響。」[5]小施萊辛格未必說出了美國在北美大陸上出現的真正原因，但卻道出了「人權」根深柢固於美國文化中的這一事實。卡特把人權提高到了非常的高度，與國家的創建聯繫在了一起，在他看來，不是美國發明了人權，而是人權創造了美國，美國是世界歷史上明確建立在人權之上的第一個國家，「我們的社會和政治進步奠定在一個基本原則之上：個人的價值和重要性。把我們團結為一個整體的不是親緣關係或發源地或宗教偏好。對自由的熱愛是在美國人靜脈中流動的共同血液」。因此，維護國內外人權既是美國所特有，也是美國不能逃避的責任。[6]

　　在美國文化中，個人主義是最基本的價值觀之一。加利福尼亞大學社會學家羅伯特・貝拉等人在一九八五年出版的《心靈的習性》一書中認為：「個人主義位於美國文化的核心」，已經成為一種神聖的和

---

4　〈權利法案〉全文可在http://www.jmu.edu/madison/center/main_pages/madison_archives/constit_confed/ rights/document/document.htm網址上獲得。

5　轉引自《現代外國哲學社會科學文摘》1992年第3期，頁12。

6　吉米・卡特：〈對全國的告別演講〉（Jimmy Carter, "Farewell Address to the Nation Remarks of the President"）1981年1月14日。全文可在http://www.presidency.ucsb.edu/ws/index.php?pid=44516&st=human+rights&st1網址上獲得。

道德的責任。[7]美國個人主義在形成過程中，包含著肯定和尊重個人的價值、尊嚴、權利和自由，美國許多法律的制訂都是以此為基本出發點的。如最早的「權利法案」就明確規定了人們的言論出版自由、宗教信仰自由以及和平集會自由等權利神聖不可侵犯，從而在法律上確立了個人權利的保障體制。美國著名政治家卡爾‧舒爾茲在一八五九年出版的《自由平等權利》一書中滿腔熱情地宣揚說：

> 在這面（美國）國旗下，任何文明人類的語言都可以使用，各種信仰都受到保護，每一種權利都神聖不可侵犯。在那裡，西方社會的每一個成員都昂首挺立，對偉大的事業充滿熱情，相互信任，自尊自敬。從阿勒格尼山脈西麓延伸到落磯山脈的光榮的谷地上，飄揚著這面旗幟，……旗幟上寫的是：「自由和平等權利」，像空氣一樣為人類所共有──自由和平等權利，統一而不可分割。[8]

　　這種極度重視個人權利的觀念瀰漫於美國社會各個方面。在社會生活中，個人的利益別人不能隨意侵犯，個人的時間別人無權隨意侵占，個人的隱私別人無權過問，子女自立後父母無權對他們的選擇說三道四。

　　在政治生活中，美國人要求法律面前人人平等，把參政議政視為應享受的權利，希望政府和社會能為個人提供最大限度發揮能力的機會，他們尤其反對政府對個人權利的干預。亨利‧索羅是十九世紀美國著名思想家和文學家，他撰寫的文章「論非暴力的不合作主義」對後世影響極盛，其中三點主張成為美國人的共識：一是「最好的政府

---

7　利德基主編：《締造美國：美國的社會和文化》，頁28。

8　轉引自趙一凡編：《美國的歷史文獻》（北京市：生活‧讀書‧新知三聯書店，1989年），頁175-176。

是管事最少的政府」；二是「最好的政府是不管事的政府」；三是公民有權利蔑視政府、不服從政府。在美國歷史上，美國政府如欲與某一國家或集團對立或對之征討，往往打著美國人的權利或國家的權利受到對方的侵犯，以此激起民眾的怒火，使他們義無反顧地對政府的行為予以支持。由此可見美國人對個人權利是何其重視。

在西方文化中，強調個體為本的價值觀居於主導地位，但唯有美國文化使個人主義發展到了登峰造極的地步。個人權利成為衡量一切社會生活的標準，個人的自由與平等成為人權的基本內容。這種對個人權利的重視與美國人頭腦中的「使命感」結合在一起時，就自然地使他們很難對境外侵犯個人權利的事件保持沉默，美國社會經常掀起聲援國外反暴政的軒然大波就證明了這一點。多布蘭斯基在談到美國的人權傳統時指出：「雖然人權自七〇年代以來一直是美國外交中討論較多的組成部分，但美國人對其他國家人權發展的興趣並不是一種新現象。毋庸置疑，美國的歷史和政治傳統清晰地表明了對維護個人權利和國家權利的長期關注，無論是國內還是國外都莫不如此。」[9]對美國許多普通公民而言，在這種觀念的作用下，他們對其他國家人權狀況的關注儘管已經戴上了美國文化的「有色眼鏡」，但也許是出於幾分真誠，希望統治者能夠尊重和保護本國公民享有的基本權利不受到侵犯，所以他們自然把這種想法與美國外交目標等同起來。康涅狄格大學國際政治學教授金一平就認為：「在美國人的價值觀中，立足於個人主義的人權的尊嚴和民主思想占統治地位，因此美國的外交政策也以提高個人人權和建設民主社會為目標之一。」[10]金教授只是強調了二者之間的聯繫，而忽略了它們之間的根本區別。其實，美國政府在國外發動的「人權」攻勢儘管可以在美國文化中找到思想淵

---

9　多布里揚斯基：〈人權與美國對外政策〉，頁153。

10　參見新華社編：《參考資料》1996年1月22日，頁1。

源，也會在表面上留下維護他國公民權利不受侵犯的印象，但「人權」在這裡已經失去了本來的意義，完全變成了美國干涉他國內政的一個冠冕堂皇的藉口，也成為美國實現其外部利益的一種有效武器。

　　美國維護世界各國的「人權」已經打上了霸權主義的色彩，成為美國履行其世界警察職責的一個象徵，也就是說只有美國才有權利對別國的人權狀況「吹毛求疵」，說三道四。這樣所謂維護「人權」在美國對外政策中自然占有重要的地位。有的美國學者甚至把人權與對外政策聯繫在一起可以追溯到立國時期，如薩拉・斯坦梅茨指出：「支持國外的人權及其在國外的擴張自美國立國以來一直是美國對外政策的一個內容。」[11]美國國會研究處高級分析家馬克・洛溫塔爾也持此種觀點。在他看來，「人權與對外政策是密切聯繫在一起的，自這個國家創建以來便一直如此」[12]。這裡顯然是指美國文化中的人權觀念對美國外交政策的影響而言。實際上，美國立國後很長一段時期，由於受國力所限和集中於國內發展，並沒有把手伸向世界各地，以「人權」來對其他國家說三道四當然也就提不上議事日程，但固存於美國文化中的「人權觀」並非不影響到美國人對外部世界的態度。「完善的範例」、「人類的希望」、「民主的試驗」等等這些出自美國人

---

11 薩拉・斯坦梅茨：《民主傳統與人權：對美國外交政策的透視》（Sara Steinmetz, *Democratic Transition and Human Rights: Perspectives on U.S. Foreign Policy*）（阿伯尼市：紐約州立大學出版社，1994年），頁3。

12 參見羅賓・懷特：〈冷戰政策之後的全球和平戰略〉（Robin Wright, "A Strategy for Global Peace After Cold War Policy: 75 Years after Wilson Articulated His 14 Points, Today's Best Foreign-Policy Minds Update the List to Reflect Changes in the World"），載《洛杉磯時報》（*Los Angeles Times*）1993年11月28日，頁2。美國學者林肯・布魯姆菲爾德在追溯卡特人權外交的意識型態起源時認為，人權政策與美利堅合眾國一樣古老。參見林肯・布魯姆菲爾德：〈從意識型態到計畫再到政策：卡特人權政策探源〉（Lincoln P. Bloomfield, "From Ideology to Program to Policy: Tracking the Carter Human Rights Policy"），載《政策分析和管理雜誌》（*Journal of Policy Analysis and Management*）第2卷第2期（1982年秋季號），頁2。

之口的語言反映出與人權觀相同價值取向，暗示著美國是世界「民主」、「自由」以及「人權」的維護者。當然這種選擇也必須服從於美國的國家利益，美國由於不具備跨洋干涉的力量，所以對大洋之外發生的暴力鎮壓事件，也會權衡利害得失做出相應的反應，通常民眾反響較大，政府僅僅是口頭抗議而已，談不上認真對待，更不會採取具體的行動。十九世紀歐洲許多自由派人士在發起反對本國專制統治的運動時，起初都想從美國那裡獲得支持，但最終都大失所望。要說這一時期美國人還提出「人權」問題的話，那也只是對美國剝奪他人權利的一種解釋。如哥倫比亞大學著名教授約翰・伯哲士就公開宣稱，對於處於野蠻地位的人來說根本無人權可言。文明國家對非文明人口既有一種要求，也有一種責任，就是要通過各種手段使他們文明化。如果野蠻人抵抗，他們必須自食其果，強迫其接受文明，如果他們證明毫無希望，頑固不冥，就必須被驅逐或消滅。[13]這大概也是對美國自詡為「人類權利」維護者的莫大嘲諷。

　　進入二十世紀之後，美國開始由世界經濟大國向世界政治大國過渡，除了對西半球進行赤裸裸的干涉之外，雄厚的物質力量基礎使美國開始有條件涉足世界其他地區，在擴大自己影響的同時為經濟擴張掃清障礙。這樣，打著維護「人權」旗號而實現美國外部利益的政策自然就出現在美國外交中了。

　　把「人權」明確作為對外政策中的一個組成部分，始於威爾遜出任總統時期。這固然與威爾遜本人的政治氣質具有關係，但更重要的是，美國這時明確打出「人權」這張牌子，是為了與其他大國在國際舞臺的競爭中，彌補政治和軍事上的不足。威爾遜宣揚所謂「道義外交」，認為美國在世界上承擔著一種「特別和特殊的使命」，他尤其強調「我們的利益不是財產權，而是人權」。[14]他把美國的外交行動說成

---

13 詳見希利：《美國的擴張主義：十九世紀九〇年代的帝國主義欲望》，頁15-16。
14 林克編輯：《伍德羅・威爾遜文件集》第36卷，頁43。

是出於利他的動機，「總是從其他地區的角度出發」。[15]因此，美國的政策完全符合其他民族或國家的利益，後者必須無條件接受，否則美國將毫不客氣，必要時武力相見。所以威爾遜在干涉西半球一些國家事務時，大言不慚地說，美國是「整個西半球民族自由和獨立主權的鬥士」。[16]他那「教會南美洲共和國選舉好人做總統」的「名言」更使一些老牌干涉者望塵莫及，自愧弗如。第一次世界大戰爆發後，威爾遜宣布對交戰雙方奉行「不偏不倚」的中立政策，但經濟紐帶逐漸把美國與協約國無法解脫地聯繫在一起，最終導致了美國站在協約國方面參戰。這種結果本來是美國政府權衡利害得失之後做出的一種使自己經濟、政治與安全利益得到最大限度維護的選擇，但威爾遜卻不是這樣解釋的。他所持的一個「振振有辭」的理由是，英國對海洋的封鎖只是侵犯了財產權，而德國潛艇戰則是侵犯了人權，前者可以在戰爭結束時要求給予賠償，「但人的基本權利則不能，生命的損失無法彌補」。[17]因此他堂皇地宣布，如果基本的人權受到侵犯，世界就動盪不寧，美國的建立就是為了維護人的基本權利，「此後美國必須成為國際大家庭的一個成員，以發揮她的全部道義和物質力量維護這些權利」。[18]一八一八年初，威爾遜提出了戰後議和基礎的十四點計畫，他聲稱該計畫以「公正、民主、自由」為前提，使美國「以高尚之宗旨、正當之主義、盡解決道德之責任」。其實，威爾遜正是在這種「民主、自由、道義、人權」的口號的掩飾下，把美國的對外擴張發展到一個新的階段。誠如美國學者埃米莉・羅森堡指出的那樣：「從一九一三年到年出任總統的伍德羅・威爾遜加速了美國在世界上的力量發展，增加了其道德主義的熱情，擴大了政府傳播經濟和文化的作

---

15 林克編輯：《伍德羅・威爾遜文件集》第37卷，頁48。
16 林克編輯：《伍德羅・威爾遜文件集》第36卷，頁43。
17 林克編輯：《伍德羅・威爾遜文件集》第38卷，頁132。
18 林克編輯：《伍德羅・威爾遜文件集》第38卷，頁532。

用。」[19]當然羅森堡不可能認識到威爾遜「道義」外交的實質，但畢竟看到了它對美國向外擴張的重要性。

威爾遜雖然帶著莫大的政治遺憾離開了美國政壇，但他在外交領域留給美國的遺產一直深深地影響著他的後繼者們。大凡雄心勃勃地想在海外一展美國「風采」的總統們都或多或少地強調「人權」在美國外交中的地位。富蘭克林‧羅斯福在歐洲戰雲密布之際大力宣揚美國在維護「人權」上的特殊性，一九三五年十月二日，他在聖地亞哥市發表講話說：

> 每個人享有根據自己良心支配而實行自己宗教信仰的自由，在合眾國，我們認為是不言而喻的。一個半世紀以來，我們的國家象徵著信仰自由、宗教自由和法律面前人人平等這些原則；而且這些原則已經成為我們根深柢固的民族性格。[20]

羅斯福在第二次世界大戰緊要關頭發表了「四大自由」演說，強調「人權」的核心是讓人們享受言論自由、宗教自由、擺脫貧困的自由和免於恐懼的自由。一九四二年八月十四日，羅斯福與邱吉爾經過會談聯合發表了「大西洋憲章」，實際上把「四大自由」作為兩國戰後對外政策共同目標。「憲章」甚至許諾世界各國人民都「享有選擇其生活所在之政府的形式之權利」。一九四二年元旦的鐘聲剛剛敲響，二十六個國家雲集華盛頓，簽署了「聯合國家共同宣言」，宣告：「為保衛生命、自由、獨立和宗教自由，並為保全他們本國和其他國家中的人權和正義起見，完全戰勝敵國，實為必要。」[21]這一時

---

19 羅森堡：《傳播美國之夢：一九八〇年至一九四五年的美國經濟和文化擴張》，頁63。
20 關在漢編譯：《羅斯福選集》，頁94。
21 《國際條約集，一九三四～一九四四》（北京市：世界知識出版社，1961年），頁342。

期羅斯福政府的「人權」舉措主要是出於反法西斯戰爭的考慮，明顯包含有國際人權保障的內容，所以才能被許多國家接受和承認，但也體現出美國對世界的「使命感」和「責任感」，希望按照美國的政治原則和模式使美國在戰後承擔起領導世界的責任，其服務於美國的自我利益同樣是顯而易見的。

　　第二次世界大戰後，國際體系一分為二，美國成為「自由世界」的領袖，它在與蘇聯的全球抗爭中，自然不會忘記「人權」這一武器。肯尼迪時期是美國的人權外交發展的一個重要階段。肯尼迪本人就十分強調「人權」在美國外交中的作用，他在就職演說中談到，新一代美國人「不願意目睹或允許我國總是做出保證的、我們在國內和全世界今天做出承諾的人權遭到無端的侵犯」。[22]一九六三年他在美利堅大學講話時激動地反問道：「從根本上講，和平歸根到底難道不是一個人權問題嗎？」他在遇刺兩個月前告訴聯合國：「既然人權是不可分割的，那麼這些權利受到任何成員國的侵犯和忽視時，這個組織就不能袖手旁觀。」[23]美國此時把「人權」明確納入了對外政策之中。一九六一年，美國政府在《對外援助法》修正案中補充規定，美國國務院必須每年向國會眾議院、參議院外交委員會提交一份有關各國人權狀況的翔實報告。考察的對象包括聯合國成員國和受美國援助的國家。它被視為美國與別國發展雙邊關係或向別國提供援助的重要依據和條件。對於那些被美國認為侵犯了「人權」的國家，美國往往根據不同的對象採取不同的處理辦法。美國國務院一年一度的人權報告，自一九六一年開始就一直延續下來了。[24]

---

22　約翰・肯尼迪：〈就職演說〉（John F. Kennedy, "Inaugural Address"）1961年1月20日。全文可在http://www.presidency.ucsb.edu/ws/index.php?pid=8032網址上獲得。

23　小施萊辛格：《美國歷史的循環》，頁95。

24　參見周金榜：〈美國「人權外交」政策的產生及其實質〉，載《北京師範學院學報》1991年第6期，頁54。

　　福特當政時期，美國以「人權」為由迫使蘇聯在猶太人移民問題上做出了讓步。一九七四年十二月十三日，參議院以八十八票對零票通過了杰克遜－瓦尼克修正案，要求把蘇聯放鬆對移民的限制作為獲得出口信貸和最惠國待遇的一個條件。一九七五年，國務院成立了「人道主義事務司」，專門負責搜集和提供聯合國各成員國的人權執行情況，向國會報告。不過，美國此時在「人權」問題上還是十分謹慎，惟恐傷及了與盟國的關係，尤其擔心分散了美國對傳統國家安全利益的追求。美國的這種態度正如當時的國務卿基辛格一九七五年解釋的那樣：

　　　　如果對人權的侵犯不是嚴重到我們不能與之共存的地步，我們將試圖制訂出我們與有關國家共存的政策，以便增加我們的影響。如果對人權的侵犯嚴重到我們不能與之共存，我們將避免與冒犯國家打交道。[25]

　　儘管如此，美國政府已開始把「人權」置於外交中的比較重要的地位，基辛格一九七六年也承認，人權「至關重要，……是我們時代最為迫切問題之一」。[26]他在同年召開的美洲國家組織第六屆大會上專門就人權問題發表了講話，把「必須保護和擴大人類的基本權利」說成是「我們時代最引人注目的問題之一，也是要求所有責任心強的民族與國家採取一致行為的問題」。[27]

　　自威爾遜時代以來，美國政府儘管沒有完全忽視「人權」在對外

---

25 拉爾斯・斯庫爾茨：《人權與美國對拉美的政策》（Lars Schoultz, *Human Rights and U.S. Policy Toward Latin America*）（普林斯頓市：普林斯頓大學出版社，1981年），頁110。

26 小施萊辛格：《美國歷史的循環》，頁97。

27 參見《國務院公告》（*Department of States Bulletin*）1976年7月5日，頁1。

關係中的作用，但總的來看，「人權」並沒有成為政府制訂對外政策的主要原則，到了七〇年代後期卡特執政時才終於發展為明確的「人權外交」。在卡特看來，自威爾遜以後，除了少數總統外，美國很少把「人權」放到重要地位來考慮。他在回憶錄中寫道，長期以來，美國外交政策「未能顯示出美國所特有的杰斐遜或威爾遜的理想主義」。[28]言下之意，他要使這種根深柢固於美國文化中的觀念「獨放異彩」，在美國對外關係上占據重要的一席之地甚至中心位置。因此，卡特的「人權外交」思想是美國文化中的「使命感」與美國歷史上所謂的「理想主義」外交在特定的形勢下的一種強烈折射。

## 二　卡特政府的「人權外交」

「人權外交」到了卡特執政初期成為美國對外政策中的主旋律。[29]促使卡特政府奉行「人權外交」的因素很多，從客觀上講，是由於形勢的變化迫使美國政府必須進行政策調整，從主觀上講，則是美國政府企圖在新的國際形勢下更好地實現美國的全球戰略目標。

具體來講，卡特政府是出於下述考慮提出「人權外交」的。第一，在第二次世界大戰後，美國自恃戰爭期間發展起來的強大經濟力量與政治影響，把在全球範圍內遏制蘇聯「擴張」作為其總體戰略，由此承擔起「世界警察」的職責。美國以資本主義世界霸主自居，頤指氣使，到處發號施令。而隨著蘇聯戰後的迅速發展，西歐與日本在

---

28 吉米・卡特著，裴克安等譯：《保持信心：吉米・卡特總統回憶錄》（北京市：世界知識出版社，1983年），頁128。

29 對卡特「人權外交」的理論來源和實踐的詳細考察見桑迪・福格爾格桑：〈人權外交〉（Sandy Vogelgesang, "Diplomacy of Human Rights"），載《國際研究季刊》（*International Studies Quarterly*）第23卷第2期（1979年6月），頁216-245。對卡特政府所謂「人權」所包括的主要範疇的考察詳見麥克考密克：《美國對外政策和美國價值觀》，頁99-100。

經濟上重新崛起，以及第三世界國家民族解放運動的興起，美國戰後形成的霸權地位開始動搖。到了六〇年代末，美國深感處處插手世界事務力不從心，金元帝國的大廈也搖搖欲墜，尤其是在捲入越南戰爭之後，財力和物力消耗巨大，猶如掉入泥潭，越陷越深。尼克松上臺後，為了擺脫困境，扭轉不利局面，不得不進行全球性的戰略調整。這次戰略調整雖然在一定程度上取得了成效，但並未從根本上扭轉美國的不利局面。蘇聯則乘美國全球收縮之機，大力發展經濟和軍事實力，擴大勢力範圍，這就使美國在國際事務中受到更為嚴重的挑戰。卡特上臺後，推出「人權外交」，旨在以美國之「強」，擊蘇聯之「弱」，在國際社會贏得道義上的支持，從而在與蘇聯競爭中獲得主動地位，以期「不戰而屈人之兵」。卡特說得很清楚，「在我看來，樹立美國理想主義的榜樣，是處理外交事務的一種切實可行和現實的態度，道德原則是行使美國武力和擴大美國影響的最好基礎」。[30]

　　第二，戰後美國政府維護親美政權的社會和政治穩定是加強對不發達地區控制的手段之一。英國著名歷史學家阿諾德‧湯因比指出，美國由於擴張而變成世界上最保守、最反對變革的國家，從而它就必定要竭力維持它的利益所以發展和鞏固的那些國家的「既定秩序」。[31]湯因比在這裡說出了美國支持親美獨裁政權的主要原因。試以拉美地區為例，戰後很長一段時期內，美國為了維持西半球反共產主義的「穩定」，竭力使親美獨裁政權穩固，免遭顛覆。六〇年代，美國政府為了改變與其宣稱「理想」不符的形象，把鼓勵代議民主製作為「爭取進步聯盟」計畫的兩大目標之一，由於這一計畫受美國戰略因素的制約，結果適得其反。這種現象程度不同地存在於其他不發達地區。尼克松和基辛格奉行的現實主義成分較濃的外交政策不但沒有使

---

30 卡特：《保持信心》，頁129。
31 參見《拉丁美洲問題譯叢》第15輯，頁93。

這種狀況有所改變，反而呈加強趨勢，致使這些地區反美情緒高漲。卡特上臺後，為了改變美國在第三世界的形象，自然會以一種新的姿態奉行一種新的方針。第三世界是美國「人權外交」的重點之一，其原因概出於此。

第三，二戰後，美國國家壟斷資本主義獲得長足發展，聯邦政府奉行了以赤字財政與通貨膨脹為手段的調節經濟政策，這種政策雖然在一定程度上緩和了國家壟斷資本主義的矛盾，促進了經濟的發展，但產生了一種難以醫治的病症——滯脹危機。自此以後，歷屆政府都試圖採取新的方針解決這一問題，但均以失敗告終，深受其害的各階層民眾開始對聯邦政府失去信心。尼克松上臺伊始就指出，美國正面臨著城市危機、社會危機以及對政府行使職責的能力的信任危機。他試圖通過新聯邦主義使之緩和，但水門事件引發出統治階層內部危機更使人們對政府不滿情緒加劇。這種信任危機到了卡特時期達到高峰。卡特就把能源危機對美國社會帶來的震盪說成是「信任危機」，指出這場危機正衝擊著美國國民的意志、靈魂與氣概，甚至蔓延到聯邦政府內，在一些官員身上產生了可怕的悲觀主義情緒。他大聲疾呼復活美國人民的志氣，試圖喚起美國人的「理想之夢」，使人們在錯綜複雜的問題面前保持對未來的信心。反映到外部關係上，借助傳統外交中的「理想」，就成為恢復美國人信心的一個組成部分。布熱津斯基坦言：「我相信，通過強調人權，美國可以再一次使自己成為人類希望的使者，未來潮流之所在。這將有助於克服悲觀主義的蔓延。」[32]當然，卡特倡導「人權外交」也與他的宗教信仰、個人出身以及政治思想有關。卡特是以自我標榜為自由主義的平民總統走進白宮的，但他進行外交調整，個人因素絕不是決定性的，而是形勢需要

---

32 茲比格涅夫・布熱津斯基著，邱應覺等譯：《實力與原則：一九七七～一九八一年國家安全》（北京市：世界知識出版社，1985年），頁6。

使然，是美國政府試圖實現其既定目標的一種努力。[33]

　　卡特政府對外政策的指導思想明顯具有階段性。一九七九年以前，「世界秩序戰略」是美國制訂對外政策的基本出發點，特徵是強調南北關係先於東西關係；一九七九年之後，卡特主義成為美國對外政策的指導原則，特徵是加強了對蘇聯的遏制。「世界秩序戰略」主要想達到下述目的：一是加強固有聯盟的關係，密切與西歐、日本的政治、經濟、軍事合作，從而促成穩定的「民主國家的團結」。二是主動發展比較和諧的南北政治與經濟關係，包括減少對發展中國家的軍事援助和武器出售。三是強化美國文化思想意識對世界的影響力，重塑美國在第三世界的形象，緩和日益增長的反美情緒，重振美國在第三世界的號召力。「人權外交」就是實現上述目標的主要手段之一。

　　卡特是高唱著「維護人權」出任美國總統的。在此之前，卡特曾在多次場合談到人權問題，如他在一九七六年九月八日的一次重要講話中指出，任何國家要是「剝奪其人民的基本權利，事實將有助於形成我國人民對該國政府的態度」。[34]他在總統競選時譴責福特政府「在我們外交政策中忽視了美國人民的特徵，採取了與我們的長期信仰和原則相反的行為」。[35]他此時把「人權」作為外交方針提了出來，既贏得選民的支持，擊敗了對手，也的確成為他出任總統後對外政策的「基調」。在美國政府看來，世界各地的人權狀況不是在改進，而是在急劇惡化。[36]因此，作為一向是維護全球「民主自由」的國度，美

---

33 關於卡特政府奉行「人權外交」的現實考慮參見肯尼斯・湯普森：〈對倫理與對外政策的新思考：人權問題〉（Kenneth Thompson, "New Reflections on Ethics and Foreign Policy: the Problem of Human Rights"），載《政治雜誌》（*The Journal of Politics*）第40卷第4期（1978年11月），頁985。

34 馬茨等主編：《拉丁美洲、美國和泛美體系》，頁178。

35 馬茨等主編：《拉丁美洲、美國和泛美體系》，頁178。

36 關於當時世界各地的人權狀況詳見伯納德・格韋茨曼：〈人權：世界其他地區對之不同的看法〉（Bernard Gwertzman, "Human Rights: The Rest of the World Sees Them Gidderently"），載《紐約時報》（*New York Times*）1977年3月6日，頁147。

國理所當然地應該承擔起阻止這種狀況繼續的責任。一九七七年一月二十日，卡特在就任總統演說中，宣稱他的政府將以一種新的精神來實現美國人傳統中的「理想」，這種「理想」就是維護被其他國家侵犯的「人權」。因此，「對美國來說，最崇高和最有雄心的任務就是幫助建立一個真正人道的正義與和平的世界」。[37] 從卡特及其助手發表的言論以及美國政府採取的行動來看，「人權外交」內容主要體現在兩個方面：一是以美國的傳統價值標準作為美國對外政策的基礎。卡特一九七七年五月二十二日在聖母大學發表演說時指出：「這是一個新世界，但美國不應該對之擔心。這是一個新世界，我們應該幫助其形成。這是一個新世界，它要求美國執行新的對外政策──基於其價值方面保持永久體面和我們的歷史觀中保持樂觀主義的政策。」[38] 二是對侵犯「人權」的國家進行干涉或採取經濟制裁。卡特在就職演說中宣稱：「因為我們是自由的，所以我們決不可對其他地區的自由信仰無動於衷。我們的道義感使我們必須明確地支持那種同我們一樣永遠尊重人權的社會。」[39] 卡特及其幕僚在多次場合都談到要對一些違反人權的國家以削減和停止美元援助給予「制裁」。

　　卡特政府在外交事務中強調「人權」，蘇聯是其針對的一個主要對象，它試圖運用「人權外交」，團結西方聯盟，動員世界輿論，向蘇聯展開意識形態攻勢，最終達到孤立蘇聯的目的。一九七七年一月二十七日，在卡特出任總統剛滿一週，美國國務院就聲明，公開讚揚蘇聯持不同政見者的領袖人物、著名核物理學家、諾貝爾獎金獲得者安德烈‧薩哈羅夫是「為人權而奮鬥的戰士」，指責蘇聯政府不讓不

---

37 吉米‧卡特：〈就職演說〉（Jimmy Carter, "Inaugural Address"）1977年1月20日。全文可在http://www.presidency.ucsb.edu/ws/index.php?pid=6575上獲得。

38 吉米‧卡特：〈在聖母大學畢業典禮上的講話〉（Jimmy Carter, "Address at Commencement Exercises at University of Notre Dame,"）1977年5月22日。全文可在http://www.presidency.ucsb.edu/ws/index.php?pid =7552&st=human+rights&st1=上獲得。

39 卡特：〈就職演說〉；另見馬茨等主編：《拉丁美洲、美國和泛美體系》，頁178。

同政見者發表意見是與「公認的國際人權標準背道而馳」。在此之
前，薩哈羅夫於一月二十一日致信卡特，數落蘇聯政府侵犯人權行
為，請求美國政府干預，以阻止這種違反「民主與自由」之行為的繼
續。[40]一月三十日，卡特在華盛頓召開的記者招待會上宣稱國務院的
聲明反映了他本人的立場。他甚至還說，如果是他親自發表聲明，就
會「產生更大的鼓舞力量」。二月五日，卡特親自覆信薩哈羅夫，向
他表示「人權問題是我們政府主要關心的問題。……美國人民和我們
的政府將繼續履行不僅在我們國內而且在國外促進人權的堅定諾
言」。[41]薩哈羅夫事件引發起美國對蘇聯展開來勢迅猛的「人權」攻
勢。二月八日，卡特舉行了記者招待會，有記者問總統，蘇聯近期發
生了一系列侵犯人權的事件，其中包括驅逐美國新聞記者和逮捕亞歷
山大‧金斯伯格，是不是人權問題會有可能危及到美國與蘇聯在其他
問題上的關係？卡特在回答這個問題上表明了政府在人權問題上決不
做出妥協，表示無論什麼地方人權受到了威脅，美國都會履行其對人
權保障做出的國際承諾。「這不是旨在在國家關係上對蘇聯的攻擊，而
是我將希望他們的領導人能夠認識到美國人民對人權的深刻關注」。[42]
三月一日，卡特在白宮接見蘇聯另一名持不同政見者弗拉基米爾‧布
科夫斯基，把他奉為上賓，並對他說：「我們維護人權觀念的決心是
永遠不變的，我在公開發表聲明和表明立場方面不會畏首畏尾。」[43]

---

40 薩哈羅夫致卡特信的全文見〈薩哈羅夫在人權問題上致卡特信的全文〉（"Text of
　Sakharov Letter to Carter on Human Rights"），載《紐約時報》（*New York Times*）1977
　年1月29日，頁2。

41 轉引自張海濤：《吉米‧卡特在白宮》（成都市：四川人民出版社，1982年），頁116-
　117。

42 「吉米‧卡特總統的記者招待會」（The President's News Conference）1977年2月8日。
　全文可在 http://www.presidency.ucsb.edu/ws/index.php?pid=7666&st=human+rights&
　st1=上獲得。

43 朱迪斯‧邦奇爾主編：《人權和美國外交一九七五～一九七七年》（Judith F. Buncher,
　ed., *Human Rights and American Diplomacy, 1975-1977*）（紐約市：事實與檔案出版
　社，1977年），頁80。

參議院與白宮配合默契，遙相呼應，對蘇聯侵犯人權大張撻伐，譴責蘇聯國內侵犯人權的行為，把美國對蘇聯發動的「人權攻勢」推向高潮。就在卡特會見布科夫斯基的翌日，參議院以九十二票對零票通過了一項反對蘇聯侵犯人權的決議，抗議蘇聯最近毆打、關押和折磨想獲得移民簽證去和家人團聚的蘇猶太人及其他少數民族的人。

　　為了使人權攻勢能在蘇東國家掀起軒然大波，卡特政府不惜重金，給美國之音等電臺增撥額外款項四千五百萬美元，希望能增加發射器，以便加強和擴大對蘇東國家的輿論宣傳。在卡特政府的這種攻勢的影響下，以薩哈羅夫為首的一百餘名持不同政見者發表宣言，呼籲一九七五年歐安會三十多個國家的政府首腦採取行動，使這次會議的「最後文件」中有關人權的條款在蘇東國家得以遵守。十月在貝爾格萊德召開的歐安會續會上，美國以人權問題為口實，帶領西方盟國對蘇聯展開猛烈抨擊，使之處於被動受攻的地位。一九八〇年三月，在日內瓦召開的聯合國人權委員會上，美國聯合英國對蘇聯的侵犯人權行為進行了猛烈的攻擊。[44]蘇聯對卡特政府在人權問題上處處挑剔大為惱火，勃列日涅夫指責美國干涉蘇聯內政，並責成蘇聯研究美國問題的專家揭露美國國內在對待黑人少數民族問題上存在的侵犯人權現象。美蘇雙方相互攻訐，彼此驅逐對方記者，在貿易與交流活動中設置障礙，導致雙方在一些重大問題上的談判進展緩慢。以後卡特在談到美蘇關係時也承認，人權問題「確實在我們之間造成了緊張氣氛，並妨礙了我們更和諧地解決一些別的分歧」。[45]

　　卡特「人權外交」的重點是第三世界，拉丁美洲又是重點的重點。因為拉美在戰後既是美蘇全球競爭的「後院」，又是美國稱霸世界的「門戶」。而卡特上臺時，美國在拉美的處境十分不利。一九七

---

44 〈美國和英國在人權上攻擊蘇聯〉（"U.S. and Britain Attack Soviet on Human Rights"），載《紐約時報》（*New York Times*）1980年3月11日，頁A2。

45 卡特：《保持信心》，頁135。

七年一月二十一日英國刊物《拉丁美洲政治報導》發表評論指出，美國對拉美的政策，不僅在拉美，而且在全世界，特別重要的是在美國國內，已經嚴重地名譽掃地，如果不做一些改變的話，美國在這一地區的活動只會遭到越來越多的抵制。一九七七年四月，卡特在美洲國家組織常設理事會上提出了對拉美地區的「新方針」，其中一項內容是尊重「人權」，在拉美推行美國傳統理想中的「自由」和「民主」，給拉美一些獨裁政權施加壓力，改善這些國家的統治者與被統治者的關係，以阻止內部革命的爆發。用國會議員拉里‧麥克唐納的話來說，「在維護人權的藉口下，卡特政府在中美洲掀起了一場造成反共政府不穩定的戰役，這些國家是自由世界的可靠盟國」。[46]麥克唐納的話儘管有批評卡特政府政策的味道，但卻表明卡特想要改變這些美國盟國統治方式的決心。其實，卡特政府的目的就是努力改變美國過去一貫支持獨裁政府的形象，減少拉美國家之間的矛盾，把若即若離的「民主」國家團結起來，以穩定住後院的陣腳。

卡特就職後不久，尼加拉瓜天主教的主教們聯合發表了一封致教徒的公開信，譴責尼加拉瓜國民警衛隊在國內實行恐怖統治。這封信在美國社會引起很大反響，國會內外掀起一片要求政府停止對尼加拉瓜經濟和軍事援助的呼聲。一九七七年三月，國務院發布了「國家關於人權實踐的報告」，建議如果薩爾瓦多軍政府、尼加拉瓜索摩查政權以及危地馬拉的加西亞獨裁政權不改善國內的人權狀況話，美國將中止對它們的安全援助。不久卡特政府宣布，在索摩查政權改善其人權記錄之前暫停一千二百萬美元的援助。索摩查深知，美國對其人權記錄的批評只會給國內反對派撐腰壯膽，如要維持住統治，必須繼續從美國獲得支持。為此，他解除了針對國內反對派，尤其是對桑地諾

---

46 轉引自斯圖爾特‧費希爾：〈薩爾瓦多的人權和美國的對外政策〉（Stewart W. Fisher, "Human Rights in El Salvador and U.S. Foreign Policy"），載《人權季刊》（*Human Rights Quarterly*）第4卷第1期（1982年春季號），頁2。

民族解放陣線的戒嚴狀態，宣布恢復憲法保證。一九七八年二月十六日，美國副國務卿薩莉・謝爾頓在參議院國際組織小組委員會的聽證會上評價尼加拉瓜形勢時說：「雖然問題仍然存在，但我們認為，自一九七七年初以來（在人權方面）的進步一直是顯而易見的。」[47]這說明美國只是想通過壓力迫使索摩查改變統治方式。索摩查也認識到這一點。六月十九日，他宣布大赦政治犯，保證重建選舉制度，邀請美洲國家組織人權委員會到尼加拉瓜進行現場檢查。美國恢復了對索摩查政權的援助。一九七七年中葉，美國政府與索摩查政府簽署了一項數額為二千五百萬美元的援助協定。一九七八年五月，國務院秘密批准給尼加拉瓜一筆款項，十六萬美元用來購買軍隊醫院的設備，十五萬美元用於軍事訓練。美國政府同時批准了對尼加拉瓜兩筆貸款，三百萬美元用於教育，七百五十萬美元用於食物援助。卡特還煞有其事地宣布：「美國重申其嚴格不干涉尼加拉瓜內部政治事務的政策，我們的願望仍然是促使其向真正民主統治的非暴力的穩定過渡。」[48]一九八〇年十月，美國政府開始執行幫助薩爾瓦多訓練軍官的計畫，以加強該國鎮壓國內「暴亂」的能力。國務院官員宣稱，在這一計畫執行中，要對被訓練者強調對人權的遵循。[49]

　　卡特政府鑒於南美洲一些國家軍政權在國內的高壓統治，先後以人權為由，停止了對它們的經濟和軍事援助。阿根廷、智利、巴拉圭、巴西等國的軍政權成了美國人權外交攻擊的目標。這裡以阿根廷為例來說明。卡特一上臺，阿根廷就被列為因侵犯人權而加以特殊對

47 參見〈世界新聞摘要：美國觀察到尼加拉瓜人權的改善〉（"World New Briefs: U.S. Sees Improvement in Nicaraguan Rights"），載《紐約時報》（*New York Times*）1978年2月17日，頁A4。

48 莫雷諾：《美國在中美洲的政策：無休止的辯論》，頁53。

49 參見珍妮特・巴塔伊：〈在一個強調人權計畫中美國訓練薩爾瓦多軍官〉（Janet Battaille, "U.S. Training Salvadoran Officers in a Program Stressing Human Rights"），載《紐約時報》（*New York Times*）1980年10月9日，頁A10。

待的國家。一九七七年二月二十四日，國務卿萬斯通知國會，出於人
權問題考慮，美國對阿根廷等國的援助將在同年十月十一日開始的財
政年度中予以削減，以推動這些政府採取使其國家「民主化」的改
革。一九七八年初，副國務卿克里斯托弗和美國進出口銀行達成一項
協定，中止該銀行在阿根廷的活動。國務院隨後以人權問題為由否決
了進出口銀行向阿根廷提供的貸款。在美國政府的壓力下，美洲國家
組織泛美人權委員會一九八〇年四月十一日發布了關於阿根廷的人權
報告，共二一六頁，非常詳細地列舉了阿根廷軍政府侵犯其公民基本
權利的做法。[50]一九八一年九月，國務院拉丁美洲司編輯出版的《現
代化》雜誌發表一篇文章宣稱，從一九七六年到一九八〇年，阿根廷
共向世界銀行和泛美開發銀行申請過三十二次貸款，其中二十八次遭
到美國政府代表的否決。[51]此類制裁程度不同地存在於南美其他獨裁
國家。[52]

　　卡特政府在對拉美軍政權施加壓力的同時，加強了同墨西哥、委
內瑞拉、哥斯達黎加等實行代議制民主國家的聯繫。卡特宣稱委內瑞
拉是美國的一個「特別盟友」，一九七七年六月卡特邀請委內瑞拉總
統卡洛斯·安德烈婭·佩雷斯訪美，一九七八年三月卡特在萬斯和布
熱津斯基的陪同下，對委內瑞拉正式回訪，雙方就一些問題進行了談

---

50　參見羅伯塔·科恩：〈人權外交：卡特政府和南錐體〉（Roberta Cohen, "Human
　　Rights Diplomacy: The Carter Administration and the Southern Cone"），載《人權季刊》
　　（*Human Rights Quarterly*）第4卷第2期（1982年夏季號），頁229。

51　洛溫塔爾主編：《輸出民主：美國和拉丁美洲》，頁142。

52　參見科恩：〈人權外交：卡特政府和南錐體〉，頁226-227。美國一項以大量統計數字
　　為基礎的研究表明，美國對拉美地區的經濟和軍事援助與這一地區國家的人權記錄
　　密切相關，即美國政府在分配援助款項時，人權是一個非常重要的考慮。參見戴維·
　　辛格雷納里等：〈人權實踐與美國外援向拉美國家的分配〉（David L. Cingranelli and
　　Thomas E.Pasquarello, "Human Rights Practices and the Distribution of U.S. Foreign Aid
　　to Latin American Countries"），載《美國政治學雜誌》（*American Journal of Political
　　Science*）第29卷第3期（1985年8月），頁539-563。

判。對墨西哥也是如此，卡特一上臺就首先邀請墨西哥總統訪美，通過協商解決了美墨之間的衝突。在美國政府的支持下，國際貨幣基金組織為墨西哥提供了十二億美元的貸款，泛美開發銀行也許諾三年之內提供墨西哥十億美元的貸款。卡特政府對代議制民主國家的「親善」是吸取了尼克松與福特政府的教訓，實際上是肯尼迪政府「爭取進步聯盟」計畫在這方面的繼續，肯尼迪沒有做到這一點，卡特想變換手法使之實現。

卡特政府的「人權攻勢」最初似乎取得了成效，一些獨裁國家懾於美國的壓力多少改變了一下國內統治方式。阿根廷著名人權活動家埃米里奧‧米格諾內在布宜諾斯艾利斯接受採訪時對卡特的人權政策給予了肯定的評價。他指出：「我是絕對地確信，如果這一政策不存在，阿根廷的人權狀況將是更為惡化。」[53]據當時美國民意測驗調查，大多數人對卡特的人權外交表示欽佩。一九七八年芝加哥對外關係理事會的調查顯示，百分之六十七的公眾和百分之七十八的菁英人士認為，美國應該對那些有組織地侵犯人權的國家施加壓力。[54]卡特的親信幕僚對人權外交引起的巨大反響得意不已，如布熱津斯基就認為「人權政策」已獲得成功，「它創造了全球關切人權的氣氛，從而鼓勵改善人權狀況，約束並揭露破壞人權的行為」。[55]卡特本人更是對恢復美國昔日的「黃金時代」信心十足，儼然成為維護世界各地「人權」的領袖。

然而，卡特的「人權外交」從一開始就引起許多國家的不滿，蘇聯的抵制自不待言，就連常常接受美國援助的一些國家也不買帳。薩

---

53 詳見辛西婭‧戈尼：〈里根的拉丁美洲政策〉（Cynthia Gorney, "Reagan's Latin Policy"），載《華盛頓郵報》（*The Washington Post*）1981年4月15日，頁A25。

54 參見戴維‧斯基德莫爾：〈卡特與對外政策改革的失敗〉（David Skidmore, "Carter and the Failure of Foreign Policy Reform"），載《政治學季刊》（*Political Science Quarterly*）第108卷第4期（1993-1994年冬季號），頁717。

55 布熱津斯基：《實力與原則》，頁152。

爾瓦多和危地馬拉宣布「出於國家尊嚴考慮」，放棄來自美國的軍事
援助，聲稱美國對其人權狀況的批評是對它們主權的一種侵犯。一九
七七年五月，阿根廷、玻利維亞、巴西、智利、巴拉圭、秘魯和烏拉
圭的代表在蒙得維的亞召開了一次特別會議，討論了抵制美國人權政
策的共同戰略。其中一些國家甚至抵制與人權掛起鉤的美國援助。[56]
在美洲國家組織第七屆大會上，這些國家形成了一個集團，阻止大會
通過強烈譴責西半球一些國家侵犯人權的決議。所以卡特政府的「人
權外交」並沒有達到預期的目標，反而加劇與一些國家的緊張關係，
國內輿論逐漸轉向批評。「溫和派」認為這種政策損害了美蘇關係，
不利於緩和進程。美參謀長聯席會議主席布朗認為，人權問題損害了
美國與拉美國家的團結，從長遠來看，可能影響到美國的安全。「強
硬派」卻認為人權外交不能遏止蘇聯的擴張勢頭，主張採取強硬方針
來對付蘇聯在全球範圍內的咄咄逼人之勢。輿論的導向使卡特政府在
某些問題上陷於困境，欲罷不忍，欲行不能。參議院三十八名共和黨
議員公開聲稱，卡特的外交政策「不僅行不通，而且美國人對他的所
作所為感到失望」。[57]卡特執政後期，美國輿論普遍認為，卡特政府對
國際上所發生的重大事件，都表現出美國對外政策的軟弱性。美國的
一份報告指出，卡特的人權政策「已被放棄，被一種政治和道義現實
主義的不干涉政策所取代。……（人權政策）使美國的朋友與盟國付
出了代價，使我們喪失了影響」。[58]有的共和黨議員甚至認為卡特的人

---

56 胡安・德奧尼斯：〈阿根廷和烏拉圭拒絕與人權聯繫起來的美國援助〉（Juan de Onis,
　 "Argentina and Uruguay Reject U.S. Assistance Linked to Human Rights"），載《紐約時
　 報》（*New York Times*）1977年3月2日，頁10。

57 詹姆斯・賴斯頓：〈卡特的個人窘境〉（James Reston, "Carter's Personal Dilemma"），
　 載《紐約時報》（*New York Times*）1977年5月7日，頁E23。

58 肯尼思・奧耶等：《鷹復活了嗎？美國對外政策的里根時代》（Kenneth A. Oye, Robert
　 J. Lieber ane Donald Rothc, eds., *Eagle Resurgent? The Reagan Era in American Foreign
　 Policy*）（波士頓市：利特爾和布朗出版公司，1987年），頁362。

權政策「使這個世界變得更為危險」。[59]柯克帕特里克一九八○年在美
國《評論》雜誌上發表一篇題目為「獨裁與雙重標準」的文章，她
說：「卡特政府的外交政策的失敗是盡人皆知，而只有它的設計師才
執迷不悟。」[60]美國公眾對國外侵犯人權事件十分關注，也希望政府
能夠干預，但他們卻不希望人權成為對外政策的中心。芝加哥對外關
係理事會其一九七八年的民意測驗列出了十三個具體的外交政策目
的，要求回答者認為這些目的是非常重要、有點重要或不太重要，結
果促進和維護國外的人權列為最低，只有百分之三十九的公眾和百分
之三十六的菁英人物認為它是非常重要的。[61]這個實際上埋下了卡特
人權外交失敗的根源。卡特本人在第二次總統競選中遭到慘敗，最後
悄然離開白宮，他的外交政策失利顯然是一個重要的因素。

## 三　卡特之後的「人權外交」

　　卡特政府奉行的「人權外交」並未因卡特本人下臺而事過境遷，
也未因共和黨執政而被拋置一邊。相反，此後的美國歷屆政府總結了
卡特任內的經驗教訓，將維護「人權」更加靈活運用於美國外交之
中。正如新加坡外交部一位高級官員考西肯指出的那樣：

　　　　人權問題超越了政治範疇。民主黨人和共和黨人共同具有美國
　　　　同一種政治文化的基本價值觀。里根和布什總統並不否認卡特
　　　　對人權的重視。他們只是反對他所強調的重點。里根和布什並

---

59 共和黨議員對卡特對外政策的激烈抨擊詳見亞當‧克萊默：〈更換的共和黨對手攻
　　擊卡特的對外政策〉（Adam Clymer, "G.O.P. Rivvals, Shifting, Attack Carter Foreign
　　Policies"），載《紐約時報》（New York Times）1980年1月30日，頁A1、A18。
60 赫德里克‧史密斯等，潘東文等譯：《里根和里根總統》（北京市：商務印書館，
　　1982年），頁194。
61 參見斯基德莫爾：〈卡特與對外政策改革的失敗〉，頁717-718。

未取消由卡特所建立的人權法規及官僚機構。這些法規和機構
以人權為基礎並更多地集中於反共鬥爭中。[62]

　　里根執政時期是美國「人權外交」發展的重要階段。這位共和黨
人屬於美國政界的「強硬派」，他在總結七〇年代美國外交時說：「十
年來我們疏忽、軟弱、猶豫不決。現在美國外交的任務就是重振軍
備，在政治上再次發動進攻。」[63]因此里根上臺後，他的對外政策的
突出特點是從兩極對立的指導思想出發，對蘇聯採取了強硬的新「遏
制」政策，這就使美國外交政策從七〇年代的守勢轉入積極的進攻。
在貫徹這種新的遏制戰略中，意識形態較量是其中重要的組成部分，
而美國繼續打出維護「人權」的旗幟，就是想在這種較量中勝過對手
一籌。里根政府推行的「人權外交」在實質上與前任毫無區別之處，
所不同的只是，里根吸取了卡特的教訓，在強調實力的同時強調人
權。[64]二者相輔相成，有機地結合成一個整體，在對外關係上表現為
軟硬兼施，這就能使「人權外交」更易發揮作用。

　　里根一九八一年就任總統之初，許多人懷疑新政府可能放棄前任
的「人權外交」，其實這種擔心很快就消失了。種種跡象表明，「人
權」在新政府的對外政策中仍然有著舉足輕重的地位。新政府在首次
發表的「國家關於人權報告書」中聲稱，本政府認為，人權是至關重
要的問題。一九八一年一月，里根政府在「國家安全戰略報告」中也
明確指出，美國對蘇聯的總體戰略「仍然是遏制蘇聯的擴張，鼓勵蘇

---

62 比拉巴里・考西肯：〈亞洲不同的標準〉（Bilabari Kausikan, "Asia's Different
　　Standard"，載《對外政策》（*Foreign Policy*）第92期（Fall 1993），頁30。

63 曼德爾伯姆：《里根與戈爾巴喬夫》，頁21。

64 參見傑羅姆・謝斯塔克：「人權、國家利益和美國對外政策」（Jerome J. Shestack,
　　"Human Rights, the National Interest,and U.S. Foreign Policy"），載《美國政治與社會
　　學研究院年鑒》（*Annals of the American Academy of Political and Social Science*）第
　　56卷（1989年11月），頁23-26。

聯國內及其統治的其他各國內部的政治民主化和基本人權」。埃利奧特・艾布拉姆曾就人權問題遞交給新政府一份備忘錄，要求把人權作為美國對外政策的核心。這份備忘錄頗受重視，艾布拉姆隨即被任命為國務院人權事務司的負責人。里根和其他決策人物的思想同樣反映出了這一點。里根在一次公開場合強調說：「促進自由一直是我們國家外交政策的一個主要因素，在本屆政府任內，人權考慮在我們外交政策的各個方面都是重要的。」[65]國務卿亞歷山大・黑格也談到：「人權不僅符合我們國家的利益，而且是我們對外政策的主要焦點。」[66]但里根政府的人權政策基本上不受道義因素的限制，完全從屬於戰略目標。一九八二年十月十四日，黑格在普林斯頓大學的講話中指出：

> 我們面對著這樣一種形勢，即在福特政府時期以及卡特政府過分虔誠地發動人權攻勢時期，戰略被動性逐步削弱了獨裁的反共產主義政府的決心，使西方盟國的信心不斷下降，鼓勵了蘇聯和蘇聯操縱的極權主義政權採取冒險政策。[67]

　　顯而易見，人權問題已成為新政府在制訂和執行其外交政策時的主要考慮之一。進入八〇年代以後，許多社會主義國家為了克服面臨的困難，紛紛推行改革開放政策。這種局面自然加重了美國手中的「人權」籌碼，使美國有機會發起更猛烈和更具針對性的人權攻勢，以打破這些國家在意識形態領域的封閉狀態，加速它們向西方結構的演變。一九八一年波蘭發生內亂，波蘭政府宣布進入緊急狀態。美國

65 小艾爾弗雷德・莫厄爾：《人權和美國對外政策：卡特和里根的經歷》（Alfred G. Mower, Jr., *Human Rights and American Foreign Policy: The Carter and Reagan Experiences*）（紐約市：格林伍德出版社，1987年），頁34。
66 小莫厄爾：《人權和美國對外政策：卡特和里根的經歷》，頁34。
67 莫雷諾：《美國在中美洲的政策：無休止的辯論》，頁85。

等西方國家大造輿論，推波助瀾，以波蘭政府侵犯人權為由，對波蘭
進行經濟和政治制裁，最後迫使波政府做出讓步，承認了團結工會的
合法地位，為以後的波蘭劇變埋下了伏筆。一九八二年三月，美國國
會通過了關於蘇聯人權的參眾兩院三七三號共同決議（House Joint
Resolution 373），要求蘇聯政府停止對其公民所享受的基本人權的迫
害行為。里根在簽署這一法案時發表聲明指出：

> 我真誠地與國會一道再次向蘇聯政府呼籲停止其針對那些尋求
> 自由者、遷徙國外者以及堅持他們的宗教或文化傳統者所採取
> 的鎮壓行為。這些自由是我們美國傳統的基本組成部分，對其
> 否認引起了我們政府和公民的最深切的關注。我們敦促蘇聯採
> 取積極的措施保證其政策和做法與其尊重蘇聯公民個人權利的
> 國際義務保持一致。[68]

一九八二年六月八日，里根在倫敦議會發表一篇被說成是「代表
美國對外政策總目標」的講話，宣稱「自由和民主在向前挺進途中將
把馬克思主義—列寧主義拋進歷史的垃圾堆」，表示要通過「思想和
信息的傳播」來影響蘇聯和東歐國家的人民。[69]

二十世紀八〇年代中期戈爾巴喬夫執政後在蘇聯推行「公開
性」、「民主化」方針和「新思維」外交，蘇東地區形勢開始發生變
化，東西方關係出現新的緩和，國際局勢轉向有利於美國發動「人

---

68 羅納德・里根：「簽署關於蘇聯人權法案的聲明」（Ronald Reagan, "Statement on
Signing a Bill Concerning Human Rigts in the Soviet Union"）1982年3月22日。全文可
在 http://www.presidency.ucsb.edu/ws/ index.php?pid=42304&st=human+rights&st1= 網
址上獲得。

69 羅納德・里根：〈對英國議會成員的講話〉（"Address to Members of the British Parlia-
ment"）1982年6月8日。全文可在http://www.presidency.ucsb.edu/ws/index.php?pid=42
614&st=human+rights&st1=網址上獲得。

權」攻勢。一九八五年二月，里根在向國會遞交的〈國情咨文〉中宣稱，美國「已經作好偉大變遷的準備」，要進行一場「把世界和平與人類自由的希望帶到美國國境之外的革命」。[70]一九八六年三月十四日，里根在公開發表的對外咨文中強調：「美國人民信奉人權，反對以任何形式出現的暴政。……美國鼓勵進行民主變革，將隨時準備在這些國家及其他國家幫助實現民主。」[71]在這種形勢下，里根政府加強了與蘇東國家內部反政府勢力和持不同政見者的聯繫，直接或間接地支持他們的活動。一九八八年五月，里根赴莫斯科與戈爾巴喬夫舉行美蘇首腦會談，在此期間，他藉機大講人權，宣揚美國的文化價值觀。他一隻手舉著聯合國人權宣言、赫爾辛基最後文件中關於人權的規定，另一隻手舉著美國的憲法和民主體制，試圖在蘇聯民眾中掀起一場爭取「自由與民主」的運動。他給一些持不同政見者撐腰打氣，公然對他們說：「作為普通人中的一員，我來到你們當中是希望我所做的一切能給你們力量……當我們通過外交途徑推進人權時，你們卻成年累月地冒著失業、失去家庭、失去一切的風險，用你們的生命來推進人權。」[72]里根在會談中，迫使蘇聯政府在人權問題上做出了一些讓步。美國政府在維護「人權」的名義下，對蘇東國家採取「壓」，而對其內部反對派採取「扶」的方針為日後這些國家內部劇變奠定了外部基礎。

---

70 羅納德・里根：〈在國會聯繫會議上關於國情的講話〉（Ronald Reagan, "Address Before a Joint Session of the Congress on the State of the Union"）1985年2月6日。全文可在http://www.presidency.ucsb.edu/ ws/index.php?pid=38069網址上獲得。

71 〈里根致國會關於對外政策咨文文本：總統對外政策聲明文本〉）（"Text of the Reagan Message to Congress on Foreign Policy: Text of President's Foreign Policy Statement"），載《紐約時報》（*New York Times*）1986年3月15日，頁4。

72 羅納德・里根：〈在莫斯科帕索修道院對蘇聯持異議者的講話〉（Ronald Reagan, "Remarks to Soviet Dissidents at Spaso House in Moscow"）1988年5月30日。全文可在http://www.presidency.ucsb.edu/ ws/index.php?pid=35894&st=&st1=網址上獲得。

　　里根時期美國對中國人權問題雖然沒有像後來那樣大張旗鼓地批評，但也不時地以「人權」要挾中國。一九八二年，美國以尊重人權為由，給中國運動員胡娜以「政治避難」；一九八五年九月，美國國會無理指責中國實行強迫性墮胎，對中國實行計畫生育政策進行攻擊。在西藏問題上，美國譴責中國侵犯了人權。一九八七年六月，國會眾議院通過了中國在西藏侵犯人權的修正案。九月，達賴訪美並在國會發表演說，眾議院人權委員會為達賴舉行記者招待會，並對他提出的關於西藏地位問題的「五點計畫」表示支持。十二月三日，參眾兩院聯席會議通過了「中華人民共和國在西藏侵犯人權」的修正案，隨後參眾兩院分別予以正式通過。

　　在對待第三世界國家方面，里根政府的人權政策與其前任相比，更加靈活和務實。一九八一年十月，新政府的「人權備忘錄」對盟國的侵犯人權行為實行「消極標準」，即只須口頭批評，無須見諸行動，否則極權主義政權取代獨裁政權，將會對「人權事業」構成更大的威脅。在中美洲，美國要求薩爾瓦多、洪都拉斯和危地馬拉等國尊重人權，實行土改，逐步向「政治民主化」過渡。在美國的積極活動和組織下，這一地區的幾個重要國家都結束了長期的軍人統治，成立了親美的文人政權。對南美洲不按美國人權標準行事的國家，里根政府不但不予譴責，而且採取安撫和籠絡的政策，試圖恢復因人權問題而惡化了的關係。里根敦促參議院撤銷了禁止向阿根廷、智利提供軍援的法令。美國駐聯合國人權委員會代表投票反對「譴責智利踐踏人權的提案」。對於戰略上、經濟上、政治上對美國至關重要的國家，里根政府雖然也曾批評其國內的侵犯人權行為，但是不痛不癢，根本無助於其國內問題的解決，而美國提供的軍事和經濟支持則起了助紂為虐的作用。我們以南非為例。南非在政治上和經濟上與美國聯繫密切，美國三百五十家公司在南非的投資，占這個國家外資的百分之二十。到一九八四年，美國在南非的總投資是一百五十億美元。南非為

美國提供了許多重要礦產品，從一九八一年到一九八三年，南非百分之六十一的鈷、百分之五十五的鉻、百分之四十九的鉑、百分之四十四的釩、百分之三十九的錳輸往美國。南非地理位置也十分重要，在對付受蘇聯影響的國家如安哥拉上起著重要的作用。在這種背景下，里根政府對這個種族主義國家提供支持。一九八五年聯合國一項建議警告南非政府如果不結束種族主義，安理會將要實行強制性的經濟和政治制裁。但里根政府反對採取強硬行動，否決了這一建議。美國駐聯合國代表柯克帕特里克一語道破天機：「馬克思主義比種族主義更為危險。」[73]里根政府這種庇護南非種族主義政權的政策，助長了南非政府的頑固立場。南非黑人領袖德斯蒙德‧圖圖一九八四年十月說：「就我看來，里根政府在促進我們自由鬥爭上做得太少了，如果有的話，它只是幫助使南非當局更加頑固不冥。」[74]

　　一九八九年布什出任美國總統後，面對著國際局勢發生的一系列變化，進一步強化了人權外交。他向世界表明，對人權的關注是美國外交政策的中心內容；美國的人權外交是世界性的，它不排除也不針對任何國家；人權依然是美國外交政策的基本原則，但非唯一原則。布什政府對於正在變革的蘇東國家，以「實現持久的政治多元化和尊重人權」尋找突破口。一九八九年七月，布什訪問了波蘭和匈牙利兩國，對兩國出現的「自由潮流」大加讚許，並發表了一系列宣傳美國人權觀的講話，表示「支持這個地區的自由」，同時答應提供經濟援助。在美國等西方國家的支持下，東歐各國相繼發生演變。對蘇聯，布什政府一方面支持戈爾巴喬夫的政治與經濟改革，另一方面擴大與國內政治反對派的聯繫。一九九一年1月，美國以維護「人權」為由，對蘇聯前往波羅的海沿岸維持秩序做出強烈反應，並以採取經濟

---

73 小莫厄爾：《人權和美國對外政策：卡特和里根的經歷》，頁135。

74 小莫厄爾：《人權和美國對外政策：卡特和里根的經歷》，頁136。

制裁相要挾。同年八月十九日發生的事變標誌著蘇聯開始解體。布什在隨後的講話中得意地宣布，蘇聯人看來正朝著美國對外政策的目標前進，正朝著民主、自由、自決等所有這些目標前進。蘇聯的解體雖然內部因素起決定作用，但美國等國的插手加速了這一過程。美國從戰後初期提出的和平演變戰略至此在蘇東地區變為現實。

蘇聯解體後，布什政府逐漸把「人權」攻勢的重點轉移到中國。《紐約時報》一九九一年九月十日刊登了一篇關於中美關係的評論，作者認為，美國在人權問題上攻擊中國，是因為中國已成為美國「新崛起的主要對手」。美國的目的很明顯，就是想以「人權」為契機，向中國政府施加壓力，以壓促變，清除掉他們眼中這個堅持社會主義道路的「最後堡壘」。布什政府在人權問題上處處挑剔中國主要表現在：無視中國計畫生育取得的舉世矚目的成就，對中國奉行這一有利於本國發展的政策橫加指責；藉口西藏問題干涉中國內政；支持中國內部的「民主人士」反對中國的合法政府；以最惠國待遇相要挾，在兩國經貿關係上設置障礙。「人權」儘管不是美國對華政策的唯一選擇，但無疑給兩國關係的正常發展蒙上了一層深深的陰影。

克林頓上臺伊始，該政府的一個重要官員沃頓在闡述新政府的外交政策時強調說：「人權是我們政策的核心，美國將想方設法用其援助和影響力幫助這些國家促進人權和強化增強法制的民主制度。」[75]沃頓雖然是針對拉美地區而說這番話的，但反映出新政府將繼續把「人權」體現在對外政策之中。在拉美，克林頓政府強調「人權」，除了引導這一地區的民主化過程朝著有利於美國的方向發展外，還可以藉機干涉拉美國家的內政。一九九四年二月，克林頓政府指控智利人權狀況欠佳，受到智利政府的抵制。二月六日，智利政府譴責美國干涉智

---

75　戈什科：〈克林頓強調拉美政策中的民主與人權〉（Goshko , "Clinton to Stress Democracy, Human Rights in Latin America Policy"），載《華盛頓郵報》（*The Washington Post*）1993年5月4日，頁A15。

利內部事務，副外長羅德奧戈・迪亞斯指出，智利是一個法制國家，一貫維護和尊重人權，並為此做出了巨大努力，「我們決不接受指控智利侵犯人權的報告」，一個大國決不能借人權問題干涉別國內政。[76]

　　亞太地區是克林頓政府推行「人權外交」的重點。這與亞太地區在美國的全球戰略中舉足輕重的地位以及該地區經濟發展有很大關係。一九九四年的《國家安全戰略報告》指出，亞洲是一個對美國的安全和繁榮具有越來越重要的地區。在其他任何地區美國三管齊下的戰略都沒有像這一地區那樣緊密相連，要求美國繼續參與的需要也沒有像這一地區那樣明顯。安全、開放市場和民主現在比以往任何時候都更加同美國對這一具有活力的地區的態度密切相關。克林頓政府重視亞太地區儘管主要出於安全和經濟利益考慮，但促進「人權」成為實現這些目標的主要手段，用克林頓的話來說，美國不必在人權與亞洲的貿易之間做出選擇，「促進人權和民主價值也要求政府與政府之間加強聯繫，所以我將毫不後悔地在亞洲和全世界推動這些權利和價值。」[77]

　　在這種思想的指導下，克林頓政府借助美國強大的經濟力量，把對亞太地區的貿易、投資、技術轉讓與「人權」掛起鈎來，動輒以最惠國待遇、經濟制裁等要挾亞洲一些國家，試圖迫使它們接受美國提出的一些附加條件。如抵制中國申辦二〇〇〇年奧運會，給中國重返關稅與貿易總協定設置障礙，在最惠國待遇上要中國接受美國的「人權」標準，強迫印度尼西亞、馬來西亞、泰國等國在勞工、知識產權等問題上接受美國提出的條件，以西方的標準和價值觀來主導東盟區

---

76 轉引自《人民日報》1994年2月6日。

77 威廉・克林頓：〈在喬治敦大學埃德蒙・沃爾什外交學院的講話〉（William J. Clinton, "Remarks at the Edmund A. Walsh School of Foreign Service at Georgetown University"）1994年11月10日，載《美國總統公開文件》（*Public Papers of the Presidents of the United States*）第2卷（華盛頓特區：美國政府出版局，1994年），頁2059-2060。

域論壇，試圖將其變成干涉亞太事務的一個工具。一九九六年八月十二日美國《福布斯》雜誌刊登了一位美國人採訪李光耀的訪談錄，李尖銳地批評了美國對中國的人權政策。他宣稱：

> 我覺得一個非常難解開的謎是：為什麼你們的人權和公民自由團體認為它們可以像對待一個第三世界的接受援助的國家那樣對待中國，懲罰它責備它，彷彿它是非洲或南太平洋的一塊殖民地或半殖民地似的。這種做法是荒誕的。中國是一個有著非常古老文明的國家，人民是非常自豪的人民，他們經歷了二百年的屈辱，所以希望恢復自己的力量和自尊。要是我，我是不會在他們身邊轉來轉去，欺負他們和向他們挑釁的。[78]

美國政府以「人權」為棍棒敲打亞洲國家的這些做法成為美國與它們發生爭執的主要原因之一。正如美國研究東亞問題專家哈里・哈丁所言：「最大的問題正出現在人權領域。克林頓政府儘管起初說，人權僅僅是美國在亞洲的三大主要利益之一，但逐漸把促進人權視為最優先考慮之事，致使人權成為美國與中國、新加坡、馬來西亞和印度尼西亞關係中的主要爭執。」[79]實際上，美國在要求亞洲國家遵循它的「人權」標準時，正在釀成一場激烈的文化衝突。這不僅僅影響到文化交流本身，而且也在其他方面表現出來。馬來西亞總理馬哈蒂爾抵制西雅圖會議；新加坡不睬克林頓的請求，鞭笞破壞公物的美國少年；印度尼西亞譴責美國插手東帝汶問題；東盟國家一致反對美國

---

78 安德魯・坦澤：〈善禦者不是靠武力征服〉（Andrew Tanzer, "Ride It! You Can't Fight It!"），載《福布斯》（*Forbes*）第158卷第4期（1996年8月12日），頁46-48。全文可在南開大學圖書館EBSCO數據庫中獲得。

79 哈里・哈丁：〈瀕臨邊緣的亞洲政策〉（Harry Harding, "Asia Policy to the Brink"），載《對外政策》（*Foreign Policy*）第96期（1994年秋季號），頁61。

在人權、勞工權利以及緬甸問題上所持的態度。上述事實使美國在亞洲的「權威」受到嚴重挑戰，導致克林頓政府的亞太政策處處受窘，陷於危機。就連助理國務卿洛德也致信國務卿克里斯托弗，表示對美國亞太政策憂心忡忡，他指出，美國同亞洲的關係正受到（美國提出的）人權、貿易和其他事情上所造成的爭執的影響。如果繼續這樣做，「我們可能就會破壞我們的影響和利益」。[80]

在內外壓力之下，克林頓政府對亞洲政策不得不進行一些調整，採取了比較靈活務實的手段，盡量避免與亞洲國家矛盾激化。如在中國最惠貿易國待遇上，宣布與人權脫鉤；主動邀請馬來西亞總理和印度總理訪美等等。一九九六年七月二十九日，克林頓在接受《紐約時報》記者採訪時承認其政府在對華政策上把「人權」看得重於貿易是「不正確的」。他說：「取消中國的最惠國待遇將給中國造成短期的經濟損害，但中國人不會改變自己的人權政策，反而會更壓制人權，美國這樣做將是發動新的冷戰。」[81]較之以前的做法，這些當然不失為明智之舉，但並不意味著美國在處理亞太事務和世界事務上的基本態度、方法與目標已有所改變。美國還會以自己的文化價值觀衡量與自己文化背景不同的國家的行為，以自己的「人權」標準對它們施加壓力，以圖促進一個統一在美國文化價值觀下的世界早日到來。

## 四　關於美國「人權外交」的思考

讓藍天之下所有人享受到充分的人權，是人類長期以來所追求的理想之一。但理想畢竟不等於現實，人類為之奮鬥不懈就說明了這一

---

80　轉引自《國際展望》1994年第15期，頁3。

81　參見〈克林頓包括通過貿易實現和平的三大目的〉（"Clinton's Three Big Objectives Include Peace Through Trade"），載《紐約時報》（*New York Times*）1996年7月29日，頁A15。

過程並非坦途。就是在人類文明快要敲響二十一世紀鐘聲的今天，地球上還有多少人在生存的邊緣苦苦掙扎，他們食不裹腹，貧病交加。至於一些國家發生的民族廝殺、種族迫害、恐怖主義以及政治動盪等，更是對人權的國際保障投下了一層深深的陰影。對於那些公然違背人類基本道德準則的非人道行為，國際社會予以譴責甚或干預都是無可非議的。美國的「人權外交」從表面上看似乎留下了這方面的痕跡，帶有「人道主義」干涉的味道。其實不然。這種外交方式的基本出發點並不是出於人道主義的考慮，而是一種戰略上的圖謀或需要，是美國政府借助其文化傳統中的「理想主義」成分而實現其外部利益的一種有效手段。

在美國外交史上，美國在與外部發生關係時，常常表現出兩種傾向，一種是毫無掩飾的「擴張主義」，一種是自以為是的「理想主義」，前者把美國所追求的自我利益暴露於外，後者則將之掩飾於內。這兩種外交方式有時相輔而行，有時融為一體，發揮著實現美國在某一時期或某一地區國家利益的作用。第二次世界大戰後，美國借助其強大的政治、經濟、軍事優勢，擔負起領導「自由世界」的責任。美國除了屢屢以武力捲入大洋彼岸的事務外，始終沒有忘記使用傳統的「理想主義」外交向競爭對手展開攻勢。五〇年代中期，杜勒斯提出了對社會主義國家的「和平演變」戰略，主張通過「政治攻勢」從內部瓦解社會主義統治基礎。這種戰略的基本出發點就是試圖用美國的文化價值觀戰勝共產主義思想，從意識形態領域突破，取得與軍事手段相同的目的。「和平攻勢」在美蘇對抗日益加劇的情況下，很少有隙可乘，但並不意味著美國放棄了這種戰略的選擇，一旦時機成熟便會成為美國政府打出的一張「王牌」。

美國從卡特政府起推行的「人權外交」也就是這種戰略的繼續與具體化，這種政策把美國文化傳統中的「人權觀」運用到外交事務中，無非想兵不血刃地擊敗對手。它並不與軍事遏制發生衝突，而是

彼此補充，因此對美國政府來說，維護「人權」不是目的，而只是一種手段。美國決策者並不諱言這一點。布熱津斯基「十分強烈地認為，強調人權是美國外交政策的一個組成部分，將促進美國的全球利益」。[82]一位研究卡特政府人權政策的資深作者得出結論：「軍事、經濟和戰略考慮是外交政策制訂與執行中的最後決定因素。人權較之國家安全目的必須履行的責任時，就成為一種附屬性因素。」[83]里根及其後任奉行的「人權」政策，其戰略目標更加顯而易見，在冷戰結束前完全把「人權」作為直接針對社會主義國家的一種武器。里根政府中負責人權事務的艾布拉姆斯一九八三年十月十二日在華盛頓發表演講，解釋了美國政府人權政策的目標。他的結論是：「東西方的鬥爭在很大程度關係到人權問題。……防止任何國家被共產黨政權所控制，在我們看來就是人權事業的一大勝利。」[84]小施萊辛格也指出了里根政府人權政策的選擇性：

> 里根接受了這種理由，卡特的人權攻勢打擊了非民主但友好的領導人，比如巴列維國王和索摩查，造成伊朗和尼加拉瓜反美政權執政。由於擾亂了朋友而無損於敵人，美國在整個世界的利益受到損害。里根並不是想解散人權機構，而是把矛頭指向馬克思列寧主義的國家。[85]

冷戰結束後，美國更加注重「人權」在全球戰略中的作用，其服務於美國戰略目標更加顯而易見。東歐劇變和蘇聯解體後，美國在冷

---

82 小莫厄爾：《人權和美國對外政策：卡特和里根的經歷》，頁24。

83 戴維・希普：《人權與美國對外政策：第一個10年，1973-1983年》（David Heaps, *Human Rights and U.S. Foreign Policy: the First Decade, 1973-1983*）（紐約市：美國國際法學家委員會協會，1984年），頁26。

84 小莫厄爾：《人權和美國對外政策：卡特和里根的經歷》，頁26。

85 小施萊辛格：《美國歷史的循環》，頁104。

戰期間政治上面臨的全球性威脅基本消除，但地區性危機和衝突嚴重
危及了美國的國家安全和全球利益，既構成了對美國建立以西方價值
觀為統治地位的國際新秩序的最大障礙，也是對美國全球領導地位最
嚴重的挑戰。國際社會形形色色的民族主義思想和運動在冷戰後呈上
升趨勢，伊斯蘭宗教意識仍在蔓延，頑強地對抗著西方的價值觀念。
美國繼續在對外關係上體現出維護「人權」的內容，一方面可以與這
些異端思想抗衡，更重要的是成為美國介入地區衝突的一個藉口。更
何況與美國價值體系完全對立的社會主義制度並沒有在地球上消失，
美國自然還會利用這一外交方式，突破對方在意識形態領域設置的防
線，力爭蘇東國家演變的最後一幕在這些國家重演。這樣，「人權」
作為一種手段在冷戰後的美國全球戰略中發揮著不可忽視的作用。美
國《外交事務》季刊主編威廉・海蘭在冷戰結束後寫道：「當前的跡
象表明，奉行地緣政治的現實主義正在讓位於重視人權的理想主義。
這種情況如果最終成為美國政策的新動向，也不必過於驚怪：就美國
政策的根本動機而言，遏制始終是為達到這個理想主義目的的一個手
段而已。」[86]海蘭談到「人權」因素在冷戰後美國對外政策中分量加
重是對的，但他把促進「人權」說成是美國外交的一個「根本動機」
無論如何與歷史和現實都是不相符的，事實恰恰相反。美國負責人權
事務的助理國務卿約翰・沙特克一九九五年二月一日在回答記者提問
時指出，就明顯的爭論而言，如我們在對人權報告的概述中所說的，
有範圍廣泛的各種手段，既有胡蘿蔔軟手段，又有大棒硬手段，能夠
使用就應該使用這些手段，美國對於改善人權的努力就是正在使用這
些手段。[87]沙特克儘管還是在為克林頓政府的人權政策辯護，但也無

---

86 中國現代國際關係研究所選編：《冷戰後的美國與世界》，頁7。

87 沙特克關於克林頓政府奉行人權政策的觀點詳見哈里・克賴斯勒（Harry Kreisler）
　　對他的多次採訪，採訪全文可在http://globetrotter.berkeley.edu/people/Shattuck/shat-
　　con0.html網址上獲得。

法掩飾美國把它作為一種實現其現實利益的手段或工具選擇。

　　冷戰期間，維護和鞏固第三世界親美政權的穩定是美國的一項既定政策。許多親美政權由於在國內實行暴政，常常遭到人民的反對，統治基礎極不牢固，這必然對享有巨大戰略利益和經濟利益的美國構成一種潛在的威脅。美國把在第三世界推行「人權外交」作為全球戰略中的重要組成部分，目的就是要把這種威脅減少到最低限度，迫使這些獨裁政權停止在國內採取高壓政策，改用其他手段來鞏固國內統治地位，以防內部出現混亂，引發革命，給蘇聯提供插手之機。卡特對此並不諱言：

> 我決心既支持較為獨裁專制的盟國和朋友，又有力地在這些國家促進人權，我們引導它們改變鎮壓政策，就會擴大自由與民主，並將幫助它們消除爆發革命的原因，因為革命常常是從那些受迫害的人們中爆發出來的。這樣我們也許可以實現我們的目的，從而無需以一個同樣具有壓迫性質的左翼政權去替換一個極權的右翼政權。[88]

　　因此卡特政府在以「人權」向獨裁政權施加壓力時，不是要求它們立即改變現存的政體，也不是中止與它們的結盟關係，而是要它們更加萬無一失地維持住國內統治的穩定。

　　一九七八年七月，卡特致信索摩查，稱讚他對尼加拉瓜人權狀況的「改進」和對穩定該國局勢的貢獻。更有甚者，一九七九年五月，當桑解陣線對索摩查政權發動最後攻勢時，索摩查請求美國政府提供軍事援助，雖然美國決策層內主張不一，但卡特政府最後還是決定干涉，並且試圖讓美洲國家組織通過決議，使干涉合法化。萬斯向美洲國家組織提交了六條建議，其中一條是要求派遣主要由美國海軍陸戰

---

88　史密斯：《美國的使命：美國與二十世紀世界範圍內爭取民主的鬥爭》，頁263。

隊組成的「泛美維持和平部隊」到尼加拉瓜，阻止桑解革命陣線的成功。只是在以墨西哥為首的拉美國家反對下，美國才被迫放棄了干涉。[89]卡特政府對薩爾瓦多的政策主要從戰略與安全考慮，尤其在尼加拉瓜革命勝利後，卡特出於對革命的擔心，就很難顧及所謂的「人權」了。正如詹姆斯・鄧克利指出的那樣：「當侵犯人權頻繁發生和使用了令人恐怖的手段時，美國的『標準』變得越來越靈活，以免影響到美國對薩爾瓦多軍隊的支持。」[90]卡洛斯・埃斯庫德研究了這一時期美國與阿根廷的關係後，以比較具體的統計數字說明美國雖然在人權方面對阿根廷施加壓力，但並沒有停止經濟上的支持。他說，卡特執政時期兩國衝突看起來是激烈的，但「卡特政府對人權弊端的大聲譴責不僅伴隨著美國政府（對阿根廷）的相當大支持，而且伴隨著阿根廷獲得的美國私人資金最大規模的流入。」[91]卡特政府對獨裁政權提供支持也程度不同地存在於其他地區。這種政策似乎與維護「人權」發生衝突，但是當我們把視線轉到美國的戰略利益時，矛盾也就成為一致了，它們只是保證美國根本利益順利實現的任意選擇。

　　邁克爾・克拉雷等人考察了卡特的「人權外交」後得出結論：「美國在拉丁美洲的道義提議從來不犧牲某些更重要的政治或經濟利益，所以美國將繼續與西半球一些最殘暴的獨裁者結為聯盟。」[92]這

---

89 格特夫等：《失敗的根源：美國在第三世界的政策》，頁198。

90 簡斯・鄧克利：《長期的戰爭：薩爾瓦多的獨裁與革命》（Janes Dunkerley, *The Long War: Dictatorship and Revolution in El Salvador*）（倫敦市：交叉書社，1982年），頁48。

91 洛溫塔爾主編：《輸出民主：美國和拉丁美洲》，頁152。

92 費根主編：《資本主義與美拉關係的狀態》，頁167-168。另一位美國學者認為，到了卡特執政期間，促進「民主」成為人權外交的組織部分。然而，卡特政府的實際政策卻是繼續支持現存的獨裁政權。詳見威廉・魯濱遜：〈全球化、世界體系和美國對外政策中的「促進民主」〉（William I.Robinson, "Globalization,the World System, and 'Democracy Promotion' in U.S. Foreign Policy"），載《理論與社會》（*Theory and Society*）第25卷第5期（1996年10月），頁622。

種對反共親美獨裁政權的支持在里根擔任美國總統任內更是顯而易見，用艾布拉姆斯的話來說：「美國常常被迫勉強支持侵犯人權的政權，因為我們認為，它們被極左制度取代對人權事業更是有害無利。」[93]其實，「被迫勉強」只是一種巧妙的辯解，美國政府希望這些國家的統治者能夠「放下屠刀，立地成佛」，但又無法把這種期望與其戰略目標和利益完全脫鉤，當二者發生衝突時，美國政府自然會毫不猶豫地選擇後者，犧牲「人權」又何足惜哉。拉爾斯·斯庫爾茨對二十個拉美國家侵犯人權和美國援助分析之後發現，美國對拉美援助與受援國人權侵犯的關聯度毫無例外地明確表明，美國的援助往往是不均勻地流向嚴重侵犯其公民權利的拉美國家政府。[94]

　　從國際法的意義講，人權標準只能是已被大多數國家承認與接受的國際人權條約內容。這裡且不說美國推行的人權標準是否與之吻合，即使偶有相同之處，由於促進「人權」必須受制於美國的戰略利益，所以美國在人權問題上實行雙重標準或多重標準也就不足為奇了。小施萊辛格以人權不是美國對外政策的唯一目的解釋了這種現象，他說：「事實上，雙重標準固存於（人權）問題之中，不僅是因為各個國家處於不同的成熟階段，更為重要的是因為促進人權畢竟不可能是外交政策的唯一目的。人權僅僅構成了國家的許多利益之一，不是所有其他利益都服從於之的壓倒一切的利益。」[95]歐文克里斯托

---

93　小莫厄爾：《人權和美國對外政策：卡特和里根的經歷》，頁42。

94　參見邁克爾·斯托爾等：〈人權和從尼克松到卡特的對外援助〉（Michael Stohl, Davia Carleton and Stevwn E. Johnson, "Human Rights and U.S. Foreign Assistance from Nixon to Carter"），載《和平研究雜誌》（*Journal of Peace Research*）第21卷第3期（1984年9月），頁219。有的學者甚至認為，美國對拉美國家的援助與人權並沒有真正的聯繫，詳見詹姆斯·參考密克等：〈美國的援助真正與拉美的人權聯繫在一起嗎？〉（James M. McCormick and Neil Mitchell, "Is U.S. Aid Really Linked to Human Rights in Latin America?"），載《美國政治學雜誌》（*American Journal of Political Science*）第32卷第1期（1988年2月），頁231-239。

95　小施萊辛格：《美國歷史的循環》，頁102。

爾在論及美國的人權政策時得出結論:「我們的外交政策在我們現在
稱之為『人權』上不僅有雙重標準,而且有三重和四重標準。」[96]美
國的人權政策一開始就與雙重標準聯繫在一起。卡特對諸如與美國戰
略利益的盟國濫用權力或保持緘默,或避重就輕,或為之辯護,他對
以色列、南非、菲律賓等國的政策就體現出這一點。有些國會議員不
無譏諷地說:「美國贊成世界上的自由,但我們首先維護我們的國家
安全。所以卡特總統贊成人權,……但給了馬科斯五億美元。」[97]當
卡特政府決定不中斷對伊朗、南朝鮮和扎伊爾等國的援助時,輿論甚
為不解,萬斯對此解釋說:「無論如何,我們必須權衡對人權的政治
考慮與經濟和安全目標的關係。」[98]里根政府在這方面更是有過之而
無不及,副總統布什一九八一年訪問馬尼拉時,公然讚揚菲律賓暴君
馬科斯「遵循民主原則和民主程序」。《紐約時報》一九八五年十月二
十五日刊登的一篇社論指出,里根在日內瓦最高級會談期間「嚴加斥
責」蘇聯侵犯人權,但對南非的種族隔離或南朝鮮、智利和菲律賓
「缺乏政治自由」則不置一詞。許多學者由此得出結論,里根政府對
它認為「與美國敵對的國家」在人權問題上大打出手,而對它認為
「與美國友好的國家」侵犯人權卻為之辯護。[99]其中之原因,用美國
學者莫雷諾的話來說:「里根強調美國的軍事實力、美國安全援助和
對親美政權的支持,而不管它們的人權記錄如何。」[100]一些美國學者
主張美國政府在冷戰後應該推行以國際主義為基礎的外交政策,但他
們在談到人權外交時也認為,這是一個難以回答的「偽善與矛盾」。[101]
美國在「人權」問題上奉行的雙重標準或多重標準完全是出於自身利

---

96　克里斯托爾:〈界定我們的國家利益〉,頁72。
97　小莫厄爾:《人權和美國對外政策:卡特和里根的經歷》,頁30。
98　多布里斯基:《人權與美國外交政策》,頁163。
99　詳見小莫厄爾:《人權和美國對外政策:卡特和里根的經歷》,頁47。
100 莫雷諾:《美國在中美洲的政策:無休止的辯論》,頁86。
101 參見《參考消息》1999年9月8日,頁52。

益考慮的一種必然選擇，正如美國一位學者指出的那樣：「卡特振振有辭地抨擊蘇聯和東歐嚴重侵犯人權，而對第三世界獨裁政權則很少如此，因為美國在歷史上曾幫助這些國家實行高壓統治，這樣就把人權用來發動一場新的冷戰。」[102]這番話可謂一針見血，雖然論及的是卡特的人權政策，但卻揭示出美國發動「人權」攻勢時目標的「選擇性」，這種「選擇性」同樣體現在以後的人權政策中。

美國著名心理學家埃里希・弗羅姆寫道：「就看待外國而言，缺少客觀性是人人皆知的。長期以來，一國總是把自己說得盡善盡美，而把別國說成十足的腐敗和殘忍。評判敵人的一舉一動用一個標準，而評判自己的一言一行用另一個標準。甚至敵人善行也被視為窮凶極惡的徵兆，意在欺騙我們和全世界，而我們的醜行則是必要的。的確，如果像研究人與人之間的關係一樣研究國與國之間的關係，就會得出這樣的結論：客觀性是極為少見的，而不同程度的自我陶醉的歪曲，則是司空見慣的。」[103]弗羅姆不是研究美國外交的專家，但對研究美國外交者來說，他的話卻是至理名言，很值得人們玩味。「人權」的國際標準至今仍然是一個爭論不休的問題，《世界人權宣言》、《國際人權公約》所規定的內容也只是人類共同的理想和長期奮鬥的目標。且不說各國都有自己的特殊性，即使存在著劃一的人權標準，很難說哪一個國家就已經「達標」。那些公然實行暴力鎮壓的政權理應受到國際社會的譴責。只要一國通過自己的努力，逐步完善公民的人權保障過程，任何其他國家的挑剔干預很難說不是有意刁難，存心不良。美國亞洲協會香港辦事處主任伯頓・萊文在亞洲生活了四十年，他在批評美國對中國瞭解近乎無知時說：「克林頓政府上臺把人權列為對華政策的基石，是對實際情況瞭解太差。克林頓政府抨擊中國人權時，中國老百姓卻享有比過去五十年更大的個人自由和更高的

---

102　小莫厄爾：《人權和美國對外政策：卡特和里根的經歷》，頁45。
103　轉引自富布萊特：《帝國的代價》，頁9-10。

生活水平。」[104]更何況美國也不是「世外桃源」，淨土一方，人權狀況已經是「盡善盡美」了。

　　一九八八年，美國兩位前總統福特和卡特曾組織一個專家小組，審查了「美國的日程表」，給當選總統提交了一份報告，他們評論說：「我們看到了兩個美國，一個日益富庶，一個可悲地貧窮；對多數人，這是機會之地，而對更多的人，則是無所作為和絕望之鄉；這個國家從未如此繁榮，或者說從未如此麋費。兩端之間，是中等的美國人，其中多數人正在掙扎謀生。」[105]時過五年，這種狀況依然故我。卡特在一九九三年六月的維也納世界人權大會上坦誠直言，批評了美國的人權狀況，他說，美國國內顯然存在許多人權問題，「我們確有兩個美國——兩個亞特蘭大，兩個華盛頓，兩個紐約，兩個芝加哥等等。一個比較富裕；另一個貧窮，犯罪率很高，無家可歸和失業者都很多」。他還說：「美國把人權的定義定得最有利於自己，以便不使自己出於尷尬的地位。」[106]卡特在任時曾以推行「人權外交」而著稱，他尚且這樣評論，自然應該不是誇大其詞了。我們這裡不是刻意挑剔美國的人權狀況，只是想說明，不去「自善其身」，而老是對別國「橫挑鼻子豎挑眼」，豈能說是出於「善意」。一些國家人權記錄比較糟糕，美國恐怕也難逃干係。加利福尼亞和平行動總指揮彼得・費倫巴赫一九九六年七月發表文章，他以美國向一些國家出口武器批評了美國在人權問題上的虛偽性。他說：「據國務院統計，這四年，美國價值五五二億美元的武器銷售中有百分之七十八賣給了據認為是有侵犯人權的國家。儘管保證武器只轉讓給有合法防務需要的國家，但這十年來實際接受武器的國家是發展中世界以悲慘境遇著稱的國家，尤其是摩洛哥、索馬里、利比里亞、扎伊爾、土耳其、巴基斯坦、印

---

104 轉引自《光明日報》1995年9月25日。
105 中國現代國際關係研究所選編：《冷戰後的美國與世界》，頁3。
106 轉引自《光明日報》1994年6月17日。

度尼西亞、海地、危地馬拉和沙特阿拉伯。」[107]我們在研究美國的人權政策時，費倫巴赫這番話確實值得深思。

主權國家構成了國際關係領域的主體，它們各自的活動自然是出於維護本身的利益、權益與安全考慮。正常的國際關係應該是國家之間平等競爭，互惠互利，在競爭與合作中求得共同發展。只顧自身利益而不兼顧他國利益，甚或犧牲他國利益，必然會引起主權國家之間的衝突，成為國際社會動盪不寧的主要因素之一。美國的人權政策很大程度上忽視了主權國家在國際舞臺上的主動性，試圖把自己的「人權觀」強加於他國，這種做法無疑侵犯了主權國家的利益。誠然，「人權」在美國歷史發展過程中占有十分重要的地位，也曾經起過非常進步的作用，但美國的「人權觀」是以美國的文化意識和價值觀念為基礎的。如果強行在文化差異巨大的國家推行，不但無助於問題的解決，往往還會造成社會秩序的紊亂。正如多布里斯基指出的那樣：

> 美國特殊的人權概念也許對許多外國文化和社會來說是陌生的，甚至是設置障礙的，尤其是許多第三世界文化傳統強調明顯區別於個人權利的集體權利（如教會權利、工商業利益者權利、軍隊權利、農民權利）。[108]

馬來西亞大學教授錢德拉·穆扎法爾一九九四年十二月七日說，在世界的這一部分地區，已經形成了幾千年來的哲學思想和傳統習慣，這些思想和習慣體現了人類和人的尊嚴，甚至還有人權的根深柢固的概念。西方對人權的看法是以個人為核心的。這並非是研究人權問題的唯一辦法。在像我們這樣的社會中，每個人的行動都是通過社

---

107 彼特·費倫巴克：〈人權上的虛偽〉（Peter T. Ferenbach, "Hypocrisy on Human Rights"），載《洛杉磯時報》（*Los Angeles Times*）1996年7月24日，頁9。

108 多布里斯基：《人權與美國外交政策》，頁167。

會展示的。作為人類生存要素的個人自由並不真正同我們的價值觀念
和哲學的傳統思想相一致。自由是重要的，但自由並不是一個更廣泛
的價值觀念的一部分。因此，西方在人權問題上與亞洲的分野完全是
政治和意識形態性質的，是西方把人權當作政治工具的結果。事實
上，不同的權利觀念是不同社會環境和歷史發展的產物。在亞洲，尊
重個人並不必然與人權相聯繫。對於這個地區的大多數國家來說，自
由首先意味著擺脫西方國家殖民統治的自由，權利首先意味著從殖民
者奴役之下獨立的權利。因此，亞洲國家的個人權利是以國家和集體
的權利為基礎的。他認為，亞洲一直在學習西方的優秀價值觀，亞洲
所不能接受的是西方對於個人至上和政治權利的過分強調，因為個人
至上與亞洲文化不相容。同樣，在權利問題上，亞洲也有值得西方學
習的東西，比如個人權利與社會利益的平衡，個人權利與對社會的責
任的平衡，利他主義的精神與道德價值觀等。[109]

　　文化的不同，對人權標準的理解必然存在著差異；國情的不同，
對人權的保護必然要適合本國的實際狀況。如墮胎在美國爭議比較
大，有的州將其定為「違法」，但計畫生育在中國卻是一項基本國
策。這種對人權理解的差異在各國法規中數不勝數。就連卡特時期負
責人權事務的助理國務卿帕特里夏‧德里安在人權政策難以奏效時也
不得不承認：「文化和利益的多樣性以及經濟和政治成熟階段的不
同，對每個國家的不同情況要分別對待。對所有國家來說，用一種完
全相同的方法實現我們的人權目標是不可能的，試圖這樣做也是愚蠢
的。」[110]萬斯在辭去國務卿之後，不無感觸地說：「當我們在推行人

---

109 穆扎法爾關於人權的觀點詳見他在二〇〇三年三月二十三～二十七日在泰國曼谷召
　　開的「東亞人權的文化基礎」國際研討會上的發言，有關報導見信春鷹〈東西方人
　　權觀念之間的交流和對話──「東亞人權的文化基礎」國際研討會觀點綜述〉，可
　　在http://www.legaltheory.com.cn/info.asp?id=1586網上獲得。
110 小施萊辛格：《美國歷史的循環》，頁101。

權政策時，也應該認識到：我們的力量和智慧是有限的。刻意強迫別人接受我們的價值觀，或者去推行脫離實際的行動計畫，反而會破壞我們的目標。」[111]應該說他們的話都不失為明智之言。一個國家的人權發展與完善是個歷史的過程，其演變只能通過內部的動力來自我完成，國際社會應該創造一個有利於各國人權發展的良好國際環境，那種試圖從外部迫使他國接受一種「人權」標準的行為是注定難以奏效的。歷史的經驗告訴我們，企圖把自己的意志強加給享有主權的國家，最終會使自己陷於窘境，受到世界人民的譴責。用美國學者摩根索的話來說：「美國想要始終如一地遵循捍衛人權的路線，就不能不自作聰明地落得堂·吉訶德的境地。」[112]

111 賽勒斯·萬斯著，郭靖安等譯：《困難的抉擇：美國對外政策的危急年代》（北京市：中國對外翻譯出版公司，1987年），頁301。

112 摩根索：《國家間政治》，頁327。關於美國人權政策的困境詳見約翰·豪厄爾：〈美國人權政策的社會經濟窘境〉（John M. Howell, "Socioeconomic Dilemmas of U.S. Human Rights Policy"），載《人權季刊》（*Human Rights Quarterly*）第3卷第1期（1981年2月），頁78-92。

# 第十章
# 美國文化與世紀之交的美國對外戰略

　　冷戰結束後至今已經十年過去了，在這期間，世界發生了天翻地覆的變化，出現了一些新的發展趨勢。各國為了給自己的發展營造有利的內外部環境，無不在進行戰略的調整。美國作為冷戰後的唯一超級大國，其全球戰略一直處在調整之中。美國政壇上多次出現關於外交戰略的大辯論，一些美國著名政治家或學者也紛紛撰文著述，為政府的全球戰略調整出謀劃策，提供理論依據。從目前來看，美國政府儘管尚未確定一種像冷戰時期那樣能夠明確而有效地指導國家外交決策和執行的對外戰略，但經過這麼多年的調整和在實際執行中的利弊取捨，逐漸形成了其在後冷戰時代的全球戰略。實際上，前面各章已經論及到其中的許多內容，但總覺得言猶未盡，這裡並不想重複前述之言，只想就一些新的問題進行探討，使人們對文化因素在美國對外關係中的影響與作用有更為深刻的認識。在新的世紀來臨之前，這種認識對於世界形成一種有利於各國發展的新秩序應該說是有所裨益的。

## 一　「新門戶開放」戰略

　　提起「門戶開放」，中國人並不會感到陌生，這個明確載入美國對外關係史上的詞彙是針對中國而提出的。據記載，美國來華特使顧盛一八四三年在一次公眾講話中最早使用了這一術語。[1]半個多世紀

---

1　參見小克拉布：《美國外交政策的主義：它們的含義、作用和未來》，頁60。

以後，美國以「門戶開放」為內容形成了明確的對華政策。門戶開放提出的背景固然很複雜，但顯然是為美國經濟獲取國外市場服務的，簡而言之，就是阻止中國成為其他列強封閉的勢力範圍，中國市場應向美國工商企業界全面開放。美國提出門戶開放政策並非偶然，除了其他具體的因素外，還在一定程度上反映出了美國主流文化中的一種傾向。在某種意義上說，美國是歐洲資本主義向外擴張的產物，商品經濟從一開始就伴隨著殖民者的槍炮聲來到了北美大陸，致使開拓這片土地的人們逐漸創造出自己特有的文化時，同時造就了社會上重視商業的風氣，也使他們形成了「物質第一」的觀念，「這裡朝氣蓬勃而又狂熱的物質生產運動」（馬克思語）可以說是美國不斷走向發達的主要動力。從世界歷史發展進程來看，大凡重視商業的國家都不會滿足於國內市場，商業本身就是一種具有很強外延性的活動，市場是其發展和擴大的基礎，市場越廣，發展就越快，沒有廣闊的國外市場，資本主義走向興盛就缺乏一個必要的條件。金特爾斯等人認為：

> 商業精神從中世紀後期進入文藝復興和早期現代社會時主宰了西方文明。西班牙、葡萄牙、法蘭西、荷蘭和英國對物質主義的欲望成為在新世界建立殖民地的動力。發財致富之夢成為美國人之夢的重要組成部分。[2]

美國文化中的擴張性與社會重視商業精神的結合必然會使美國把發展的眼光伸向境外，它以自己生產出來的商品作為打開落後國家門戶的「重炮」從立國之後就體現在對外關係上，對國外市場的依賴程度儘管很長時期不十分明顯，但對外貿易在美國經濟發展中一直居於舉足輕重的地位，而且隨著美國經濟的發展日益顯得重要。

---

2　金特爾等主編：《美國之夢：信念和實踐的歷史》，頁5。

　　愛默生曾談到貿易在美國歷史發展過程中所起到的重要作用，「歷史學家將看到貿易是自由的原則；貿易孕育了美國，摧毀了封建主義；貿易締造了和平和維持了和平，以及貿易將廢除奴隸制」。[3]愛默生這裡就是少說了一句，貿易也是美國打開其他國家市場的主要手段。因此在某種意義上說，「門戶開放」政策在正式提出之前早就存在於美國人的思想意識中，並且逐漸地被美國政府付諸實踐。美國著名學者泰勒・丹涅特就把「門戶開放」一直追溯到美國立國之初，認為「門戶開放政策和我們同亞洲的關係是同樣久遠，政策的精神則是和《獨立宣言》同樣悠久的」。[4]許多學者也提出了類似的看法，邁克爾・亨特認為，門戶開放「把平等的貿易機會與長期的美國政治和文化影響聯繫在一起。……門戶開放體現出的思想比海約翰的更古老，在運用範圍上比中國更寬泛。例如在十九世紀五○年代美國人在中國之後與朝鮮打交道時，他們就表示了在平等條件下獲得市場和競爭的憂慮。在二十世紀，門戶開放實質上在全球基礎上運用。」[5]小施萊辛格指出了「門戶開放」在全球的運用，在他看來，「那些試圖抵制美國經濟侵略的國家被說成是對美國自由構成了威脅，因而發生了與西班牙的戰爭，第一次和第二次世界大戰，冷戰，與越南的戰爭，根據門戶開放這一命題，征服世界市場的動力解釋了美國外交政策的一切」。[6]小施萊辛格這裡意思很明確，「門戶開放」是美國經濟崛起之後打開其他國家市場的一種手段，是一項全球性的戰略選擇，成為奠定美國外交決策和執行的重要基礎之一。顯而易見，美國資本主義精神早就在其文化中孕育了「門戶開放」的意識，這種政策提出後經久

---

3　小施萊辛格：《美國歷史的循環》，頁131。

4　泰勒・丹涅特著，姚曾廙譯：《美國人在東亞：十九世紀美國對中國、日本和朝鮮政策的批判的研究》（北京市：商務印書館，1959年），頁1。

5　亨特：〈美國外交傳統：從殖民地到大國〉，頁7。

6　小施萊辛格：《美國歷史的循環》，頁130。

不衰，而且作為美國對外關係的一個基礎隨著形勢的變化而趨向完善，這也足以反映出了這種文化意識形態在美國社會的根深柢固以及廣泛的影響力。

　　威爾遜在出任美國總統之前曾經大肆宣揚國家的外交必須為貿易和獲得國外市場服務，他在一九○七年四月在哥倫比亞大學進行系列講座時談道：

> 因為貿易是不理睬國界的，製造商堅持讓世界作為一個市場，其國家的旗幟必須跟隨著他走，其他國家關閉起來的門戶必須加以摧毀，金融家所取得的特許權，必須受到他們國家使節的保護，即使不情願國家的主權在此過程中受到侵犯也在所不惜。殖民地必須取得和建立，以至於世界上任何有用的角落都不會受到忽視或棄之不用。[7]

　　持威爾遜這種觀點者在美國歷史上不乏其人，他們曾公開宣揚在海外建立殖民地，敦促政府組建一支足於與其他列強相匹敵的強大海軍，以武力使東方國家俯首稱臣。美國政府也一度揚帆遠征，兼併了通往東方路上的一些國家或地區。不過美國終究沒有走上英法老牌殖民國家之路，在西方國家中是一個典型的非殖民帝國，美國在更大的程度上是以「商業」的優勢來構築其世界帝國的大廈的，當然美國商品征服他國市場往往伴隨著「船堅炮利」與文化的滲透，歷屆政府的外交活動也多與「商業」具有某種有機的聯繫。正如耶魯大學管理學院院長傑弗里·加頓在一九九七年發表在美國《外交事務》季刊上的一篇文章中指出的那樣：「在美國大部分歷史中，外交政策熱衷於為

---

7　威廉·戴蒙德：《伍德羅·威爾遜的經濟思想》（William Diamond, *The Economic Thought of Woodrow Wilson*）（巴爾的摩：約翰斯·霍普金斯大學出版社，1943年），頁141。

美國生意人打開市場。美國為過剩的小麥尋找出路，為汽車和飛機尋找市場，努力獲取像石油、銅這類原材料。海外商業擴張常常被看成美國邊疆拓展，屬於這個國家肩負的使命。」他認為商業能夠推動外交政策很大程度上是由於美國社會的獨特性，「美國不是一個傳統的殖民大國，其帝國主義式的行動不是體現在軍事上，而是一般地體現在美國銀行和公司的影響和控制方面。」[8]商業對美國外交的影響在此就可見一斑了。

　　在歷史上，美國一方面積極進行商業擴張，以「自由貿易」和「商業無國界」等說法為由要求其他國家市場開放，若遭抵制便施以強權，但在另一方面則又在國內實行高關稅壁壘，保護國內的工農業市場免受來自外部的衝擊，如美國建國初期實行了貿易保護主義，到了二十世紀二○至三○年代達到登峰造極，曾經導致資本主義世界的「關稅戰」，成為引發二○年代末世界經濟大危機的主要因素之一。商品的互補性是國際貿易的前提條件，作為一種雙向行為的國際貿易只有在平等互惠的基礎上才能進行。其實，在國家間貿易的實際往來中，互惠雖然存在，但絕對的平等卻是沒有的，獲利多的總是經濟強大的一方。不過如果只想從他國所得而又不給予他國優惠，國際貿易最終會走到「死胡同」。高關稅畢竟與外向型的美國不符，長此以往必以損及美國的經濟利益而告終。三○年代以後自由貿易的主張在美國占取了上風，這固然與美國商業活動的外延性有關，但更重要的是美國想通過部分讓渡本國市場使打上美國製造的商品在世界各地更加「橫行無忌」。一九三四年，美國通過了「互惠貿易協定法」，授權總統在三年內可以同外國政府直接進行關稅協定談判，與許多國家達成了互惠貿易協定。美國的剩餘商品大量地流入這些向美國開放的市

---

8　傑弗里‧加頓：〈商業和外交政策〉（Jeffrey E. Garten, "Business and Foreign Policy"），載《外交事務》（*Foreign Affairs*）第76卷第3期（1997年5-6月），頁68-69。

場，僅最惠國條款就使美國獲利甚豐，誠如當時的國務卿赫爾宣稱的那樣，最惠國條款將「維持美國貿易在許多國家的地位，因為這些國家現在從我國購買得多，而我們從它們那裡購買得少」。[9]自由貿易以後就成為美國商品進入其他國家市場的一張「王牌」。第二次世界大戰之後，美國率先提出組建「國際貿易組織」，以便在多邊談判的基礎上相互削減關稅，促使世界貿易自由化，「關稅與貿易總協定」就是在這種背景下簽訂的。

　　自由貿易的先決條件是市場的相互開放，商品可以不受國界的限制而自由流動，經濟發展水平相當的國家進行自由貿易往往是互惠和互利的，而經濟發展具有差距的國家進行自由貿易，獲利多的總是經濟強大的一方，當然弱小方並非完全無利可圖，但常常要付出很高的代價。因此，它們會本能地抵制自由貿易，用其享受的經濟主權將國內缺乏競爭力的商品抵擋在疆域之外，再加上冷戰期間東西方之間存在著一道人為的意識形態藩籬，美國的商品實際上對許多國家的市場「可望而不可及」。美國作為戰後世界上無可比擬的超經濟大國，打開世界各地的市場已成為維持這種地位之必需，冷戰期間美國從自由貿易中獲得的好處僅僅用數字是遠遠不能表明的。自由貿易既是美國世界領袖向外延伸的主要途徑，也是美國打開其他國家市場的最佳手段。布魯斯特·丹尼指出：

　　　　從美國開始有對外貿易關係起，美國國家利益的主流就表現為自由貿易。別國的限制或美國的限制幾乎總會帶來困難和經濟損失，甚至導致戰爭。……儘管在美國整個對外政策史中，自由貿易的理想曾幾經起伏，總的說來美國政策的理想和美國的

9　科德爾·赫爾：《科德爾·赫爾回憶錄》（Cordell Hull, *The Memoirs of Cordell Hull*）第1卷（紐約市：麥克米蘭出版公司，1948年），頁320。

國家利益一直同自由貿易和中立權利相符合。[10]

　　前美國貿易代表蓋佐‧費克特庫蒂總結了二戰以來美國通過自由貿易來使世界變得對其戰略實現更有利的重要性，在他看來：「自第二次世界大戰以來，既出於國內經濟原因，也出於全球戰略目的，美國在全球貿易談判中一直扮演著主要角色。在兩個方面取得的結果都是引人注目的。因為從一九七○年到一九九四年出口的擴大速度是國民生產總值的兩倍，所以貿易一直是經濟增長的主要動力。利用全球貿易自由化的國家的經濟繁榮加速了冷戰的結束。這一結果證實了諸如喬治‧馬歇爾和科德爾‧赫爾等偉大的美國領袖提出的二戰後宏偉的經濟遠景：基於市場原則之上的貿易擴張創造了一個更為繁榮與和平的世界。」[11]他這番話顯然帶有對美國戰後貿易政策的溢美之詞，但更多地以自己身處美國政府貿易決策層的體會道出了自由貿易給美國帶來的莫大好處。這樣一種觀點在美國政府決策層內可以說是占據了主導地位。「門戶開放」雖然沒有明確出現在美國領導人之口和政府的政策文告中，但卻以新的面貌在美國外交活動中體現出來，這種傾向在冷戰結束後表現得更加明顯。

　　八○年代末九○年代初世界上發生的矚目事件給美蘇兩大集團的對抗劃上了一個句號，意識形態的藩籬雖然沒有最後拆除，但任何人為的障礙再也不可能把一個在經貿上形成的整體世界分開。為了適應這種形勢的變化，許多國家加快了經濟改革步伐，以推行市場經濟為

---

10 布魯斯特‧丹尼著，范守義等譯：《從整體考察美國對外政策》（北京市：世界知識出版社，1988年），頁32-33。

11 蓋佐‧費克特庫蒂：〈面向二十一世紀的美國貿易戰略〉（Geza Feketekuty, "An American Trade Strategy for the 21th Century"），載蓋佐‧費克特庫蒂主編：《新時代的貿易戰略：在全球經濟中保證美國的領袖地位》（Geza Feketekuty, ed., *Trade Strategies for a New Era: Ensuring U.S. Leadership in a Global Economy*）（紐約市：對外關係理事會，1998年），頁1。

契機來實現經濟的快速增長，市場經濟煥發出了新的活力，把生產力從束縛已久的桎梏中解放出來，原先處於世界經濟「邊緣」地帶的發展中世界儘管發展很不平衡，但在整體上所取得的成就最為明顯。一九九三年發展中國家的經濟增幅超過了百分之五，一九九四年出現了百分之六點二的強勁增長，一九九五年增長率略有下降，但也達到了百分之六左右，一九九六年再創新記錄，增長率為百分之六點三，一九九七年增長率預計可達到百分之六點四。這種經濟的快速增長使許多發展中國家成為世界經濟格局中的新興市場。向外開放是它們與世界經濟接軌的主要途徑，也是它們取得經濟成就的重要保證。然而，對於正在發展中的國家來說，開放「度」並非絕對和無限，而是由具體的國情來決定，當然更難談得上以西方自由市場體制作為衡量「開放」的標準。美國在傳統上奉行自由貿易政策，要求所有國家的市場應該完全開放，不能對美國商品的進入形成任何障礙，門戶開放的基本含義也就於此。薩姆納·韋爾斯一九三五年在一次講話中談到美國對外關係具有三重性，亦即聯繫密切的政治、經濟和文化，「對外關係上的這三個方面都有著一個共同的目的，那就是突破障礙，消除政治關係上的懷疑和誤解，尋求經濟上擴大貿易的途徑」。[12]時光已經飛逝了六十餘年，這位曾經是富蘭克林·羅斯福的高級幕僚所說之言並未事過境遷，美國冷戰後的外交戰略同樣反映出了多重性的特徵，但無一不是為美國在已經變化了的世界格局中「尋求擴大貿易的途徑」服務，這樣「新門戶開放」自然就體現在美國的對外關係上。

美國「新左派」史學的代表人物之一的威廉·威廉斯指出，美國政界的一種普遍觀點是，美國的經濟福利和民主體制的存在取決於出口和海外金融關係，華盛頓需要形成一個擁有「道義上無限權力」的非正式帝國，以保證擴大貿易關係的安全與穩定的環境。他據此得出

---

12 寧柯維奇：《思想外交：美國外交政策與文化關係》，頁24。

結論，對於自由國際主義者來說，美國政府總是具有一種非常重要的責任，「保護和擴大自由競爭原則能夠運轉的市場。如同重商主義一樣，古典的自由經濟學導致一種擴張主義外交政策」。[13]這位美國著名歷史學家已經作古，但他的這番話對我們理解冷戰後的美國外交不無意義。

在一個後冷戰時代，美國對外關係常常籠罩在「冷戰思維」的陰影之下，但卻與世界上其他國家一樣把戰略重點從強調安全利益轉向經濟發展。美國比過去更加重視開拓海外市場，以為其國內經濟尋求更為廣闊的增長源，也使其經濟與他國市場密不可分，用加頓的話來說：

> 美國經濟的健康發展比以往更緊密地依賴世界市場，國內的動力已不再能形成充分的增長、就業、利潤和儲蓄。美國目前超過三分之一的經濟增長來自出口。到二十世紀末，有超過一千六百萬個就業位置要靠海外銷售來維持。從可口可樂到凱特皮拉履帶式拖拉機公司，美國許多企業在海外的收入已超過百分之五十。而且從美國外交政策的立場上講，美國同大多數國家的聯繫以及對這些國家的潛在影響，越來越依賴於它們之間的商業關係。貿易、金融和經濟投資已成為與俄國、中國、日本、東南亞、歐盟和西半球國家聯繫中絕對必要的條件。[14]

在歷史上，美國的發展始終與商業上與國外市場的擴大密不可分，加頓之言表明了冷戰後美國經濟的發展更是需要國外市場的不斷擴大的支撐，與其他國家貿易的擴大已成為美國經濟振興的主要動力來源。美國聖地亞哥美洲會議協調員理查德・布朗指出：「國際貿易

---

13 萊恩和施瓦茨：〈沒有敵人的美國霸權〉，頁13。
14 加頓：〈商業和外交政策〉，頁69-70。

現在占美國國民生產總值的四分之一強，是幾十年前的三倍。在很大
程度上說，這種貿易擴張一直是走向繁榮的動力。如果沒有在消除世
界範圍內貿易障礙上發揮領導作用，自一九九三年以來美國經濟創造
一千三百萬個就業機會是不可能的。」[15]美國對外戰略調整自然也相
應地加強了服務於海外經貿利益實現的力度，外交更加與商貿密切聯
繫在一起，甚至在某種程度上成為後者的「奴婢」。法國《快報》週
刊一九九七年十一月下旬刊文談到美國冷戰後在尋求一種新的戰略時
指出，外交成了這個商業大國意志的一種延伸，成了為出口和經濟服
務的一種武器。此外，在美國的推動下，現在唯一可以稱得上有組織
的世界秩序就是貿易關係方面的秩序。邁克爾‧赫什等人認為，冷戰
結束後商業已經成為美國對外政策的頭等大事。「自從十九世紀靠炮艦
打開日本和中國同西方通商的大門以來，美國的對外政策在很大程度
上說從來沒有像現在這樣成為同美國商業利益緊密相連的政策。」[16]

　　事實也正是如此。冷戰後的美國政府領導人無不大力在世界範圍
內推行西方自由市場體制，以為美國商品更為便利地進入他國市場創
造條件，布什在一九九二年一月二十八日〈國情咨文〉中宣稱：「我
們將努力推倒阻止世界貿易的牆。我們將努力開闢市場。在我們的重
大貿易談判中，我將為取消有損於美國農場主和工人的關稅和價格補
貼而繼續做出努力。我們將通過北美自由貿易協定和通過美洲事業計
畫在本半球內為美國人找到更多的好工作。」[17]克林頓儘管在許多問題

---

15 〈在國際經濟政策與貿易小組委員會上講話〉（"Remarks before the subcommittee on
International Economic Policy and Trade House International Relations Committee"），華
盛頓特區，1928年4月29日，頁2。全文可在http://www.gov/regions/what/980429-brown-
free-trade.html網址上獲得。

16 邁克爾‧赫什等：〈商定交易〉（Michael Hirsh and Karen Breslau, "Closing the Deal"），
載《新聞週刊》（Newsweek）第125卷第10期（1995年3月6日），頁34-36。全文可在
南開大學圖書館EBSCO數據庫中得到。

17 參見喬治‧布什：〈國情咨文〉（George H. W. Bush, "State of the Union Address"）1992

上與其前任相左，但延承了前任的「新門戶開放」戰略，更加強調外交服務於美國經貿的擴張。他在一九九四年致國會的財政預算咨文中強調說：「我們已經把提高我們的經濟競爭置於我們的外交政策的核心」。[18]日本《經濟學家》週刊年十二月發表文章認為，美國對國際社會的關心變成了一味優先考慮經濟。對於海外，以有利於美國經濟的形式把「自由貿易」強加於其他國家。這種觀察的確反映出了冷戰後美國外交發展的一個新趨勢。

在克林頓任內，自由貿易幾乎與西方自由體制成為兩個互換的術語，也成為衡量其他國家，尤其是發展中國家市場開放的主要尺度，當然美國從中所得並不限於滾滾而來豐厚的利潤，還包含著更為深刻的內容。克林頓在一九九四年十一月十六日談到這一點時指出：「我們仍然確信，加強各國之間的貿易聯繫能有助於砸碎壓制的鎖鏈，隨著各國在經濟上變得更加開放，它們在政治上也會變得更加開放。」[19]很多美國學者在這方面也有著相似的論述。蘇珊娜‧加門特指出：「從長期來看，貿易確實跟著旗幟走，正如帝國主義者所說的那樣，今天這面旗幟不是美國的旗幟，而是象徵著西方某種價值觀的旗幟。」[20]加頓認為美國的外交行為動機從來不是純商業的，「美國的商

　　年1月28日，全文可在http://www.infoplease.com/t/hist/state-of-the-union/205.html網址上獲得。

18 轉引自道格拉斯‧布林克利：〈民主擴大：克林頓主義〉（Douglas Brinkley, "Democratic Enlargement: The Clinton Doctrine"），載《對外政策》（*Foreign Policy*）第106卷（1997年春季號），頁116-117。

19 威廉‧克林頓：〈對雅加達國際商會的講話〉（William J. Clinton, "Remarks to the International Business Community in Jakarta"）1994年11月16日，載《美國總統公開文件》（*Public Papers of the Presidents of the United States*）第2卷（華盛頓特區：美國政府出版局，1994年），頁2100。

20 蘇珊娜‧加門特：〈貿易必須從屬人權之原因的轉折點〉（Suzanne Garment, "A Turning Point Why Trade Must Defer to Human Rights"），載《洛杉磯時報》（*Los Angeles Times*）1995年7月16日，頁1。

業一直與開放市場為伍，開放的市場又和政治自由具有關聯，政治自由則伴隨著民主，而民主還連同著和平」。[21]加頓是以稱讚的口氣談論美國打開別國市場的更深層的目的。其實發展中國家按照美國標準的政治民主化歸根結柢還是有利於美國經濟利益的實現，政治上的開放除了能為美國維持其霸權地位營造一個有利的國際環境之外，還為美國的商品和資金的進入減少了很多人為的障礙。正如俄羅斯歷史學副博士伊琳娜・任金娜一九九七年八月十四日在俄《紅星報》上發表文章指出的那樣，美國促進其他國家向著民主原則和市場原則前進，將會促進這些國家創造條件，增加對美國的日用品、輕工業品和汽車以及個人消費品的需求。民主的開放性和聘請美國專家顧問不僅可以使美國資本找到新的投資領域，偶爾還可以按照美國的意願發展市場機制，促進建立有利於美國的國際關係。任金娜站在美國文化之外的觀察可謂是洞若觀火，指出了美國促進其他國家接受美國式的民主和市場機制的主要動機。

　　正是具有上述的重要性，克林頓政府把自由貿易在其對外戰略中提到了非常高度，並為之在世界範圍內的實現做著不懈的努力。克林頓的政治密友米基・坎特在一九九七年離任時意味深長地說：「貿易和經濟不再是一個與美國外交政策的其餘部分毫不相干的領域，這就是四年來我們既定的方針。事實上，我們正在利用所有一切手段設法打開那些封閉的社會。」[22]克林頓在談到其新任期對外政策的「設想」時指出，美國必須大力爭取建立一個全球經濟體系。這個全球經濟體系將更加開放和更為廣泛，像美國這樣一直開放市場的國家一樣，向更多的國家提供以公平的方式實現經濟增長的機會。克林頓在

---

21 加頓：〈商業和外交政策〉，頁69。

22 戴維・桑格：〈玩貿易牌：美國正在通過全球商業協定出口其自由市場價值觀〉（David E. Sanger, "Playing the Trade Card: U.S. Is Exporting Its Free-Market Values Through Global Commercial Agreements"），載《紐約時報》（*New York Times*）1997年2月17日，頁43。

這裡實際道出了美國冷戰後外交戰略的一個基本選擇。

　　二十世紀九〇年代年來，亞太地區的經濟發展令世人矚目，東亞國家遙遙領先。亞洲開發銀行首席經濟學家薩蒂什‧傑哈博士指出：「在過去二十年內，東亞經濟年均增長率達百分之八，大大高於發展中國家經濟年均百分之四點三和發達國家經濟百分之三的增長水平。」[23]據世界銀行預測，在一九九四年至二〇〇三年十年內，東亞經濟年增長率為百分之七點六，大大高於發展中國家經濟年均百分之四點八和西方七國經濟年均百分之二點七的增長水平。亞太地區的貿易額占全世界的百分之四十一。一些經濟學家預言，到二十世紀末，世界貿易將有一半在亞太地區進行。亞太可謂是世界經濟中最有活力的地區之一，美國國防部在「一九九五年東亞安全戰略報告」中指出，亞太地區目前是世界上經濟最活躍的地區，從某種程度上說，亞洲的繁榮是美國成功的政策帶來的結果。這些政策加強了亞洲的安全，促進了亞洲的經濟發展。如今整個環太平洋地區是美國最大的貿易夥伴。報告估計，到了下個世紀初，亞太地區（包括美國）將在全世界的經濟活動中所占比例大約為三分之一。亞洲的繁榮和穩定反過來對美國經濟的健康發展和全球安全具有極其重要的影響。這份報告的目的無非是要美國政府更加重視亞太地區，以保證未來美國在這一發展迅速的區域中占據主導地位。冷戰期間亞洲地區在美國的全球戰略中具有重要的安全利益，現在該地區在經貿上對美國愈益舉足輕重。一位陪同美國國務卿克里斯托夫執行在越南河內建立大使館使命的高級官員說：「過去，我們想使亞洲成為民主制度的安全島，現在，我們想使它成為美國出口的安全島。」[24]美國負責經濟、企業和

---

23 轉引自沈玉麟：〈克林頓在亞洲進退「三難」〉，載《國際展望》1994年第10期，頁9。

24 轉引自邁克爾‧多布斯：〈美國在亞洲市場上轉移目標〉（Michael Dobbs, "U.S. Shifts Goals in Markets of Asia"），載《華盛頓郵報》（*The Washington Post*）1995年8月9日，頁A14。

農業事務的副國務卿瓊‧斯佩羅告誡美國工商企業界不要忽視亞太地區，作為市場和競爭者，亞太國家將對美國只會越來越重要。美國的出口產品有三分之一是運往東亞的，東亞國家對美國產品的進口實際為美國國內提供了二百七十萬個就業機會。

美國作為亞太地區的主要國家積極參與該地區事務無可非議，如果是以一種平等互利的態度介入，無疑會促進該地區的經濟發展和繁榮穩定。然而，美國政府總是以亞太地區的「老大」自居，霸主心態處處有所表現。本來一種互惠互利的貿易變成美國單方面要求一些亞洲國家市場按照美國標準開放的手段，所以美國動輒以貿易制裁來威脅在美國人眼中那些在經濟主權上毫不妥協的國家，制裁之目的路人皆知，用美國經濟學家弗雷德‧伯格斯滕的話來說，從美國的觀點看，亞太地區走向自由貿易是件極好的事情。我們已經消除了大部分貿易壁壘。亞洲大多數國家仍實行貿易保護主義，這意味著它們要削減的關稅和其他壁壘比我們要削減的規模大得多，這樣就可以大大改善我們進入世界上發展最快的市場的機會。因此，亞洲正在全球貿易自由化進程中扮演著舉足輕重的角色。[25]

亞太經合組織是該地區國家適應世界經濟區域化的一種反映，旨在促進貿易投資自由化與經濟技術合作。美國儼然以這一地區性組織的當然領袖自居，幾乎是不顧亞洲國家的具體國情大力推行一種經濟自由化的計畫，當然這裡並不是說由外部導入的一些經濟政策完全與亞洲國家的利益不符。在一個相互依賴的時代，任何國家的經濟發展都不可能與外部環境所脫離，國家間只有存在著利益的一致才有合作的可能。美國與亞太其他國家的經濟合作包含著這種傾向，但在更大程度上卻是要把該地區納入其在未來建立一個以美國價值觀為主導地

---

25 伯格斯滕的觀點詳見弗雷德‧伯格斯滕：〈一個推進世界範圍自由貿易的亞洲〉（Fred Bergsten, "An Asian Push for World-wide Free Trade"），載《經濟學家》（*Economist*）第338卷第7947期（1996年1月6日，頁62-63。

位的世界經濟新秩序的考慮。在美國人看來，市場開放程度越高，越易於接受美國的價值觀念，同時也反映出了這些觀念在文化不同的國家所取得的效益。當然這只是美國的一廂情願而已，亞洲許多國家需要美國的經濟合作，但並不等於要向美國讓渡出自己的經濟主權，市場開放程度最終還是取決於本國的實際承受能力以及利益的需要。所以當美國以「新門戶開放」戰略處理與亞洲國家的關係時，這種做法往往會引起它們的不滿，由此引發的經貿衝突屢見不鮮。美國政府不會放棄用經貿手段打開亞洲國家市場的選擇，但這種戰略難以奏效已為事實所證明。

　　區域經濟一體化是第二次世界大戰後在世界格局中出現的一種新現象，它在形式上表現為同一地域內的國家在經濟上的聯合或合作。但在美蘇兩個超級大國競爭激烈的年代，「冷戰」波及全球，純經濟意義上的區域合作幾乎成為不可能。實際上，經濟合作如果超越不出意識形態的藩籬或具有很濃的政治色彩，就很難取得成效，而且成員國為此達成的基本規則同樣難以得到有效的貫徹。因此，「冷戰」時期儘管區域經濟合作出現過高潮，但在八〇年代之前，除了少數幾個區域性組織還在運行之外，大多數都是名存實亡或處於停滯狀態。八〇年代中期以後，「冷戰」因素在國際經濟格局中相對減弱，國家間在經貿領域的競爭日益激烈，這一趨勢在九〇年代以後更為明顯。「冷戰」的結束標誌著兩極格局的「壽終正寢」，大大促進了業已形成的多極化格局的發展。在一個多極化的世界裡，任何一個大國都無力對整個世界經貿格局發生決定性的影響，當它們依然想在這種格局中獲取長久優勢時，自然就把源於地緣而形成的區域性經濟合作視為提高各自競爭實力的一種手段，而那些弱國或小國在竭力為國內經濟發展爭取一個有利的外部環境時，通過域內國家的經濟合作同樣不失為是一種重要的選擇。因此，在新的國際局勢的推動下，區域經濟一體化再掀高潮。美國在戰後很長時期內反對形成區域性經濟貿易集

團，主張通過多邊自由貿易體系最終實現全球貿易的自由化。正如美國政府頒布的一份重要文件指出的那樣：「自關貿總協定簽署以來，美國率領世界努力創造一個受法規指導的開放貿易體系，在這一體系中，削弱貿易壁壘將為美國的商品、服務和農業提供了最大限度的市場准入。」[26]美國的意圖顯然與其「冷戰」戰略具有某種聯繫，也反映出了美國想以其強大的經濟實力來主宰世界經濟的發展。冷戰期間美國從自由貿易中獲得了巨大的好處，自由貿易既是美國世界領袖向外延伸的主要途徑，也是美國打開其他國家市場的最佳手段。隨著世界經濟貿易區域化的興起，同一地區內的國家需要聯合起來進行更為密切的經濟合作，共同對付來自其他地區國家的經濟競爭。美國自然不甘落於這種新潮流之後，而是力圖尋找更有利於自身經濟發展的機會。

按照九〇年代初美國政府的構想，未來的世界經濟格局將由三大經濟圈組成，一是以統一後的德國為首的歐洲大市場；二是以日本為核心的亞太經濟圈；三是以美國為盟主的美洲自由貿易區。對於前兩個經濟中心，美國也想占有一席之地。布什政府提出的新大西洋主義和太平洋主義就是想保持住美國在歐洲和亞太地區的利益和地位，同時也表明了美國對被排擠出歐、亞地區的擔憂。對於以地理鄰近為基本要素的「經濟圈」來說，美國並沒有找到令人信服的根據，而美國經濟應付來自歐共體和日本的激烈競爭已經顯而易見，因此組建美洲自由貿易區，形成與以歐共體和東亞經濟圈鼎足之勢對美國來說不失為一種可行的方針。

西半球在傳統上就是美國的經貿勢力範圍，美國主要向拉美國家出口技術設備和工業製成品，從拉美地區進口原材料和技術附加值很

---

26 美國貿易代表辦公室：《一九九九年貿易政策日程和美國總統關於貿易協定計畫的一九九八年年度報告》（The Office of the United States Trade Representative, *1999 Trade Policy Agenda and 1998 Annual Report of the President of the United States on the Trade Agreements Program*）1999年3月發布，頁1，全文可在http://www.ustr.gov網址上獲得。

低的半成品。自從美國與拉美國家發生關係以來，這一地區的廣闊市場從來未被美國所忽視，即使是在美國將安全利益置於第一的冷戰時代，拉美市場在經濟上也沒有失去重要性。冷戰結束後，當美國開始把全球戰略重點轉向為國內經濟發展尋找新的外部增長源時，西半球市場的巨大潛力更是顯示出了重要的意義。據統計，拉美地區現在（1997）占美國總出口的百分之二十和美國出口增長的百分之四十。從一九九三年到一九九七年，美國在這一地區的市場占有率基本上呈上升狀態，歐洲和日本的占有率卻在下降。一九九三年，世界各地向拉美地區的出口額為一千八百九十億美元，其中美國占百分之四十一點五，歐盟十五國占百分之二十九，日本占百分之八點九，加拿大占百分之一點四，其餘國家占二十八點七。一九九七年，世界向拉美地區的出口額為三千零九十億美元，其中美國占百分之四十三點五，歐盟十五國占百分之十七點七，日本占百分之六點四，加拿大占百分之一點三，其餘國家占百分之三十一點七。[27]

　　事實正是如此，從九〇年代開始，美國對拉美地區的出口呈直線上升的趨勢。一九九〇年出口額為四百九十億美元，至一九九四年上升為八百八十億美元，增長了百分之七十九，一九九五年為九百三十七億美元，一九九六年達到一千零九十億美元。在一九九八年前八個月，美國向拉美地區的出口增加了百分之十，而由於亞洲金融危機，美國對世界其他地區的出口卻下降了百分之三還多。在克林頓執政期間，美國對拉美地區的出口幾乎翻了一番，從七百五十零八億美元上升到一千四百三十億美元。[28]一份研究報告指出：「美國商業部提出的

27　威廉‧戴利：〈美國國會第六次年度報告：國家出口戰略〉（William M.Daley, "Sixth Annual Report to the United States Congress,The National Export Strategy: Staying the Course"）1998年10月，頁18-19。全文可在http://permanent.access.gpo.gov/lps44039/1998/www.ita.doc.gov/media/sec.pdf網址上獲得。

28　參見美國貿易代表辦公室：〈當前新聞發布〉（Office of the United States Trade Representative, "For Immediate Release"）1998年10月22日。

這種思想，即美國的商業應該集中在世界上新興的大市場。毫無疑問，拉美市場既是大的，又是新興的。」[29]一九九九年三月美國貿易代表辦公室公布了「一九九九年貿易政策日程和一九九八年美國總統關於貿易協定計畫的年度報告」，這份重要文件指出：「西半球是美國出口產品的主要目的地，占美國一九九八年商品出口的百分之四十四（包括機械產品和農產品）。由於拉美經濟增長放慢，美國對西半球的出口大大減少，儘管如此，美國向西半球的出口繼續增長了百分之四點六，而我們對世界其他地區的出口卻下降了百分之四點九。西半球市場對美國的商品和服務日益開放，……這些對美國經濟的繼續擴張都是必要的前提。」[30]統計數字有時儘管有所差異，但拉美市場對美國的重要性卻是無可置疑的，這也是美國積極倡導和促成美洲自由貿易區形成的一個主要原因。美洲理事會官員威廉·普賴斯一九九九年三月四日在向國會作證時指出了西半球貿易的自由流動對美國的重要性：

　　美洲自由貿易區預示著一個擁有八億人的潛在市場，我們能向他們出售我們的商品和服務。這是一個從手提電話到工業機械無所不包的巨大市場。美國對拉美的出口自一九九〇年以來已經上升了百分之一百還多，現在正以快於世界其他國家兩倍的速度增長。美國出售給巴西的商品多於出售給中國的；出售給中美洲的商品多於出售給東歐和前蘇聯的；出售給一千四百萬智利人的商品多於出售給九億印度人的。[31]

29 斯蒂芬·科倫：〈拉丁美洲對美國國際貿易的重要性〉（Stephen P. Coelen, "The Importance of Latin America to U.S. International Trade"），馬薩諸塞州大學社會和經濟研究所，1998年11月19日，頁2。全文可在http://www.umass.edu/miser/news/laimpall.pdf網址上獲得。

30 美國貿易代表辦公室：《一九九九年貿易政策日程和美國總統關於貿易協定計畫的一九九八年年度報告》，頁2。

31 普賴斯的作證可在http://www. Counciloftheamericas.org/pryce100.html網址上獲得。

　　可以設想，如果美洲自由貿易區得以如期建成，世界經濟格局中將會出現一個無論經濟實力、資源和人口都非常強大的區域性經濟集團，美國作為這一集團的核心，勢必加強了與其他區域集團競爭或抗衡的能力，這種新的戰略與美國冷戰後「新門戶開放」戰略是相一致的。一九九六年十二月一日，美國《洛杉磯時報》載文建議克林頓應該高舉「自由貿易」的大旗，加快美洲貿易自由化的進程。作者認為，按照美國對拉美出口額的年遞增率，到二○一○年這一數目將達到二千四百億美元，他這裡想說拉美市場對美國日益重要。一九九四年一月一日正式運行的北美自由貿易區對美國來說只是實現「美洲經濟圈」的第一步，美國有意以此為契機推動整個西半球的貿易自由化進程，用布什總統的話來說，他希望並且相信北美自由貿易區將擴大到智利和南美、中美以及加勒比的其他夥伴國。在整個美洲實現自由貿易的時機已經到來。現任美國總統克林頓也是按照這一方針行事，力促美洲自由貿易區早日到來，實現西半球國家市場的相互開放。

　　美洲實現貿易自由化應該說是符合世界經濟發展的主潮流，美國採取主動顯然是出於其全球戰略的考慮。這裡不能排除美國的動機與拉美國家經濟發展具有一致性的地方，但美國要求這一地區市場開放首先是為本國經貿擴張服務的，所以在組建自由貿易的談判過程中美國提出的開放標準未必見得完全符合拉美國家的利益，甚至是侵犯了它們的利益，美國與拉美國家在經貿問題上經常發生衝突就是最好的說明。因此，對拉美國家來說，貿易自由化固然是尋求經濟增長的一種選擇，但市場開放程度應該基於本國經濟發展的需要，力戒不顧實際而無原則地接受美國提出的標準，這樣就有可能由於經濟比較脆弱難以抵制市場開放後的強大衝擊波，造成經濟發展無序狀態。墨西哥《對外貿易》雜誌一九九五年六月號刊登了一篇題目為〈拉美最新的歷史教訓〉的文章，作者談到拉美國家應從推行自由市場經濟中吸取教訓，認為市場全面自由化將導致貧富懸殊、通貨膨脹和生產利潤比

例失調，在作者看來，過去，很多經濟學家主張，迅速而全面地實行
市場自由化能產生經濟效益，不斷減少貧困。而現在，在墨西哥危機
突然發生之後，上述觀點所基於的理由受到了嚴厲的批評。這種觀點
反映了發展中國家對市場過度開放或過快開放給經濟弱勢方帶來不利
結果的擔憂。所以，當美國高舉著「市場開放」的大旗試圖率領著西
半球國家邁向貿易自由化時，拉美國家切莫操之過急，否則就會欲速
不達，在迎接「挑戰」時失去了發展的「機遇」。

　　「門戶開放」是美國人思想意識中的重要組成部分，它作為一種
政策正式提出至今已經一個世紀了，美國正是靠著其商品的「威力」
打開和征服了許多國家的市場，不盡的財源滾滾流入國內，為美國社
會不斷走向發達提供了必不可少的資金。托尼‧史密斯據此指出：

> 一個開放的世界經濟服務於美國的經濟和安全利益，這一點是
> 無可置疑的。美國初創時，重商主義限制了它的貿易能力。當
> 這個國家成為世界上第一流的工業經濟國時，大國利益範圍暗
> 示它要獲得國外市場。在每個階段，在最惠國協定運行下的非
> 歧視國際經濟秩序總是官方的政策。……美國奉行的是一種
> 「自由貿易」帝國主義。[32]

　　時至今日，國際貿易在美國經濟增長中越來越居於重要的地位，
美國需要外部市場大概比任何時期都更為強烈。克林頓在向國會提交
的《一九九七年全球貿易政策安排》宣稱，「對美國經濟來說，貿易
現在比任何時候都更加重要。今天，美國對外貿易額幾乎等於國內生
產總值的百分之三十」。由此他特別強調美國必須在經濟上繼續保持
「對世界出口猛增的趨勢」，在政治上，貿易是美國「能夠在全世界

---

32 史密斯：《美國的使命：美國與二十世紀世界範圍內爭取民主的鬥爭》，頁327-328。

推廣其核心價值觀的工具」，在戰略上，通過加強貿易關係，美國「可以在世界各地發揮美國的領頭作用」。他在一九九八年的〈國情咨文〉中再次強調：「過去五年中，我們一直帶頭開拓新市場，締結了二百四十項貿易協定。這些協定消除了外國對帶有『美國製造』印記的產品設置的障礙。今天，我們的經濟增長中有整整三分之一是創記錄的出口創造的。我希望這種出口能保持下去，因為這是使美國經濟保持增長、促進世界安全與穩定的唯一途徑。」[33]因此「門戶開放」所體現出的基本內容並未過時，其對美國在新的世界經濟格局中經貿利益以及其他利益的實現愈益顯得重要。要求其他國家按照美國的設想開放市場未必能夠奏效，但美國不會放棄這種選擇，將把其置於美國全球戰略中的重要地位，現在是這樣，將來還會是這樣。

## 二　全球化與美國對外文化戰略

　　全球化進程在世界形成為一個整體後就業已開始，但這一如今看來非常流行的詞語出現在文字中則是近十年之事。迄今為止，全球化還是一個沒有準確定義的概念，不同領域的學者（主要是經濟學家、政治學家、歷史學家、文化學家、社會學家）各持己見，眾說紛紜，以這一概念所特有的含義來表示人類生存的這個地球所發生的天翻地覆的變化。全球化給人類社會帶來的並非都是「福音」，但無疑從經濟、政治、文化、思想觀念等方面對生活在地球之上的所有國家都產生了具有深遠意義的影響。

　　從發展的角度講，全球化乃是一個客觀的歷史進程，其所描述的是世界作為一個整體的發展，其所帶來的結果則是涉及全球範圍內的

---

33 〈總統比爾・克林頓國會咨文講話〉（"President Bill Clinton's State of The Union Address"），1998年1月27日。全文可在http://www.cnn.com/ALLPOLITICS/1998/01/27/sotu/transcripts/clinton/網址上獲得。

深刻變化。資本主義文明在歐洲的興起是人類面對發展困境所做出的
一種理性選擇，但這種文明的外延性或擴張性決定了它必然會在歐洲
之外尋求更為遼闊的發展空間，資本主義的擴張衝破了大自然設置的
天然障礙，消除了民族國家受地理因素限制的隔絕狀態，把世界聯繫
成為一個再也不可能分離的整體。這種結果固然是世界歷史發展的必
然趨勢，也是人類走向文明進步的重要標誌，但卻無處不留下「非文
明」的野蠻痕跡。歷史就這麼殘酷無情，人類邁向文明竟然是以非文
明的行徑所完成的。在某種意義上說，歐洲人就是在「血與火」的征
服中啟動了全球化的進程。自此以後，資本主義文明就力圖在征服全
球過程中以自己的生產方式重塑整個世界。正如馬克思指出的那樣：

> 資產階級，由於一切生產工具的迅速改進，由於交通的及其便
> 利，把一切民族甚至最野蠻的民族都捲入到文明中來了。它的
> 商品的低廉價格，是它用來摧毀一切萬里長城、征服野蠻人最
> 頑強的仇外心理的重炮。它迫使一切民族──如果它們不想滅
> 亡的話──採用資產階級的生產方式；它迫使它們在自己那裡
> 推行所謂文明制度，即變成資產者。一句話，它按照自己的面
> 貌為自己創造出一個世界。[34]

　　西方國家掀起的這場全球範圍的征服活動極大地改變了整個世界
的面貌，但同時給落後國家造成許多不幸和災難，後者為了生存與發
展，自覺或不自覺、強制或非強制地捲入了其中，成為它們走出封閉
與世界融為一體的契機。
　　十九世紀以後世界市場開始形成，各民族之間的經濟往來日益頻
繁，生活在不同區域的人們的生活逐漸國際化。到了二十世紀，世界

---

34 《馬克思恩格斯選集》第1卷（北京市：人民出版社，1972年），頁255。

各國或民族日益密切地聯繫在一起。第二次世界大戰之後，人類社會的全球化進程顯然是在加快，儘管東西方「冷戰」人為地在國家或民族之間構築起一道意識形態「疆域」，但很難從根本上阻擋住全球化進程。具體而言，一是科學技術的飛速發展把地域之間的距離日益縮小，昔日的天然障礙完全化為烏有，世界變成了一個聯繫密切的「地球村」。美國未來學家約翰·奈斯比特指出，使地球變成「村落」的兩項重大發明是噴氣式飛機和通訊衛星，「這兩項發明中，最重要的可能要算通訊衛星。通過通訊衛星，我們縮短了信息的流動時間。現在歷史上第一次出現了全球性經濟，因為有史以來地球上第一次有了瞬間即可分享的信息」。[35]技術的進步儘管給人類帶來的並非盡是「福音」，但卻加快了全球化的進程。二是在戰後幾十年期間，世界貿易迅速增長，資本流通速度加快，通過商品在世界範圍內的流通與交換以及資本的全球流動，世界已經聯成了一個完整的體系，各個國家無不想在這個體系中獲得有利於自己生存與發展的位置。三是全球相互依賴性更為加強，人類走向相互依存的共同體不再是夢幻，用「一榮俱榮，一損俱損」形容全球的相互依賴程度儘管有點絕對化，但「榮損與共」卻是擺在人類面前一個無法迴避的現實。四是一些涉及人類未來命運的問題並不是單個國家或民族所遇到的，也不是單靠一國之力所能解決的。這些危機是全球層面的，是全人類所面臨的共同問題，而要解決這些危機必須有賴於全球的共同努力。上述所列遠沒有展現出促使戰後全球化進程加快的諸因素，但卻表明，「冷戰」期間通過意識形態把世界分裂為敵對陣營的作法終究會事過境遷。世界不僅在自然地理上是一個整體，而且這個整體在人類意識上再也無法割裂開來。冷戰結束後。意識形態在國際事務中的作用大大弱化，帶來的結

---

35 約翰·奈斯比特著，梅艷譯：《大趨勢——改變我們生活的十個新方向》（北京市：中國社會科學出版社1984年），頁57。

果之一是全球化進程更加清晰可見。前聯合國秘書長布特羅斯‧加利一九九二年不無自豪地宣布，第一個真正的全球性時代已經到來了。

　　從全球化的發展進程來看，經濟是全球化的主要驅動力，全球化在經濟領域表現得也最為明顯，各國的經濟活動相互依賴程度越來越高，但並不能由此得出結論，全球化僅限於描述世界經濟的一種發展趨勢。全球化對人類社會的影響是全方位的，如在國際政治領域，傳統的國家主權所包含的內容發生了部分改變，局部戰爭或衝突留下了國際干預的痕跡，國際組織的作用日益加強等等，當然談國際政治全球化還為時過早，全球化也不會從根本上改變國際政治的基本特質，但無疑使這種主權國家為實現各自外部利益而進行的跨國活動呈現出某些新的特徵。這裡不想就全球化在世界經濟和國際政治等領域的表現多發議論，因為這明顯超出了本書所論。文化與全球化是兩個截然不同的概念，不過不同國家所制訂的文化戰略卻與全球化之間存在著必然的聯繫，是隨著國家間相互交往的密切而日益受到國家的重視。全球化打破了主權國家之間封閉的疆界，促使了全球層面上的交往愈益頻繁，這樣不同區域文化上的相互影響就愈加顯而易見。每個國家或民族都有自己的文化傳統和價值觀念。這些各不相同的文化特性都是人類文明的寶貴財富，也決定了不同文化的國家需要通過文化交流來達到取長補短之目的的必要性。

　　自世界形成為一個整體以來，不同文化之間的交流從來沒有停息過，但國際文化交流如此之廣泛莫過於我們所處的這個開放性時代。文化上的相互借鑒和融合是國際文化交流的主要內容和結果，對於整個世界的和平與發展所起的積極意義不言自明，自古至今莫不如此。冷戰後世界各國都在調整文化戰略，以適應全球化的大潮。在全球化的過程中，發展中國家總是處於一種被動適應的位置，其文化戰略在很大程度上說也是屬於「防禦性」的，以吸收外來文化的精華和抵制外來文化的糟粕為主，為經濟實現快速增長服務。西方國家是全球化

的始作俑者，也是最大的利益獲得者。文化的擴張性決定了它們的文化戰略總是處於一種「進攻」狀態，也就是以其文化來影響國際關係的發展，為政治和經濟等利益的實現營造一個有利的外部環境，美國在這方面尤甚。全球化進程如果從世界形成為一個整體時算起，顯然與美國並無關係，在某種程度上說，美國在國際舞臺上的崛起得益於這一進程。然而美國作為西方國家經濟實力最為強大和科學技術最為發達的國家，其對全球化進程的推進恐怕是任何其他國家都不能與之比擬的，它從中獲得的好處之巨大也不能僅僅用具體的統計數字來衡量。面對著當今世界日益加快的全球化進程，美國儘管優勢仍在，發展的機遇要比其他國家大得多，但同樣面臨著挑戰。美國本來就是一個目光俯視全球的國家，一向以其文化的「優勢」來「改造」與之交往的非西方國家，美國文化的這種擴張性在冷戰後表現得更為明顯。當代世界全球化進程的加快是任何國家都無法置身其外的一種趨勢，但卻給美國文化的外延或擴張提供了過去時代無法相比的有利外部環境，美國也為之制訂了相應的文化戰略，試圖以「美國化」來替代全球化，以美國的文化價值觀來「重塑」整個世界，最終形成後冷戰時代「美國治下的和平與秩序」。

　　高技術的飛速發展是全球化加快的主要因素之一。在漫長的歷史長河中，人類社會發生重大變化莫不是伴隨著新技術的出現，新技術總是「新時代」降臨的「催生劑」。正是交通等技術的發展，才使浩淼大洋隔開的幾大洲交往有了可能性，世界才聯成了一個整體。人類也才緩慢地邁入了全球化的進程。全球化已經走過了數百年的歷程，事實早就證明新技術是其逐漸加快的主要動力。時至今日，當全球化以其不可阻擋之勢向前推進時，我們同樣看到了信息技術革命在其中所起到的重大作用，美國學者沃爾特‧里斯頓談到一點時指出：「不管我們是否有所準備，計算機和電信的聚合使我們已經進入了一個全球共同體。歷史上第一次把東西南北的貧富國家聯繫在一個全球電子

網絡之中。」[36]信息技術主要指信息的獲取、傳遞以及處理等項技術，通常包括有關信息的產生、檢測、變換、傳輸、存儲、顯示、識別、提取、控制和利用等方面。電子計算機、光纖通信、終端接口構成了信息技術的主要組成部分。人類在世界範圍內的第一次信息革命始於二十世紀中期第一台計算機的問世，它是人類邁向信息社會的重要標誌。從九〇年代開始，全球掀起了「信息高速公路」的熱潮，人類再次拉開了信息革命的序幕。所謂「信息高速公路」到現在尚無一個確切嚴格的定義，它實際上是「信息基礎設施」（Information Infrastruc-ture）的形象比喻。從信息通道的意義上講，它是指一個以現代計算機網絡通信技術為基礎，以光導纖維纜為骨幹的縱橫全國乃至全世界的雙向大容量高速度電子數據傳遞系統，把計算機用戶連結起來，從而使他們足不出戶即可借助終端設備迅速地傳遞和處理信息，最大限度地實現信息資源共享。

　　「信息高速公路」作為一個擁有特定涵義的詞彙發端於美國，第一次出現在一九九一年九月的一則報導美國關於鋪設光纖網絡立法的新聞中。一九九二年美國大選期間，候選人克林頓打出了「建設信息高速公路，振興美國經濟」的口號，成為他擊敗競爭對手的一個重要籌碼。他一出任美國總統，就著手制訂建設信息高速公路計畫，責成副總統戈爾直接負責此事。戈爾隨後主持制訂了「國家信息基礎設施：行動計畫」（The National Information Infrastructure: Agenda for Action）。這一計畫於一九九三年九月十五日公布，描述了政府對信息基礎設施的基本觀點，概括了政府在其中所起到的重要作用，確定了指導性的原則和目的，明確表明政府將對國家信息基礎設施提供盡可能的支持。[37]克林頓在向國會提交的一九九四年度財政報告預算中提

---

36 沃爾特・里斯頓：〈比特、位元組和外交〉（Walter B. Wriston, "Bits, Bytes, and Diplo-macy"），載《外交事務》（*Foreign Affairs*）第76卷第5期（1997年9-10月），頁175。

37 這一計畫全文可在http://www.ibiblio.org/nii/toc.html網址上獲得。

出增加二十億美元的撥款，作為信息網的建設費用。該計畫很快就發展為建設「全球信息基礎設施」的設想，一九九四年三月二十一日，戈爾在阿根廷布宜諾斯艾利斯舉行的第一次世界電信發展會議上解釋說：「美國總統和我都相信，對人類大家庭的所有成員來說，維持發展的基本前提是創建聯接各個網絡的全球網，為了實現這個目標，立法者、管理者以及企業家必須要建成並開通一個全球性的信息基礎設施，為每個人提供周遊世界的環球高速公路。」[38]為了保證這一計畫的實施，美國政府成立了由副總統和相關部長及經濟法律、技術專家組成的三個委員會，分頭負責就立法、政策制訂、資金籌集等有關事宜展開工作。美國國家經濟委員會的托馬斯・卡利爾把信息基礎設施概括為由信息設備、信息資源、信息網絡和人才資源四個方面組成。顯而易見，它是一項規模宏大的系統工程，不僅要有大量的人才和巨額的資金作保證，而且還涉及到一大批具有前沿性的高技術。美國希望通過實現高度信息化，擴大市場，刺激經濟增長，走出困境，繼續保持領先地位，這是美國率先提出建設全球信息高速公路的初衷。

　　然而，隨著這種設想逐步地付諸實踐，美國除了從中獲得了巨大的經濟效益外，還使美國的文化向外傳播有了更為便捷的途徑。如國際互聯網（因特網）通過全球的信息資源和一百五十餘個國家的數百萬個網點，向人們提供了無所不包和瞬息萬變的信息，全球更加形成了一個密不可分的整體。不同地域的人們可以在網絡上互相迅速地交換信息，跨越時空的侷限在網點上尋找志同道合的合作夥伴，建立工作小組。現在越來越多的人利用因特網收發信件和傳真，不僅價格便宜，而且方便迅速，僅需幾秒鐘就可把電子郵件發往對方的電腦上，這種新的通信方式對電信業造成的改變和影響，至今尚無人能予以準確的估計。

---

38 講話全文可在http://www.itu.int/itudoc/itu-d/wtdc/wtdc1994/speech/gore.txt網址上獲得。

　　美國是因特網的中心，每天由美國發往世界各地的信息不計其
數，儘管其他國家因特網的用戶從中獲得了很多益處，但許許多多打
上美國文化印記的信息也隨之飛往世界各地，以很強的滲透性「吞
噬」著當地的傳統文化，影響著人們的傳統思維定式。美國文化今天
在全球肆無忌憚並不能說明這種文化優越無比，而是藉著美國對信息
傳播媒介的掌握才得以風行世界。現在世界上幾乎每個國家都無一例
外地感到美國文化所帶來的強大「衝擊」，很多美國政治家和學者對
這種現象頗感自得，敦促美國政府制訂新的文化戰略，以利用美國文
化的優勢來「征服」世界，美國政府也正是這樣做的。全球的「美國
化」是美國政府文化戰略的一個主要目的，儘管它在一個多元文化並
存的世界裡很難成為現實，但並非完全是無稽之談，確實從一個方面
反映出了後冷戰時代美國文化對其他國家的「入侵」已經到了不能等
閒視之的地步，同時也說明了美國政府的文化「攻勢」已經取得了一
定的成效。德國《明鏡週刊》（ Der Spiege ）在某一期的封面上赫然醒
目地報導，在現代史上從來沒有一個國家像今天美國這樣完全控制了
地球，「美國偶像正塑造著從加德滿都到金夏沙，以及從開羅到卡拉
卡斯的世界；所謂全球化其實正貼著『美國製造』的標籤」。美國學
者威廉‧德羅茲迪亞克對此評論說，美國現在是國際政治中的施瓦辛
格：炫耀實力，到處插手，強迫別國做事。美國大眾娛樂從來沒有像
今天這樣在全球流行，連續劇《海岸救生隊》和 MTV 滲透到地球上
的最遙遠的角落。因此，美國大眾文化的全球傳播給美國具有控制國
際事務的能力提供了一個很重要的資源。[39]顯而易見，美國大眾文化
正在藉著把世界聯繫為一個越來越緊密的「地球村」的全球化大潮以
前所未有的速度向整個世界蔓延。

　　前美國商務部高級官員戴維‧羅特科普夫是在談到全球化促進不

---

39 參見德羅茲迪亞克：〈甚至盟國也抱怨美國的控制〉，頁A1。

同文化整合時說:「對美國來說,信息時代對外政策的一個主要目標必須是在世界的信息傳播中戰中取得勝利,像英國一度在海上居支配地位那樣支配電波。」[40]這番話的含義不言而喻。全球化加速了不同文化之間的交流與融合,在某種意義上說預示著一種新的文明將在人類社會地平線上冉冉升起,美國學者彼得・施瓦茨等人在一九九七年七月號《布線》雜誌的封面文章中寫道:「兩大並存趨勢——根本的技術變革和開放的社會新風——將改變我們的世界,使之進入一種全球文明的初級階段。所謂全球文明是指新的文明中的文明,它將在整個下一世紀呈現出繁榮。」[41]能否用「新文明」的出現來說明全球化的影響儘管存在著不同的看法,但人類無疑正朝著這個方向努力。「新文明」的一個主要特徵應該是各國在保持有益於社會健康發展的傳統文化的基礎增強文化上的共同性或互補性,並不存在著一種文化對另外文化的支配。然而,許多美國人並不是這樣認為,美國既然支配和控制著全球信息的交流,而且美國文化在全世界又「廣受歡迎」,那麼未來的「新文明」一定要以美國文化居於支配地位,用羅得科普夫的話來說:

> 如果世界趨向一種共同的語言,它應該是英語;如果世界趨向共同的電信、安全和質量標準,那麼它們應該是美國的標準;如果世界正在由電視、廣播和音樂聯繫在一起,節目應該是美國的;如果共同的價值觀正在形成,它們應該是符合美國人意

---

40 戴維・羅特科普夫:〈讚揚文化帝國主義嗎?〉(David Rothkopf, "In Praise of Cultural Imperialism?"),載《對外政策》(*Foreign Policy*)第107期(1997年夏季號),頁39。

41 彼得・施瓦茨等:〈長期的繁榮:一部未來的歷史〉(Peter Schwartz and Peter Leyden, "The Long Boom: A History of the Future, 1980-2020"),載《布線》(*Wired*)第5卷第7期(1997年7月)。

願的價值觀。[42]

　　羅得科普夫這裡為美國控制全球設計了一幅「宏偉」的藍圖。在他看來，若不這樣，美國就會在未來形成的全球文化中失去「獨占鰲頭」的地位，把本來屬於美國的文化支配權讓與他國，因此，「美國人應當宣傳他們對全世界的看法，倘若不這樣做或不採取相互寬容的態度，就等於把這個過程讓與其他國家，由它們去採取並不總是有益的行動。利用信息時代的工具來宣傳美國的理想也許是促進美國利益的最和諧和最強有力的手段」。[43]美國五角大樓的一位官員談到這點時說：「我們將進入一個新時期，沒有人是前線士兵，但每一個人都是戰士。我們的目的不只是消滅對手，而是要瓦解對方人民的目標、意圖、信仰和理解能力。」[44]冷戰後的美國歷屆政府在實際政策執行中已經體現出了這種長期的戰略選擇，關於這一點，前面的章節已有所論，此處也就不再一一贅述了。

　　全球化是一個客觀發展的歷史進程，這一潮流對現代文明的衝擊是我們生活在這個星球上的每個人都能直接感受到的，其中之一就是外來文化對社會變遷的強有力的影響。全球化使不同文化的融合與衝突更加顯而易見，也使國家之間在各個領域的競爭更為激烈。美國政府向來注重文化在對外關係上的作用，總是竭力在世界範圍內傳播美國的文化價值觀，為實現其政治、經濟以及戰略等利益創造一個有利的國際環境。美國由於在經濟上的強大和高科技上的領先地位，全球化實際為美國文化在世界範圍內的傳播帶來過去所無可比擬的有利條件，美國政府也正是基於此試圖以美國的文化價值觀來「重塑」冷戰

---

42 羅特科普夫：〈讚揚文化帝國主義嗎？〉，頁45。
43 羅特科普夫：〈讚揚文化帝國主義嗎？〉，頁49。
44 《亞洲週刊》編輯部：〈信息保護與美國霸權〉，載《編譯參考》1997年第3期，頁36。

後的世界，奠定美國未來繼續在各個領域保持世界領先地位的基礎。美國哥倫比亞大學教授海倫‧米爾鈉在一九九八年發表的一篇文章中談到了「全球化與美國權力」之間的關係，她說：「一些人認為，全球化不僅是美國製造，而且也是美國所控制的一個怪物。諸如法國和馬來西亞等國強烈的表明了這種觀點，即全球化基本上是美國經濟慣例和理想向全世界延伸，是美國履行其權力的一種工具。」[45]不可否認，美國政府的「良苦」用心已經有所「成效」，世界各地無不感到美國文化的衝擊，但全球化畢竟不等於「美國化」。全球化只會加速不同文化的交流，絕不會帶來一種文化的「一統天下」。美國學者彼得‧德魯克認為：「雖然美國現在依然是世界上最大的經濟強國，很可能在許多年繼續保持這種地位，但是以美國的道義、法律和經濟觀念重塑世界的企圖是徒勞無益的。在一個主要競爭者隨時都能出現的世界經濟中，不存在任何居於支配地位的經濟大國。」[46]德魯克教授儘管主要指經濟而言，但如果我們從文化角度來理解這番話，他的觀點還是很值得玩味的。

## 三　對美國文化全球擴張戰略的思考

二十世紀已經成為歷史，在這風雲變幻的百年期間，各個國家都程度不同地經歷了戰爭的苦難，同時也在刀光劍影的隆隆槍炮聲中迎來了發展的機遇。它們無不想通過在國際舞臺上的活動為各自利益的實現創造一個良好的外部環境。發展中國家和發達國家莫不如此，只

---

45 海倫‧米爾鈉：〈國際政治經濟學：超越霸權穩定〉（Helen V. Milner, "International Political Economy: Beyond Hegemonic Stability"），載《對外政策》（*Foreign Policy*）第110期（1998春季號），頁121。

46 彼得‧德魯克：〈全球經濟和民族國家〉（Peter F. Drucker, "The Global Economy and the National-State"），載《外交事務》（*Foreign Affairs*）第76卷第5期（1997年9-10月），頁168-169。

不過後者在政治、經濟、軍事以及文化等方面更具有競爭優勢罷了。美國是發達世界的「無冕之王」，在二十世紀出盡了風頭，有些學者把二十世紀稱為「美國的世紀」儘管是一種誇大或炫耀，與實際顯然不符，但並非完全是無稽之談。美國在這百年期間先後從一個經濟大國躍升為政治大國，二戰後獲得的超級大國地位一直延續至今。在當今的信息時代，美國的這種地位似乎尚未動搖，而且還在隨著美國在高技術領域的領先呈現出加強之勢。美國正是依靠著其在國際競爭中的種種優勢，以各種手段把其全球政治、經濟等利益化為現實，在此過程中，美國文化在外交活動中發揮了舉足輕重的作用。美國政府決策者也有意識地將美國文化作為「征服」他國的「先行」，致使「文化輸出」表現為美國對外關係上的一個重要特徵。美國文化價值觀滲透到異國他鄉給美國帶來難以用具體數字所能表明的各種利益，成為美國欲要為領導世界奠定基礎的一個重要方面，但結果卻給世界和平籠罩上了深深的陰影，成為引發國家間衝突的一個主要因素。美國文化在許多國家固然能夠找到傳播市場，但同時也受到越來越多的國家的抵制，其實美國文化本身同樣面臨著挑戰，更何況是在很難適宜該文化生根的外國土壤上。新世紀的曙光已在人類地平線上冉冉升起，和平與發展對任何國家來說都顯得重要與迫切，各國都在不斷地調整戰略，其中包括文化戰略來適應這種大趨勢。至於那種以自己的文化觀念來影響或「指導」他國發展顯然與這種大勢所悖，不僅最終是徒勞無益的，而且往往對國家間關係是有害的，歷史已經證明了這一點。

　　美國是一個高度發達的國家，在許多外國人眼中，它似乎是一個永遠解不開的「謎」。客觀上講，美國主流文化價值觀基本上適應了美國社會發展的需要，成為維繫社會正常運作的基礎，凡去過美國的異國人無不切身體驗到這一點。在這些文化價值觀的作用下，美國社會能夠長期沿著自己的軌道發展，很少引發大的社會動盪。這說明了美國文化中的確存在著可供他國學習或借鑒的方面。當然他們也對美

國社會問題成堆感到驚訝，用一位久居美國的中國移民的話來說。美國的全部「陰影都毫遮掩地暴露在所有的人的面前，哪怕你是一個陌生人。所以，即使是像我們這樣的平常外來者，也會一眼就看出一大堆毛病來」。[47]的確，美國的「社會病」恐怕比任何其他社會都更為引人注目，現代文明的弊端幾乎都存在於美國社會，如暴力犯罪、家庭解體、極端個人主義、精神空虛、吸毒販毒、貧富懸殊、人欲橫流、道德淪喪、種族歧視以及過度性自由等等。美國政府屢屢投入很大的財力和人力來解決這些問題，但往往收效甚微，不能從根本上阻止住「社會病態」的蔓延之勢。許多美國人對此憂心忡忡，諸如「美國在搖搖欲墜」、「美國在垮掉」以及「美國在衰落」等說法常見於美國的傳媒。一九九六年二月十一至十七日，美國傳播媒介與公眾事務中心對幾家主要廣播公司在黃金時間播出的新聞節目進行了調查，結果發現，在五十九點五個小時的新聞報導中，電視播出了二六六則傳達危險或冒險的報導，在該周提到美國人生活趨勢的四十二則報導中，百分之七十九是描述消極或可怕的趨勢。新聞報導固然帶有製作者的傾向性，未必能準確地反映出整個社會的全貌，但畢竟屬於事實，從一個側面說明了美國社會的危機。該中心主任羅伯特・利奇特不無感觸地說：「如果你看看這一周的情況，你會看到暴力犯罪、天災人禍、戰爭、疾病，實際上是一種普遍悲慘的全面描繪。整個情況就是，美國正日趨衰微。」[48]利奇特的話也許有點誇張，但卻表明美國的社會問題已經到了不容忽視的地步。

美國名流對美國社會的批評之聲不絕於耳，美國國務院外交事務研究中心主任邁克爾・弗拉霍斯認為：「美國人今天感到，這個國家已經迷失了方向。我們看到在政治氛圍中燃燒著雜亂無章的特有問

---

47 林達：《歷史深處的憂慮：近距離看美國》（北京市：生活・讀書・新知三聯書店，1997年），頁3。

48 戴維・惠特曼：〈「美國搖搖欲墜」溯源〉，載《編譯參考》1996年第7期，頁18。

題——從流產到種族主義及其醫治，還到吸毒、教育和環境。」[49]布
熱津斯基在一九九三年出版的一本轟動性的著作中曾開列出一張清
單，列舉了美國面臨的二十個問題，它們分別是債務；貿易赤字；低
儲蓄和低投資；缺乏工業競爭力；生產率增長速度低；不合格的醫療
保健制度；低質量的中等教育；日益惡化的社會基礎設施和普遍的城
市衰敗現象；貪婪的富有階級；愛打官司到了走火入魔的程度；日益
加深的種族和貧困問題；廣泛的犯罪和暴力行為；大規模毒品文化的
流行；社會上絕望情緒的內部滋生；過度的性自由；通過視覺媒體大
規模地傳播道德敗壞的世風；公民意識下降；潛在的製造分裂的多元
文化主義抬頭；政治制度出現擁賽現象；日益瀰漫的精神空虛感。[50]
歷史學家小阿瑟·施萊辛格一九九一年出版了名為《美國的解體》一
書，不無憂慮地探討了美國當前存在的嚴重社會問題、文化問題以及
種族矛盾等等，提出了並非危言聳聽的警告，指出如果美國不正視這
些問題，美國的凝聚力會大大削弱，並可能導致美國走向解體。[51]類
似這樣的觀點在美國學界比比皆是。以「分崩離析」或「解體」等術
語來形容當代美國社會顯然有點「危言聳聽」的味道，目的是讓生活
在這種環境下的美國人引起警覺，但文化價值觀的危機已經到了連美
國政府都感到不能等閒之地步。當然美國所面臨的社會問題在許多國
家都程度不同的存在，有些國家甚至更為嚴重，美國之所以引人注目
原因很多，與它在國外大力推行其文化價值觀和以「救世主」自居不
無關係。

　　任何社會都存在著不完善的地方，國家只有首先「正其身」，向
著完善的方向努力，才能對人類文明的發展做出貢獻。如果一味地在

---

49 弗拉霍斯：〈捫心自問〉，頁47。

50 布熱津斯基：《大失控與大混亂》，頁115-118。

51 小阿瑟·施萊辛格：《美國的解體》（Arthur M. Schlesinger, Jr., *The Disuniting of
America*）紐約市：諾頓出版社，1992年。

國外強調自己的文化優越無比，對其他國家「橫挑鼻子豎挑眼」，並以自己的文化觀念衡量他國的行為，自然使它們難以「服氣」，更談不上為它們樹立了一個可效仿的「榜樣」。實際上，美國文化自身存在的問題已經嚴重地削弱了美國在國外的地位和影響力，一些有自知自明的美國人並不避諱這一點。布熱津斯基指出：

> 美國的內部社會和文化難題所構成的對美國全球卓越地位的危險有兩個方面：一方面，一個基本上由缺少深刻的人的價值觀念的追求物質享受思所支配的社會形象，總會削弱美國社會模式的全球吸引力，特別是作為自由象徵的吸引力；另一方面，這一形象總會在全世界多數貧困的廣大群眾中引起過於誇大的物質期望，這類期望無法得到滿足是可以理解的，但期望落空就必然會加大它們對全球不平等的憤慨之情。[52]

羅納德·斯蒂爾的批評更為激烈：「美國人一向把自己的國家當作世界的榜樣，但沒有一個國家像美國這樣被暴力文化所困擾，有這麼多人質要解救，事實上，暴力可能是美國文化與西歐文化或日本文化唯一最大的差異。這也是歐洲和日本不再把美國作為榜樣和領導的主要原因之一。一個內部呈病態的社會其外表就是弱國的標誌；一個受毒品、槍支和暴力侵害，被種族關係緊張所困及為不安全而煩惱的國家，在世界舞臺上將是一個無力的角色。」[53]美國儘管依然在國際事務中起著任何其他國家所難以望其項背的作用，但其在冷戰後對與文化背景不同的國家發起的「道德討伐」越來越陷入自我設置的困境。新加坡前總理李光耀曾尖銳地批評美國說：「誰願意在那樣一個社會生活？孩子們持槍自相殘殺，鄰里沒有安全感，老人遭遺棄，家

---

52 布熱津斯基：《大失控與大混亂》，頁126。
53 羅納德·斯蒂爾：《美國人在關注什麼？》，載《編譯參考》1996年第1期。

庭分裂。傳播媒體把所有權威拉下馬，肆無忌憚地攻擊領袖的人格，指責一切人，惟獨不指責自己。」[54]這樣的批評之聲顯然不在於指責美國社會問題本身，其所具有的言外之意亦即「美國首先治理好自己的國家，再來教訓別人吧」。其實在國際關係中，即使自己的國家秩序井然，強大無比，也沒有權力從文化上對其他國家說三道四，百般挑剔，這樣做只會損自己的形象，造成國家間關係的緊張，最終使當事國的利益都受到傷害。歷史已經提供了這方面許多深刻的教訓。

　　美國的文化戰略一直體現在對外關係上，但如何制訂冷戰後更為可行的文化戰略，在美國學術界存在著很大的分歧。一種觀點認為，冷戰的結束標誌著西方大獲全勝，世界的發展將趨向以西方文化價值觀為主導地位的大同。一九八九年，美國蘭德公司研究人員、現為梅森大學政治學教授弗朗西斯·福山在《國家利益》雜誌夏季號上發表一篇名為〈歷史的終結？〉的文章，認為冷戰的結束表明西方的政治制度、意識形態以及經濟體制贏得了徹底的勝利，同時也意味著馬克思列寧主義作為一種「活躍的意識形態」在全球的「壽終正寢」。因此從哲學意義上講資本主義與社會主義的長期意識形態衝突告一段落，大國之間的戰爭將不復存在。從此以後人類大規模的衝突將走向終結，人類最終可以朝著追求「自由」的同一目標邁進了。[55]福山旨在用西方文明的發展來解釋全部文明史，用西方的價值觀來衡量整個人類社會的發展。隨著蘇聯的解體，福山的觀點似乎進一步得到印證，福山本人則將其觀點引申，出版了書名為《歷史的終結及最後之人》。他在這本書中提出，自由市場和民主政治是全人類的基本願望，是歷史發展的必然過程，「這個過程為所有社會的日益均一體化

---

54 轉引自王輯思：〈高處不勝寒──冷戰後美國的世界地位初探〉，載《美國研究》1997年第3期，頁23。

55 關於福山這篇文章的全文參見理查德·貝茨主編：《冷戰後的衝突：關於戰爭與和平的爭論》（Richard K. Betts, ed., *Conflict after the Cold War: Arguments on Causes of War and Peace*）（波士頓市：阿林和培根出版社，1994年），頁5-18。

提供了保證，而不論其歷史淵源和文化傳統如何」。所以他預言存在一個人類社會共同發展的進化模式，「類似於以自由民主為指向的人類統一的世界史」。[56]

福山的基本立論並非新穎，只是「西方中心論」在新的歷史條件下的翻版，但卻在美國學術界不乏響應之人。冷戰後美國朝野普遍存在著盲目的樂觀情緒，以為西方的民主制和市場經濟已成為全世界發展的「指路星辰」，美國的責任就是進一步把它們輸往國門開放的國家。正如曾任法國總統高級顧問雅克‧阿塔利指出的那樣：「隨著冷戰的結束和蘇聯帝國的崩潰，市場經濟和民主制似乎大獲全勝。這兩種西方社會的核心價值觀普遍受到讚揚，成為任何國家尋求被國際社會接受或從國際金融機構獲得援助的前提條件。它們普遍採納被認為預示著歷史的終結，或者至少是西方文明的最終勝利。不管西方的價值觀是否完善，人們似乎願意渴望實現它們，至少這樣做服務於美國的利益。」[57]阿塔利顯然不贊成「歷史終結」的結論，但他這番話倒是說明了「歷史正在趨向以資本主義價值觀為核心的世界」這一觀點在西方，尤其在美國的盛行。

其實，歷史並未「終結」，冷戰的結束也不意味著西方文化價值觀的徹底勝利，幾年的國際局勢發展已經足以證明了這一點，就連許多西方人也對此提出質疑。阿塔利發表文章明確論述了西方市場經濟和民主的缺陷，認為二者存在著難以克服的內在矛盾，不可避免地走向毀滅，為了防止這種結果的出現，「我們必須承認有必要在市場經濟和計畫之間、民主與獨裁的決策機制之間進行協調。我們應該探索如何進行這種協調，而不是一味得意地自吹價值觀的全球化。實際上

---

56 弗朗西斯‧福山：《歷史的終結及最後之人》（Francis Fukuyama, *The End of History and the Last Man*）紐約市：自由出版社，1992版。

57 雅克‧阿塔利：〈西方文明的崩潰：市場與民主的侷限性〉（Jacques Attali, "The Crash of Western Civilization: the Limits of the Market and Democracy"），載《對外政策》（*Foreign Policy*）第107期（1997年夏季號），頁54。

這些價值觀即使在我們自己社會的適應範圍也是很有限的」。[58]美國著名經濟學家羅伯特・庫特納針對認為冷戰後世界進入了一個自由市場的觀點，否認新自由主義具有普遍性，指出了自由市場體制存在的各種弊端，認為自由放任制度帶來的是高失業率、高利率、兩極分化、發展不平衡、金融投機以及經濟緊縮。他特別建議發展中國家一定要制訂適合自己國情的發展戰略。[59]克里斯托夫・萊恩長期活動於美國決策層，他以自己的經歷和感受對美國做出了這樣的評價，即現代國際關係史上的強國只有美國似乎不能接受這樣一個事實，即強國必須與不喜歡它們或者不同意它們價值觀的國家生活在一個世界上。那種認為美國為了確保自己的安全必須在全球普及自己的制度和價值觀的主張，在過去造成了嚴重的後果。萊恩的這種評價不是意在譴責美國，而是提醒現任美國決策者要切合實際，只有這樣才能保證美國現實利益得到最大限度的實現。

　　冷戰後國際局勢變得更為複雜，許多發展中國家也在不斷地調整戰略以解決自身存在的問題，它們從西方國家借鑒到很多有用的東西，但西方國家的自由市場和民主體制絕不是包治一切的「靈丹妙方」，如亞洲許多國家正在從本國的文化資源中尋求發展的動力。進入九〇年代後，新加坡政府提出把亞洲價值觀上升為國家意識。一九九一年一月，新加坡政府在《共同價值白皮書》中明確提倡五種核心價值觀，即國家至上；家庭為根，社會為本；關懷扶持，同舟共濟；求同存異，協商共識；種族和諧，宗教寬容。董建華是中國香港特區首任長官，他在各種場合多次強調「亞洲價值」在其治理香港中所起的重要作用。一九九七年七月二十八日，美國洛杉磯華文《國際日報》發表了一篇題目為〈「亞洲價值」與香港特區政治發展〉的文

---

[58] 雅克・阿塔利：〈西方文明的崩潰：市場與民主的侷限性〉，頁61-62。

[59] 參見王子珍：〈美經濟學家談新自由主義的弊端及對策〉，載《編譯參考》1997年第10期，頁39-41。

章，從三個方面論述了所謂「亞洲價值」的基本內容，一是漸進的民主進程；二是對集體主義的強調；三是對民生的重視。作者認為這是一種很複雜的價值體系，既具有民族文化的感染力，也對政府與人民的關係產生了正面的影響。

　　對本國文化的宏揚往往伴隨著對西方文化的批判。李光耀一九九〇年辭去新加坡總理職務後，一心致力於「亞洲標準」的發掘，同時抨擊所謂「沒落的西方價值觀」，他的哲學明顯帶有東方文化的特徵，即富國強兵，尊重權威，團體利益高於個人利益，經濟發展優先於民主化進程。他對美國的政治、經濟和社會制度存在的弊病提出了批評，他雖然不承認存在一個「亞洲模式」，但反對把美國作為亞洲國家的楷模。他在接受美國《外交事務》季刊總編輯扎克雷亞的採訪時口氣堅定地說：「告訴美國人民他們自己的制度存在什麼問題，這不是我的事情，我要對他說的是，不要不分青紅皂白地將自己的制度強加給那些無法適應這套東西的社會。」[60]馬來西亞總理馬哈蒂爾更是高揚亞洲的文化價值觀。他宣稱，如果發展中國家的政府沒有強有力的權威，這些國家就不能很好地運轉，政府軟弱無能和不穩定將造成混亂局面。馬哈蒂爾對西方文化的批判更是直言不諱。在是否存在一個統一的亞洲價值觀上儘管還存在爭議，亞洲文化對經濟發展和社會穩定的作用也在探討之中，但美國的文化價值觀在這一地區遭到抵制已不容置疑。其他發展中國家或地區對美國強行輸入的文化觀念也程度不同地存在著這方面的傾向。它們的這種態度充分說明了西方文化，尤其是美國文化價值觀不僅不具有普遍性，也不存在於世界範圍內獲得勝利的可能性，而且還受到其他文化的挑戰。用一個法國人的話來說：「從亞太地區國家的角度來看，華盛頓的最終目的是強迫他

---

60 法里德・扎克里亞：〈文化是命運：與李光耀的談話〉（Fareed Zakaria, "Culture is Destiny: A Conversation with Lee Kuan Yew"），載《外交事務》（*Foreign Affairs*）第73卷第2期（1994年3-4月），頁110。

人接受美國的遊戲規則──不僅在貿易和勞務方面，而且在價值方面，要知道，地區內對西方價值觀臭名遠揚的無所不包性的反對正在加強。大多數亞洲人都說：請尊重我們的價值觀吧！」[61]其他發展中國家或地區對美國強行輸入的文化觀念也程度不同地存在著這方面的傾向。它們的這種態度充分說明了西方文化，尤其是美國文化價值觀不僅不具有普遍性和在世界範圍內獲得勝利，而且同樣受到其他文化的挑戰。

　　全球化使人類具有了更多的共同價值觀念，不過絲毫不意味著文化特性的消失。不同文化的共存歷來是世界千姿百態的表現，但卻成為一些美國學者宣揚冷戰後不同文明或文化衝突的藉口。因此，「文明衝突論」在美國學界喧囂一時，乃至引起世界各地議論紛紛。這種觀點似乎與「歷史終結」論相對立，但同樣是服務於美國冷戰後文化戰略的制定，其政治性更加顯而易見，哈佛大學奧林戰略研究所所長塞繆爾·亨廷頓是這一觀點的主要代表。一九九三年亨廷頓在美國《外交事務》季刊夏季號上發表了轟動一時的長文〈文明的衝突？〉，認為冷戰後國家之間的衝突是不可避免的，而衝突的主要根源不在是意識形態因素或經濟因素，主導人類最大紛爭和衝突的因素將是文化上的差異，不同文明之間的矛盾，將取代過去超級大國之間的對立關係，作為國際間懸而未決的最重要問題而突出出來。文明的衝突將左右全球政治。[62]為了使這種立論具有說服力，亨氏進行了層層論證。隨後他又在《外交事務》季刊一九九三年年底號上發表了〈不是文明是什麼？〉的文章，進一步闡述了他的觀點。[63]亨廷頓是一位著名的學

---

61　轉引自《世界經濟譯叢》1994年第7期，頁50。

62　塞繆爾·亨廷頓：〈文明的衝突〉（Samuel P. Huntington, "The Clash of Civilization?"），載《外交事務》（*Foreign Affairs*）第72卷第3期（1993年夏季號），頁22-49。

63　塞繆爾·亨廷頓：〈不是文明的衝突是什麼？：後冷戰世界的範式〉（Samuel P. Huntington, "If Not Civilization, What? Paradigms of the Post-Cold War World "），載《外交事務》（*Foreign Affairs*）第72卷第5期（1993年12月），頁168-194。

者，常常以其觀點的驚世駭俗和新穎而享譽學界，這幾篇文章一發表立刻引起了世界性的爭論。儘管國際關係學界對亨氏的觀點毀多譽少，但亨廷頓並沒有保持沉默。一九九六年，亨廷頓出版了專著《文明的衝突和世界秩序的重建》，[64]對其「文明衝突」理論進行了系統的闡述。他指出在冷戰後的世界，「不同民族之間最根本的區別不在於意識形態、政治或經濟，而在於文化」。對國家的認同和忠誠正在轉向對更大的文化實體即「文明」的認同和忠誠，並且這種轉化正在迅速產生一種截然不同的世界秩序。他認為，「人類歷史上第一次全球政治成了多極的和多文明的政治」。結果文明之間的衝突將多於文明內部的衝突，「最普遍、最重要、最危險的衝突將歸屬於不同文化實體的民族之間的衝突」。[65]亨廷頓建立起的這個理論框架有許多發人深省的見解，如他對「歷史終結」的批評，指出冷戰的結束並不意味著西方自由民主制的勝利，多種多樣的政治形態依然活躍於國際政治舞臺上。他認為西方文明獨特，但並不普遍，以此否認西方文化向外輸出的合理性。諸如「不同文明之間的相互作用和相互借鑒永遠存在」，「在一個不同文明存在的世界裡，每一種文明都必須學會和其他文明共處」等等散見於其文章的字裡行間。然而亨廷頓的本意並不在於將上述見解展開，而是把它們作為文明衝突的注腳。這裡並不否認冷戰後隨著文化在國際關係中作用的加強，不同文化背景的國家因為價值觀念的差異而產生一些摩擦或衝突，但由此把文明或文化的衝突作為理解當代國際關係的基礎，不僅不符合實際，而且更容易起著一種誤導的作用。

---

64　塞繆爾・亨廷頓《文明的衝突與世界的重建》（Samuel P. Huntington, *The Clash of Civilizations and the Remaking of World Order*），紐約市：西蒙和舒斯特出版社，1996年。

65　參見斯蒂芬・沃爾特：〈構築新的怪物〉（Stephen M. Walt, "Building up New Bogeymen"），載《對外政策》（*Foreign Policy*）第107期（1997年夏季號），頁177。

　　亨廷頓的「文明衝突論」只是代表美國學術界的一家之言，並不反映美國政府的外交政策主流，但實際上卻從理論上為美國政府遏制文化上與自己不同的國家崛起提供了解釋依據。因此，在某種程度上說，亨廷頓的理論比「歷史終結論」更危險和更有害。冷戰後的世界更為錯綜複雜，諸多矛盾糾纏在一起對人類的和平與發展構成了嚴重的威脅。當然這裡面也存在著由於文化觀念不同而引發的衝突，不過這種衝突自古至今從來沒有間斷過，並不是冷戰後世界所特有的現象。文化上的衝突儘管難以避免，但強調或提倡人類對抗顯然對世界的發展有害無益。如果國家在實際外交政策中有意加深或擴大這種衝突，那只會給當事國帶來「災難」，這樣的教訓在歷史上真是太多了。美國前國防部長羅伯特·麥克納馬拉是六〇年代美國捲入越南戰爭的主要決策者之一，三十年後他對美國政府的決策失誤進行了深刻的反思。他總結了，美國在越南的悲劇有十一條主要原因，其中特別強調說：

　　　　我們用自己的經驗模式來看待南越的人民和領袖。我們認為，
　　　　我們渴望並決心為自由和民主而戰鬥。我們對這個國家的政治
　　　　力量做出了完全錯誤的判斷。我們低估了民族主義的力量（這
　　　　裡指北越和越共），他們可以鼓勵人民為他們的信仰和價值去
　　　　戰鬥，並付出犧牲。今天，在世界許多地方，我們仍然在重複
　　　　著類似的錯誤。我們對敵友分析上的失誤，反映出我們完全忽
　　　　視該地區的歷史、文化、人民的政治信仰及其領導人的個性特
　　　　徵與習慣。……我們沒有意識到，無論是我們的人民，還是我
　　　　們的領袖都不是萬能的。……我們並不擁有天賦的權力，來用
　　　　我們的理想或選擇去塑造任何其他國家。[66]

---

66 羅伯特·麥克納馬拉著，張立平譯：《回顧——越戰的悲劇與教訓》（北京市：作家
　　出版社，1996年），頁331-332。

　　麥克納馬拉之言旨在規勸美國政府要對文化不同的國家加深理解，不要以己為「度」，把一個複雜的世界「簡單化」，這樣還會重蹈越戰的悲劇，最終受害的還是美國的利益。他的這番話的確發人深省。

　　在一個相互依存日益加深的時代，文化上的相互理解顯得越來越重要，它不僅是不同文化融合的先決條件，而且是把國家間衝突減少到最低限度的最好途徑。麥克納馬拉一九九七年九月十日在接受日本《讀賣新聞》的採訪時說，他在這裡想要說明的是，中國實際上完全不瞭解今天的日本和美國，日本和美國也都完全不瞭解中國。日美兩國應該設法讓中國明白，如今並不存在著像戰爭那樣不可避免的利害對立。日美兩國在這方面所做的努力都不夠。雙方應該拿出不使對方感到威脅的、相互信任的措施。麥克納馬拉還是希望國家之間多加強瞭解，減少文化上的衝突。其實，文化上的必然衝突絕不是當今國際社會的主流，人類如今面臨的共同問題越來越多，國家只有超越意識形態和本民族文化的侷限，才能使合作成為可能，也才能使整個人類走出目前所遇到的各種困境。這就要求國家不分大小強弱一定要在文化交往上平等互尊，力戒「己之所欲，施加於人」，更不能「己之不欲，施加於人」，只有這樣才能避免國家間由於相互隔膜或誤解所產生的衝突，使人類文明的發展呈現出一個更加美好的未來。

　　美國的文化戰略儘管取得了一定的成效，也在很大程度上有助於美國在國外政治、經濟以及戰略等利益的實現，但美國實際進行一種單向的文化輸出活動，與整個國際文化交流大趨勢相悖。美國在科學技術上高度發達，其文化中的許多優秀方面已逐漸被國門開放的發展中國家所接受，如先進的科學技術和現代的管理思想等等，成為它們使本國傳統文化走向現代化的「橋樑」。這是一種開放的國際文化交流環境使然。從整個東西方文化交流來看，不同文化的相互影響和作用越來越明顯。迄今為止，許多發展中國家依然在現代化道路上艱難跋涉，和諧開放的內部環境是實現現代化的一個必備條件，而對外來

文化的吸收則是衡量開放程度的主要標準之一。西方文化的進入儘管難免泥沙俱下，單對發展中國家來說，它們通過西方文化中的精華，使本國文化更加適應瞬息萬變的世界需要，給本國的發展提供了任何物質東西所無法取代的力量，這應該說是發展中國家在國際文化交流中的最大所得。

在人類文明史上，西方國家儘管也在不斷地從異國文化中吸取有利於本國發展的東西，但由於其在政治、經濟、軍事上的強大，西方國家在國際文化交流中長期處於一種主導地位，有時甚至把這種交流變成一種單向的文化流動。這種狀況現在已大為改變，文化交流日益呈現出雙向或多向的特徵。東方國家的深奧哲學深得許多西方國家的青睞，東方國家創造出那含蓄深沉的藝術佳作在歐美國家產生了轟動性的效應，尤其是東方人那穩定的家庭結構更使西方人羨慕不已。一向以自我文化為中心的歐美國家也逐漸從東方的崛起中看到了豐富文化資源的巨大作用。這些因素無疑有利於東方文化走向世界，與在西方文化的融合中重現昔日的輝煌。不同國家的文化交流已形成了推動人類文明向前發展的強大動力，可以毫不誇張地預言，隨著全球信息高速公路的開通和各種發達的交流手段的出現，國家、民族、地區之間的文化交流將會加速進行。英國駐華大使艾博雅一九九七年十一月接受記者採訪時說：「世界將被信息高速公路和因特網所統治，通過國際衛星電視，學院和政府間的交流將會更加迅速。人們比現在更容易見面。所以我認為二十一世紀的國際文化會有比現在更多的交流和融合。」[67]

在國際文化交流史上，文化的融合與衝突像一對孿生兄弟同時出現，融合中包含著衝突，衝突後進而走向融合，固然文化差異是造成衝突的最基本原因，但如果文化交流不是處在一個平等互利的層面上

---

67 《中華讀書報》1997年11月5日。

進行，所帶來的文化衝突就會更為激烈。這種情況在世界歷史上不乏其例。「強」文化和「弱」文化是歷史發展所造成的一種客觀存在，一般以物質文明是否發達來進行劃定，但就文化的深刻內涵而言，強弱之分都是相對的，一個強盛的國家未必盡善盡美，反之一個孱弱的國家也不見得不存在值得他國學習的地方。如果以己之「強」凌他國之「弱」，就會把一種平等的文化交流變成一種完全單向行為的「文化輸出」，給本來就不安寧的國際社會增加了新的衝突源。這並非是杞人憂天，而是一種現實的存在。美國就試圖使多元文化的世界歸宗到一種文化的統治之下，這種設想固然難以成為現實，但卻人為地引發出了文化上的衝突，給國家間發展正常關係流下深深的陰影。國際文化交流的本身首先要求平等，只有這樣，才有利於相互取長補短，在許多問題上求同存異，達成共識。一些國家試圖以自己的文化價值觀來確定世界的發展方向，儘管會在一定程度上對正常的文化交流有所妨礙，但很難從根本上扭轉不同文化縱橫交錯和相互影響的勢頭，國際文化交流正以不可阻擋之勢邁向新的世紀。

　　在一個世界變化萬千的時代，一種文化要適應大勢，獲得發展，不僅要學會與異國文化共存，更重要的是要不斷從不同文化中汲取所需要的「養分」，以求壯大自身，文化交流本身的積極意義也就於此。文化交流過程中出現的歧見乃屬正常，只能通過諒解和尊重來消融與化解，試圖把自己文化形態定於一尊的做法實不可取，只會加深歧見，引發衝突。多元文化的並存與共同發展是世界的福音，它們之間通過交流而達到相互融合是人類文明具有光明前景的希望所在。

# 後記

　　我是在獲得博士學位後開始《美國文化與外交》這一課題研究的，呈現在讀者面前的這本書便是自己斷斷續續將近七年的研究成果。從文化角度研究美國的對外關係，在美國早有學者進行，尤其是在冷戰結束後，這一研究論題成為美國很多外交史學家所關注的一個焦點，他們發表和出版了大量的研究成果。我所列的西文參考書目遠遠沒有把與這一課題相關的著述包括進來，但讀者也可從中對美國外交史學界在這一領域的研究有所瞭解。與此同時，國內一些學者也呼籲開展這方面研究的重要性，並發表了頗有見地的論文，但相關專著迄今尚未問世。我在本書的「緒論」中對此已有所談及。這裡再次提出，目的是希望能夠引起我國國際關係學界和歷史學界的重視，加強文化與外交之間關係的研究。世界知識出版社獨具慧眼，在學術著作出版很難的今天，策畫了《大國文化與外交》叢書。我很榮幸本書能夠作為叢書的第一本出版。可以設想，這套叢書在不遠將來的推出，將會大大促進我國學術界對這一領域的研究走向深入。

　　本書殺青之際，正是以美國為首的北約對南斯拉夫聯盟轟炸剛剛停息。美國聲稱，這次轟炸旨在阻止發生在科索沃的所謂「種族清洗」。這個數月來成為世界焦點的事件導致了克林頓主義的出臺。一九九九年六月，克林頓對北約「維和」部隊發表了演說，他口氣強硬地說：「如果有人出於種族、民族背景或是宗教的原因追趕無辜的平民，試圖對他們進行集體屠殺，而我們又有能力予以制止，這時我們可以向全世界人民——不管是在非洲、中歐或是其他地方——聲明，

我們將制止這種行動。」[1]民族衝突是冷戰結束之後世界所面對的一大挑戰，一些國家迄今依然難以擺脫民族問題的「陰影」。有些地區和國家戰火頻仍，在很大程度上都與民族衝突有關。主權國家內不同民族的和平對話和主權國家之間的協商是民族衝突化解的根本途徑。大國的介入，尤其是武力干涉，不但無助於問題的解決，反而會激化矛盾，加劇地區動盪，造成被干涉國的巨大損失。懾於大國威力的屈從不會從根本上消除某些民族之間的裂痕或仇視，只會埋下日後更為激烈衝突的伏筆。

　　這裡我並不想就美國領導的北約轟炸南斯拉夫聯盟的原因、過程以及後果進行討論。美國在這一事件中的所作所為反映出其對外戰略的一種明顯傾向，即試圖通過武力強行按照美國規劃好的方向發展，在武力的威懾下實現美國文化價值觀對世界的重塑。現在還沒有一個國家在武裝力量上能夠趕上美國。這個當今世界上的唯一超級大國在世界各地重要的戰略地區都駐紮著軍隊，歐洲駐紮美軍十萬人，亞洲駐紮美軍約十萬人，中東駐紮美軍二點五萬人，波斯尼亞駐紮美軍二萬人。美國的空軍在波斯灣、伊拉克北部和南斯拉夫上空巡邏。美國需投入巨額的資金來維持這一龐大的世界軍事網。一九九七年財政年度在武器裝備上就花掉了七百六十億美元。英國倫敦戰略研究所副所長亞當斯得出這樣的結論，即沒有一個國家的軍費、軍隊、武器裝備能與美國相比。歐洲所有的軍隊加在一起還需要十年才能趕上美國現有的水平，而中國要改造自己的軍隊，俄羅斯要恢復往日強大的軍事力量，則需要更長的時間。美國強大的軍事優勢為其推行武力干涉政策提供了基礎。

---

1　威廉・克林頓：〈在斯科普里對科索沃國際安全部隊的講話〉（Remarks to Kosovo International Security Force Troops in Skopje）1999年6月22日，載《美國總統公開文件》（*Public Papers of the Presidents of the United States*）第2卷（華盛頓特區：美國政府出版局，1999年），頁993。

　　在美國外交史上，美國對弱小國家內政的武力干涉可謂屢見不鮮。在人類即將跨入二十一世紀的今天，在國際事務中對一個主權國家使用赤裸裸的武力，必然會遭到愛好和平的國家和人們的強烈譴責。美國的武力干涉在本質上與歷史上的干涉並無多少差異，除了霸權心態作祟外，其目的都是為實現美國的政治、經濟以及文化等戰略利益服務的。不過現在美國從事的武力干涉，「道德討伐」的色彩更濃。在許多情況下，美國打著「人道主義」、「維護人權、民主、自由」等旗號，來掩飾它要達到的真正目的。即使這樣，美國的戰略目的也很明顯。美國絕不像電影裡的「超人」一樣，「強健有力，足以打敗幾乎所有的敵人；他疾步如飛，可以及時趕到世界任何地方，去滅火、抗洪、止住山崩；他品德高尚，足以抵禦個人誘惑；他明察秋毫，能夠區分善惡。除此之外，他那可以透視的深邃的目光能夠看到任何地方威脅公共秩序的醜惡行經」。[2]美國在什麼情況下和什麼地理位置使用武力，選擇性很強。美國不會在與自己利益相關不大的地區做出無謂的犧牲。「克林頓主義」出臺後，美國國家安全顧問塞繆爾·伯傑是這樣解釋的，他說，我們不願意給人們留下一種開空頭支票的印象。美國不具備向處於麻煩中的每個人提供支援的能力、共識或責任。伯傑對克林頓主義的這種實用主義解釋的確使許多人恍然所悟。美國對外關係委員會高級研究員羅伯特·曼寧認為，克林頓主義「虛構的成分多於現實」，美國一直是有選擇性地使用所謂的「行善主義」。因此，克林頓主義「既不能令人振奮，其根基也搖搖欲墜。……正如記錄所顯示的那樣，根本不可能存在這樣一種純粹的人道主義干涉行為」。[3]其實，在「人道主義」干涉的背後，卻有著難以

---

2　參見拉斯伯里：〈超人的清單〉，頁A27。

3　參見羅伯特·曼寧：〈克林頓主義：虛構大於現實〉（Robert A. Manning, "The Clinton Doctrine: More Spin Than Reality"），載《洛杉磯時報》（*Los Angeles Times*）1999年9月5日，頁2。

用「人道主義」加以解釋的各種實用目的。

　　我在美國做訪問學者時，曾經問過一些普通美國人對美國政府履行「國際警察」的態度。他們的回答多少有點「孤立主義」的味道。他們對政府在某一地區或國家大動干戈頗有微詞，不希望美國政府用納稅人的錢去從事在他們看來與國內生活改善沒有太大關係的戰爭。美國一九九七年的一次民意測驗表明，只有百分之十三的美國人願意美國與其他國家共享權力。絕大多數公眾認為，西歐、亞洲、墨西哥、加拿大等地區或國家發生的事情對他們的生活幾乎或根本沒有影響。[4]「孤立主義」、「美國堡壘」以及「美國第一」等觀念儘管不會像二戰前那樣對政府外交決策產生巨大的影響，但在美國依然具有一定的社會基礎。受這種觀點影響的人主張美國應把主要精力從國外撤回到國內，致力於美國的「完善」，成為一個受世人景仰的「山巔之城」，為國際社會樹立一個可以效仿的榜樣。九十五歲高齡的喬治·凱南以自己一生從事美國外交的閱歷忠告美國政府不要自以為是，應該超然於其他國家的內部事務之外。他說：「把自己看作政治啟蒙中心，當作世界其他很大一部分地區的老師，整個這種趨勢在我看來是考慮欠妥，自高自大是不可取的。如果你覺得我們國內生活有值得其他地方的人民效仿之處，那麼，正如昆西·亞當斯堅持的那樣，最好的方式不是說教，而是借助實例。」[5]亨廷頓在《外交事務》雜誌上撰文指出：「美國官員表現出毫無掩飾的行為讓人覺得，世界似乎是單極的。他們吹噓美國的實力和道德。他們歡呼美國是善良的霸權國家。他們給別國上課，要它們學習普遍適用的美國原則、實踐和機

---

4　參見塞繆爾·亨廷頓：〈孤獨的超級大國〉（Samuel P. Huntington, "The Lonely Super-power"），載《外交事務》（*Foreign Affairs*）第78卷第2期（1999年3月、4月），頁39-40。

5　參見熱內瓦·奧弗霍爾澤：〈凱南的忠告〉（Geneva Overholser, "Kennan's Counsel"），載《華盛頓郵報》（*The Washington Post*）1999年8月3日，頁A15。

構。」[6]凱南和亨廷頓在美國都不是無足輕重的人物，他們的觀點反映出美國決策層外一種反對美國以武力捲入其他國家內部事務的強烈呼聲。這種呼聲儘管不是影響美國外交決策的主流，但在特定的時空範圍內會對美國在國際社會憑藉自己的優勢「為所欲為」有所牽制。

　　在全球化日益發展的時代，美國超然於國際事務既不可能，也不現實。作為當今世界上實力最為強大的國家，美國必定會對世界的發展產生影響，關鍵在於這種影響是積極的還是消極的。這兩種可能性都存在。美國《國家利益》雜誌編輯歐文・哈里斯指出：「在今後幾十年，也許在今後幾代人，美國將成為世界上占支配地位的大國。它成為一個好國家的可能性將會是巨大的。但是如果它把事情搞砸，它成為邪惡國家的可能性同樣也是巨大的。有鑑於此，美國認真考慮對外政策不僅對美國本身來說，而且對其他任何國家而言都將是極其重要的。」[7]美國對全球發揮積極的建設性作用將是世界的幸事，否則就會是世界的不幸。如果美國政府執意把美國國內戲稱為「昏頭昏腦的理想主義」的克林頓主義付諸實踐，對世界和美國來說都是「不祥之兆」。哥倫比亞大學教授杰拉德・柯蒂斯認為，把國家對外政策變成是道德上的「十字軍」是極其危險的。[8]美國民主黨參議員凱・貝利・哈奇森一九九九年八月五日一針見血地指出，克林頓對外政策的特點是「槍口威逼下的民主」。不管克林頓本人的目標有多麼崇高，「這實際上意味著美國可能捲入世界各地的內戰之中，試圖建立一個不切實際的美國式的多黨民主──在武力威逼之下」。[9]墨西哥《至上報》一九九九年九月八日披露美國正在制訂二十一世紀全球武裝干涉

---

6　亨廷頓：〈孤獨的超級大國〉，頁37。

7　歐文・哈里斯：〈超級大國賴以存在的三條規則〉（Owen Harries, "Three Rules for a Superpower to Live By"），載《紐約時報》（*New York Times*）1999年8月23日，頁A15。

8　參見《參考資料》1999年9月8日，頁52。

9　全文可在http://www.heritage.org網址上獲得。

計畫。[10]我們無法對未來做出準確的預測，只是希望美國在國際事務中能夠發揮有益於世界向前發展的作用，但種種跡象表明，美國政府並不打算放棄「國際警察」的職責，隨時準備以武力來維持美國需要的「秩序與穩定」，強行使美國的文化價值觀作為建立世界新秩序的指南。美國這樣做，勢必給世界帶來更加的動盪，美國最終也會自食其果。歷史和現實都已經證明了這一點。

在本書的寫作過程中，我參考和吸收了國內外學者的一些研究成果，並且得到國內許多學者和同行的鼓勵，他們給予的真誠幫助令我受益匪淺，終生難忘。本書的責任編輯羅養毅博士自始至終關注本書的寫作和出版，常常就書中的有關問題與我交換看法。本書成稿後，有幸得到世界知識出版社原總編輯陳平俊先生的審閱。陳先生仔細審讀了全稿，除了進行文字潤色外，還就本書的修改提出了非常有益的意見。在本書付梓之際，謹向幫助我順利完成此書的所有人表示由衷的謝意。

本書出版後，衷心希望國內外同行能夠提出批評指正，以求切磋共進。

王曉德

一九九九年十月於南開大學

---

10 參見《參考資料》1999年9月28日，頁26-28。

# 參考文獻

## 一　英文文獻和論著

Abrams, Elliott, ed. *The Influence of Faith: Religious Groups & U.S. Foreign Policy*. Lanham: Rowman & Littlefield Publishers, Inc., 2001.

Aguilar, Alenso. *Pan-Americanism: From Monroe to Present*. Translated by Asa Zatz, New York: MR Press, 1967.

Almeder, Robert. "The Idealism of Charles S.Peirce." *Journal of the History of Philosophy*, Vol.9, No.4, October 1971.

Alstyne, Richard W. *The Rising American Empire*. New York: Oxford University Press, 1960.

Alstyne, Richard W. *American Diplomacy in Action*. Stanford: Stanford University Press, 1947.

Anderson, Stuart. *Race and Rapprochement: Anglo-Saxonism and Anglo-American Relations*, 1985-1904. Rutherford: Fairleigh Dickinson University,1981.

Anderson William D., and Sterling J. Kernek. "How 'Realistic' Is Reagan's Diplomacy?" *Political Science Quarterly*, Vol.100, No.3, Autumn 1985.

Art, Robert J. "Geopolitics Updated: The Strategy of Selective Engagement." *International Security*, Vol.23, No.3, Winter 1998-1999.

Ayer, Alfred J. *The Origins of Pragmatism: Studies in the Philosophy of*

*Charles Sanders Peirce and William James*. San Francisco, Freeman, Cooper, 1968.

Bailey, Thomas A. *America's Foreign Policy: Past and Present*. New York: Foreign Policy Association, 1945.

Beisner, Robert L. *From the Old Diplomacy to the New, 1865-1900*. Arlington Heights: Harlan Davidson, 1986.

Bercovitch, Sacvan. *The Puritan Origins of the American Self*. New Haven: Yale University Press, 1975.

Bernhard, Nancy E. "Clearer than Truth: Public Affairs Television and the State Department's Domestic Information Campaigns." *Diplomatic History*,Vol.21, No.4, Fall 1997.

Blasier, Cole. *The Hovering Giant: U.S. Responses to Revolutionary Change in Latin America*. Pittsburgh: University of Pittsburgh Press, 1983.

Bloomfield, Lincoln P. "From Ideology to Program to Policy: Tracking the Carter Human Rights Policy." *Journal of Policy Analysis and Management*, Vol.2, No.2, Autumn 1982.

Blum, John. *The Promise of America*: *An Historical Inquiry*. Boston: Houghton Mifflin,　1966.

Blum, William. *The CIA: A Forgotten History*. London and New Jersey: Zed Books, 1986.

Bohlen, Charles E. *The Transformation of American Foreign Policy*. New York: Norton, 1969.

Boller, Paul F., Jr. *American Thought in Transition: the Impact of Evolutionary Nationalism, 1856-1900*. Washington, D.C.: University Press of America,1981.

Bostdorff,, Denist M. *The Presidency and Rhetoric of Foreign Policy*. Columbia: University of South Carolina Press, 1994.

Bremer, Francis J. *The Puritan Experiment: New England Society from Bradford to Edwards.* New York: St. Martin's Press, 1976.

Buncher, Judith F. *Human Rights and American Diplomacy: 1975-1977.* New York: Facts on File, 1977.

Burns, Edward M. *The American Idea of Mission, Concepts of National Purpose and Destiny.* New Brunswick: Rutgers University Press, 1957.

Calhoun, Frederick S. *Power and Principle: Armed Intervention in Wilsonian Foreign Policy.* Kent: The Kent State University Press, 1986.

Campbell, A. E., ed. *Expansion and Imperialism.* New York: Harper & Row, 1970.

Campbell, Charles S. *The Transformation of American Foreign Relations 1865-1900.* New York: Harper & Row, 1976.

Calleo, David. "The United States and the Great Powers." *World Policy Journal*, Vol. XVI, No.3, Fall 1999.

Carter, Jimmy. "It's Wrong to Demonize China." *New York Times*, August 10,1997.

Catlin, George E. G. "Thomas Hobbes and Contemporary Political Theory." *Political Science Quarterly*, Vol.82, No.1, March 1967.

Chace, James. A *World Elsewhere: The New American Foreign Policy.* New York: Scribner, 1973.

Chay, Jongsuk, ed. *Culture and International Relations.* New York: Praeger, 1990.

Church, George J.and Dean Fischer. "A New World: The Helsinki Summit is Only the Latest Sign of How Saddam's Belligerence is Transforming Global Alignments and Shaking up Established Truths." *Time*, Vol.136, No.12, September 17, 1990.

Cingranelli, David L. and Thomas E.Pasquarello. "Human Rights Practices and the Distribution of U.S. Foreign Aid to Latin American Countries." *American Journal of Political Science*, Vol.29, No.3, August 1985.

Clymer, Adam. "G.O.P. Rivvals, Shifting, Attack Carter Foreign Policies." *New York Times*, January 30, 1980.

Cohen, Roberta. "Human Rights Diplomacy: The Carter Administration and the Southern Cone." *Human Rights Quarterly*, Vol.4, No.2, Summer 1982.

Connell-Smith, Gordon. *The United States and Latin America: A Historical Analysis of Inter-American Relations*. London: Heinemann Educational,1966.

Crabb, Cecil V., Jr. *American Diplomacy and the Pragmatic Tradition*. Baton Rouge: Louisiana State University Press, 1989.

Crabb, Cecil V., Jr. *Policy-Makers and Critics: Conflicting Theories of American Foreign Policy*. New York: Praeger, 1986.

Crabb, Cecil V., Jr. *The Doctrines of American Foreign Policy: Their Meaning, Role, and Future*. Baton Rouge: Louisiana State University Press, 1982.

Dallek, Robert. *The American Style of Foreign Policy: Cultural Politics and Foreign Affairs*. New York: Knopf, 1983.

Deconde, Alexander. *Ethnicity, Race, and American Policy: A History*. Boston: Northeastern University Press, 1992.

Deconde, Alexander. *Encyclopedia of American Foreign Policy*. New York: Scribner, 1978.

Deconde, Alexander. "Washington's Farewell, the French Alliance, and the Election of 1796." *The Mississippi Valley Historical Review*, Vol.43, No.4, March 1957.

Dozer, Donalder M. *Are We Good Neighbors*. Gainesville, University of Florida Press, 1955.

Drozdiak, William. "Even Allies Resent U.S. Dominance." *The Washington Post*, November 3, 1997.

Dulles, Foster R. *America's Rise to World Power*. New York: Harper, 1955.

Dunning, William A. "The Political Theory of Machiavelli." *International Monthly*, No.4, July/December 1901.

Elson, Ruth Miller. *Guardians of Tradition: American Schoolbooks of the Nineteenth Century*. Lincoln: University of Nebraska Press, 1964.

Ekirch, Arthur A. Jr. Ideas, *Ideals, and American Diplomacy: A History of their Growth and Interaction*. New York: Division of Meredith Publishing Company, 1966.

"Excepts from Bush's Remarks on Aid Plan: Today We Must Win the Peace." *New York Times*, April 2, 1992.

Feld, Werner J. *American Foreign Policy: Aspirations and Reality*. New York: Wiley, 1984.

Fensterwald, Bernard Jr. "The Anatomy of American 'Isolationism' and Expansionism." Part I, *The Journal of Conflict Resolution*, Vol.2, No.2, June 1958.

Ferenbach, Peter T. "Hypocrisy on Human Rights." *Los Angeles Times*, July 24, 1996.

Fisher, Stewart W. "Human Rights in El Salvador and U.S. Foreign Policy." Human Rights Quarterly, Vol.4, No.1, Spring 1982.

Fiske, John. "Manifest Destiny." *Harper's New Monthly Magazine*, No.70, December 1884-May 1885.

Fry, Earl H., Stan A. Taylor and Robert S.Wood. *America the Vincible: U.S. Foreign Policy for the Twenty-First Century*. Englewood Cliffs: Prentice Hall, 1994.

Fulbright, William. *The Arrogance of Power*. New York: Random House, 1967.

Gabrriel, Ralph H. T*he Course Of American Democratic Thought: An Intellectual History since 1815*. New York: The Ronald Press Company, 1940.

Gaddis, John L. *The United States and the Origins of the Cold War: 1941-1947*. New York: Columbia University Press, 1972.

Garten, Jeffrey E. "Business and Foreign Policy." *Foreign Affairs*, Vol. 76, No.3, May/June 1997.

Gardner, Lloyd, Walter F. LaFeber and Thomas J. McCormick, eds. *Creation of the American Empire, Vol.1: U.S. Diplomatic History to 1901*. Chicago: Rand McNally College Publishing Company, 1976.

Gazell, James A. "Arthur H.Vandenberg, Internationalism, and the United Nations." *Political Science Quarterly*, Vol.88, No.3, September 1973.

Gellman, Barton. *Contending with Kennan: Toward a Philosophy of American Power*. New York: Praeger, 1984.

Gentles, Frederick and Melvin Steinfield, eds. *Dream on America: A History of Faith and Practice*. San Francisco: Canfield Press, 1971.

George, Charles H. and Katherine George. *The Protestant Mind of the English Reformation, 1570-1640*. Princeton: Princeton University Press, 1961.

Golding, Peter and Phil Harris. *Beyond Cultural Imperialism: Globalization, Communication and the New International Order*. London: Sage Publications, 1997.

Gregory, Ross. *The Origins of American Intervention in the First World War*. New York: Norton, 1971.

Gurtor, Melvin and Ray Maghroori. *Roots of Failure: United States Policy in the Third World*. Westport: Greenwood Press, 1981.

Gwertzman, Bernard. "Human Rights: The Rest of the World Sees Them Gidderently." *New York Times*, March 6, 1977.

Handy, Robert T. *A Christian America: Protestant Hopes and Historical Realities*. New York: Oxford University Press,1984.

Halperin, Morton H. "Guaranteeing Democracy." *Foreign Policy*, No.91, Summer 1993.

Harding, Harry. "Asia Policy to the Brink." *Foreign Policy*, No.96, Spring 1994.

Harfmann, Frederick H.and Robert Wendrel. *America's Foreign Policy in a Changing World*. New York: Harper Collius College Publishers, 1994.

Harries, Owen, ed. *America's Purpose: New Visions of U.S. Foreign Policy*. San Francisco: CS Press, 1991.

Harries, Owen. "Three Rukes for a Superpower to Live By." *New York Times*, August 23, 1999.

Hauptman, Laurence M. "Westward the Course of Empire: Geography Schoolbook and Manifest Destiny, 1783-1893." Historian, Vol.40, No.3, May 1978

Healy, David. U.S. Expansionism: the Imperialism Urge in the 1890. Madison: University of Wisconsin Press, 1970.

Haig, Alexander M. Caveat. *Realism, Reagan and Foreign Policy*. New York: Macmillan, 1984.

Heaps, David. *Human Rights and U.S. Foreign Policy: the First Decade,*

*1979-1983*. New York: American Association for the International Commission of Jurists1984.

Held, Morrell and Lawrence S. Kaplan. *Culture and Diplomacy: The American Experience*. Westport: Greenwood Press, 1977.

Hofstadter, Richard. Social Darwinism in American Thought. Boston: Beacon Press, 1955.

Howell, John M. "Socioeconomic Dilemmas of U.S. Human Rights Policy." *Human Rights Quarterly*, Vol.3, No.1, February 1981.

Hudson, J. Blaine. "Simple Justicr: Affirmative Action and American Racism in Historical Perspective." *The Black Scholar*, Vol.25, No.3, Summer 1995.

Hunt, Michael H. *Ideology and U.S. Foreign Policy*. New Haven: Yale University Press, 1987.

Huntington, Samuel P. "The Clash of Civilizations?" *Foreign Affairs*, Vol.72, No.3, Summer 1993.

Hybell, Alex R. How *Leaders Reason: US Intervention in the Caribbean Basin and Latin America*. Cambridge: B. Blackwell, 1990.

Johnson, Paul. "The Myth of Americanism Isolationism." *Foreign Affairs*, Vol.74, No.3, May/June 1995.

Johnson, Sterling. *Global Search and Seizure: the U.S. National Interest v. International Law*. Brookfield: Dartmouth Publishing Company, 1994.

Kammen, Micheal. "The Problem of American Exceptionalism: A Reconsideration." *American Quarterly*, Vol.45, No.1, March 1993.

Kansikan, Bilabari. "Asia's Different Standard." *Foreign Policy*, No.92, Fall 1993.

Kaplan, Lawrence S. "The Consensus of 1789: Jefferson and Hamilton on

American Foreign Policy." *South Atlantic Quarterly*, No.71, Winter 1972

Kaplan, Lawrence S. *Colonies into Nation: American Diplomacy 1763-1801*. New York: Macmillan, 1972.

Karsten, Perter. "The Nature of 'Influence': Roosevelt, Mahan and the Concept of Sea Power." *American Quarterly*, Vol.40, No.4, November 1971.

Kegley, Charles, W., Jr. *Controversies in International Relations Theory: Realism and Neoliberal Challenge*. New York: St. Martin's Press, 1995.

Kennan, George F. "On American Principle." *Foreign Affairs*, Vol.74, No.2, March/April 1995.

Kizer, Benjamin H. "Isolationism in Not Dead." *Far Eastern Survey*, Vol.13, No.17, August 23, 1944.

Krauthammer, Charles. "Why We Must Contain China." *Times*, Vol.146, No.5, July 31, 1995.

Krauthammer, Charles. "The Lonely Superpower." *New Republic*, Vol.205, No.5, July 29, 1991.

Kissinger, Henry A. "Beware: A Threat Abroad." *Newsweek*, Vol.127, No.25, June 17, 1996.

Kissinger, Henry A. "Let's Cooperate with China." *The Washington Post*, July 6, 1997.

LaFeber, Walter. "A Note on 'Mercantistic Imperialism' of Alfred Thayer Mahan." *The Mississippi Valley Historical Review*, Vol.48, No.4, March 1962.

LaFeber, Walter. *Inevitable Revolutions: The United States in Central America*. New York: Norton, 1983.

LaFeber, Walter. *The New Empire: An Interpretation of American Expansion 1860-1898*. Ithaca: Cornell University Press, 1983.

Landes, David. "Culture Makes Almost All the Difference." in Lawrence E.Harrison and Samuel P.Huntington, eds. *Culture Matters: How Values Shape Human Progres*s, New York: Basic Books, 2000.

Laqueur, Walter. "From Globalism to Isolationism." *Commentary*, Vol.54, No.3, September 1972.

Layne, Christopher and Benjamin Schwarz. "American Hegemony— Without An Enemy." *Foreign Policy*, No. 92, Fall 1993.

Leach, Colin Wayne. "Democracy's Dilemma: Explaining Racial Inequality in Egalitarian Societies." *Sociological Forum*, Vol.17, No.4, December 2002.

Leopold, Richard W. *The Growth of American Foreign Policy: A History*. New York: Knopf, 1962.

Link, Arthur S. *Wilson the Diplomatist: A Look at His Major Foreign Policy*. New York: New Viewpoints, 1974.

Link, Arthur S. *Woodrow Wilson and the Progressive Era 1910-1917*. New York: Harper, 1954.

Lowy, Richard. "Yuppie Racism: Race Relations in the 1980s." *Journal of Black Studies*, Vol.21,No.4, June 1991.

Lowenthal, Abraham, ed. *Exporting Democracy: The United States and Latin America*. Baltimore: Johns Hopkins University Press, 1991.

Luedtke, Luther S., ed. *Making America: the Society and Culture of the United States*. Washington, D.C.: U.S. Information Agency, 1980.

Lundestad, Geir. *The American "Empire" and other Studies of US Foreign Policy in a Comparative Perspective*. New York: Oxford University Press, 1990.

Mann, Jim. "Isolationist Trend Imperils Activist U.S. Foreign Policy." *Los Angeles Times*, February 14, 1995.

Martel, Gordon, ed. *American Foreign Relations Reconsidered 1890-1993*. London and New York: Routledge, 1994.

Martz, John D. and Lars Schoultz, eds. *Latin America, the United States and the Inter-American System*. Boulder: Westview Press, 1980.

May, Elaine Tyler. "Commentary: Ideology and Foreign Policy: Culture and Gender in Diplomatic History." *Diplomatic History*, Vol.18, No.1, Winter 1994.

McCormick, James M.and Neil Mitchell. "Is U.S. Aid Really Linked to Human Rights in Latin America?" *American Journal of Political Science*, Vol.32, No.1, February 1988.

Mecham, Lloyd J. *A Survey of United States-Latin American Relations*. Boston: Houghton Mifflin, 1965.

Merk, Frederick. *Destiny and Mission in American History: A Reinterpretation*. New York: Knopf, 1963.

Merrill, Frank J.and Theodore A. Wilson, eds. *Makers of American Diplomacy: From Theodore Roosevelt to Henry Kissinger*. New York: Scribner, 1974.

Middlebrook, Kevin J.and Carles Rica, eds. *The United States and Latin America in the 1990s: Contending Perspectives on a Decade of Crisis*. Pittsburgh: University of Pittsburgh Press, 1986.

Moreno, Darion. *U.S. Policy in Central America: the Endless Debate*. Miami: Florida International University Press, 1990.

Moseley, James G. *A Cultural History of Religion in America*. Westport: Greenwood Press, 1981.

Mower, Afrel G., Jr. *Human Rights and American Foreign Policy: The*

*Carter and Reagan Experiences*. New York: Greenwood Press, 1987.

Muravchik, Joshua. *Exporting Democracy: Fulfilling America's Destiny*. Washington, D.C.: AEI Press, 1991.

Myrdall, Gunnar. *An American Dilemma: the Negro Problem and Modern Democracy*. New York: Harper & Row, 1962.

Nearing, Scott and Joseph Treeman. *Dollar Diplomacy: A Study in American Imperialism*. New York: B.W. Huebsch and the Viking Press, 1925.

Niess, Frank. *A History of US-Latin American Relation*. London and New Jersey: Zed Books, 1990.

Ninkovich, Frank A. *The Diplomacy of Ideas: U.S. Foreign Policy and Cultural Relations*. New York: Cambridge University Press, 1981.

Novack, George. *Pragmatism Versus Marxism: An Appraisal of John Dewey's Philosophy*. New York: Pathfinder Press, 1975.

Olafson, Fraderrick A. "Thomas Hobbes and the Modern Theory of Natural Law." *Journal of the History of Philosophy*, Vol.4, No.2, January 1966.

Oye, Kenneth A. Robert J. Lieber, Donald Rothchild, eds., *Eagle Resurgent? The Reagan Era in American Foreign Policy*. Boston: Little, Brown, 1987.

Parish, John Carl. *The Emergency of the Idea of Manifest Destiny*. Los Angeles: University of California Press, 1932.

Paterson, Thomas G. *Meeting the Communist Threat: Truman to Reagan*. New York: Oxford University Press, 1988.

Paterson, Thomas G., ed. *Major Problems in American Foreign Policy: Documents and Essays*. Lexington: D.C. Heath, 1978.

Paterson, Thomas. *Soviet-American Confrontation: Postwar Reconstruction and the Origins of the Cold War*. Baltimore: Johns Hopkins University Press, 1973.

Paterson, Thomas G., J. Garry Clifford, Kenneth J. Hagan. *American Foreign Policy*. 2 vols, Lexington: D.C. Heath, 1988.

Peceny, Mark. "Two Paths to Promotion of Democracy during U.S. Military Interventions." *International Studies Quarterly*, Vol.39, No.3, September 1995.

Perkins, Dexter. *Foreign Policy and the American Spirit: Essays*. Edited by Glyndon G. Van Deusen and Richard C. Wade, Ithaca: Cornell University Press, 1957.

Perkins, Dexter. *The Monroe Doctrine 1826-1867*. Gloucester: P. Smith, 1966.

Perry, Ralph Barton. *Puritanism and Democracy*. New York: The Vanguard Press, 1944.

Pratt, Julius. *Challenge and Rejection: the United States and World Leadership, 1900-1921*. New York: Macmillan, 1967.

Raspberry, William. "Checklist for Superman." *The Washington Post*, September 6, 1999.

Rashid, Salim, ed. *"The Clash of Civilizations?": Asian Response*. New York: Oxford University Press, 1997.

Reed, James Eldin. "American Foreign Policy, The Politics of Missions and Josiah Strong, 1890-1900." *Church History*, Vol.41, No.2, June 1972.

Reynolds, David. "Reading History: American Isolationism." *History Today*, Vol.34, No.3, March 1984.

Rieselbach, Leroy N. "The Basis of Isolationist Behavior." *The Public Opinion Quarterly*, Vol.24, No.4, Winter 1960.

Rives, G.L. "Spain and the United States in 1795." *The American Historical Review*, Vol.4, No.1, October 1898.

Robinson, William I. "Globalization,the World System, and 'Democracy Promotion' in U.S. Foreign Policy." *Theory and Society*, Vol.25, No.5, October 1996.

Roberston, James O. *American Myth American Reality*. New York: Hill & Wang, 1980.

Roskin, Michael. "Opinion: What 'New Isolationism'." *Foreign Policy*, No.6, Spring 1972.

Rosenberg, Emily S. *Spreading the American Dream: American Economic and Cultural Expansion, 1890-1945*. New York: Hill and Wang, 1982.

Roth, Philip. "A Conversation in Prague." *New York Review of Books*, Vol.37, No.6, April 12,1990.

Rulinstein, Alvin Z.and Donald E. Smith, eds. *Anti-Americanism in the Third World: Implications for U.S. Foreign Policy*. New York: Praeger, 1988.

Sanger, David E. "Playing the Trade Card: U.S. Is Exporting Its Free-Market Values Through Global Commercial Agreements." *New York Time*, February 17, 1997.

Santosuosso, Antonio. "Morality and Politics in Machiavelli: Two Recent Interpretations." *Canadian Journal of History*, Vol.25, No.1, April 1990.

Schlesinger, Arthur, Jr. *The Cycles of American History*. Boston: Houghton Mifflin, 1986.

Schlesinger, Arthur, Jr. "Back to the Womb? Isolationism's Renewed Threat." *Foreign Affairs*, Vol.74, No.4, July/August 1995.

Schulzinger, Robert D. *American Diplomacy in Twentieth Century*. New York: Oxford University Press, 1984.

Sciolinos, Elaine. "Bush Ordered Iraqis Plied with Aid: Seeing Iran, not Iraq, as the Main Regional Threat." *New York Times*, May 29, 1992.

Seelye, Katharine Q. "Gore Faults Bush on Foreign Policy." *New York Times*, April 30, 2000.

Seymour, Charles M., ed. *The Intimate Papers of Colonel House*. 2 vols.: Houghton Mifflin, 1926-1928.

Shafer, Byron E., ed. *Is America Different? A New Look at American Exceptionalism*. New York: Oxford University Press, 1991.

Shestack, Jerome J. "Human Rights, the National Interest, and U.S. Foreign Policy." *Annals of the American Academy of Political and Social Science*, Vol. 56, November 1989.

Simon, Serfaty. *American Foreign Policy in a Hostile World: Dangerous Years*. New York: Praeger, 1984.

Skidmore, David. "Carter and the Failure of Foreign Policy Reform." *Political Science Quarterly*, Vol.108, No.4, Winter 1993-1994.

Smith, Henry Nash. "Walt Whitman and Manifest Destiny." *Huntington Library Quarterly*, Vol.10, No.1/4,1946/1947.

Smith, Peter H. *Talons of the Eagle: Dynamics of U.S.-Latin American Relations*. New York: Oxford University Press, 1996.

Smith, Robert F.,ed. *The United States and Latin American Sphere of Influence*. 2 Vols, Malabar: Krieger Pub. Co., 1981.

Smith, Tony. *America's Mission: The United States and the World-wide Struggle for Democracy in the Twentieth Century*. Princeton: Princeton University Press, 1994.

Stanford, Charles L. *The Quest for Paradise: Europe and American Moral Imagination*. Urbana: University of Illinois Press, 1961.

Steinmetz, Sara. *Democratic Transition and Human Rights: Perspectives on U.S .Foreign Policy*. Albany: State University of New York Press, 1994.

Stohl, Michael, Davia Carleton and Stevwn E. Johnson. "Human Rights and U.S. Foreign Assistance from Nixon to Carter." *Journal of Peace Research*, Vol.21, No.3, September 1984.

Stuart, Reginald C. *United States Expansionism and British North America, 1775-1781*. Chapel Hill: University of North Carolina Press, 1988.

Sunday, Swaine. "Don't Demonize China. Rhetoric About Its Military Might Doesn't Reflect Reality." *The Washington Post*, May 18 1997.

Swomley, John M., Jr. *American Empire: New Political Ethics of Twentieth-Century Conquest*. New York: Macmillan, 1970.

Tanzer, Andrew. " 'Ride It! You Can't Fight It!' " *Forbes*, Vol.158, No.4, August 12, 1996.

"The Flawed Carter Doctrine." *Human Events*, Vol.40, No.5, February 2, 1980.

Thompson, Kenneth W. "New Reflections on Ethics and Foreign Policy: the Problem of Human Rights." *The Journal of Politics*, Vol.40, No.4, November 1978.

Thompson, Kenneth W. *Traditions and Values in Politics and Diplomacy: Theory and Practice*. Baton Rouge: Louisiana State University Press, 1992.

Thorne, Christopher. "American Political Culture and the End of the Cold War." *Journal of American Studies*, No.26, 1992.

Tonelson, Alan. "Human Rights: The Bias We Need." *Foreign Policy*, No.49, Winter 1982-1983.

Trager, Frank N. "The Nixon Doctrine and Asian Policy." *Southeast Asian Perspectives*, No.6, June 1972.

Tucker, Robert W. and David C.Hendrickson. *Empire of Liberty: The Statecraft of Thomas Jefferson*. New York and Oxford: Oxford University Press, 1990.

Unterberger, Betty M. *America's Siberian Expedition 1918-1920: A Study of National Policy.* Durham: Duke University Press, 1956.

Unterberger, Betty M. *The United States, Revolutionary Russia, and the Rise of Czechoslovakia*. Chapel Hill: University of North Carolina Press, 1989.

Unterberger, Betty M. "Woodrow Wilson and the Bolsheviks: The Acid Test of Soviet-American." *Diplomatic History*, Vol. 11, No. 2, Spring 1987.

"US's Global Role and National Identity-Interview with Bush." *Christian Science Monitor*, April 24, 1990.

Valeri, Mark. "Religious Discipline and the Market: Puritans and the Issue of Usury." *The William and Mary Quarterly*, 3d Series, Vol.LIV, No.4. October 1997.

Varg, Paul A. *Missionaries, Chinese, and Diplomats: the American Protestant Missionary Movement in China, 1890-1952*. Princeton: Princeton University Press, 1958.

Varg, Paul A. *Foreign Policies of the Founding Father*. Baltimore: Penguin Books, 1970.

Vaughan, Alden T. *Roots of American Racism: Essays on the Colonial Experience*. New York: Oxford University Press, 1995.

Virtanen, Simo V. and Leonie Huddy. "Old-Fashioned Racism and New Forms of Racial Prejudice." *The Journal of Politics*, Vol.60, No.2, May 1998.

Vogelgesang, Sandy. "Diplomacy of Human Rights." *International Studies Quarterly*, Vol.23, No.2, June 1979.

Waltz, Kenneth N. "Realist Thought and Neorealist Theory." *Journal of International Affairs*, Vol.44, No.1, Spring 1990.

Ware, Caroline. *The Culture Approach to History*. New York: Columbia University Press, 1940.

"What Neo-isolationism?" *Wilson Quarterly*, Vol.23, No.2, Spring 1999.

Weigel, George. "On the Road to Isolationism?" *Commentary*, Vol.93, No.1, January 1992.

Weinberg, Albert K. *Manifest Destiny*: *A Study of Nationalism Expansionism in American History*. Baltimore: The Johns Hopkins Press, 1935.

Weiner, Tim. "A Kennedy-C.I.A.Plot Returns to Haunt Clinton." *New York Times*, October 30, 1994.

Wesson, Robert and Heraldo Munoz, eds. *Latin American Views of U.S.Policy*. New York: Praeger, 1986.

Westin, Rubin F. *Racism in U.S. Imperialism: The Influence of Racial Assumptions on American Foreign Policy, 1893-1946*. Columbia: University of South Carolina Press, 1972.

Whitaker, Arthur P. *The Western Hemisphere Idea: Its Rise and Decade*. Ithaca: Cornell University Press, 1954.

Williams, Walter L. "United States Indian Policy and the Debate over Philippine Annexation: Implications for the Origins of American Imperialism." *Journal of American History*, Vol.66, No.4, March 1980.

Williams, William A. *From Colony to Empire: Essays in the History of American Foreign Relations*. New York: J. Wiley, 1972.

Williams, William A. *The Tragedy of American Diplomacy*. New York: Dell Pub. Co., 1972.

Whttkoff, Eugene R., ed. *The Future of American Foreign Policy*. New York: St. Martin's Press, 1994.

Wright, Robin. "A Strategy for Global Peace After Cold War Policy." *Los Angeles Times*, November 28, 1993.

Young, Raymond A. "Pinckney's Treaty-A New Perspective." *The Hispanic American Historical Review*,Vol.43, No.4, November 1963.

Zakaria, Fareed. "Will Asia Turn Against the West?" *New York Times*, July 10, 1998.

## 二　中文論著

布爾斯廷，丹尼爾　《美國人：開拓歷程》　北京市　美國駐華大使館新聞文化處出版　1987年

本尼迪克特著　孫志民等譯　《菊花與刀——日本文化的諸模式》　杭州市　浙江人民出版社　1988年

伯恩斯，詹姆斯・麥格雷爾著　孫天義等譯　《羅斯福傳——獅子與狐狸》　北京市　商務印書館　1995年

布萊克，納爾遜・曼弗雷德著　許季鴻等譯　《美國社會生活與思想史》　北京市　商務印書館　1994年

布熱津斯基，茲比格涅夫著　潘嘉玢等譯　《大失控與大混亂》　北京市　中國社會科學出版社　1994年

茲比格涅夫，布熱津斯基著　中國國際問題研究所譯　《大棋局——美國的首要地位及其地緣戰略》　上海市　上海人民出版社　1998年

陳堯光　《大洋東岸──美國社會文化初探》　瀋陽市　遼寧人民出
　　　　版社　1986年

達萊克，羅伯特著　陳啟迪等譯　《羅斯福與美國對外政策1932-
　　　　1945》　上下冊　北京市　商務印書館　1984年

鄧蜀生　《美國與移民：歷史・現實・未來》　重慶市　重慶出版社
　　　　1990年

多爾蒂，詹姆斯著　邵文光譯　《爭論中的國際關係理論》　北京市
　　　　世界知識出版社　1987年

杜蒙德，德懷特　《現代美國1896-1946》　中譯本　商務印書館
　　　　1984年

富布賴特，威廉著　簡新芽等譯　《帝國的代價》　北京市　世界知
　　　　識出版社　1991年

關在漢編譯　《羅斯福選集》　北京市　商務印書館　1982年

哈里斯，路易斯著　詩宓等譯　《美國內幕》　北京市　華夏出版社
　　　　1990年

漢密爾頓著　程逢如等譯　《聯邦黨人文集》　北京市　商務印書館
　　　　1995年

霍羅維茨著　上海市「五・七」幹校六連翻譯組譯　《美國冷戰時期
　　　　的外交政策：從雅爾塔到越南》　上海人民出版社　1974年

基辛格，亨利著　復旦大學資本主義國家經濟研究所譯　《美國對外
　　　　政策》　上海市　上海人民出版社　1972年

基辛格，亨利著　陳瑤華等譯　《白宮歲月──基辛格回憶錄》　北
　　　　京市　世界知識出版社　1980年

卡特，吉米著　裘克安等譯　《保持信心：吉米・卡特總統回憶錄》
　　　　北京市　世界知識出版社　1983年

凱南，喬治著　柴金如等譯　《當前美國對外政策的現實──危險的
　　　　陰雲》　北京市　商務印書館　1980年

康馬杰著　楊靜予等譯　《美國精神》　北京市　光明日報出版社
　　　1988年

蘭尼拉格，約翰著　潘世強等譯　《中央情報局》　北京市　中國社
　　　會科學出版社　1990年

李希光等　《妖魔化中國的背後》　北京市　中國社會科學出版社
　　　1996年

劉靜編著　《西方對外戰略資料》　第1輯　北京市　當代中國出版
　　　社　1992年

羅永寬編著　《羅斯福傳》武漢市　湖北辭書出版社　1996年

馬清槐等譯　《潘恩選集》　北京市　商務印書館　1981年

梅，歐內斯特等編　齊文穎等譯　《美中關係史論──兼論美國與亞
　　　洲其他國家關係》　北京市　中國社會科學出版社　1991年

摩根索，漢斯著　徐昕等譯　《國家間政治──尋求權力與和平的鬥
　　　爭》　北京市　中國人民公安大學出版社　1990年

內文斯，阿蘭著　北京編譯社譯　《和平戰略──肯尼迪言論集》
　　　北京市　世界知識出版社　1965年

尼克松，理查德　《真正的戰爭》　北京市　新華出版社　1980年

尼克松，理查德著　王觀聲等譯　《1999年：不戰而勝》　北京市
　　　世界知識出版社　1989年

聶崇信等譯　《華盛頓選集》　北京市　商務印書館　1983年

歐文，亨利主編　齊沛合譯　《七十年代的美國對外政策》　北京市
　　　生活・讀書・新知三聯書店　1975年

莫里斯，埃利奧特・塞繆爾著　南開大學歷史系美國史研究室譯
　　　《美利堅共和國的成長》上卷　天津市　天津人民出版社
　　　1980年

施萊辛格，小阿瑟著　仲宜譯　《一千天：約翰・菲・肯尼迪在白
　　　宮》　北京市　生活・讀書・新知三聯書店　1981年

施賴布爾著　朱邦造等譯　《世界面臨挑戰》　北京市　新華出版社
　　　1982年

時事出版社編　《美國人看美國》　北京市　時事出版社　1992年

史密斯，赫德里克著　潘東文等譯　《里根和里根總統》　北京市
　　　商務印書館　1982年

斯帕尼爾著　段若石譯　《第二次世界大戰後的美國外交政策》　北
　　　京市　商務印書館　1992年

斯塔夫里亞諾斯著　遲越等譯　《全球裂變：第三世界的歷史進程》
　　　上下冊　北京市　商務印書館　1993年

斯坦貝克著　黃湘中譯　《美國與美國人》　廣州市　花城出版社
　　　1989年

托克維爾著　董果良譯　《論美國的民主》上下卷　北京市　商務印
　　　書館　1991年

西格爾，弗雷德里克著　劉緒貽等譯　《多難的旅程：四十年代至八
　　　十年代初美國政治生活史》　北京市　商務印書館　1990年

肖普，勞倫斯等著　怡立等譯　《帝國智囊團：對外關係委員會和美
　　　國外交政策》　上海市　上海譯文出版社　1981年

楊生茂　《美國外交政策史1775-1989》北京市　人民出版社　1991年

北京編譯社譯　《意識形態和外交事務：哈佛大學國際事務研究中心
　　　研究報告》　北京市　世界知識出版社　1963年

袁明等主編　《中美關係史上沉重的一頁》　北京市　北京大學出版
　　　社　1989年

中國現代國際關係研究所選編　《冷戰後的美國與世界》　北京市
　　　時事出版社　1991年

莊錫昌　《二十世紀的美國文化》北京市　浙江人民出版社　1993年

資中筠主編　《戰後美國外交史》上下冊　北京市　世界知識出版社
　　　1994年

# 作者簡介

## 王曉德

　　山西省鄉寧縣人。一九九三年畢業於南開大學，獲歷史學博士學位。現為福建師範大學社會歷史學院教授，兼任中國拉美學會會長。主要研究方向為美國對外關係史和拉丁美洲史，先後出版了《衝突與合作：美國對拉丁美洲關係的歷史考察》（合著）《夢想與現實：威爾遜「理想主義」外交研究》、《挑戰與機遇：美洲貿易自由化研究》、《美國對外關係史散論》、《文化的帝國：二十世紀全球「美國化」研究》、《美國外交的奠基時代》、《文化的他者：歐洲反美主義的歷史考察》等專著，在《中國社會科學》、《歷史研究》、《世界歷史》各類學術刊物上發表論文一百餘篇，研究成果曾兩次入選國家哲學社會科學成果文庫，獲得教育部中國高校人文社會科學研究優秀成果三次二等獎。目前正在從事自一四九二年以來歐洲人對美洲認知的研究。

# 本書簡介

　　全書通過對歷史的考察和決策者思想的分析，認為美國文化價值觀一直對美國外交政策的制定與執行產生著影響。當美國作為一個主權實體開始發展與外部關係時，文化因素便在美國對外關係中發揮著非常重要的作用，給美國外交打上了帶有本民族文化特徵的烙印。這些影響美國外交決策的價值觀根深柢固於美國文化之中，當它們體現

在美國的具體外交政策上時，多數情況下變成了對美國追求自我利益
的一種振振有詞的解釋。實際上，體現在美國外交中的文化價值觀不
會超越美國的自我利益，相反，它們成為實現美國政治、經濟、安全
等利益的一種手段。對美國文化與外交關係的研究為揭示美國外交實
質提供了一個新的角度或新的思路。

福建師範大學文學院百年學術論叢·第七輯 1702G01

# 美國文化與外交

作　　者　王曉德
總 策 畫　鄭家建　李建華

發 行 人　林慶彰
總 經 理　梁錦興
總 編 輯　張晏瑞
編 輯 所　萬卷樓圖書股份有限公司
　　　　　臺北市羅斯福路二段 41 號 6 樓之 3
　　　　　電話 (02)23216565
　　　　　傳真 (02)23218698

發　　行　萬卷樓圖書股份有限公司
　　　　　臺北市羅斯福路二段 41 號 6 樓之 3
　　　　　電話 (02)23216565
　　　　　傳真 (02)23218698
　　　　　電郵 SERVICE@WANJUAN.COM.TW
香港經銷　香港聯合書刊物流有限公司
　　　　　電話 (852)21502100
　　　　　傳真 (852)23560735

ISBN 978-986-478-804-0
2023 年 1 月初版二刷
定價：新臺幣 820 元

如何購買本書：
1. 劃撥購書，請透過以下郵政劃撥帳號：
　 帳號：15624015
　 戶名：萬卷樓圖書股份有限公司
2. 轉帳購書，請透過以下帳戶
　 合作金庫銀行 古亭分行
　 戶名：萬卷樓圖書股份有限公司
　 帳號：0877717092596
3. 網路購書，請透過萬卷樓網站
　 網址 WWW.WANJUAN.COM.TW
大量購書，請直接聯繫我們，將有專人為
您服務。客服：(02)23216565 分機 610

如有缺頁、破損或裝訂錯誤，請寄回更換
版權所有·翻印必究
Copyright©2023 by WanJuanLou Books CO., Ltd.
All Rights Reserved　　　　Printed in Taiwan

國家圖書館出版品預行編目資料

美國文化與外交/王曉德著. -- 初版. -- 臺北
市：萬卷樓圖書股份有限公司, 2023.01 印刷
　　面；　　公分. -- (福建師範大學文學院百年學
術論叢；第七輯)

ISBN 978-986-478-804-0(平裝)

1.CST: 美國外交政策 2.CST: 文化研究

578.52　　　　　　　　　　111022309